Fritze

Gesetzessammlung
Kommunales Finanzmanagement in NRW

Gesetzessammlung Kommunales Finanzmanagement in NRW

von

Christian Fritze

KSV Medien

MIX
Papier | Fördert gute Waldnutzung
FSC® C083411
www.fsc.org

CO_2-Kompensation
2023 Printprodukt
mit FirstClimate.com

Bibliografische Information der Deutschen Nationalbibliothek
Die Deutsche Nationalbibliothek verzeichnet diese Publikation in der Deutschen Nationalbibliografie; detaillierte bibliografische Daten sind im Internet über http://dnb.dnb.de abrufbar.

2., vollständig überarbeitete Auflage 2023

Satz: Kumpernatz + Bromann · Schenefeld b. Hamburg
Druck: CPI books

ISBN 978-3-8293-1893-8

Vorwort zur 2. Auflage

Nach dem erfolgreichen Start der Erstauflage dieser Gesetzssammlung und dem positiven Feedback durch zahlreiche Leserinnen und Leser haben Verlag und Verfasser sich dazu entschieden, die Sammlung dauerhaft fortzuführen und regelmäßig auf den aktuellen Rechtsstand zu aktualisieren. Da sich das Werk unter anderem an Studierende und Auszubildende richtet, wurde hierfür der 1. Juli als Stichtag festgesetzt. So liegt passend zum neuen Studien- und Ausbildungsstart in 2023 diese umfänglich aktualisierte Fassung vor.

Dies ist auch nötig, da sich seit dem Erscheinen der Erstauflage im Sommer 2022 einiges in den Rechtsgrundlagen zum Kommunalen Finanzmanagement NRW getan hat. Allen voran sind hier zwei Dinge zu nennen:

1. Ende 2022 erweiterte der nordrhein-westfälische Gesetzgeber das 2020 eingeführte NKF-COVID-19-Isolierungsgesetz um ein weiteres Jahr an Laufzeit, sodass es nun auch das Haushaltsjahr 2023 adressiert. Zum anderen hat er den Gegenstand der Isolierung für die Haushaltsjahre 2022 und 2023 um finanzielle Belastungen infolge des Krieges gegen die Ukraine ergänzt.
2. Nach dem Urteil des Oberverwaltungsgerichts für das Land Nordrhein-Westfalen vom 17. Mai 2022 – 9 A 1090/20 – musste der Gesetzgeber seine Vorschriften zur Kalkulation kommunaler Benutzungsgebühren anpassen. Das Ergebnis findet sich im Wesentlichen im neugefassten § 6 Abs. 2 KAG.

Daneben kam es unter anderem zu einer Reihe von Änderungen von Erlassen, den üblichen Überarbeitungen der Bundessteuergesetze im Rahmen des Jahressteuergesetzes sowie den jährlichen „Updates" des Gemeindefinanzierungsgesetzes und der Orientierungsdaten. Weggefallen ist in dieser 2. Auflage die Verordnung zur Anwendung des Kommunalhaushaltsrechts im Zusammenhang mit Maßnahmen zur Aufnahme und Unterbringung von anlässlich des Krieges in der Ukraine eingereisten Personen in den Kommunen im Land Nordrhein-Westfalen, da diese zum 31. Dezember 2022 außer Kraft getreten ist.

Am grundlegenden Aufbau der Sammlung wurden keine Veränderungen vorgenommen (siehe auch die „Hinweise zur Anwendung der Vorschriftensammlung"). Auf vielfachen Wunsch wurde jedoch ein umfangreiches Stichwortverzeichnis ergänzt, um ein schnelles Auffinden der Rechtsvorschriften und damit einen noch einfacheren Zugang zu den Inhalten der Sammlung zu ermöglichen.

Wie immer gilt:
Anregungen und Wünsche für zukünftige Auflagen sind jederzeit willkommen unter

christian.fritze@hspv.nrw.de.

Gütersloh, im Juli 2023 *Christian Fritze*

Vorwort zur 1. Auflage

Seit dem 01.01.2009 sind nordrhein-westfälische Kommunen verpflichtet, ihre Bücher nach den Regeln des sogenannten „Neuen Kommunalen Finanzmanagements“ (kurz: NKF) zu führen. Damit wurde – zumindest auf kommunaler Ebene – eine flächendeckende Umstellung auf ein doppisches Buchhaltungssystem vollzogen. Der Landesgesetzgeber verfolgte damit eine ganze Reihe von Zielen, von denen vordergründig die Förderung der Generationengerechtigkeit zu nennen ist, welche primär durch die strikte Umsetzung eines Ressourcenverbrauchskonzepts erfolgen soll. Neben die in der Kameralistik bereits verwendeten Rechengrößen Einzahlungen und Auszahlungen (die sich im NKF nach wie vor in der Finanzrechnung bzw. im Finanzplan wiederfinden) treten dazu die Größen Ertrag und Aufwand. Indem über den Saldo der Letzteren nunmehr der jährliche Haushaltsausgleich festzustellen ist, wird einer Verschiebung finanzieller Lasten in die Zukunft und damit einer Gefährdung nachfolgender Generationen entgegengewirkt. Eine vollständige Ermittlung von Erträgen und Aufwendungen macht dabei auch eine wertmäßige Darstellung von Vermögen und Schulden notwendig. So ergeben sich beispielsweise aus den jährlich zu bildenden Pensionsrückstellungen die entsprechenden Personalaufwendungen, die über die bloßen Personalauszahlungen für Gehälter, Besoldung, abzuführende Abgaben etc. hinausgehen. Die vollständige und wertmäßige Darstellung des Vermögens und der Schulden der Kommune dient darüber hinaus jedoch auch Transparenzzwecken – nur so kann der Jahresabschluss ein den tatsächlichen Verhältnissen entsprechendes Bild der Vermögens-, Finanz- und Ertragslage vermitteln.

Das Kommunale Finanzmanagement steht jedoch nicht im rechtsfreien Raum. Stattdessen wird es durch eine ganze Reihe an Vorschriften geprägt, die sich über das Kommunalverfassungs- sowie das kommunale Haushalts-, Abgaben-, Finanz- und Wirtschaftsrecht erstrecken. So sind beispielsweise nicht nur die Planungs-, Dokumentations- und Bilanzierungsvorschriften des achten Teils der Gemeindeordnung NRW und der Kommunalhaushaltsverordnung NRW relevant, sondern auch die Vorschriften des Grundsteuer- und die des Gewerbesteuergesetzes, welche die Erhebung der zwei größten gemeindlichen Steuerquellen und damit einen Teil der Finanzierung der kommunalen Haushalte normieren. Daneben wird eine Vielzahl von Details über Runderlasse geregelt. Beispielhaft sind hier die Muster für das doppische Rechnungswesen oder die jüngst erlassene Förderrichtlinie Straßenausbaubeiträge zu nennen, welche die Beitragsbelastung der Grundstückseigentümer bis auf Weiteres faktisch auf null reduziert. Nicht zu vernachlässigen sind auch die aus der Corona-Pandemie sowie dem Krieg in der Ukraine erwachsenden Herausforderungen für das Kommunale Finanzmanagement, welche Anlass für spezielle Gesetze und Verordnungen gegeben haben.

Verlag und Verfasser haben es sich in der vorliegenden Vorschriftensammlung daher zur Aufgabe gemacht, die für das Kommunale Finanzmanagement in NRW einschlägigen Gesetze, Verordnungen und Erlasse in einem Gesamtwerk zusammenzutragen. Die Sammlung bietet einen umfassenden Fundus der relevanten Rechtsgrundlagen und dient kommunalen Praktikern, Mandatsträgern, Lehrenden und Forschenden sowie Studierenden und Auszubildenden als alltägliches Nachschlagewerk.

Anregungen und Wünsche für zukünftige Auflagen sind jederzeit willkommen unter
christian.fritze@hspv.nrw.de.

Gütersloh, im Juli 2022 *Christian Fritze*

Hinweise zur Anwendung der Vorschriftensammlung

Zur einfachen Übersicht ist die Sammlung in vier Abschnitte unterteilt: den Rechtsvorschriften aus dem

1. Kommunalverfassungsrecht,
2. Kommunalen Haushaltsrecht,
3. Kommunalen Abgaben- und Finanzrecht und dem
4. Kommunalwirtschaftsrecht.

Die einzelnen Gesetze, Verordnungen und Erlasse sind innerhalb dieser Abschnitte zum schnellen Auffinden nochmals mit Ziffern versehen.

Sofern vorhanden, werden für die Gesetze und Verordnungen amtliche Abkürzungen verwendet. Dort, wo keine amtlichen Abkürzungen existieren, wurden vereinzelt redaktionelle Abkürzungen ergänzt (z. B. bei der Verfassung für das Land Nordrhein-Westfalen, welche als „LV NRW“ abgekürzt wird). In solchen Fällen wird die nicht amtliche Abkürzung mit * markiert. Insbesondere bei den Erlassen, die teils lange Titel haben und für die sich keine geeigneten Abkürzungen finden lassen, wurden stattdessen teilweise kompaktere Titel ausgewählt, die jedoch einen sofortigen Rückschluss auf das Rechtswerk ermöglichen. So wurde für den Runderlass „Kredite und kreditähnliche Rechtsgeschäfte der Gemeinden und Gemeindeverbände“ beispielsweise der Titel „Krediterlass“ gewählt. Auf der jeweiligen Titelseite finden sich neben der Abkürzung oder dem Kompakttitel jedoch auch immer die vollständige amtliche Bezeichnung.

Vereinzelte Gesetze (z. B. das Handelsgesetzbuch oder die Abgabenordnung) sind nicht in Gänze einschlägig für das Kommunale Finanzmanagement in NRW. Sie werden daher nur auszugsweise mit den einschlägigen Rechtsvorschriften abgedruckt. Um welche Gesetze es sich dabei genau handelt, kann direkt dem Inhaltsverzeichnis und der jeweiligen Titelseite entnommen werden.

Wo vorhanden, werden amtliche Inhaltsverzeichnisse und -übersichten mit abgedruckt.

Sämtliche Rechtsvorschriften sind auf dem Stand zum 1. Juli 2023.

Zum Verfasser

Prof. Dr. Christian Fritze, Jahrgang 1985, schloss 2011 sein Masterstudium der Wirtschaftswissenschaften an der Universität Bielefeld ab. Anschließend war er als IT-Berater für öffentliche Verwaltungen und Non-Profit-Einrichtungen tätig, bevor er an die Universität Bielefeld zurückkehrte, um einer Tätigkeit als Wissenschaftlicher Mitarbeiter am Lehrstuhl für Unternehmensrechnung und Rechnungslegung nachzugehen. Während dieser Zeit promovierte er zum Dr. rer. pol. an der Fakultät für Wirtschaftswissenschaften. 2017 wechselte er an die Hochschule für Polizei und öffentliche Verwaltung NRW und ist dort seit 2020 Inhaber der Professur für Öffentliche Finanzwirtschaft.

Abkürzungsverzeichnis

AbI	Abschreibungsintensität
Abs.	Absatz
ADG	Aufwandsdeckungsgrad
AO	Abgabenordnung
AnD2	Anlagendeckungsgrad 2
AUQ	Allgemeine Umlagenquote
Az.	Aktenzeichen
ber.	berichtigt
BauGB	Baugesetzbuch
BFH	Bundesfinanzhof
BGBl.	Bundesgesetzblatt
BStBl	Bundessteuerblatt
BMF	Bundesfinanzministerium
DfQ	Drittfinanzierungsquote
DVsG	Dynamischer Verschuldungsgrad
EigVO NRW	Eigenbetriebsverordnung für das Land Nordrhein-Westfalen
EkQ1	Eigenkapitalquote 1
EkQ2	Eigenkapitalquote 2
EStG	Einkommensteuergesetz
et al.	et alii
FbQ	Fehlbetragsquote
GFG	Gesetz zur Regelung der Zuweisungen des Landes Nordrhein-Westfalen an die Gemeinden und Gemeindeverbände (Gemeindefinanzierungsgesetz)
GemFinRefG	Gesetz zur Neuordnung der Gemeindefinanzen (Gemeindefinanzreformgesetz)
GemHVO	Gemeindehaushaltsverordnung
GG	Grundgesetz
GkG NRW	Gesetz über kommunale Gemeinschaftsarbeit
GO NRW	Gemeindeordnung für das Land Nordrhein-Westfalen
GewStG	Gewerbesteuergesetz
GrStG	Grundsteuergesetz
GV. NRW.	Gesetz- und Verordnungsblatt Nordrhein-Westfalen (zum Teil auch als GV.NW.)
HGB	Handelsgesetzbuch
Hrsg.	Herausgeber
HSPV NRW	Hochschule für Polizei und öffentliche Verwaltung NRW
InQ	Investitionsquote
IsQ	Infrastrukturquote
KAG	Kommunalabgabengesetz für das Land Nordrhein-Westfalen
KomHVO NRW	Verordnung über das Haushaltswesen der Kommunen im Land Nordrhein-Westfalen (Kommunalhaushaltsverordnung)
KrO NRW	Kreisordnung für das Land Nordrhein-Westfalen
KUV	Verordnung über kommunale Unternehmen und Einrichtungen als Anstalt des öffentlichen Rechts (Kommunalunternehmensverordnung)

KVbQ	Kurzfristige Verbindlichkeitsquote
Li2	Liquidität 2. Grades
LV NRW	Verfassung für das Land Nordrhein-Westfalen
LVerbO	Landschaftsverbandsordnung für das Land Nordrhein-Westfalen
MBl. NRW.	Ministerialblatt Nordrhein-Westfalen
NKF	Neues Kommunales Finanzmanagement
NKF-CIG	Gesetz zur Isolierung der aus der COVID-19-Pandemie folgenden Belastungen der kommunalen Haushalte im Land Nordrhein-Westfalen (NKF-COVID-19-Isolierungsgesetz)
NKF-CUIG	Gesetz zur Isolierung der aus der COVID-19-Pandemie und dem Krieg gegen die Ukraine folgenden Belastungen der kommunalen Haushalte im Land Nordrhein-Westfalen (NKF-COVID-19-Ukraine-Isolierungsgesetz)
Nr.	Nummer
NRW	Nordrhein-Westfalen
NSQ	Netto-Steuerquote
PI	Personalintensität
RealStZG	Gesetz über die Zuständigkeit für die Festsetzung und Erhebung der Realsteuern
Rz.	Randziffer
S.	Seite
SDI	Sach- und Dienstleistungsintensität
StabG	Gesetz zur Förderung der Stabilität und des Wachstums der Wirtschaft
TAQ	Transferaufwandsquote
VERPA	Vertreter der örtlichen Rechnungsprüfung
VKZVKG	Gesetz über die kommunalen Versorgungskassen und Zusatzversorgungskassen im Lande Nordrhein-Westfalen
VV	Verwaltungsvorschrift
z. B.	zum Beispiel
ZwQ	Zuwendungsquote

Inhaltsverzeichnis

Literaturverzeichnis

Die nachfolgenden Werke stellen eine kompakte Auswahl an einschlägiger Literatur mit Bezug zum kommunalen Finanzmanagement NRW dar:

Adam, Berit et al., Doppik-Leitfaden – Von der Projektierung zum Gesamtabschluss, 2. Auflage, 2012, Kommunal- und Schul-Verlag.

Baetge, Jörg / Kirsch, Hans-Jürgen / Thiele, Stefan, Bilanzen, 16. Auflage, 2021, IDW-Verlag.

Baetge, Jörg/ Kirsch, Hans-Jürgen / Thiele, Stefan, Konzernbilanzen, 14. Auflage, 2021, IDW-Verlag.

Brüning, Christoph, Kommunale Gebühren, 2018, NWB Verlag.

Christ, Josef / Oebbecke, Janbernd (Hrsg.), Handbuch Kommunalabgabenrecht – Steuern, Gebühren, Beiträge, 2. Auflage, 2022, C.H. Beck Verlag.

Coenenberg, Adolf G. / Haller, Axel, / Schultze, Wolfgang, Jahresabschluss und Jahresabschlussanalyse, Betriebswirtschaftliche, handelsrechtliche, steuerrechtliche und internationale Grundlagen – HGB, IAS/IFRS, US-GAAP, DRS, 26. Auflage, 2021, Schäffer-Poeschel Verlag.

Driehaus, Hans-Joachim (Hrsg.), Kommunalabgabenrecht, Kommentar, 68. Ergänzungslieferung, 2023, NWB Verlag.

Fischer, Edmund / Lehmann, Patrick, Haushaltsmanagement in Kommunen, Erfolgreich steuern und budgetieren, 2022, Haufe.

Freytag, Dieter et al., Neues Kommunales Finanzmanagement Nordrhein-Westfalen, Kommentar, 2. Auflage, 2009, Kohlhammer Deutscher Gemeindeverlag.

Fritze, Christian / Mutschler, Klaus / Stockel-Veltmann, Christoph, Kommunales Finanzmanagement NRW, 9. Auflage, 2023, Kommunal- und Schul-Verlag.

Fritze, Christian, Entwicklung rechnungswesenbasierter Systeme zur Stabilisierung der Kommunalfinanzen, 2019, Springer Verlag.

Fudalla, Mark / Tölle, Martin / Wöste, Christian, Bilanzierung und Jahresabschluss in der Kommunalverwaltung – Grundsätze für das „Neue Kommunale Finanzmanagement“ (NKF), 5. Auflage, 2023, Erich Schmidt Verlag.

Fudalla, Mark / Wöste, Christian, Doppelte Buchführung in der Kommunalverwaltung, Basiswissen für das „Neue Kommunale Finanzmanagement“ (NKF), 5. Auflage 2021, Erich Schmidt Verlag.

Gemeindeprüfungsanstalt NRW (Hrsg.), Kommunalhaushaltsrecht NRW, Kommentar, 15. Ergänzungslieferung, 2023, Kommunal- und Schul-Verlag.

Gräfer, Horst / Scheld, Guido A., Grundzüge der Konzernrechnungslegung, 13. Auflage, 2016, Erich Schmidt Verlag.

Grottel, Bernd et al. (Hrsg.), Beck'scher Bilanzkommentar, Handels- und Steuerbilanz, 13. Auflage 2022, C.H. Beck Verlag.

Heidler, Herbert K., Öffentliches Rechnungs- und Prüfungswesen – Band 1, Doppelte Buchführung, Jahresabschluss und Neues Kommunales Finanzmanagement, 2. Auflage, 2020, Erich Schmidt Verlag.

Held, Friedrich Wilhelm / Winkel, Johannes / Wansleben, Rudolf (Hrsg.), Gemeindeordnung für das Land Nordrhein-Westfalen (GO NRW), Kommentar, 52. Ergänzungslieferung, 2022, Kommunal- und Schul-Verlag.

Henke, Angela, Kommunale Steuern, 2017, NWB Verlag.

Kloepfer, Michael, Finanz-Verfassungsrecht, mit Haushaltsverfassungsrecht, 2014, C.H. Beck Verlag.

Kußmaul, Heinz / Henkes, Jörg, Kommunale Doppik, Einführung in das Dreikomponentensystem, 2009, Erich Schmidt Verlag.

Modellprojekt „Doppischer Kommunalhaushalt in NRW" (Hrsg.), Neues Kommunales Finanzmanagement, Betriebswirtschaftliche Grundlagen für das doppische Haushaltsrecht, 2. Auflage, 2003, Rudolf Haufe Verlag.

Mutschler, Klaus, Kommunales Finanz- und Abgabenrecht NRW, 14. Auflage, 2018, Kommunal- und Schul-Verlag.

Mutschler, Klaus / Stockel-Veltmann, Christoph, Externes Rechnungswesen, Studienbuch für den Bachelorstudiengang, 6. Auflage, 2021, Kommunal- und Schul-Verlag.

Mutschler, Klaus / Stockel-Veltmann, Christoph, Kommunales Finanzmanagement, Studienbuch für den Bachelorstudiengang, 7. Auflage, 2021, Kommunal- und Schul-Verlag.

Mühlenkamp, Holger et al. (Hrsg.), Öffentliche Wirtschaft, Handbuch für Wissenschaft und Praxis, 2019, Nomos Verlag.

Rehn, Erich et al., Gemeindeordnung für das Land Nordrhein-Westfalen, Kommentar, 55. Ergänzungslieferung, 2022, Reckinger Verlag.

Schuster, Falko, Doppelte Buchführung für Städte, Kreise und Gemeinden, Verwaltungsdoppik im Neuen Kommunalen Rechnungswesen und Finanzmanagement, 2. Auflage, 2007, Oldenbourg Verlag.

Schuster, Falko, Neues Kommunales Finanzmanagement und Rechnungswesen, Basiswissen NKF und NKR, 2008, Oldenbourg Verlag.

Schwarting, Gunnar, Der kommunale Haushalt, 5. Auflage, 2019, Erich Schmidt Verlag.

Seibold-Freund, Sabine, Besteuerung von Kommunen, Regiebetrieb, Eigenbetrieb und kommunale GmbH im Ertragsteuer-, Grundsteuer- Umsatzsteuer- und Gemeinnützigkeitsrecht, 2. Auflage, 2015, Erich Schmidt Verlag.

Tappe, Henning / Westermann, Rainer, Öffentliches Finanzrecht, 2. Auflage, 2019, C.F. Müller Verlag.

Zimmermann, Horst / Döring, Thomas, Kommunalfinanzen, Eine Einführung in die finanzwissenschaftliche Analyse der kommunalen Finanzwirtschaft, 4. Auflage, 2019, Berliner Wissenschafts-Verlag.

1. Kommunalverfassungsrecht

1.1 GG (Auszug)

Grundgesetz für die Bundesrepublik Deutschland (GG)

vom 23. Mai 1949 (BGBl. S. 1),
zuletzt geändert durch Gesetz vom 19. Dezember 2022 (BGBl. I S. 2478)

– Auszug –

Artikel 28

(1) Die verfassungsmäßige Ordnung in den Ländern muß den Grundsätzen des republikanischen, demokratischen und sozialen Rechtsstaates im Sinne dieses Grundgesetzes entsprechen. In den Ländern, Kreisen und Gemeinden muß das Volk eine Vertretung haben, die aus allgemeinen, unmittelbaren, freien, gleichen und geheimen Wahlen hervorgegangen ist. Bei Wahlen in Kreisen und Gemeinden sind auch Personen, die die Staatsangehörigkeit eines Mitgliedstaates der Europäischen Gemeinschaft besitzen, nach Maßgabe von Recht der Europäischen Gemeinschaft wahlberechtigt und wählbar. In Gemeinden kann an die Stelle einer gewählten Körperschaft die Gemeindeversammlung treten.
(2) Den Gemeinden muß das Recht gewährleistet sein, alle Angelegenheiten der örtlichen Gemeinschaft im Rahmen der Gesetze in eigener Verantwortung zu regeln. Auch die Gemeindeverbände haben im Rahmen ihres gesetzlichen Aufgabenbereiches nach Maßgabe der Gesetze das Recht der Selbstverwaltung. Die Gewährleistung der Selbstverwaltung umfaßt auch die Grundlagen der finanziellen Eigenverantwortung; zu diesen Grundlagen gehört eine den Gemeinden mit Hebesatzrecht zustehende wirtschaftskraftbezogene Steuerquelle.
(3) Der Bund gewährleistet, daß die verfassungsmäßige Ordnung der Länder den Grundrechten und den Bestimmungen der Absätze 1 und 2 entspricht.

Artikel 72

(1) Im Bereich der konkurrierenden Gesetzgebung haben die Länder die Befugnis zur Gesetzgebung, solange und soweit der Bund von seiner Gesetzgebungszuständigkeit nicht durch Gesetz Gebrauch gemacht hat.
(2) Auf den Gebieten des Artikels 74 Abs. 1 Nr. 4, 7, 11, 13, 15, 19a, 20, 22, 25 und 26 hat der Bund das Gesetzgebungsrecht, wenn und soweit die Herstellung gleichwertiger Lebensverhältnisse im Bundesgebiet oder die Wahrung der Rechts- oder Wirtschaftseinheit im gesamtstaatlichen Interesse eine bundesgesetzliche Regelung erforderlich macht.
(3) Hat der Bund von seiner Gesetzgebungszuständigkeit Gebrauch gemacht, können die Länder durch Gesetz hiervon abweichende Regelungen treffen über:
1. das Jagdwesen (ohne das Recht der Jagdscheine);
2. den Naturschutz und die Landschaftspflege (ohne die allgemeinen Grundsätze des Naturschutzes, das Recht des Artenschutzes oder des Meeresnaturschutzes);
3. die Bodenverteilung;
4. die Raumordnung;
5. den Wasserhaushalt (ohne stoff- oder anlagenbezogene Regelungen);
6. die Hochschulzulassung und die Hochschulabschlüsse;
7. die Grundsteuer.

Bundesgesetze auf diesen Gebieten treten frühestens sechs Monate nach ihrer Verkündung in Kraft, soweit nicht mit Zustimmung des Bundesrates anderes bestimmt ist. Auf den Gebieten des Satzes 1 geht im Verhältnis von Bundes- und Landesrecht das jeweils spätere Gesetz vor.

(4) Durch Bundesgesetz kann bestimmt werden, daß eine bundesgesetzliche Regelung, für die eine Erforderlichkeit im Sinne des Absatzes 2 nicht mehr besteht, durch Landesrecht ersetzt werden kann.

X.
Das Finanzwesen

Artikel 104a

(1) Der Bund und die Länder tragen gesondert die Ausgaben, die sich aus der Wahrnehmung ihrer Aufgaben ergeben, soweit dieses Grundgesetz nichts anderes bestimmt.

(2) Handeln die Länder im Auftrage des Bundes, trägt der Bund die sich daraus ergebenden Ausgaben.

(3) Bundesgesetze, die Geldleistungen gewähren und von den Ländern ausgeführt werden, können bestimmen, daß die Geldleistungen ganz oder zum Teil vom Bund getragen werden. Bestimmt das Gesetz, daß der Bund die Hälfte der Ausgaben oder mehr trägt, wird es im Auftrage des Bundes durchgeführt. Bei der Gewährung von Leistungen für Unterkunft und Heizung auf dem Gebiet der Grundsicherung für Arbeitsuchende wird das Gesetz im Auftrage des Bundes ausgeführt, wenn der Bund drei Viertel der Ausgaben oder mehr trägt.

(4) Bundesgesetze, die Pflichten der Länder zur Erbringung von Geldleistungen, geldwerten Sachleistungen oder vergleichbaren Dienstleistungen gegenüber Dritten begründen und von den Ländern als eigene Angelegenheit oder nach Absatz 3 Satz 2 im Auftrag des Bundes ausgeführt werden, bedürfen der Zustimmung des Bundesrates, wenn daraus entstehende Ausgaben von den Ländern zu tragen sind.

(5) Der Bund und die Länder tragen die bei ihren Behörden entstehenden Verwaltungsausgaben und haften im Verhältnis zueinander für eine ordnungsmäßige Verwaltung. Das Nähere bestimmt ein Bundesgesetz, das der Zustimmung des Bundesrates bedarf.

(6) Bund und Länder tragen nach der innerstaatlichen Zuständigkeits- und Aufgabenverteilung die Lasten einer Verletzung von supranationalen oder völkerrechtlichen Verpflichtungen Deutschlands. In Fällen länderübergreifender Finanzkorrekturen der Europäischen Union tragen Bund und Länder diese Lasten im Verhältnis 15 zu 85. Die Ländergesamtheit trägt in diesen Fällen solidarisch 35 vom Hundert der Gesamtlasten entsprechend einem allgemeinen Schlüssel; 50 vom Hundert der Gesamtlasten tragen die Länder, die die Lasten verursacht haben, anteilig entsprechend der Höhe der erhaltenen Mittel. Das Nähere regelt ein Bundesgesetz, das der Zustimmung des Bundesrates bedarf.

Artikel 104b

(1) Der Bund kann, soweit dieses Grundgesetz ihm Gesetzgebungsbefugnisse verleiht, den Ländern Finanzhilfen für besonders bedeutsame Investitionen der Länder und der Gemeinden (Gemeindeverbände) gewähren, die

1. zur Abwehr einer Störung des gesamtwirtschaftlichen Gleichgewichts oder
2. zum Ausgleich unterschiedlicher Wirtschaftskraft im Bundesgebiet oder
3. zur Förderung des wirtschaftlichen Wachstums

erforderlich sind. Abweichend von Satz 1 kann der Bund im Falle von Naturkatastrophen oder außergewöhnlichen Notsituationen, die sich der Kontrolle des Staates entziehen und die staatliche Finanzlage erheblich beeinträchtigen, auch ohne Gesetzgebungsbefugnisse Finanzhilfen gewähren.

(2) Das Nähere, insbesondere die Arten der zu fördernden Investitionen, wird durch Bundesgesetz, das der Zustimmung des Bundesrates bedarf, oder auf Grund des Bundeshaushaltsgesetzes durch Verwaltungsvereinbarung geregelt. Das Bundesgesetz oder die Verwaltungsvereinbarung kann Bestimmungen über die Ausgestaltung der jeweiligen Länderprogramme zur Verwendung der Finanzhilfen vorsehen. Die Festlegung der Kriterien für die Ausgestaltung der Länderprogramme erfolgt im Einvernehmen mit den betroffenen Ländern. Zur Gewährleistung der zweckentsprechenden Mittelverwendung kann die Bundesregierung Bericht und Vorlage der Akten verlangen und Erhebungen bei allen Behörden durchführen. Die Mittel des Bundes werden zusätzlich zu eigenen Mitteln der Länder bereitgestellt. Sie sind befristet zu gewähren und hinsichtlich ihrer Verwendung in regelmäßigen Zeitabständen zu überprüfen. Die Finanzhilfen sind im Zeitablauf mit fallenden Jahresbeträgen zu gestalten.

(3) Bundestag, Bundesregierung und Bundesrat sind auf Verlangen über die Durchführung der Maßnahmen und die erzielten Verbesserungen zu unterrichten.

Artikel 104c

Der Bund kann den Ländern Finanzhilfen für gesamtstaatlich bedeutsame Investitionen sowie besondere, mit diesen unmittelbar verbundene, befristete Ausgaben der Länder und Gemeinden (Gemeindeverbände) zur Steigerung der Leistungsfähigkeit der kommunalen Bildungsinfrastruktur gewähren. Artikel 104b Absatz 2 Satz 1 bis 3, 5, 6 und Absatz 3 gilt entsprechend. Zur Gewährleistung der zweckentsprechenden Mittelverwendung kann die Bundesregierung Berichte und anlassbezogen die Vorlage von Akten verlangen.

Artikel 104d

Der Bund kann den Ländern Finanzhilfen für gesamtstaatlich bedeutsame Investitionen der Länder und Gemeinden (Gemeindeverbände) im Bereich des sozialen Wohnungsbaus gewähren. Artikel 104b Absatz 2 Satz 1 bis 5 sowie Absatz 3 gilt entsprechend.

Artikel 105

(1) Der Bund hat die ausschließliche Gesetzgebung über die Zölle und Finanzmonopole.

(2) Der Bund hat die konkurrierende Gesetzgebung über die Grundsteuer. Er hat die konkurrierende Gesetzgebung über die übrigen Steuern, wenn ihm das Aufkommen dieser Steuern ganz oder zum Teil zusteht oder die Voraussetzungen des Artikels 72 Abs. 2 vorliegen.

(2a) Die Länder haben die Befugnis zur Gesetzgebung über die örtlichen Verbrauch- und Aufwandsteuern, solange und soweit sie nicht bundesgesetzlich geregelten Steuern gleichartig sind. Sie haben die Befugnis zur Bestimmung des Steuersatzes bei der Grunderwerbsteuer.

(3) Bundesgesetze über Steuern, deren Aufkommen den Ländern oder den Gemeinden (Gemeindeverbänden) ganz oder zum Teil zufließt, bedürfen der Zustimmung des Bundesrates.

Artikel 106

(1) Der Ertrag der Finanzmonopole und das Aufkommen der folgenden Steuern stehen dem Bund zu:

1. die Zölle,
2. die Verbrauchsteuern, soweit sie nicht nach Absatz 2 den Ländern, nach Absatz 3 Bund und Ländern gemeinsam oder nach Absatz 6 den Gemeinden zustehen,
3. die Straßengüterverkehrsteuer, die Kraftfahrzeugsteuer und sonstige auf motorisierte Verkehrsmittel bezogene Verkehrsteuern,
4. die Kapitalverkehrsteuern, die Versicherungsteuer und die Wechselsteuer,
5. die einmaligen Vermögensabgaben und die zur Durchführung des Lastenausgleichs erhobenen Ausgleichsabgaben,
6. die Ergänzungsabgabe zur Einkommensteuer und zur Körperschaftsteuer,
7. Abgaben im Rahmen der Europäischen Gemeinschaften.

(2) Das Aufkommen der folgenden Steuern steht den Ländern zu:
1. die Vermögensteuer,
2. die Erbschaftsteuer,
3. die Verkehrsteuern, soweit sie nicht nach Absatz 1 dem Bund oder nach Absatz 3 Bund und Ländern gemeinsam zustehen,
4. die Biersteuer,
5. die Abgabe von Spielbanken.

(3) Das Aufkommen der Einkommensteuer, der Körperschaftsteuer und der Umsatzsteuer steht dem Bund und den Ländern gemeinsam zu (Gemeinschaftsteuern), soweit das Aufkommen der Einkommensteuer nicht nach Absatz 5 und das Aufkommen der Umsatzsteuer nicht nach Absatz 5a den Gemeinden zugewiesen wird. Am Aufkommen der Einkommensteuer und der Körperschaftsteuer sind der Bund und die Länder je zur Hälfte beteiligt. Die Anteile von Bund und Ländern an der Umsatzsteuer werden durch Bundesgesetz, das der Zustimmung des Bundesrates bedarf, festgesetzt. Bei der Festsetzung ist von folgenden Grundsätzen auszugehen:
1. Im Rahmen der laufenden Einnahmen haben der Bund und die Länder gleichmäßig Anspruch auf Deckung ihrer notwendigen Ausgaben. Dabei ist der Umfang der Ausgaben unter Berücksichtigung einer mehrjährigen Finanzplanung zu ermitteln.
2. Die Deckungsbedürfnisse des Bundes und der Länder sind so aufeinander abzustimmen, daß ein billiger Ausgleich erzielt, eine Überbelastung der Steuerpflichtigen vermieden und die Einheitlichkeit der Lebensverhältnisse im Bundesgebiet gewahrt wird.

Zusätzlich werden in die Festsetzung der Anteile von Bund und Ländern an der Umsatzsteuer Steuermindereinnahmen einbezogen, die den Ländern ab 1. Januar 1996 aus der Berücksichtigung von Kindern im Einkommensteuerrecht entstehen. Das Nähere bestimmt das Bundesgesetz nach Satz 3.

(4) Die Anteile von Bund und Ländern an der Umsatzsteuer sind neu festzusetzen, wenn sich das Verhältnis zwischen den Einnahmen und Ausgaben des Bundes und der Länder wesentlich anders entwickelt; Steuermindereinnahmen, die nach Absatz 3 Satz 5 in die Festsetzung der Umsatzsteueranteile zusätzlich einbezogen werden, bleiben hierbei unberücksichtigt. Werden den Ländern durch Bundesgesetz zusätzliche Ausgaben auferlegt oder Einnahmen entzogen, so kann die Mehrbelastung durch Bundesgesetz, das der Zustimmung des Bundesrates bedarf, auch mit Finanzzuweisungen des Bundes ausgeglichen werden, wenn sie auf einen kurzen Zeitraum begrenzt ist. In dem Gesetz sind die Grundsätze für die Bemessung dieser Finanzzuweisungen und für ihre Verteilung auf die Länder zu bestimmen.

(5) Die Gemeinden erhalten einen Anteil an dem Aufkommen der Einkommensteuer, der von den Ländern an ihre Gemeinden auf der Grundlage der Einkommensteuerleistungen ihrer Einwohner weiterzuleiten ist. Das Nähere bestimmt ein Bundesgesetz, das der Zustimmung des Bundesrates bedarf. Es kann bestimmen, daß die Gemeinden Hebesätze für den Gemeindeanteil festsetzen.

(5a) Die Gemeinden erhalten ab dem 1. Januar 1998 einen Anteil an dem Aufkommen der Umsatzsteuer. Er wird von den Ländern auf der Grundlage eines orts- und wirtschaftsbezogenen Schlüssels an ihre Gemeinden weitergeleitet. Das Nähere wird durch Bundesgesetz, das der Zustimmung des Bundesrates bedarf, bestimmt.

(6) Das Aufkommen der Grundsteuer und Gewerbesteuer steht den Gemeinden, das Aufkommen der örtlichen Verbrauch- und Aufwandsteuern steht den Gemeinden oder nach Maßgabe der Landesgesetzgebung den Gemeindeverbänden zu. Den Gemeinden ist das Recht einzuräumen, die Hebesätze der Grundsteuer und Gewerbesteuer im Rahmen der Gesetze festzusetzen. Bestehen in einem Land keine Gemeinden, so steht das Aufkommen der Grundsteuer und Gewerbesteuer sowie der örtlichen Verbrauch- und Aufwandsteuern dem Land zu. Bund und Länder können durch eine Umlage an dem Aufkommen der Gewerbesteuer beteiligt werden. Das Nähere über

die Umlage bestimmt ein Bundesgesetz, das der Zustimmung des Bundesrates bedarf. Nach Maßgabe der Landesgesetzgebung können die Grundsteuer und Gewerbesteuer sowie der Gemeindeanteil vom Aufkommen der Einkommensteuer und der Umsatzsteuer als Bemessungsgrundlagen für Umlagen zugrunde gelegt werden.

(7) Von dem Länderanteil am Gesamtaufkommen der Gemeinschaftsteuern fließt den Gemeinden und Gemeindeverbänden insgesamt ein von der Landesgesetzgebung zu bestimmender Hundertsatz zu. Im übrigen bestimmt die Landesgesetzgebung, ob und inwieweit das Aufkommen der Landessteuern den Gemeinden (Gemeindeverbänden) zufließt.

(8) Veranlaßt der Bund in einzelnen Ländern oder Gemeinden (Gemeindeverbänden) besondere Einrichtungen, die diesen Ländern oder Gemeinden (Gemeindeverbänden) unmittelbar Mehrausgaben oder Mindereinnahmen (Sonderbelastungen) verursachen, gewährt der Bund den erforderlichen Ausgleich, wenn und soweit den Ländern oder Gemeinden (Gemeindeverbänden) nicht zugemutet werden kann, die Sonderbelastungen zu tragen. Entschädigungsleistungen Dritter und finanzielle Vorteile, die diesen Ländern oder Gemeinden (Gemeindeverbänden) als Folge der Einrichtungen erwachsen, werden bei dem Ausgleich berücksichtigt.

(9) Als Einnahmen und Ausgaben der Länder im Sinne dieses Artikels gelten auch die Einnahmen und Ausgaben der Gemeinden (Gemeindeverbände).

Artikel 106a

Den Ländern steht ab 1. Januar 1996 für den öffentlichen Personennahverkehr ein Betrag aus dem Steueraufkommen des Bundes zu. Das Nähere regelt ein Bundesgesetz, das der Zustimmung des Bundesrates bedarf. Der Betrag nach Satz 1 bleibt bei der Bemessung der Finanzkraft nach Artikel 107 Abs. 2 unberücksichtigt.

Artikel 106b

Den Ländern steht ab dem 1. Juli 2009 infolge der Übertragung der Kraftfahrzeugsteuer auf den Bund ein Betrag aus dem Steueraufkommen des Bundes zu. Das Nähere regelt ein Bundesgesetz, das der Zustimmung des Bundesrates bedarf.

Artikel 107

(1) Das Aufkommen der Landessteuern und der Länderanteil am Aufkommen der Einkommensteuer und der Körperschaftsteuer stehen den einzelnen Ländern insoweit zu, als die Steuern von den Finanzbehörden in ihrem Gebiet vereinnahmt werden (örtliches Aufkommen). Durch Bundesgesetz, das der Zustimmung des Bundesrates bedarf, sind für die Körperschaftsteuer und die Lohnsteuer nähere Bestimmungen über die Abgrenzung sowie über Art und Umfang der Zerlegung des örtlichen Aufkommens zu treffen. Das Gesetz kann auch Bestimmungen über die Abgrenzung und Zerlegung des örtlichen Aufkommens anderer Steuern treffen. Der Länderanteil am Aufkommen der Umsatzsteuer steht den einzelnen Ländern, vorbehaltlich der Regelungen nach Absatz 2, nach Maßgabe ihrer Einwohnerzahl zu.

(2) Durch Bundesgesetz, das der Zustimmung des Bundesrates bedarf, ist sicherzustellen, dass die unterschiedliche Finanzkraft der Länder angemessen ausgeglichen wird; hierbei sind die Finanzkraft und der Finanzbedarf der Gemeinden (Gemeindeverbände) zu berücksichtigen. Zu diesem Zweck sind in dem Gesetz Zuschläge zu und Abschläge von der jeweiligen Finanzkraft bei der Verteilung der Länderanteile am Aufkommen der Umsatzsteuer zu regeln. Die Voraussetzungen für die Gewährung von Zuschlägen und für die Erhebung von Abschlägen sowie die Maßstäbe für die Höhe dieser Zuschläge und Abschläge sind in dem Gesetz zu bestimmen. Für Zwecke der Bemessung der Finanzkraft kann die bergrechtliche Förderabgabe mit nur einem Teil ihres Aufkommens berücksichtigt werden. Das Gesetz kann auch bestimmen, dass der Bund aus seinen Mitteln leistungsschwachen Ländern Zuweisungen zur ergänzenden Deckung ihres allgemeinen Finanzbedarfs (Ergänzungszuweisungen) gewährt. Zuweisungen können unab-

hängig von den Maßstäben nach den Sätzen 1 bis 3 auch solchen leistungsschwachen Ländern gewährt werden, deren Gemeinden (Gemeindeverbände) eine besonders geringe Steuerkraft aufweisen (Gemeindesteuerkraftzuweisungen), sowie außerdem solchen leistungsschwachen Ländern, deren Anteile an den Fördermitteln nach Artikel 91b ihre Einwohneranteile unterschreiten.

Artikel 108

(1) Zölle, Finanzmonopole, die bundesgesetzlich geregelten Verbrauchsteuern einschließlich der Einfuhrumsatzsteuer, die Kraftfahrzeugsteuer und sonstige auf motorisierte Verkehrsmittel bezogene Verkehrsteuern ab dem 1. Juli 2009 sowie die Abgaben im Rahmen der Europäischen Gemeinschaften werden durch Bundesfinanzbehörden verwaltet. Der Aufbau dieser Behörden wird durch Bundesgesetz geregelt. Soweit Mittelbehörden eingerichtet sind, werden deren Leiter im Benehmen mit den Landesregierungen bestellt.

(2) Die übrigen Steuern werden durch Landesfinanzbehörden verwaltet. Der Aufbau dieser Behörden und die einheitliche Ausbildung der Beamten können durch Bundesgesetz mit Zustimmung des Bundesrates geregelt werden. Soweit Mittelbehörden eingerichtet sind, werden deren Leiter im Einvernehmen mit der Bundesregierung bestellt.

(3) Verwalten die Landesfinanzbehörden Steuern, die ganz oder zum Teil dem Bund zufließen, so werden sie im Auftrage des Bundes tätig. Artikel 85 Abs. 3 und 4 gilt mit der Maßgabe, daß an die Stelle der Bundesregierung der Bundesminister der Finanzen tritt.

(4) Durch Bundesgesetz, das der Zustimmung des Bundesrates bedarf, kann bei der Verwaltung von Steuern ein Zusammenwirken von Bundes- und Landesfinanzbehörden sowie für Steuern, die unter Absatz 1 fallen, die Verwaltung durch Landesfinanzbehörden und für andere Steuern die Verwaltung durch Bundesfinanzbehörden vorgesehen werden, wenn und soweit dadurch der Vollzug der Steuergesetze erheblich verbessert oder erleichtert wird. Für die den Gemeinden (Gemeindeverbänden) allein zufließenden Steuern kann die den Landesfinanzbehörden zustehende Verwaltung durch die Länder ganz oder zum Teil den Gemeinden (Gemeindeverbänden) übertragen werden. Das Bundesgesetz nach Satz 1 kann für ein Zusammenwirken von Bund und Ländern bestimmen, dass bei Zustimmung einer im Gesetz genannten Mehrheit Regelungen für den Vollzug von Steuergesetzen für alle Länder verbindlich werden.

(4a) Durch Bundesgesetz, das der Zustimmung des Bundesrates bedarf, können bei der Verwaltung von Steuern, die unter Absatz 2 fallen, ein Zusammenwirken von Landesfinanzbehörden und eine länderübergreifende Übertragung von Zuständigkeiten auf Landesfinanzbehörden eines oder mehrerer Länder im Einvernehmen mit den betroffenen Ländern vorgesehen werden, wenn und soweit dadurch der Vollzug der Steuergesetze erheblich verbessert oder erleichtert wird. Die Kostentragung kann durch Bundesgesetz geregelt werden.

(5) Das von den Bundesfinanzbehörden anzuwendende Verfahren wird durch Bundesgesetz geregelt. Das von den Landesfinanzbehörden und in den Fällen des Absatzes 4 Satz 2 von den Gemeinden (Gemeindeverbänden) anzuwendende Verfahren kann durch Bundesgesetz mit Zustimmung des Bundesrates geregelt werden.

(6) Die Finanzgerichtsbarkeit wird durch Bundesgesetz einheitlich geregelt.

(7) Die Bundesregierung kann allgemeine Verwaltungsvorschriften erlassen, und zwar mit Zustimmung des Bundesrates, soweit die Verwaltung den Landesfinanzbehörden oder Gemeinden (Gemeindeverbänden) obliegt.

1.2 LV NRW (Auszug)

Verfassung für das Land Nordrhein-Westfalen (LV NRW*)

vom 28. Juni 1950 (GV. NRW. S. 127),
zuletzt geändert durch Gesetz vom 30. Juni 2020 (GV. NRW. S. 644)

– Auszug –

Artikel 78

(1) Die Gemeinden und Gemeindeverbände sind Gebietskörperschaften mit dem Recht der Selbstverwaltung durch ihre gewählten Organe. Die Räte in den Gemeinden, die Bezirksvertretungen, die Kreistage und die Verbandsversammlung des Regionalverbandes Ruhr werden in allgemeiner, gleicher, unmittelbarer, geheimer und freier Wahl gewählt. Wahlvorschläge, nach deren Ergebnis sich die Sitzanteile in den Räten der Gemeinden, den Bezirksvertretungen, den Kreistagen und der Verbandsversammlung des Regionalverbandes Ruhr bestimmen, werden nur berücksichtigt, wenn sie mindestens 2,5 vom Hundert der insgesamt abgegebenen gültigen Stimmen erhalten haben. Das Gesetz bestimmt das Nähere.

(2) Die Gemeinden und Gemeindeverbände sind in ihrem Gebiet die alleinigen Träger der öffentlichen Verwaltung, soweit die Gesetze nichts anderes vorschreiben.

(3) Das Land kann die Gemeinden oder Gemeindeverbände durch Gesetz oder Rechtsverordnung zur Übernahme und Durchführung bestimmter öffentlicher Aufgaben verpflichten, wenn dabei gleichzeitig Bestimmungen über die Deckung der Kosten getroffen werden. Führt die Übertragung neuer oder die Veränderung bestehender und übertragbarer Aufgaben zu einer wesentlichen Belastung der davon betroffenen Gemeinden oder Gemeindeverbände, ist dafür durch Gesetz oder Rechtsverordnung aufgrund einer Kostenfolgeabschätzung ein entsprechender finanzieller Ausgleich für die entstehenden notwendigen, durchschnittlichen Aufwendungen zu schaffen. Der Aufwendungsersatz soll pauschaliert geleistet werden. Wird nachträglich eine wesentliche Abweichung von der Kostenfolgeabschätzung festgestellt, wird der finanzielle Ausgleich für die Zukunft angepasst. Das Nähere zu den Sätzen 2 bis 4 regelt ein Gesetz; darin sind die Grundsätze der Kostenfolgeabschätzung festzulegen und Bestimmungen über eine Beteiligung der kommunalen Spitzenverbände zu treffen.

(4) Das Land überwacht die Gesetzmäßigkeit der Verwaltung der Gemeinden und Gemeindeverbände. Das Land kann sich bei Pflichtaufgaben ein Weisungs- und Aufsichtsrecht nach näherer gesetzlicher Vorschrift vorbehalten.

Artikel 79

Die Gemeinden haben zur Erfüllung ihrer Aufgaben das Recht auf Erschließung eigener Steuerquellen. Das Land ist verpflichtet, diesem Anspruch bei der Gesetzgebung Rechnung zu tragen und im Rahmen seiner finanziellen Leistungsfähigkeit einen übergemeindlichen Finanzausgleich zu gewährleisten.

1.3 GO NRW

Gemeindeordnung für das Land Nordrhein-Westfalen (GO NRW)

in der Fassung der Bekanntmachung vom 14. Juli 1994 (GV. NW. S. 666), zuletzt geändert durch Gesetz vom 13. April 2022 (GV. NRW. S. 490)

Inhaltsverzeichnis

1. Teil
Grundlagen der Gemeindeverfassung

§ 1
Wesen der Gemeinden

(1) Die Gemeinden sind die Grundlage des demokratischen Staatsaufbaues. Sie fördern das Wohl der Einwohner in freier Selbstverwaltung durch ihre von der Bürgerschaft gewählten Organe. Sie handeln zugleich in Verantwortung für die zukünftigen Generationen.

(2) Die Gemeinden sind Gebietskörperschaften.

§ 2
Wirkungskreis

Die Gemeinden sind in ihrem Gebiet, soweit die Gesetze nicht ausdrücklich etwas anderes bestimmen, ausschließliche und eigenverantwortliche Träger der öffentlichen Verwaltung.

§ 3
Aufgaben der Gemeinden

(1) Den Gemeinden können nur durch Gesetz Pflichtaufgaben auferlegt werden.

(2) Pflichtaufgaben können den Gemeinden zur Erfüllung nach Weisung übertragen werden; das Gesetz bestimmt den Umfang des Weisungsrechts, das in der Regel zu begrenzen ist. Für die gemeinsame Wahrnehmung von Pflichtaufgaben zur Erfüllung nach Weisung ist der Anwendungsbereich des Gesetzes über kommunale Gemeinschaftsarbeit nur nach Maßgabe der Absätze 5 und 6 sowie des § 4 Abs. 8 eröffnet.

(3) Eingriffe in die Rechte der Gemeinden sind nur durch Gesetz zulässig. Rechtsverordnungen zur Durchführung solcher Gesetze bedürfen der Zustimmung des für die kommunale Selbstverwaltung zuständigen Ausschusses des Landtags und, sofern nicht die Landesregierung oder das für Kommunales zuständige Ministerium sie erlassen, der Zustimmung des für Kommunales zuständigen Ministeriums.

(4) Werden den Gemeinden neue Pflichten auferlegt oder werden Pflichten bei der Novellierung eines Gesetzes fortgeschrieben oder erweitert, ist gleichzeitig die Aufbringung der Mittel zu regeln. Führen diese neuen Pflichten zu einer Mehrbelastung der Gemeinden, ist ein entsprechender Ausgleich zu schaffen.

(5) Zur Effizienzsteigerung kann eine Gemeinde mit einer benachbarten Gemeinde gemäß §§ 23 ff. des Gesetzes über kommunale Gemeinschaftsarbeit in der Fassung der Bekanntmachung vom 1. Oktober 1979 (GV. NRW. S. 621) in der jeweils geltenden Fassung vereinbaren, dass ihr gemäß § 3 Abs. 2 übertragene Aufgaben von der benachbarten Gemeinde übernommen oder für sie durchgeführt werden. Satz 1 gilt auch für den Abschluss einer öffentlich-rechtlichen Vereinbarung zwischen einer kreisfreien Stadt und einem benachbarten Kreis.

(6) Absatz 5 gilt nur, soweit

– Bundesrecht oder Recht der Europäischen Gemeinschaften nicht entgegensteht, oder
– der Abschluss einer öffentlich-rechtlichen Vereinbarung nicht durch Gesetz oder Rechtsverordnung ausdrücklich eingeschränkt oder ausgeschlossen ist, oder
– durch die beabsichtigte Aufgabenverlagerung schutzwürdige Belange Dritter nicht unangemessen beeinträchtigt werden oder Gründe des öffentlichen Wohls nicht entgegenstehen.

§ 4
Zusätzliche Aufgaben kreisangehöriger Gemeinden

(1) Mittleren kreisangehörigen Städten (Absatz 2) und Großen kreisangehörigen Städten (Absatz 3) können neben den Aufgaben nach den §§ 2 und 3 zusätzliche Aufgaben durch Gesetz oder Rechtsverordnung übertragen werden.

(2) Eine kreisangehörige Gemeinde ist auf eigenen Antrag zur Mittleren kreisangehörigen Stadt zu bestimmen, wenn ihre maßgebliche Einwohnerzahl an drei aufeinanderfolgenden Stichtagen (Absatz 7) mehr als 20.000 Einwohner beträgt. Sie ist von Amts wegen zur Mittleren kreisangehörigen Stadt zu bestimmen, wenn ihre maßgebliche Einwohnerzahl an fünf aufeinanderfolgenden Stichtagen ab dem 31. Dezember 2017 (Absatz 7) mehr als 25.000 Einwohner beträgt.

(3) Eine kreisangehörige Gemeinde ist auf eigenen Antrag zur Großen kreisangehörigen Stadt zu bestimmen, wenn ihre maßgebliche Einwohnerzahl an drei aufeinanderfolgenden Stichtagen (Absatz 7) mehr als 50.000 Einwohner beträgt. Sie ist von Amts wegen zur Großen kreisangehörigen Stadt zu bestimmen, wenn ihre maßgebliche Einwohnerzahl an fünf aufeinanderfolgenden Stichtagen ab dem 31. Dezember 2017 (Absatz 7) mehr als 60.000 Einwohner beträgt.

(4) Eine Große kreisangehörige Stadt ist auf eigenen Antrag zur Mittleren kreisangehörigen Stadt zu bestimmen, wenn ihre maßgebliche Einwohnerzahl an fünf aufeinanderfolgenden Stichtagen (Absatz 7) weniger als 50.000 Einwohner beträgt. Sie ist von Amts wegen zur Mittleren kreisangehörigen Stadt zu bestimmen, wenn ihre maßgebliche Einwohnerzahl an fünf aufeinanderfolgenden Stichtagen (Absatz 7) weniger als 45.000 Einwohner beträgt.

(5) Eine Mittlere kreisangehörige Stadt oder eine Große kreisangehörige Stadt ist auf eigenen Antrag in der Rechtsverordnung (Absatz 6) zu streichen, wenn ihre maßgebliche Einwohnerzahl an fünf aufeinanderfolgenden Stichtagen (Absatz 7) weniger als 20.000 Einwohner beträgt. Sie ist von Amts wegen in der Rechtsverordnung (Absatz 6) zu streichen, wenn ihre maßgebliche Einwohnerzahl an fünf aufeinanderfolgenden Stichtagen (Absatz 7) weniger als 15.000 Einwohner beträgt.

(6) Über Anträge nach den Absätzen 2 bis 5 entscheidet das für Kommunales zuständige Ministerium. Ihnen ist zu entsprechen, wenn zwingende übergeordnete Interessen nicht entgegenstehen. Die Bestimmung kreisangehöriger Gemeinden zur Mittleren oder Großen kreisangehörigen Stadt erfolgt durch Rechtsverordnung der Landesregierung. Änderungen dieser Rechtsverordnung treten zum 1. Januar des auf die Verkündung folgenden übernächsten Kalenderjahres in Kraft.

(7) Maßgeblich ist die jeweils auf den 30. Juni und 31. Dezember eines jeden Jahres fortgeschriebene Bevölkerungszahl (Stichtage), die vom Landesbetrieb Information und Technik Nordrhein-Westfalen – Geschäftsbereich Statistik – veröffentlicht wird.

(8) Eine Gemeinde kann gemäß §§ 23 ff. des Gesetzes über kommunale Gemeinschaftsarbeit

a) mit einer oder mehreren benachbarten Gemeinden vereinbaren, eine oder mehrere Aufgaben nach Absatz 1 in der Form gemeinsam wahrzunehmen, dass eine der Gemeinden die Aufgabe übernimmt oder für die übrigen Beteiligten durchführt,
b) als Mittlere oder Große kreisangehörige Stadt mit dem Kreis vereinbaren, dass eine oder mehrere ihr nach Absatz 1 übertragene Aufgaben vom Kreis übernommen werden.

In den Fällen des Buchstaben a) muss die Summe der Einwohnerzahl der beteiligten Gemeinden die jeweilige Einwohnerzahl des Absatzes 2 Satz 1 oder des Absatzes 3 Satz 1 überschreiten (additiver Schwellenwert). Die Gemeinde gilt insoweit als Mittlere bzw. Große kreisangehörige Stadt. Die Absätze 4 und 5 gelten entsprechend. Soweit durch die Vereinbarung Aufgaben vom Kreis auf die Gemeinde übergehen, ist das Benehmen mit dem abgebenden Kreis erforderlich. Der Kreis gilt insoweit als Beteiligter im Sinne von § 29 Abs. 4 des Gesetzes über kommunale Gemeinschaftsarbeit. § 3 Abs. 6 gilt entsprechend.

§ 5
Gleichstellung von Frau und Mann

(1) Die Verwirklichung des Verfassungsgebots der Gleichberechtigung von Frau und Mann ist auch eine Aufgabe der Gemeinden. Zur Wahrnehmung dieser Aufgabe können die Gemeinden Gleichstellungsbeauftragte bestellen.

(2) In kreisangehörigen Städten und Gemeinden mit mehr als 10 000 Einwohnern sowie in kreisfreien Städten sind hauptamtlich tätige Gleichstellungsbeauftragte zu bestellen.

(3) Die Gleichstellungsbeauftragte wirkt bei allen Vorhaben und Maßnahmen der Gemeinde mit, die die Belange von Frauen berühren oder Auswirkungen auf die Gleichberechtigung von Frau und Mann und die Anerkennung ihrer gleichberechtigten Stellung in der Gesellschaft haben.

(4) Die Gleichstellungsbeauftragte kann in Angelegenheiten ihres Aufgabenbereiches an den Sitzungen des Verwaltungsvorstands, des Rates und seiner Ausschüsse teilnehmen. Ihr ist auf Wunsch das Wort zuerteilen. Sie kann die Öffentlichkeit über Angelegenheiten ihres Aufgabenbereichs unterrichten.

(5) Die Gleichstellungsbeauftragte kann in Angelegenheiten, die ihren Aufgabenbereich berühren, den Beschlussvorlagen des Bürgermeisters widersprechen; in diesem Fall hat der Bürgermeister den Rat zu Beginn der Beratung auf den Widerspruch und seine wesentlichen Gründe hinzuweisen.

(6) Das Nähere zu den Absätzen 3 bis 5 regelt die Hauptsatzung.

§ 6
Geheimhaltung

Die Gemeinden sind verpflichtet, Angelegenheiten der zivilen Verteidigung, die auf Anordnung der zuständigen Behörde oder ihrem Wesen nach gegen die Kenntnis Unbefugter geschützt werden müssen, geheimzuhalten. Sie haben hierbei Weisungen der Landesregierung auf dem Gebiet des Geheimschutzes zu beachten.

§ 7
Satzungen

(1) Die Gemeinden können ihre Angelegenheiten durch Satzung regeln, soweit Gesetze nichts anderes bestimmen. Satzungen bedürfen der Genehmigung der Aufsichtsbehörde nur, wenn dies gesetzlich ausdrücklich vorgeschrieben ist.

(2) In den Satzungen können vorsätzliche und fahrlässige Zuwiderhandlungen gegen Gebote und Verbote mit Bußgeld bedroht werden. Zuständige Verwaltungsbehörde im Sinne des § 36 Abs. 1 Nr. 1 des Gesetzes über Ordnungswidrigkeiten ist der Bürgermeister.

(3) Jede Gemeinde hat eine Hauptsatzung zu erlassen. In ihr ist mindestens zu ordnen, was nach den Vorschriften dieses Gesetzes der Hauptsatzung vorbehalten ist. Die Hauptsatzung und ihre Änderung kann der Rat nur mit der Mehrheit der gesetzlichen Zahl der Mitglieder beschließen.

(4) Satzungen sind öffentlich bekanntzumachen. Sie treten, wenn kein anderer Zeitpunkt bestimmt ist, mit dem Tage nach der Bekanntmachung in Kraft.

(5) Das für Kommunales zuständige Ministerium bestimmt durch Rechtsverordnung, welche Verfahrens- und Formvorschriften bei der öffentlichen Bekanntmachung von Satzungen und sonstigen ortsrechtlichen Bestimmungen einzuhalten sind, soweit nicht andere Gesetze hierüber besondere Regelungen enthalten.

(6) Die Verletzung von Verfahrens- oder Formvorschriften dieses Gesetzes kann gegen Satzungen, sonstige ortsrechtliche Bestimmungen und Flächennutzungspläne nach Ablauf von sechs Monaten seit ihrer Verkündung nicht mehr geltend gemacht werden, es sei denn,

a) eine vorgeschriebene Genehmigung fehlt oder ein vorgeschriebenes Anzeigeverfahren wurde nicht durchgeführt,
b) die Satzung, die sonstige ortsrechtliche Bestimmung oder der Flächennutzungsplan ist nicht ordnungsgemäß öffentlich bekanntgemacht worden,
c) der Bürgermeister hat den Ratsbeschluß vorher beanstandet oder
d) der Form- oder Verfahrensmangel ist gegenüber der Gemeinde vorher gerügt und dabei die verletzte Rechtsvorschrift und die Tatsache bezeichnet worden, die den Mangel ergibt.

Bei der öffentlichen Bekanntmachung der Satzung, der sonstigen ortsrechtlichen Bestimmung und des Flächennutzungsplans ist auf die Rechtsfolgen nach Satz 1 hinzuweisen.

(7) Die Gemeinden bestimmen in ihrer Hauptsatzung die Form der öffentlichen Bekanntmachung für die nach diesem Gesetz oder anderen Rechtsvorschriften vorgeschriebenen sonstigen öffentlichen Bekanntmachungen, soweit nicht andere Gesetze hierüber besondere Regelungen enthalten. Für die Form und den Vollzug der Bekanntmachung gilt die Rechtsverordnung nach Absatz 5 entsprechend.

§ 8
Gemeindliche Einrichtungen und Lasten

(1) Die Gemeinden schaffen innerhalb der Grenzen ihrer Leistungsfähigkeit die für die wirtschaftliche, soziale und kulturelle Betreuung ihrer Einwohner erforderlichen öffentlichen Einrichtungen.

(2) Alle Einwohner einer Gemeinde sind im Rahmen des geltenden Rechts berechtigt, die öffentlichen Einrichtungen der Gemeinde zu benutzen und verpflichtet, die Lasten zu tragen, die sich aus ihrer Zugehörigkeit zu der Gemeinde ergeben.

(3) Grundbesitzer und Gewerbetreibende, die nicht in der Gemeinde wohnen, sind in gleicher Weise berechtigt, die öffentlichen Einrichtungen zu benutzen, die in der Gemeinde für Grundbesitzer und Gewerbetreibende bestehen, und verpflichtet, für ihren Grundbesitz oder Gewerbebetrieb im Gemeindegebiet zu den Gemeindelasten beizutragen.

(4) Diese Vorschriften gelten entsprechend für juristische Personen und für Personenvereinigungen.

§ 9
Anschluß- und Benutzungszwang

Die Gemeinden können bei öffentlichem Bedürfnis durch Satzung für die Grundstücke ihres Gebiets den Anschluß an Wasserleitung, Kanalisation und ähnliche der Volksgesundheit dienende Einrichtungen sowie an Einrichtungen zur Versorgung mit Fernwärme (Anschlußzwang) und die Benutzung dieser Einrichtungen und der Schlachthöfe (Benutzungszwang) vorschreiben. Die Satzung kann Ausnahmen vom Anschluß- und Benutzungszwang zulassen. Sie kann den Zwang auch auf bestimmte Teile des Gemeindegebiets und auf bestimmte Gruppen von Grundstücken oder Personen beschränken. Im Falle des Anschluß- und Benutzungszwangs für Fernwärme soll die Satzung zum Ausgleich von sozialen Härten angemessene Übergangsregelungen enthalten.

§ 10
Wirtschaftsführung

Die Gemeinden haben ihr Vermögen und ihre Einkünfte so zu verwalten, daß die Gemeindefinanzen gesund bleiben. Auf die wirtschaftliche Leistungsfähigkeit der Abgabepflichtigen ist Rücksicht zu nehmen.

§ 11
Aufsicht

Die Aufsicht des Landes schützt die Gemeinden in ihren Rechten und sichert die Erfüllung ihrer Pflichten.

§ 12
Funktionsbezeichnungen

Die Funktionsbezeichnungen dieses Gesetzes werden in weiblicher oder männlicher Form geführt.

§ 13
Name und Bezeichnung

(1) Die Gemeinden führen ihren bisherigen Namen. Der Rat kann mit einer Mehrheit von drei Vierteln seiner Mitglieder den Gemeindenamen ändern. Die Änderung des Gemeindenamens bedarf der Genehmigung des für Kommunales zuständigen Ministeriums. Sätze 2 und 3 finden auch in den Fällen Anwendung, in denen der Gemeindename durch Gesetz festgelegt wurde, wenn seit dem Inkrafttreten des Gesetzes zehn Jahre vergangen sind.

(2) Die Bezeichnung „Stadt“ führen die Gemeinden, denen diese Bezeichnung nach dem bisherigen Recht zusteht. Sobald eine Gemeinde als Mittlere kreisangehörige Stadt zusätzliche Aufgaben wahrzunehmen hat, führt sie unabhängig von der künftigen Einwohnerentwicklung die Bezeichnung „Stadt". Eine kreisangehörige Stadt, in der die Kreisverwaltung ihren Sitz hat, ist berechtigt, die Bezeichnung „Kreisstadt“ zu führen.

(3) Die Gemeinden können auch andere Bezeichnungen, die auf der Geschichte oder der heutigen Eigenart oder Bedeutung der Gemeinden beruhen, führen. Der Rat kann mit einer Mehrheit von drei Vierteln seiner Mitglieder diese Bezeichnung bestimmen und ändern. Die Bestimmung und Änderung der Bezeichnung bedarf der Genehmigung des für Kommunales zuständigen Ministeriums.

§ 14
Siegel, Wappen und Flaggen

(1) Die Gemeinden führen Dienstsiegel.

(2) Die Gemeinden führen ihre bisherigen Wappen und Flaggen.

(3) Die Änderung und die Einführung von Dienstsiegeln, Wappen und Flaggen bedürfen der Genehmigung der Aufsichtsbehörde.

2. Teil
Gemeindegebiet

§ 15
Gemeindegebiet

Das Gebiet jeder Gemeinde soll so bemessen sein, daß die örtliche Verbundenheit der Einwohner gewahrt und die Leistungsfähigkeit der Gemeinde zur Erfüllung ihrer Aufgaben gesichert ist.

§ 16
Gebietsbestand

(1) Das Gebiet der Gemeinde besteht aus den Grundstücken, die nach geltendem Recht zu ihr gehören. Grenzstreitigkeiten entscheidet die Aufsichtsbehörde.

(2) Jedes Grundstück soll zu einer Gemeinde gehören.

§ 17
Gebietsänderungen

(1) Aus Gründen des öffentlichen Wohls können Gemeindegrenzen geändert, Gemeinden aufgelöst oder neugebildet werden.

(2) Werden durch die Änderung von Gemeindegrenzen die Grenzen von Gemeindeverbänden berührt, so bewirkt die Änderung der Gemeindegrenzen unmittelbar auch die Änderung der Gemeindeverbandsgrenzen.

§ 18
Gebietsänderungsverträge

(1) Die beteiligten Gemeinden und Gemeindeverbände treffen, soweit erforderlich, Vereinbarungen über die aus Anlaß einer Gebietsänderung zu regelnden Einzelheiten (Gebietsänderungsverträge). In diese Verträge sind insbesondere die für die Auseinandersetzung, die Rechtsnachfolge und die Überleitung des Ortsrechts notwendigen Bestimmungen aufzunehmen.

(2) Gebietsänderungsverträge bedürfen der Genehmigung der Aufsichtsbehörde. Kommt ein Gebietsänderungsvertrag nicht zustande, so bestimmt die Aufsichtsbehörde die aus Anlaß der Gebietsänderung zu regelnden Einzelheiten.

§ 19
Verfahren bei Gebietsänderungen

(1) Die Gemeinden haben vor Aufnahme von Verhandlungen über Änderungen ihres Gebiets die Aufsichtsbehörde zu unterrichten.

(2) Vor jeder Gebietsänderung ist der Wille der betroffenen Bevölkerung in der Weise festzustellen, daß den Räten der beteiligten Gemeinden Gelegenheit zur Stellungnahme gegeben wird. Außerdem sind die Gemeindeverbände zu hören, deren Grenzen durch die Gebietsänderung berührt werden.

(3) Änderungen des Gemeindegebiets bedürfen eines Gesetzes. In Fällen von geringer Bedeutung kann die Änderung von Gemeindegrenzen durch die Bezirksregierung ausgesprochen werden, wenn die Grenzen von Regierungsbezirken berührt werden, ist das für Kommunales zuständige Ministerium zuständig. Geringe Bedeutung hat eine Grenzänderung, wenn sie nicht mehr als 10 vom Hundert des Gemeindegebiets der abgebenden Gemeinde und nicht mehr als insgesamt 200 Einwohner erfaßt. Die Sätze 2 und 3 finden auch in dem Falle Anwendung, daß eine Gemeindegrenze durch Gesetz festgelegt wurde, wenn seit dem Inkrafttreten des Gesetzes zehn Jahre vergangen sind; gesetzliche Vorschriften, die die Änderung von Gemeindegrenzen bereits zu einem früheren Zeitpunkt zulassen, bleiben unberührt.

(4) In dem Gesetz oder in der Entscheidung nach Absatz 3 Satz 2 sind die Gebietsänderungsverträge oder die Bestimmungen der Aufsichtsbehörde über die Einzelheiten der Gebietsänderung zu bestätigen.

§ 20
Wirkungen der Gebietsänderung

(1) Der Ausspruch der Änderung des Gemeindegebiets und die Entscheidung über die Auseinandersetzung begründen Rechte und Pflichten der Beteiligten. Sie bewirken den Übergang, die Beschränkung oder Aufhebung von dinglichen Rechten, sofern der Gebietsänderungsvertrag oder die Entscheidung über die Auseinandersetzung derartiges vorsehen. Die Aufsichtsbehörde ersucht die zuständigen Behörden um die Berichtigung des Grundbuchs, des Wasserbuchs und anderer öffentlicher Bücher. Sie kann Unschädlichkeitszeugnisse ausstellen.

(2) Rechtshandlungen, die aus Anlaß der Änderung des Gemeindegebiets erforderlich sind, sind frei von öffentlichen Abgaben sowie von Gebühren und Auslagen, soweit diese auf Landesrecht beruhen.

3. Teil
Einwohner und Bürger

§ 21
Einwohner und Bürger

(1) Einwohner ist, wer in der Gemeinde wohnt.

(2) Bürger ist, wer zu den Gemeindewahlen wahlberechtigt ist.

§ 22
Pflichten der Gemeinden gegenüber ihren Einwohnern

(1) Die Gemeinden sind in den Grenzen ihrer Verwaltungskraft ihren Einwohnern bei der Einleitung von Verwaltungsverfahren behilflich, auch wenn für deren Durchführung eine andere Behörde zuständig ist. Zur Rechtsberatung sind die Gemeinden nicht verpflichtet.

(2) Die Gemeinden haben Vordrucke für Anträge, Anzeigen und Meldungen, die ihnen von anderen Behörden überlassen werden, bereitzuhalten.

(3) Soweit Anträge beim Kreis oder bei der Bezirksregierung einzureichen sind, haben die Gemeinden die Anträge entgegenzunehmen und unverzüglich an die zuständige Behörde weiterzuleiten. Die Einreichung bei der Gemeinde gilt als Antragstellung bei der zuständigen Behörde, soweit Bundesrecht nicht entgegensteht. Durch Rechtsverordnung des für Kommunales zuständigen Ministeriums können Anträge, die bei anderen Behörden zu stellen sind, in diese Regelung einbezogen werden.

§ 23
Unterrichtung der Einwohner

(1) Der Rat unterrichtet die Einwohner über die allgemein bedeutsamen Angelegenheiten der Gemeinde. Bei wichtigen Planungen und Vorhaben der Gemeinde, die unmittelbar raum- oder entwicklungsbedeutsam sind oder das wirtschaftliche, soziale oder kulturelle Wohl ihrer Einwohner nachhaltig berühren, sollen die Einwohner möglichst frühzeitig über die Grundlagen sowie Ziele, Zwecke und Auswirkungen unterrichtet werden.

(2) Die Unterrichtung ist in der Regel so vorzunehmen, daß Gelegenheit zur Äußerung und zur Erörterung besteht. Zu diesem Zweck kann der Rat Versammlungen der Einwohner anberaumen, die auf Gemeindebezirke (Ortschaften) beschränkt werden können. Die näheren Einzelheiten, insbesondere die Beteiligung der Bezirksvertretungen in den kreisfreien Städten, sind in der Hauptsatzung zu regeln. Vorschriften über eine förmliche Beteiligung oder Anhörung bleiben unberührt.

(3) Ein Verstoß gegen die Absätze 1 und 2 berührt die Rechtmäßigkeit der Entscheidung nicht.

§ 24
Anregungen und Beschwerden

(1) Jede Einwohnerin oder jeder Einwohner der Gemeinde, die oder der seit mindestens drei Monaten in der Gemeinde wohnt, hat das Recht, sich einzeln oder in Gemeinschaft mit anderen in Textform nach § 126b des Bürgerlichen Gesetzbuches mit Anregungen oder Beschwerden in Angelegenheiten der Gemeinde an den Rat oder die Bezirksvertretung zu wenden. Die Zuständigkeiten der Ausschüsse, der Bezirksvertretungen und des Bürgermeisters werden hierdurch nicht berührt. Die Erledigung von Anregungen und Beschwerden kann der Rat einem Ausschuß übertragen. Der Antragsteller ist über die Stellungnahme zu den Anregungen und Beschwerden zu unterrichten.

(2) Die näheren Einzelheiten regelt die Hauptsatzung.

§ 25
Einwohnerantrag

(1) Einwohner, die seit mindestens drei Monaten in der Gemeinde wohnen und das 14. Lebensjahr vollendet haben, können beantragen, daß der Rat über eine bestimmte Angelegenheit, für die er gesetzlich zuständig ist, berät und entscheidet.

(2) Der Antrag muß in Textform eingereicht werden. Er muß ein bestimmtes Begehren und eine Begründung enthalten. Er muß bis zu drei Personen benennen, die berechtigt sind, die Unter-

zeichnendenzu vertreten. Die Verwaltung ist in den Grenzen ihrer Verwaltungskraft ihren Einwohnern bei der Einleitung eines Einwohnerantrages behilflich.

(3) Der Einwohnerantrag muß unterzeichnet sein,

1. in kreisangehörigen Gemeinden von mindestens 5 vom Hundert der Einwohner, höchstens jedoch von 4000 Einwohnern,
2. in kreisfreien Städten von mindestens 4 vom Hundert der Einwohner, höchstens jedoch 8000 Einwohnern.

§ 4 Absatz 7 gilt entsprechend.

(4) Jede Liste mit Unterzeichnungen muß den vollen Wortlaut des Antrags enthalten. Eintragungen, welche die Person des Unterzeichners nach Namen, Vornamen, Geburtsdatum und Anschrift nicht zweifelsfrei erkennen lassen, sind ungültig. Die Angaben werden von der Gemeinde geprüft.

(5) Der Antrag ist nur zulässig, wenn nicht in derselben Angelegenheit innerhalb der letzten zwölf Monate bereits ein Antrag gestellt wurde.

(6) Die Voraussetzungen der Absätze 1 bis 5 müssen im Zeitpunkt des Eingangs des Antrags bei der Gemeinde erfüllt sein.

(7) Der Rat stellt unverzüglich fest, ob der Einwohnerantrag zulässig ist. Er hat unverzüglich darüber zu beraten und zu entscheiden, spätestens innerhalb von vier Monaten nach seinem Eingang. Den Vertretern des Einwohnerantrags soll Gelegenheit gegeben werden, den Antrag in der Ratssitzung zu erläutern.

(8) In kreisfreien Städten kann ein Einwohnerantrag an eine Bezirksvertretung gerichtet werden, wenn es sich um eine Angelegenheit handelt, für welche die Bezirksvertretung zuständig ist. Die Absätze 1 bis 7 gelten entsprechend mit der Maßgabe, daß

1. antrags- und unterzeichnungsberechtigt ist, wer im Stadtbezirk wohnt und
2. die Berechnung der erforderlichen Unterzeichnungen sich nach der Zahl der im Stadtbezirk wohnenden Einwohner richtet.

(9) Das für Kommunales zuständige Ministerium kann durch Rechtsverordnung das Nähere über die Durchführung des Einwohnerantrags regeln.

§ 26
Bürgerbegehren und Bürgerentscheid

(1) Die Bürger können beantragen (Bürgerbegehren), daß sie an Stelle des Rates über eine Angelegenheit der Gemeinde selbst entscheiden (Bürgerentscheid). Der Rat kann mit einer Mehrheit von zwei Dritteln der gesetzlichen Zahl der Mitglieder beschließen, dass über eine Angelegenheit der Gemeinde ein Bürgerentscheid stattfindet (Ratsbürgerentscheid). Absatz 2 Satz 1 sowie die Absätze 5, 7, 8 und 10 gelten entsprechend.

(2) Das Bürgerbegehren muss in Textform eingereicht werden und die zur Entscheidung zu bringende Frage sowie eine Begründung enthalten. Es muss bis zu drei Bürger benennen, die berechtigt sind, die Unterzeichnenden zu vertreten (Vertretungsberechtigte). Bürger, die beabsichtigen, ein Bürgerbegehren durchzuführen, teilen dies der Verwaltung in Textform mit. Die Verwaltung ist in den Grenzen ihrer Verwaltungskraft ihren Bürgern bei der Einleitung eines Bürgerbegehrens behilflich. Sie teilt den Vertretungsberechtigten in Textform eine Einschätzung der mit der Durchführung der verlangten Maßnahme verbundenen Kosten (Kostenschätzung) mit. Die Kostenschätzung der Verwaltung ist bei der Sammlung der Unterschriften nach Absatz 4 anzugeben. Wenn die Kostenschätzung nach Satz 5 vorliegt, können die Vertretungsberechtigten nach Satz 2 beantragen zu entscheiden, ob das Bürgerbegehren mit Ausnahme der Voraussetzungen des Absatzes 4 zulässig ist. Der Antrag ist in der gemäß § 25 Absatz 4 vorgeschriebenen Form einschließlich der zur Entscheidung zu bringenden Frage, der Begründung sowie der anzugebenden Kostenschätzung vorzulegen und von den Vertretungsberechtigten sowie mindestens 25 Bürgern zu unterzeichnen. Über den Antrag hat der Rat innerhalb von acht Wochen zu entscheiden. Der

Rat kann in der Hauptsatzung die Entscheidung über den Antrag nach Satz 7 auf den Hauptausschuss übertragen, der ebenfalls innerhalb von acht Wochen zu entscheiden hat. Absatz 6 Satz 3 und 6 gilt entsprechend.

(3) Richtet sich ein Bürgerbegehren gegen einen Beschluß des Rates, muß es innerhalb von sechs Wochen nach der Bekanntmachung des Beschlusses eingereicht sein. Gegen einen Beschluß, der nicht der Bekanntmachung bedarf, beträgt die Frist drei Monate nach dem Sitzungstag. Nach der Mitteilung nach Absatz 2 Satz 3 ist der Ablauf der Fristen aus Satz 1 und Satz 2 bis zur Mitteilung der Verwaltung nach Absatz 2 Satz 5 gehemmt. Nach einem Antrag nach Absatz 2 Satz 7 ist der Ablauf der Fristen aus Satz 1 und Satz 2 bis zur Entscheidung nach Absatz 2 Satz 9 gehemmt.

(4) Ein Bürgerbegehren muss in Gemeinden
- bis 10.000 Einwohner von 10 %
- bis 20.000 Einwohner von 9 %
- bis 30.000 Einwohner von 8 %
- bis 50.000 Einwohner von 7 %
- bis 100.000 Einwohner von 6 %
- bis 200.000 Einwohner von 5 %
- bis 500.000 Einwohner von 4 %
- über 500.000 Einwohner von 3 %

der Bürger unterzeichnet sein.

Maßgeblich ist die bei der letzten allgemeinen Kommunalwahl festgestellte Zahl der Wahlberechtigten. Für die Zahl der Einwohner gilt § 4 Absatz 7 entsprechend. Nach Absatz 2 Satz 8 erfolgte Unterzeichnungen sind anzurechnen. Die Angaben werden von der Gemeinde geprüft. Im übrigen gilt § 25 Abs. 4 entsprechend.

(5) Ein Bürgerbegehren ist unzulässig über
1. die innere Organisation der Gemeindeverwaltung,
2. die Rechtsverhältnisse der Mitglieder des Rates, der Bezirksvertretungen und der Ausschüsse sowie der Bediensteten der Gemeinde,
3. die Haushaltssatzung, die Eröffnungsbilanz, den Jahresabschluss und den Gesamtabschluss der Gemeinde (einschließlich der Wirtschaftspläne und des Jahresabschlusses der Eigenbetriebe) sowie die kommunalen Abgaben und die privatrechtlichen Entgelte,
4. Angelegenheiten, die im Rahmen eines Planfeststellungsverfahrens oder eines förmlichen Verwaltungsverfahrens mit Öffentlichkeitsbeteiligung oder eines abfallrechtlichen, immissionsschutzrechtlichen, wasserrechtlichen oder vergleichbaren Zulassungsverfahrens zu entscheiden sind,
5. die Aufstellung, Änderung, Ergänzung und Aufhebung von Bauleitplänen mit Ausnahme der Entscheidung über die Einleitung des Bauleitplanverfahrens.

Ein Bürgerbegehren darf nur Angelegenheiten zum Gegenstand haben, über die innerhalb der letzten zwei Jahre nicht bereits ein Bürgerentscheid durchgeführt worden ist.

(6) Der Rat stellt unverzüglich fest, ob das Bürgerbegehren zulässig ist. Liegt bereits eine Entscheidung nach Absatz 2 Satz 9 oder Satz 10 vor, so entscheidet der Rat lediglich darüber, ob die Voraussetzungen des Absatzes 4 vorliegen. Gegen die ablehnende Entscheidung des Rates können nur die Vertreter des Bürgerbegehrens nach Absatz 2 Satz 2 einen Rechtsbehelf einlegen. Entspricht der Rat dem zulässigen Bürgerbegehren nicht, so ist innerhalb von drei Monaten nach der Entscheidung nach Satz 1 oder Satz 2 ein Bürgerentscheid durchzuführen. Entspricht der Rat dem Bürgerbegehren, so unterbleibt der Bürgerentscheid. Den Vertretern des Bürgerbegehrens soll Gelegenheit gegeben werden, den Antrag in der Sitzung des Rates zu erläutern. Ist die Zulässigkeit des Bürgerbegehrens nach Satz 1 oder Satz 2 abschließend festgestellt, darf bis zur Feststellung des Ergebnisses des Bürgerentscheids eine dem Begehren entgegenstehende Entscheidung der

Gemeindeorgane nicht mehr getroffen oder mit dem Vollzug einer derartigen Entscheidung nicht mehr begonnen werden, es sei denn, zu diesem Zeitpunkt haben rechtliche Verpflichtungen der Gemeinde hierzu bestanden (Sperrwirkung des zulässigen Bürgerbegehrens).

(7) Bei einem Bürgerentscheid kann über die gestellte Frage nur mit Ja oder Nein abgestimmt werden. Die Frage ist in dem Sinne entschieden, in dem sie von der Mehrheit der gültigen Stimmen beantwortet wurde, sofern diese Mehrheit in Gemeinden mit

bis zu 50000 Einwohnern	mindestens 20 Prozent,
über 50000 bis zu 100000 Einwohnern	mindestens 15 Prozent,
mehr als 100000 Einwohnern	mindestens 10 Prozent

der Bürger beträgt.

§ 4 Absatz 7 gilt entsprechend. Bei Stimmengleichheit gilt die Frage als mit Nein beantwortet. Sollen an einem Tag mehrere Bürgerentscheide stattfinden, hat der Rat eine Stichfrage für den Fall zu beschließen, dass die gleichzeitig zur Abstimmung gestellten Fragen in einer miteinander nicht zu vereinbarenden Weise beantwortet werden (Stichentscheid). Es gilt dann diejenige Entscheidung, für die sich im Stichentscheid die Mehrheit der gültigen Stimmen ausspricht. Bei Stimmengleichheit im Stichentscheid gilt der Bürgerentscheid, dessen Frage mit der höchsten Stimmenzahl mehrheitlich beantwortet worden ist.

(8) Der Bürgerentscheid hat die Wirkung eines Ratsbeschlusses. Vor Ablauf von zwei Jahren kann er nur auf Initiative des Rates durch einen neuen Bürgerentscheid abgeändert werden.

(9) In kreisfreien Städten können Bürgerbegehren und Bürgerentscheid in einem Stadtbezirk durchgeführt werden, wenn es sich um eine Angelegenheit handelt, für welche die Bezirksvertretung zuständig ist. Die Absätze 1 bis 8 gelten entsprechend mit der Maßgabe, daß

1. das Bürgerbegehren von im Stadtbezirk wohnenden Bürgern unterzeichnet sein muss,
2. bei einem Bürgerentscheid nur die im Stadtbezirk wohnenden Bürger stimmberechtigt sind,
3. die Bezirksvertretung mit Ausnahme der Entscheidung nach Absatz 6 Satz 1 an die Stelle des Rates tritt.

(10) Das für Kommunales zuständige Ministerium kann durch Rechtsverordnung das Nähere über die Durchführung des Bürgerbegehrens und des Bürgerentscheids regeln. Dabei sind die § 32 Abs. 6, § 34a und § 41 der Kommunalwahlordnung zu berücksichtigen.

§ 26a
Transparenzpflichten bei Bürgerbegehren und Bürgerentscheid

(1) Die Unterlagen zur Einreichung eines Bürgerbegehrens müssen eine Erklärung darüber enthalten, ob und in welcher Gesamthöhe die nach § 26 Absatz 2 Satz 2 genannten Vertretungsberechtigten Zuwendungen von Dritten für die Vorbereitung und Durchführung des Bürgerbegehrens erhalten oder eigene Mittel dafür eingesetzt haben. Zuwendungen eines einzelnen Zuwenders für den Zweck der Vorbereitung und Durchführung des Bürgerbegehrens, deren Gesamtwert 10.000 Euro übersteigt, sind unter Angabe des Namens und der Anschrift des Zuwenders sowie der Gesamthöhe der Zuwendung anzugeben.

(2) Erhalten die Vertretungsberechtigten des Bürgerbegehrens nach Antragstellung eine Zuwendung, die alleine oder zusammen mit weiteren Zuwendungen dieses Zuwenders den Gesamtwert von 10.000 Euro übersteigt, teilen die Vertretungsberechtigten dies dem Bürgermeister unverzüglich mit. Wird über die Frage des Bürgerbegehrens ein Bürgerentscheid durchgeführt, besteht die Mitteilungspflicht bis zu dessen Abschluss fort.

(3) Im Falle der Durchführung eines Bürgerentscheids veröffentlicht der Bürgermeister die Erklärungen und Mitteilungen der Vertretungsberechtigten 16 Tage vor dem Bürgerentscheid über eine öffentliche Bekanntmachung. Sofern nach dieser Frist weitere Erklärungen und Mitteilungen eingehen, veröffentlicht sie der Bürgermeister in geeigneter Weise spätestens am Tag vor dem Bürgerentscheid. In Fällen nach Satz 2 ist eine vereinfachte Bekanntmachung möglich.

(4) Die Vertretungsberechtigten versichern bei der Einreichung eines Bürgerbegehrens an Eides statt, dass der Mitteilungspflicht vollständig und richtig nachgekommen worden ist. Wird über die Frage des Bürgerbegehrens ein Bürgerentscheid durchgeführt, müssen die Vertretungsberechtigten 16 Tage vor dem Entscheid die Erklärung an Eides statt erneuern.

§ 27
Politische Teilhabe von Menschen mit Einwanderungsgeschichte

(1) In einer Gemeinde, in der mindestens 5000 ausländische Einwohner ihre Hauptwohnung haben, ist ein Integrationsrat zu bilden.

In einer Gemeinde, in der mindestens 2000 ausländische Einwohner ihre Hauptwohnung haben, ist ein Integrationsrat zu bilden, wenn mindestens 200 Wahlberechtigte gemäß Absatz 3 Satz 1 es beantragen.

In anderen Gemeinden kann ein Integrationsrat gebildet werden.

Der Integrationsrat wird gebildet, indem die Mitglieder nach Absatz 2 Satz 1 gewählt werden und die vom Rat nach Absatz 2 Satz 4 bestellten Ratsmitglieder hinzutreten. Die Zahl der nach Absatz 2 Satz 1 zu wählenden Mitglieder muss die Zahl der nach Absatz 2 Satz 4 zu bestellenden Ratsmitglieder übersteigen.

(2) In allgemeiner, unmittelbarer, freier, gleicher und geheimer Wahl werden für die Dauer der Wahlperiode des Rates die Mitglieder nach Listen oder als Einzelbewerber gewählt. Für die Mitglieder nach Listen und die Einzelbewerber können Stellvertreter gewählt werden.

Die Wahl der Mitglieder findet am Tag der Kommunalwahl statt; in den Fällen des Absatz 1 Satz 2 und 3 ist auch eine spätere Wahl zulässig.

Für den Integrationsrat bestellt der Rat aus seiner Mitte die weiteren Mitglieder. Die Bestellung von Stellvertretern ist zulässig.

(3) Wahlberechtigt ist, wer

1. nicht Deutscher im Sinne des Artikels 116 Absatz 1 des Grundgesetzes ist,
2. eine ausländische Staatsangehörigkeit besitzt,
3. die deutsche Staatsangehörigkeit durch Einbürgerung erhalten hat oder
4. die deutsche Staatsangehörigkeit nach § 4 Absatz 3 des Staatsangehörigkeitsgesetzes in der im Bundesgesetzblatt Teil III, Gliederungsnummer 102-1, veröffentlichten bereinigten Fassung, zuletzt geändert durch Artikel 1 des Gesetzes vom 28. August 2013 (BGBl. I S. 3458), erworben hat.

Darüber hinaus muss die Person am Wahltag

1. 16 Jahre alt sein,
2. sich seit mindestens einem Jahr im Bundesgebiet rechtmäßig aufhalten und
3. mindestens seit dem sechzehnten Tag vor der Wahl in der Gemeinde ihre Hauptwohnung haben.

Die Gemeinde erstellt ein Wählerverzeichnis und benachrichtigt die Wahlberechtigten. Wahlberechtigte, die nicht in dem Wählerverzeichnis eingetragen sind, können sich bis zum zwölften Tag vor der Wahl in das Wählerverzeichnis eintragen lassen. Sie haben den Nachweis über ihre Wahlberechtigung zu führen.

(4) Nicht wahlberechtigt sind Ausländer

1. auf die das Aufenthaltsgesetz in der Fassung der Bekanntmachung vom 25. Februar 2008 (BGBl. I S. 162), zuletzt geändert durch Artikel 1 des Gesetzes vom 12. Juli 2018 (BGBl. I S. 1147), nach seinem § 1 Absatz 2 Nummer 2 oder 3 keine Anwendung findet oder
2. die Asylbewerber sind.

(5) Wählbar sind mit Vollendung des 18. Lebensjahres alle wahlberechtigten Personen nach Absatz 3 Satz 1 sowie alle Bürger.

Darüber hinaus muss die Person am Wahltag
1. sich seit mindestens einem Jahr im Bundesgebiet rechtmäßig aufhalten und
2. seit mindestens drei Monaten in der Gemeinde ihre Hauptwohnung haben.

(6) Bei der Feststellung der Zahl der ausländischen Einwohner nach Absatz 1 lässt die Gemeinde die in Absatz 4 bezeichneten Ausländer sowie die Personen, die neben einer ausländischen auch die deutsche Staatsangehörigkeit besitzen, außer Betracht.

(7) Für die Rechtsstellung der nach Absatz 2 Satz 1 gewählten Mitglieder gelten die §§ 30, 31, 32 Absatz 2, 33, 43 Absatz 1, 44 und 45 mit Ausnahme des Absatzes 5 Nummer 1 entsprechend. Der Integrationsrat wählt aus seiner Mitte einen Vorsitzenden und einen oder mehrere Stellvertreter.

Der Integrationsrat regelt seine inneren Angelegenheiten durch eine Geschäftsordnung.

(8) Rat und Integrationsrat sollen sich über die Themen und Aufgaben der Integration in der Gemeinde abstimmen. Der Integrationsrat kann sich darüber hinaus mit allen Angelegenheiten der Gemeinde befassen. Auf Antrag des Integrationsrates ist eine Anregung oder Stellungnahme des Integrationsrates dem Rat, einer Bezirksvertretung oder einem Ausschuss vorzulegen. Der Vorsitzende des Integrationsrates oder ein anderes vom Integrationsrat benanntes Mitglied ist berechtigt, bei der Beratung dieser Angelegenheit an der Sitzung teilzunehmen; auf sein Verlangen ist ihm dazu das Wort zu erteilen.

(9) Der Integrationsrat soll zu Fragen, die ihm vom Rat, einem Ausschuss, einer Bezirksvertretung oder vom Bürgermeister vorgelegt werden, Stellung nehmen.

(10) Dem Integrationsrat sind die zur Erledigung seiner Aufgaben erforderlichen Mittel zur Verfügung zu stellen. Der Rat kann nach Anhörung des Integrationsrates den Rahmen festlegen, innerhalb dessen der Integrationsrat über ihm vom Rat zugewiesene Haushaltsmittel entscheiden kann.

(11) Für die Wahl zum Integrationsrat nach Absatz 2 Satz 1 gelten die §§ 2, 5 Absatz 1, §§ 9 bis 13, 24 bis 27, 30, 34 bis 46, 47 Satz 1 und § 48 des Kommunalwahlgesetzes entsprechend; § 29 Kommunalwahlgesetz gilt entsprechend, soweit die Gemeinden keine abweichenden Regelungen treffen. Das für Kommunales zuständige Ministerium kann durch Rechtsverordnung das Nähere über die Wahlvorschläge sowie weitere Einzelheiten über die Vorbereitung und Durchführung der Wahl sowie über die Wahlprüfung regeln.

(12) Anstelle eines Integrationsrates kann durch Beschluss des Rates ein beratender Ausschuss (Integrationsausschuss) gebildet werden. Für den Integrationsausschuss gelten die Regelungen für den Integrationsrat entsprechend. Ergänzend sind auf den Integrationsausschuss die § 57 Absatz 4 Satz 1, § 58 und § 58a anzuwenden. Die Zahl der nach Absatz 2 Satz 1 gewählten Mitglieder muss die Zahl der vom Rat nach Absatz 2 Satz 4 bestellten Ratsmitglieder und der vom Rat nach § 58 Absatz 3 bestellten sachkundigen Bürger übertreffen. Der Integrationsausschuss ist wie ein Ratsausschuss in die Beratungsfolge des Rates einzubinden.

§ 27a
Interessenvertretungen, Beauftragte

Die Gemeinde kann zur Wahrnehmung der spezifischen Interessen von Senioren, von Jugendlichen, von Menschen mit Behinderung oder anderen gesellschaftlichen Gruppen besondere Vertretungen bilden oder Beauftragte bestellen. Das Nähere kann durch Satzung geregelt werden.

§ 28
Ehrenamtliche Tätigkeit und Ehrenamt

(1) Der Einwohner ist zu einer nebenberuflichen vorübergehenden Tätigkeit für die Gemeinde verpflichtet (ehrenamtliche Tätigkeit).

(2) Der Bürger ist zur nebenberuflichen Übernahme eines auf Dauer berechneten Kreises von Verwaltungsgeschäften für die Gemeinde verpflichtet (Ehrenamt).

§ 29
Ablehnungsgründe

(1) Einwohner und Bürger können die Übernahme einer ehrenamtlichen Tätigkeit oder eines Ehrenamts ablehnen, ihre Ausübung verweigern oder das Ausscheiden verlangen, wenn ein wichtiger Grund vorliegt.

(2) Ob ein wichtiger Grund vorliegt, entscheidet der Rat, soweit er nicht die Entscheidung dem Bürgermeister überträgt.

(3) Der Rat kann gegen einen Bürger oder Einwohner, der ohne wichtigen Grund die Übernahme einer ehrenamtlichen Tätigkeit oder eines Ehrenamts ablehnt oder ihre Ausübung verweigert, ein Ordnungsgeld bis zu 250 Euro und für jeden Fall der Wiederholung ein Ordnungsgeld bis zu 500 Euro festsetzen. Die Ordnungsgelder werden im Verwaltungszwangsverfahren beigetrieben.

§ 30
Verschwiegenheitspflicht

(1) Der zu ehrenamtlicher Tätigkeit oder in ein Ehrenamt Berufene hat, auch nach Beendigung seiner Tätigkeit, über die ihm dabei bekannt gewordenen Angelegenheiten, deren Geheimhaltung ihrer Natur nach erforderlich, besonders vorgeschrieben, vom Rat beschlossen oder vom Bürgermeister angeordnet ist, Verschwiegenheit zu wahren. Ihrer Natur nach geheim sind insbesondere Angelegenheiten, deren Mitteilung an andere dem Gemeinwohl oder dem berechtigten Interesse einzelner Personen zuwiderlaufen würde. Er darf die Kenntnis vertraulicher Angelegenheiten nicht unbefugt verwerten.

(2) Der zu ehrenamtlicher Tätigkeit oder in ein Ehrenamt Berufene darf ohne Genehmigung über Angelegenheiten, über die er Verschwiegenheit zu wahren hat, weder vor Gericht noch außergerichtlich aussagen oder Erklärungen abgeben.

(3) Die Genehmigung, als Zeuge auszusagen, darf nur versagt werden, wenn die Aussage dem Wohle des Bundes oder eines Landes Nachteile bereiten oder die Erfüllung öffentlicher Aufgaben ernstlich gefährden oder erheblich erschweren würde.

(4) Ist der zu ehrenamtlicher Tätigkeit oder in ein Ehrenamt Berufene Beteiligter in einem gerichtlichen Verfahren oder soll sein Vorbringen der Wahrnehmung seiner berechtigten Interessen dienen, so darf die Genehmigung auch dann, wenn die Voraussetzungen des Absatzes 3 erfüllt sind, nur versagt werden, wenn ein zwingendes öffentliches Interesse dies erfordert. Wird sie versagt, so ist der Schutz zu gewähren, den die öffentlichen Interessen zulassen.

(5) Die Genehmigung erteilt bei den vom Rat zu ehrenamtlicher Tätigkeit oder in ein Ehrenamt Berufenen der Rat, im übrigen der Bürgermeister.

(6) Wer die Pflichten nach Absatz 1 oder 2 verletzt, kann zur Verantwortung gezogen werden. Soweit die Tat nicht mit Strafe bedroht ist, gilt § 29 Abs. 3 entsprechend.

§ 31
Ausschließungsgründe

(1) Der zu ehrenamtlicher Tätigkeit oder in ein Ehrenamt Berufene darf weder beratend noch entscheidend mitwirken, wenn die Entscheidung einer Angelegenheit

1. ihm selbst,
2. einem seiner Angehörigen,
3. einer von ihm kraft Gesetzes oder kraft Vollmacht vertretenen natürlichen oder juristischen Person

einen unmittelbaren Vorteil oder Nachteil bringen kann. Unmittelbar ist der Vorteil oder Nachteil, wenn die Entscheidung eine natürliche oder juristische Person direkt berührt.

(2) Das Mitwirkungsverbot gilt auch, wenn der Betreffende
1. bei einer natürlichen Person, einer juristischen Person oder einer Vereinigung, der die Entscheidung einen unmittelbaren Vorteil oder Nachteil bringen kann, gegen Entgelt beschäftigt ist und nach den tatsächlichen Umständen, insbesondere der Art seiner Beschäftigung, ein Interessenwiderstreit anzunehmen ist,
2. Mitglied des Vorstandes, des Aufsichtsrates oder eines gleichartigen Organs einer juristischen Person oder einer Vereinigung ist, der die Entscheidung einen unmittelbaren Vorteil oder Nachteil bringen kann, es sei denn, er gehört den genannten Organen als Vertreter oder auf Vorschlag der Gemeinde an,
3. in anderer als öffentlicher Eigenschaft in der Angelegenheit ein Gutachten abgegeben hat oder sonst tätig geworden ist.

(3) Die Mitwirkungsverbote der Absätze 1 und 2 gelten nicht,
1. wenn der Vorteil oder Nachteil nur darauf beruht, daß jemand einer Berufs- oder Bevölkerungsgruppe angehört, deren gemeinsame Interessen durch die Angelegenheit berührt werden,
2. bei Wahlen zu einer ehrenamtlichen Tätigkeit oder in ein Ehrenamt und für die Abberufung aus solchen Tätigkeiten,
3. bei Wahlen, Wiederwahlen und Abberufungen nach § 71, es sei denn, der Betreffende selbst steht zur Wahl,
4. bei Beschlüssen eines Kollegialorgans, durch die jemand als Vertreter der Gemeinde in Organe der in Absatz 2 Nr. 2 genannten Art entsandt oder aus ihnen abberufen wird; das gilt auch für Beschlüsse, durch die Vorschläge zur Berufung in solche Organe gemacht werden,
5. bei gleichzeitiger Mitgliedschaft in der Vertretung einer anderen Gebietskörperschaft oder deren Ausschüssen, wenn ihr durch die Entscheidung ein Vorteil oder Nachteil erwachsen kann.

(4) Wer annehmen muß, nach Absatz 1 oder 2 von der Mitwirkung ausgeschlossen zu sein, hat den Ausschließungsgrund unaufgefordert der zuständigen Stelle anzuzeigen und den Sitzungsraum zu verlassen; bei einer öffentlichen Sitzung kann er sich in dem für die Zuhörer bestimmten Teil des Sitzungsraumes aufhalten. Für die Entscheidung in Fällen, in denen der Ausschluß streitig bleibt, ist bei Mitgliedern eines Kollegialorgans dieses, sonst der Bürgermeister zuständig. Verstöße gegen die Offenbarungspflicht sind von dem Kollegialorgan durch Beschluß, vom Bürgermeister durch einen schriftlichen Bescheid festzustellen.

(5) Angehörige im Sinne des Absatzes 1 Nr. 2, des § 72, des § 93 Abs. 5, § 103 Abs. 7 und des § 104 Abs. 3 sind
1. der Ehegatte oder die eingetragene Lebenspartnerin oder der eingetragene Lebenspartner,
2. Verwandte und Verschwägerte gerader Linie sowie durch Annahme als Kind verbundene Personen,
3. Geschwister,
4. Kinder der Geschwister,
5. Ehegatten der Geschwister und Geschwister der Ehegatten,
6. eingetragene Lebenspartnerinnen oder Lebenspartner der Geschwister und Geschwister der eingetragenen Lebenspartnerinnen oder Lebenspartner,
7. Geschwister der Eltern.

Die unter den Nummern 1, 2, 5 und 6 genannten Personen gelten nicht als Angehörige, wenn die Ehe rechtswirksam geschieden oder aufgehoben oder die Lebenspartnerschaft aufgehoben ist.

(6) Die Mitwirkung eines wegen Befangenheit Betroffenen kann nach Beendigung der Abstimmung nur geltend gemacht werden, wenn sie für das Abstimmungsergebnis entscheidend war.

§ 32
Treupflicht

(1) Inhaber eines Ehrenamts haben eine besondere Treupflicht gegenüber der Gemeinde. Sie dürfen Ansprüche anderer gegen die Gemeinde nicht geltend machen, es sei denn, daß sie als gesetzliche Vertreter handeln.

(2) Absatz 1 gilt auch für ehrenamtlich Tätige, wenn der Auftrag mit den Aufgaben ihrer ehrenamtlichen Tätigkeit in Zusammenhang steht. Ob diese Voraussetzungen vorliegen, entscheidet bei den vom Rat zu ehrenamtlicher Tätigkeit Berufenen der Rat, im übrigen der Bürgermeister.

§ 33
Entschädigung

Der zu ehrenamtlicher Tätigkeit oder in ein Ehrenamt Berufene hat Anspruch auf Ersatz seiner Auslagen und des Verdienstausfalls. Der Verdienstausfall kann nach § 45 berechnet werden.

§ 34
Ehrenbürgerrecht und Ehrenbezeichnung

(1) Die Gemeinde kann Persönlichkeiten, die sich um sie besonders verdient gemacht haben, das Ehrenbürgerrecht verleihen. Sie kann langjährigen Ratsmitgliedern, Bürgermeisterinnen oder Bürgermeistern und Ehrenbeamten nach ihrem Ausscheiden eine Ehrenbezeichnung verleihen.

(2) Beschlüsse über die Verleihung oder die Entziehung des Ehrenbürgerrechts und über die Entziehung einer Ehrenbezeichnung fasst der Rat mit einer Mehrheit von zwei Dritteln der gesetzlichen Zahl der Mitglieder.

4. Teil
Bezirke und Ortschaften

§ 35
Stadtbezirke in den kreisfreien Städten

(1) Die kreisfreien Städte sind verpflichtet, das gesamte Stadtgebiet in Stadtbezirke einzuteilen.

(2) Bei der Einteilung des Stadtgebiets in Stadtbezirke soll auf die Siedlungsstruktur, die Bevölkerungsverteilung und die Ziele der Stadtentwicklung Rücksicht genommen werden. Die einzelnen Stadtbezirke sollen eine engere örtliche Gemeinschaft umfassen und nach der Fläche und nach der Einwohnerzahl so abgegrenzt werden, daß sie gleichermaßen bei der Erfüllung gemeindlicher Aufgaben beteiligt werden können; zu diesem Zweck können benachbarte Wohngebiete zu einem Stadtbezirk zusammengefaßt werden. Der Kernbereich des Stadtgebiets soll nicht auf mehrere Stadtbezirke aufgeteilt werden.

(3) Das Stadtgebiet soll in nicht weniger als drei und nicht mehr als zehn Stadtbezirke eingeteilt werden.

(4) Die näheren Einzelheiten regelt die Hauptsatzung. Stadtbezirksgrenzen können nur zum Ende der Wahlperiode des Rates geändert werden.

(5) Die Aufsichtsbehörde kann im Einzelfall zulassen, daß das Stadtgebiet in mehr als zehn Stadtbezirke eingeteilt wird, wenn dies wegen der Abgrenzungsmerkmale nach Absatz 2 erforderlich sein sollte.

§ 36
Bezirksvertretungen in den kreisfreien Städten

(1) Für jeden Stadtbezirk ist eine Bezirksvertretung zu wählen. Die Mitglieder der Bezirksvertretungen werden in allgemeiner, unmittelbarer, freier, gleicher und geheimer Wahl auf die Dauer von fünf Jahren gewählt. Die näheren Vorschriften trifft das Kommunalwahlgesetz. Nach Ablauf

der Wahlperiode üben die bisherigen Mitglieder der Bezirksvertretungen ihre Tätigkeit bis zum Zusammentritt der neugewählten Bezirksvertretung weiter aus.

(2) Die Bezirksvertretung besteht aus mindestens elf und höchstens neunzehn Mitgliedern einschließlich des Vorsitzenden. Der Vorsitzende führt die Bezeichnung Bezirksvorsteher. Der Rat kann beschließen, dass der Bezirksvorsteher die Bezeichnung Bezirksbürgermeister führt. Die Mitgliederzahlen können nach den Einwohnerzahlen der Stadtbezirke gestaffelt werden; die Gesamtzahl der Mitglieder muß ungerade sein. Das Nähere regelt die Hauptsatzung.

(3) Nach Beginn der Wahlperiode der Bezirksvertretung muss die erste Sitzung innerhalb von sechs Wochen stattfinden; dazu beruft der bisherige Bezirksvorsteher die Bezirksvertretung ein. Die Bezirksvertretung wählt aus ihrer Mitte ohne Aussprache den Bezirksvorsteher und einen oder mehrere Stellvertreter. § 67 Abs. 2 bis 5 findet entsprechende Anwendung. Der Bezirksvorsteher und die Stellvertreter dürfen nicht zugleich Bürgermeister oder Stellvertreter des Bürgermeisters sein.

(4) Der Bezirksvorsteher kann neben den Entschädigungen, die ihm als Mitglied der Bezirksvertretung zustehen, eine in der Hauptsatzung festzusetzende Aufwandsentschädigung erhalten. Für Stellvertreter des Bezirksvorstehers sowie für Fraktionsvorsitzende können in der Hauptsatzung entsprechende Regelungen getroffen werden. Das für Kommunales zuständige Ministerium bestimmt durch Rechtsverordnung die Höhe der Aufwandsentschädigung.

(5) Die Bezirksvertretungen dürfen keine Ausschüsse bilden. Auf die Mitglieder der Bezirksvertretungen und das Verfahren in den Bezirksvertretungen finden die für den Rat geltenden Vorschriften mit der Maßgabe entsprechende Anwendung, daß die Geschäftsordnung des Rates besondere Regelungen für die Bezirksvertretungen enthält und in Fällen äußerster Dringlichkeit der Bezirksvorsteher mit einem Mitglied der Bezirksvertretung entscheiden kann; § 60 Abs. 1 Satz 1 und Absatz 2 findet keine Anwendung. Abweichend von § 48 Abs. 1 Satz 4 brauchen Zeit und Ort der Sitzungen der Bezirksvertretungen sowie die Tagesordnung nicht öffentlich bekannt gemacht zu werden; der Oberbürgermeister soll die Öffentlichkeit hierüber vorher in geeigneter Weise unterrichten. Zu einzelnen Punkten der Tagesordnung können Sachverständige und Einwohner gehört werden. § 58a findet entsprechende Anwendung.

(6) Die nicht der Bezirksvertretung als ordentliche Mitglieder angehörenden Ratsmitglieder, die in dem Stadtbezirk wohnen oder dort kandidiert haben, haben das Recht, an den Sitzungen der Bezirksvertretung mit beratender Stimme teilzunehmen. Zu diesem Zweck sind der Oberbürgermeister und diese Ratsmitglieder wie die ordentlichen Mitglieder der Bezirksvertretung zu deren Sitzungen zu laden. Die übrigen Ratsmitglieder und Ausschußmitglieder können nach Maßgabe der Geschäftsordnung an nichtöffentlichen Sitzungen als Zuhörer teilnehmen. Die Teilnahme an Sitzungen als Zuhörer begründet keinen Anspruch auf Ersatz des Verdienstausfalls und auf Zahlung von Sitzungsgeld.

(7) Der Oberbürgermeister ist berechtigt und auf Verlangen einer Bezirksvertretung verpflichtet, an den Sitzungen der Bezirksvertretung mit beratender Stimme teilzunehmen; ihm ist auf Verlangen jederzeit das Wort zu erteilen. Er kann sich von einem Beigeordneten oder einer anderen leitenden Dienstkraft vertreten lassen. Das Nähere regelt die Hauptsatzung.

§ 37
Aufgaben der Bezirksvertretungen in den kreisfreien Städten

(1) Soweit nicht der Rat nach § 41 Abs. 1 ausschließlich zuständig ist, entscheiden die Bezirksvertretungen unter Beachtungder Belange der gesamten Stadt und im Rahmen der vom Rat erlassenen allgemeinen Richtlinien in allen Angelegenheiten, deren Bedeutung nicht wesentlich über den Stadtbezirk hinausgeht, insbesondere in folgenden Angelegenheiten:

a) Unterhaltung und Ausstattung der im Stadtbezirk gelegenen Schulen und öffentlichen Einrichtungen, wie Sportplätze, Altenheime, Friedhöfe, Bibliotheken und ähnliche soziale und kulturelle Einrichtungen;

b) Angelegenheiten des Denkmalschutzes, der Pflege des Ortsbildes sowie der Grünpflege;
c) die Festlegung der Reihenfolge der Arbeiten zum Um- und Ausbau sowie zur Unterhaltung und Instandsetzung von Straßen, Wegen und Plätzen von bezirklicher Bedeutung einschließlich der Straßenbeleuchtung, soweit es sich nicht um die Verkehrssicherungspflicht handelt;
d) Betreuung und Unterstützung örtlicher Vereine, Verbände und sonstiger Vereinigungen und Initiativen im Stadtbezirk;
e) kulturelle Angelegenheiten des Stadtbezirks einschließlich Kunst im öffentlichen Raum, Heimat- und Brauchtumspflege im Stadtbezirk, Pflege von vorhandenen Paten- oder Städtepartnerschaften;
f) Information, Dokumentation und Repräsentation in Angelegenheiten des Stadtbezirks.

Die näheren Einzelheiten sind in der Hauptsatzung zu regeln. Der Rat kann dabei die in Satz 1 aufgezählten Aufgaben im einzelnen abgrenzen. Hinsichtlich der Geschäfte der laufenden Verwaltung gilt § 41 Abs. 3.

(2) Bei Streitigkeiten der Bezirksvertretungen untereinander und zwischen Bezirksvertretungen und den Ausschüssen über Zuständigkeiten im Einzelfall entscheidet der Hauptausschuß.

(3) Die Bezirksvertretungen erfüllen die ihnen zugewiesenen Aufgaben im Rahmen der vom Rat bereitgestellten Haushaltsmittel; dabei sollen sie über den Verwendungszweck eines Teils dieser Haushaltsmittel allein entscheiden können. Die bezirksbezogenen Haushaltsmittel sollen unter Berücksichtigung der Gesamtaufwendungen und Gesamtauszahlungen der Stadt sowie des Umfangs der entsprechenden Anlagen und Einrichtungen fortgeschrieben werden.

(4) Die Bezirksvertretungen wirken an den Beratungen über die Haushaltssatzung mit. Sie beraten über alle Haushaltspositionen, die sich auf ihren Bezirk und ihre Aufgaben auswirken, und können dazu Vorschläge machen und Anregungen geben. Über die Haushaltspositionen nach Satz 2 und die Haushaltsmittel nach Absatz 1 ist den Bezirksvertretungen eine geeignete Übersicht als Auszug aus dem Entwurf der Haushaltssatzung nach § 80, getrennt nach Bezirken, zur Beratung vorzulegen. Die Übersichten sind dem Haushaltsplan als Anlage beizufügen.

(5) Die Bezirksvertretung ist zu allen wichtigen Angelegenheiten, die den Stadtbezirk berühren, zu hören. Insbesondere ist ihr vor der Beschlußfassung des Rates über Planungs- und Investitionsvorhaben im Bezirk und über Bebauungspläne für den Bezirk Gelegenheit zur Stellungnahme zu geben. Darüber hinaus hat die Bezirksvertretung bei diesen Vorhaben, insbesondere im Rahmen der Bauleitplanung, für ihr Gebiet dem Rat gegenüber ein Anregungsrecht. Der Rat kann allgemein oder im Einzelfall bestimmen, daß bei der Aufstellung von Bebauungsplänen von räumlich auf den Stadtbezirk begrenzter Bedeutung das Beteiligungsverfahren nach § 3 Baugesetzbuch den Bezirksvertretungen übertragen wird. Die Bezirksvertretung kann zu allen den Stadtbezirk betreffenden Angelegenheiten Vorschläge und Anregungen machen. Insbesondere kann sie Vorschläge für vom Rat für den Stadtbezirk zu wählende oder zu bestellende ehrenamtlich tätige Personen unterbreiten. Bei Beratungen des Rates oder eines Ausschusses über Angelegenheiten, die auf einen Vorschlag oder eine Anregung einer Bezirksvertretung zurückgehen, haben der Bezirksvorsteher oder sein Stellvertreter das Recht, dazu in der Sitzung gehört zu werden.

(6) Der Oberbürgermeister oder der Bezirksvorsteher können einem Beschluß der Bezirksvertretung spätestens am 14. Tag nach der Beschlußfassung unter schriftlicher Begründung widersprechen, wenn sie der Auffassung sind, daß der Beschluß das Wohl der Stadt gefährdet. Der Widerspruch hat aufschiebende Wirkung. Über die Angelegenheit ist in einer neuen Sitzung der Bezirksvertretung, die frühestens am dritten Tag und spätestens drei Wochen nach dem Widerspruch stattzufinden hat, erneut zu beschließen. Verbleibt die Bezirksvertretung bei ihrem Beschluß, so entscheidet der Rat endgültig, wenn der Widersprechende das verlangt. Im übrigen gilt § 54 Abs. 3 entsprechend.

§ 38
Bezirksverwaltungsstellen in den kreisfreien Städten

(1) Für jeden Stadtbezirk ist eine Bezirksverwaltungsstelle einzurichten. Die Hauptsatzung kann bestimmen, daß eine Bezirksverwaltungsstelle für mehrere Stadtbezirke zuständig ist oder daß im Stadtbezirk gelegene zentrale Verwaltungsstellen die Aufgaben einer Bezirksverwaltungsstelle miterfüllen.

(2) In der Bezirksverwaltungsstelle sollen im Rahmen einer sparsamen und wirtschaftlichen Haushaltsführung Dienststellen so eingerichtet und zusammengefaßt werden, daß eine möglichst ortsnahe Erledigung der Verwaltungsaufgaben gewährleistet ist. Die Befugnisse, die dem Oberbürgermeister nach § 62 und § 73 zustehen, bleiben unberührt.

(3) Bei der Bestellung des Leiters einer Bezirksverwaltungsstelle ist die Bezirksvertretung anzuhören. Der Leiter der Bezirksverwaltungsstelle oder sein Stellvertreter ist verpflichtet, an den Sitzungen der Bezirksvertretung teilzunehmen.

§ 39
Gemeindebezirke in den kreisangehörigen Gemeinden

(1) Das Gemeindegebiet kann in Bezirke (Ortschaften) eingeteilt werden. Dabei ist auf die Siedlungsstruktur, die Bevölkerungsverteilung und die Ziele der Gemeindeentwicklung Rücksicht zu nehmen.

(2) Für jeden Gemeindebezirk sind vom Rat entweder Bezirksausschüsse zu bilden oder Ortsvorsteher zu wählen. In Gemeindebezirken mit Bezirksausschüssen können Bezirksverwaltungsstellen eingerichtet werden. Der Rat kann beschließen, dass der Ortsvorsteher die Bezeichnung Ortsbürgermeister führt.

(3) Den Bezirksausschüssen sollen im Rahmen des § 41 Abs. 2 Aufgaben zur Entscheidung übertragen werden, die sich ohne Beeinträchtigung der einheitlichen Entwicklung der gesamten Gemeinde innerhalb eines Gemeindebezirks erledigen lassen. Der Rat kann allgemeine Richtlinien erlassen, die bei der Wahrnehmung der den Bezirksausschüssen zugewiesenen Aufgaben zu beachten sind. Er stellt die erforderlichen Haushaltsmittel bereit. § 37 Abs. 5 gilt entsprechend.

(4) Auf die Bezirksausschüsse sind die für die Ausschüsse des Rates geltenden Vorschriften mit folgenden Maßgaben anzuwenden:

1. Bei der Bestellung der Mitglieder durch den Rat ist das bei der Wahl des Rates im jeweiligen Gemeindebezirk erzielte Stimmenverhältnis zugrunde zu legen;
2. ihnen dürfen mehr sachkundige Bürger als Ratsmitglieder angehören;
3. für Parteien und Wählergruppen, die im Rat vertreten sind, findet § 58 Abs. 1 Satz 7 bis 10 sinngemäß Anwendung;
4. der Bezirksausschuß wählt aus den ihm angehörenden Ratsmitgliedern einen Vorsitzenden und einen oder mehrere Stellvertreter; § 67 Abs. 2 findet entsprechende Anwendung.

(5) § 36 Abs. 6 und Abs. 7 gilt entsprechend.

(6) Ortsvorsteher wählt der Rat unter Berücksichtigung des bei der Wahl des Rates im jeweiligen Gemeindebezirk erzielten Stimmenverhältnisses für die Dauer seiner Wahlperiode. Sie sollen in dem Bezirk, für den sie bestellt werden, wohnen und müssen dem Rat angehören oder angehören können. § 67 Abs. 4 gilt entsprechend.

(7) Der Ortsvorsteher soll die Belange seines Bezirks gegenüber dem Rat wahrnehmen. Falls er nicht Ratsmitglied ist, darf er an den Sitzungen des Rates und der in § 59 genannten Ausschüsse weder entscheidend noch mit beratender Stimme mitwirken; das Recht, auch dort gehört zu werden, kann zugelassen werden. Der Ortsvorsteher kann für das Gebiet seiner Ortschaft mit der Erledigung bestimmter Geschäfte der laufenden Verwaltung beauftragt werden; er ist sodann zum Ehrenbeamten zu ernennen. Er führt diese Geschäfte in Verantwortung gegenüber dem Bürgermeister durch. Er kann eine angemessene Aufwandsentschädigung erhalten. Das für Kommunales zuständige

Ministerium bestimmt durch Rechtsverordnung die Höhe der Aufwandsentschädigung und in welchem Umfang daneben der Ersatz von Auslagen zulässig ist. Ortsvorsteher haben einen Anspruch auf Freistellung nach Maßgabe des § 44 und erhalten Ersatz des Verdienstausfalls nach Maßgabe des § 45.

(8) Die im Rahmen der Bezirkseinteilung erforderlichen Vorschriften trifft der Rat durch die Hauptsatzung.

5. Teil
Der Rat

§ 40
Träger der Gemeindeverwaltung

(1) Die Verwaltung der Gemeinde wird ausschließlich durch den Willen der Bürgerschaft bestimmt.

(2) Die Bürgerschaft wird durch den Rat und den Bürgermeister vertreten. Der Rat besteht aus den gewählten Ratsmitgliedern und dem Bürgermeister (Mitglied kraft Gesetzes). Die Vertretung und Repräsentation des Rates obliegt dem Bürgermeister (in kreisfreien Städten: Oberbürgermeister). Den Vorsitz im Rat führt der Bürgermeister. Der Bürgermeister hat im Rat Stimmrecht. In den Fällen der §§ 47 Abs. 1, 48 Abs. 1, 50 Abs. 3, 53 Abs. 2, 55 Abs. 3 und 4, 58 Abs.1, 3 und 5, 66 Abs. 1, 69 Abs. 1 Satz 2, 73 Abs. 1 und 3 und 96 Abs. 1 Satz 4 stimmt er nicht mit.

§ 41
Zuständigkeiten des Rates

(1) Der Rat der Gemeinde ist für alle Angelegenheiten der Gemeindeverwaltung zuständig, soweit dieses Gesetz nichts anderes bestimmt. Die Entscheidung über folgende Angelegenheiten kann der Rat nicht übertragen:

a) die allgemeinen Grundsätze, nach denen die Verwaltung geführt werden soll,
b) die Wahl der Mitglieder der Ausschüsse und ihrer Vertreter,
c) die Wahl der Beigeordneten,
d) die Verleihung und die Entziehung des Ehrenbürgerrechts und einer Ehrenbezeichnung,
e) die Änderung des Gemeindegebiets, soweit nicht in diesem Gesetz etwas anderes bestimmt ist,
f) den Erlaß, die Änderung und die Aufhebung von Satzungen und sonstigen ortsrechtlichen Bestimmungen,
g) abschließende Beschlüsse im Flächennutzungsplanverfahren und abschließende Satzungsbeschlüsse auf der Grundlage des Baugesetzbuchs und des Maßnahmengesetzes zum Baugesetzbuch,
h) den Erlass der Haushaltssatzung und des Stellenplans, die Aufstellung eines Haushaltssicherungskonzeptes, die Zustimmung zu überplanmäßigen und außerplanmäßigen Aufwendungen und Auszahlungen sowie zu überplanmäßigen und außerplanmäßigen Verpflichtungsermächtigungen, die Festlegung von Wertgrenzen für die Veranschlagung und Abrechnung einzelner Investitionsmaßnahmen,
i) die Festsetzung allgemein geltender öffentlicher Abgaben und privatrechtlicher Entgelte,
j) die Feststellung des Jahresabschlusses und die Entlastung sowie die Bestätigung des Gesamtabschlusses; sofern ein Gesamtabschluss nicht erstellt wird, die Beschlussfassung über den Beteiligungsbericht,
k) den Beschluss über die gegenüber der Gemeindeprüfungsanstalt und der Aufsichtsbehörde abzugebende Stellungnahme gemäß § 105 Absatz 7,
l) die teilweise oder vollständige Veräußerung oder Verpachtung von Eigenbetrieben, die teilweise oder vollständige Veräußerung einer unmittelbaren oder mittelbaren Beteiligung an

einer Gesellschaft oder anderen Vereinigungen des privaten Rechts, die Veräußerung eines Geschäftsanteils an einer eingetragenen Kreditgenossenschaft sowie den Abschluss von anderen Rechtsgeschäften im Sinne des § 111 Abs. 1 und 2,

m) die Errichtung, Übernahme, Erweiterung, Einschränkung und Auflösung von Anstalten des öffentlichen Rechts gemäß § 114a, öffentlichen Einrichtungen und Eigenbetrieben, die Bildung oder Auflösung eines gemeinsamen Kommunalunternehmens gemäß § 27 Abs. 1 bis 3 und 6 des Gesetzes über kommunale Gemeinschaftsarbeit, die Änderung der Unternehmenssatzung eines gemeinsamen Kommunalunternehmens sowie der Austritt aus einem gemeinsamen Kommunalunternehmen, die erstmalige unmittelbare oder mittelbare Beteiligung sowie die Erhöhung einer unmittelbaren oder mittelbaren Beteiligung an einer Gesellschaft oder anderen Vereinigungen in privater Rechtsform, den Erwerb eines Geschäftsanteils an einer eingetragenen Kreditgenossenschaft,

n) die Umwandlung der Rechtsform von Anstalten des öffentlichen Rechts gemäß § 114a, öffentlichen Einrichtungen und Eigenbetrieben sowie die Umwandlung der Rechtsform von Gesellschaften, an denen die Gemeinde beteiligt ist, soweit der Einfluß der Gemeinde (§ 63 Abs. 2 und § 113 Abs. 1) geltend gemacht werden kann,

o) die Umwandlung des Zwecks, die Zusammenlegung und die Aufhebung von Stiftungen einschließlich des Verbleibs des Stiftungsvermögens,

p) die Umwandlung von Gemeindegliedervermögen in freies Gemeindevermögen sowie die Veränderung der Nutzungsrechte am Gemeindegliedervermögen,

q) die Übernahme von Bürgschaften, den Abschluß von Gewährverträgen und die Bestellung sonstiger Sicherheiten für andere sowie solche Rechtsgeschäfte, die den vorgenannten wirtschaftlich gleichkommen,

r) die Bestellung und Abberufung der Leitung und der Prüfer der örtlichen Rechnungsprüfung sowie die Übertragung von Aufgaben auf die örtliche Rechnungsprüfung,

s) die Genehmigung von Verträgen der Gemeinde mit Mitgliedern des Rates, der Bezirksvertretungen und der Ausschüsse sowie mit dem Bürgermeister und den leitenden Dienstkräften der Gemeinde nach näherer Bestimmung der Hauptsatzung,

t) die Übernahme neuer Aufgaben,für die keine gesetzliche Verpflichtung besteht,

u) die Festlegung strategischer Ziele unter Berücksichtigung der Ressourcen.

(2) Im übrigen kann der Rat die Entscheidung über bestimmte Angelegenheiten auf Ausschüsse oder den Bürgermeister übertragen. Er kann ferner Ausschüsse ermächtigen, in Angelegenheiten ihres Aufgabenbereichs die Entscheidung dem Bürgermeister zu übertragen.

(3) Geschäfte der laufenden Verwaltung gelten im Namen des Rates als auf den Bürgermeister übertragen, soweit nicht der Rat sich, einer Bezirksvertretung oder einem Ausschuß für einen bestimmten Kreis von Geschäften oder für einen Einzelfall die Entscheidung vorbehält.

§ 42
Wahl der Ratsmitglieder

(1) Die Ratsmitglieder werden von den Bürgern in allgemeiner, unmittelbarer, freier, gleicher und geheimer Wahl für die Dauer von fünf Jahren gewählt. Die näheren Vorschriften trifft das Kommunalwahlgesetz.

(2) Nach Ablauf der Wahlperiode üben die bisherigen Ratsmitglieder ihre Tätigkeit bis zum Zusammentritt des neugewählten Rates weiter aus.

§ 43
Rechte und Pflichten der Ratsmitglieder

(1) Die Ratsmitglieder sind verpflichtet, in ihrer Tätigkeit ausschließlich nach dem Gesetz und ihrer freien, nur durch Rücksicht auf das öffentliche Wohl bestimmten Überzeugung zu handeln; sie sind an Aufträge nicht gebunden.

(2) Für die Tätigkeit als Ratsmitglied, Mitglied einer Bezirksvertretung oder Mitglied eines Ausschusses gelten die Vorschriften der §§ 30 bis 32 mit folgenden Maßgaben entsprechend:

1. Die Pflicht zur Verschwiegenheit kann ihnen gegenüber nicht vom Bürgermeister angeordnet werden;
2. die Genehmigung, als Zeuge auszusagen, erteilt bei Ratsmitgliedern der Rat, bei Mitgliedern der Bezirksvertretungen die Bezirksvertretung und bei Ausschußmitgliedern der Ausschuß;
3. die Offenbarungspflicht über Ausschließungsgründe besteht bei Ratsmitgliedern gegenüber dem Bürgermeister, bei Mitgliedern der Bezirksvertretungen gegenüber dem Bezirksvorsteher und bei Ausschußmitgliedern gegenüber dem Ausschußvorsitzenden vor Eintritt in die Verhandlung;
4. über Ausschließungsgründe entscheidet bei Ratsmitgliedern der Rat, bei Mitgliedern der Bezirksvertretungen die Bezirksvertretung, bei Ausschußmitgliedern der Ausschuß;
5. ein Verstoß gegen die Offenbarungspflicht wird vom Rat, von der Bezirksvertretung beziehungsweise vom Ausschuß durch Beschluß festgestellt;
6. Mitglieder der Bezirksvertretungen sowie sachkundige Bürger und sachkundige Einwohner als Mitglieder von Ausschüssen können Ansprüche anderer gegen die Gemeinde nur dann nicht geltend machen, wenn diese im Zusammenhang mit ihren Aufgaben stehen; ob diese Voraussetzungen vorliegen, entscheidet die Bezirksvertretung beziehungsweise der Ausschuß.

(3) Die Ratsmitglieder und die Mitglieder der Ausschüsse müssen gegenüber dem Bürgermeister, die Mitglieder einer Bezirksvertretung gegenüber dem Bezirksvorsteher Auskunft über ihre wirtschaftlichen und persönlichen Verhältnisse geben, soweit das für die Ausübung ihres Mandats von Bedeutung sein kann. Die näheren Einzelheiten regelt der Rat. Die Auskunft ist vertraulich zu behandeln. Name, Anschrift, der ausgeübte Beruf sowie andere vergütete und ehrenamtliche Tätigkeiten können veröffentlicht werden. Nach Ablauf der Wahlperiode sind die gespeicherten Daten der ausgeschiedenen Mitglieder zu löschen. § 7 des Korruptionsbekämpfungsgesetzes vom 16. Dezember 2004 (GV. NRW. 2005 S. 8) in der jeweils geltenden Fassung bleibt unberührt.

(4) Erleidet die Gemeinde infolge eines Beschlusses des Rates einen Schaden, so haften die Ratsmitglieder, wenn sie

a) in vorsätzlicher oder grob fahrlässiger Verletzung ihrer Pflicht gehandelt haben,
b) bei der Beschlußfassung mitgewirkt haben, obwohl sie nach dem Gesetz hiervon ausgeschlossen waren und ihnen der Ausschließungsgrund bekannt war,
c) der Bewilligung von Aufwendungen und Auszahlungen zugestimmt haben, für die das Gesetz oder die Haushaltssatzung eine Ermächtigung nicht vorsieht, wenn nicht gleichzeitig die erforderlichen Deckungsmittel bereitgestellt werden.

§ 44
Freistellung

(1) Niemand darf gehindert werden, sich um ein Mandat als Ratsmitglied, Mitglied einer Bezirksvertretung oder Mitglied eines Ausschusses zu bewerben, es anzunehmen oder auszuüben. Benachteiligungen am Arbeitsplatz im Zusammenhang mit der Bewerbung, der Annahme oder der Ausübung eines Mandats sind unzulässig. Entgegenstehende Vereinbarungen sind nichtig. Kündigungen oder Entlassungen aus Anlaß der Bewerbung, Annahme oder Ausübung eines Mandats sind unzulässig.

(2) Die Ratsmitglieder, Mitglieder der Bezirksvertretungen oder Mitglieder der Ausschüsse sind für die Zeit der Ausübung des Mandats von ihrer Verpflichtung zur Arbeit freizustellen. Zur Ausübung des Mandats gehören Tätigkeiten, die mit dem Mandat in unmittelbarem Zusammenhang stehen oder auf Veranlassung des Rates, der Bezirksvertretung oder des Ausschusses erfolgen. Auf Veranlassung des Rates erfolgt auch eine Tätigkeit als vom Rat entsandter Vertreter der Gemeinde in Organen und Gremien von juristischen Personen und Vereinigungen des privaten oder öffentlichen Rechts sowie als Stellvertreter des Bürgermeisters. Bei Mandatsträgern, die

innerhalb eines vorgegebenen Arbeitszeitrahmens über Lage und Dauer der individuellen Arbeitszeit selbst entscheiden können, ist die Zeit der Ausübung des Mandats innerhalb dieses Arbeitszeitrahmens zur Hälfte auf ihre Arbeitszeit anzurechnen. Der Anspruch auf Ersatz des Verdienstausfalls nach § 45 ist in diesem Fall auf diese Hälfte beschränkt.

(3) Zur Teilnahme an kommunalpolitischen Bildungsveranstaltungen, die der Ausübung ihres Mandats förderlich sind, haben Ratsmitglieder, Mitglieder der Bezirksvertretungen oder Mitglieder der Ausschüsse einen Anspruch auf Urlaub an bis zu acht Arbeitstagen in jeder Wahlperiode, jedoch an nicht mehr als vier aufeinanderfolgenden Arbeitstagen im Jahr. Für die Zeit des Urlaubs besteht nach diesem Gesetz kein Anspruch auf Lohn oder Gehalt; weitergehende Vorschriften bleiben unberührt. Der Verdienstausfall und die Aufwendungen für die entgeltliche Betreuung von pflege- oder betreuungsbedürftigen Angehörigen sind nach Maßgabe der Regelungen des § 45 Absatz 1 zu ersetzen.

Sind Ratsmitglieder, Mitglieder der Bezirksvertretungen oder Mitglieder der Ausschüsse zugleich auch Kreistagsabgeordnete oder Mitglieder von Ausschüssen des Kreistages, so besteht der Anspruch auf Urlaub in jeder Wahlperiode nur einmal.

Der Arbeitgeber bzw. Dienstherr darf den Urlaub zu dem von dem Beschäftigten mitgeteilten Zeitpunkt ablehnen, wenn zwingende betriebliche Belange oder Urlaubsanträge anderer Beschäftigter entgegenstehen.

§ 45
Entschädigung der Ratsmitglieder

(1) Die Ratsmitglieder sowie die Mitglieder der Ausschüsse und Bezirksvertretungen haben Anspruch auf eine angemessene Aufwandsentschädigung und auf Ersatz des Verdienstausfalles, der ihnen durch die Mandatsausübung entsteht, soweit sie während der Arbeitszeit erforderlich ist. Personen, die nicht oder weniger als 20 Stunden pro Woche erwerbstätig sind, jedoch einen Haushalt von mindestens zwei Personen, wovon eine Person ein pflege- oder betreuungsbedürftiger Angehöriger ist, oder einen Haushalt von mindestens drei Personen führen, erhalten anstelle des Verdienstausfalls eine Entschädigung in Form eines Stundenpauschalsatzes. Aufwendungen für die entgeltliche Betreuung von pflege- oder betreuungsbedürftigen Angehörigen während der Ausübung des Mandats werden erstattet.

(2) Der Rat kann in der Hauptsatzung beschließen, dass den Ratsmitgliedern sowie den Mitgliedern der Ausschüsse und Bezirksvertretungen zusätzlich zu den Ansprüchen nach Absatz 1 Auslagenersatz sowie sonstige Leistungen gewährt werden, soweit diese nicht durch Rechtsverordnung geregelt sind und einen unmittelbaren Bezug zur Mandatsausübung aufweisen.

(3) Die Absätze 1 und 2 sind auch auf Fraktionssitzungen anzuwenden. Fraktionssitzungen sind auch Sitzungen von Teilen einer Fraktion wie Fraktionsvorstand und Fraktionsarbeitskreise. Die Zahl der ersatzpflichtigen Fraktionssitzungen pro Jahr ist in der Hauptsatzung zu beschränken.

(4) Auf die Aufwandsentschädigung kann nicht verzichtet werden. Der Anspruch auf Aufwandsentschädigung ist nicht übertragbar. Wird das Mandat länger als drei Monate nicht wahrgenommen, kann eine Aufwandsentschädigung für die Zeit der andauernden Nichtausübung des Mandats nicht beansprucht werden, es sei denn, das Mitglied hat die Nichtausübung nicht zu vertreten.

§ 46
Aufwandsentschädigung

(1) Neben den Entschädigungen, die den Ratsmitgliedern nach § 45 zustehen, erhalten

1. Stellvertreter des Bürgermeisters nach § 67 Absatz 1,
2. Vorsitzende von Ausschüssen des Rates mit Ausnahme des Wahlprüfungsausschusses,
3. Fraktionsvorsitzende – bei Fraktionen mit mindestens acht Mitgliedern auch ein stellvertretender Vorsitzender, mit mindestens 16 Mitgliedern auch zwei und mit mindestens 24 Mitgliedern auch drei stellvertretende Vorsitzende –

eine vom für Kommunales zuständigen Ministerium durch Rechtsverordnung festzusetzende angemessene Aufwandsentschädigung. Eine Aufwandsentschädigung ist nicht zu gewähren, wenn das Ratsmitglied hauptberuflich tätiger Mitarbeiter einer Fraktion ist.

(2) Die Aufwandsentschädigung gemäß Absatz 1 Satz 1 Nummer 2 wird als monatliche Pauschale gezahlt. Der Rat kann in der Hauptsatzung beschließen, dass

1. weitere oder sämtliche Ausschüsse von der Regelung in Absatz 1 Satz 1 Nummer 2 ausgenommen werden,
2. die Aufwandsentschädigung abweichend von Satz 1 für einzelne oder sämtliche Ausschüsse als Sitzungsgeld gezahlt wird.

Ausnahmen nach Satz 2 kann der Rat nur mit einer Mehrheit von zwei Dritteln seiner Mitglieder beschließen, dies gilt nicht, soweit der Rat beschlossene Ausnahmen wieder aufhebt.

§ 47
Einberufung des Rates

(1) Der Rat wird vom Bürgermeister einberufen. Nach Beginn der Wahlperiode muss die erste Sitzung innerhalb von sechs Wochen stattfinden. Im übrigen tritt der Rat zusammen, so oft es die Geschäftslage erfordert, jedoch soll er wenigstens alle zwei Monate einberufen werden. Er ist unverzüglich einzuberufen, wenn ein Fünftel der Ratsmitglieder oder eine Fraktion unter Angabe der zur Beratung zu stellenden Gegenstände es verlangen.

(2) Die Ladungsfrist, die Form der Einberufung und die Geschäftsführung des Rates sowie die Art der Information der Öffentlichkeit über den Zugang der Öffentlichkeit zu einer digitalen Sitzung sind durch die Geschäftsordnung zu regeln, soweit hierüber nicht in diesem Gesetz Vorschriften getroffen sind. Der Rat regelt in der Geschäftsordnung Inhalt und Umfang des Fragerechts der Ratsmitglieder.

(3) Kommt der Bürgermeister seiner Verpflichtung zur Einberufung des Rates nicht nach, so veranlaßt die Aufsichtsbehörde die Einberufung.

§ 47a
Einberufung von Sitzungen in besonderen Ausnahmefällen

(1) In besonderen Ausnahmefällen wie Katastrophen, einer epidemischen Lage oder anderen außergewöhnlichen Notsituationen kann die Durchführung von Sitzungen des Rats, der Ausschüsse und der Bezirksvertretungen in digitaler Form erfolgen, sofern die dafür erforderlichen Voraussetzungen erfüllt sind (digitale Sitzung).

(2) Bei einer digitalen Sitzung nehmen alle Gremienmitglieder ohne persönliche Anwesenheit am Sitzungsort unter Einsatz technischer Hilfsmittel durch zeitgleiche Bild-Ton-Übertragung an der Sitzung teil. Bei einer digitalen Sitzung gelten per Bild-Ton-Übertragung teilnehmende Gremienmitglieder als anwesend im Sinne von § 49 Absatz 1 Satz 1. Einer digitalen Sitzung steht eine hybrid durchgeführte Sitzung gleich, in der Gremienmitglieder teils persönlich anwesend und teils ohne persönliche Anwesenheit an der Sitzung teilnehmen, während die Sitzungsleitung am Sitzungsort anwesend ist.

(3) Dem Rat bleibt die Feststellung eines Ausnahmefalls nach Absatz 1 und die Entscheidung darüber vorbehalten, ob infolge dessen digitale oder hybride Sitzungen durchgeführt werden. Der Beschluss darüber ist mit zwei Dritteln seiner Mitglieder, längstens für einen Zeitraum von zwei Monaten, zu fassen. Die Stimmabgaben können in Textform erfolgen. Die Beschlussfassung soll so rechtzeitig gefasst werden, dass die Frist des § 47 Absatz 2 Satz 1 gewahrt werden kann. Die Verlängerung ist bei einem weiteren Andauern des besonderen Ausnahmefalles möglich. Für den Beschluss über eine Verlängerung gilt Satz 2 entsprechend.

(4) Die Durchführung von digitalen und hybriden Sitzungen ist nur zulässig, wenn und soweit die erforderlichen technischen Voraussetzungen für ihre Durchführung vorliegen und jedes

Gremienmitglied über eine digitale Zugangsmöglichkeit zur Sitzung verfügt. Für die digitalen und hybriden Sitzungen dürfen nur die Anwendungen verwendet werden, die von der für die Zertifizierung zuständigen Stelle zugelassen sind. Die Gemeinde hat in ihrem Verantwortungsbereich dafür Sorge zu tragen, dass die technischen Voraussetzungen während der Sitzung durchgehend bestehen; die Gremienmitglieder stellen ihre Sitzungsteilnahme per Bild-Ton-Übertragung in eigener Verantwortung sicher.

(5) Bei digitalen Sitzungen wird der Öffentlichkeitsgrundsatz über die Bild-Ton-Übertragung der Sitzung gewahrt. Die Herstellung der Öffentlichkeit nach Satz 1 erfolgt über die Bereitstellung eines geschützten Zugangs zur digitalen Sitzung. § 48 Absatz 4 gilt entsprechend.

§ 48
Tagesordnung und Öffentlichkeit der Ratssitzungen

(1) Der Bürgermeister setzt die Tagesordnung fest. Er hat dabei Vorschläge aufzunehmen, die ihm innerhalb einer in der Geschäftsordnung zu bestimmenden Frist von einem Fünftel der Ratsmitglieder oder einer Fraktion vorgelegt werden. Fragestunden für Einwohner können in die Tagesordnung aufgenommen werden, wenn Einzelheiten hierüber in der Geschäftsordnung geregelt sind. Zeit und Ort der Sitzung sowie die Tagesordnung sind von ihm öffentlich bekanntzumachen. Die Tagesordnung kann in der Sitzung durch Beschluß des Rates erweitert werden, wenn es sich um Angelegenheiten handelt, die keinen Aufschub dulden oder die von äußerster Dringlichkeit sind.

(2) Die Sitzungen des Rates sind öffentlich. Durch die Geschäftsordnung kann die Öffentlichkeit für Angelegenheiten einer bestimmten Art ausgeschlossen werden. Auf Antrag des Bürgermeisters oder eines Ratsmitglieds kann für einzelne Angelegenheiten die Öffentlichkeit ausgeschlossen werden. Anträge auf Ausschluß der Öffentlichkeit dürfen nur in nichtöffentlicher Sitzung begründet und beraten werden. Falls dem Antrag stattgegeben wird, ist die Öffentlichkeit in geeigneter Weise zu unterrichten, daß in nichtöffentlicher Sitzung weiter verhandelt wird.

(3) Personenbezogene Daten dürfen offenbart werden, soweit nicht schützenswerte Interessen einzelner oder Belange des öffentlichen Wohls überwiegen; erforderlichenfalls ist die Öffentlichkeit auszuschließen.

(4) In öffentlichen Sitzungen sind Bildaufnahmen zulässig, wenn sie die Ordnung der Sitzung nicht gefährden. Film- und Tonaufnahmen von den Ratsmitgliedern mit dem Ziel der Veröffentlichung sind in öffentlicher Sitzung nur zulässig, soweit die Hauptsatzung dies bestimmt.

(5) Mitglieder der Bezirksvertretungen und der Ausschüsse können nach Maßgabe der Geschäftsordnung an den nichtöffentlichen Sitzungen des Rates als Zuhörer teilnehmen, soweit deren Aufgabenbereich durch den Beratungsgegenstand berührt wird. Die Teilnahme als Zuhörer begründet keinen Anspruch auf Ersatz des Verdienstausfalls und auf Zahlung von Sitzungsgeld.

§ 49
Beschlußfähigkeit des Rates

(1) Der Rat ist beschlußfähig, wenn mehr als die Hälfte der gesetzlichen Mitgliederzahl anwesend ist. Er gilt als beschlußfähig, solange seine Beschlußunfähigkeit nicht festgestellt ist.

(2) Ist eine Angelegenheit wegen Beschlußunfähigkeit zurückgestellt worden und wird der Rat zur Verhandlung über denselben Gegenstand einberufen, so ist er ohne Rücksicht auf die Zahl der Erschienenen beschlußfähig. Bei der zweiten Ladung muß auf diese Bestimmung ausdrücklich hingewiesen werden.

§ 50
Abstimmungen

(1) Beschlüsse werden mit Stimmenmehrheit gefaßt, soweit das Gesetz nichts anderes vorschreibt. Bei Stimmengleichheit gilt ein Antrag als abgelehnt. Bei der Beschlußfassung wird

offen abgestimmt. Auf Antrag einer in der Geschäftsordnung zu bestimmenden Zahl von Mitgliedern des Rates ist namentlich abzustimmen. Auf Antrag mindestens eines Fünftels der Mitglieder des Rates ist geheim abzustimmen. Zum selben Tagesordnungspunkt hat ein Antrag auf geheime Abstimmung Vorrang gegenüber einem Antrag auf namentliche Abstimmung. Die Geschäftsordnung kann weitere Regelungen treffen.

(2) Wahlen werden, wenn das Gesetz nichts anderes bestimmt oder wenn niemand widerspricht, durch offene Abstimmung, sonst durch Abgabe von Stimmzetteln, vollzogen. Gewählt ist die vorgeschlagene Person, die mehr als die Hälfte der gültigen Stimmen erhalten hat. Nein- Stimmen gelten als gültige Stimmen. Erreicht niemand mehr als die Hälfte der Stimmen, so findet zwischen den Personen, welche die beiden höchsten Stimmenzahlen erreicht haben, eine engere Wahl statt. Gewählt ist, wer in dieser engeren Wahl die meisten Stimmen auf sich vereinigt. Bei Stimmengleichheit entscheidet das Los.

(3) Haben sich die Ratsmitglieder zur Besetzung der Ausschüsse auf einen einheitlichen Wahlvorschlag geeinigt, ist der einstimmige Beschluß der Ratsmitglieder über die Annahme dieses Wahlvorschlages ausreichend. Kommt ein einheitlicher Wahlvorschlag nicht zustande, so wird nach den Grundsätzen der Verhältniswahl in einem Wahlgang abgestimmt. Dabei sind die Wahlstellen auf die Wahlvorschläge der Fraktionen und Gruppen des Rates entsprechend dem Verhältnis der Stimmenzahlen, die auf die einzelnen Wahlvorschläge entfallen, zur Gesamtzahl der abgegebenen gültigen Stimmen zu verteilen. Jedem Wahlvorschlag werden zunächst so viele Sitze zugeteilt, wie sich für ihn ganze Zahlen ergeben. Sind danach noch Sitze zu vergeben, so sind sie in der Reihenfolge der höchsten Zahlenbruchteile zuzuteilen. Bei gleichen Zahlenbruchteilen entscheidet das Los. Scheidet jemand vorzeitig aus einem Ausschuß aus, wählen die Ratsmitglieder auf Vorschlag der Fraktion oder Gruppe, welcher das ausgeschiedene Mitglied bei seiner Wahl angehörte, einen Nachfolger.

(4) Hat der Rat zwei oder mehr Vertreter oder Mitglieder im Sinne der §§ 63 Abs. 2 und 113 zu bestellen oder vorzuschlagen, die nicht hauptberuflich tätig sind, ist das Verfahren nach Absatz 3 entsprechend anzuwenden. Dies gilt ebenso, wenn zwei oder mehr Personen vorzeitig aus dem Gremium ausgeschieden sind, für das sie bestellt oder vorgeschlagen worden waren und für diese mehrere Nachfolger zu wählen sind. Scheidet eine Person vorzeitig aus dem Gremium aus, für das sie bestellt oder vorgeschlagen worden war, wählt der Rat den Nachfolger für die restliche Zeit nach Absatz 2.

(5) Bei Beschlüssen und Wahlen zählen Stimmenthaltungen und ungültige Stimmen zur Feststellung der Beschlußfähigkeit, nicht aber zur Berechnung der Mehrheit mit.

(6) Ein Mitglied, in dessen Person ein Ausschließungsgrund nach § 31 besteht, kann an der Beratung und Abstimmung nicht teilnehmen.

§ 51
Ordnung in den Sitzungen

(1) Der Bürgermeister leitet die Verhandlungen, eröffnet und schließt die Sitzungen, handhabt die Ordnung und übt das Hausrecht aus.

(2) In der Geschäftsordnung kann bestimmt werden, in welchen Fällen durch Beschluß des Rates einem Ratsmitglied bei Verstößen gegen die Ordnung die auf den Sitzungstag entfallenden Entschädigungen ganz oder teilweise entzogen werden und es für eine oder mehrere Sitzungen ausgeschlossen wird.

(3) Enthält die Geschäftsordnung eine Bestimmung gemäß Absatz 2, so kann der Bürgermeister, falls er es für erforderlich hält, den sofortigen Ausschluß des Ratsmitgliedes aus der Sitzung verhängen und durchführen. Der Rat befindet über die Berechtigung dieser Maßnahme in der nächsten Sitzung.

§ 52
Niederschrift der Ratsbeschlüsse

(1) Über die im Rat gefaßten Beschlüsse ist eine Niederschrift aufzunehmen. Diese wird vom Bürgermeister und einem vom Rat zu bestellenden Schriftführer unterzeichnet.

(2) Der wesentliche Inhalt der Beschlüsse soll in öffentlicher Sitzung oder in anderer geeigneter Weise der Öffentlichkeit zugänglich gemacht werden, soweit nicht im Einzelfall etwas anderes beschlossen wird.

§ 53
Behandlung der Ratsbeschlüsse

(1) Beschlüsse, die die Durchführung der Geschäftsordnung betreffen, führt der Bürgermeister aus. Wenn er persönlich betroffen ist, handelt der Stellvertreter.

(2) Beschlüsse, die

a) die Geltendmachung von Ansprüchen der Gemeinde gegen den Bürgermeister,

b) die Amtsführung des Bürgermeisters,

betreffen, führt der allgemeine Vertreter des Bürgermeisters aus.

§ 54
Widerspruch und Beanstandung

(1) Der Bürgermeister kann einem Beschluß des Rates spätestens am dritten Tag nach der Beschlußfassung unter schriftlicher Begründung widersprechen, wenn er der Auffassung ist, daß der Beschluß das Wohl der Gemeinde gefährdet. Der Widerspruch hat aufschiebende Wirkung. Über die Angelegenheit ist in einer neuen Sitzung des Rates, die frühestens am dritten Tage und spätestens zwei Wochen nach dem Widerspruch stattzufinden hat, erneut zu beschließen. Ein weiterer Widerspruch ist unzulässig.

(2) Verletzt ein Beschluß des Rates das geltende Recht, so hat der Bürgermeister den Beschluß zu beanstanden. Die Beanstandung hat aufschiebende Wirkung. Sie ist schriftlich in Form einer begründeten Darlegung dem Rat mitzuteilen. Verbleibt der Rat bei seinem Beschluß, so hat der Bürgermeister unverzüglich die Entscheidung der Aufsichtsbehörde einzuholen. Die aufschiebende Wirkung bleibt bestehen.

(3) Verletzt der Beschluß eines Ausschusses, dem eine Angelegenheit zur Entscheidung übertragen ist, das geltende Recht, so findet Absatz 2 Satz 1 bis 3 entsprechende Anwendung. Verbleibt der Ausschuß bei seinem Beschluß, so hat der Rat über die Angelegenheit zu beschließen.

(4) Die Verletzung eines Mitwirkungsverbots nach § 43 Abs. 2 Satz 1 in Verbindung mit § 31 kann gegen den Beschluß des Rates oder eines Ausschusses, dem eine Angelegenheit zur Entscheidung übertragen ist, nach Ablauf von sechs Monaten seit der Beschlußfassung oder, wenn eine öffentliche Bekanntmachung erforderlich ist, sechs Monate nach dieser nicht mehr geltend gemacht werden, es sei denn, daß der Bürgermeister den Beschluß vorher beanstandet hat oder die Verletzung des Mitwirkungsverbots vorher gegenüber der Gemeinde gerügt und dabei die Tatsache bezeichnet worden ist, die die Verletzung ergibt.

§ 55
Kontrolle der Verwaltung

(1) Der Rat ist durch den Bürgermeister über alle wichtigen Angelegenheiten der Gemeindeverwaltung zu unterrichten. Der Bürgermeister ist verpflichtet, einem Ratsmitglied auf Verlangen Auskunft zu erteilen oder zu einem Tagesordnungspunkt Stellung zu nehmen. In Angelegenheiten einer Bezirksvertretung ist dessen Mitglied in gleicher Weise berechtigt und der Bürgermeister verpflichtet.

(2) Bezirksvorsteher und Ausschußvorsitzende können vom Bürgermeister jederzeit Auskunft und Akteneinsicht über Angelegenheiten verlangen, die zum Aufgabenbereich ihrer Bezirksvertretung bzw. ihres Ausschusses gehören.

(3) Der Rat überwacht die Durchführung seiner Beschlüsse und der Beschlüsse der Bezirksvertretungen und Ausschüsse sowie den Ablauf der Verwaltungsangelegenheiten. Zu diesem Zweck kann der Rat mit der Mehrheit der Ratsmitglieder vom Bürgermeister Einsicht in die Akten durch einen von ihm bestimmten Ausschuss oder einzelne von ihm beauftragte Mitglieder verlangen.

(4) In Einzelfällen muss auf Beschluss des Rates mit der Mehrheit der Ratsmitglieder oder auf Verlangen eines Fünftels der Ratsmitglieder oder einer Fraktion auch einem einzelnen, von den Antragstellern jeweils zu benennenden Ratsmitglied Akteneinsicht gewährt werden. Einem einzelnen, von den Antragstellern zu benennenden Mitglied einer Bezirksvertretung oder eines Ausschusses steht ein Akteneinsichtsrecht nur aufgrund eines Beschlusses der Bezirksvertretung beziehungsweise des Ausschusses zu. Dritte sind von der Teilnahme an der Akteneinsicht ausgeschlossen. Akteneinsicht darf einem Ratsmitglied oder einem Mitglied der Bezirksvertretung nicht gewährt werden, das wegen Interessenwiderstreits von der Beratung und Entscheidung der Angelegenheit ausgeschlossen ist.

(5) Jedem Ratsmitglied oder jedem Mitglied einer Bezirksvertretung ist vom Bürgermeister auf Verlangen Akteneinsicht zu gewähren, soweit die Akten der Vorbereitung oder der Kontrolle von Beschlüssen des Rates, des Ausschusses oder der Bezirksvertretung dienen, der es angehört. Dritte sind von der Teilnahme an der Akteneinsicht ausgeschlossen. Die Akteneinsicht darf nur verweigert werden, soweit ihr schutzwürdige Belange Betroffener oder Dritter entgegenstehen. Die ablehnende Entscheidung ist in Textform zu begründen. Akteneinsicht darf einem Ratsmitglied oder einem Mitglied der Bezirksvertretung nicht gewährt werden, das wegen Interessenwiderstreits von der Beratung und Entscheidung der Angelegenheit ausgeschlossen ist.

§ 56
Fraktionen

(1) Fraktionen sind freiwillige Vereinigungen von Ratsmitgliedern oder von Mitgliedern einer Bezirksvertretung, die sich auf der Grundlage grundsätzlicher politischer Übereinstimmung zu möglichst gleichgerichtetem Wirken zusammengeschlossen haben. Im Rat einer kreisangehörigen Gemeinde muss eine Fraktion aus mindestens zwei Mitgliedern, im Rat einer kreisfreien Stadt aus mindestens drei Mitgliedern, in einer Bezirksvertretung aus mindestens zwei Mitgliedern bestehen. Satz 1 gilt für Gruppen ohne Fraktionsstatus im Rat oder einer Bezirksvertretung entsprechend. Eine Gruppe im Rat oder in einer Bezirksvertretung besteht aus mindestens zwei Mitgliedern.

(2) Die Fraktionen wirken bei der Willensbildung und Entscheidungsfindung in der Vertretung mit; sie können insoweit ihre Auffassung öffentlich darstellen. Ihre innere Ordnung muß demokratischen und rechtsstaatlichen Grundsätzen entsprechen. Sie geben sich ein Statut, in dem das Abstimmungsverfahren, die Aufnahme und der Ausschluß aus der Fraktion geregelt werden.

(3) Die Gemeinde gewährt den Fraktionen und Gruppen aus Haushaltsmitteln Zuwendungen zu den sächlichen und personellen Aufwendungen für die Geschäftsführung. Die Zuwendungen an die Fraktionen und Gruppen sind in einer besonderen Anlage zum Haushaltsplan darzustellen. Über die Verwendung der Zuwendungen ist ein Nachweis in einfacher Form zu führen, der unmittelbar dem Bürgermeister zuzuleiten ist. Eine Gruppe erhält mindestens 90 Prozent einer proportionalen Ausstattung, die zwei Dritteln der Zuwendungen entspricht, die die kleinste Fraktion nach Absatz 1 Satz 2 erhält oder erhalten würde. Einem Ratsmitglied, das keiner Fraktion oder Gruppe angehört, stellt die Gemeinde in angemessenem Umfang Sachmittel und Kommunikationsmittel zum Zwecke seiner Vorbereitung auf die Ratssitzung zur Verfügung. Der Rat kann stattdessen beschließen, dass ein Ratsmitglied aus Haushaltsmitteln finanzielle Zuwendungen

erhält, die die Hälfte des Betrages nicht übersteigen dürfen, die eine Gruppe mit zwei Mitgliedern erhielte. In diesem Fall ist nach den Sätzen 2 und 3 zu verfahren.

(4) Ein hauptberuflich tätiger Mitarbeiter einer Fraktion kann Ratsmitglied sein. Nähere Einzelheiten über die Bildung der Fraktionen, ihre Rechte und Pflichten sowie den Umgang mit personenbezogenen Daten regelt die Geschäftsordnung. Die Geschäftsordnung bestimmt auch, ob eine Fraktion ein Ratsmitglied, das keiner Fraktion angehört, als Hospitant aufnehmen kann. Bei der Feststellung der Mindeststärke einer Fraktion zählen Hospitanten nicht mit.

(5) Soweit personenbezogene Daten an Ratsmitglieder oder Mitglieder einer Bezirksvertretung übermittelt werden dürfen, ist ihre Übermittlung auch an Mitarbeiter einer Fraktion oder einer Gruppe oder eines einzelnen Ratsmitgliedes nach Absatz 3 Satz 4 zulässig, wenn diese zur Verschwiegenheit verpflichtet sind.

§ 57
Bildung von Ausschüssen

(1) Der Rat kann Ausschüsse bilden.

(2) In jeder Gemeinde müssen ein Hauptausschuß, ein Finanzausschuß und ein Rechnungsprüfungsausschuß gebildet werden. Der Rat kann beschließen, daß die Aufgaben des Finanzausschusses vom Hauptausschuß wahrgenommen werden.

(3) Den Vorsitz im Hauptausschuß führt der Bürgermeister. Er hat Stimmrecht im Hauptausschuß. Der Hauptausschuß wählt aus seiner Mitte einen oder mehrere Vertreter des Vorsitzenden.

(4) Der Rat kann für die Arbeit der Ausschüsse allgemeine Richtlinien aufstellen. Beschlüsse von Ausschüssen mit Entscheidungsbefugnis können erst durchgeführt werden, wenn innerhalb einer in der Geschäftsordnung zu bestimmenden Frist weder vom Bürgermeister noch von einem Fünftel der Ausschußmitglieder Einspruch eingelegt worden ist. Über den Einspruch entscheidet der Rat. § 54 Abs. 3 bleibt unberührt.

§ 58
Zusammensetzung der Ausschüsse und ihr Verfahren

(1) Der Rat regelt mit der Mehrheit der Stimmen der Ratsmitglieder die Zusammensetzung der Ausschüsse und ihre Befugnisse. Soweit er stellvertretende Ausschußmitglieder bestellt, ist die Reihenfolge der Vertretung zu regeln. Der Bürgermeister hat das Recht, mit beratender Stimme an den Sitzungen der Ausschüsse teilzunehmen; ihm ist auf Verlangen jederzeit das Wort zu erteilen. An nichtöffentlichen Sitzungen eines Ausschusses können die stellvertretenden Ausschußmitglieder sowie alle Ratsmitglieder als Zuhörer teilnehmen; nach Maßgabe der Geschäftsordnung können auch die Mitglieder der Bezirksvertretungen als Zuhörer teilnehmen, ebenso die Mitglieder anderer Ausschüsse, soweit deren Aufgabenbereich durch den Beratungsgegenstand berührt wird. Die Teilnahme als Zuhörer begründet keinen Anspruch auf Ersatz des Verdienstausfalls und auf Zahlung von Sitzungsgeld. Wird in einer Ausschußsitzung ein Antrag beraten, den ein Ratsmitglied gestellt hat, das dem Ausschuß nicht angehört, so kann es sich an der Beratung beteiligen. Fraktionen, die in einem Ausschuß nicht vertreten sind, sind berechtigt, für diesen Ausschuß ein Ratsmitglied oder einen sachkundigen Bürger, der dem Rat angehören kann, zu benennen. Das benannte Ratsmitglied oder der benannte sachkundige Bürger wird vom Rat zum Mitglied des Ausschusses bestellt. Sie wirken in dem Ausschuß mit beratender Stimme mit. Bei der Zusammensetzung und der Berechnung der Beschlußfähigkeit des Ausschusses werden sie nicht mitgezählt. Ein Ratsmitglied hat das Recht, mindestens einem der Ausschüsse als Mitglied mit beratender Stimme anzugehören. Die Sätze 8 bis 10 gelten entsprechend.

(2) Auf die Ausschußmitglieder und das Verfahren in den Ausschüssen finden die für den Rat geltenden Vorschriften entsprechende Anwendung. Der Ausschußvorsitzende setzt die Tagesordnung im Benehmen mit dem Bürgermeister fest. Auf Verlangen des Bürgermeisters ist der Ausschussvorsitzende verpflichtet, einen Gegenstand in die Tagesordnung aufzunehmen. Der

Ausschussvorsitzende ist in gleicher Weise verpflichtet, wenn eine Fraktion dies beantragt. Abweichend von § 48 Abs. 1 Satz 4 brauchen Zeit und Ort der Ausschußsitzungen sowie die Tagesordnung nicht öffentlich bekanntgemacht zu werden; der Bürgermeister soll die Öffentlichkeit hierüber vorher in geeigneter Weise unterrichten.

(3) Zu Mitgliedern der Ausschüsse, mit Ausnahme des Hauptausschusses, können neben Ratsmitgliedern auch sachkundige Bürger, die dem Rat angehören können, bestellt werden. Zur Übernahme der Tätigkeit als sachkundiger Bürger ist niemand verpflichtet. Die Zahl der sachkundigen Bürger darf die Zahl der Ratsmitglieder in den einzelnen Ausschüssen nicht erreichen. Die Ausschüsse sind nur beschlußfähig, wenn die Zahl der anwesenden Ratsmitglieder die Zahl der anwesenden sachkundigen Bürger übersteigt. Sie gelten auch insoweit als beschlußfähig, solange ihre Beschlußunfähigkeit nicht festgestellt ist. Die Ausschüsse können Vertreter derjenigen Bevölkerungsgruppen, die von ihrer Entscheidung vorwiegend betroffen werden und Sachverständige zu den Beratungen zuziehen.

(4) Als Mitglieder mit beratender Stimme können den Ausschüssen volljährige sachkundige Einwohner angehören, die in entsprechender Anwendung des § 50 Abs. 3 zu wählen sind. Im übrigen gilt Absatz 3 Satz 1 und 2 entsprechend.

(5) Haben sich die Fraktionen über die Verteilung der Ausschußvorsitze geeinigt und wird dieser Einigung nicht von einem Fünftel der Ratsmitglieder widersprochen, so bestimmen die Fraktionen die Ausschußvorsitzenden aus der Mitte der den Ausschüssen angehörenden stimmberechtigten Ratsmitglieder. Soweit eine Einigung nicht zustande kommt, werden den Fraktionen die Ausschußvorsitze in der Reihenfolge der Höchstzahlen zugeteilt, die sich durch Teilung der Mitgliederzahlender Fraktionen durch 1, 2, 3 usw. ergeben; mehrere Fraktionen können sich zusammenschließen. Bei gleichen Höchstzahlen entscheidet das Los, das der Bürgermeister zu ziehen hat. Die Fraktionen benennen die Ausschüsse, deren Vorsitz sie beanspruchen, in der Reihenfolge der Höchstzahlen und bestimmen die Vorsitzenden. Scheidet ein Ausschußvorsitzender während der Wahlperiode aus, bestimmt die Fraktion, der er angehört, ein Ratsmitglied zum Nachfolger. Die Sätze 1 bis 5 gelten für stellvertretende Vorsitzende entsprechend.

(6) Werden Ausschüsse während der Wahlperiode neu gebildet, aufgelöst oder ihre Aufgaben wesentlich verändert, ist das Verfahren nach Absatz 5 zu wiederholen.

(7) Über die Beschlüsse der Ausschüsse ist eine Niederschrift aufzunehmen. Diese ist dem Bürgermeister und den Ausschußmitgliedern zuzuleiten.

§ 58a
Hybride Sitzungen der Ausschüsse

In der Hauptsatzung kann bestimmt werden, dass Ausschüsse des Rates auch außerhalb der besonderen Ausnahmefälle nach § 47a Absatz 1 hybride Sitzungen durchführen dürfen. Von diesem Recht ausgenommen sind die in § 57 Absatz 2 genannten Ausschüsse. Dem jeweiligen Ausschuss bleibt die Entscheidung darüber vorbehalten. Der Beschluss darüber, ob eine Sitzung des Ausschusses als hybride Sitzung durchgeführt werden soll, ist mit einfacher Mehrheit zu fassen. Die Beschlussfassung soll so rechtzeitig gefasst werden, dass § 47 Absatz 2 gewahrt werden kann. § 47a Absatz 2 Satz 3 und Absatz 4 gilt entsprechend.

§ 59
Hauptausschuß, Finanzausschuß und Rechnungsprüfungsausschuß

(1) Der Hauptausschuß hat die Arbeiten aller Ausschüsse aufeinander abzustimmen.

(2) Der Finanzausschuß bereitet die Haushaltssatzung der Gemeinde vor und trifft die für die Ausführung des Haushaltsplans erforderlichen Entscheidungen, soweit hierfür nicht andere Ausschüsse zuständig sind.

(3) Der Rechnungsprüfungsausschuss prüft den Jahresabschluss und den Lagebericht der Gemeinde unter Einbezug des Prüfungsberichtes. Er bedient sich hierbei der örtlichen Rechnungsprüfung

oder eines Dritten gemäß § 102 Absatz 2. Die Verantwortlichen nach Satz 2 haben an der Beratung über diese Vorlagen im Rechnungsprüfungsausschuss teilzunehmen und über die wesentlichen Ergebnisse ihrer Prüfung, insbesondere wesentliche Schwächen des internen Kontrollsystems bezogen auf den Rechnungslegungsprozess, zu berichten. Der Rechnungsprüfungsausschuss hat zu dem Ergebnis der Jahresabschlussprüfung schriftlich gegenüber dem Rat Stellung zu nehmen. Am Schluss dieses Berichtes hat der Rechnungsprüfungsausschuss zu erklären, ob nach dem abschließenden Ergebnis seiner Prüfung Einwendungen zu erheben sind und ob er den vom Bürgermeister aufgestellten Jahresabschluss und Lagebericht billigt. Sofern ein Gesamtabschluss und Gesamtlagebericht erstellt wird, finden die Sätze 1 bis 5 entsprechende Anwendung auf den Gesamtabschluss.

(4) Werden der Jahresabschluss, der Gesamtabschluss, der Lagebericht oder der Gesamtlagebericht nach Vorlage des Prüfungsberichts geändert, so hat der Rechnungsprüfungsausschuss diese Unterlagen erneut zu prüfen, soweit es die Änderung erfordert. Über das Ergebnis der Prüfung ist dem Rat gemäß Absatz 3 Satz 4 und 5 zu berichten.

§ 60
Eil- und Dringlichkeitsentscheidungen

(1) Der Hauptausschuss entscheidet in Angelegenheiten, die der Beschlussfassung des Rates unterliegen, falls eine Einberufung des Rates nicht rechtzeitig möglich ist (Eilentscheidung). Ist auch die Einberufung des Hauptausschusses nicht rechtzeitig möglich und kann die Entscheidung nicht aufgeschoben werden, weil sonst erhebliche Nachteile oder Gefahren entstehen können, kann die Bürgermeisterin oder der Bürgermeister und im Falle ihrer oder seiner Verhinderung die allgemeine Vertreterin oder der allgemeine Vertreter mit einem Ratsmitglied entscheiden (Dringlichkeitsentscheidung). Die nach Satz 1 oder nach Satz 2 getroffenen Entscheidungen sind dem Rat in der nächsten Sitzung zur Genehmigung vorzulegen. Er kann die Entscheidungen aufheben, soweit nicht schon Rechte anderer durch die Ausführung des Beschlusses entstanden sind.

(2) Ist die Einberufung eines Ausschusses, dem eine Angelegenheit zur Entscheidung übertragen ist, nicht rechtzeitig möglich, kann die Bürgermeisterin oder der Bürgermeister und im Falle ihrer oder seiner Verhinderung die allgemeine Vertreterin oder der allgemeine Vertreter mit der oder dem Ausschussvorsitzenden oder einem anderen dem Ausschuss angehörenden Ratsmitglied entscheiden. Die Entscheidung ist dem Ausschuss in der nächsten Sitzung zur Genehmigung vorzulegen. Absatz 1 Satz 4 gilt entsprechend.

§ 61
Planung der Verwaltungsaufgaben

Im Rahmen der vom Rat festgelegten allgemeinen Richtlinien entscheidet der Hauptausschuß über die Planung der Verwaltungsaufgaben von besonderer Bedeutung. Zu diesem Zweck hat der Bürgermeister den Hauptausschuß regelmäßig und frühzeitig über solche Planungsvorhaben zu unterrichten.

6. Teil
Bürgermeister

§ 62
Aufgaben und Stellung des Bürgermeisters

(1) Der Bürgermeister ist kommunaler Wahlbeamter. Der Bürgermeister ist verantwortlich für die Leitung und Beaufsichtigung des Geschäftsgangs der gesamten Verwaltung. Er leitet und verteilt die Geschäfte. Dabei kann er sich bestimmte Aufgaben vorbehalten und die Bearbeitung einzelner Angelegenheiten selbst übernehmen.

(2) Der Bürgermeister bereitet die Beschlüsse des Rates, der Bezirksvertretungen und der Ausschüsse vor. Er führt diese Beschlüsse und Entscheidungen nach § 60 Absatz 1 Satz 2 und Absatz 2 Satz 1 sowie Weisungen, die im Rahmen des § 3 Absatz 2 und des § 132 ergehen, unter der Kontrolle des Rates und in Verantwortung ihm gegenüber durch. Der Bürgermeister entscheidet ferner in Angelegenheiten, die ihm vom Rat oder von den Ausschüssen zur Entscheidung übertragen sind.

(3) Dem Bürgermeister obliegt die Erledigung aller Aufgaben, die ihm aufgrund gesetzlicher Vorschriften übertragen sind.

(4) Der Bürgermeister hat die Gemeindevertretung über alle wichtigen Gemeindeangelegenheiten zu unterrichten.

§ 63
Vertretung der Gemeinde

(1) Unbeschadet der dem Rat und seinen Ausschüssen zustehenden Entscheidungsbefugnisse ist der Bürgermeister der gesetzliche Vertreter der Gemeinde in Rechts- und Verwaltungsgeschäften. § 74 Abs. 3 und § 64 bleiben unberührt.

(2) Für die Vertretung der Gemeinde in Organen von juristischen Personen oder Personenvereinigungen gilt § 113.

§ 64
Abgabe von Erklärungen

(1) Erklärungen, durch welche die Gemeinde verpflichtet werden soll, bedürfen der Schriftform. Sie sind vom Bürgermeister oder dem allgemeinen Vertreter zu unterzeichnen, soweit nicht dieses Gesetz etwas anderes bestimmt.

(2) Absatz 1 gilt nicht für Geschäfte der laufenden Verwaltung.

(3) Geschäfte, die ein für ein bestimmtes Geschäft oder einen Kreis von Geschäften ausdrücklich Bevollmächtigter abschließt, bedürfen nicht der Form des Absatzes 1, wenn die Vollmacht in der Form dieses Absatzes erteilt ist.

(4) Erklärungen, die nicht den Formvorschriften dieses Gesetzes entsprechen, binden die Gemeinde nicht.

§ 65
Wahl des Bürgermeisters

(1) Der Bürgermeister wird von den Bürgern in allgemeiner, unmittelbarer, freier, gleicher und geheimer Wahl auf die Dauer von fünf Jahren nach den Grundsätzen der Mehrheitswahl zugleich mit dem Rat gewählt. Scheidet der Bürgermeister durch Tod, Eintritt in den Ruhestand oder aus sonstigen Gründen vor Ablauf seiner Amtszeit aus dem Amt aus oder ist die Wahl eines Bürgermeisters aus anderen Gründen während der Wahlperiode des Rates erforderlich, so findet die Wahl des Nachfolgers spätestens sechs Monate nach Ausscheiden des Bürgermeisters aus dem Amt statt. Die näheren Vorschriften trifft das Kommunalwahlgesetz.

(2) Wählbar ist, wer am Wahltag Deutscher im Sinne von Artikel 116 Abs. 1 des Grundgesetzes ist oder wer die Staatsangehörigkeit eines Mitgliedstaates der Europäischen Union besitzt und eine Wohnung in der Bundesrepublik Deutschland innehat, das 23. Lebensjahr vollendet hat und nicht vom Wahlrecht ausgeschlossen ist sowie die Gewähr dafür bietet, daß er jederzeit für die freiheitlich demokratische Grundordnung im Sinne des Grundgesetzes eintritt. Nicht wählbar ist, wer am Wahltag infolge Richterspruchs in der Bundesrepublik Deutschland die Wählbarkeit oder die Fähigkeit zur Bekleidung öffentlicher Ämter nicht besitzt.

(3) Der Bürgermeister wird vom Vorsitzenden (ehrenamtlicher Stellvertreter oder Altersvorsitzender) in einer Sitzung des Rates vereidigt und in sein Amt eingeführt.

(4) Für die dienstrechtliche Stellung gelten die beamtenrechtlichen Vorschriften.

(5) Endet das Beamtenverhältnis des Bürgermeisters vor Ablauf seiner Amtszeit, wird der Nachfolger bis zum Ende der nächsten Wahlperiode des Rates gewählt, es sei denn, die Amtszeit des Nachfolgers beginnt innerhalb der ersten zwei Jahre der Wahlperiode des Rates. In diesem Fall endet sie mit dem Ende der laufenden Wahlperiode.

(6) Eine Wahl findet nach Ablauf des 51. Monats nach der allgemeinen Kommunalwahl nicht mehr statt.

§ 66
Abwahl des Bürgermeisters

(1) Der Bürgermeister kann von den Bürgern der Gemeinde vor Ablauf seiner Amtszeit abgewählt werden. Zur Einleitung des Abwahlverfahrens bedarf es

1. eines von mindestens der Hälfte der gesetzlichen Zahl der Ratsmitglieder gestellten Antrags und eines mit einer Mehrheit von zwei Dritteln der gesetzlichen Zahl der Ratsmitglieder zu fassenden Beschlusses. Zwischen dem Eingang des Antrags und dem Beschluss des Rates muss eine Frist von mindestens zwei Wochen liegen. Über den Antrag auf Einleitung des Abwahlverfahrens ist ohne Aussprache namentlich abzustimmen;

oder

2. eines in Gemeinden
   a) mit bis zu 50.000 Einwohnern von mindestens 20 Prozent der wahlberechtigten Bürger der Gemeinde,
   b) mit über 50.000 bis zu 100.000 Einwohnern von mindestens 17,5 Prozent der wahlberechtigten Bürger der Gemeinde

   und

   c) mit mehr als 100.000 Einwohnern von mindestens 15 Prozent der wahlberechtigten Bürger der Gemeinde

gestellten Antrags; § 26 Absatz 4 Sätze 2 und 3 gelten entsprechend.

Der Bürgermeister ist abgewählt, wenn sich für die Abwahl eine Mehrheit der abgegebenen gültigen Stimmen der wahlberechtigten Bürger ergibt, sofern diese Mehrheit mindestens 25 Prozent der Wahlberechtigten beträgt. Für das weitere Verfahren gelten die Vorschriften des Kommunalwahlgesetzes entsprechend. Der Bürgermeister scheidet mit dem Ablauf des Tages, an dem der Wahlausschuss die Abwahl feststellt, aus seinem Amt. Die Aufsichtsbehörde kann für die Dauer des Abwahlverfahrens das Ruhen der Amtsgeschäfte des Bürgermeisters anordnen, wenn der Rat dies mit einer Mehrheit von zwei Dritteln der gesetzlichen Zahl der Ratsmitglieder beantragt.

(2) Der Bürgermeister kann binnen einer Woche

1. nach dem Beschluss gemäß Absatz 1 Satz 2 Nummer 1

oder

2. nach Feststellung der Zulässigkeit des Antrags nach Absatz 1 Satz 2 Nummer 2 durch den Rat

auf die Entscheidung der Bürger über seine Abwahl verzichten. Der Verzicht ist schriftlich gegenüber dem ehrenamtlichen Stellvertreter zu erklären. Mit dem Ablauf des Tages, an dem dieser Verzicht dem ehrenamtlichen Stellvertreter zugeht, gilt die Abwahl als erfolgt.

(3) Der Antrag nach Absatz 1 Satz 2 Nummer 2 ist schriftlich beim Rat einzureichen und muss das Begehren zweifelsfrei erkennen lassen. Er muss bis zu drei Bürger benennen, die berechtigt sind, die Unterzeichnenden zu vertreten. § 25 Absatz 4 gilt entsprechend. Die Unterzeichnenden müssen an dem von ihnen anzugebenden Tag ihrer Unterschrift wahlberechtigt sein. Die Unterschriften dürfen bei Eingang des Antrags nicht älter als vier Monate sein. Nach Antragseingang eingereichte Unterschriftslisten werden nicht mehr berücksichtigt. Der Rat stellt unverzüglich

fest, ob der Antrag zulässig ist. Gegen die ablehnende Entscheidung des Rates können nur die Vertreter des Antrags nach Satz 2 Klage erheben.

§ 67
Wahl der Stellvertreter des Bürgermeisters

(1) Der Rat wählt für die Dauer seiner Wahlperiode aus seiner Mitte ohne Aussprache ehrenamtliche Stellvertreter des Bürgermeisters. Sie vertreten den Bürgermeister bei der Leitung der Ratssitzungen und bei der Repräsentation.

(2) Bei der Wahl der Stellvertreter des Bürgermeisters wird nach den Grundsätzen der Verhältniswahl in einem Wahlgang geheim abgestimmt. Dabei sind die Wahlstellen auf die Wahlvorschläge der Fraktionen und Gruppen des Rates nach der Reihenfolge der Höchstzahlen zu verteilen, die sich durch Teilung der auf die Wahlvorschläge entfallenden Stimmenzahlen durch 1, 2, 3 usw. ergeben. Erster Stellvertreter des Bürgermeisters ist, wer an erster Stelle des Wahlvorschlags steht, auf den die erste Höchstzahl entfällt, zweiter Stellvertreter, wer an vorderster noch nicht in Anspruch genommener Stelle des Wahlvorschlags steht, auf den die zweite Höchstzahl entfällt, dritter Stellvertreter, wer an vorderster noch nicht in Anspruch genommener Stelle des Wahlvorschlags steht, auf den die dritte Höchstzahl entfällt usw. Zwischen Wahlvorschlägen mit gleichen Höchstzahlen findet eine Stichwahl statt; bei Stimmengleichheit entscheidet das vom Bürgermeister zu ziehende Los. Nimmt ein gewählter Bewerber die Wahl nicht an, so ist gewählt, wer an nächster Stelle desselben Wahlvorschlags steht. Ist ein Wahlvorschlag erschöpft, tritt an seine Stelle der Wahlvorschlag mit der nächsten Höchstzahl. Scheidet ein stellvertretender Bürgermeister während der Wahlperiode aus, ist der Nachfolger für den Rest der Wahlperiode ohne Aussprache in geheimer Abstimmung nach § 50 Abs. 2 zu wählen.

(3) Die Stellvertreter des Bürgermeisters und die übrigen Ratsmitglieder werden von dem Bürgermeister eingeführt und in feierlicher Form zur gesetzmäßigen und gewissenhaften Wahrnehmung ihrer Aufgaben verpflichtet.

(4) Der Rat kann die Stellvertreter des Bürgermeisters abberufen. Der Antrag kann nur mit der Mehrheit der gesetzlichen Zahl der Mitglieder gestellt werden. Zwischen dem Eingang des Antrags und der Sitzung des Rates muß eine Frist von wenigstens zwei Tagen liegen. Über den Antrag ist ohne Aussprache abzustimmen. Der Beschluß über die Abberufung bedarf einer Mehrheit von zwei Dritteln der gesetzlichen Zahl der Mitglieder. Der Nachfolger ist innerhalb einer Frist von zwei Wochen ohne Aussprache in geheimer Abstimmung nach § 50 Abs. 2 zu wählen.

(5) Der Bürgermeister – im Falle seiner Verhinderung der Altersvorsitzende – leitet die Sitzung bei der Wahl der Stellvertreter des Bürgermeisters sowie bei Entscheidungen, die vorher getroffen werden müssen. Dies gilt auch für die Abberufung der Stellvertreter des Bürgermeisters.

§ 68
Vertretung im Amt

(1) Der Rat bestellt einen Beigeordneten zum allgemeinen Vertreter des Bürgermeisters. Die übrigen Beigeordneten sind zur allgemeinen Vertretung des Bürgermeisters nur berufen, wenn der zur allgemeinen Vertretung bestellte Beigeordnete verhindert ist. Die Reihenfolge bestimmt der Rat. Ist ein Beigeordneter nicht vorhanden, so bestellt der Rat den allgemeinen Vertreter.

(2) Die Beigeordneten vertreten den Bürgermeister in ihrem Arbeitsgebiet.

(3) Der Bürgermeister kann andere Bedienstete mit der auftragsweisen Erledigung bestimmter Angelegenheiten betrauen. Er kann die Befugnis auf Beigeordnete für deren Arbeitsgebiet übertragen.

§ 69
Teilnahme an Sitzungen

(1) Der Bürgermeister und die Beigeordneten nehmen an den Sitzungen des Rates teil. Der Bürgermeister ist berechtigt und auf Verlangen eines Ratsmitgliedes verpflichtet, zu einem Punkt der Tagesordnung vor dem Rat Stellung zu nehmen. Auch Beigeordnete sind hierzu verpflichtet, falls es der Rat oder der Bürgermeister verlangt.

(2) Der Bürgermeister und die Beigeordneten sind berechtigt und auf Verlangen eines Ausschusses in Angelegenheiten ihres Geschäftsbereichs verpflichtet, an dessen Sitzungen teilzunehmen. Absatz 1 Satz 2 gilt entsprechend.

7. Teil
Verwaltungsvorstand und Gemeindebedienstete

§ 70
Verwaltungsvorstand

(1) Sind Beigeordnete bestellt, bilden sie zusammen mit dem Bürgermeister und Kämmerer den Verwaltungsvorstand. Der Bürgermeister führt den Vorsitz.

(2) Der Verwaltungsvorstand wirkt insbesondere mit bei

a) den Grundsätzen der Organisation und der Verwaltungsführung,
b) der Planung von Verwaltungsaufgaben mit besonderer Bedeutung,
c) der Aufstellung des Haushaltsplans, unbeschadet der Rechte des Kämmerers,
d) den Grundsätzen der Personalführung und Personalverwaltung,
e) der Konzeption der Kosten- und Leistungsrechnung.

(3) Der Bürgermeister ist verpflichtet, zur Erhaltung der Einheitlichkeit der Verwaltungsführung regelmäßig den Verwaltungsvorstand zur gemeinsamen Beratung einzuberufen. Die Mitglieder des Verwaltungsvorstandes sind verpflichtet, sich im Interesse der Einheitlichkeit der Verwaltungsführung gegenseitig zu unterrichten und zu beraten.

(4) Bei Meinungsverschiedenheiten entscheidet der Bürgermeister. Die Beigeordneten sind berechtigt, ihre abweichenden Meinungen in Angelegenheiten ihres Geschäftsbereichs dem Hauptausschuß vorzutragen. Dieses haben sie dem Bürgermeister vorab mitzuteilen.

§ 71
Wahl der Beigeordneten

(1) Die Zahl der Beigeordneten wird durch die Hauptsatzung festgelegt. Die Beigeordneten sind kommunale Wahlbeamte. Sie werden vom Rat für die Dauer von acht Jahren gewählt.

(2) Die Wahl oder Wiederwahl darf frühestens sechs Monate vor Freiwerden der Stelle erfolgen. Die Stellen der Beigeordneten sind auszuschreiben, bei Wiederwahl kann hiervon abgesehen werden.

(3) Die Beigeordneten müssen die für ihr Amt erforderlichen fachlichen Voraussetzungen erfüllen und eine ausreichende Erfahrung für dieses Amt nachweisen. In kreisfreien Städten und Großen kreisangehörigen Städten muss mindestens einer der Beigeordneten die Befähigung zum Richteramt oder zur Laufbahn des allgemeinen Verwaltungsdienstes im Land Nordrhein-Westfalen in der Laufbahngruppe 2, zweites Einstiegsamt, besitzen. In den übrigen Gemeinden muss mindestens einer der Beigeordneten mindestens die Befähigung für die Laufbahn des allgemeinen Verwaltungsdienstes im Land Nordrhein-Westfalen in der Laufbahngruppe 2, erstes Einstiegsamt, besitzen.

(4) In kreisfreien Städten muß ein Beigeordneter als Stadtkämmerer bestellt werden.

(5) Die Beigeordneten sind verpflichtet, eine erste und zweite Wiederwahl anzunehmen, wenn sie spätestens drei Monate vor Ablauf der Amtszeit wiedergewählt werden. Lehnt ein Beigeordneter

die Weiterführung des Amtes ohne wichtigen Grund ab, so ist er mit Ablauf der Amtszeit zu entlassen. Ob ein wichtiger Grund vorliegt, entscheidet der Rat. Ein wichtiger Grund liegt vor, wenn die Anstellungsbedingungen gegenüber denen der davor liegenden Amtszeit verschlechtert werden.

(6) Die Beigeordneten werden vom Bürgermeister vereidigt.

(7) Der Rat kann Beigeordnete abberufen. Der Antrag kann nur von der Mehrheit der gesetzlichen Zahl der Mitglieder gestellt werden. Zwischen dem Eingang des Antrags und der Sitzung des Rates muß eine Frist von mindestens sechs Wochen liegen. Über den Antrag ist ohne Aussprache abzustimmen. Der Beschluß über die Abberufung bedarf einer Mehrheit von zwei Dritteln der gesetzlichen Zahl der Mitglieder. Ein Nachfolger ist innerhalb einer Frist von sechs Monaten zu wählen.

§ 72
Gründe der Ausschließung vom Amt

Die Beigeordneten dürfen untereinander nicht Angehörige sein.

§ 73
Geschäftsverteilung und Dienstaufsicht

(1) Der Rat kann die Geschäftskreise der Beigeordneten im Einvernehmen mit dem Bürgermeister festlegen. Kommt ein Einvernehmen nicht zu Stande, kann der Rat den Geschäftskreis der Beigeordneten mit der Mehrheit der gesetzlichen Zahl der Ratsmitglieder festlegen. Bei Entscheidungen des Rates nach Satz 1 und 2 stimmt der Bürgermeister nicht mit. Erfolgt keine Entscheidung nach Satz 1 oder 2 gilt § 62 Abs. 1 Satz 3 und 4.

(2) Der Bürgermeister ist Dienstvorgesetzter der Bediensteten der Gemeinde.

(3) Der Bürgermeister trifft die dienstrechtlichen und arbeitsrechtlichen Entscheidungen, soweit gesetzlich nichts anderes bestimmt ist. Die Hauptsatzung kann bestimmen, dass für Bedienstete in Führungsfunktionen Entscheidungen, die das beamtenrechtliche Grundverhältnis oder das Arbeitsverhältnis eines Bediensteten zur Gemeinde verändern, durch den Rat oder den Hauptausschuss im Einvernehmen mit dem Bürgermeister zu treffen sind, soweit gesetzlich nichts anderes bestimmt ist. Kommt ein Einvernehmen nicht zu Stande, kann der Rat die Entscheidung mit einer Mehrheit von zwei Dritteln der gesetzlichen Zahl der Ratsmitglieder treffen. Bei Entscheidungen des Rates nach Satz 2 und 3 stimmt der Bürgermeister nicht mit. Erfolgt keine Entscheidung nach Satz 2 oder 3, gilt Satz 1. Bedienstete in Führungsfunktionen sind Leiter von Organisationseinheiten, die dem Hauptverwaltungsbeamten oder einem anderen Wahlbeamten oder diesem in der Führungsfunktion vergleichbaren Bediensteten unmittelbar unterstehen, mit Ausnahme von Bediensteten mit Aufgaben eines persönlichen Referenten oder Pressereferenten.

§ 74
Bedienstete der Gemeinde

(1) Die Bediensteten der Gemeinde müssen die für ihren Arbeitsbereich erforderlichen fachlichen Voraussetzungen erfüllen, insbesondere die Ablegung der vorgeschriebenen Prüfungen nachweisen.

(2) Der Stellenplan ist einzuhalten; Abweichungen sind nur zulässig, soweit sie aufgrund des Besoldungs- oder Tarifrechts zwingend erforderlich sind.

(3) Die nach geltendem Recht auszustellenden Urkunden für Beamte sowie Arbeitsverträge und sonstige schriftliche Erklärungen zur Regelung der Rechtsverhältnisse von Bediensteten bedürfen der Unterzeichnung durch den Bürgermeister oder seinen allgemeinen Vertreter. Der Bürgermeister kann die Unterschriftsbefugnis durch Dienstanweisung übertragen.

8. Teil
Haushaltswirtschaft

§ 75
Allgemeine Haushaltsgrundsätze

(1) Die Gemeinde hat ihre Haushaltswirtschaft so zu planen und zu führen, dass die stetige Erfüllung ihrer Aufgaben gesichert ist. Die Haushaltswirtschaft ist wirtschaftlich, effizient und sparsam zu führen. Dabei ist den Erfordernissen des gesamtwirtschaftlichen Gleichgewichts Rechnung zu tragen.

(2) Der Haushalt muss in jedem Jahr in Planung und Rechnung ausgeglichen sein. Er ist ausgeglichen, wenn der Gesamtbetrag der Erträge die Höhe des Gesamtbetrages der Aufwendungen erreicht oder übersteigt. Die Verpflichtung des Satzes 1 gilt als erfüllt, wenn der Fehlbedarf im Ergebnisplan und der Fehlbetrag in der Ergebnisrechnung durch Inanspruchnahme der Ausgleichsrücklage gedeckt werden können. Anstelle einer bestehenden oder fehlenden Ausgleichsrücklage oder zusätzlich zur Verwendung der Ausgleichsrücklage kann im Ergebnisplan auch eine pauschale Kürzung von Aufwendungen bis zu einem Betrag von 1 Prozent der Summe der ordentlichen Aufwendungen unter Angabe der zu kürzenden Teilpläne veranschlagt werden (globaler Minderaufwand).

(3) In der Bilanz ist eine Ausgleichsrücklage zusätzlich zur allgemeinen Rücklage als gesonderter Posten des Eigenkapitals anzusetzen. Der Ausgleichsrücklage können Jahresüberschüsse durch Beschluss nach § 96 Absatz 1 Satz 2 zugeführt werden, soweit die allgemeine Rücklage einen Bestand in Höhe von mindestens 3 Prozent der Bilanzsumme des Jahresabschlusses der Gemeinde aufweist.

(4) Wird bei der Aufstellung der Haushaltssatzung eine Verringerung der allgemeinen Rücklage vorgesehen, bedarf dies der Genehmigung der Aufsichtsbehörde. Die Genehmigung gilt als erteilt, wenn die Aufsichtsbehörde nicht innerhalb eines Monats nach Eingang des Antrages der Gemeinde eine andere Entscheidung trifft. Die Genehmigung kann unter Bedingungen und mit Auflagen erteilt werden. Sie ist mit der Verpflichtung, ein Haushaltssicherungskonzept nach § 76 aufzustellen, zu verbinden, wenn die Voraussetzungen des § 76 Abs. 1 vorliegen.

(5) Weist die Ergebnisrechnung bei der Bestätigung des Jahresabschlusses gem. § 95 Abs. 3 trotz eines ursprünglich ausgeglichenen Ergebnisplans einen Fehlbetrag oder einen höheren Fehlbetrag als im Ergebnisplan ausgewiesen aus, so hat die Gemeinde dies der Aufsichtsbehörde unverzüglich anzuzeigen. Die Aufsichtsbehörde kann in diesem Fall Anordnungen treffen, erforderlichenfalls diese Anordnungen selbst durchführen oder – wenn und solange diese Befugnisse nicht ausreichen – einen Beauftragten bestellen, um eine geordnete Haushaltswirtschaft wieder herzustellen. §§123 und 124 gelten sinngemäß.

(6) Die Liquidität der Gemeinde einschließlich der Finanzierung der Investitionen ist sicherzustellen.

(7) Die Gemeinde darf sich nicht überschulden. Sie ist überschuldet, wenn nach der Bilanz das Eigenkapital aufgebraucht ist.

§ 76
Haushaltssicherungskonzept

(1) Die Gemeinde hat zur Sicherung ihrer dauerhaften Leistungsfähigkeit ein Haushaltssicherungskonzept aufzustellen und darin den nächstmöglichen Zeitpunkt zu bestimmen, bis zu dem der Haushaltsausgleich wieder hergestellt ist, wenn bei der Aufstellung der Haushaltssatzung

1. durch Veränderungen des Haushalts innerhalb eines Haushaltsjahres der in der Schlussbilanz des Vorjahres auszuweisende Ansatz der allgemeinen Rücklage um mehr als ein Viertel verringert wird oder

2. in zwei aufeinanderfolgenden Haushaltsjahren geplant ist, den in der Schlussbilanz des Vorjahres auszuweisenden Ansatz der allgemeinen Rücklage jeweils um mehr als ein Zwanzigstel zu verringern oder
3. innerhalb des Zeitraumes der mittelfristigen Ergebnis- und Finanzplanung die allgemeine Rücklage aufgebraucht wird.

Dies gilt entsprechend bei der Bestätigung über den Jahresabschluss gemäß § 95 Absatz 3.

(2) Das Haushaltsicherungskonzept dient dem Ziel, im Rahmen einer geordneten Haushaltswirtschaft die künftige, dauernde Leistungsfähigkeit der Gemeinde zu erreichen. Es bedarf der Genehmigung der Aufsichtsbehörde. Die Genehmigung soll nur erteilt werden, wenn aus dem Haushaltssicherungskonzept hervorgeht, dass spätestens im zehnten auf das Haushaltsjahr folgende Jahr der Haushaltsausgleich nach § 75 Absatz 2 wieder erreicht wird. Im Einzelfall kann durch Genehmigung der Bezirksregierung auf der Grundlage eines individuellen Sanierungskonzeptes von diesem Konsolidierungszeitraum abgewichen werden. Die Genehmigung des Haushaltssicherungskonzeptes kann unter Bedingungen und mit Auflagen erteilt werden.

§ 77
Grundsätze der Finanzmittelbeschaffung

(1) Die Gemeinde erhebt Abgaben nach den gesetzlichen Vorschriften.

(2) Sie hat die zur Erfüllung ihrer Aufgaben erforderlichen Finanzmittel

1. soweit vertretbar und geboten, aus selbst zu bestimmenden Entgelten für die von ihr erbrachten Leistungen, sowie
2. im Übrigen aus Steuern

zu beschaffen, soweit die sonstigen Finanzmittel nicht ausreichen.

(3) Die Gemeinde hat bei der Finanzmittelbeschaffung auf die wirtschaftlichen Kräfte ihrer Abgabepflichtigen Rücksicht zu nehmen.

(4) Die Gemeinde darf Kredite nur aufnehmen, wenn eine andere Finanzierung nicht möglich ist oder wirtschaftlich unzweckmäßig wäre.

§ 78
Haushaltssatzung

(1) Die Gemeinde hat für jedes Haushaltsjahr eine Haushaltssatzung zu erlassen.

(2) Die Haushaltssatzung enthält die Festsetzung

1. des Haushaltsplans
   a) im Ergebnisplan unter Angabe des Gesamtbetrages der Erträge und der Aufwendungen des Haushaltsjahres,
   b) im Finanzplan unter Angabe des Gesamtbetrages der Einzahlungen und Auszahlungen aus laufender Verwaltungstätigkeit, des Gesamtbetrages der Einzahlungen und Auszahlungen aus der Investitionstätigkeit und aus der Finanzierungstätigkeit des Haushaltsjahres,
   c) unter Angabe der vorgesehenen Kreditaufnahmen für Investitionen (Kreditermächtigung),
   d) unter Angabe der vorgesehenen Ermächtigungen zum Eingehen von Verpflichtungen, die künftige Haushaltsjahre mit Auszahlungen für Investitionen belasten (Verpflichtungsermächtigungen),
2. der Inanspruchnahme der Ausgleichsrücklage und der Verringerung der allgemeinen Rücklage,
3. des Höchstbetrages der Kredite zur Liquiditätssicherung,
4. der Steuersätze, die für jedes Haushaltsjahr neu festzusetzen sind,
5. des Jahres, in dem der Haushaltsausgleich wieder hergestellt ist.

Sie kann weitere Vorschriften enthalten, die sich auf die Erträge und die Aufwendungen, Einzahlungen und Auszahlungen, den Stellenplan des Haushaltsjahres und das Haushaltssicherungskonzept beziehen.

(3) Die Haushaltssatzung tritt mit Beginn des Haushaltsjahres in Kraft und gilt für das Haushaltsjahr. Sie kann Festsetzungen für zwei Haushaltsjahre, nach Jahren getrennt, enthalten.

(4) Haushaltsjahr ist das Kalenderjahr, soweit für einzelne Bereiche durch Gesetz oder Rechtsverordnung nichts anderes bestimmt ist.

§ 79
Haushaltsplan

(1) Der Haushaltsplan enthält alle im Haushaltsjahr für die Erfüllung der Aufgaben der Gemeinde voraussichtlich

1. anfallenden Erträge und eingehenden Einzahlungen,
2. entstehenden Aufwendungen und zu leistenden Auszahlungen,
3. notwendigen Verpflichtungsermächtigungen.

Die Vorschriften über die Sondervermögen der Gemeinde bleiben unberührt.

(2) Der Haushaltsplan ist in einen Ergebnisplan und einen Finanzplan sowie in Teilpläne zu gliedern. Das Haushaltssicherungskonzept gemäß § 76 ist Teil des Haushaltsplans; der Stellenplan für die Bediensteten ist Anlage des Haushaltsplans.

(3) Der Haushaltsplan ist Grundlage für die Haushaltswirtschaft der Gemeinde. Er ist nach Maßgabe dieses Gesetzes und der aufgrund dieses Gesetzes erlassenen Vorschriften für die Haushaltsführung verbindlich. Ansprüche und Verbindlichkeiten Dritter werden durch ihn weder begründet noch aufgehoben.

§ 80
Erlass der Haushaltssatzung

(1) Der Entwurf der Haushaltssatzung mit ihren Anlagen wird vom Kämmerer aufgestellt und dem Bürgermeister zur Bestätigung vorgelegt.

(2) Der Bürgermeister leitet den von ihm bestätigten Entwurf dem Rat zu. Soweit er von dem ihm vorgelegten Entwurf abweicht, kann der Kämmerer dazu eine Stellungnahme abgeben. Wird von diesem Recht Gebrauch gemacht, hat der Bürgermeister die Stellungnahme mit dem Entwurf dem Rat vorzulegen.

(3) Nach Zuleitung des Entwurfs der Haushaltssatzung mit ihren Anlagen an den Rat ist dieser unverzüglich bekannt zu geben und während der Dauer des Beratungsverfahrens im Rat zur Einsichtnahme verfügbar zu halten. In der öffentlichen Bekanntgabe ist eine Frist von mindestens vierzehn Tagen festzulegen, in der Einwohner oder Abgabepflichtige gegen den Entwurf Einwendungen erheben können und die Stelle anzugeben, bei der die Einwendungen zu erheben sind. Die Frist für die Erhebung von Einwendungen ist so festzusetzen, dass der Rat vor der Beschlussfassung über die Haushaltssatzung mit ihren Anlagen in öffentlicher Sitzung darüber beschließen kann.

(4) Der Entwurf der Haushaltssatzung mit ihren Anlagen ist vom Rat in öffentlicher Sitzung zu beraten und zu beschließen. In der Beratung des Rates kann der Kämmerer seine abweichende Auffassung vertreten.

(5) Die vom Rat beschlossene Haushaltssatzung mit ihren Anlagen ist der Aufsichtsbehörde anzuzeigen. Die Anzeige soll spätestens einen Monat vor Beginn des Haushaltsjahres erfolgen. Die Haushaltssatzung darf frühestens einen Monat nach der Anzeige bei der Aufsichtsbehörde öffentlich bekannt gemacht werden. Die Anzeigefrist beginnt erst zu laufen, wenn die gemäß Satz 1 anzuzeigenden Unterlagen der Aufsichtsbehörde vollständig vorgelegt wurden. Die Aufsichtsbehörde kann im Einzelfall aus besonderem Grund die Anzeigefrist verkürzen oder verlängern.

Ist ein Haushaltssicherungskonzept nach § 76 aufzustellen, so darf die Haushaltssatzung erst nach Erteilung der Genehmigung bekannt gemacht werden.

(6) Die Haushaltssatzung mit ihren Anlagen ist im Anschluss an die öffentliche Bekanntmachung bis zum Ende der in § 96 Abs. 2 benannten Frist zur Einsichtnahme verfügbar zu halten.

§ 81
Nachtragssatzung

(1) Die Haushaltssatzung kann nur durch Nachtragssatzung geändert werden, die spätestens bis zum Ablauf des Haushaltsjahres zu beschließen ist. Für die Nachtragssatzung gelten die Vorschriften für die Haushaltssatzung entsprechend.

(2) Die Gemeinde hat unverzüglich eine Nachtragssatzung zu erlassen, wenn

1. sich zeigt, dass trotz Ausnutzung jeder Sparmöglichkeit
   a) ein erheblicher Jahresfehlbetrag entstehen wird und der Haushaltsausgleich nur durch eine Änderung der Haushaltssatzung erreicht werden kann oder
   b) ein erheblich höherer Jahresfehlbetrag als geplant entstehen wird und der höhere Fehlbetrag nur durch eine Änderung der Haushaltssatzung vermieden werden kann,
2. bisher nicht veranschlagte oder zusätzliche Aufwendungen oder Auszahlungen bei einzelnen Haushaltspositionen in einem im Verhältnis zu den Gesamtaufwendungen oder Gesamtauszahlungen erheblichen Umfang geleistet werden müssen,
3. Auszahlungen für bisher nicht veranschlagte Investitionen geleistet werden sollen.

Dies gilt nicht für überplanmäßige Auszahlungen im Sinne des § 83 Abs. 3.

(3) Absatz 2 Nrn. 2 und 3 findet keine Anwendung auf

1. geringfügige Investitionen und Instandsetzungen an Bauten, die unabweisbar sind,
2. Umschuldung von Krediten für Investitionen.

(4) Im Übrigen kann, wenn die Entwicklung der Erträge oder der Aufwendungen oder die Erhaltung der Liquidität es erfordert, der Rat die Inanspruchnahme von Ermächtigungen sperren. Er kann seine Sperre und die des Kämmerers oder des Bürgermeisters aufheben.

(5) Im Zuge der Ausbreitung der COVID-19-Pandemie findet im Haushaltsjahr 2020 Absatz 4 keine Anwendung.

§ 82
Vorläufige Haushaltsführung

(1) Ist die Haushaltssatzung bei Beginn des Haushaltsjahres noch nicht bekannt gemacht, so darf die Gemeinde ausschließlich

1. Aufwendungen entstehen lassen und Auszahlungen leisten, zu denen sie rechtlich verpflichtet ist oder die für die Weiterführung notwendiger Aufgaben unaufschiebbar sind; sie darf insbesondere Bauten, Beschaffungen und sonstige Investitionsleistungen, für die im Haushaltsplan des Vorjahres Finanzpositionen oder Verpflichtungsermächtigungen vorgesehen waren, fortsetzen,
2. Realsteuern nach den Sätzen des Vorjahres erheben,
3. Kredite umschulden.

(2) Reichen die Finanzmittel für die Fortsetzung der Bauten, der Beschaffungen und der sonstigen Leistungen des Finanzplans nach Absatz 1 Nr. 1 nicht aus, so darf die Gemeinde mit Genehmigung der Aufsichtsbehörde Kredite für Investitionen bis zu einem Viertel des Gesamtbetrages der in der Haushaltssatzung des Vorjahres festgesetzten Kredite aufnehmen. Die Gemeinde hat dem Antrag auf Genehmigung eine nach Dringlichkeit geordnete Aufstellung der vorgesehenen unaufschiebbaren Investitionen beizufügen. Die Genehmigung soll unter dem Gesichtspunkt einer geordneten Haushaltswirtschaft erteilt oder versagt werden; sie kann unter Bedingungen und mit

Auflagen erteilt werden. Sie ist in der Regel zu versagen, wenn die Kreditverpflichtungen mit der dauernden Leistungsfähigkeit der Gemeinde nicht in Einklang stehen.

(3) Ist im Fall des § 76 Abs. 1 die Haushaltssatzung bei Beginn des Haushaltsjahres noch nicht bekannt gemacht, gelten ergänzend zu den Regelungen der Absätze 1 und 2 die nachfolgenden Bestimmungen vom Beginn des Haushaltsjahres – bei späterer Beschlussfassung über die Haushaltssatzung vom Zeitpunkt der Beschlussfassung – bis zur Genehmigung des Haushaltssicherungskonzeptes:

1. Die Gemeinde hat weitergehende haushaltswirtschaftliche Beschränkungen für die Besetzung von Stellen, andere personalwirtschaftliche Maßnahmen und das höchstzulässige Aufwandsvolumen des Ergebnishaushalts sowie die Regelungen zur Nachweisführung gegenüber der Aufsichtsbehörde zu beachten, die durch Rechtsverordnung des für Kommunales zuständigen Ministeriums im Einvernehmen mit dem für Finanzen zuständigen Ministerium festgelegt werden.
2. Der in Absatz 2 festgelegte Kreditrahmen kann mit Genehmigung der Aufsichtsbehörde überschritten werden, wenn das Verbot der Kreditaufnahme anderenfalls zu einem nicht auflösbaren Konflikt zwischen verschiedenen gleichrangigen Rechtspflichten der Gemeinde führen würde. Die Genehmigung kann unter Bedingungen und mit Auflagen erteilt werden.

(4) Die Bestimmungen des Absatzes 3 gelten ab dem 1. April des Haushaltsjahres bis zur Beschlussfassung über einen ausgeglichenen Haushalt oder bis zur Erteilung der Genehmigung für ein Haushaltssicherungskonzept auch dann, wenn bis zu dem Termin kein ausgeglichener Haushalt beschlossen worden ist.

§ 83
Überplanmäßige und außerplanmäßige Aufwendungen und Auszahlungen

(1) Überplanmäßige und außerplanmäßige Aufwendungen und Auszahlungen sind nur zulässig, wenn sie unabweisbar sind. Die Deckung soll jeweils im laufenden Haushaltsjahr gewährleistet sein. Über die Leistung dieser Aufwendungen und Auszahlungen entscheidet der Kämmerer, soweit der Rat keine andere Regelung trifft. Der Kämmerer kann mit Zustimmung des Bürgermeisters und des Rates die Entscheidungsbefugnis auf andere Bedienstete übertragen.

(2) Sind die überplanmäßigen und außerplanmäßigen Aufwendungen und Auszahlungen erheblich, bedürfen sie der vorherigen Zustimmung des Rates; im Übrigen sind sie dem Rat zur Kenntnis zu bringen. § 81 Abs. 2 bleibt unberührt.

(3) Für Investitionen, die im folgenden Jahr fortgesetzt werden, sind überplanmäßige Auszahlungen auch dann zulässig, wenn ihre Deckung erst im folgenden Jahr gewährleistet ist. Absatz 1 Sätze 3 und 4 und Absatz 2 gelten sinngemäß.

(4) Die Absätze 1 bis 3 finden entsprechende Anwendung auf Maßnahmen, durch die später über- oder außerplanmäßige Aufwendungen und Auszahlungen entstehen können.

§ 84
Mittelfristige Ergebnis- und Finanzplanung

Die Gemeinde hat ihrer Haushaltswirtschaft eine fünfjährige Ergebnis- und Finanzplanung zu Grunde zu legen und in den Haushaltsplan einzubeziehen. Das erste Planungsjahr ist das laufende Haushaltsjahr. Die Ergebnis- und Finanzplanung für die dem Haushaltsjahr folgenden drei Planungsjahre soll in den einzelnen Jahren ausgeglichen sein. Sie ist mit der Haushaltssatzung der Entwicklung anzupassen und fortzuführen.

§ 85
Verpflichtungsermächtigungen

(1) Verpflichtungen zur Leistung von Auszahlungen für Investitionen in künftigen Jahren dürfen grundsätzlich nur eingegangen werden, wenn der Haushaltsplan hierzu ermächtigt. Sie dürfen

ausnahmsweise auch überplanmäßig oder außerplanmäßig eingegangen werden, wenn sie unabweisbar sind und der in der Haushaltssatzung festgesetzte Gesamtbetrag der Verpflichtungsermächtigungen nicht überschritten wird. § 83 Abs. 1 Sätze 3 und 4 gelten sinngemäß.
(2) Die Verpflichtungsermächtigungen gelten bis zum Ende des auf das Haushaltsjahr folgenden Jahres und, wenn die Haushaltssatzung für das übernächste Jahr nicht rechtzeitig öffentlich bekannt gemacht wird, bis zum Erlass dieser Haushaltssatzung.

§ 86
Kredite

(1) Kredite dürfen nur für Investitionen unter der Voraussetzung des § 77 Absatz 4 und zur Umschuldung aufgenommen werden. Die daraus übernommenen Verpflichtungen müssen mit der dauernden Leistungsfähigkeit der Gemeinde in Einklang stehen. Die Kreditaufnahme erfolgt grundsätzlich in Euro. In anderen Währungen ist die Kreditaufnahme nur in Verbindung mit einem Währungssicherungsgeschäft zulässig.
(2) Die Kreditermächtigung gilt bis zum Ende des auf das Haushaltsjahr folgenden Jahres und, wenn die Haushaltssatzung für das übernächste Jahr nicht rechtzeitig öffentlich bekannt gemacht wird, bis zum Erlass dieser Haushaltssatzung.
(3) Die Aufnahme einzelner Kredite bedarf der Genehmigung der Aufsichtsbehörde, sobald die Kreditaufnahme nach § 19 des Gesetzes zur Förderung der Stabilität und des Wachstums der Wirtschaft beschränkt worden ist. Die Einzelgenehmigung kann nach Maßgabe der Kreditbeschränkungen versagt werden.
(4) Entscheidungen der Gemeinde über die Begründung einer Zahlungsverpflichtung, die wirtschaftlich einer Kreditverpflichtung gleichkommt, sind der Aufsichtsbehörde unverzüglich, spätestens einen Monat vor der rechtsverbindlichen Eingehung der Verpflichtung, anzuzeigen. Absatz 1 Satz 2 gilt sinngemäß. Eine Anzeige ist nicht erforderlich für die Begründung von Zahlungsverpflichtungen im Rahmen der laufenden Verwaltung.
(5) Die Gemeinde darf zur Sicherung des Kredits keine Sicherheiten bestellen. Die Aufsichtsbehörde kann Ausnahmen zulassen, wenn die Bestellung von Sicherheiten der Verkehrsübung entspricht.

§ 87
Sicherheiten und Gewährleistung für Dritte

(1) Die Gemeinde darf keine Sicherheiten zugunsten Dritter bestellen. Die Aufsichtsbehörde kann Ausnahmen zulassen. Für die Bestellung von Sicherheiten zur Finanzierung des Erwerbs von Grundstücken der Gemeinde durch Dritte finden die Sätze 1 und 2 keine Anwendung.
(2) Die Gemeinde darf Bürgschaften und Verpflichtungen aus Gewährverträgen nur im Rahmen der Erfüllung ihrer Aufgaben übernehmen. Die Entscheidung der Gemeinde zur Übernahme ist der Aufsichtsbehörde unverzüglich, spätestens einen Monat vor der rechtsverbindlichen Übernahme, anzuzeigen.
(3) Absatz 2 gilt sinngemäß für Rechtsgeschäfte, die den in Absatz 2 genannten Rechtsgeschäften wirtschaftlich gleichkommen, insbesondere für die Zustimmung zu Rechtsgeschäften Dritter, aus denen der Gemeinde in künftigen Haushaltsjahren Verpflichtungen zu Leistungen erwachsen können.

§ 88
Rückstellungen

(1) Rückstellungen sind für ungewisse Verbindlichkeiten, für drohende Verluste aus schwebenden Geschäften und für hinsichtlich ihrer Höhe oder des Zeitpunktes ihres Eintritts unbestimmte Aufwendungen in angemessener Höhe zu bilden.
(2) Rückstellungen dürfen nur aufgelöst werden, soweit der Grund hierfür entfallen ist.

§ 89
Liquidität

(1) Die Gemeinde hat ihre Zahlungsfähigkeit durch eine angemessene Liquiditätsplanung sicherzustellen.

(2) Zur rechtzeitigen Leistung ihrer Auszahlungen kann die Gemeinde Kredite zur Liquiditätssicherung bis zu dem in der Haushaltssatzung festgesetzten Höchstbetrag aufnehmen, soweit dafür keine anderen Mittel zur Verfügung stehen. Diese Ermächtigung gilt über das Haushaltsjahr hinaus bis zum Erlass der neuen Haushaltssatzung.

§ 90
Vermögensgegenstände

(1) Die Gemeinde soll Vermögensgegenstände nur erwerben, soweit dies zur Erfüllung ihrer Aufgaben erforderlich ist oder wird.

(2) Die Vermögensgegenstände sind pfleglich und wirtschaftlich zu verwalten. Bei Geldanlagen ist auf eine ausreichende Sicherheit zu achten; sie sollen einen angemessenen Ertrag erbringen.

(3) Die Gemeinde darf Vermögensgegenstände, die sie zur Erfüllung ihrer Aufgaben in absehbarer Zeit nicht braucht, veräußern. Vermögensgegenstände dürfen in der Regel nur zu ihrem vollen Wert veräußert werden. Ausnahmen sind im besonderen öffentlichen Interesse zulässig. Dies gilt insbesondere für Veräußerungen zur Förderung von sozialen Einrichtungen, des sozialen Wohnungsbaus, des Denkmalschutzes und der Bildung privaten Eigentums unter sozialen Gesichtspunkten. Vor dem Unterwertverkauf eines Grundstücks an Unternehmen ist die Vereinbarkeit der Vergünstigung mit dem Binnenmarkt sicherzustellen.

(4) Für die Überlassung der Nutzung eines Vermögensgegenstandes gilt Absatz 3 sinngemäß.

(5) Für die Verwaltung und Bewirtschaftung von Gemeindewaldungen gelten die Vorschriften dieses Gesetzes und des Landesforstgesetzes.

§ 91
Inventar, Inventur und allgemeine Bewertungsgrundsätze

(1) Die Gemeinde hat zum Schluss eines jeden Haushaltsjahres ihre Grundstücke und grundstücksgleichen Rechte, ihre Forderungen und Schulden, den Betrag des baren Geldes sowie ihre sonstigen Vermögensgegenstände genau zu verzeichnen und dabei den Wert der einzelnen Vermögensgegenstände und Schulden anzugeben (Inventar).

(2) Körperliche Vermögensgegenstände sind durch eine körperliche Bestandsaufnahme zu erfassen, soweit durch Gesetz oder Rechtsverordnung nichts anderes bestimmt ist.

(3) Das Inventar ist innerhalb der einem ordnungsgemäßen Geschäftsgang entsprechenden Zeit aufzustellen.

(4) Die Bewertung des in der Bilanz auszuweisenden Vermögens, der Sonderposten, der Rückstellungen, der Verbindlichkeiten und der Rechnungsabgrenzungsposten richtet sich nach den Grundsätzen ordnungsmäßiger Buchführung. Dabei gilt insbesondere:

1. Die Wertansätze in der Eröffnungsbilanz des Haushaltsjahres müssen mit denen der Schlussbilanz des vorhergehenden Haushaltsjahres übereinstimmen;
2. die Vermögensgegenstände, Sonderposten, Rückstellungen, Verbindlichkeiten und Rechnungsabgrenzungsposten sind zum Abschlussstichtag einzeln zu bewerten;
3. es ist wirklichkeitsgetreu zu bewerten; vorhersehbare Risiken und Verluste, die bis zum Abschlussstichtag entstanden sind, sind zu berücksichtigen, selbst wenn diese erst zwischen dem Abschlussstichtag und dem Tag der Aufstellung des Jahresabschlusses bekannt geworden sind; Gewinne sind nur zu berücksichtigen, sofern sie am Abschlussstichtag realisiert sind;

4. Aufwendungen und Erträge des Haushaltsjahres sind unabhängig von den Zeitpunkten der entsprechenden Zahlungen im Jahresabschluss zu berücksichtigen und
5. die auf den vorhergehenden Jahresabschluss angewandten Bewertungsmethoden sollen beibehalten werden.

(5) Von den Grundsätzen des Absatzes 4 darf nur in begründeten Ausnahmefällen abgewichen werden.

§ 92
Eröffnungsbilanz

(1) Die Gemeinde hat zu Beginn des Haushaltsjahres, in dem sie erstmals ihre Geschäftsvorfälle nach dem System der doppelten Buchführung erfasst, eine Eröffnungsbilanz aufzustellen. Auf die Eröffnungsbilanz sind die für den Jahresabschluss geltenden Vorschriften mit Ausnahme des § 95 Absatz 2 Satz 1 Nummern 1 bis 3 entsprechend anzuwenden. Die Vorschriften der § 95 Absatz 3 und § 96 sind entsprechend anzuwenden.

(2) Die Ermittlung der Wertansätze für die Eröffnungsbilanz ist auf der Grundlage von vorsichtig geschätzten Zeitwerten vorzunehmen. Die in der Eröffnungsbilanz angesetzten Werte für die Vermögensgegenstände gelten für die künftigen Haushaltsjahre als Anschaffungs- oder Herstellungskosten, soweit nicht Wertberichtigungen nach Absatz 5 vorgenommen werden.

(3) Die Eröffnungsbilanz einschließlich des Anhangs mit allen Anlagen unterliegt der örtlichen Prüfung nach §§ 101 bis 104, § 59 Absatz 3 gilt entsprechend.

(4) Die Eröffnungsbilanz einschließlich des Anhangs mit allen Anlagen unterliegt der überörtlichen Prüfung nach § 105.

(5) Ergibt sich bei der Aufstellung späterer Jahresabschlüsse, dass in der Eröffnungsbilanz Vermögensgegenstände oder Sonderposten oder Schulden fehlerhaft angesetzt worden sind, so ist der Wertansatz zu berichtigen oder nachzuholen. Die Eröffnungsbilanz gilt dann als geändert. Eine Berichtigung kann letztmals im vierten der Eröffnungsbilanz folgenden Jahresabschluss vorgenommen werden. Vorherige Jahresabschlüsse sind nicht zu berichtigen.

§ 93
Finanzbuchhaltung

(1) Die Finanzbuchhaltung hat die Buchführung und die Zahlungsabwicklung der Gemeinde zu erledigen. Die Buchführung muss unter Beachtung der Grundsätze ordnungsmäßiger Buchführung so beschaffen sein, dass innerhalb einer angemessenen Zeit ein Überblick über die wirtschaftliche Lage der Gemeinde gegeben werden kann. Die Zahlungsabwicklung ist ordnungsgemäß und sicher zu erledigen.

(2) Die Gemeinde hat, wenn sie ihre Finanzbuchhaltung nicht nach § 94 durch eine Stelle außerhalb der Gemeindeverwaltung besorgen lässt, dafür einen Verantwortlichen und einen Stellvertreter zu bestellen.

(3) Soweit die ordnungsgemäße Erledigung und die Prüfung gewährleistet sind, kann die Finanzbuchhaltung für funktional begrenzte Aufgabenbereiche auch durch mehrere Stellen der Verwaltung erfolgen. Absatz 2 bleibt unberührt.

(4) Die mit der Prüfung und Feststellung des Zahlungsanspruches und der Zahlungsverpflichtung beauftragten Bediensteten dürfen nicht die Zahlungen der Gemeinde abwickeln. Das Gleiche gilt für die mit der Rechnungsprüfung beauftragten Bediensteten.

(5) Der Verantwortliche für die Zahlungsabwicklung und sein Stellvertreter dürfen nicht Angehörige des Bürgermeisters, des Kämmerers, der Leitung und der Prüfer der örtlichen Rechnungsprüfung sowie mit der Prüfung beauftragter Dritter sein.

(6) Die Geschäftsvorfälle der Sondervermögen und der Treuhandvermögen sind gesondert abzuwickeln, wenn für diese gesonderte Jahresabschlüsse aufgestellt werden.

§ 94
Übertragung der Finanzbuchhaltung

(1) Soweit die Gemeinde die Erfüllung ihrer Verpflichtungen im Rahmen der Finanzbuchhaltung nach § 93 nicht selbst besorgt, hat sie diese auf eine andere juristische Person des öffentlichen Rechts zu übertragen. Die ordnungsgemäße Erledigung und die Prüfung nach den für die Gemeinde geltenden Vorschriften ist zu gewährleisten. Der Beschluss über die Besorgung ist der Aufsichtsbehörde anzuzeigen.

(2) Für die automatisierte Ausführung der Geschäfte der kommunalen Haushaltswirtschaft dürfen nur Fachprogramme verwendet werden, die von der Gemeindeprüfungsanstalt Nordrhein-Westfalen zugelassen sind. Gleiches gilt für die Verwendung dieser Fachprogramme nach wesentlichen Programmänderungen. Die Gültigkeit der Zulassung soll befristet werden. Bei Programmen, die für mehrere Gemeinden Anwendung finden sollen, genügt eine Zulassung. Die technischen Standards, die erforderlich sind, um die gesetzlichen Voraussetzungen für die Programmzulassung zu erfüllen, werden von der Gemeindeprüfungsanstalt Nordrhein-Westfalen im Benehmen mit dem für Kommunales zuständigen Ministerium im Rahmen einer Verwaltungsvorschrift als Prüfhandbuch niedergelegt.

§ 95
Jahresabschluss

(1) Die Gemeinde hat zum Schluss eines jeden Haushaltsjahres einen Jahresabschluss aufzustellen. Der Jahresabschluss muss klar und übersichtlich sein. Der Jahresabschluss hat sämtliche Vermögensgegenstände, Schulden, Rechnungsabgrenzungsposten, Erträge, Aufwendungen, Einzahlungen und Auszahlungen zu enthalten, soweit nichts anderes bestimmt ist. Er hat unter Beachtung der Grundsätze ordnungsmäßiger Buchführung ein den tatsächlichen Verhältnissen entsprechendes Bild der Vermögens-, Finanz- und Ertragslage der Gemeinde zu vermitteln.

(2) Der Jahresabschluss besteht aus

1. der Ergebnisrechnung,
2. der Finanzrechnung,
3. den Teilrechnungen und
4. der Bilanz.

Der Jahresabschluss ist um einen Anhang zu erweitern, der mit den Bestandteilen des Jahresabschlusses nach Satz 1 eine Einheit bildet. Darüber hinaus hat die Gemeinde einen Lagebericht aufzustellen.

(3) Am Schluss des Anhangs sind für die Mitglieder des Verwaltungsvorstands nach § 70, soweit dieser nicht zu bilden ist für den Bürgermeister und den Kämmerer, sowie für die Ratsmitglieder, auch wenn die Personen im Haushaltsjahr ausgeschieden sind, anzugeben,

1. Familienname mit mindestens einem ausgeschriebenen Vornamen,
2. der ausgeübte Beruf,
3. die Mitgliedschaft in Aufsichtsräten und anderen Kontrollgremien im Sinne des § 125 Absatz 1 Satz 5 des Aktiengesetzes vom 6. September 1965 (BGBl. I S. 1089), das zuletzt durch Artikel 9 des Gesetzes vom 17. Juli 2017 (BGBl. I S. 2446) geändert worden ist,
4. die Mitgliedschaft in Organen von verselbstständigten Aufgabenbereichen der Gemeinde in öffentlich-rechtlicher oder privatrechtlicher Form,
5. die Mitgliedschaft in Organen sonstiger privatrechtlicher Unternehmen.

§ 43 Abs. 2 Nrn. 5 und 6 gelten entsprechend.

(4) Dem Anhang sind als Anlagen beizufügen

1. ein Anlagenspiegel,
2. ein Forderungsspiegel,
3. ein Eigenkapitalspiegel,
4. ein Verbindlichkeitenspiegel und

5. eine Übersicht über die in das folgende Jahr übertragenen Haushaltsermächtigungen.

(5) Der Entwurf des Jahresabschlusses und des Lageberichtes wird vom Kämmerer aufgestellt und dem Bürgermeister zur Bestätigung vorgelegt. Der Bürgermeister leitet den von ihm bestätigten Entwurf innerhalb von drei Monaten nach Ablauf des Haushaltsjahres dem Rat zur Feststellung zu. Soweit er von dem ihm vorgelegten Entwurf abweicht, kann der Kämmerer dazu eine Stellungnahme abgeben. Wird von diesem Recht Gebrauch gemacht, hat der Bürgermeister die Stellungnahme mit dem Entwurf dem Rat vorzulegen.

§ 96
Feststellung des Jahresabschlusses und Entlastung

(1) Der Rat stellt bis spätestens 31. Dezember des auf das Haushaltsjahr folgenden Jahres den vom Rechnungsprüfungsausschuss geprüften Jahresabschluss durch Beschluss fest. Zugleich beschließt er über die Verwendung des Jahresüberschusses oder die Behandlung des Jahresfehlbetrages. Soweit in den Jahresabschlüssen der letzten drei vorhergehenden Haushaltsjahre aufgrund entstandener Fehlbeträge der Ergebnisrechnung die allgemeine Rücklage reduziert wurde, ist ein Jahresüberschuss insoweit zunächst der allgemeinen Rücklage zuzuführen. In der Beratung des Rates über den Jahresabschluss kann der Kämmerer seine abweichende Auffassung vertreten. Die Ratsmitglieder entscheiden über die Entlastung des Bürgermeisters. Verweigern sie die Entlastung oder sprechen sie diese mit Einschränkungen aus, so haben sie dafür die Gründe anzugeben. Wird die Feststellung des Jahresabschlusses vom Rat verweigert, so sind die Gründe dafür gegenüber dem Bürgermeister anzugeben.

(2) Der vom Rat festgestellte Jahresabschluss ist der Aufsichtsbehörde unverzüglich anzuzeigen. Der Jahresabschluss ist öffentlich bekannt zu machen und danach bis zur Feststellung des folgenden Jahresabschlusses zur Einsichtnahme verfügbar zu halten.

§ 96a
Abweichungsbefugnis in besonderen Ausnahmefällen

Das für Kommunales zuständige Ministerium wird ermächtigt, in Ausnahmefällen wie Katastrophen, einer epidemischen Lage von landesweiter Tragweite oder eines außergewöhnlichen Notstandes nach Artikel 115 des Grundgesetzes durch Rechtsverordnung, die mit Zustimmung des Landtags erlassen wird, Abweichendes zum Achten Teil dieses Gesetzes zu regeln.

9. Teil
Sondervermögen, Treuhandvermögen

§ 97
Sondervermögen

(1) Sondervermögen der Gemeinde sind
1. das Gemeindegliedervermögen,
2. das Vermögen der rechtlich unselbstständigen örtlichen Stiftungen,
3. wirtschaftliche Unternehmen (§ 114) und organisatorisch verselbstständigte Einrichtungen (§ 107 Abs. 2) ohne eigene Rechtspersönlichkeit,
4. rechtlich unselbstständige Versorgungs- und Versicherungseinrichtungen.

(2) Sondervermögen nach Absatz 1 Nrn. 1 und 2 unterliegen den Vorschriften über die Haushaltswirtschaft. Sie sind im Haushaltsplan und im Jahresabschluss der Gemeinde gesondert nachzuweisen.

(3) Für Sondervermögen nach Absatz 1 Nr. 3 sind die Vorschriften des § 75 Abs. 1, Abs. 2 Sätze 1 und 2, Abs. 6 und 7, der §§ 84 bis 90, des § 92 Abs. 3 und 7 und der §§ 93, 94 und 96 sinngemäß anzuwenden.

(4) Für Sondervermögen nach Absatz 1 Nr. 4 können die für die Wirtschaftsführung und das Rechnungswesen der Eigenbetriebe geltenden Vorschriften sinngemäß angewendet werden. Absatz 3 gilt sinngemäß.

§ 98
Treuhandvermögen

(1) Für rechtlich selbständige örtliche Stiftungen sowie Vermögen, die die Gemeinde nach besonderem Recht treuhänderisch zu verwalten hat, sind besondere Haushaltspläne aufzustellen und Sonderrechnungen zu führen. Die Vorschriften des § 75 Abs. 1, Abs. 2 Sätze 1 und 2, Abs. 6 und 7, der §§ 78 bis 80, 82 bis 87, 89, 90, 93 und 94 sowie § 96 Abs. 1 sind sinngemäß anzuwenden, soweit nicht Vorschriften des Stiftungsgesetzes entgegen stehen. Die §§ 78 und 80 sind mit der Maßgabe sinngemäß anzuwenden, dass an die Stelle der Haushaltssatzung der Beschluss über den Haushaltsplan tritt und von der öffentlichen Bekanntgabe und dem Verfügbarhalten zur Einsichtnahme nach § 80 Abs. 3 und 6 abgesehen werden kann.

(2) Unbedeutendes Treuhandvermögen kann im Haushalt der Gemeinde gesondert nachgewiesen werden.

(3) Mündelvermögen sind abweichend von den Absätzen 1 und 2 nur im Jahresabschluss gesondert nachzuweisen.

(4) Besondere gesetzliche Vorschriften oder Bestimmungen des Stifters bleiben unberührt.

§ 99
Gemeindegliedervermögen

(1) Für die Nutzung des Gemeindevermögens, dessen Ertrag nach bisherigem Recht nicht der Gemeinde, sondern sonstigen Berechtigten zusteht (Gemeindegliedervermögen), bleiben die bisherigen Vorschriften und Gewohnheiten unberührt.

(2) Gemeindegliedervermögen darf nicht in Privatvermögen der Nutzungsberechtigten umgewandelt werden. Es kann in freies Gemeindevermögen umgewandelt werden, wenn die Umwandlung aus Gründen des Gemeinwohls geboten ist. Den bisher Berechtigten ist ein Einkaufsgeld zurückzuzahlen, durch welches sie das Recht zur Teilnahme an der Nutzung des Gemeindegliedervermögens erworben haben. Soweit nach den bisher geltenden rechtlichen Vorschriften Nutzungsrechte am Gemeindegliedervermögen den Berechtigten gegen ihren Willen nicht entzogen oder geschmälert werden dürfen, muß von der Gemeinde bei der Umwandlung eine angemessene Entschädigung gezahlt werden. Handelt es sich um Nutzungsrechte an landwirtschaftlich genutzten Grundstücken, so kann die Entschädigung auch durch Hergabe eines Teils derjenigen Grundstücke gewährt werden, an denen die Nutzungsrechte bestehen.

(3) Gemeindevermögen darf nicht in Gemeindegliedervermögen umgewandelt werden.

§ 100
Örtliche Stiftungen

(1) Örtliche Stiftungen sind die Stiftungen des privaten Rechts, die nach dem Willen des Stifters von einer Gemeinde verwaltet werden und die überwiegend örtlichen Zwecken dienen. Die Gemeinde hat die örtlichen Stiftungen nach den Vorschriften dieses Gesetzes zu verwalten, soweit nicht durch Gesetz oder Stifter anderes bestimmt ist. Das Stiftungsvermögen ist von dem übrigen Gemeindevermögen getrennt zu halten und so anzulegen, daß es für seinen Verwendungszweck greifbar ist.

(2) Die Umwandlung des Stiftungszwecks, die Zusammenlegung und die Aufhebung von rechtlich unselbständigen Stiftungen stehen der Gemeinde zu; sie bedürfen der Genehmigung der Aufsichtsbehörde.

(3) Gemeindevermögen darf nur im Rahmen der Aufgabenerfüllung der Gemeinde und nur dann in Stiftungsvermögen eingebracht werden, wenn der mit der Stiftung verfolgte Zweck auf andere Weise nicht erreicht werden kann.

10. Teil
Rechnungsprüfung

§ 101
Örtliche Rechnungsprüfung

(1) Kreisfreie Städte, Große und Mittlere kreisangehörige Städte haben eine örtliche Rechnungsprüfung einzurichten. Große und Mittlere kreisangehörige Städte können sich durch eine öffentlich-rechtliche Vereinbarung zur Erfüllung dieser Pflicht einer anderen örtlichen Rechnungsprüfung bedienen. Gemeinden ohne örtliche Rechnungsprüfung können einen geeigneten Bediensteten als Rechnungsprüferin oder als Rechnungsprüfer bestellen oder sich eines anderen kommunalen Rechnungsprüfers oder eines Wirtschaftsprüfers oder einer Wirtschaftsprüfungsgesellschaft bedienen. Die Vorschriften des Gesetzes über kommunale Gemeinschaftsarbeit gelten entsprechend. Für den Rechnungsprüfer gelten Absätze 2, 5 und 6 sowie §§ 102 bis 104, für den Wirtschaftsprüfer und die Wirtschaftsprüfungsgesellschaft Absätze 2 und 6 sowie §§ 102 bis 104 mit Ausnahme von § 104 Absatz 2 Satz 1 entsprechend.

(2) Die örtliche Rechnungsprüfung ist bei der Erfüllung der ihr zugewiesenen Prüfungsaufgaben unabhängig und an Weisungen nicht gebunden. Im Übrigen ist die örtliche Rechnungsprüfung dem Rat unmittelbar verantwortlich und in ihrer sachlichen Tätigkeit ihm unmittelbar unterstellt.

(3) Die Leiterin oder der Leiter der örtlichen Rechnungsprüfung muss hauptamtlich bei der Gemeinde bedienstet sein. Sie oder er muss die für das Amt erforderliche Vorbildung, Erfahrung und Eignung besitzen.

(4) Der Rat bestellt die Leitung der örtlichen Rechnungsprüfung sowie die Prüfer und beruft sie ab. Die Leitung und die Prüfer können nicht Mitglieder des Rates sein und dürfen eine andere Stellung in der Gemeinde nur innehaben, wenn dies mit ihren Prüfungsaufgaben vereinbar ist.

(5) Die Leitung der örtlichen Rechnungsprüfung kann nur durch Beschluss des Gemeinderats und nur dann abberufen werden, wenn die ordnungsgemäße Erfüllung der Aufgaben nicht mehr gewährleistet ist. Der Beschluss muss mit einer Mehrheit von zwei Dritteln der Stimmen aller Mitglieder des Gemeinderates gefasst werden und ist der Aufsichtsbehörde anzuzeigen.

(6) Die Leitung und die Prüfer der örtlichen Rechnungsprüfung dürfen zum Bürgermeister, zu einem Beigeordneten, einem Stellvertreter des Bürgermeisters, zum Kämmerer und zu anderen Bediensteten der Finanzbuchhaltung nicht in einem die Befangenheit begründenden Verhältnis nach § 31 Absatz 1 und 2 stehen. Sofern von der Möglichkeit des § 102 Absatz 2 und 10, des § 103 Absatz 2 Satz 2 oder des § 103 Absatz 5 Gebrauch gemacht wird, erstreckt sich Satz 1 auch auf die jeweiligen Leitungen sowie auf die Bediensteten der Finanzbuchhaltung der dort genannten Sondervermögen, Eigenbetriebe oder Einrichtungen. Sie dürfen eine andere Stellung in der Gemeinde nur innehaben, wenn dies mit der Unabhängigkeit und den Aufgaben der Rechnungsprüfung vereinbar ist. Sie dürfen Zahlungen für die Gemeinde weder anordnen noch ausführen.

§ 102
Örtliche Prüfung des Jahresabschlusses und des Gesamtabschlusses

(1) Der Jahresabschluss und der Lagebericht sind, vor Feststellung durch den Rat, durch die örtliche Rechnungsprüfung zu prüfen (Jahresabschlussprüfung). Hat keine Prüfung stattgefunden, so kann der Jahresabschluss nicht festgestellt werden. Wird der Jahresabschluss oder der Lagebericht nach Vorlage des Prüfberichtes geändert, so sind diese Unterlagen erneut zu prüfen,

soweit es die Änderung erfordert. Über das Ergebnis der Prüfung ist zu berichten, der Bestätigungsvermerk ist entsprechend zu ergänzen.

(2) Die Gemeinde kann mit der Durchführung der Jahresabschlussprüfung einen Wirtschaftsprüfer, eine Wirtschaftsprüfungsgesellschaft oder die Gemeindeprüfungsanstalt nach vorheriger Beschlussfassung durch den Rechnungsprüfungsausschuss beauftragen. Gemeinden ohne eigene Rechnungsprüfung können sich zudem für die Durchführung der Jahresabschlussprüfung einer anderen örtlichen Rechnungsprüfung bedienen.

(3) In die Prüfung des Jahresabschlusses ist die Buchführung einzubeziehen. Die Prüfung des Jahresabschlusses hat sich darauf zu erstrecken, ob die gesetzlichen Vorschriften und sie ergänzenden ortsrechtlichen Bestimmungen oder sonstigen Satzungen beachtet worden sind. Die Prüfung ist so anzulegen, dass Unrichtigkeiten und Verstöße gegen die in Satz 2 aufgeführten Bestimmungen, die sich auf die Darstellung des sich nach § 95 Absatz 1 Satz 4 ergebenden Bildes der Vermögens-, Finanz- und Ertragslage der Gemeinde wesentlich auswirken, bei gewissenhafter Berufsausübung erkannt werden.

(4) In die Prüfung des Jahresabschlusses sind die Entscheidungen und Verwaltungsvorgänge aus delegierten Aufgaben auch dann einzubeziehen, wenn die Zahlungsvorgänge selbst durch den Träger der Aufgabe vorgenommen werden und insgesamt finanziell von erheblicher Bedeutung sind.

(5) Der Lagebericht ist darauf zu prüfen, ob er mit dem Jahresabschluss sowie mit den bei der Prüfung gewonnenen Erkenntnissen in Einklang steht und ob er insgesamt ein zutreffendes Bild von der Lage der Gemeinde vermittelt. Dabei ist auch zu prüfen, ob die Chancen und Risiken der künftigen Entwicklung zutreffend dargestellt sind. Die Prüfung des Lageberichts hat sich auch darauf zu erstrecken, ob die gesetzlichen Vorschriften zu seiner Aufstellung beachtet worden sind.

(6) Die Bürgermeisterin oder der Bürgermeister haben dafür Sorge zu tragen, dass den mit der Jahresabschlussprüfung Beauftragten die Entwürfe des Jahresabschlusses und des Lageberichtes unverzüglich nach der Bestätigung vorgelegt werden. Sie haben den Beauftragten zu gestatten, die Bücher und Schriften der Gemeinde sowie die Vermögensgegenstände und Schulden zu prüfen.

(7) Die mit der Jahresabschlussprüfung Beauftragten können von der Bürgermeisterin oder dem Bürgermeister alle Aufklärungen und Nachweise verlangen, die für eine sorgfältige Prüfung notwendig sind. Soweit es die Vorbereitung der Jahresabschlussprüfung erfordert, haben die mit der Jahresabschlussprüfung Beauftragten die Rechte auch schon vor Aufstellung des Jahresabschlusses. Soweit es für eine sorgfältige Prüfung erforderlich ist, haben die mit der Jahresabschlussprüfung Beauftragten die Rechte auch gegenüber Mutter- und Tochterunternehmen.

(8) Die mit der Jahresabschlussprüfung Beauftragten haben über Art und Umfang sowie über das Ergebnis der Prüfung zu berichten. §§ 321 und 322 des Handelsgesetzbuches in der im Bundesgesetzblatt Teil III, Gliederungsnummer 4100-1, veröffentlichten bereinigten Fassung, das zuletzt durch Artikel 11 Absatz 28 des Gesetzes vom 18. Juli 2017 (BGBl. I S. 2745) geändert worden ist, gelten entsprechend.

(9) Die mit der Jahresabschlussprüfung Beauftragten dürfen an der Führung der Bücher und an der Aufstellung des Jahresabschlusses und des Lageberichtes nicht mitgewirkt haben.

(10) Für die Prüfung der Jahresabschlüsse der in § 97 Absatz 1 Nummer 1, 2 und 4 benannten Sondervermögen finden die Absätze 1 bis 9 entsprechende Anwendung, § 101 Absatz 6 ist zu beachten.

(11) Sofern ein Gesamtabschluss und ein Gesamtlagebericht aufgestellt werden, finden die Absätze 1 bis 9 entsprechende Anwendung.

§ 103
Örtliche Prüfung der Eigenbetriebe

(1) Zur Vorbereitung der Beschlussfassung des Rates über den Jahresabschluss und den Lagebericht ist der Jahresabschluss und der Lagebericht zu prüfen (Jahresabschlussprüfung).

(2) Die Betriebsleitung kann mit der Durchführung der Jahresabschlussprüfung einen Wirtschaftsprüfer, eine Wirtschaftsprüfungsgesellschaft oder die Gemeindeprüfungsanstalt nach vorheriger Beschlussfassung durch den Betriebsausschuss beauftragen. Wird die Buchführung des Eigenbetriebs nach den für Gemeinden geltenden Vorschriften geführt, so kann abweichend dazu auch die örtliche Rechnungsprüfung mit der Prüfung nach Absatz 1 beauftragt werden.

(3) Für die Prüfung nach Absatz 1 gilt § 102 entsprechend. Im Rahmen der Jahresabschlussprüfung ist in entsprechender Anwendung des § 53 Absatz 1 Nummer 1 und 2 des Haushaltsgrundsätzegesetzes vom 19. August 1969 (BGBl. I S. 1273), das zuletzt durch Artikel 10 des Gesetzes vom 14. August 2017 (BGBl. I S. 3122) geändert worden ist, ferner die Ordnungsmäßigkeit der Geschäftsführung zu prüfen und über die wirtschaftlich bedeutsamen Sachverhalte zu berichten. Die Kosten der Jahresabschlussprüfung trägt der Betrieb.

(4) In dem Bericht über die Prüfung des Jahresabschlusses und des Lageberichtes ist ferner darauf einzugehen, ob das von der Gemeinde zur Verfügung gestellte Eigenkapital angemessen verzinst wird.

(5) Die Absätze 1 bis 4 gelten entsprechend für Einrichtungen, die gemäß § 107 Absatz 2 entsprechend den Vorschriften über das Rechnungswesen der Eigenbetriebe geführt werden, § 101 Absatz 6 ist zu beachten.

§ 104
Weitere Aufgaben der örtlichen Rechnungsprüfung

(1) Weitere Aufgaben der örtlichen Rechnungsprüfung sind:
1. die laufende Prüfung der Vorgänge in der Finanzbuchhaltung zur Vorbereitung der Prüfung des Jahresabschlusses,
2. die dauernde Überwachung der Zahlungsabwicklung der Gemeinde und ihrer Sondervermögen sowie die Vornahme der Prüfungen,
3. bei Durchführung der Finanzbuchhaltung mit Hilfe automatisierter Datenverarbeitung (DV-Buchführung) der Gemeinde und ihrer Sondervermögen die Prüfung der Programme vor ihrer Anwendung,
4. die Prüfung der Finanzvorfälle gemäß § 100 Absatz 4 der Landeshaushaltsordnung in der Fassung der Bekanntmachung vom 26. April 1999 (GV. NRW. S. 158) in der jeweils geltenden Fassung,
5. die Prüfung von Vergaben und
6. die Wirksamkeit interner Kontrollen im Rahmen des internen Kontrollsystems.

(2) Die örtliche Rechnungsprüfung kann ferner folgende Aufgaben wahrnehmen:
1. die Prüfung der Zweckmäßigkeit und der Wirtschaftlichkeit der Verwaltung,
2. die Prüfung der Wirtschaftsführung und des Rechnungswesens der Eigenbetriebe und anderer Einrichtungen der Gemeinde nach § 107 Absatz 2,
3. die Prüfung der Betätigung der Gemeinde als Gesellschafterin, Aktionärin oder Mitglied in Gesellschaften und anderen Vereinigungen des privaten Rechts oder in der Rechtsform der Anstalt des öffentlichen Rechts gemäß § 114a sowie die Buch- und Betriebsprüfung, die sich die Gemeinde bei einer Beteiligung, bei der Hingabe eines Darlehens oder sonst vorbehalten hat.

(3) Der Rat kann der örtlichen Rechnungsprüfung weitere Aufgaben übertragen.

(4) Der Bürgermeister kann innerhalb seines Amtsbereichs unter Mitteilung an den Rechnungsprüfungsausschuss der örtlichen Rechnungsprüfung Aufträge zur Prüfung erteilen.

(5) Der Prüfer kann für die Durchführung seiner Prüfung nach den Absätzen 1 bis 4 Aufklärung und Nachweise verlangen, die für eine sorgfältige Prüfung notwendig sind. Der Prüfer hat die Rechte nach Satz 1 auch gegenüber den Abschlussprüfern der verselbstständigten Aufgabenbereiche.

(6) Die örtliche Rechnungsprüfung kann sich mit Zustimmung des Rechnungsprüfungsausschusses Dritter als Prüfer bedienen.

(7) Ein Dritter darf nicht Prüfer sein,

1. wenn er Mitglied des Rates, Angehöriger des Bürgermeisters, des Kämmerers oder des Verantwortlichen für die Zahlungsabwicklung oder seines Stellvertreters ist,
2. wenn er Beschäftigter der verselbstständigten Aufgabenbereiche der Gemeinde ist, die in öffentlich-rechtlicher oder privatrechtlicher Form geführt werden, oder diesen in den letzten drei Jahren vor der Bestellung als Prüfer angehört hat,
3. wenn er in den letzten fünf Jahren mehr als 30 Prozent der Gesamteinnahmen aus seiner beruflichen Tätigkeit aus der Prüfung und Beratung der zu prüfenden Gemeinde und der verselbstständigten Aufgabenbereiche der Gemeinde, die in öffentlich-rechtlicher oder in privatrechtlicher Form geführt werden, bezogen hat und dies auch im laufenden Jahr zu erwarten ist; verselbstständigte Aufgabenbereiche der Gemeinde in privatrechtlicher Form müssen nur einbezogen werden, wenn die Gemeinde mehr als 20 Prozent der Anteile daran besitzt.

§ 102 Absatz 9 gilt entsprechend.

§ 105
Überörtliche Prüfung

(1) Die überörtliche Prüfung als Teil der allgemeinen Aufsicht des Landes über die Gemeinden ist Aufgabe der Gemeindeprüfungsanstalt.

(2) Die Gemeindeprüfungsanstalt ist bei der Durchführung ihrer Aufgaben unabhängig und an Weisungen nicht gebunden.

(3) Die überörtliche Prüfung erstreckt sich darauf, ob

1. bei der Haushaltswirtschaft der Gemeinden sowie ihrer Sondervermögen die Gesetze und die zur Erfüllung von Aufgaben ergangenen Weisungen (§ 3 Absatz 2) eingehalten worden sind und
2. die zweckgebundenen Staatszuweisungen bestimmungsgemäß verwendet worden sind.

Die überörtliche Prüfung stellt zudem fest, ob die Gemeinde sachgerecht und wirtschaftlich verwaltet wird. Dies kann auch auf vergleichender Grundlage geschehen. Bei der Prüfung sind vorhandene Ergebnisse der Prüfung des Jahresabschlusses und des Lageberichtes, des Gesamtabschlusses und des Gesamtlageberichtes, der Jahresabschlüsse der Eigenbetriebe, Sonder- und Treuhandvermögen sowie, wenn eine Befreiung für die Erstellung eines Gesamtabschlusses und eines Gesamtlageberichtes vorliegen, der Beteiligungsbericht und Ergebnisse der örtlichen Rechnungsprüfung aus der Aufgabenwahrnehmung nach § 103 zu berücksichtigen.

(4) Die überörtliche Prüfung soll in jeder Gemeinde alle fünf Jahre unter Einbeziehung sämtlicher vorliegender Jahresabschlüsse und Lageberichte, Gesamtabschlüsse und Gesamtlageberichte, Beteiligungsberichte sowie Jahresabschlüssen der Sondervermögen, Treuhandvermögen, Unternehmen und Beteiligungen stattfinden.

(5) Die Gemeindeprüfungsanstalt teilt das Prüfungsergebnis in Form eines Prüfungsberichts

1. der geprüften Gemeinde,
2. den Aufsichtsbehörden und
3. den Fachaufsichtsbehörden, soweit ihre Zuständigkeit berührt ist,

mit.

(6) Der Bürgermeister legt den Prüfungsbericht dem Rechnungsprüfungsausschuss zur Beratung vor. Die Bürgermeisterin oder der Bürgermeister hat zu den Feststellungen und Empfehlungen, die im Prüfungsbericht gegenständlich sind, Stellung zu nehmen. Der Rechnungsprüfungsausschuss unterrichtet den Rat über das Ergebnis seiner Beratungen.

(7) Der Rat beschließt über die gegenüber der Gemeindeprüfungsanstalt und der Aufsichtsbehörde abzugebende Stellungnahme in Bezug auf die im Prüfungsbericht enthaltenen Feststellungen und Empfehlungen in öffentlicher Sitzung innerhalb einer dafür bestimmten Frist, das Ergebnis aus der Vorberatung im Rechnungsprüfungsausschuss kann einbezogen werden.

(8) Die Gemeindeprüfungsanstalt soll Gemeinden, Körperschaften, Anstalten, Stiftungen, Verbände und Einrichtungen des öffentlichen Rechts auf Antrag in Fragen

1. der Organisation und Wirtschaftlichkeit der Verwaltung,
2. der Rechnungslegung und der Rechnungsprüfung und
3. solchen, die mit der Ausschreibung, Vergabe und Abrechnung von baulichen Maßnahmen zusammenhängen,

beraten. Sonstige im öffentlichen Interesse tätige juristische Personen kann sie in diesen Fragen auf Antrag beraten.

(9) Werden Prüfungsaufgaben nach § 92 Absatz 3 oder nach § 102 Absatz 1, § 103 Absatz 1 durch die Gemeindeprüfungsanstalt bei den Gemeinden durchgeführt, dürfen die mit diesen Aufgaben befassten Prüfer nicht gleichzeitig in diesen Gemeinden die überörtliche Prüfung nach Absatz 3 oder Beratungstätigkeiten nach Absatz 8 wahrnehmen. Die Gemeindeprüfungsanstalt hat insofern ein geeignetes Rotationsverfahren zur Anwendung zu bringen.

§ 106
(weggefallen)

11. Teil
Wirtschaftliche Betätigung und nichtwirtschaftliche Betätigung

§ 107
Zulässigkeit wirtschaftlicher Betätigung

(1) Die Gemeinde darf sich zur Erfüllung ihrer Aufgaben wirtschaftlich betätigen, wenn

1. ein öffentlicher Zweck die Betätigung erfordert,
2. die Betätigung nach Art und Umfang in einem angemessenen Verhältnis zu der Leistungsfähigkeit der Gemeinde steht und
3. bei einem Tätigwerden außerhalb der Wasserversorgung, des öffentlichen Verkehrs sowie des Betriebes von Telekommunikationsleitungsnetzen einschließlich der Telekommunikationsdienstleistungen der öffentliche Zweck durch andere Unternehmen nicht besser und wirtschaftlicher erfüllt werden kann.

Das Betreiben eines Telekommunikationsnetzes umfasst nicht den Vertrieb und/oder die Installation von Endgeräten von Telekommunikationsanlagen. Als wirtschaftliche Betätigung ist der Betrieb von Unternehmen zu verstehen, die als Hersteller, Anbieter oder Verteiler von Gütern oder Dienstleistungen am Markt tätig werden, sofern die Leistung ihrer Art nach auch von einem Privaten mit der Absicht der Gewinnerzielung erbracht werden könnte.

(2) Als wirtschaftliche Betätigung im Sinne dieses Abschnitts gilt nicht der Betrieb von

1. Einrichtungen, zu denen die Gemeinde gesetzlich verpflichtet ist,
2. öffentlichen Einrichtungen, die für die soziale und kulturelle Betreuung der Einwohner erforderlich sind, insbesondere Einrichtungen auf den Gebieten

- Erziehung, Bildung oder Kultur (Schulen, Volkshochschulen, Tageseinrichtungen für Kinder und sonstige Einrichtungen der Jugendhilfe, Bibliotheken, Museen, Ausstellungen, Opern, Theater, Kinos, Bühnen, Orchester, Stadthallen, Begegnungsstätten),
- Sport oder Erholung (Sportanlagen, zoologische und botanische Gärten, Wald-, Park- und Gartenanlagen, Herbergen, Erholungsheime, Bäder, Einrichtungen zur Veranstaltung von Volksfesten),
- Gesundheits- oder Sozialwesen (Krankenhäuser, Bestattungseinrichtungen, Sanatorien, Kurparks, Senioren- und Behindertenheime, Frauenhäuser, soziale und medizinische Beratungsstellen),

3. Einrichtungen, die der Straßenreinigung, der Wirtschaftsförderung, der Fremdenverkehrsförderung oder der Wohnraumversorgung dienen,
4. Einrichtungen des Umweltschutzes, insbesondere der Abfallentsorgung oder Abwasserbeseitigung sowie des Messe- und Ausstellungswesens,
5. Einrichtungen, die ausschließlich der Deckung des Eigenbedarfs von Gemeinden und Gemeindeverbänden dienen.

Auch diese Einrichtungen sind, soweit es mit ihrem öffentlichen Zweck vereinbar ist, nach wirtschaftlichen Gesichtspunkten zu verwalten und können entsprechend den Vorschriften über die Eigenbetriebe geführt werden. Das für Kommunales zuständige Ministerium kann durch Rechtsverordnung bestimmen, dass Einrichtungen, die nach Art und Umfang eine selbständige Betriebsführung erfordern, ganz oder teilweise nach den für die Eigenbetriebe geltenden Vorschriften zu führen sind; hierbei können auch Regelungen getroffen werden, die von einzelnen der für die Eigenbetriebe geltenden Vorschriften abweichen.

(3) Die wirtschaftliche Betätigung außerhalb des Gemeindegebiets ist nur zulässig, wenn die Voraussetzungen des Absatzes 1 vorliegen und die berechtigten Interessen der betroffenen kommunalen Gebietskörperschaften gewahrt sind. Die Aufnahme einer wirtschaftlichen Betätigung auf ausländischen Märkten ist nur zulässig, wenn die Voraussetzungen des Absatzes 1 Satz 1 Nr. 1 und Nr. 2 vorliegen. Die Aufnahme einer solchen Betätigung bedarf der Genehmigung.

(4) Die nichtwirtschaftliche Betätigung außerhalb des Gemeindegebiets ist nur zulässig, wenn die Voraussetzungen des Absatzes 1 Satz 1 Nr. 1 und Nr. 2 vorliegen und die berechtigten Interessen der betroffenen kommunalen Gebietskörperschaften gewahrt sind. Diese Voraussetzungen gelten bei in den Krankenhausplan des Landes aufgenommenen Krankenhäusern als erfüllt. Die Aufnahme einer nichtwirtschaftlichen Betätigung auf ausländischen Märkten ist nur zulässig, wenn die Voraussetzungen des Absatzes 1 Satz 1 Nr. 1 und Nr. 2 vorliegen. Die Aufnahme einer solchen Betätigung bedarf der Genehmigung.

(5) Vor der Entscheidung über die Gründung von bzw. die unmittelbare oder mittelbare Beteiligung an Unternehmen im Sinne des Absatzes 1 ist der Rat auf der Grundlage einer Marktanalyse über die Chancen und Risiken des beabsichtigten wirtschaftlichen Engagements und über die Auswirkungen auf das Handwerk und die mittelständische Wirtschaft zu unterrichten. Den örtlichen Selbstverwaltungsorganisationen von Handwerk, Industrie und Handel und den für die Beschäftigten der jeweiligen Branchen handelnden Gewerkschaften ist Gelegenheit zur Stellungnahme zu den Marktanalysen zu geben.

(6) Bankunternehmen darf die Gemeinde nicht errichten, übernehmen oder betreiben.

(7) Für das öffentliche Sparkassenwesen gelten die dafür erlassenen besonderen Vorschriften.

§ 107a
Zulässigkeit energiewirtschaftlicher Betätigung

(1) Die wirtschaftliche Betätigung in den Bereichen der Strom-, Gas- und Wärmeversorgung dient einem öffentlichen Zweck und ist zulässig, wenn sie nach Art und Umfang in einem angemessenen Verhältnis zu der Leistungsfähigkeit der Gemeinde steht.

(2) Mit den Bereichen Strom-, Gas- und Wärmeversorgung unmittelbar verbundene Dienstleistungen sind zulässig, wenn sie den Hauptzweck fördern. Die Gemeinde stellt sicher, dass bei der Erbringung dieser Dienstleistungen die Belange kleinerer Unternehmen, insbesondere des Handwerks, berücksichtigt werden.

(3) Die Aufnahme einer überörtlichen energiewirtschaftlichen Betätigung ist zulässig, wenn die Voraussetzung des Absatzes 1 vorliegt und die berechtigten Interessen der betroffenen kommunalen Gebietskörperschaften gewahrt sind. Bei der Versorgung mit Strom und Gas gelten nur die Interessen als berechtigt, die nach den Vorschriften des Energiewirtschaftsgesetzes eine Einschränkung des Wettbewerbs zulassen. Die Aufnahme einer energiewirtschaftlichen Betätigung auf ausländischen Märkten ist zulässig, wenn die Voraussetzung des Absatzes 1 vorliegt. Die Aufnahme einer solchen Betätigung bedarf der Genehmigung.

(4) Vor der Entscheidung über die Gründung von bzw. die unmittelbare Beteiligung an Unternehmen im Sinne des Absatzes 1 ist der Rat über die Chancen und Risiken des beabsichtigten wirtschaftlichen Engagements zu unterrichten. Den örtlichen Selbstverwaltungsorganisationen von Handwerk, Industrie und Handel und den für die Beschäftigten der jeweiligen Branchen handelnden Gewerkschaften ist Gelegenheit zur Stellungnahme zu geben, sofern die Entscheidung die Erbringung verbundener Dienstleistungen betrifft.

§ 108
Unternehmen und Einrichtungen des privaten Rechts

(1) Die Gemeinde darf Unternehmen und Einrichtungen in einer Rechtsform des privaten Rechts nur gründen oder sich daran beteiligen, wenn

1. bei Unternehmen (§ 107 Abs. 1) die Voraussetzungen des § 107 Abs. 1 Satz 1 gegeben sind und bei Unternehmen im Bereich der energiewirtschaftlichen Betätigung die Voraussetzung des § 107a Abs. 1 gegeben ist,
2. bei Einrichtungen (§ 107 Abs. 2) ein wichtiges Interesse der Gemeinde an der Gründung oder der Beteiligung vorliegt,
3. eine Rechtsform gewählt wird, welche die Haftung der Gemeinde auf einen bestimmten Betrag begrenzt,
4. die Einzahlungsverpflichtung der Gemeinde in einem angemessenen Verhältnis zu ihrer Leistungsfähigkeit steht,
5. die Gemeinde sich nicht zur Übernahme von Verlusten in unbestimmter oder unangemessener Höhe verpflichtet,
6. die Gemeinde einen angemessenen Einfluß, insbesondere in einem Überwachungsorgan, erhält und dieser durch Gesellschaftsvertrag, Satzung oder in anderer Weise gesichert wird,
7. das Unternehmen oder die Einrichtung durch Gesellschaftsvertrag, Satzung oder sonstiges Organisationsstatut auf den öffentlichen Zweck ausgerichtet wird,
8. bei Unternehmen und Einrichtungen in Gesellschaftsform gewährleistet ist, daß der Jahresabschluß und der Lagebericht, soweit nicht weitergehende gesetzliche Vorschriften gelten oder andere gesetzliche Vorschriften entgegenstehen, aufgrund des Gesellschaftsvertrages oder der Satzung in entsprechender Anwendung der Vorschriften des Dritten Buches des Handelsgesetzbuches für große Kapitalgesellschaften aufgestellt und geprüft werden,
9. bei Unternehmen und Einrichtungen in Gesellschaftsform, vorbehaltlich weitergehender oder entgegenstehender gesetzlicher Vorschriften, durch Gesellschaftsvertrag oder Satzung gewährleistet ist, dass die für die Tätigkeit im Geschäftsjahr gewährten Gesamtbezüge im Sinne des § 285 Nummer 9 des Handelsgesetzbuches der Mitglieder der Geschäftsführung, des Aufsichtsrates, des Beirates oder einer ähnlichen Einrichtung im Anhang zum Jahresabschluss jeweils für jede Personengruppe sowie zusätzlich unter Namensnennung die Bezüge jedes einzelnen Mitglieds dieser Personengruppen unter Aufgliederung nach Komponenten

im Sinne des § 285 Nummer 9 Buchstabe a des Handelsgesetzbuches angegeben werden. Die individualisierte Ausweisungspflicht gilt auch für:

a) Leistungen, die den genannten Mitgliedern für den Fall einer vorzeitigen Beendigung ihrer Tätigkeit zugesagt worden sind,
b) Leistungen, die den genannten Mitgliedern für den Fall der regulären Beendigung ihrer Tätigkeit zugesagt worden sind, mit ihrem Barwert sowie den von der Gesellschaft während des Geschäftsjahres hierfür aufgewandten oder zurückgestellten Betrag,
c) während des Geschäftsjahres vereinbarte Änderungen dieser Zusagen und
d) Leistungen, die einem früheren Mitglied, das seine Tätigkeit im Laufe des Geschäftsjahres beendet hat, in diesem Zusammenhang zugesagt und im Laufe des Geschäftsjahres gewährt worden sind.

Eine Gewährleistung für die individualisierte Ausweisung von Bezügen und Leistungszusagen ist im Falle der Beteiligung an einer bestehenden Gesellschaft auch dann gegeben, wenn in Gesellschaftsvertrag oder Satzung die erstmalige individualisierte Ausweisung spätestens für das zweite Geschäftsjahr nach Erwerb der Beteiligung festgelegt ist.

10. bei Unternehmen der Telekommunikation einschließlich von Telefondienstleistungen nach § 107 Abs. 1 Satz 1 Nr. 3 im Gesellschaftsvertrag die unmittelbare oder im Rahmen einer Schachtelbeteiligung die mittelbare Haftung der Gemeinde auf den Anteil der Gemeinde bzw. des kommunalen Unternehmens am Stammkapital beschränkt ist. Zur Wahrnehmung gleicher Wettbewerbschancen darf die Gemeinde für diese Unternehmen weder Kredite nach Maßgabe kommunalwirtschaftlicher Vorzugskonditionen in Anspruch nehmen noch Bürgschaften und Sicherheiten i.S. von § 87 leisten.

Die Aufsichtsbehörde kann von den Vorschriften der Nummern 3, 5 und 8 in begründeten Fällen Ausnahmen zulassen. Wird von Satz 1 Nummer 8 eine Ausnahme zugelassen, kann auch von Satz 1 Nummer 9 eine Ausnahme zugelassen werden.

(2) Absatz 1 Satz 1 Nummer 9 gilt für die erstmalige unmittelbare oder mittelbare Beteiligung an einer Gesellschaft einschließlich der Gründung einer Gesellschaft, wenn den beteiligten Gemeinden oder Gemeindeverbänden alleine oder zusammen oder zusammen mit einer Beteiligung des Landes mehr als 50 vom Hundert der Anteile gehören. Bei bestehenden Gesellschaften, an denen Gemeinden oder Gemeindeverbände unmittelbar oder mittelbar alleine oder zusammen oder zusammen mit dem Land mit mehr als 50 vom Hundert beteiligt sind, trifft die Gemeinden und Gemeindeverbände eine Hinwirkungspflicht zur Anpassung an die Vorgaben des Absatzes 1 Satz 1 Nummer 9. Die Hinwirkungspflicht nach Satz 2 bezieht sich sowohl auf die Anpassung von Gesellschaftsvertrag oder Satzung als auch auf die mit Absatz 1 Satz 1 Nummer 9 verfolgte Zielsetzung der individualisierten Ausweisung der dort genannten Bezüge und Leistungszusagen.

(3) Gehören einer Gemeinde mehr als 50 vom Hundert der Anteile an einem Unternehmen oder einer Einrichtung in Gesellschaftsform, muß sie darauf hinwirken, daß

1. in sinngemäßer Anwendung der für die Eigenbetriebe geltenden Vorschriften
   a) für jedes Wirtschaftsjahr ein Wirtschaftsplan aufgestellt wird,
   b) der Wirtschaftsführung eine fünfjährige Finanzplanung zugrunde gelegt und der Gemeinde zur Kenntnis gebracht wird,
   c) die Feststellung des Jahresabschlusses, die Verwendung des Ergebnisses sowie das Ergebnis der Prüfung des Jahresabschlusses und des Lageberichts unbeschadet der bestehenden gesetzlichen Offenlegungspflichten öffentlich bekannt gemacht werden und der Jahresabschluss und der Lagebericht bis zur Feststellung des folgenden Jahresabschlusses zur Einsichtnahme verfügbar gehalten werden,
2. in dem Lagebericht oder in Zusammenhang damit zur Einhaltung der öffentlichen Zwecksetzung und zur Zweckerreichung Stellung genommen wird,
3. nach den Wirtschaftsgrundsätzen (§ 109) verfahren wird, wenn die Gesellschaft ein Unternehmen betreibt.

Gehört der Gemeinde zusammen mit anderen Gemeinden oder Gemeindeverbänden die Mehrheit der Anteile an einem Unternehmen oder an einer Einrichtung, soll sie auf eine Wirtschaftsführung nach Maßgabe des Satzes 1 Nr. 1 a) und b) sowie Nr. 2 und Nr. 3 hinwirken.

(4) Die Gemeinde darf unbeschadet des Absatzes 1 Unternehmen und Einrichtungen in der Rechtsform einer Aktiengesellschaft nur gründen, übernehmen, wesentlich erweitern oder sich daran beteiligen, wenn der öffentliche Zweck nicht ebenso gut in einer anderen Rechtsform erfüllt wird oder erfüllt werden kann.

(5) Die Gemeinde darf unbeschadet des Absatzes 1 Unternehmen und Einrichtungen in der Rechtsform einer Gesellschaft mit beschränkter Haftung nur gründen oder sich daran beteiligen, wenn durch die Ausgestaltung des Gesellschaftsvertrags sichergestellt ist, dass

1. die Gesellschafterversammlung auch beschließt über
   a) den Abschluss und die Änderungen von Unternehmensverträgen im Sinne der §§ 291 und 292 Abs. 1 des Aktiengesetzes,
   b) den Erwerb und die Veräußerung von Unternehmen und Beteiligungen,
   c) den Wirtschaftsplan, die Feststellung des Jahresabschlusses und die Verwendung des Ergebnisses sowie
   d) die Bestellung und die Abberufung der Geschäftsführer, soweit dies nicht der Gemeinde vorbehalten ist, und
2. der Rat den von der Gemeinde bestellten oder auf Vorschlag der Gemeinde gewählten Mitgliedern des Aufsichtsrats Weisungen erteilen kann, soweit die Bestellung eines Aufsichtsrates gesetzlich nicht vorgeschrieben ist.

(6) Vertreter der Gemeinde in einer Gesellschaft, an der Gemeinden, Gemeindeverbände oder Zweckverbände unmittelbar oder mittelbar mit mehr als 25 vom Hundert beteiligt sind, dürfen

a) der Gründung einer anderen Gesellschaft oder einer anderen Vereinigung in einer Rechtsform des privaten Rechts, einer Beteiligung sowie der Erhöhung einer Beteiligung der Gesellschaft an einer anderen Gesellschaft oder einer anderen Vereinigung in einer Rechtsform des privaten Rechts nur zustimmen, wenn
   – die vorherige Entscheidung des Rates vorliegt,
   – für die Gemeinde selbst die Gründungs- bzw. Beteiligungsvoraussetzungen vorliegen und
   – sowohl die Haftung der gründenden Gesellschaft als auch die Haftung der zu gründenden Gesellschaft oder Vereinigung durch ihre Rechtsform auf einen bestimmten Betrag begrenzt sind oder
   – sowohl die Haftung der sich beteiligenden Gesellschaft als auch die Haftung der Gesellschaft oder Vereinigung, an der eine Beteiligung erfolgt, durch ihre Rechtsform auf einen bestimmten Betrag begrenzt sind;
b) einem Beschluss der Gesellschaft zu einer wesentlichen Änderung des Gesellschaftszwecks oder sonstiger wesentlicher Änderungen des Gesellschaftsvertrages nur nach vorheriger Entscheidung des Rates zustimmen.

In den Fällen von Satz 1 Buchstabe a) gilt Absatz 1 Satz 2 und 3 entsprechend. Als Vertreter der Gemeinde im Sinne von Satz 1 gelten auch Geschäftsführer, Vorstandsmitglieder und Mitglieder von sonstigen Organen und ähnlichen Gremien der Gesellschaft, die von der Gemeinde oder auf ihre Veranlassung oder ihren Vorschlag in das Organ oder Gremium entsandt oder gewählt worden sind. Beruht die Entsendung oder Wahl auf der Veranlassung oder dem Vorschlag mehrerer Gemeinden, Gemeindeverbände oder Zweckverbände, so bedarf es der Entscheidung nur des Organs, auf das sich die beteiligten Gemeinden und Gemeindeverbände oder Zweckverbände geeinigt haben. Die Sätze 1 bis 4 gelten nicht, soweit ihnen zwingende Vorschriften des Gesellschaftsrechts entgegenstehen.

(7) Die Gemeinde kann einen einzelnen Geschäftsanteil an einer eingetragenen Kreditgenossenschaft erwerben, wenn eine Nachschußpflicht ausgeschlossen oder die Haftungssumme auf einen bestimmten Betrag beschränkt ist.

§ 108a
Arbeitnehmermitbestimmung in fakultativen Aufsichtsräten

(1) Soweit im Gesellschaftsvertrag eines Unternehmens (§ 107 Absatz 1, § 107a Absatz 1) oder einer Einrichtung (§ 107 Absatz 2) in Privatrechtsform, an der die Gemeinde unmittelbar oder mittelbar mit mehr als 50 Prozent der Anteile beteiligt ist, ein fakultativer Aufsichtsrat vorgesehen ist, können diesem Arbeitnehmervertreter angehören. Arbeitnehmervertreter können von der Gemeinde in den fakultativen Aufsichtsrat entsandt werden, wenn diese mehr als zwei Aufsichtsratsmandate besetzt. In diesem Fall ist ein angemessener Einfluss der Gemeinde im Sinne des § 108 Absatz 1 Satz 1 Nummer 6 gegeben, wenn bei mehr als zwei von der Gemeinde in den Aufsichtsrat zu entsendenden Vertretern nicht mehr als ein Drittel der auf die Gemeinde entfallenden Aufsichtsratsmandate durch Arbeitnehmervertreter des Unternehmens oder der Einrichtung nach Maßgabe der folgenden Absätze besetzt werden.

(2) Wird ein Aufsichtsratsmandat oder werden zwei Aufsichtsratsmandate mit Arbeitnehmervertretern besetzt, so müssen diese als Arbeitnehmer im Unternehmen oder in der Einrichtung beschäftigt sein. Werden mehr als zwei Aufsichtsratsmandate mit Arbeitnehmervertretern besetzt, so müssen mindestens zwei Aufsichtsratsmandate mit Arbeitnehmern besetzt werden, die im Unternehmen oder in der Einrichtung beschäftigt sind.

(3) Der Rat der Gemeinde bestellt aus einer von den Beschäftigten des Unternehmens oder der Einrichtung gewählten Vorschlagsliste die in den fakultativen Aufsichtsrat zu entsendenden Arbeitnehmervertreter. Die Bestellung bedarf eines Beschlusses der Mehrheit der gesetzlichen Zahl der Mitglieder des Rates. Die Vorschlagsliste muss mindestens die doppelte Zahl der zu entsendenden Arbeitnehmervertreter enthalten. Der Rat hat das Recht, mit der Mehrheit der gesetzlichen Zahl seiner Mitglieder sämtliche Vorschläge der Liste zurückzuweisen und eine Neuwahl zu verlangen. In diesem Fall können die Beschäftigten eine neue Vorschlagsliste wählen; Sätze 1 bis 4 gelten entsprechend. Im Falle einer erneuten Zurückweisung der Vorschläge durch den Rat bleiben die für die Arbeitnehmervertreter vorgesehenen Aufsichtsratsmandate unbesetzt.

(4) § 113 Absatz 1 Satz 2 und 3 und Absatz 6 sowie § 9 des Drittelbeteiligungsgesetzes vom 18. Mai 2004 (BGBl. I S. 974), das zuletzt durch Artikel 2 Absatz 114 des Gesetzes vom 22. Dezember 2011 (BGBl. I S. 3044) geändert worden ist, gelten für die nach Absatz 3 für den fakultativen Aufsichtsrat vom Rat bestellten Arbeitnehmervertreter entsprechend. Verliert ein vom Rat bestellter Arbeitnehmervertreter, der als Arbeitnehmer im Unternehmen oder in der Einrichtung beschäftigt ist, die Beschäftigteneigenschaft in dem Unternehmen oder der Einrichtung, muss der Rat ihn entsprechend § 113 Absatz 1 Satz 3 aus seinem Amt im fakultativen Aufsichtsrat abberufen.

(5) Zur Wahl der Vorschlagsliste nach Absatz 3 sind alle Beschäftigten des Unternehmens beziehungsweise der Einrichtung wahlberechtigt, die am Tage der Wahl das 18. Lebensjahr vollendet haben. Nicht wahlberechtigt und nicht wählbar sind Geschäftsführer und Vorstände des Unternehmens beziehungsweise der Einrichtung. In die Vorschlagsliste können nur Personen aufgenommen werden, die das 18. Lebensjahr vollendet haben. Im Gesellschaftsvertrag, der Satzung oder dem Organisationsstatut des Unternehmens beziehungsweise der Einrichtung ist die Amtsdauer der Arbeitnehmervertreter zu regeln. Sie soll die regelmäßige Amtsdauer der nach § 113 Absatz 2 Satz 2 neben dem Bürgermeister oder dem von ihm benannten Bediensteten der Gemeinde in den fakultativen Aufsichtsrat bestellten weiteren Vertreter nicht überschreiten.

(6) Die Wahl der Vorschlagsliste erfolgt auf Grund von Wahlvorschlägen des Betriebsrats und der Beschäftigten. Die Wahlvorschläge der Beschäftigten müssen von mindestens einem Zehntel der Wahlberechtigten, jedoch mindestens von drei Wahlberechtigten unterzeichnet sein. Sieht

der Gesellschaftsvertrag des Unternehmens oder der Einrichtung die Stellvertretung eines verhinderten Aufsichtsratsmitglieds vor, kann in jedem Wahlvorschlag zusammen mit jedem Bewerber für diesen ein stellvertretendes Mitglied vorgeschlagen werden. Ein Bewerber kann nicht zugleich als stellvertretendes Mitglied vorgeschlagen werden. Wird ein Bewerber gemäß Absatz 3 als Aufsichtsratsmitglied bestimmt, so ist auch das zusammen mit ihm vorgeschlagene stellvertretende Mitglied bestimmt. Das für Kommunales zuständige Ministerium bestimmt durch Rechtsverordnung das Verfahren für die Wahl der Vorschlagsliste, insbesondere die Vorbereitung der Wahl und die Aufstellung der Wählerlisten, die Frist für die Einsichtnahme in die Wählerlisten und die Erhebung von Einsprüchen gegen sie, die Wahlvorschläge und die Frist für ihre Einreichung, das Wahlausschreiben und die Frist für seine Bekanntmachung, die Stimmabgabe, die Feststellung des Wahlergebnisses und die Fristen für seine Bekanntmachung, die Anfechtung der Wahl und die Aufbewahrung der Wahlakten.

(7) Der Bürgermeister teilt dem zur gesetzlichen Vertretung berufenen Organ des Unternehmens oder der Einrichtung die Namen der vom Rat für den Aufsichtsrat bestellten Arbeitnehmervertreter und ihrer im Falle des Absatzes 6 Satz 5 bestimmten stellvertretenden Mitglieder mit. Gleichzeitig informiert er die für den Aufsichtsrat bestellten Arbeitnehmervertreter und die im Falle des Absatzes 6 Satz 5 bestimmten stellvertretenden Mitglieder.

(8) Wird ein Arbeitnehmervertreter von seinem Amt gemäß § 113 Absatz 1 Satz 3 abberufen oder scheidet er aus anderen Gründen aus dem Aufsichtsrat aus, ist gleichzeitig auch das zusammen mit ihm nach Absatz 6 Satz 5 bestimmte stellvertretende Mitglied abberufen oder ausgeschieden. Wird ein stellvertretendes Mitglied von seinem Amt gemäß § 113 Absatz 1 Satz 3 abberufen oder scheidet es aus anderen Gründen als stellvertretendes Mitglied aus dem Aufsichtsrat aus, bleibt die Position des stellvertretenden Mitglieds unbesetzt. Für den abberufenen oder ausgeschiedenen Arbeitnehmervertreter bestellt der Rat mit der Mehrheit der gesetzlichen Zahl seiner Mitglieder aus dem noch nicht in Anspruch genommenen Teil der Vorschlagsliste nach Absatz 3 einen Nachfolger. Kommt eine solche Mehrheit nicht zustande, können die Beschäftigten den noch nicht in Anspruch genommenen Teil der Vorschlagsliste um neue Vorschläge ergänzen. Für die Ergänzung der Vorschlagsliste gelten die Absätze 5 und 6 entsprechend. Kommt auch dann keine Mehrheit der gesetzlichen Zahl der Mitglieder des Rates für die Bestellung eines Nachfolgers zustande, bleibt das Aufsichtsratsmandat unbesetzt.

(9) Die Absätze 1 bis 8 gelten mit folgenden Maßgaben entsprechend in den Fällen, in denen an einem Unternehmen oder einer Einrichtung in Privatrechtsform zwei oder mehr Gemeinden unmittelbar oder mittelbar mit insgesamt mehr als 50 Prozent der Anteile beteiligt sind:

1. Die Bestellung der in den fakultativen Aufsichtsrat zu entsendenden Arbeitnehmervertreter bedarf übereinstimmender, mit der Mehrheit der gesetzlichen Zahl der Mitglieder zustande gekommener Beschlüsse der Räte mindestens so vieler beteiligter Gemeinden, dass hierdurch insgesamt mehr als die Hälfte der kommunalen Beteiligung an dem Unternehmen oder der Einrichtung repräsentiert wird. Kommen solche übereinstimmenden Beschlüsse nicht oder nicht im erforderlichen Umfang zustande, kann eine neue Vorschlagsliste gewählt werden. Kommen auch hierzu entsprechende übereinstimmende Beschlüsse der beteiligten Räte nicht oder nicht im erforderlichen Umfang zustande, bleiben die für die Arbeitnehmervertreter vorgesehenen Aufsichtsratsmandate unbesetzt.
2. Für die Bestellung eines Nachfolgers im Sinne des Absatzes 8 gilt Nummer 1 Satz 1 entsprechend. Kommen danach übereinstimmende Beschlüsse der beteiligten Räte nicht oder nicht im erforderlichen Umfang zustande, können die Beschäftigten den noch nicht in Anspruch genommenen Teil der Vorschlagsliste um neue Vorschläge ergänzen. Für die Ergänzung der Vorschlagsliste gelten die Absätze 5 und 6 entsprechend. Kommen auch dann übereinstimmende Beschlüsse der beteiligten Räte nicht oder nicht im erforderlichen Umfang zustande, bleibt das Aufsichtsratsmandat unbesetzt.

3. Für die nach § 113 Absatz 1 Satz 2 und 3 zu treffenden Entscheidungen bedarf es übereinstimmender Beschlüsse der Räte mindestens so vieler beteiligter Gemeinden, dass hierdurch insgesamt mehr als die Hälfte der kommunalen Beteiligung an dem Unternehmen oder der Einrichtung repräsentiert wird.

§ 108b
Regelung zur Vollparität

(1) Nach Maßgabe der folgenden Regelungen kann für die fakultativen Aufsichtsräte kommunal beherrschter Gesellschaften, die von den bis zum 31. Oktober 2025 amtierenden kommunalen Vertretungen zu bestellen sind, auf Antrag eine Ausnahme von der in § 108a geregelten Drittelparität zugelassen werden.

(2) Die Ausnahme ist von der Gemeinde, die die Gesellschaft beherrscht, bei der zuständigen Aufsichtsbehörde unter Beifügung eines entsprechenden Ratsbeschlusses und des vorgesehenen Gesellschaftsvertrages zu beantragen. Sind an der kommunal beherrschten Gesellschaft zwei oder mehr Gemeinden beteiligt, muss der Antrag von sämtlichen an der Gesellschaft beteiligten Gemeinden unter Beifügung der entsprechenden Ratsbeschlüsse gestellt werden.

(3) Die zuständige Aufsichtsbehörde hat die Ausnahme zuzulassen, wenn die in Absatz 2 genannten Unterlagen ordnungsgemäß vorliegen und der Gesellschaftsvertrag den sonstigen Anforderungen des § 108a und der nachfolgenden Absätze entspricht. Die Zulassung der Ausnahme durch die zuständige Aufsichtsbehörde bedarf vor ihrem Wirksamwerden der Genehmigung des für Kommunales zuständigen Ministeriums.

(4) Sind sämtliche Aufsichtsratsmandate von der Gemeinde zu besetzen, können abweichend von § 108a Absatz 1 Satz 3 bis zur Hälfte der Aufsichtsratsmandate mit Arbeitnehmervertretern besetzt werden. Wird die Hälfte der Aufsichtsratsmandate mit Arbeitnehmervertretern besetzt, muss der Gesellschaftsvertrag vorsehen, dass der Aufsichtsratsvorsitzende nicht zu dem von der Arbeitnehmerseite vorgeschlagenen Personenkreis gehört. Außerdem muss der Gesellschaftsvertrag für den Fall, dass eine Abstimmung im Aufsichtsrat Stimmengleichheit ergibt, regeln, dass noch in derselben Sitzung des Aufsichtsrats eine erneute Abstimmung über denselben Gegenstand herbeigeführt wird, bei der der Aufsichtsratsvorsitzende zwei Stimmen hat.

(5) Ist ein Teil der Aufsichtsratsmandate von Gesellschaftern zu besetzen, die die Vorschriften des 11. Teils nicht unmittelbar, sinngemäß oder entsprechend anzuwenden haben, muss der Gesellschaftsvertrag vorsehen, dass die Mehrzahl der auf die Gemeinde entfallenden Aufsichtsratsmandate mit Personen besetzt wird, die nicht von der Arbeitnehmerseite vorgeschlagen werden.

(6) Im Übrigen gelten die Regelungen des § 108a. Das für Kommunales zuständige Ministerium bestimmt durch Rechtsverordnung das Verfahren für die Wahl der Vorschlagsliste, insbesondere die Vorbereitung der Wahl und die Aufstellung der Wählerlisten, die Frist für die Einsichtnahme in die Wählerlisten und die Erhebung von Einsprüchen gegen sie, die Wahlvorschläge und die Frist für ihre Einreichung, das Wahlausschreiben und die Frist für seine Bekanntmachung, die Stimmabgabe, die Feststellung des Wahlergebnisses und die Fristen für seine Bekanntmachung, die Anfechtung der Wahl und die Aufbewahrung der Wahlakten.

§ 109
Wirtschaftsgrundsätze

(1) Die Unternehmen und Einrichtungen sind so zu führen, zu steuern und zu kontrollieren, daß der öffentliche Zweck nachhaltig erfüllt wird. Unternehmen sollen einen Ertrag für den Haushalt der Gemeinde abwerfen, soweit dadurch die Erfüllung des öffentlichen Zwecks nicht beeinträchtigt wird.

(2) Der Jahresgewinn der wirtschaftlichen Unternehmen als Unterschied der Erträge und Aufwendungen soll so hoch sein, daß außer den für die technische und wirtschaftliche Entwicklung

des Unternehmens notwendigen Rücklagen mindestens eine marktübliche Verzinsung des Eigenkapitals erwirtschaftet wird.

§ 110
Verbot des Mißbrauchs wirtschaftlicher Machtstellung

Bei Unternehmen, für die kein Wettbewerb gleichartiger Unternehmen besteht, dürfen der Anschluß und die Belieferung nicht davon abhängig gemacht werden, daß auch andere Leistungen oder Lieferungen abgenommen werden.

§ 111
Veräußerung von Unternehmen, Einrichtungen und Beteiligungen

(1) Die teilweise oder vollständige Veräußerung eines Unternehmens oder einer Einrichtung oder einer Beteiligung an einer Gesellschaft sowie andere Rechtsgeschäfte, durch welche die Gemeinde ihren Einfluß auf das Unternehmen, die Einrichtung oder die Gesellschaft verliert oder vermindert, sind nur zulässig, wenn die für die Betreuung der Einwohner erforderliche Erfüllung der Aufgaben der Gemeinde nicht beeinträchtigt wird.

(2) Vertreter der Gemeinde in einer Gesellschaft, an der Gemeinden, Gemeindeverbände oder Zweckverbände unmittelbar oder mittelbar mit mehr als 50 v.H. beteiligt sind, dürfen Veräußerungen oder anderen Rechtsgeschäften i.S. des Absatzes 1 nur nach vorheriger Entscheidung des Rates und nur dann zustimmen, wenn für die Gemeinde die Zulässigkeitsvoraussetzung des Absatzes 1 vorliegt.

§ 112
Informations- und Prüfungsrechte

(1) Gehören einer Gemeinde unmittelbar oder mittelbar Anteile an einem Unternehmen oder einer Einrichtung in einer Rechtsform des privaten Rechts in dem in § 53 des Haushaltsgrundsätzegesetzes bezeichneten Umfang, so soll sie

1. die Rechte nach § 53 Abs. 1 des Haushaltsgrundsätzegesetzes ausüben,
2. darauf hinwirken, daß ihr die in § 54 des Haushaltsgrundsätzegesetzes vorgesehenen Befugnisse eingeräumt werden.

(2) Ist eine Beteiligung der Gemeinde an einer Gesellschaft keine Mehrheitsbeteiligung im Sinne des § 53 des Haushaltsgrundsätzegesetzes, so soll die Gemeinde, so weit ihr Interesse dies erfordert, darauf hinwirken, daß ihr im Gesellschaftsvertrag oder in der Satzung die Befugnisse nach § 53 des Haushaltsgrundsätzegesetzes eingeräumt werden. Bei mittelbaren Minderheitsbeteiligungen gilt dies nur, wenn die Beteiligung den vierten Teil der Anteile übersteigt und einer Gesellschaft zusteht, an der die Gemeinde allein oder zusammen mit anderen Gebietskörperschaften mit Mehrheit im Sinne des § 53 des Haushaltsgrundsätzegesetzes beteiligt ist.

§ 113
Vertretung der Gemeinde in Unternehmen oder Einrichtungen

(1) Die Vertreter der Gemeinde in Beiräten, Ausschüssen, Gesellschafterversammlungen, Aufsichtsräten oder entsprechenden Organen von juristischen Personen oder Personenvereinigungen, an denen die Gemeinde unmittelbar oder mittelbar beteiligt ist, haben die Interessen der Gemeinde zu verfolgen. Sie sind an die Beschlüsse des Rates und seiner Ausschüsse gebunden. Die vom Rat bestellten Vertreter haben ihr Amt auf Beschluß des Rates jederzeit niederzulegen. Die Sätze 1 bis 3 gelten nur, soweit durch Gesetz nichts anderes bestimmt ist.

(2) Bei unmittelbaren Beteiligungen vertritt ein vom Rat bestellter Vertreter die Gemeinde in den in Absatz 1 genannten Gremien. Sofern weitere Vertreter zu benennen sind, muss der Bürgermeister oder der von ihm vorgeschlagene Bedienstete der Gemeinde dazuzählen. Die Sätze 1 und 2 gelten für mittelbare Beteiligungen entsprechend, sofern nicht ähnlich wirksame Vorkehrungen

zur Sicherung hinreichender gemeindlicher Einfluss- und Steuerungsmöglichkeiten getroffen werden.

(3) Die Gemeinde ist verpflichtet, bei der Ausgestaltung des Gesellschaftsvertrages einer Kapitalgesellschaft darauf hinzuwirken, daß ihr das Recht eingeräumt wird, Mitglieder in den Aufsichtsrat zu entsenden. Über die Entsendung entscheidet der Rat. Zu den entsandten Aufsichtsratsmitgliedern muß der Bürgermeister oder der von ihm vorgeschlagene Bedienstete der Gemeinde zählen, wenn diese mit mehr als einem Mitglied im Aufsichtsrat vertreten ist. Dies gilt sowohl für unmittelbare als auch für mittelbare Beteiligungen.

(4) Ist der Gemeinde das Recht eingeräumt worden, Mitglieder des Vorstandes oder eines gleichartigen Organs zu bestellen oder vorzuschlagen, entscheidet der Rat.

(5) Die Vertreter der Gemeinde haben den Rat über alle Angelegenheiten von besonderer Bedeutung frühzeitig zu unterrichten. Die Unterrichtungspflicht besteht nur, soweit durch Gesetz nichts anderes bestimmt ist.

(6) Die Vertreterinnen und Vertreter der Gemeinde haben über die zur Wahrnehmung des Vertretungsamtes sowie die zur Beurteilung und Überwachung der Geschäfte, die das Unternehmen oder die Einrichtung betreibt, erforderliche betriebswirtschaftliche Erfahrung und Sachkunde zu verfügen. Die Gemeinde soll den nach Satz 1 entsandten Personen die Gelegenheit geben, regelmäßig an Fortbildungsveranstaltungen teilzunehmen, die der Wahrnehmung dieser Aufgaben dienlich sind. Die nach Satz 1 entsandten Personen haben sich regelmäßig zur Wahrnehmung dieser Aufgaben fortzubilden.

(7) Wird ein Vertreter der Gemeinde aus seiner Tätigkeit in einem Organ haftbar gemacht, so hat ihm die Gemeinde den Schaden zu ersetzen, es sei denn, daß er ihn vorsätzlich oder grob fahrlässig herbeigeführt hat. Auch in diesem Falle ist die Gemeinde schadensersatzpflichtig, wenn ihr Vertreter nach Weisung des Rates oder eines Ausschusses gehandelt hat.

§ 114
Eigenbetriebe

(1) Die gemeindlichen wirtschaftlichen Unternehmen ohne Rechtspersönlichkeit (Eigenbetriebe) werden nach den Vorschriften der Eigenbetriebsverordnung und der Betriebssatzung geführt.

(2) In den Angelegenheiten des Eigenbetriebes ist der Betriebsleitung ausreichende Selbständigkeit der Entschließung einzuräumen. Die Zuständigkeiten des Rates sollen soweit wie möglich dem Betriebsausschuss übertragen werden.

(3) Bei Eigenbetrieben mit mehr als 50 Beschäftigten besteht der Betriebsausschuss zu einem Drittel aus Beschäftigten des Eigenbetriebes. Die Gesamtzahl der Ausschußmitglieder muß in diesem Fall durch drei teilbar sein. Bei Eigenbetrieben mit weniger als 51, aber mehr als zehn Beschäftigten gehören dem Betriebsausschuss zwei Beschäftigte des Eigenbetriebes an. Die dem Betriebsausschuss angehörenden Beschäftigten werden aus einem Vorschlag der Versammlung der Beschäftigten des Eigenbetriebes gewählt, der mindestens die doppelte Zahl der zu wählenden Mitglieder und Stellvertreter enthält. Wird für mehrere Eigenbetriebe ein gemeinsamer Betriebsausschuss gebildet, ist die Gesamtzahl aller Beschäftigten dieser Eigenbetriebe maßgebend; Satz 4 gilt entsprechend. Die Zahl der sachkundigen Bürger darf zusammen mit der Zahl der Beschäftigten die der Ratsmitglieder im Betriebsausschuss nicht erreichen.

§ 114a
Rechtsfähige Anstalten des öffentlichen Rechts

(1) Die Gemeinde kann Unternehmen und Einrichtungen in der Rechtsform einer Anstalt des öffentlichen Rechts errichten oder bestehende Regie- und Eigenbetriebe sowie eigenbetriebsähnliche Einrichtungen im Wege der Gesamtrechtsnachfolge in rechtsfähige Anstalten des öffentlichen Rechts umwandeln. §108 Abs. 1 Satz 1 Nr. 1 und Nr. 2 gilt entsprechend.

(2) Die Gemeinde regelt die Rechtsverhältnisse der Anstalt durch eine Satzung. Die Satzung muss Bestimmungen über den Namen und die Aufgaben der Anstalt, die Zahl der Mitglieder des Vorstands und des Verwaltungsrates, die Höhe des Stammkapitals, die Wirtschaftsführung, die Vermögensverwaltung und die Rechnungslegung enthalten.

(3) Die Gemeinde kann der Anstalt einzelne oder alle mit einem bestimmten Zweck zusammenhängende Aufgaben ganz oder teilweise übertragen. Sie kann zugunsten der Anstalt unter der Voraussetzung des § 9 durch Satzung einen Anschluss- und Benutzungszwang vorschreiben und der Anstalt das Recht einräumen, an ihrer Stelle Satzungen für das übertragene Aufgabengebiet zu erlassen; § 7 gilt entsprechend.

(4) Die Anstalt kann nach Maßgabe der Satzung andere Unternehmen oder Einrichtungen gründen oder sich an solchen beteiligen oder eine bestehende Beteiligung erhöhen, wenn das dem Anstaltszweck dient. Für die Gründung von und die Beteiligung an anderen Unternehmen und Einrichtungen in einer Rechtsform des privaten Rechts sowie deren Veräußerung und andere Rechtsgeschäfte im Sinne des § 111 gelten die §§ 108 bis 113 entsprechend. Für die in Satz 2 genannten Gründungen und Beteiligungen muss ein besonders wichtiges Interesse vorliegen.

(5) Die Gemeinde haftet für die Verbindlichkeiten der Anstalt unbeschränkt, soweit nicht Befriedigung aus deren Vermögen zu erlangen ist (Gewährträgerschaft). Rechtsgeschäfte im Sinne des § 87 dürfen von der Anstalt nicht getätigt werden.

(6) Die Anstalt wird von einem Vorstand in eigener Verantwortung geleitet, soweit nicht gesetzlich oder durch die Satzung der Gemeinde etwas anderes bestimmt ist. Der Vorstand vertritt die Anstalt gerichtlich und außergerichtlich.

(7) Die Geschäftsführung des Vorstands wird von einem Verwaltungsrat überwacht. Der Verwaltungsrat bestellt den Vorstand auf höchstens 5 Jahre; eine erneute Bestellung ist zulässig. Er entscheidet außerdem über

1. den Erlass von Satzungen gemäß Absatz 3 Satz 2,
2. die Beteiligung oder Erhöhung einer Beteiligung der Anstalt an anderen Unternehmen oder Einrichtungen sowie deren Gründung,
3. die Feststellung des Wirtschaftsplans und des Jahresabschlusses,
4. die Festsetzung allgemein geltender Tarife und Entgelte für die Leistungsnehmer,
5. die Bestellung des Abschlussprüfers,
6. die Ergebnisverwendung,
7. Rechtsgeschäfte der Anstalt im Sinne des § 111.

Im Fall der Nummer 1 unterliegt der Verwaltungsrat den Weisungen des Rates und berät und beschließt in öffentlicher Sitzung. In den Fällen der Nummern 2 und 7 bedarf es der vorherigen Entscheidung des Rates. Dem Verwaltungsrat obliegt außerdem die Entscheidung in den durch die Satzung der Gemeinde bestimmten Angelegenheiten der Anstalt. In der Satzung kann ferner vorgesehen werden, dass bei Entscheidungen der Organe der Anstalt von grundsätzlicher Bedeutung die Zustimmung des Rates erforderlich ist.

(8) Der Verwaltungsrat besteht aus dem vorsitzenden Mitglied und den übrigen Mitgliedern. Den Vorsitz führt der Bürgermeister. Soweit Beigeordnete mit eigenem Geschäftsbereich bestellt sind, führt derjenige Beigeordnete den Vorsitz, zu dessen Geschäftsbereich die der Anstalt übertragenen Aufgaben gehören. Sind die übertragenen Aufgaben mehreren Geschäftsbereichen zuzuordnen, so entscheidet der Bürgermeister über den Vorsitz. Die übrigen Mitglieder des Verwaltungsrates werden vom Rat für die Dauer der Wahlperiode gewählt; für die Wahl gilt § 50 Absatz 4 sinngemäß. Die Amtszeit von Mitgliedern des Verwaltungsrats endet mit dem Ende der Wahlperiode oder bei Mitgliedern des Verwaltungsrats, die dem Rat angehören, mit dem vorzeitigen Ausscheiden aus dem Rat. Die Mitglieder des Rats üben ihr Amt bis zum Amtsantritt der neuen Mitglieder weiter aus. Mitglieder des Verwaltungsrats können nicht sein:

1. Bedienstete der Anstalt,

2. leitende Bedienstete von juristischen Personen oder sonstigen Organisationen des öffentlichen oder privaten Rechts, an denen die Anstalt mit mehr als 50 v.H. beteiligt ist; eine Beteiligung am Stimmrecht genügt,
3. Bedienstete der Aufsichtsbehörde, die unmittelbar mit Aufgaben der Aufsicht über die Anstalt befasst sind.

(9) Die Anstalt hat das Recht, Dienstherr von Beamten zu sein, wenn sie auf Grund einer Aufgabenübertragung nach Absatz 3 hoheitliche Befugnisse ausübt. Wird die Anstalt aufgelöst oder umgebildet, so gilt für die Rechtsstellung der Beamten und der Versorgungsempfänger Kapitel II Abschnitt III des Beamtenrechtsrahmengesetzes.

(10) Der Jahresabschluss und der Lagebericht der Anstalt werden nach den für große Kapitalgesellschaften geltenden Vorschriften des Handelsgesetzbuches aufgestellt und geprüft, sofern nicht weitergehende gesetzliche Vorschriften gelten oder andere gesetzliche Vorschriften entgegenstehen. § 285 Nummer 9 Buchstabe a des Handelsgesetzbuches ist mit der Maßgabe anzuwenden, dass die für die Tätigkeit im Geschäftsjahr gewährten Gesamtbezüge der Mitglieder des Vorstands sowie die für die Tätigkeit im Geschäftsjahr gewährten Leistungen für die Mitglieder des Verwaltungsrates im Anhang des Jahresabschlusses für jede Personengruppe sowie zusätzlich unter Namensnennung die Bezüge und Leistungen für jedes einzelne Mitglied dieser Personengruppen unter Aufgliederung nach Komponenten im Sinne des § 285 Nummer 9 Buchstabe a des Handelsgesetzbuches angegeben werden, soweit es sich um Leistungen des Kommunalunternehmens handelt. Die individualisierte Ausweisungspflicht gilt auch für Leistungen entsprechend § 108 Absatz 1 Satz 1 Nummer 9 Satz 2.

(11) § 14 Abs. 1, § 31, § 74, § 75 Abs. 1, § 77, § 84 sowie die Bestimmungen des 13. Teils über die staatliche Aufsicht sind auf die Anstalt sinngemäß anzuwenden.

§ 115
Anzeige

(1) Entscheidungen der Gemeinde über

a) die Gründung oder wesentliche Erweiterung einer Gesellschaft oder eine wesentliche Änderung des Gesellschaftszwecks oder sonstiger wesentlicher Änderungen des Gesellschaftsvertrages,
b) die Beteiligung an einer Gesellschaft oder die Änderung der Beteiligung an einer Gesellschaft,
c) die gänzliche oder teilweise Veräußerung einer Gesellschaft oder der Beteiligung an einer Gesellschaft,
d) die Errichtung, die Übernahme oder die wesentliche Erweiterung eines Unternehmens, die Änderung der bisherigen Rechtsform oder eine wesentliche Änderung des Zwecks,
e) den Abschluß von Rechtsgeschäften, die ihrer Art nach geeignet sind, den Einfluß der Gemeinde auf das Unternehmen oder die Einrichtung zu mindern oder zu beseitigen oder die Ausübung von Rechten aus einer Beteiligung zu beschränken,
f) die Führung von Einrichtungen entsprechend den Vorschriften über die Eigenbetriebe,
g) den Erwerb eines Geschäftsanteils an einer eingetragenen Genossenschaft,
h) die Errichtung, wesentliche Erweiterung oder Auflösung einer rechtsfähigen Anstalt des öffentlichen Rechts gemäß § 114 a, die Beteiligung oder Erhöhung einer Beteiligung der Anstalt an anderen Unternehmen oder Einrichtungen oder deren Gründung sowie Rechtsgeschäfte der Anstalt im Sinne des § 111

sind der Aufsichtsbehörde unverzüglich, spätestens sechs Wochen vor Beginn des Vollzugs, anzuzeigen. Aus der Anzeige muß zu ersehen sein, ob die gesetzlichen Voraussetzungen erfüllt sind. Die Aufsichtsbehörde kann im Einzelfall aus besonderem Grund die Frist verkürzen, verlängern oder ergänzende Unterlagen verlangen.

(2) Für die Entscheidung über die mittelbare Beteiligung an einer Gesellschaft gilt Entsprechendes, wenn ein Beschluß des Rates nach § 108 Abs. 6 oder § 111 Abs. 2 zu fassen ist.

12. Teil
Gesamtabschluss

§ 116
Gesamtabschluss

(1) Die Gemeinde hat in jedem Haushaltsjahr für den Abschlussstichtag 31. Dezember einen Gesamtabschluss aufzustellen. § 95 Absatz 1 gilt entsprechend.

(2) Der Gesamtabschluss besteht aus
1. der Gesamtergebnisrechnung,
2. der Gesamtbilanz,
3. dem Gesamtanhang,
4. der Kapitalflussrechnung und
5. dem Eigenkapitalspiegel.

Darüber hinaus hat die Gemeinde einen Gesamtlagebericht aufzustellen.

(3) Zum Zwecke der Aufstellung des Gesamtabschlusses sind die Jahresabschlüsse aller verselbständigten Aufgabenbereiche in öffentlich-rechtlicher oder privatrechtlicher Form mit dem Jahresabschluss der Gemeinde zu konsolidieren, sofern im Gesetz oder durch Rechtsverordnung nicht anderes bestimmt ist. Für mittelbare Beteiligungen gilt § 290 Absatz 3 des Handelsgesetzbuches entsprechend.

(4) Auf den Gesamtabschluss sind, soweit seine Eigenart keine Abweichung bedingt oder im Gesetz oder durch Rechtsverordnung nichts anderes bestimmt ist, die Vorschriften über den gemeindlichen Jahresabschluss entsprechend anzuwenden.

(5) Hat sich die Zusammensetzung der in den Gesamtabschluss einbezogenen verselbständigten Aufgabenbereiche gemäß Absatz 3 im Laufe des Haushaltsjahres wesentlich geändert, so sind in den Gesamtabschluss Angaben aufzunehmen, die es ermöglichen, die aufeinanderfolgenden Gesamtabschlüsse sinnvoll zu vergleichen.

(6) Die in den Gesamtabschluss einzubeziehenden verselbständigten Aufgabenbereiche nach Absatz 3 haben der Gemeinde ihre Jahresabschlüsse, Lageberichte, und wenn eine Abschlussprüfung stattgefunden hat, die Prüfungsberichte sowie, wenn ein Zwischenabschluss aufzustellen ist, einen auf den Stichtag des Gesamtabschlusses aufgestellten Abschluss unverzüglich einzureichen. Die Gemeinde kann von jedem verselbständigten Aufgabenbereich nach Absatz 3 alle Aufklärungen und Nachweise verlangen, welche die Aufstellung des Gesamtabschlusses und des Gesamtlageberichtes erfordert.

(7) Am Schluss des Gesamtanhangs sind für die Mitglieder des Verwaltungsvorstands nach § 70, soweit dieser nicht zu bilden ist für den Bürgermeister und den Kämmerer, sowie für die Ratsmitglieder, auch wenn die Personen im Haushaltsjahr ausgeschieden sind, anzugeben:
1. der Familienname mit mindestens einem ausgeschriebenen Vornamen,
2. der ausgeübte Beruf,
3. die Mitgliedschaften in Aufsichtsräten und anderen Kontrollgremien im Sinne des § 125 Absatz 1 Satz 5 des Aktiengesetzes,
4. die Mitgliedschaft in Organen von verselbstständigten Aufgabenbereichen der Gemeinde in öffentlich-rechtlicher oder privatrechtlicher Form,
5. die Mitgliedschaft in Organen sonstiger privatrechtlicher Unternehmen.

(8) Der Gesamtabschluss und der Gesamtlagebericht sind innerhalb der ersten neun Monate nach dem Abschlussstichtag aufzustellen, § 95 Absatz 5 findet für deren Aufstellung entsprechende Anwendung.

(9) Für die Prüfung des Gesamtabschlusses und des Gesamtlageberichtes gilt § 59 Absatz 3 entsprechend. Der Rat bestätigt den geprüften Gesamtabschluss durch Beschluss, § 96 Absatz 1 Sätze 1, 4 und 7 und Absatz 2 finden entsprechende Anwendung.

§ 116a
Größenabhängige Befreiungen

(1) Eine Gemeinde ist von der Pflicht, einen Gesamtabschluss und einen Gesamtlagebericht aufzustellen, befreit, wenn am Abschlussstichtag ihres Jahresabschlusses und am vorhergehenden Abschlussstichtag jeweils mindestens zwei der nachstehenden Merkmale zutreffen:

1. die Bilanzsummen in den Bilanzen der Gemeinde und der einzubeziehenden verselbständigten Aufgabenbereiche nach § 116 Absatz 3 übersteigen insgesamt nicht mehr als 1500000000 Euro,
2. die der Gemeinde zuzurechnenden Erträge aller vollkonsolidierungspflichtigen verselbständigten Aufgabenbereiche nach § 116 Absatz 3 machen weniger als 50 Prozent der ordentlichen Erträge der Ergebnisrechnung der Gemeinde aus,
3. die der Gemeinde zuzurechnenden Bilanzsummen aller vollkonsolidierungspflichtigen verselbständigten Aufgabenbereiche nach § 116 Absatz 3 machen insgesamt weniger als 50 Prozent der Bilanzsumme der Gemeinde aus.

(2) Über das Vorliegen der Voraussetzungen für die Befreiung von der Pflicht zur Aufstellung eines Gesamtabschlusses entscheidet der Rat für jedes Haushaltsjahr bis zum 30. September des auf das Haushaltsjahr folgenden Jahres. Das Vorliegen der Voraussetzungen nach Absatz 1 ist gegenüber dem Rat anhand geeigneter Unterlagen nachzuweisen. Die Entscheidung des Rates ist der Aufsichtsbehörde jährlich mit der Anzeige des durch den Rat festgestellten Jahresabschlusses der Gemeinde vorzulegen.

(3) Sofern eine Gemeinde von der größenabhängigen Befreiung im Zusammenhang mit der Erstellung eines Gesamtabschlusses Gebrauch macht, ist ein Beteiligungsbericht gemäß § 117 zu erstellen.“

§ 116b
Verzicht auf die Einbeziehung

In den Gesamtabschluss und den Gesamtlagebericht müssen verselbstständigte Aufgabenbereiche nach § 116 Absatz 3 nicht einbezogen werden, wenn sie für die Verpflichtung, ein den tatsächlichen Verhältnissen entsprechendes Bild der Vermögens-, Finanz- und Ertragslage der Gemeinde zu vermitteln, von untergeordneter Bedeutung sind. Die Anwendung des Satzes 1 ist im Gesamtanhang anzugeben und zu begründen. Aufgabenträger mit dem Zweck der unmittelbaren oder mittelbaren Trägerschaft an Sparkassen sind nicht im Gesamtabschluss zu konsolidieren.

§ 117
Beteiligungsbericht

(1) In den Fällen, in denen eine Gemeinde von der Aufstellung eines Gesamtabschlusses unter den Voraussetzungen des § 116a befreit ist, ist in dem Jahr ein Beteiligungsbericht zu erstellen.

Für die Erstellung des Beteiligungsberichtes gilt § 116 Absatz 6 Satz 2 entsprechend. Über den Beteiligungsbericht ist ein gesonderter Beschluss des Rates in öffentlicher Sitzung herbeizuführen.

(2) Der Beteiligungsbericht hat folgende Informationen zu sämtlichen verselbständigten Aufgabenbereichen in öffentlich-rechtlicher und privatrechtlicher Form zu enthalten, sofern in diesem Gesetz oder in einer Rechtsverordnung nichts anderes bestimmt wird:

1. die Beteiligungsverhältnisse,
2. die Jahresergebnisse der verselbständigten Aufgabenbereiche,

3. eine Übersicht über den Stand der Verbindlichkeiten und die Entwicklung des Eigenkapitals jedes verselbständigten Aufgabenbereiches sowie
4. eine Darstellung der wesentlichen Finanz- und Leistungsbeziehungen der Beteiligungen untereinander und mit der Gemeinde.

§ 118
(weggefallen)

13. Teil
Aufsicht

§ 119
Allgemeine Aufsicht und Sonderaufsicht

(1) Die Aufsicht des Landes (§ 11) erstreckt sich darauf, daß die Gemeinden im Einklang mit den Gesetzen verwaltet werden (allgemeine Aufsicht).

(2) Soweit die Gemeinden ihre Aufgaben nach Weisung erfüllen (§ 3 Abs. 2), richtet sich die Aufsicht nach den hierüber erlassenen Gesetzen (Sonderaufsicht).

§ 120
Aufsichtsbehörden

(1) Die allgemeine Aufsicht über die kreisangehörigen Gemeinden führt der Landrat als untere staatliche Verwaltungsbehörde; § 59 Kreisordnung bleibt unberührt.

(2) Die allgemeine Aufsicht über kreisfreie Städte führt die Bezirksregierung.

(3) Obere Aufsichtsbehörde ist für kreisangehörige Gemeinden die Bezirksregierung, für kreisfreie Städte das für Kommunales zuständige Ministerium.

(4) Oberste Aufsichtsbehörde ist das für Kommunales zuständige Ministerium.

(5) Sind an Angelegenheiten, die nach diesem Gesetz der Genehmigung oder der Entscheidung der Aufsichtsbehörde bedürfen, Gemeinden verschiedener Kreise oder Regierungsbezirke beteiligt, ist die gemeinsame nächsthöhere Aufsichtsbehörde oder die von dieser bestimmte Aufsichtsbehörde zuständig.

§ 121
Unterrichtungsrecht

Die Aufsichtsbehörde kann sich jederzeit über die Angelegenheiten der Gemeinde unterrichten.

§ 122
Beanstandungs- und Aufhebungsrecht

(1) Die Aufsichtsbehörde kann den Bürgermeister anweisen, Beschlüsse des Rates und der Ausschüsse, die das geltende Recht verletzen, zu beanstanden (§ 54 Abs. 2 und 3). Sie kann solche Beschlüsse nach vorheriger Beanstandung durch den Bürgermeister und nochmaliger Beratung im Rat oder Ausschuß aufheben.

(2) Die Aufsichtsbehörde kann Anordnungen des Bürgermeisters, die das geltende Recht verletzen, beim Rat beanstanden. Die Beanstandung ist schriftlich in Form einer begründeten Darlegung dem Rat mitzuteilen. Sie hat aufschiebende Wirkung. Billigt der Rat die Anordnungen des Bürgermeisters, so kann die Aufsichtsbehörde die Anordnung aufheben.

§ 123
Anordnungsrecht und Ersatzvornahme

(1) Erfüllt die Gemeinde die ihr kraft Gesetzes obliegenden Pflichten oder Aufgaben nicht, so kann die Aufsichtsbehörde anordnen, daß sie innerhalb einer bestimmten Frist das Erforderliche veranlaßt.

(2) Kommt die Gemeinde der Anordnung der Aufsichtsbehörde nicht innerhalb der bestimmten Frist nach, so kann die Aufsichtsbehörde die Anordnung an Stelle und auf Kosten der Gemeinde selbst durchführen oder die Durchführung einem anderen übertragen.

§ 124
Bestellung eines Beauftragten

Wenn und solange die Befugnisse der Aufsichtsbehörde nach den §§ 121 bis 123 nicht ausreichen, kann das für Kommunales zuständige Ministerium einen Beauftragten bestellen, der alle oder einzelne Aufgaben der Gemeinde auf ihre Kosten wahrnimmt. Der Beauftragte hat die Stellung eines Organs der Gemeinde.

§ 125
Auflösung des Rates

Das für Kommunales zuständige Ministerium kann durch Beschluß der Landesregierung ermächtigt werden, einen Rat aufzulösen, wenn er dauernd beschlußunfähig ist oder wenn eine ordnungsgemäße Erledigung der Gemeindeaufgaben aus anderen Gründen nicht gesichert ist. Innerhalb von drei Monaten nach Bekanntgabe der Auflösung ist eine Neuwahl durchzuführen.

§ 126
Anfechtung von Aufsichtsmaßnahmen

Maßnahmen der Aufsichtsbehörde können unmittelbar mit der Klage im Verwaltungsstreitverfahren angefochten werden.

§ 127
Verbot von Eingriffen anderer Stellen

Andere Behörden und Stellen als die allgemeinen Aufsichtsbehörden sind zu Eingriffen in die Gemeindeverwaltung nach den §§ 121 ff. nicht befugt.

§ 128
Zwangsvollstreckung

(1) Zur Einleitung der Zwangsvollstreckung gegen die Gemeinde wegen einer Geldforderung bedarf der Gläubiger einer Zulassungsverfügung der Aufsichtsbehörde, es sei denn, daß es sich um die Verfolgung dinglicher Rechte handelt. In der Verfügung hat die Aufsichtsbehörde die Vermögensgegenstände zu bestimmen, in welche die Zwangsvollstreckung zugelassen wird, und über den Zeitpunkt zu befinden, in dem sie stattfinden soll. Die Zwangsvollstreckung wird nach den Vorschriften der Zivilprozeßordnung durchgeführt.

(2) Ein Insolvenzverfahren über das Vermögen der Gemeinde ist nicht zulässig.

(3) Die Bestimmung des § 123 bleibt unberührt.

14. Teil
Übergangs- und Schlußvorschriften, Sondervorschriften

§ 129
Weiterentwicklung der kommunalen Selbstverwaltung (Experimentierklausel)

Zur Erprobung neuer Steuerungsmodelle und zur Weiterentwicklung der kommunalen Selbstverwaltung auch in der grenzüberschreitenden kommunalen Zusammenarbeit kann das für Kommunales zuständige Ministerium im Einzelfall zeitlich begrenzte Ausnahmen von organisations- und haushaltsrechtlichen Vorschriften des Gesetzes oder der zur Durchführung ergangenen Rechtsverordnungen zulassen. Darüber hinaus kann es durch Rechtsverordnung Ausnahmen von anderen Vorschriften des Gesetzes oder der zur Durchführung ergangenen Rechtsverordnungen zulassen. Die Rechtsverordnung kann Gemeinden auf Antrag und zeitlich befristet eine alternative Aufgabenerledigung ermöglichen, soweit die grundsätzliche Erfüllung des Gesetzauftrages sichergestellt ist. § 5 bleibt hiervon unberührt.

§ 130
Unwirksame Rechtsgeschäfte

(1) Rechtsgeschäfte, die ohne die aufgrund dieses Gesetzes erforderliche Genehmigung der Aufsichtsbehörde abgeschlossen werden, sind unwirksam.

(2) Rechtsgeschäfte, die gegen das Verbot des § 86 Abs. 5, des § 87 Abs. 1 oder des § 110 verstoßen, sind nichtig.

§ 131
Befreiung von der Genehmigungspflicht

Das für Kommunales zuständige Ministerium wird ermächtigt, durch Rechtsverordnung Rechtsgeschäfte, die nach den Vorschriften der Teile 8 bis 11 der Genehmigung der Aufsichtsbehörde bedürfen, von der Genehmigung allgemein freizustellen und statt dessen die vorherige Anzeige an die Aufsichtsbehörde vorzuschreiben.

§ 132
Auftragsangelegenheiten

Bis zum Erlaß neuer Vorschriften sind die den Gemeinden zur Erfüllung nach Weisung übertragenen staatlichen Angelegenheiten (Auftragsangelegenheiten) nach den bisherigen Vorschriften durchzuführen.

§ 133
Ausführung des Gesetzes

(1) Das für Kommunales zuständige Ministerium wird ermächtigt, im Einvernehmen mit dem für Finanzen zuständigen Ministerium zur Durchführung dieses Gesetzes durch Rechtsverordnung zu regeln:

1. Inhalt und Gestaltung des Haushaltsplans, der mittelfristigen Ergebnis- und Finanzplanung sowie die Haushaltsführung und die Haushaltsüberwachung; dabei kann es bestimmen, dass Einzahlungen und Auszahlungen, für die ein Dritter Kostenträger ist oder die von einer zentralen Stelle ausgezahlt werden, nicht im Haushalt der Gemeinde abgewickelt werden,
2. die Veranschlagung von Erträgen, Aufwendungen sowie Einzahlungen und Auszahlungen und Verpflichtungsermächtigungen, die Bildung von Budgets sowie den Ausweis von Zielen und Kennzahlen,
3. Inhalt und Umfang von Abschreibungen, die Bildung von Rückstellungen und von Rücklagen sowie deren Mindesthöhe und Verwendung,
4. die Erfassung, den Nachweis, die Bewertung und die Fortschreibung der Vermögensgegenstände und der Schulden,

5. die Geldanlagen und ihre Sicherung,
6. die Ausschreibung von Lieferungen und Leistungen sowie die Vergabe von Aufträgen einschließlich des Abschlusses von Verträgen,
7. die Stundung, die Niederschlagung und den Erlass von Ansprüchen sowie die Behandlung von Kleinbeträgen,
8. Inhalt, Gestaltung, Prüfung und Aufbewahrung des Jahresabschlusses und des Gesamtabschlusses,
9. die Aufgaben und die Organisation der Finanzbuchhaltung, deren Beaufsichtigung und Prüfung sowie die ordnungsgemäße Abwicklung der Buchführung und des Zahlungsverkehrs, einschließlich ihrer Grundsätze und Verfahren,
10. die erstmalige Bewertung von Vermögen und Schulden und die Aufstellung, Prüfung und Aufbewahrung der Eröffnungsbilanz sowie die Vereinfachungsverfahren und Wertberichtigungen,
11. die zeitliche Aufbewahrung von Büchern, Belegen und sonstigen Unterlagen,
12. Aufbau und Verwaltung, Wirtschaftsführung, Rechnungswesen und Prüfung der Eigenbetriebe, deren Freistellung von diesen Vorschriften sowie das Wahlverfahren zur Aufstellung des Vorschlages der Versammlung der Beschäftigten für die Wahl von Beschäftigten als Mitglieder des Betriebsausschusses und ihrer Stellvertreter, ferner das Verfahren zur Bestimmung der Nachfolger im Falle des Ausscheidens dieser Mitglieder oder Stellvertreter vor Ablauf der Wahlperiode des Rates,
13. das Verfahren bei der Errichtung der rechtsfähigen Anstalt des öffentlichen Rechts und deren Aufbau, die Verwaltung, die Wirtschaftsführung sowie das Rechnungs- und Prüfungswesen.

(2) Das für Kommunales zuständige Ministerium erlässt die erforderlichen Verwaltungsvorschriften, insbesondere für

1. die Gliederung des Haushaltsplans in Produktbereiche,
2. die Kontierung von Erträgen und Aufwendungen im Ergebnisplan und in der Ergebnisrechnung,
3. die Kontierung von Einzahlungen und Auszahlungen im Finanzplan und in der Finanzrechnung,
4. Verfahren zur Ermittlung von Wertansätzen und deren Kontierung in der Bilanz,
5. die Einrichtung und Zuordnung von Konten für die Finanzbuchhaltung,
6. die Ausgestaltung von Sicherheitsstandards für die Finanzbuchhaltung,
7. die Festlegung von Nutzungsdauern für Vermögensgegenstände,
8. Verfahren zur Ermittlung von Wertansätzen für Vermögen und Schulden in der Eröffnungsbilanz,
9. Inhalt und Gestaltung von Prüfungsberichten.

(3) Das für Kommunales zuständige Ministerium gibt, soweit es für die Vergleichbarkeit der Haushalte erforderlich ist, durch Verwaltungsvorschrift Muster insbesondere für

1. die Haushaltssatzung und ihre Bekanntmachung,
2. die Beschreibung und Gliederung der Produktbereiche und Produktgruppen sowie die Gestaltung des Haushaltsplanes und des Finanzplanes,
3. die Form des Haushaltsplanes und seiner Anlagen und des Finanzplanes,
4. die Form der Anlagenübersicht, der Forderungsübersicht, der Eigenkapitalübersicht und der Verbindlichkeitenübersicht,
5. die Zahlungsanordnungen, Buchführung, den Kontenrahmen, den Jahresabschluss und den Gesamtabschluss und ihren jeweiligen Anlagen und
6. den Beteiligungsbericht

im Ministerialblatt für das Land Nordrhein-Westfalen bekannt. Die Gemeinden sind verpflichtet, diese Muster zu verwenden. Die Bekanntgabe von Mustern nach Satz 1 Nummer 2 und 3 erfolgt im Benehmen mit dem für Finanzen zuständigen Ministerium.

(4) Das für Kommunales zuständige Ministerium wird ermächtigt, durch Rechtsverordnung im Benehmen mit dem für Kommunales zuständigen Ausschuss des Landtags und mit der oder dem Beauftragten der Landesregierung Nordrhein-Westfalen für Informationstechnik Vorschriften zur Verwirklichung der in § 47a Absatz 2 bis 5 bezeichneten Anforderungen zu erlassen. Dies betrifft insbesondere Vorgaben hinsichtlich der technischen und organisatorischen Umsetzung von Sitzungen in digitaler und in hybrider Form im Einzelnen, insbesondere bei Verfahren nach § 48 Absatz 2 Satz 2 bis 5 sowie § 50 Absatz 1 und 2, einschließlich datenschutzrechtlicher und informationssicherheitsrechtlicher Standards. Die Rechtsverordnung kann ferner eine juristische Person des öffentlichen Rechts als zuständige Stelle für die Zertifizierung nach § 47a Absatz 4 Satz 2 bestimmen und die für sie maßgeblichen Verfahren und Anforderungen näher festlegen.

(5) Das für Kommunales zuständige Ministerium wird ermächtigt, durch Rechtsverordnung, nähere Vorschriften über die Voraussetzungen der Ansprüche nach § 45 Absatz 1 zu treffen und insbesondere die Höhe der zu gewährenden Aufwandsentschädigung durch Festlegung unter anderem von Regelstundensätzen, Höchstbeträgen, Monatspauschalen und Sitzungsgeldern festzusetzen.

§ 134
Übergangsregelungen

(1) Die in § 7 Absatz 6 Satz 1 genannte Frist gilt für alle ab dem 15. Dezember 2021 verkündeten Satzungen und ortsrechtlichen Bestimmungen. Für alle vorher verkündeten Satzungen und ortsrechtlichen Bestimmungen gelten die zum Zeitpunkt der Bekanntmachung geltenden Fristen.

(2) Die in § 54 Absatz 4 genannten Fristen gelten für alle ab dem 15. Dezember 2021 gefassten beziehungsweise öffentlich bekannt gemachten Beschlüsse. Für alle vorher gefassten beziehungsweise öffentlich bekannt gemachten Beschlüsse gelten die zum Zeitpunkt des Beschlusses beziehungsweise der Bekanntmachung geltenden Fristen.

§ 135
Inkrafttreten

Das Gesetz tritt am 17. Oktober 1994 in Kraft. § 108b tritt mit Ablauf des 28. Februar 2026 außer Kraft.

1.4 KrO NRW

Kreisordnung (KrO NRW) für das Land Nordrhein-Westfalen

in der Fassung der Bekanntmachung vom 14. Juli 1994 (GV. NW. S. 646), zuletzt geändert durch Gesetz vom 13. April 2022 (GV. NRW. S. 490)

Inhaltsverzeichnis

1. Teil
Grundlagen der Kreisverfassung

§ 1
Wesen der Kreise

(1) Die Kreise verwalten ihr Gebiet zum Besten der kreisangehörigen Gemeinden und ihrer Einwohner nach den Grundsätzen der gemeindlichen Selbstverwaltung.

(2) Die Kreise sind Gemeindeverbände und Gebietskörperschaften.

(3) Das Gebiet des Kreises bildet zugleich den Bezirk der unteren staatlichen Verwaltungsbehörde.

§ 2
Wirkungsbereich

(1) Die Kreise sind, soweit die Gesetze nicht ausdrücklich etwas anderes bestimmen, ausschließliche und eigenverantwortliche Träger der öffentlichen Verwaltung zur Wahrnehmung der auf ihr Gebiet begrenzten überörtlichen Angelegenheiten. Die Wahrnehmung örtlicher Aufgaben durch die Gemeinden bleibt unberührt. Mehrere Gemeinden können überörtliche, auf ihre Gebiete begrenzte Aufgaben durch Zweckverbände oder im Wege öffentlich-rechtlicher Vereinbarungen durchführen.

(2) Die Kreise nehmen ferner die Aufgaben wahr, die ihnen aufgrund gesetzlicher Vorschriften übertragen sind. Den Kreisen können nur durch Gesetz Pflichtaufgaben auferlegt werden. Pflichtaufgaben können den Kreisen zur Erfüllung nach Weisung übertragen werden; das Gesetz bestimmt den Umfang des Weisungsrechts, das in der Regel zu begrenzen ist. Für die gemeinsame Wahrnehmung von Pflichtaufgaben zur Erfüllung nach Weisung ist der Anwendungsbereich des Gesetzes über kommunale Gemeinschaftsarbeit nur nach Maßgabe der Absätze 5 und 6 eröffnet.

(3) Eingriffe in die Rechte der Kreise sind nur durch Gesetz zulässig. Rechtsverordnungen zur Durchführung solcher Gesetze bedürfen der Zustimmung des für die kommunale Selbstverwaltung zuständigen Ausschusses des Landtags und, sofern nicht die Landesregierung oder das für Kommunales zuständige Ministerium sie erlassen, der Zustimmung des für Kommunales zuständigen Ministeriums.

(4) Werden den Kreisen neue Pflichten auferlegt oder werden Pflichten bei der Novellierung eines Gesetzes fortgeschrieben oder erweitert, ist gleichzeitig die Aufbringung der Mittel zu regeln. Führen diese neuen Pflichten zu einer Mehrbelastung der Kreise, ist ein entsprechender Ausgleich zu schaffen.

(5) Zur Effizienzsteigerung kann ein Kreis mit einem benachbarten Kreis gemäß §§ 23 ff. des Gesetzes über kommunale Gemeinschaftsarbeit vereinbaren, dass ihm gemäß § 2 Abs. 2 Satz 3 übertragene Aufgaben von dem benachbarten Kreis übernommen oder für ihn durchgeführt werden. Satz 1 gilt auch für den Abschluss einer öffentlich-rechtlichen Vereinbarung zwischen einem Kreis und einer benachbarten kreisfreien Stadt.

(6) Absatz 5 gilt nur, soweit
- Bundesrecht oder Recht der Europäischen Gemeinschaften nicht entgegensteht, oder
- der Abschluss einer öffentlich-rechtlichen Vereinbarung nicht durch Gesetz oder Rechtsverordnung ausdrücklich eingeschränkt oder ausgeschlossen ist, oder
- durch die beabsichtigte Aufgabenverlagerung schutzwürdige Belange Dritter nicht unangemessen beeinträchtigt werden oder Gründe des öffentlichen Wohls nicht entgegenstehen.

§ 3
Gleichstellung von Frau und Mann

(1) Die Verwirklichung des Verfassungsgebots der Gleichberechtigung von Frau und Mann ist auch eine Aufgabe der Kreise, die zur Wahrnehmung dieser Aufgabe hauptamtlich tätige Gleichstellungsbeauftragte bestellen.

(2) Die Gleichstellungsbeauftragte wirkt bei allen Vorhaben und Maßnahmen des Kreises mit, die Belange von Frauen berühren oder Auswirkungen auf die Gleichberechtigung von Frau und Mann und die Anerkennung ihrer gleichberechtigten Stellung in der Gesellschaft haben.

(3) Die Gleichstellungsbeauftragte kann in Angelegenheiten ihres Aufgabenbereiches an den Sitzungen des Kreisausschusses, des Kreistages und seiner Ausschüsse teilnehmen. Ihr ist auf Wunsch das Wort zu erteilen. Sie kann die Öffentlichkeit über Angelegenheiten ihres Aufgabenbereichs unterrichten.

(4) Die Gleichstellungsbeauftragte kann in Angelegenheiten, die ihren Aufgabenbereich berühren, den Beschlussvorlagen des Landrates widersprechen; in diesem Fall hat der Landrat den Kreistag zu Beginn der Beratung auf den Widerspruch und seine wesentlichen Gründe hinzuweisen.

(5) Das Nähere zu den Absätzen 2 bis 4 regelt die Hauptsatzung.

§ 4
Geheimhaltung

Die Kreise sind verpflichtet, Angelegenheiten der zivilen Verteidigung, die auf Anordnung der zuständigen Behörde oder ihrem Wesen nach gegen die Kenntnis Unbefugter geschützt werden müssen, geheimzuhalten. Sie haben hierbei Weisungen der Landesregierung auf dem Gebiet des Geheimschutzes zu beachten.

§ 5
Satzungen

(1) Die Kreise können ihre Angelegenheiten durch Satzung regeln, soweit Gesetze nichts anderes bestimmen. Satzungen bedürfen der Genehmigung der Aufsichtsbehörde nur, wenn dies gesetzlich ausdrücklich vorgeschrieben ist.

(2) In den Satzungen können vorsätzliche und fahrlässige Zuwiderhandlungen gegen Gebote und Verbote mit Bußgeld bedroht werden. Zuständige Verwaltungsbehörde im Sinne des § 36 Abs. 1 Nr. 1 des Gesetzes über Ordnungswidrigkeiten ist der Landrat.

(3) Jeder Kreis hat eine Hauptsatzung zu erlassen. In ihr ist mindestens zu ordnen, was nach den Vorschriften dieses Gesetzes der Hauptsatzung vorbehalten ist. Die Hauptsatzung und ihre Änderung kann der Kreistag nur mit der Mehrheit der gesetzlichen Zahl der Mitglieder beschließen.

(4) Satzungen sind öffentlich bekanntzumachen. Sie treten, wenn kein anderer Zeitpunkt bestimmt ist, mit dem Tage nach der Bekanntmachung in Kraft.

(5) Das für Kommunales zuständige Ministerium bestimmt durch Rechtsverordnung, welche Verfahrens- und Formvorschriften bei der öffentlichen Bekanntmachung von Satzungen und sonstigen ortsrechtlichen Bestimmungen einzuhalten sind, soweit nicht andere Gesetze hierüber besondere Regelungen enthalten.

(6) Die Verletzung von Verfahrens- oder Formvorschriften dieses Gesetzes kann gegen Satzungen und sonstige ortsrechtliche Bestimmungen nach Ablauf von sechs Monaten seit ihrer Verkündung nicht mehr geltend gemacht werden, es sei denn

a) eine vorgeschriebene Genehmigung fehlt oder ein vorgeschriebenes Anzeigeverfahren wurde nicht durchgeführt,
b) die Satzung oder die sonstige ortsrechtliche Bestimmung ist nicht ordnungsgemäß öffentlich bekanntgemacht worden,

c) der Landrat hat den Kreistagsbeschluß vorher beanstandet oder
d) der Form- oder Verfahrensmangel ist gegenüber dem Kreis vorher gerügt und dabei die verletzte Rechtsvorschrift und die Tatsache bezeichnet worden, die den Mangel ergibt.

Bei der öffentlichen Bekanntmachung der Satzung oder der sonstigen ortsrechtlichen Bestimmung ist auf die Rechtsfolgen nach Satz 1 hinzuweisen.

(7) Die Kreise bestimmen in ihrer Hauptsatzung die Form der öffentlichen Bekanntmachung für die nach diesem Gesetz oder anderen Rechtsvorschriften vorgeschriebenen sonstigen öffentlichen Bekanntmachungen, soweit nicht andere Gesetze hierüber besondere Regelungen enthalten. Für die Form und den Vollzug der Bekanntmachung gilt die Rechtsverordnung nach Absatz 5 entsprechend.

§ 6
Einrichtungen und Lasten

(1) Die Kreise schaffen innerhalb der Grenzen ihrer Leistungsfähigkeit die für die wirtschaftliche, soziale und kulturelle Betreuung ihrer Einwohner erforderlichen öffentlichen Einrichtungen.

(2) Alle Einwohner eines Kreises sind im Rahmen des geltenden Rechts berechtigt, die öffentlichen Einrichtungen des Kreises zu benutzen, und verpflichtet, die Lasten zu tragen, die sich aus ihrer Zugehörigkeit zum Kreis ergeben.

(3) Grundbesitzer und Gewerbetreibende, die nicht im Kreis wohnen, sind in gleicher Weise berechtigt, die öffentlichen Einrichtungen zu benutzen, die im Kreis für Grundbesitzer und Gewerbetreibende bestehen und verpflichtet, für ihren Grundbesitz oder Gewerbebetrieb im Gebiet des Kreises zu den Lasten des Kreises beizutragen.

(4) Diese Vorschriften gelten entsprechend für juristische Personen und Personenvereinigungen.

§ 7
Anschluß- und Benutzungszwang

Die Kreise können bei öffentlichem Bedürfnis durch Satzung für die Grundstücke des Kreisgebiets den Anschluß an überörtliche, der Volksgesundheit dienende Einrichtungen sowie an Einrichtungen zur Versorgung mit Fernwärme (Anschlußzwang) und die Benutzung dieser Einrichtungen (Benutzungszwang) vorschreiben. Die Satzung kann Ausnahmen vom Anschluß- und Benutzungszwang zulassen. Sie kann den Zwang auch auf bestimmte Teile des Kreisgebiets und auf bestimmte Gruppen von Grundstücken oder Personen beschränken. Im Falle des Anschluß- und Benutzungszwangs für Fernwärme soll die Satzung zum Ausgleich von sozialen Härten angemessene Übergangsregelungen enthalten.

§ 8
Verwaltung

Die Verwaltung des Kreises liegt bei dem Kreistag, dem Kreisausschuß und dem Landrat.

§ 9
Wirtschaftsführung

Die Kreise haben ihr Vermögen und ihre Einkünfte so zu verwalten, daß die Kreisfinanzen gesund bleiben. Auf die wirtschaftlichen Kräfte der kreisangehörigen Gemeinden und der Abgabepflichtigen ist Rücksicht zu nehmen.

§ 10
Aufsicht

Die Aufsicht des Landes schützt die Kreise in ihren Rechten und sichert die Erfüllung ihrer Pflichten.

§ 11
Funktionsbezeichnungen

Die Funktionsbezeichnungen dieses Gesetzes werden in weiblicher oder männlicher Form geführt.

§ 12
Name, Bezeichnung und Sitz

(1) Die Kreise führen ihre bisherigen Namen. Der Kreistag kann mit einer Mehrheit von drei Vierteln seiner Mitglieder den Kreisnamen ändern. Die Änderung des Kreisnamens bedarf der Genehmigung des für Kommunales zuständigen Ministeriums. Sätze 2 und 3 finden auch in den Fällen Anwendung, in denen der Kreisname durch Gesetz festgelegt wurde, wenn seit dem Inkrafttreten des Gesetzes zehn Jahre vergangen sind.

(2) Die Kreise können Bezeichnungen, die auf der Geschichte oder der heutigen Eigenart oder Bedeutung des Kreises beruhen, führen. Der Kreistag kann mit einer Mehrheit von drei Vierteln seiner Mitglieder diese Bezeichnung bestimmen und ändern. Die Bestimmung und Änderung der Bezeichnung bedarf der Genehmigung des für Kommunales zuständigen Ministeriums.

(3) Der Kreistag bestimmt den Sitz der Kreisverwaltung; der Beschluß bedarf der Genehmigung der Landesregierung.

§ 13
Siegel, Wappen und Flaggen

(1) Die Kreise führen Dienstsiegel.

(2) Die Kreise führen ihre bisherigen Wappen und Flaggen.

(3) Die Änderung und die Einführung von Dienstsiegeln, Wappen und Flaggen bedürfen der Genehmigung der Bezirksregierung.

2. Teil
Kreisgebiet

§ 14
Kreisgebiet

Das Gebiet jedes Kreises soll so bemessen sein, daß die Leistungsfähigkeit des Kreises zur Erfüllung seiner Aufgaben gesichert ist.

§ 15
Gebietsbestand

Das Gebiet des Kreises besteht aus der Gesamtheit der nach geltendem Recht zum Kreis gehörenden Gemeinden.

§ 16
Gebietsänderung

(1) Aus Gründen des öffentlichen Wohles können Grenzen eines Kreises durch Eingliederung oder Ausgliederung von Gemeinden geändert, Kreise aufgelöst oder neugebildet werden.

(2) Das Verfahren zur Änderung des Gebiets eines Kreises wird durch Antrag einer unmittelbar beteiligten Gebietskörperschaft an die Aufsichtsbehörde des Kreises eingeleitet. Werden durch die beantragte Gebietsänderung die Grenzen von Kreisen verschiedener Regierungsbezirke berührt, so ist der Antrag an die obere Aufsichtsbehörde zu richten. Das Verfahren kann auch durch die Aufsichtsbehörde oder die obere Aufsichtsbehörde eingeleitet werden.

(3) Vor einer Änderung des Gebiets eines Kreises ist der Wille der unmittelbar beteiligten Gebietskörperschaften in der Weise festzustellen, daß ihren Vertretungen Gelegenheit zur Stellungnahme gegeben wird.

(4) Die Änderung der Grenzen von Kreisen bewirkt ohne weiteres die Änderung der Grenzen der Landschaftsverbände.

§ 17
Gebietsänderungsverträge

Die Kreise treffen, soweit erforderlich, über die Änderung ihres Gebiets Vereinbarungen (Gebietsänderungsverträge). Derartige Verträge bedürfen der Genehmigung der Aufsichtsbehörde. Kommt ein Gebietsänderungsvertrag nicht zustande, so bestimmt die Aufsichtsbehörde die Einzelheiten der Gebietsänderung.

§ 18
Durchführung der Gebietsänderung

Die Änderung des Gebiets eines Kreises erfolgt durch Gesetz. In diesem sind die Bestimmungen über die Gebietsänderung zu bestätigen und der Tag der Rechtswirksamkeit der Gebietsänderung festzulegen.

§ 19
Wirkungen der Gebietsänderung

(1) Der Ausspruch der Änderung des Gebiets eines Kreises und die Bestätigung des Gebietsänderungsvertrags begründen Rechte und Pflichten der Beteiligten. Sie bewirken den Übergang, die Beschränkung oder Aufhebung von dinglichen Rechten, sofern der Gebietsänderungsvertrag derartiges vorsieht. Die Aufsichtsbehörde ersucht die zuständigen Behörden um die Berichtigung des Grundbuchs, des Wasserbuchs und anderer öffentlicher Bücher. Sie kann Unschädlichkeitszeugnisse ausstellen.

(2) Rechtshandlungen, die aus Anlaß der Änderung des Gebiets eines Kreises erforderlich sind, sind frei von öffentlichen Abgaben sowie von Gebühren und Auslagen, soweit diese auf Landesrecht beruhen.

3. Teil
Einwohner und Bürger

§ 20
Einwohner

Einwohner des Kreises sind die Einwohner der kreisangehörigen Gemeinden.

§ 21
Anregungen und Beschwerden

(1) Jede Einwohnerin oder jeder Einwohner des Kreises, die oder der seit mindestens drei Monaten in dem Kreis wohnt, hat das Recht, sich einzeln oder in Gemeinschaft mit anderen in Textform nach § 126b des Bürgerlichen Gesetzbuches mit Anregungen oder Beschwerden in Angelegenheiten des Kreises an den Kreistag zu wenden. Die Zuständigkeiten des Kreisausschusses, der Ausschüsse und des Landrats werden hierdurch nicht berührt. Die Erledigung von Anregungen und Beschwerden kann der Kreistag einem Ausschuß übertragen. Der Antragsteller ist über die Stellungnahme zu den Anregungen und Beschwerden zu unterrichten.

(2) Die näheren Einzelheiten regelt die Hauptsatzung.

§ 22
Einwohnerantrag

(1) Einwohner, die seit mindestens drei Monaten im Kreis wohnen und das 14. Lebensjahr vollendet haben, können beantragen, daß der Kreistag über eine bestimmte Angelegenheit, für die er gesetzlich zuständig ist, berät und entscheidet.

(2) Der Antrag muß in Textform eingereicht werden. Er muß ein bestimmtes Begehren und eine Begründung enthalten. Er muß bis zu drei Personen benennen, die berechtigt sind, die Unterzeichnenden zu vertreten. Die Verwaltung ist in den Grenzen ihrer Verwaltungskraft ihren Einwohnern bei der Einleitung eines Einwohnerantrages behilflich.

(3) Ein Einwohnerantrag muss von mindestens 4 Prozent der Einwohner unterzeichnet sein, höchstens jedoch von 8000 Einwohnern. § 4 Absatz 7 der Gemeindeordnung für das Land Nordrhein-Westfalen in der Fassung der Bekanntmachung vom 14. Juli 1994 (GV. NRW. S. 666) in der jeweils geltenden Fassung gilt entsprechend.

(4) Jede Liste mit Unterzeichnungen muß den vollen Wortlaut des Antrags enthalten. Eintragungen, welche die Person des Unterzeichners nach Namen, Vornamen, Geburtsdatum und Anschrift nicht zweifelsfrei erkennen lassen, sind ungültig. Die Angaben werden vom Kreis geprüft.

(5) Der Antrag ist nur zulässig, wenn nicht in derselben Angelegenheit innerhalb der letzten zwölf Monate bereits ein Antrag gestellt wurde.

(6) Die Voraussetzungen der Absätze 1 bis 5 müssen im Zeitpunkt des Eingangs des Antrags beim Kreis erfüllt sein.

(7) Der Kreistag stellt unverzüglich fest, ob der Einwohnerantrag zulässig ist. Er hat unverzüglich darüber zu beraten und zu entscheiden, spätestens innerhalb von vier Monaten nach seinem Eingang. Den Vertretern des Einwohnerantrags soll Gelegenheit gegeben werden, den Antrag in der Kreistagssitzung zu erläutern.

(8) Das für Kommunales zuständige Ministerium kann durch Rechtsverordnung das Nähere über die Durchführung des Einwohnerantrags regeln.

§ 23
Bürgerbegehren und Bürgerentscheid

(1) Die Bürger der kreisangehörigen Gemeinden können beantragen (Bürgerbegehren), daß sie anstelle des Kreistags über eine Angelegenheit des Kreises selbst entscheiden (Bürgerentscheid). Der Kreistag kann mit einer Mehrheit von zwei Dritteln der gesetzlichen Zahl der Mitglieder beschließen, dass über eine Angelegenheit des Kreises ein Bürgerentscheid stattfindet (Kreistagsbürgerentscheid). Absatz 2 Satz 1 sowie die Absätze 5, 7, 8 und 9 gelten entsprechend.

(2) Das Bürgerbegehren muss in Textform eingereicht werden und die zur Entscheidung zu bringende Frage sowie eine Begründung enthalten. Es muss bis zu drei Bürger der zum Kreis gehörenden Gemeinden benennen, die berechtigt sind, die Unterzeichnenden zu vertreten (Vertretungsberechtigte). Bürger, die beabsichtigen, ein Bürgerbegehren durchzuführen, teilen dies der Verwaltung in Textform mit. Die Verwaltung ist in den Grenzen ihrer Verwaltungskraft ihren Bürgern bei der Einleitung eines Bürgerbegehrens behilflich. Sie teilt den Vertretungsberechtigten in Textform eine Einschätzung der mit der Durchführung der verlangten Maßnahme verbundenen Kosten (Kostenschätzung) mit. Die Kostenschätzung der Verwaltung ist bei der Sammlung der Unterschriften nach Absatz 4 anzugeben. Wenn die Kostenschätzung nach Satz 5 vorliegt, können die Vertretungsberechtigten nach Satz 2 beantragen zu entscheiden, ob das Bürgerbegehren mit Ausnahme der Voraussetzungen des Absatzes 4 zulässig ist. Der Antrag ist in der gemäß § 22 Absatz 4 vorgeschriebenen Form einschließlich der zur Entscheidung zu bringenden Frage, der Begründung sowie der anzugebenden Kostenschätzung vorzulegen und von den Vertretungsberechtigten sowie mindestens 25 Bürgern zu unterzeichnen. Über den Antrag hat der Kreistag innerhalb von acht Wochen zu entscheiden. Der Kreistag kann in der Hauptsatzung die

Entscheidung über den Antrag nach Satz 7 auf den Kreisausschuss übertragen, der ebenfalls innerhalb von acht Wochen zu entscheiden hat. Absatz 6 Satz 3 und 6 gilt entsprechend.

(3) Richtet sich ein Bürgerbegehren gegen einen Beschluß des Kreistags, muß es innerhalb von sechs Wochen nach der Bekanntmachung des Beschlusses eingereicht sein. Gegen den Beschluß, der nicht der Bekanntmachung bedarf, beträgt die Frist drei Monate nach dem Sitzungstag. Nach der Mitteilung nach Absatz 2 Satz 3 ist der Ablauf der Fristen aus Satz 1 und Satz 2 bis zur Mitteilung der Verwaltung nach Absatz 2 Satz 5 gehemmt. Nach einem Antrag nach Absatz 2 Satz 7 ist der Ablauf der Fristen aus Satz 1 und Satz 2 bis zur Entscheidung nach Absatz 2 Satz 9 gehemmt.

(4) Ein Bürgerbegehren muss in einem Kreis

bis 200000 Einwohner	von 5 %
mit mehr als 200000 Einwohnern, aber nicht mehr als als 500000 Einwohnern	von 4 %,
mit mehr als 500000 Einwohnern	von 3 %

der Bürger der kreisangehörigen Gemeinden unterzeichnet sein.

Maßgeblich ist die bei der letzten allgemeinen Kommunalwahl festgestellte Zahl der Wahlberechtigten. Für die Zahl der Einwohner gilt § 4 Absatz 7 der Gemeindeordnung für das Land Nordrhein-Westfalen in der jeweils geltenden Fassung entsprechend. Nach Absatz 2 Satz 8 erfolgte Unterzeichnungen sind anzurechnen. Die Angaben werden vom Kreis geprüft. Im übrigen gilt § 22 Abs. 4 entsprechend.

(5) Ein Bürgerbegehren ist unzulässig über

1. die innere Organisation der Kreisverwaltung,
2. die Rechtsverhältnisse der Mitglieder des Kreistages, der Mitglieder des Kreisausschusses und der Mitglieder der Ausschüsse sowie der Bediensteten des Kreises,
3. die Haushaltssatzung, die Eröffnungsbilanz, den Jahresabschluss und den Gesamtabschluss des Kreises (einschließlich der Wirtschaftspläne und des Jahresabschlusses der Eigenbetriebe) sowie die kommunalen Abgaben und die privatrechtlichen Entgelte,
4. Angelegenheiten, die im Rahmen eines Planfeststellungsverfahrens oder eines förmlichen Verwaltungsverfahrens mit Öffentlichkeitsbeteiligung oder eines abfallrechtlichen, immissionsschutzrechtlichen, wasserrechtlichen oder vergleichbaren Zulassungsverfahrens zu entscheiden sind.

Ein Bürgerbegehren darf nur Angelegenheiten zum Gegenstand haben, über die innerhalb der letzten zwei Jahre nicht bereits ein Bürgerentscheid durchgeführt worden ist.

(6) Der Kreistag stellt unverzüglich fest, ob das Bürgerbegehren zulässig ist. Liegt bereits eine Entscheidung nach Absatz 2 Satz 9 oder Satz 10 vor, so entscheidet der Kreistag lediglich darüber, ob die Voraussetzungen des Absatzes 4 vorliegen. Gegen die ablehnende Entscheidung des Kreistages können nur die Vertreter des Bürgerbegehrens nach Absatz 2 Satz 2 einen Rechtsbehelf einlegen. Entspricht der Kreistag dem zulässigen Bürgerbegehren nicht, so ist innerhalb von drei Monaten nach der Entscheidung nach Satz 1 oder Satz 2 ein Bürgerentscheid durchzuführen. Entspricht der Kreistag dem Bürgerbegehren, so unterbleibt der Bürgerentscheid. Den Vertretern des Bürgerbegehrens soll Gelegenheit gegeben werden, den Antrag in der Sitzung des Kreistags zu erläutern. Ist die Zulässigkeit des Bürgerbegehrens nach Satz 1 oder Satz 2 abschließend festgestellt, darf bis zur Feststellung des Ergebnisses des Bürgerentscheids eine dem Begehren entgegenstehende Entscheidung der Kreisorgane nicht mehr getroffen oder mit dem Vollzug einer derartigen Entscheidung nicht mehr begonnen werden, es sei denn, zu diesem Zeitpunkt haben rechtliche Verpflichtungen des Kreises hierzu bestanden (Sperrwirkung des zulässigen Bürgerbegehrens).

(7) Bei einem Bürgerentscheid kann über die gestellte Frage nur mit Ja oder Nein abgestimmt werden. Die Frage ist in dem Sinne entschieden, in dem sie von der Mehrheit der gültigen Stimmen beantwortet wurde, sofern diese Mehrheit in Kreisen mit

bis zu 200000 Einwohnern	mindestens 20 Prozent,
über 200000 bis zu 500000 Einwohnern	mindestens 15 Prozent,
mehr als 500000 Einwohnern	mindestens 10 Prozent

der Bürger beträgt.

§ 4 Absatz 7 der Gemeindeordnung für das Land Nordrhein-Westfalen gilt entsprechend. Bei Stimmengleichheit gilt die Frage als mit Nein beantwortet. Sollen an einem Tag mehrere Bürgerentscheide stattfinden, hat der Kreistag eine Stichfrage für den Fall zu beschließen, dass die gleichzeitig zur Abstimmung gestellten Fragen in einer miteinander nicht zu vereinbarenden Weise beantwortet werden (Stichentscheid). Es gilt dann diejenige Entscheidung, für die sich im Stichentscheid die Mehrheit der gültigen Stimmen ausspricht. Bei Stimmengleichheit im Stichentscheid gilt der Bürgerentscheid, dessen Frage mit der höchsten Stimmenzahl mehrheitlich beantwortet worden ist.

(8) Der Bürgerentscheid hat die Wirkung eines Kreistagsbeschlusses. Vor Ablauf von zwei Jahren kann er nur auf Initiative des Kreistags durch einen neuen Bürgerentscheid abgeändert werden.

(9) Das für Kommunales zuständige Ministerium kann durch Rechtsverordnung das Nähere über die Durchführung des Bürgerbegehrens und des Bürgerentscheids regeln.

§ 23a
Transparenzpflichten bei Bürgerbegehren und Bürgerentscheid

(1) Die Unterlagen zur Einreichung eines Bürgerbegehrens müssen eine Erklärung darüber enthalten, ob und in welcher Gesamthöhe die nach § 23 Absatz 2 Satz 2 genannten Vertretungsberechtigten Zuwendungen von Dritten für die Vorbereitung und Durchführung des Bürgerbegehrens erhalten oder eigene Mittel dafür eingesetzt haben. Zuwendungen eines einzelnen Zuwenders für den Zweck der Vorbereitung und Durchführung des Bürgerbegehrens, deren Gesamtwert 10.000 Euro übersteigt, sind unter Angabe des Namens und der Anschrift des Zuwenders sowie der Gesamthöhe der Zuwendung anzugeben.

(2) Erhalten die Vertretungsberechtigten des Bürgerbegehrens nach Antragstellung eine Zuwendung, die alleine oder zusammen mit weiteren Zuwendungen dieses Zuwenders den Gesamtwert von 10.000 Euro übersteigt, teilen die Vertretungsberechtigten dies dem Landrat unverzüglich mit. Wird über die Frage des Bürgerbegehrens ein Bürgerentscheid durchgeführt, besteht die Mitteilungspflicht bis zu dessen Abschluss fort.

(3) Im Falle der Durchführung eines Bürgerentscheids veröffentlicht der Landrat die Erklärungen und Mitteilungen der Vertretungsberechtigten 16 Tage vor dem Bürgerentscheid über eine öffentliche Bekanntmachung. Sofern nach dieser Frist weitere Erklärungen und Mitteilungen eingehen, veröffentlicht sie der Landrat in geeigneter Weise spätestens am Tag vor dem Bürgerentscheid. In Fällen nach Satz 2 ist eine vereinfachte Bekanntmachung möglich.

(4) Die Vertretungsberechtigten versichern bei der Einreichung eines Bürgerbegehrens an Eides statt, dass der Mitteilungspflicht vollständig und richtig nachgekommen worden ist. Wird über die Frage des Bürgerbegehrens ein Bürgerentscheid durchgeführt, müssen die Vertretungsberechtigten 16 Tage vor dem Entscheid die Erklärung an Eides statt erneuern.

§ 24
Ehrenamtliche Tätigkeit und Ehrenamt

Einwohner und Bürger der kreisangehörigen Gemeinden sind zur ehrenamtlichen Tätigkeit und zur Übernahme und Ausübung von Ehrenämtern für den Kreis unter den gleichen Voraussetzungen und mit den gleichen Folgen verpflichtet wie in der Gemeinde, in der sie Einwohner oder Bürger sind. § 34 der Gemeindeordnung findet keine Anwendung.

4. Teil
Kreistag

§ 25
Allgemeines

(1) Der Kreistag besteht aus den Kreistagsmitgliedern, die von den Bürgern der kreisangehörigen Gemeinden gewählt werden (Kreistagsmitglieder) und dem Landrat (Mitglied kraft Gesetzes).
(2) Vorsitzender des Kreistags ist der Landrat. Ihm obliegt die repräsentative Vertretung des Kreises. Der Landrat hat im Kreistag Stimmrecht. In den Fällen der §§ 26 Abs. 1 Buchstabe i), 26 Abs. 2, 32 Abs. 1 Satz 3, 33 Abs. 1 Satz 2, 35 Abs. 3, 38 Abs. 2, 41 Abs. 3, 5 und 7, 45 Abs. 1, 48 Abs. 1 Satz 2 und 49 Abs. 1 Satz 3 und 4 stimmt er nicht mit.

§ 26
Zuständigkeiten des Kreistags

(1) Der Kreistag beschließt über die Angelegenheiten des Kreises, die ihrer Bedeutung nach einer solchen Entscheidung bedürfen oder die er sich vorbehält, soweit nicht in diesem Gesetz etwas anderes bestimmt ist. Er ist ausschließlich zuständig für
a) die Aufstellung allgemeiner Grundsätze, nach denen die Verwaltung geführt werden soll,
b) die Wahl der Mitglieder des Kreisausschusses und ihrer Stellvertreter,
c) die Wahl der Mitglieder der anderen Ausschüsse,
d) die Bestellung des allgemeinen Vertreters des Landrats und des Kämmerers,
e) die Änderung des Gebiets des Kreises, die Bestimmung des Namens und der Bezeichnung des Kreises und des Sitzes der Kreisverwaltung sowie die Änderung und Einführung von Dienstsiegeln, Wappen und Flaggen, soweit nicht in diesem Gesetz etwas anderes bestimmt ist,
f) den Erlaß, die Änderung, die Aufhebung von Satzungen und sonstigen ortsrechtlichen Bestimmungen,
g) den Erlass der Haushaltssatzung und des Stellenplans, die Aufstellung eines Haushaltssicherungskonzeptes, die Zustimmung zu überplanmäßigen und außerplanmäßigen Aufwendungen und Auszahlungen und überplanmäßigen und außerplanmäßigen Verpflichtungsermächtigungen, die Festlegung von Wertgrenzen für die Veranschlagung und Abrechnung einzelner Investitionsmaßnahmen,
h) die Festsetzung allgemein geltender öffentlicher Abgaben und privatrechtlicher Entgelte sowie der Kreisumlage,
i) die Feststellung des Jahresabschlusses und die Entlastung sowie die Bestätigung des Gesamtabschlusses, sofern ein Gesamtabschluss nicht erstellt wird, die Beschlussfassung über den Beteiligungsbericht,
j) den Beschluss über die gegenüber der Gemeindeprüfungsanstalt und der Aufsichtsbehörde abzugebende Stellungnahme gemäß § 105 Absatz 7 der Gemeindeordnung für das Land Nordrhein-Westfalen,
k) den Erwerb von Vermögensgegenständen, soweit es sich nicht um Geschäfte der laufenden Verwaltung handelt,
l) die teilweise oder vollständige Veräußerung oder Verpachtung von Eigenbetrieben, die teilweise oder vollständige Veräußerung einer unmittelbaren oder mittelbaren Beteiligung an einer Gesellschaft oder anderen Vereinigungen des privaten Rechts, die Veräußerung eines Geschäftsanteils an einer eingetragenen Kreditgenossenschaft sowie den Abschluss von anderen Rechtsgeschäften im Sinne des § 111 Abs. 1 und 2 Gemeindeordnung,
m) die Errichtung, Übernahme, Erweiterung, Einschränkung und Auflösung von Anstalten des öffentlichen Rechts gemäß § 114 a der Gemeindeordnung, öffentlichen Einrichtungen und Eigenbetrieben, die Bildung oder Auflösung eines gemeinsamen Kommunalunternehmens

gemäß § 27 Abs. 1 bis 3 und 6 des Gesetzes über kommunale Gemeinschaftsarbeit, die Änderung der Unternehmenssatzung eines gemeinsamen Kommunalunternehmens sowie der Austritt aus einem gemeinsamen Kommunalunternehmen, die erstmalige unmittelbare oder mittelbare Beteiligung sowie die Erhöhung einer unmittelbaren oder mittelbaren Beteiligung an einer Gesellschaft oder anderen Vereinigungen in privater Rechtsform, den Erwerb eines Geschäftsanteils an einer eingetragenen Kreditgenossenschaft,

n) die Umwandlung der Rechtsform von Anstalten des öffentlichen Rechts gem. § 114a der Gemeindeordnung, öffentlichen Einrichtungen und Eigenbetrieben sowie die Umwandlung der Rechtsform von Gesellschaften, an denen der Kreis beteiligt ist, soweit der Einfluß des Kreises geltend gemacht werden kann,

o) die Umwandlung des Zwecks, die Zusammenlegung und die Aufhebung von Stiftungen einschließlich des Verbleibs des Stiftungsvermögens,

p) die Übernahme von Bürgschaften, den Abschluß von Gewährverträgen und die Bestellung sonstiger Sicherheiten für andere sowie solche Rechtsgeschäfte, die den vorgenannten wirtschaftlich gleichkommen,

q) die Bestellung und Abberufung der Leitung und der Prüfer der örtlichen Rechnungsprüfung sowie die Übertragung von Aufgaben auf die örtliche Rechnungsprüfung,

r) die Genehmigung von Verträgen des Kreises mit Kreistags- und Ausschußmitgliedern, mit dem Landrat und den leitenden Dienstkräften des Kreises nach näherer Bestimmung der Hauptsatzung,

s) die Übernahme neuer Aufgaben, für die keine gesetzliche Verpflichtung besteht,

t) alle Angelegenheiten, in denen das Gesetz die Zuständigkeit des Kreistags ausdrücklich vorschreibt,

u) die Festlegung strategischer Ziele unter Berücksichtigung der Ressourcen.

Der Kreistag kann durch die Hauptsatzung die Erledigung bestimmter Geschäfte, für die er nach Satz 2 Buchstaben j bis l zuständig ist, auf den Kreisausschuß übertragen.

(2) Der Kreistag ist durch den Landrat über alle wichtigen Angelegenheiten der Kreisverwaltung zu unterrichten; er überwacht die Durchführung seiner Beschlüsse sowie den Ablauf der Verwaltungsangelegenheiten. Auch kann der Kreistag vom Landrat Einsicht in die Akten durch einen von ihm bestimmten Ausschuß oder einzelne von ihm beauftragte Mitglieder fordern. In Einzelfällen muß auf Verlangen von mindestens einem Fünftel der Kreistagsmitglieder oder einer Fraktion auch einem einzelnen, von den Antragstellern zu benennenden Kreistagsmitglied Akteneinsicht gewährt werden. Ausschussvorsitzende können vom Landrat jederzeit Auskunft und Akteneinsicht über die Angelegenheiten verlangen, die zum Aufgabenbereich ihres Ausschusses gehören. Dritte sind von der Teilnahme an der Akteneinsicht ausgeschlossen. Akteneinsicht darf einem Kreistagsmitglied nicht gewährt werden, das wegen Interessenwiderstreits von der Beratung und Entscheidung der Angelegenheit ausgeschlossen ist.

(3) Über wichtige Anordnungen der Aufsichtsbehörde und Anordnungen, bei denen die Aufsichtsbehörden dies bestimmen, ist der Kreistag vom Landrat zu unterrichten.

(4) Der Landrat ist verpflichtet, einem Kreistagsmitglied auf Verlangen Auskunft zu erteilen oder zu einem Tagesordnungspunkt Stellung zu nehmen. Jedem Kreistagsmitglied ist vom Landrat auf Verlangen Akteneinsicht zu gewähren, soweit die Akten im Zusammenhang mit der Vorbereitung oder der Kontrolle von Beschlüssen des Kreistages oder des Ausschusses stehen, dem es angehört. Dritte sind von der Teilnahme an der Akteneinsicht ausgeschlossen. Die Akteneinsicht darf nur verweigert werden, soweit ihr schutzwürdige Belange Betroffener oder Dritter entgegenstehen. Die ablehnende Entscheidung ist in Textform zu begründen. Akteneinsicht darf einem Kreistagsmitglied nicht gewährt werden, das wegen Interessenwiderstreits von der Beratung und Entscheidung der Angelegenheit ausgeschlossen ist.

(5) Für die Vertretung der Kreise in Organen von juristischen Personen oder Personenvereinigungen gilt § 113 der Gemeindeordnung entsprechend. Vertreter des Kreises, die Mitgliedschafts-

rechte in Organen, Beiräten oder Ausschüssen von juristischen Personen oder Personenvereinigungen wahrnehmen, werden vom Kreistag bestellt oder vorgeschlagen. Ist mehr als ein Vertreter des Kreises zu benennen, muss der Landrat oder der von ihm vorgeschlagene Bedienstete des Kreises dazuzählen. Die Vertreter des Kreises sind an die Beschlüsse des Kreistags und des Kreisausschusses gebunden. Sie haben ihr Amt auf Beschluß des Kreistags jederzeit niederzulegen. Die Sätze 1 bis 5 gelten nur, soweit durch Gesetz nichts anderes bestimmt ist.

(6) Absatz 5 gilt entsprechend, wenn dem Kreis das Recht eingeräumt wird, Mitglieder des Vorstandes, des Aufsichtsrates oder eines gleichartigen Organs zu bestellen oder vorzuschlagen.

(7) Werden die vom Kreis bestellten oder vorgeschlagenen Personen aus dieser Tätigkeit haftbar gemacht, so hat ihnen der Kreis den Schaden zu ersetzen, es sei denn, daß sie ihn vorsätzlich oder grob fahrlässig herbeigeführt haben. Auch in diesem Fall ist der Kreis schadensersatzpflichtig, wenn die vom Kreis bestellten Personen nach Weisung des Kreistags oder des Kreisausschusses gehandelt haben.

§ 27
Wahl der Kreistagsmitglieder

(1) Die Kreistagsmitglieder werden in allgemeiner, unmittelbarer, freier, gleicher und geheimer Wahl auf die Dauer von fünf Jahren gewählt. Die näheren Vorschriften trifft das Kommunalwahlgesetz.

(2) Nach Ablauf der Wahlperiode üben die bisherigen Kreistagsmitglieder ihre Tätigkeit bis zur ersten Sitzung des neugewählten Kreistags weiter aus.

§ 28
Rechte und Pflichten der Kreistagsmitglieder

(1) Die Kreistagsmitglieder sind verpflichtet, in ihrer Tätigkeit ausschließlich nach dem Gesetz und ihrer freien, nur durch Rücksicht auf das öffentliche Wohl bestimmten Überzeugung zu handeln; sie sind an Aufträge nicht gebunden.

(2) Für die Tätigkeit als Kreistagsmitglied oder als Mitglied eines Ausschusses gelten die Vorschriften der §§ 30 bis 32 Gemeindeordnung mit folgenden Maßgaben entsprechend:

1. Die Pflicht zur Verschwiegenheit kann ihnen gegenüber nicht vom Landrat angeordnet werden;
2. die Genehmigung, als Zeuge auszusagen, erteilt bei Kreistagsmitgliedern der Kreistag, bei Kreisausschußmitgliedern der Kreisausschuß und bei Ausschußmitgliedern der Ausschuß;
3. die Offenbarungspflicht über Ausschließungsgründe besteht bei Kreistags- und Kreisausschußmitgliedern gegenüber dem Landrat, bei Ausschußmitgliedern gegenüber dem Ausschußvorsitzenden vor Eintritt in die Verhandlung;
4. über Ausschließungsgründe entscheidet bei Kreistagsmitgliedern der Kreistag, bei Kreisausschußmitgliedern der Kreisausschuß und bei Ausschußmitgliedern der Ausschuß;
5. ein Verstoß gegen die Offenbarungspflicht wird vom Kreistag, vom Kreisausschuß bzw. vom Ausschuß durch Beschluß festgestellt;
6. sachkundige Bürger und sachkundige Einwohner als Mitglieder von Ausschüssen können Ansprüche anderer gegen den Kreis nur dann nicht geltend machen, wenn diese in Zusammenhang mit ihren Aufgaben stehen; ob diese Voraussetzungen vorliegen, entscheidet der Ausschuß.

Die Kreistagsmitglieder, Mitglieder des Kreisausschusses und Mitglieder der Ausschüsse müssen gegenüber dem Landrat Auskunft über ihre wirtschaftlichen und persönlichen Verhältnisse geben, soweit das für die Ausübung ihrer Tätigkeit von Bedeutung sein kann. Die näheren Einzelheiten regelt der Kreistag. Name, Anschrift, der ausgeübte Beruf sowie andere vergütete und ehrenamtliche Tätigkeiten können veröffentlicht werden. Die Auskünfte sind vertraulich zu behandeln. Nach Ablauf der Wahlperiode sind die gespeicherten Daten der ausgeschiedenen Kreistagsmitglieder zu löschen. § 7 des Korruptionsbekämpfungsgesetzes vom 16. Dezember 2004 (GV. NRW. 2005 S. 8) in der jeweils geltenden Fassung bleibt unberührt.

(3) Erleidet der Kreis infolge eines Beschlusses des Kreistags einen Schaden, so haften die Kreistagsmitglieder, wenn sie

a) in vorsätzlicher und grob fahrlässiger Verletzung ihrer Pflicht gehandelt haben,
b) bei der Beschlußfassung mitgewirkt haben, obwohl sie nach dem Gesetz hiervon ausgeschlossen waren, und ihnen der Ausschließungsgrund bekannt war,
c) der Bewilligung von Ausgaben zugestimmt haben, für die das Gesetz oder die Haushaltssatzung eine Ermächtigung nicht vorsieht, wenn nicht gleichzeitig die erforderlichen Deckungsmittel bereitgestellt werden.

§ 29
Freistellung

(1) Niemand darf gehindert werden, sich um ein Mandat als Mitglied des Kreistags oder eines Ausschusses zu bewerben, es anzunehmen oder auszuüben. Benachteiligungen am Arbeitsplatz in Zusammenhang mit der Bewerbung, der Annahme oder der Ausübung eines Mandats sind unzulässig. Entgegenstehende Vereinbarungen sind nichtig. Kündigungen oder Entlassungen aus Anlaß der Bewerbung, Annahme oder Ausübung eines Mandats sind unzulässig.

(2) Die Kreistagsmitglieder und Mitglieder der Ausschüsse sind für die Zeit der Ausübung des Mandats von ihrer Verpflichtung zur Arbeit freizustellen. Zur Ausübung des Mandats gehören Tätigkeiten, die mit dem Mandat in unmittelbarem Zusammenhang stehen oder auf Veranlassung des Kreistages oder des Ausschusses erfolgen. Auf Veranlassung des Kreistages erfolgt auch eine Tätigkeit als vom Kreistag entsandter Vertreter des Kreises in Organen und Gremien von juristischen Personen oder Vereinigungen des privaten und öffentlichen Rechts sowie als Stellvertreter des Landrats. Bei Mandatsträgern, die innerhalb eines vorgegebenen Arbeitszeitrahmens über Lage und Dauer der individuellen Arbeitszeit selbst entscheiden können, ist die Zeit der Ausübung des Mandats innerhalb dieses Arbeitszeitrahmens zur Hälfte auf ihre Arbeitszeit anzurechnen. Der Anspruch auf Ersatz des Verdienstausfalls nach § 30 ist in diesem Fall auf diese Hälfte beschränkt.

(3) Zur Teilnahme an kommunalpolitischen Bildungsveranstaltungen, die der Ausübung ihres Mandats förderlich sind, haben Kreistagsmitglieder oder Mitglieder von Ausschüssen des Kreistages einen Anspruch auf Urlaub an bis zu acht Arbeitstagen in jeder Wahlperiode, jedoch an nicht mehr als vier aufeinanderfolgenden Arbeitstagen im Jahr. Für die Zeit des Urlaubs besteht nach diesem Gesetz kein Anspruch auf Lohn oder Gehalt; weitergehende Vorschriften bleiben unberührt. Der Verdienstausfall und die Aufwendungen für die entgeltliche Betreuung von pflege- oder betreuungsbedürftigen Angehörigen sind nach Maßgabe der Regelungen des § 30 zu ersetzen.

Sind Kreistagsmitglieder oder Mitglieder von Ausschüssen des Kreistages zugleich auch Ratsmitglieder, Mitglieder von Bezirksvertretungen oder Mitglieder von Ausschüssen einer Gemeinde, so besteht der Anspruch auf Urlaub in jeder Wahlperiode nur einmal.

Der Arbeitgeber bzw. Dienstherr darf den Urlaub zu dem von dem Beschäftigten mitgeteilten Zeitpunkt ablehnen, wenn zwingende betriebliche Belange oder Urlaubsanträge anderer Beschäftigter entgegenstehen.

§ 30
Entschädigung der Kreistagsmitglieder

Für die Entschädigung der Mitglieder des Kreistags, des Kreisausschusses und der Ausschüsse gelten die §§ 45 und 133 Absatz 5 der Gemeindeordnung für das Land Nordrhein-Westfalen entsprechend.

§ 31
Aufwandsentschädigung

(1) Neben den Entschädigungen, die den Kreistagsmitgliedern nach § 30 zustehen, erhalten

1. Stellvertreter des Landrats nach § 46 Absatz 1,
2. Vorsitzende von Ausschüssen des Kreistags mit Ausnahme des Wahlprüfungsausschusses,
3. Fraktionsvorsitzende – bei Fraktionen mit mindestens acht Mitgliedern auch ein stellvertretender Vorsitzender, mit mindestens 16 Mitgliedern auch zwei und mit mindestens 24 Mitgliedern auch drei stellvertretende Vorsitzende –

eine vom für Kommunales zuständigen Ministerium durch Rechtsverordnung festzusetzende angemessene Aufwandsentschädigung. Eine Aufwandsentschädigung ist nicht zu gewähren, wenn das Kreistagsmitglied hauptberuflich tätiger Mitarbeiter einer Fraktion ist.

(2) Die Aufwandsentschädigung gemäß Absatz 1 Satz 1 Nummer 2 wird als monatliche Pauschale gezahlt. Der Kreistag kann in der Hauptsatzung beschließen, dass

1. weitere oder sämtliche Ausschüsse von der Regelung in Absatz 1 Satz 1 Nummer 2 ausgenommen werden,
2. die Aufwandsentschädigung abweichend von Satz 1 für einzelne oder sämtliche Ausschüsse als Sitzungsgeld gezahlt wird.

Ausnahmen nach Satz 2 kann der Kreistag nur mit einer Mehrheit von zwei Dritteln seiner Mitglieder beschließen, dies gilt nicht, soweit der Kreistag beschlossene Ausnahmen wieder aufhebt.

§ 32
Einberufung des Kreistags

(1) Der Kreistag wird von dem Landrat einberufen. Nach Beginn der Wahlperiode muss die erste Sitzung innerhalb von sechs Wochen stattfinden; im Übrigen soll der Kreistag zusammentreten, so oft es die Geschäftslage erfordert, mindestens jedoch alle drei Monate. Der Kreistag ist unverzüglich einzuberufen, wenn ein Fünftel der Kreistagsmitglieder oder eine Fraktion unter Angabe der zur Beratung zu stellenden Gegenstände es verlangen.

(2) Die Ladungsfrist, die Form der Einberufung und die Geschäftsführung des Kreistags sind durch die Geschäftsordnung zu regeln, soweit hierüber nicht in diesem Gesetz Vorschriften getroffen sind. Der Kreistag regelt in der Geschäftsordnung Inhalt und Umfang des Fragerechts der Kreistagsmitglieder.

(3) Kommt der Landrat seiner Verpflichtung zur Einberufung des Kreistags nicht nach, so veranlaßt die Aufsichtsbehörde die Einberufung.

§ 32a
Einberufung von Sitzungen in besonderen Ausnahmefällen

§ 47a der Gemeindeordnung für das Land Nordrhein-Westfalen gilt für die Einberufung des Kreistags, des Kreisausschusses und der Ausschüsse nach § 41 in besonderen Ausnahmefällen entsprechend.

§ 33
Tagesordnung und Öffentlichkeit der Kreistagssitzungen

(1) Der Landrat setzt die Tagesordnung fest. Er hat dabei Vorschläge aufzunehmen, die ihm innerhalb einer in der Geschäftsordnung zu bestimmenden Frist von einem Fünftel der Kreistagsmitglieder oder einer Fraktion vorgelegt werden. Fragestunden für Einwohner kann er in die Tagesordnung aufnehmen, wenn Einzelheiten hierüber in der Geschäftsordnung geregelt sind. Zeit und Ort der Sitzung sowie die Tagesordnung sind von ihm öffentlich bekanntzumachen. Die Tagesordnung kann in der Sitzung durch Beschluß des Kreistags erweitert werden, wenn es sich um Angelegenheiten handelt, die keinen Aufschub dulden oder die von äußerster Dringlichkeit sind.

(2) Die Sitzungen des Kreistags sind öffentlich. Durch die Geschäftsordnung kann die Öffentlichkeit für Angelegenheiten einer bestimmten Art ausgeschlossen werden. Auf Antrag eines Kreistagsmitglieds oder auf Vorschlag des Landrats kann für einzelne Angelegenheiten die Öffentlichkeit ausgeschlossen werden. Anträge und Vorschläge auf Ausschluß der Öffentlichkeit dürfen nur in nichtöffentlicher Sitzung begründet und beraten werden. Falls dem Antrag oder dem Vorschlag stattgegeben wird, ist die Öffentlichkeit in geeigneter Weise zu unterrichten, daß in nichtöffentlicher Sitzung weiter verhandelt wird.

(3) Personenbezogene Daten dürfen offenbart werden, soweit nicht schützenswerte Interessen Einzelner oder Belange des öffentlichen Wohls überwiegen; erforderlichenfalls ist die Öffentlichkeit auszuschließen.

(4) § 48 Absatz 4 der Gemeindeordnung für das Land Nordrhein-Westfalen gilt entsprechend.

(5) Mitglieder der Ausschüsse können nach Maßgabe der Geschäftsordnung an den nichtöffentlichen Sitzungen des Kreistags als Zuhörer teilnehmen, soweit deren Aufgabenbereich durch den Beratungsgegenstand berührt wird. Die Teilnahme als Zuhörer begründet keinen Anspruch auf Ersatz des Verdienstausfalls und auf Zahlung von Sitzungsgeld.

§ 34
Beschlußfähigkeit des Kreistags

(1) Der Kreistag ist beschlußfähig, wenn mehr als die Hälfte der gesetzlichen Mitgliederzahl anwesend ist. Er gilt als beschlußfähig, solange seine Beschlußunfähigkeit nicht festgestellt ist.

(2) Ist eine Angelegenheit wegen Beschlußunfähigkeit des Kreistags zurückgestellt worden und wird der Kreistag zur Beratung über denselben Gegenstand einberufen, so ist er ohne Rücksicht auf die Zahl der Erschienenen beschlußfähig. Bei der zweiten Ladung muß auf diese Bestimmung ausdrücklich hingewiesen werden.

§ 35
Abstimmungen

(1) Beschlüsse werden mit Stimmenmehrheit gefaßt, soweit das Gesetz nichts anderes vorschreibt. Bei Stimmengleichheit gilt ein Antrag als abgelehnt. Bei der Beschlußfassung wird offen abgestimmt. Auf Antrag einer in der Geschäftsordnung zu bestimmenden Zahl von Mitgliedern des Kreistages ist namentlich abzustimmen. Auf Antrag mindestens eines Fünftels der Mitglieder des Kreistages ist geheim abzustimmen. Zum selben Tagesordnungspunkt hat ein Antrag auf geheime Abstimmung Vorrang gegenüber einem Antrag auf namentliche Abstimmung. Die Geschäftsordnung kann weitere Regelungen treffen.

(2) Wahlen werden, wenn das Gesetz nichts anderes bestimmt oder wenn niemand widerspricht, durch offene Abstimmung, sonst durch Abgabe von Stimmzetteln vollzogen. Gewählt ist die vorgeschlagene Person, die mehr als die Hälfte der gültigen Stimmen erreicht hat. Nein-Stimmen gelten als gültige Stimmen. Erreicht niemand mehr als die Hälfte der Stimmen, so findet zwischen den Personen, welche die beiden höchsten Stimmenzahlen erreicht haben, eine engere Wahl statt. Gewählt ist, wer in dieser engeren Wahl die meisten Stimmen auf sich vereinigt. Bei Stimmengleichheit entscheidet das Los.

(3) Haben sich die Kreistagsmitglieder zur Besetzung der Ausschüsse auf einen einheitlichen Wahlvorschlag geeinigt, ist der einstimmige Beschluß der Kreistagsmitglieder über die Annahme dieses Wahlvorschlags ausreichend. Kommt ein einheitlicher Wahlvorschlag nicht zustande, so wird nach den Grundsätzen der Verhältniswahl in einem Wahlgang abgestimmt. Dabei sind die Wahlstellen auf die Wahlvorschläge der Fraktionen und Gruppen des Kreistages entsprechend dem Verhältnis der Stimmenzahlen, die auf die einzelnen Wahlvorschläge entfallen, zur Gesamtzahl der abgegebenen gültigen Stimmen zu verteilen. Jedem Wahlvorschlag werden zunächst so viele Sitze zugeteilt, wie sich für ihn ganze Zahlen ergeben. Sind danach noch Sitze zu vergeben, so sind sie in der Reihenfolge der höchsten Zahlenbruchteile zuzuteilen. Bei gleichen Zahlenbruchteilen ent-

scheidet das Los. Scheidet jemand vorzeitig aus dem Ausschuß aus, wählen die Kreistagsmitglieder auf Vorschlag der Fraktion oder Gruppe, welcher das ausgeschiedene Mitglied bei seiner Wahl angehörte, einen Nachfolger.

(4) Hat der Kreistag zwei oder mehr Vertreter oder Mitglieder im Sinne des § 26 Abs. 5 und 6 zu bestellen oder vorzuschlagen, die nicht hauptberuflich tätig sind, ist das Verfahren nach Absatz 3 entsprechend anzuwenden. Dies gilt ebenso, wenn zwei oder mehr Personen vorzeitig aus dem Gremium ausgeschieden sind, für das sie bestellt oder vorgeschlagen worden waren und für diese mehrere Nachfolger zu wählen sind. Scheidet eine Person vorzeitig aus dem Gremium aus, für das sie bestellt oder vorgeschlagen war, wählt der Kreistag den Nachfolger für die restliche Zeit nach Absatz 2.

(5) Bei Beschlüssen und Wahlen zählen Stimmenthaltungen und ungültige Stimmen zur Feststellung der Beschlußfähigkeit, nicht aber zur Berechnung der Mehrheit mit.

(6) Ein Mitglied, in dessen Person ein Ausschließungsgrund nach § 31 Gemeindeordnung besteht, kann an der Beratung und Abstimmung nicht teilnehmen.

§ 36
Ordnung in den Sitzungen

(1) Der Landrat leitet die Verhandlungen, eröffnet und schließt die Sitzungen, sorgt für die Aufrechterhaltung der Ordnung und übt das Hausrecht aus.

(2) In der Geschäftsordnung kann bestimmt werden, in welchen Fällen durch Beschluß des Kreistags einem Kreistagsmitglied bei Verstößen gegen die Ordnung die auf den Sitzungstag entfallenden Entschädigungen ganz oder teilweise entzogen werden und es für eine oder mehrere Sitzungen ausgeschlossen wird.

(3) Enthält die Geschäftsordnung eine Bestimmung gemäß Absatz 2, so kann der Landrat, falls er es für erforderlich hält, den sofortigen Ausschluß des Kreistagsmitglieds aus der Sitzung verhängen und durchführen. Der Kreistag beschließt in der nächsten Sitzung über die Berechtigung dieser Maßnahme.

§ 37
Niederschrift der Kreistagsbeschlüsse

(1) Über die im Kreistag gefaßten Beschlüsse ist eine Niederschrift aufzunehmen. Diese wird vom Landrat und einem vom Kreistag zu bestellenden Schriftführer unterzeichnet.

(2) Der wesentliche Inhalt der Beschlüsse soll in öffentlicher Sitzung oder in anderer geeigneter Weise der Öffentlichkeit zugänglich gemacht werden, soweit nicht im Einzelfall etwas anderes beschlossen wird.

§ 38
Behandlung der Kreistagsbeschlüsse

(1) Beschlüsse, die die Durchführung der Geschäftsordnung betreffen, führt der Landrat aus. Wenn er persönlich beteiligt ist, handelt der Stellvertreter.

(2) Beschlüsse, die die Geltendmachung von Ansprüchen des Kreises gegen den Landrat oder die Amtsführung des Landrates betreffen, führt der allgemeine Vertreter aus.

§ 39
Widerspruch und Beanstandung

(1) Der Landrat kann einem Beschluß des Kreistags spätestens am dritten Tage nach der Beschlußfassung unter schriftlicher Begründung widersprechen, wenn er der Auffassung ist, daß der Beschluß das Wohl des Kreises gefährdet. Der Widerspruch hat aufschiebende Wirkung. Über die Angelegenheit ist in einer neuen Sitzung des Kreistags, die frühestens am dritten Tage

und spätestens vier Wochen nach dem Widerspruch stattzufinden hat, erneut zu beschließen. Ein weiterer Widerspruch ist unzulässig.
(2) Verletzt ein Beschluß des Kreistags das geltende Recht, so hat der Landrat den Beschluß zu beanstanden. Die Beanstandung ist dem Kreistag mit Begründung schriftlich mitzuteilen. Sie hat aufschiebende Wirkung. Verbleibt der Kreistag bei seinem Beschluß, so hat der Landrat unverzüglich die Entscheidung der Aufsichtsbehörde einzuholen. Die aufschiebende Wirkung bleibt bestehen.
(3) Die Verletzung eines Mitwirkungsverbots nach § 28 Abs. 2 Satz 1 in Verbindung mit § 31 der Gemeindeordnung kann gegen einen Beschluß des Kreistags nach Ablauf von sechs Monaten seit der Beschlußfassung oder, wenn eine öffentliche Bekanntmachung erforderlich ist, sechs Monate nach dieser nicht mehr geltend gemacht werden, es sei denn, daß der Landrat den Beschluß vorher beanstandet hat oder die Verletzung des Mitwirkungsverbots vorher gegenüber dem Kreis gerügt und dabei die Tatsache bezeichnet worden ist, die die Verletzung ergibt.
(4) Die Absätze 1 bis 3 finden in den Fällen des § 50 Abs. 1 bis 3 entsprechende Anwendung.

§ 40
Fraktionen

(1) Fraktionen sind freiwillige Vereinigungen von Kreistagsmitgliedern, die sich auf der Grundlage grundsätzlicher politischer Übereinstimmung zu möglichst gleichgerichtetem Wirken zusammengeschlossen haben. Eine Fraktion besteht aus mindestens zwei Kreistagsmitgliedern, in einem Kreistag mit mehr als 59 Kreistagsmitgliedern aus mindestens drei Kreistagsmitgliedern.
Satz 1 gilt für Gruppen ohne Fraktionsstatus im Kreistag entsprechend. Eine Gruppe besteht aus mindestens zwei Kreistagsmitgliedern.
(2) Die Fraktionen wirken bei der Willensbildung und Entscheidungsfindung in der Vertretung mit; sie können insoweit ihre Auffassung öffentlich darstellen. Ihre innere Ordnung muß demokratischen und rechtsstaatlichen Grundsätzen entsprechen. Sie geben sich ein Statut, in dem das Abstimmungsverfahren, die Aufnahme und der Ausschluß aus der Fraktion geregelt werden.
(3) Der Kreis gewährt den Fraktionen und Gruppen aus Haushaltsmitteln Zuwendungen zu den sächlichen und personellen Aufwendungen für die Geschäftsführung. Die Zuwendungen an die Fraktionen und Gruppen sind in einer besonderen Anlage zum Haushaltsplan darzustellen. Über die Verwendung der Zuwendungen ist ein Nachweis in einfacher Form zu führen, der unmittelbar dem Landrat zuzuleiten ist.
Eine Gruppe erhält mindestens 90 Prozent einer proportionalen Ausstattung, die zwei Dritteln der Zuwendungen entspricht, die die kleinste Fraktion nach Absatz 1 Satz 2 erhält oder erhalten würde.
Einem Kreistagsmitglied, das keiner Fraktion oder Gruppe angehört, stellt der Kreis in angemessenem Umfang Sachmittel und Kommunikationsmittel zum Zwecke seiner Vorbereitung auf die Kreistagssitzung zur Verfügung. Der Kreistag kann stattdessen beschließen, dass ein Kreistagsmitglied aus Haushaltsmitteln finanzielle Zuwendungen erhält, die die Hälfte des Betrages nicht übersteigen dürfen, die eine Gruppe mit zwei Mitgliedern im Kreistag erhielte. In diesem Fall ist nach den Sätzen 2 und 3 zu verfahren.
(4) Ein hauptberuflich tätiger Mitarbeiter der Fraktion kann Kreistagsmitglied sein. Nähere Einzelheiten über die Bildung der Fraktionen, ihre Rechte und Pflichten sowie den Umgang mit personenbezogenen Daten regelt die Geschäftsordnung. Die Geschäftsordnung bestimmt auch, ob eine Fraktion ein Kreistagsmitglied, das keiner Fraktion angehört, als Hospitant aufnehmen kann. Bei der Festsetzung der Mindeststärke einer Fraktion zählen Hospitanten nicht mit.
(5) Soweit personenbezogene Daten an Kreistagsmitglieder übermittelt werden dürfen, ist ihre Übermittlung auch an Mitarbeiter einer Fraktion oder Gruppe oder eines einzelnen Kreistagsmitgliedes nach Absatz 3 Satz 4 zulässig, wenn diese zur Verschwiegenheit verpflichtet sind.

§ 41
Bildung von Ausschüssen

(1) Zur Vorbereitung seiner Beschlüsse und zur Überwachung bestimmter Verwaltungsangelegenheiten kann der Kreistag Ausschüsse bilden.

(2) Der Kreistag kann für die Arbeit der Ausschüsse allgemeine Richtlinien aufstellen.

(3) Der Kreistag regelt mit der Mehrheit der Stimmen der Kreistagsmitglieder die Zusammensetzung der Ausschüsse und ihre Befugnisse. Soweit er stellvertretende Ausschußmitglieder bestellt, ist die Reihenfolge der Vertretung zu regeln. Der Landrat hat das Recht, mit beratender Stimme an den Sitzungen der Ausschüsse teilzunehmen; ihm ist auf Verlangen jederzeit das Wort zu erteilen. An nichtöffentlichen Sitzungen eines Ausschusses können die stellvertretenden Ausschußmitglieder sowie alle Kreistagsmitglieder als Zuhörer teilnehmen, ebenso die Mitglieder anderer Ausschüsse, soweit deren Aufgabenbereich durch den Beratungsgegenstand berührt wird. Die Teilnahme als Zuhörer begründet keinen Anspruch auf Ersatz des Verdienstausfalls und auf Zahlung von Sitzungsgeld. Wird in einer Ausschußsitzung ein Antrag beraten, den ein Kreistagsmitglied gestellt hat, das dem Ausschuß nicht angehört, so kann es sich an der Beratung beteiligen. Fraktionen, die in einem Ausschuß nicht vertreten sind, sind berechtigt, für diesen Ausschuß ein Kreistagsmitglied oder einen sachkundigen Bürger, der dem Kreistag angehören kann, zu benennen. Das benannte Kreistagsmitglied oder der benannte sachkundige Bürger wird vom Kreistag zum Mitglied des Ausschusses bestellt. Sie wirken in dem Ausschuß mit beratender Stimme mit. Bei der Zusammensetzung und der Berechnung der Beschlußfähigkeit des Ausschusses werden sie nicht mitgezählt. Ein Kreistagsmitglied hat das Recht, mindestens einem der Ausschüsse als Mitglied mit beratender Stimme anzugehören. Die Sätze 8 und 10 gelten entsprechend.

(4) Auf die Ausschußmitglieder und das Verfahren in den Ausschüssen finden die für den Kreistag geltenden Vorschriften entsprechende Anwendung. Der Ausschußvorsitzende setzt die Tagesordnung im Benehmen mit dem Landrat fest. Auf Verlangen des Landrates ist der Ausschussvorsitzende verpflichtet, einen Gegenstand in die Tagesordnung aufzunehmen. Der Ausschussvorsitzende ist in gleicher Weise verpflichtet, wenn eine Fraktion dies beantragt. Abweichend von § 33 Abs. 1 Satz 4 brauchen Zeit und Ort der Ausschußsitzung sowie die Tagesordnung nicht öffentlich bekanntgemacht zu werden; der Landrat soll die Öffentlichkeit hierüber vorher in geeigneter Weise unterrichten.

(5) Zu Mitgliedern der Ausschüsse können neben Kreistagsmitgliedern auch sachkundige Bürger der kreisangehörigen Gemeinden, die dem Kreistag angehören können, bestellt werden. Zur Übernahme der Tätigkeit als sachkundiger Bürger ist niemand verpflichtet. Die Zahl der sachkundigen Bürger darf die der Kreistagsmitglieder in den einzelnen Ausschüssen nicht erreichen. Gesetzliche Bestimmungen über eine andere Zusammensetzung bestimmter Ausschüsse bleiben unberührt. Die Ausschüsse sind nur beschlußfähig, wenn die Zahl der anwesenden Kreistagsmitglieder die Zahl der anwesenden sachkundigen Bürger übersteigt; sie gelten auch insoweit als beschlußfähig, solange ihre Beschlußunfähigkeit nicht festgestellt ist. Die Ausschüsse können Vertreter derjenigen Bevölkerungsgruppen, die von ihrer Entscheidung vorwiegend betroffen werden und Sachverständige zu den Beratungen hinzuziehen.

(6) Als Mitglieder mit beratender Stimme können den Ausschüssen volljährige sachkundige Einwohner angehören, die in entsprechender Anwendung des § 35 Abs. 3 zu wählen sind. Im übrigen gilt Absatz 5 Satz 1 und 2 entsprechend.

(7) Haben sich die Fraktionen über die Verteilung der Ausschußvorsitze geeinigt und wird dieser Einigung nicht von einem Fünftel der Kreistagsmitglieder widersprochen, so bestimmen die Fraktionen die Ausschußvorsitzenden aus der Mitte der den Ausschüssen angehörenden stimmberechtigten Kreistagsmitglieder. Soweit eine Einigung nicht zustande kommt, werden den Fraktionen die Ausschußvorsitze in der Reihenfolge der Höchstzahlen zugeteilt, die sich durch Teilung der Mitgliederzahlen der Fraktionen durch 1, 2, 3 usw. ergeben; mehrere Fraktionen können sich zusammenschließen. Bei gleichen Höchstzahlen entscheidet das Los, das der Landrat zu

ziehen hat. Die Fraktionen benennen die Ausschüsse, deren Vorsitz sie beanspruchen, in der Reihenfolge der Höchstzahlen und bestimmen die Vorsitzenden. Scheidet ein Ausschußvorsitzender während der Wahlperiode aus, bestimmt die Fraktion, der er angehört, ein Kreistagsmitglied zum Nachfolger. Die Sätze 1 bis 5 gelten für stellvertretende Vorsitzende entsprechend.

(8) Werden Ausschüsse während der Wahlperiode neu gebildet, aufgelöst oder ihre Aufgabe wesentlich verändert, ist das Verfahren nach Absatz 7 zu wiederholen.

(9) Über die Beschlüsse der Ausschüsse ist eine Niederschrift aufzunehmen. Diese ist dem Landrat und den Ausschußmitgliedern zuzuleiten.

§ 41a
Hybride Sitzungen der Ausschüsse

§ 58a der Gemeindeordnung für das Land Nordrhein-Westfalen gilt für die Ausschüsse des Kreistages entsprechend mit der Maßgabe, dass der Kreisausschuss von der Anwendung der Vorschrift ausgeschlossen ist.

5. Teil
Landrat

§ 42
Zuständigkeiten des Landrats

In Angelegenheiten der Kreisverwaltung obliegt dem Landrat

a) die Führung der Geschäfte der laufenden Verwaltung,
b) die Erledigung der ihm vom Kreisausschuß "übertragenen Angelegenheiten,
c) die Vorbereitung und Durchführung der Beschlüsse des Kreistags und des Kreisausschusses sowie der Entscheidungen nach § 50 Abs. 3 Satz 2,
d) die Ausführung von Weisungen (§ 2 Abs. 2 Satz 3 und § 64),
e) die gesetzliche Vertretung des Kreises in Rechts- und Verwaltungsgeschäften unbeschadet des § 26 Abs. 4 und 5, § 43 und § 49 Abs. 4,
f) die Erledigung aller Aufgaben, die ihm aufgrund gesetzlicher Vorschriften übertragen sind,
g) die Leitung und Verteilung der Geschäfte.

§ 43
Abgabe von Erklärungen

(1) Erklärungen, durch welche der Kreis verpflichtet werden soll, bedürfen der Schriftform. Sie sind vom Landrat oder seinem allgemeinen Vertreter zu unterzeichnen, soweit nicht dieses Gesetz etwas anderes bestimmt.

(2) Absatz 1 gilt nicht für Geschäfte der laufenden Verwaltung.

(3) Geschäfte, die ein für ein bestimmtes Geschäft oder einen Kreis von Geschäften ausdrücklich Bevollmächtigter abschließt, bedürfen nicht der Form des Absatzes 1, wenn die Vollmacht in der Form dieses Absatzes erteilt ist.

(4) Erklärungen, die nicht den Formvorschriften dieses Gesetzes entsprechen, binden den Kreis nicht.

§ 44
Wahl des Landrats

(1) Der Landrat wird von den Bürgern der kreisangehörigen Gemeinden in allgemeiner, unmittelbarer, freier, gleicher und geheimer Wahl auf die Dauer von fünf Jahren nach den Grundsätzen der Mehrheitswahl zugleich mit dem Kreistag gewählt. Scheidet der Landrat durch Tod, Eintritt in den Ruhestand oder aus sonstigen Gründen vor Ablauf seiner Amtszeit aus dem Amt aus oder ist die Wahl eines Landrats aus anderen Gründen während der Wahlperiode des Kreistages

erforderlich, so findet die Wahl des Nachfolgers spätestens sechs Monate nach Ausscheiden des Landrats aus dem Amt statt. Die näheren Vorschriften trifft das Kommunalwahlgesetz.

(2) Wählbar ist, wer am Wahltag Deutscher im Sinne von Artikel 116 Abs. 1 des Grundgesetzes ist oder wer die Staatsangehörigkeit eines Mitgliedstaates der Europäischen Union besitzt und eine Wohnung in der Bundesrepublik Deutschland innehat, das 23. Lebensjahr vollendet hat und nicht vom Wahlrecht ausgeschlossen ist sowie die Gewähr dafür bietet, daß er jederzeit für die freiheitlich demokratische Grundordnung im Sinne des Grundgesetzes eintritt. Nicht wählbar ist, wer am Wahltag infolge Richterspruchs in der Bundesrepublik Deutschland die Wählbarkeit oder die Fähigkeit zur Bekleidung öffentlicher Ämter nicht besitzt.

(3) Der Landrat ist kommunaler Wahlbeamter. Für die dienstrechtliche Stellung gelten die beamtenrechtlichen Vorschriften.

(4) § 72 Gemeindeordnung gilt entsprechend.

(5) Endet das Beamtenverhältnis des Landrates vor Ablauf seiner Amtszeit, wird der Nachfolger bis zum Ende der nächsten Wahlperiode des Kreistages gewählt, es sei denn, die Amtszeit des Nachfolgers beginnt innerhalb der ersten zwei Jahre der Wahlperiode des Kreistages. In diesem Fall endet sie mit dem Ende der laufenden Wahlperiode.

(6) Eine Wahl findet nach Ablauf des 51. Monats nach der allgemeinen Kommunalwahl nicht mehr statt.

§ 45
Abwahl des Landrats

(1) Der Landrat kann von den Bürgern der kreisangehörigen Gemeinden vor Ablauf seiner Amtszeit abgewählt werden. Zur Einleitung des Abwahlverfahrens bedarf es

1. eines von mindestens der Hälfte der gesetzlichen Zahl der Kreistagsmitglieder gestellten Antrags und eines mit einer Mehrheit von zwei Dritteln der gesetzlichen Zahl der Kreistagsmitglieder zu fassenden Beschlusses. Zwischen dem Eingang des Antrags und dem Beschluss des Kreistags muss eine Frist von mindestens zwei Wochen liegen. Über den Antrag auf Einleitung des Abwahlverfahrens ist ohne Aussprache namentlich abzustimmen;

oder

2. eines von mindestens 15 Prozent der wahlberechtigten Bürger der kreisangehörigen Gemeinden gestellten Antrags; § 23 Absatz 4 Satz 2 gilt entsprechend.

Der Landrat ist abgewählt, wenn sich für die Abwahl eine Mehrheit der abgegebenen gültigen Stimmen der wahlberechtigten Bürger ergibt, sofern diese Mehrheit mindestens 25 Prozent der Wahlberechtigten beträgt. Für das weitere Verfahren gelten die Vorschriften des Kommunalwahlgesetzes entsprechend. Der Landrat scheidet mit dem Ablauf des Tages, an dem der Wahlausschuss die Abwahl feststellt, aus seinem Amt. Die Aufsichtsbehörde kann für die Dauer des Abwahlverfahrens das Ruhen der Amtsgeschäfte des Landrats anordnen, wenn zwei Drittel der gesetzlichen Zahl der Kreistagsmitglieder dies beantragen.

(2) Der Landrat kann binnen einer Woche

1. nach dem Beschluss gemäß Absatz 1 Satz 2 Nummer 1

oder

2. nach Feststellung der Zulässigkeit des Antrags nach Absatz 1 Satz 2 Nummer 2 durch den Kreistag

auf die Entscheidung der Bürger über seine Abwahl verzichten. Der Verzicht ist schriftlich gegenüber dem Stellvertreter zu erklären. Mit dem Ablauf des Tages, an dem dieser Verzicht dem Stellvertreter zugeht, gilt die Abwahl als erfolgt.

(3) Der Antrag nach Absatz 1 Satz 2 Nummer 2 ist schriftlich beim Kreistag einzureichen und muss das Begehren zweifelsfrei erkennen lassen. Er muss bis zu drei Bürger benennen, die berechtigt sind, die Unterzeichnenden zu vertreten. § 22 Absatz 4 gilt entsprechend. Die Unter-

zeichnenden müssen an dem von ihnen anzugebenden Tag ihrer Unterschrift wahlberechtigt sein. Die Unterschriften dürfen bei Eingang des Antrags nicht älter als vier Monate sein. Nach Antragseingang eingereichte Unterschriftslisten werden nicht mehr berücksichtigt. Der Kreistag stellt unverzüglich fest, ob der Antrag zulässig ist. Gegen die ablehnende Entscheidung des Kreistages können nur die Vertreter des Antrags nach Satz 2 Klage erheben.

§ 46
Wahl der Stellvertreter des Landrats

(1) Der Kreistag wählt für die Dauer seiner Wahlperiode aus seiner Mitte ohne Aussprache zwei Stellvertreter des Landrats. Er kann weitere Stellvertreter wählen. Sie vertreten den Landrat bei der Leitung der Kreistagssitzungen und bei der Repräsentation.

(2) Bei der Wahl der Stellvertreter des Landrats wird nach den Grundsätzen der Verhältniswahl in einem Wahlgang geheim abgestimmt. Dabei ist die Reihenfolge der Stellvertreter nach der Reihenfolge der Höchstzahlen zu verteilen, die sich durch Teilung der auf die Wahlvorschläge der Fraktionen und Gruppen entfallenden Stimmenzahlen durch 1, 2, 3 usw. ergeben. Erster Stellvertreter ist, wer an erster Stelle des Wahlvorschlags steht, auf den die erste Höchstzahl entfällt, zweiter Stellvertreter, wer an vorderster noch nicht in Anspruch genommener Stelle des Wahlvorschlags steht, auf den die zweite Höchstzahl entfällt, dritter Stellvertreter, wer an vorderster noch nicht in Anspruch genommener Stelle des Wahlvorschlags steht, auf den die dritte Höchstzahl entfällt usw. Zwischen Wahlvorschlägen mit gleichen Höchstzahlen findet eine Stichwahl statt; bei Stimmengleichheit entscheidet das vom Landrat zu ziehende Los. Nimmt ein gewählter Bewerber die Wahl nicht an, so ist gewählt, wer an nächster Stelle desselben Wahlvorschlags steht. Ist ein Wahlvorschlag erschöpft, tritt an seine Stelle der Wahlvorschlag mit der nächsten Höchstzahl. Scheidet ein Stellvertreter während der Wahlperiode aus, ist der Nachfolger für den Rest der Wahlperiode ohne Aussprache in geheimer Abstimmung nach § 35 Abs. 2 zu wählen.

(3) Der Landrat wird vom Vorsitzenden (Stellvertreter oder Altersvorsitzender) in einer Sitzung des Kreistages vereidigt und in sein Amt eingeführt. Die Stellvertreter sowie die übrigen Kreistagsmitglieder werden von dem Landrat eingeführt und in feierlicher Form zur gesetzmäßigen und gewissenhaften Wahrnehmung ihrer Aufgaben verpflichtet.

(4) Der Kreistag kann die Stellvertreter des Landrats abberufen. Der Antrag kann nur von der Mehrheit der gesetzlichen Zahl der Mitglieder gestellt werden. Zwischen dem Eingang des Antrags und der Sitzung des Kreistags muß eine Frist von wenigstens zwei Tagen liegen. Über den Antrag ist ohne Aussprache abzustimmen. Der Beschluß über die Abberufung bedarf einer Mehrheit von zwei Dritteln der gesetzlichen Zahl der Mitglieder. Der Nachfolger ist innerhalb einer Frist von zwei Wochen ohne Aussprache in geheimer Abstimmung nach § 35 Abs. 2 zu wählen.

(5) Wenn der Landrat verhindert ist, leitet der Altersvorsitzende die Sitzung bei der Wahl der Stellvertreter des Landrats sowie bei Entscheidungen, die vorher getroffen werden müssen. Dies gilt auch für die Abberufung der Stellvertreter des Landrates.

§ 47
Bestellung des allgemeinen Vertreters

(1) Der Kreistag bestellt widerruflich aus den leitenden hauptamtlichen Beamten des Kreises einen allgemeinen Vertreter des Landrats. Die Hauptsatzung kann bestimmen, daß der allgemeine Vertreter des Landrats durch den Kreistag für die Dauer von acht Jahren gewählt wird. Der gewählte allgemeine Vertreter des Landrats führt die Amtsbezeichnung Kreisdirektor und muss über die Befähigung zum Richteramt oder zur Laufbahn des allgemeinen Verwaltungsdienstes im Land Nordrhein-Westfalen in der Laufbahngruppe 2, zweites Einstiegsamt, sowie über eine mehrjährige praktische Erfahrung in einer dem Amt angemessenen hauptamtlichen Verwaltungstätigkeit verfügen. Die Bestellung oder die Wahl bedürfen der Bestätigung der Bezirksregierung.

(2) Die Bestimmungen des § 71 der Gemeindeordnung über die Stellenausschreibung und die Wiederwahl finden entsprechende Anwendung.

(3) Der Kreistag kann den nach Absatz 1 Satz 2 gewählten Kreisdirektor abberufen. Der Antrag kann nur von der Mehrheit der gesetzlichen Zahl der Mitglieder gestellt werden. Zwischen dem Eingang des Antrags und der Sitzung des Kreistags muß eine Frist von mindestens sechs Wochen liegen. Über den Antrag ist ohne Aussprache abzustimmen. Der Beschluß über die Abberufung bedarf einer Mehrheit von zwei Dritteln der gesetzlichen Zahl der Mitglieder. Der Nachfolger ist innerhalb einer Frist von sechs Monaten zu wählen.

(4) Die Kreise sollen einen Beamten des Kreises zum Kämmerer bestellen.

§ 48
Teilnahme an den Sitzungen

(1) Der Landrat und sein allgemeiner Vertreter nehmen an den Sitzungen des Kreistags teil. Der Landrat ist berechtigt und auf Verlangen eines Fünftels der Kreistagsmitglieder oder einer Fraktion verpflichtet, zu einem Punkt der Tagesordnung vor dem Kreistag Stellung zu nehmen.

(2) Der Landrat und sein allgemeiner Vertreter sind berechtigt und auf Verlangen eines Ausschusses verpflichtet, an dessen Sitzungen teilzunehmen. Absatz 1 Satz 2 gilt entsprechend.

§ 49
Bedienstete des Kreises

(1) Der Landrat ist Dienstvorgesetzter der Bediensteten des Kreises. Er trifft die dienstrechtlichen und arbeitsrechtlichen Entscheidungen, soweit gesetzlich nichts anderes bestimmt ist. Die Hauptsatzung kann bestimmen, dass für Bedienstete in Führungsfunktionen Entscheidungen, die das beamtenrechtliche Grundverhältnis oder das Arbeitsverhältnis eines Bediensteten zum Kreis verändern, durch den Kreistag oder den Kreisausschuss im Einvernehmen mit dem Landrat zu treffen sind, soweit gesetzlich nichts anderes bestimmt ist. Kommt ein Einvernehmen nicht zu Stande, kann der Kreistag die Entscheidung mit einer Mehrheit von zwei Dritteln der gesetzlichen Zahl der Kreistagsmitglieder treffen. Bei Entscheidungen des Kreistages nach Satz 3 oder 4 stimmt der Landrat nicht mit. Erfolgt keine Entscheidung nach Satz 3 oder 4, gilt Satz 2. Bedienstete in Führungsfunktionen sind Leiter von Organisationseinheiten, die dem Hauptverwaltungsbeamten oder einem anderen Wahlbeamten oder diesem in der Führungsfunktion vergleichbaren Bediensteten unmittelbar unterstehen, mit Ausnahme von Bediensteten mit Aufgaben eines persönlichen Referenten oder Pressereferenten.

(2) Die Bediensteten der Kreise müssen die für ihren Arbeitsbereich erforderlichen fachlichen Voraussetzungen erfüllen, insbesondere die Ablegung der vorgeschriebenen Prüfungen nachweisen.

(3) Der Stellenplan ist einzuhalten; Abweichungen sind nur zulässig, soweit sie aufgrund des Besoldungs- oder Tarifrechts zwingend erforderlich sind.

(4) Die nach geltendem Recht auszustellenden Urkunden für Beamte sowie Arbeitsverträge und sonstige schriftliche Erklärungen zur Regelung der Rechtsverhältnisse von Bediensteten bedürfen der Unterzeichnung durch den Landrat oder seinen allgemeinen Vertreter. Der Landrat kann die Unterschriftsbefugnis durch Dienstanweisung übertragen.

6. Teil
Kreisausschuß

§ 50
Zuständigkeiten des Kreisausschusses

(1) Der Kreisausschuß beschließt über alle Angelegenheiten, soweit sie nicht dem Kreistag vorbehalten sind oder soweit es sich nicht um Geschäfte der laufenden Verwaltung handelt. Er hat

insbesondere die Beschlüsse des Kreistags vorzubereiten und die Geschäftsführung des Landrats zu überwachen.

(2) Der Kreisausschuß entscheidet im Rahmen der vom Kreistag festgelegten allgemeinen Richtlinien über die Planung der Verwaltungsaufgaben von besonderer Bedeutung. Zu diesem Zweck hat der Landrat den Kreisausschuß jeweils über solche Planungsvorhaben zu unterrichten.

(3) Der Kreisausschuss entscheidet in allen Angelegenheiten, die der Beschlussfassung des Kreistags unterliegen, falls eine Einberufung des Kreistags nicht rechtzeitig möglich ist (Eilentscheidung). Ist die Einberufung des Kreisausschusses nicht rechtzeitig möglich und kann die Entscheidung nicht aufgeschoben werden, weil sonst erhebliche Nachteile oder Gefahren entstehen können, kann die Landrätin oder der Landrat und im Falle ihrer oder seiner Verhinderung die allgemeine Vertreterin oder der allgemeine Vertreter mit einem Kreisausschussmitglied entscheiden (Dringlichkeitsentscheidung). Die nach Satz 1 oder nach Satz 2 getroffenen Entscheidungen sind dem Kreistag in der nächsten Sitzung zur Genehmigung vorzulegen. Er kann die Entscheidungen aufheben, soweit nicht schon Rechte anderer durch die Ausführung des Beschlusses entstanden sind

(4) Der Kreisausschuß kann die Erledigung einzelner Verwaltungsaufgaben dem Landrat übertragen.

§ 51
Zusammensetzung des Kreisausschusses

(1) Der Kreisausschuss besteht aus dem Landrat und mindestens 8 und höchstens 16 Kreistagsmitgliedern.

(2) Die Kreistagsmitglieder und für jedes Kreistagsmitglied ein Stellvertreter sind vom Kreistag aus seiner Mitte für die Dauer der Wahlperiode des Kreistags zu wählen. Die Stellvertreter können sich untereinander vertreten, wenn der Kreistag die Reihenfolge festgelegt hat. Scheidet ein Kreistagsmitglied oder ein Stellvertreter aus dem Kreisausschuss aus, so wählt der Kreistag auf Vorschlag derjenigen Gruppe, die den Ausgeschiedenen vorgeschlagen hatte, einen Nachfolger. Ist die Gruppe zu einem Vorschlag nicht in der Lage oder gehörte das Kreistagsmitglied oder der Stellvertreter keiner Gruppe an, so bleibt der Sitz unbesetzt.

(3) Der Landrat wird mit seiner Wahl Vorsitzender des Kreisausschusses. Er hat Stimmrecht im Kreisausschuss. Der Kreisausschuss wählt aus seiner Mitte einen oder mehrere Vertreter des Vorsitzenden.

(4) Nach Ablauf der Wahlperiode des Kreistags üben die bisherigen Kreistagsmitglieder im Kreisausschuss und ihre Stellvertreter ihre Tätigkeit bis zur ersten Sitzung des neuen Kreisausschusses weiter aus.

§ 52
Verfahren des Kreisausschusses

(1) Der Landrat beruft den Kreisausschuß ein und setzt die Tagesordnung fest.

(2) Der Kreisausschuß ist beschlußfähig, wenn mehr als die Hälfte der Mitglieder anwesend ist.

(3) Im übrigen finden § 28 Abs. 1, Abs. 2 und 3, § 32 Abs. 1 Satz 3 und Abs. 2, § 34 Abs. 2, § 35, § 36, § 37 Abs. 1 und § 41 Abs. 3 Satz 4 bis 10 und Abs. 4 entsprechende Anwendung. Soweit der Kreisausschuß Aufgaben nach § 59 Abs. 1 wahrnimmt, tagt er in nichtöffentlicher Sitzung.

7. Teil
Haushaltswirtschaft, wirtschaftliche und nichtwirtschaftliche Betätigung

§ 53
Haushaltswirtschaft und Prüfung

(1) Für die Haushalts- und Wirtschaftsführung gelten, soweit nicht nachstehend eine andere Regelung getroffen ist, die Vorschriften des 8. bis 12. Teils der Gemeindeordnung und die dazu erlassenen Rechtsverordnungen entsprechend.

(2) Die überörtliche Prüfung des Kreises und seiner Sondervermögen ist Aufgabe der Gemeindeprüfungsanstalt.

(3) Jeder Kreis muss eine örtliche Rechnungsprüfung einrichten.

§ 54
Haushaltssatzung

Nach Zuleitung des Entwurfs der Haushaltssatzung mit ihren Anlagen an den Kreistag ist diese unverzüglich bekannt und während der Dauer des Beratungsverfahrens im Kreistag zur Einsichtnahme verfügbar zu machen. In der öffentlichen Bekanntgabe ist eine Frist von mindestens vierzehn Tagen festzulegen, in der Einwohner oder Abgabepflichtige der kreisangehörigen Gemeinden gegen den Entwurf Einwendungen erheben können und die Stelle anzugeben, bei der die Einwendungen zu erheben sind. Die Frist für die Erhebung von Einwendungen ist so festzusetzen, dass der Kreistag vor der Beschlussfassung über die Haushaltssatzung mit ihren Anlagen in öffentlicher Sitzung darüber beschließen kann.

§ 55
Beteiligungsrechte der kreisangehörigen Gemeinden

(1) Die Festsetzung der Kreisumlage erfolgt im Benehmen mit den kreisangehörigen Gemeinden. Das Benehmen ist sechs Wochen vor Aufstellung des Entwurfes der Haushaltssatzung einzuleiten.

(2) Stellungnahmen der kreisangehörigen Gemeinden im Rahmen der Benehmensherstellung werden dem Kreistag mit der Zuleitung des Entwurfes der Haushaltssatzung mit ihren Anlagen zur Kenntnis gegeben. Den Gemeinden ist vor Beschlussfassung über die Haushaltssatzung mit ihren Anlagen in öffentlicher Sitzung Gelegenheit zur Anhörung zu geben. Über Einwendungen der Gemeinden beschließt der Kreistag in öffentlicher Sitzung. Der Kreis teilt ihnen das Beratungsergebnis und dessen Begründung mit.

§ 56
Kreisumlage

(1) Soweit die sonstigen Erträge eines Kreises die entstehenden Aufwendungen nicht decken, ist eine Umlage nach den hierfür geltenden Vorschriften von den kreisangehörigen Gemeinden zu erheben (Kreisumlage). Ist die Haushaltssatzung des Kreises bei Beginn des Haushaltsjahres noch nicht bekannt gemacht, so darf die Kreisumlage ausschließlich nach dem Umlagesatz des Vorjahres auf Grundlage der dafür festgesetzten Umlagegrundlagen erhoben werden.

(2) Die Kreisumlage ist für jedes Haushaltsjahr neu festzusetzen. Die Festsetzung der Umlagesätze bedarf der Genehmigung der Aufsichtsbehörde. Die Genehmigung kann unter Bedingungen und mit Auflagen erteilt werden.

(3) Der Umlagesatz kann einmal im Laufe des Haushaltsjahres geändert werden. Die Änderung des Umlagesatzes wirkt auf den Beginn des Haushaltsjahres zurück. Eine Erhöhung des Umlagesatzes der Kreisumlage ist nur zulässig, wenn unter Berücksichtigung des Rücksichtnahmegebotes nach § 9 Satz 2 alle anderen Möglichkeiten, den Kreishaushalt auszugleichen, ausgeschöpft sind. Im Falle einer Erhöhung des für das Haushaltsjahr bereits festgesetzten Umlagesatzes muss der Beschluss vor dem 30. Juni des Haushaltsjahres gefasst sein.

(4) Handelt es sich um Einrichtungen des Kreises, die ausschließlich, in besonders großem oder in besonders geringem Maße einzelnen Teilen des Kreises zustatten kommen, so muß der Kreistag eine ausschließliche Belastung oder eine nach dem Umfang näher zu bestimmende Mehr oder Minderbelastung dieser Kreisteile beschließen. Absätze 2 und 3 gelten entsprechend. Soweit es sich um Einrichtungen des Kreises handelt, die dem öffentlichen Personennahverkehr oder dem öffentlichen Schienenverkehr dienen, kann der Kreistag von einem Beschluß nach Satz 1 absehen; Absatz 1 bleibt unberührt. Differenzen zwischen Plan und Ergebnis können im übernächsten Jahr ausgeglichen werden.

(5) Nimmt der Kreis die Aufgaben der Jugendhilfe wahr, so hat er bei der Kreisumlage für kreisangehörige Gemeinden ohne eigenes Jugendamt eine einheitliche ausschließliche Belastung in Höhe der ihm durch die Aufgabe des Jugendamtes verursachten Aufwendungen festzusetzen; dies gilt auch für die Aufwendungen, die dem Kreis durch Einrichtungen der Jugendhilfe für diese Gemeinden entstehen. Differenzen zwischen Plan und Ergebnis können im übernächsten Jahr ausgeglichen werden.

(6) Der Kreis kann den infolge der Mitgliedschaft in einem Zweckverband auf Grund Regionalisierungsgesetzes NW, in einem Verkehrsverbund oder in einer Verkehrsgemeinschaft von ihm aufzubringenden Umlagebetrag in entsprechender Anwendung des Absatzes 4 auf die kreisangehörigen Gemeinden umlegen.

§ 56a
Ausgleichsrücklage

In der Bilanz ist eine Ausgleichsrücklage zusätzlich zur allgemeinen Rücklage als gesonderter Posten des Eigenkapitals anzusetzen. Der Ausgleichsrücklage können Jahresüberschüsse durch Beschluss des Kreistages zugeführt werden, soweit die allgemeine Rücklage einen Bestand in Höhe von mindestens 3 Prozent der Bilanzsumme des Jahresabschlusses des Kreises aufweist.

§ 56b
Haushaltssicherungskonzept

(1) Der Kreis hat zur Sicherung seiner dauerhaften Leistungsfähigkeit ein Haushaltssicherungskonzept aufzustellen und darin den nächstmöglichen Zeitpunkt zu bestimmen, bis zu dem der Haushaltsausgleich wieder hergestellt ist. § 76 der Gemeindeordnung gilt entsprechend.

(2) Ist der Kreis überschuldet oder steht die Überschuldung innerhalb der mittelfristigen Finanzplanung bevor, so kann das Haushaltssicherungskonzept nur genehmigt werden, wenn sowohl der Haushaltsausgleich als auch die Beseitigung der Überschuldung innerhalb der Frist des § 76 Absatz 2 Satz 3 der Gemeindeordnung dargestellt wird.

§ 56c
Sonderumlage

Der Kreis kann eine Sonderumlage erheben, sofern im Jahresabschluss eine Inanspruchnahme des Eigenkapitals erfolgt ist. Eine Sonderumlage ist zu erheben, sofern eine Überschuldung nach § 75 Absatz 7 der Gemeindeordnung eingetreten ist. Die Sonderumlage ist nach der Inanspruchnahme der Ausgleichsrücklage und der allgemeinen Rücklage und unter Beachtung des Rücksichtnahmegebots nach § 9 Satz 2 zu bestimmen. Sie kann in Teilbeträgen festgesetzt und erhoben werden. § 55 Absatz 1 und 2 sowie § 56 Absatz 2 und 3 finden entsprechende Anwendung.

8. Teil
Aufsicht und staatliche Verwaltung im Kreis

§ 57
Aufsicht

(1) Aufsichtsbehörde des Kreises ist die Bezirksregierung, obere Aufsichtsbehörde das für Kommunales zuständige Ministerium (allgemeine Aufsicht). Das für Kommunales zuständige Minis-

terium kann seine Befugnisse als obere Aufsichtsbehörde allgemein auf die Bezirksregierung übertragen. Die der obersten Aufsichtsbehörde gesetzlich übertragenen Befugnisse nimmt das für Kommunales zuständige Ministerium wahr.
(2) Soweit die Kreise ihre Aufgaben nach Weisung erfüllen (§ 2 Abs. 2 Satz 3) richtet sich die Aufsicht nach den hierzu erlassenen Gesetzen (Sonderaufsicht).
(3) Im übrigen gelten für die Aufsicht über die Kreise die Bestimmungen des 13. Teils der Gemeindeordnung entsprechend.

§ 58
Träger der staatlichen Verwaltung

(1) Die Aufgaben der unteren staatlichen Verwaltungsbehörde werden vom Landrat und vom Kreisausschuß wahrgenommen.
(2) Aufgaben der unteren staatlichen Verwaltungsbehörde können durch Rechtsverordnung der Landesregierung den Bürgermeistern von kreisangehörigen Gemeinden zugewiesen werden.

§ 59
Der Landrat als untere staatliche Verwaltungsbehörde

(1) Der Landrat führt die allgemeine Aufsicht und die Sonderaufsicht über die kreisangehörigen Gemeinden sowie die Aufsicht über Körperschaften, Anstalten und Stiftungen, soweit Gesetze nichts anderes bestimmen. Der Landrat bedarf der Zustimmung des Kreisausschusses bei Entscheidungen über
a) die Genehmigung von Gebietsänderungsverträgen oder die Bestimmungen der Einzelheiten der Gebietsänderung, sofern ein Gebietsänderungsvertrag nicht zustande kommt (§ 18 GO),
b) die Genehmigung zur Umwandlung eines Stiftungszwecks und zur Zusammenlegung und Aufhebung von unselbständigen örtlichen Stiftungen (§ 100 Abs. 2 GO),
c) die Erteilung einer Zulassungsverfügung zur Einleitung der Zwangsvollstreckung gegen Gemeinden wegen einer Geldforderung (§ 128 GO)

und nach Maßgabe der §§ 10 Abs. 1, 20 Abs. 4 und 24 Abs. 2 des Gesetzes über kommunale Gemeinschaftsarbeit. Wird die Zustimmung versagt, so entscheidet die Aufsichtsbehörde, falls die Angelegenheit nicht auf sich beruhen kann. Die Mitwirkung des Kreisausschusses bei der Aufsicht über sonstige Körperschaften, Anstalten und Stiftungen ist besonders zu regeln.
(2) Ist an einer nach Absatz 1 zu treffenden Entscheidung der Kreis beteiligt, so entscheidet die Aufsichtsbehörde. Diese entscheidet auch darüber, ob ein solcher Fall vorliegt.
(3) Der Landrat nimmt die durch gesetzliche Vorschriften der unteren staatlichen Verwaltungsbehörde übertragenen Aufgaben wahr, soweit diese nicht anderen Stellen zugewiesen sind oder nach Gesetz oder Rechtsverordnung einer kollegialen Entscheidung bedürfen.
(4) Der Landrat hat darauf hinzuwirken, daß die im Kreis tätigen Landesbehörden in einer dem Gemeinwohl dienlichen Weise zusammenarbeiten.

§ 60
Verantwortung des Landrats

(1) Der Landrat hat bei der Wahrnehmung der Aufgaben der unteren staatlichen Verwaltungsbehörde die Richtlinien der Landesregierung zu beachten. Er hat über alle Vorgänge zu berichten, die für die Landesregierung von Bedeutung sind. Zu diesem Zweck kann er sich bei den staatlichen Verwaltungsbehörden in geeigneter Weise unterrichten; diese sind, soweit nicht gesetzliche Vorschriften entgegenstehen, zur Auskunft verpflichtet.
(2) Der Landrat untersteht der Dienstaufsicht der Bezirksregierung. Er ist in allen Angelegenheiten der unteren staatlichen Verwaltungsbehörde ausschließlich den ihm übergeordneten staatlichen Behörden verantwortlich.

§ 61
Dienstkräfte, Bereitstellung von Einrichtungen

(1) Die für die Erfüllung der Aufgaben der unteren staatlichen Verwaltungsbehörde erforderlichen Dienstkräfte und Einrichtungen sind von den Kreisen zur Verfügung zu stellen. Zur Unterstützung bei der Durchführung dieser Aufgaben können dem Landrat Landesbeamte zugeteilt werden. Diese können mit Zustimmung des Kreisausschusses auch in der Selbstverwaltung des Kreises beschäftigt werden.
(2) Die vom Landrat als untere staatliche Verwaltungsbehörde festgesetzten Gebühren (einschließlich Auslagenersätze) fließen in die Kasse des Kreises.

§ 62
Ehrenbeamte

Die nach § 51 Abs. 2 gewählten Mitglieder oder stellvertretenden Mitglieder des Kreisausschusses sind, soweit sie Aufgaben nach § 59 Abs. 1 wahrnehmen, zu Ehrenbeamten zu ernennen.

9. Teil
Übergangs- und Schlußvorschriften, Sondervorschriften

§ 63
Weiterentwicklung der kommunalen Selbstverwaltung (Experimentierklausel)

Für die Kreise findet § 129 der Gemeindeordnung entsprechende Anwendung.

§ 64
Auftragsangelegenheiten

Bis zum Erlaß neuer Vorschriften sind die den Kreisen zur Erfüllung nach Weisung übertragenen staatlichen Angelegenheiten (Auftragsangelegenheiten), unbeschadet des § 42 Buchstaben d und f, nach den bisherigen Vorschriften durchzuführen.

§ 65
Durchführung des Gesetzes

Das für Kommunales zuständige Ministerium erläßt die zur Durchführung dieses Gesetzes erforderlichen Rechtsverordnungen. Es erläßt die erforderlichen Verwaltungsvorschriften.

§ 66
Übergangsregelungen

(1) Die in § 5 Absatz 6 Satz 1 genannte Frist gilt für alle ab dem 15. Dezember 2021 verkündeten Satzungen und ortsrechtlichen Bestimmungen. Für alle vorher verkündeten Satzungen und ortsrechtlichen Bestimmungen gelten die zum Zeitpunkt der Bekanntmachung geltenden Fristen.
(2) Die in § 39 Absatz 3 genannten Fristen gelten für alle ab dem 15. Dezember 2021 gefassten beziehungsweise öffentlich bekannt gemachten Beschlüsse. Für alle vorher gefassten beziehungsweise öffentlich bekannt gemachten Beschlüsse gelten die zum Zeitpunkt des Beschlusses beziehungsweise der Bekanntmachung geltenden Fristen.

§ 67
Inkrafttreten

Das Gesetz tritt am 17. Oktober 1994 in Kraft.

1.5 LVerbO

Landschaftsverbandsordnung für das Land Nordrhein-Westfalen (LVerbO)

in der Fassung der Bekanntmachung vom 14. Juli 1994 (GV. NW. S. 657), zuletzt geändert durch Gesetz vom 13. April 2022 (GV. NRW. S. 490)

1. Abschnitt Allgemeines

§ 1 Mitgliedskörperschaften

Die zum Land Nordrhein-Westfalen gehörenden Kreise und kreisfreien Städte der früheren Rheinprovinz bilden den Landschaftsverband Rheinland, die Kreise und kreisfreien Städte der früheren Provinz Westfalen und des früheren Landes Lippe den Landschaftsverband Westfalen-Lippe.

§ 2 Rechtsform

Die Landschaftsverbände Rheinland und Westfalen-Lippe sind öffentlich-rechtliche Körperschaften mit dem Recht der Selbstverwaltung durch ihre gewählten Organe.

§ 3 Gebiet und Gebietsänderungen

(1) Das Gebiet der Landschaftsverbände umfaßt das Gebiet der Mitgliedskörperschaften. Es kann nur durch Gesetz geändert werden. Werden die Grenzen von Mitgliedskörperschaften geändert, die zugleich Grenzen der Landschaftsverbände sind, so bewirkt dies ohne weiteres die Änderung der Landschaftsverbandsgrenzen.

(2) Rechtshandlungen, die aus Anlaß der Änderung des Gebietes der Landschaftsverbände erforderlich werden, sind frei von öffentlichen Abgaben einschließlich Gebühren, soweit sie auf Landesrecht beruhen. Das gleiche gilt für die Erstattung von Auslagen.

§ 4 Rechte der Einwohner

Die Einwohner der Mitgliedskörperschaften sind berechtigt,

1. an der Vertretung und Verwaltung des Landschaftsverbandes nach näherer Vorschrift dieses Gesetzes teilzunehmen,
2. die öffentlichen Einrichtungen des Landschaftsverbandes nach Maßgabe der für diese bestehenden Bestimmungen zu benutzen.

2. Abschnitt Wirkungskreis

§ 5 Aufgaben

(1) Die Aufgaben der Landschaftsverbände erstrecken sich nach Maßgabe der hierzu erlassenen besonderen Vorschriften auf folgende Sachgebiete:

a) Soziale Aufgaben, Jugendhilfe und Gesundheitsangelegenheiten
1. Die Landschaftsverbände sind überörtliche Träger der Sozialhilfe.
2. Die Landschaftsverbände sind Träger der Kriegsopferfürsorge (Hauptfürsorgestellen) und der Ämter zur Sicherung der Integration schwerbehinderter Menschen in das Arbeitsleben (Integrationsämter). Die Landschaftsverbände nehmen die nach § 4 Absatz 1 des Gesetzes zur Eingliederung der Versorgungsämter in die allgemeine Verwaltung des Landes Nordrhein-Westfalen vom 30. Oktober 2007 (GV. NRW. S. 482), das durch Gesetz vom 25. Oktober 2011 (GV. NRW. S. 542) geändert worden ist, übertragenen Aufgaben des sozialen Entschädigungsrechts einschließlich der Kriegsopferversorgung wahr.
3. Die Landschaftsverbände nehmen die Aufgaben der Landesjugendämter wahr.
4. Die Landschaftsverbände können Träger von psychiatrischen Fachkrankenhäusern sowie von anderen psychiatrischen stationären, teilstationären, ambulanten und komplementären Einrichtungen und Diensten sein. Die Landschaftsverbände können zudem Träger von Krankenhäusern sowie medizinischen, rehabilitativen und psychosozialen Einrichtungen mit Schnittstellen zur psychiatrischen Versorgung sein.
5. Die Landschaftsverbände sind Träger von Förderschulen. Sie sind berechtigt, Schulen für Kranke zu errichten und fortzuführen.
Den Landschaftsverbänden kann die Förderung von Einrichtungen und Maßnahmen öffentlicher und freier Träger einschließlich der Ausführung des Landeshaushalts vom Fachminister im Rahmen der von ihm erlassenen Richtlinien und Weisungen übertragen werden; insoweit haben sie gegenüber dem Land Vorsatz und grobe Fahrlässigkeit zu vertreten.

b) Landschaftliche Kulturpflege

Den Landschaftsverbänden obliegen
1. Aufgaben der allgemeinen landschaftlichen Kulturpflege,
2. Aufgaben der Denkmalpflege,
3. Aufgaben der Pflege und Förderung der Heimatmuseen und des Archivwesens,
4. die Unterhaltung von Landesmuseen und Landesmedienzentren.

c) Kommunalwirtschaft
1. Die Landschaftsverbände können sich gemäß den Regelungen des Statuts der Ersten Abwicklungsanstalt an dieser Anstalt beteiligen.
2. Die Landschaftsverbände können sich an Versorgungs- und Verkehrsunternehmen mit regionaler Bedeutung beteiligen. Darüber hinaus ist eine Beteiligung der Landschaftsverbände an Unternehmen im Bereich der Erzeugung erneuerbarer Energien zulässig, wenn auch die Belegenheitskommune der Energieerzeugungsanlage an dem Unternehmen mit mindestens fünf Prozent unmittelbar oder mittelbar beteiligt ist.
3. Den Landschaftsverbänden obliegt die Geschäftsführung der kommunalen Versorgungskassen.
4. Die Landschaftsverbände können eine unmittelbare oder mittelbare Gewährträgerschaft über die Lippische Landesbrandversicherungsanstalt übernehmen oder sich unmittelbar oder mittelbar an einer Lippischen Landes-Brandversicherungs-Aktiengesellschaft beteiligen.
5. Der Landschaftsverband Westfalen-Lippe kann sich an der Provinzial NordWest Holding AG beteiligen, der Landschaftsverband Rheinland kann <die Gewährträgerschaft über die Provinzial Rheinland Holding übernehmen. Die Landschaftsverbände können sich unmittelbar oder mittelbar an den Provinzial Versicherungs-Aktiengesellschaften beteiligen, auch wenn das jeweilige Geschäftsgebiet außerhalb des in § 3 genannten Gebietes liegt.

(2) Der Landschaftsverband Rheinland ist Träger der LVR-Klinik für Orthopädie in Viersen.

(3) Zur Wahrung der kulturellen Belange des früheren Landes Lippe ist der Landschaftsverband Westfalen-Lippe verpflichtet, mit dem Landesverband Lippe im Rahmen der allgemeinen landschaftlichen Kulturpflege, insbesondere der Bodendenkmalpflege, sowie bei Errichtung, Ausbau

und Unterhaltung Lippischer Kulturinstitute zusammenzuarbeiten. Die Einzelheiten der Zusammenarbeit und ihre Finanzierung sind zwischen den beiden Verbänden zu vereinbaren.

(4) Der Landschaftsverband Westfalen-Lippe kann nach Maßgabe besonderer Vereinbarungen der Westfälischen landwirtschaftlichen Berufsgenossenschaft und der Westfälischen landwirtschaftlichen Alterskasse Personal zur Erledigung ihrer Aufgaben zur Verfügung stellen.

(5) Neue Aufgaben können den Landschaftsverbänden nur durch Gesetz oder aufgrund eines Gesetzes übertragen werden. Soweit ihnen dadurch zusätzliche Lasten erwachsen, ist gleichzeitig die Aufbringung der Mittel zu regeln.

(6) Die Landschaftsverbände können für eine oder mehrere Mitgliedskörperschaften auf Antrag gegen ein aufwanddeckendes Entgelt befristet kommunale Tätigkeiten für ihr Gemeindegebiet (örtliche Angelegenheiten) durchführen. Vor Ablauf der Befristung ist eine Kündigung nur aus wichtigem Grund zulässig. Die Durchführung dieser Tätigkeiten lässt die gesetzliche Aufgabenträgerschaft der Mitgliedskörperschaft unberührt.

§ 5a
Geheimhaltung

Die Landschaftsverbände sind verpflichtet, Angelegenheiten der zivilen Verteidigung, die auf Anordnung der zuständigen Behörde oder ihrem Wesen nach gegen die Kenntnis Unbefugter geschützt werden müssen, geheimzuhalten. Sie haben hierbei Weisungen der Landesregierung auf dem Gebiet des Geheimschutzes zu beachten.

§ 5b
Gleichstellung von Frau und Mann

(1) Zur Verwirklichung des Verfassungsgebots der Gleichberechtigung von Frau und Mann bestellen die Landschaftsverbände hauptamtlich tätige Gleichstellungsbeauftragte.

(2) Die Gleichstellungsbeauftragte wirkt bei allen Vorhaben und Maßnahmen des Landschaftsverbandes mit, die die Belange von Frauen berühren oder Auswirkungen auf die Gleichberechtigung von Frau und Mann und die Anerkennung ihrer gleichberechtigten Stellung in der Gesellschaft haben.

(3) Die Gleichstellungsbeauftragte kann in Angelegenheiten ihres Aufgabenbereiches an den Sitzungen des Landschaftsausschusses, der Landschaftsversammlung und ihrer Fachausschüsse teilnehmen. Ihr ist auf Wunsch das Wort zu erteilen. Sie kann die Öffentlichkeit über Angelegenheiten ihres Aufgabenbereichs unterrichten.

(4) Die Gleichstellungsbeauftragte kann in Angelegenheiten, die ihren Aufgabenbereich berühren, den Beschlussvorlagen des Direktors des Landschaftsverbandes widersprechen; in diesem Fall hat der Vorsitzende der Landschaftsversammlung diese zu Beginn der Beratung auf den Widerspruch und seine wesentlichen Gründe hinzuweisen.

(5) Das Nähere zu den Absätzen 2 bis 4 regelt die Satzung.

(6) Die Funktionsbezeichnungen dieses Gesetzes werden in weiblicher oder männlicher Form geführt.

§ 6
Satzungen

(1) Die Landschaftsverbände können ihre Angelegenheiten durch Satzungen regeln, soweit die Gesetze nicht etwas anderes bestimmen.

(2) Satzungen sind im Gesetz- und Verordnungsblatt für das Land Nordrhein-Westfalen öffentlich bekanntzumachen. Satzungen können auch durch Bereitstellung im Internet entsprechend der Bekanntmachungsverordnung vom 26. August 1999 (GV. NRW. S. 516) in der jeweils geltenden Fassung mit der Maßgabe bekannt gemacht werden, dass auf die erfolgte Bereitstellung

und die Internetadresse nachrichtlich im Ministerialblatt für das Land Nordrhein-Westfalen hinzuweisen ist. Sie treten, wenn kein anderer Zeitpunkt in der Satzung bestimmt ist, am Tage nach ihrer Bekanntmachung in Kraft.

(3) Die Verletzung von Verfahrens- oder Formvorschriften dieses Gesetzes kann gegen Satzungen nach Ablauf von sechs Monaten seit ihrer Verkündung nicht mehr geltend gemacht werden, es sei denn,

a) eine vorgeschriebene Genehmigung fehlt oder ein vorgeschriebenes Anzeigeverfahren wurde nicht durchgeführt,
b) die Satzung ist nicht ordnungsgemäß öffentlich bekannt gemacht worden,
c) der Direktor des Landschaftsverbandes hat den Beschluß der Landschaftsversammlung vorher beanstandet oder
d) der Form- oder Verfahrensmangel ist gegenüber dem Landschaftsverband vorher gerügt und dabei die verletzte Rechtsvorschrift und die Tatsache bezeichnet worden, die den Mangel ergibt.

Bei der öffentlichen Bekanntmachung der Satzung ist auf die Rechtsfolgen nach Satz 1 hinzuweisen.

(4) Die Landschaftsverbände bestimmen durch Satzung die Form der öffentlichen Bekanntmachung für sonstige durch Rechtsvorschrift vorgeschriebene öffentliche Bekanntmachungen, soweit nicht andere Rechtsvorschriften hierüber besondere Regelungen enthalten.

3. Abschnitt
Landschaftsversammlung, Landschaftsausschuß, Direktor des Landschaftsverbandes

§ 7
Zuständigkeiten der Landschaftsversammlung

(1) Die Landschaftsversammlung beschließt über

a) die allgemeinen Grundsätze, nach denen die Verwaltung geführt werden soll,
b) die Wahl der Mitglieder des Landschaftsausschusses und der Fachausschüsse,
c) die Wahl des Direktors des Landschaftsverbandes und der Landesräte,
d) den Erlaß, die Änderung und die Aufhebung von Satzungen des Landschaftsverbandes,
e) den Erlass der Haushaltssatzung, die Landschaftsumlage, die Feststellung des Jahresabschlusses und die Entlastung sowie die Bestätigung des Gesamtabschlusses, sofern ein Gesamtabschluss nicht erstellt wird, die Beschlussfassung über den Beteiligungsbericht,
f) die Festlegung strategischer Ziele unter Berücksichtigung der Ressourcen.

(2) Die Landschaftsversammlung kann sich die Beratung und Entscheidung von Angelegenheiten, für die der Landschaftsausschuß zuständig ist (§ 11 Abs. 1), vorbehalten.

§ 7a
Auskunft und Akteneinsicht

(1) Die Landschaftsversammlung und der Landschaftsausschuß sind durch ihren Vorsitzenden über alle wichtigen Angelegenheiten des Landschaftsverbandes zu unterrichten. Der Vorsitzende der Landschaftsversammlung kann von dem Direktor des Landschaftsverbandes jederzeit Auskunft und Akteneinsicht über alle Angelegenheiten des Landschaftsverbandes verlangen.

(2) Die Vorsitzenden der Fachausschüsse können vom Direktor des Landschaftsverbandes jederzeit Auskunft über die Angelegenheiten verlangen, die zum Aufgabenbereich ihres Ausschusses gehören. Sie haben das Recht auf Akteneinsicht, soweit es durch Satzung geregelt ist.

(3) Die Landschaftsversammlung und der Landschaftsausschuß können im Rahmen ihrer Zuständigkeiten nach §§ 7 und 11 vom Direktor des Landschaftsverbandes Einsicht in die Akten durch einen von ihnen bestimmten Fachausschuß oder einzelne von ihnen beauftragte Mitglieder verlangen.

(4) In Einzelfällen muß auf Beschluß der Landschaftsversammlung oder auf Verlangen eines Fünftels ihrer Mitglieder oder einer Fraktion auch einem einzelnen, von den Antragstellern jeweils zu benennenden Mitglied Akteneinsicht gewährt werden. Diese Bestimmung gilt für den Landschaftsausschuß und seine Mitglieder entsprechend. Einem einzelnen, von den Antragstellern zu benennenden Mitglied eines Fachausschusses steht ein Akteneinsichtsrecht nuraufgrund eines Beschlusses des Fachausschusses zu.

§ 7b
Bildung der Landschaftsversammlung

(1) Die Vertretungen der Mitgliedskörperschaften wählen in geheimer Wahl innerhalb von sechs Wochen nach Beginn ihrer Wahlzeit die Mitglieder der Landschaftsversammlung. Jedes Mitglied der Vertretung einer Mitgliedskörperschaft hat zwei Stimmen, eine Erststimme für die Wahl der auf die Mitgliedskörperschaft entfallenden Mitglieder und Ersatzmitglieder sowie eine Zweitstimme für die Wahl der für das Gebiet des Landschaftsverbandes aufgestellten Reserveliste einer Partei oder Wählergruppe. Wählbar sind die Mitglieder der Vertretungen und die Bediensteten der Mitgliedskörperschaften sowie der kreisangehörigen Gemeinden. Über die Reservelisten sind auch auf Reservelisten für die allgemeinen Wahlen zu den Vertretungen der Mitgliedskörperschaften benannte Bewerber wählbar. Bedienstete des öffentlichen Dienstes des Landschaftsverbandes dürfen nicht Mitglieder der Landschaftsversammlung oder eines Fachausschusses sein; diese Einschränkung gilt nicht für Inhaber eines Ehrenamtes.

(2) Auf jede Mitgliedskörperschaft entfällt bis zu einer Einwohnerzahl von 100 000 ein Mitglied. Für jede weiteren 100 000 Einwohner sowie für eine Resteinwohnerzahl von mehr als 50 000 ist je ein weiteres Mitglied zu wählen. Ist nur ein Mitglied zu wählen, so darf nur ein Mitglied der Vertretung gewählt werden. Gewählt ist, wer die meisten Stimmen erhält. Bei Stimmengleichheit entscheidet das vom Vorsitzenden der Vertretung zu ziehende Los. Sind mehrere Mitglieder zu wählen, so dürfen nicht mehr Bediensteten als Mitglieder der Vertretung gewählt werden. Es findet eine Listenwahl nach dem Verfahren der mathematischen Proportion statt. Danach entfallen auf jede Liste zunächst so viele Sitze, wie ganze Zahlen auf sie entfallen. Danach zu vergebende Sitze sind in der Reihenfolge der höchsten Zahlenbruchteile zuzuteilen; bei gleichen Zahlenbruchteilen entscheidet das von dem Wahlleiter zu ziehende Los. Für jedes zu wählende Mitglied wird zugleich ein Ersatzmitglied gewählt.

(3) Bei der Wahl der Reservelisten kann die Zweitstimme für eine Liste oder nur für einen einzelnen Bewerber einer Liste abgegeben werden. Die Zahl der auf die einzelnen Bewerber in der Reserveliste entfallenen Zweitstimmen bestimmt die Reihenfolge der Wahl aus der Reserveliste. Die übrigen Bewerber folgen in der Reihenfolge der Liste.

(4) Entspricht die Sitzverteilung in der Landschaftsversammlung aufgrund des Erststimmenergebnisses (Absatz 2) nicht dem Ergebnis, das sich bei einer Sitzverteilung nach dem Verfahren der mathematischen Proportion auf der Grundlage der von den Parteien und Wählergruppen bei den letzten allgemeinen Wahlen zu den Vertretungen der Mitgliedskörperschaften erzielten gültigen Stimmen ergeben würde, so ist eine neue Ausgangszahl für die Verteilung weiterer Sitze (Verhältnisausgleich) zu bilden. Dazu wird die Zahl der nach Absatz 2 errungenen Sitze derjenigen Partei- oder Wählergruppe, die das günstigste Verhältnis der Sitze zu der auf sie entfallenen Stimmenzahl erreicht hat, mit der Gesamtzahl der gültigen Stimmen vervielfältigt und durch die Stimmenzahl dieser Partei oder Wählergruppe geteilt. Aufgrund der neuen Ausgangszahl werden für die Parteien und Wählergruppen nach dem Verfahren der mathematischen Proportion neue Zuteilungszahlen errechnet und ihnen die an diesen Zahlen noch fehlenden Sitze aus den Reservelisten in der sich nach Absatz 3 ergebenden Reihenfolge zugewiesen. Dabei werden Bewerber, die bereits nach Absatz 2 gewählt worden sind, nicht berücksichtigt. Bei den Berechnungen nach den Sätzen 1 bis 3 bleiben die Stimmenzahlen solcher Parteien oder Wählergruppen außer Betracht, für die keine Reserveliste eingereicht worden ist. Sie nehmen am Verhältnisausgleich

nicht teil. Die Zahl der aus den Reservelisten höchstens zuzuweisenden Mitglieder darf die Zahl der nach Absatz 2 festzustellenden Zahl der von den Mitgliedskörperschaften direkt zu wählenden Mitglieder und Ersatzmitglieder um nicht mehr als die Hälfte übersteigen. Wird nach Bildung der neuen Ausgangszahl nach Satz 1 die Anzahl der nach Satz 7 aus den Reservelisten höchstens zuzuweisenden Mitglieder überschritten, bleibt die Partei oder Wählergruppe mit dem günstigsten Verhältnis der Sitze zu der auf sie entfallenen Stimmenzahl unberücksichtigt und nimmt an dem erneut durchzuführenden Verhältnisausgleich nicht teil. Die Ausgangszahl ist solange neu zu bilden, bis die nach Satz 7 aus den Reservelisten höchstens zuzuweisende Anzahl der Mitglieder nicht überschritten wird.

(5) Die Reservelisten sind von den für das Gebiet der Landschaftsverbände zuständigen Landesleitungen der Parteien und Wählergruppen, die in mindestens einer der Vertretungen der Mitgliedskörperschaften vertreten sind, bis zum 22. Tag nach dem Wahltag der allgemeinen Kommunalwahlen dem Direktor des Landschaftsverbandes einzureichen. Dieser leitet nach Zulassung je eine Ausfertigung der Reservelisten den Vertretungen der Mitgliedskörperschaften unverzüglich zu. Als Bewerber kann in einer Reserveliste nur benannt werden, wer in einer Mitglieder- oder Vertreterversammlung der Partei oder Wählergruppe des Wahlgebietes hierzu gewählt worden ist.

(6) Scheidet ein mit Erststimmen gewähltes Mitglied aus der Landschaftsversammlung aus, so rückt das für diesen Fall gewählte Ersatzmitglied nach. Scheidet auch das nachgerückte Mitglied aus, so ist, falls es für eine Partei oder Wählergruppe aufgestellt war, sein Nachfolger aus der Reserveliste dieser Partei oder Wählergruppe in der sich nach Absatz 3 ergebenden Reihenfolge zu berufen. Das gleiche gilt, wenn ein aus der Reserveliste gewähltes Mitglied aus der Landschaftsversammlung ausscheidet. Der Direktor des Landschaftsverbandes stellt den Nachfolger fest und macht dies öffentlich bekannt.

(7) Werden Mitgliedskörperschaften, kreisangehörige Gemeinden oder ihre Vertretungen aufgelöst oder wird eine kreisfreie Stadt in einen Kreis eingegliedert, so gelten die Mitglieder der Vertretungen und die Bediensteten bis zum Zusammentritt der im jeweils betroffenen Gebiet neu zu wählenden Vertretung als wählbar gemäß Absatz 1. Entsprechendes gilt im Falle einer Wiederholungswahl.

(8) Finden in einer Mitgliedskörperschaft Wiederholungswahlen im ganzen Wahlgebiet statt oder wird im Laufe der allgemeinen Wahlzeit die Vertretung einer Mitgliedskörperschaft neu gewählt, so sind

a) die mit Erststimmen in dieser Mitgliedskörperschaft gewählten Mitglieder und Ersatzmitglieder neu zu wählen,
b) die Sitze nach Absatz 4 unter Berücksichtigung der bei der Wiederholungswahl oder bei der Neuwahl erzielten gültigen Stimmen neu zu errechnen und zuzuweisen.

Soweit Mitglieder neu zu wählen oder Sitze neu zu errechnen und zuzuweisen sind, verlieren die bisherigen Mitglieder ihren Sitz spätestens im Zeitpunkt der Neuwahl oder im Zeitpunkt der Neuzuweisung.

(9) Die Wahlzeit der Landschaftsversammlung endet mit dem Ablauf der allgemeinen Wahlzeit der Mitgliedskörperschaften.

§ 8
Einberufung und Zusammentritt der Landschaftsversammlung

(1) Die Landschaftsversammlung tritt spätestens am dreißigsten Tage nach ihrer Wahl zusammen; sie wird von dem bisherigen Vorsitzenden einberufen.

(2) Die Landschaftsversammlung muß jährlich einmal zusammentreten. Sie wird vom Vorsitzenden unter Bekanntgabe der Tagesordnung einberufen. Auf Antrag von mindestens einem Fünftel der Mitglieder oder einer Fraktion muß die Landschaftsversammlung einberufen werden.

(3) Die Ladungsfrist, die Form der Einberufung und die Geschäftsführung werden durch die Geschäftsordnung geregelt, soweit nichtin diesem Gesetz Vorschriften hierüber getroffen sind. Die Landschaftsversammlung regelt in der Geschäftsordnung Inhalt und Umfang des Fragerechts der Mitglieder der Landschaftsversammlung.

§ 8a
Wahl des Vorsitzenden der Landschaftsversammlung und seiner Stellvertreter

(1) Die Landschaftsversammlung wählt für die Dauer ihrer Wahlzeit aus ihrer Mitte ohne Aussprache den Vorsitzenden der Landschaftsversammlung und zwei Stellvertreter. Sie kann weitere Stellvertreter wählen.

(2) Bei der Wahl des Vorsitzenden der Landschaftsversammlung und seiner Stellvertreter wird nach den Grundsätzen der Verhältniswahl in einem Wahlgang geheim abgestimmt. Dabei sind die Wahlstellen auf die Wahlvorschläge der Fraktionen und Gruppen der Landschaftsversammlung nach der Reihenfolge der Höchstzahlen zu verteilen, die sich durch Teilung der auf die Wahlvorschläge entfallenden Stimmenzahlen durch 1, 2, 3 und so weiter ergeben. Vorsitzender der Landschaftsversammlung ist, wer an erster Stelle des Wahlvorschlags steht, auf den die erste Höchstzahl entfällt, erster Stellvertreter, wer an vorderster noch nicht in Anspruch genommener Stelle des Wahlvorschlags steht, auf den die zweite Höchstzahl entfällt, zweiter Stellvertreter, wer an vorderster noch nicht in Anspruch genommener Stelle des Wahlvorschlags steht, auf den die dritte Höchstzahl entfällt usw. Zwischen Wahlvorschlägen mit gleichen Höchstzahlen findet eine Stichwahl statt; bei Stimmengleichheit entscheidet das vom Altersvorsitzenden zu ziehende Los. Nimmt ein gewählter Bewerber die Wahl nicht an, so ist gewählt, wer an nächster Stelle desselben Wahlvorschlags steht. Ist ein Wahlvorschlag erschöpft, tritt an seine Stelle der Wahlvorschlag mit der nächsten Höchstzahl. Scheidet der Vorsitzende der Landschaftsversammlung oder ein Stellvertreter während der Wahlzeit aus, ist der Nachfolger für den Rest der Wahlzeit ohne Aussprache in geheimer Abstimmung in entsprechender Anwendung des § 50 Abs. 2 der Gemeindeordnung zu wählen.

(3) Der Vorsitzende der Landschaftsversammlung wird von dem Altersvorsitzenden, seine Stellvertreter und die übrigen Mitglieder der Landschaftsversammlung werden vom Vorsitzenden eingeführt und in feierlicher Form zur gesetzmäßigen und gewissenhaften Wahrnehmung ihrer Aufgaben verpflichtet.

(4) Die Landschaftsversammlung kann ihren Vorsitzenden abberufen. Der Antrag kann nur von der Mehrheit der gesetzlichen Zahl der Mitglieder gestellt werden. Zwischen dem Eingang des Antrags und der Sitzung der Landschaftsversammlung muß eine Frist von wenigstens zwei Tagen liegen. Über den Antrag ist ohne Aussprache abzustimmen. Der Beschluß über die Abberufung bedarf einer Mehrheit von zwei Dritteln der gesetzlichen Zahl der Mitglieder. Der Nachfolger ist innerhalb einer Frist von zwei Wochen ohne Aussprache in geheimer Abstimmung in entsprechender Anwendung des § 50 Abs. 2 der Gemeindeordnung zu wählen. Diese Vorschriften gelten für die Stellvertreter entsprechend.

(5) Der Altersvorsitzende leitet die Sitzung bei der Wahl des Vorsitzenden der Landschaftsversammlung und seiner Stellvertreter sowie bei Entscheidungen, die vorher getroffen werden müssen. Dies gilt auch für die Abberufung des Vorsitzenden der Landschaftsversammlung und seiner Stellvertreter.

§ 8b
Einberufung von Sitzungen in besonderen Ausnahmefällen

§ 47a der Gemeindeordnung für das Land Nordrhein-Westfalen gilt für die Einberufung der Landschaftsversammlung, des Landschaftsausschusses und der Fachausschüsse in besonderen Ausnahmefällen entsprechend.

§ 9
Sitzungen der Landschaftsversammlung

(1) Die Sitzungen der Landschaftsversammlung sind öffentlich. Personenbezogene Daten dürfen offenbart werden, soweit nicht schützenswerte Interessen einzelner oder Belange des öffentlichen Wohls überwiegen; erforderlichenfalls ist die Öffentlichkeit auszuschließen. § 48 Absatz 4 der Gemeindeordnung für das Land Nordrhein-Westfalen gilt entsprechend.

(2) Der Vorsitzende setzt nach Benehmen mit demDirektor des Landschaftsverbandes die Tagesordnung fest. Er hat dabei Vorschläge aufzunehmen, die ihm innerhalb einer in der Geschäftsordnung zu bestimmenden Frist von einem Fünftel der Mitglieder der Landschaftsversammlung oder einer Fraktion vorgelegt werden. Zeit und Ort der Sitzung sowie die Tagesordnung sind öffentlich bekanntzumachen.

(3) Das für Kommunales zuständige Ministerium und seine Beauftragten sind berechtigt, an den Beratungen teilzunehmen. Das für Kommunales zuständige Ministerium ist von der Einberufung der Landschaftsversammlung unter Bekanntgabe der Tagesordnung rechtzeitig zu benachrichtigen.

(4) Über die Verhandlungen und Beschlüsse der Landschaftsversammlung ist eine Niederschrift aufzunehmen. Diese wird vom Vorsitzenden und einem Schriftführer unterzeichnet, den die Landschaftsversammlung bestellt.

§ 10
Beschlußfähigkeit der Landschaftsversammlung, Abstimmungen

(1) Die Landschaftsversammlung ist beschlußfähig, wenn mehr als die Hälfte ihrer Mitglieder anwesend ist. Sie gilt als beschlußfähig, solange ihre Beschlußunfähigkeit nicht festgestellt worden ist.

(2) Ist eine Angelegenheit wegen Beschlußunfähigkeit der Landschaftsversammlung zurückgestellt worden und wird die Landschaftsversammlung zum zweiten Male zur Verhandlung über denselben Gegenstand einberufen, so ist sie ohne Rücksicht auf die Zahl der Erschienenen beschlußfähig. Bei der zweiten Ladung muß auf diese Bestimmung ausdrücklich hingewiesen werden.

(3) Beschlüsse werden mit Stimmenmehrheit gefasst, soweit das Gesetz nichts anderes vorschreibt. Bei Stimmengleichheit gilt ein Antrag als abgelehnt. Bei der Beschlussfassung wird offen abgestimmt. Auf Antrag einer in der Geschäftsordnung zu bestimmenden Zahl von Mitgliedern der Landschaftsversammlung ist namentlich abzustimmen. Auf Antrag mindestens eines Fünftels der Mitglieder der Landschaftsversammlung ist geheim abzustimmen. Zum selben Tagesordnungspunkt hat ein Antrag auf geheime Abstimmung Vorrang gegenüber einem Antrag auf namentliche Abstimmung. Die Geschäftsordnung kann weitere Regelungen treffen.

(4) Wahlen werden, wenn das Gesetz nichts anderes bestimmt oder wenn niemand widerspricht, durch offene Abstimmung, sonst durch Abgabe von Stimmzetteln, vollzogen. Gewählt ist die vorgeschlagene Person, die mehr als die Hälfte der gültigen Stimmen erhalten hat. Nein-Stimmen gelten als gültige Stimmen. Erreicht niemand mehr als die Hälfte der Stimmen, so findet zwischen den Personen, welche die beiden höchsten Stimmenzahlen erreicht haben, eine engere Wahl statt. Gewählt ist, wer in dieser engeren Wahl die meisten Stimmen auf sich vereinigt. Bei Stimmengleichheit entscheidet das Los.

(5) Die Besetzung der Ausschüsse erfolgt in entsprechender Anwendung des § 50 Abs. 3 der Gemeindeordnung.

(6) Hat die Landschaftsversammlung in anderen Fällen zwei oder mehr gleichartige Stellen zu besetzen, die nicht hauptberuflich wahrgenommen werden, oder für solche Stellen zwei oder mehr Bewerber vorzuschlagen, ist Absatz 4 entsprechend anzuwenden. Scheidet eine Person vorzeitig aus dem Gremium aus, für das sie bestellt oder vorgeschlagen worden war, wählt die Landschaftsversammlung den Nachfolger für die restliche Zeit in entsprechender Anwendung des § 50 Abs. 2 der Gemeindeordnung.

(7) Bei Beschlüssen und Wahlen zählen Stimmenthaltungen und ungültige Stimmen zur Feststellung der Beschlussfähigkeit, nicht aber zur Berechnung der Mehrheit mit.

§ 11
Befugnisse des Landschaftsausschusses

(1) Der Landschaftsausschuß beschließt über alle nicht der Landschaftsversammlung vorbehaltenen Angelegenheiten, soweit es sich nicht um Geschäfte der laufenden Verwaltung handelt. Er hat insbesondere

a) die Beschlüsse der Landschaftsversammlung vorzubereiten und durchzuführen,
b) die Tätigkeit der Ausschüsse zu überwachen und aufeinander abzustimmen,
c) die Verwaltungsführung des Direktors des Landschaftsverbandes zu überwachen.

(2) Der Landschaftsausschuß kann den Fachausschüssen (§ 13) bestimmte Angelegenheiten ihres Geschäftsbereichs zur selbständigen Entscheidung übertragen. Er kann Entscheidungen der Fachausschüsse aufheben oder ändern. Beschlüsse der Fachausschüsse, die von weniger als zwei Dritteln der anwesenden stimmberechtigten Mitglieder gefaßt worden sind, bedürfen der Zustimmung des Landschaftsausschusses.

(3) Der Landschaftsausschuß kann die Erledigung einzelner Verwaltungsaufgaben dem Direktor des Landschaftsverbandes übertragen.

(4) Nach Ablauf der Wahlzeit der Landschaftsversammlung übt der Landschaftsausschuß seine Tätigkeit bis zum Zusammentritt der neugewählten Landschaftsversammlung aus.

§ 12
Bildung des Landschaftsausschusses

(1) Der Landschaftsausschuß besteht aus dem Vorsitzenden der Landschaftsversammlung als Vorsitzenden und höchstens sechzehn weiteren Mitgliedern der Landschaftsversammlung. Für jedes Mitglied ist ein Stellvertreter zu wählen. Die Stellvertreter können sich untereinander vertreten, wenn die Landschaftsversammlung die Reihenfolge festgelegt hat.

(2) Die Mitglieder des Landschaftsausschusses und ihre Stellvertreter werden für die Dauer der Wahlzeit der Landschaftsversammlung nach § 10 Abs. 4 gewählt. Scheidet ein Mitglied oder ein Stellvertreter aus dem Landschaftsausschuß aus, so wählt die Landschaftsversammlung auf Vorschlag derjenigen Gruppe, die den Ausgeschiedenen vorgeschlagen hatte, einen Nachfolger; ist die Gruppe zu einem Vorschlag nicht in der Lage oder gehörte das Mitglied oder der Stellvertreter keiner Gruppe an, so bleibt der Sitz unbesetzt.

(3) Fraktionen, auf deren Wahlvorschlag bei der Besetzung des Landschaftsausschusses nach Absatz 2 Satz 1 Wahlstellen nicht entfallen und die in dem Landschaftsausschuß nicht vertreten sind, sind berechtigt, ein Mitglied der Landschaftsversammlung oder einen sachkundigen Bürger im Sinne des § 13 Abs. 3 Satz 2 zu benennen. Das benannte Mitglied der Landschaftsversammlung oder der benannte sachkundige Bürger wird von der Landschaftsversammlung zum Mitglied des Landschaftsausschusses bestellt. Sie wirken in dem Landschaftsausschuß mit beratender Stimme mit. Bei der Zusammensetzung und der Berechnung der Beschlußfähigkeit des Landschaftsausschusses werden sie nicht mitgezählt.

§ 13
Bildung und Befugnisse der Fachausschüsse

(1) Zur Entlastung des Landschaftsausschusses sind Fachausschüsse für folgende Geschäftsbereiche zu bilden:

a) Finanzwesen,
b) Soziale Aufgaben und Gesundheitsangelegenheiten,
c) landschaftliche Kulturpflege,
d) Kommunalwirtschaft.

Außerdem sind die nach Gesetz oder Satzung für bestimmte Anstalten und Einrichtungen vorgesehenen besonderen Ausschüsse zu bilden.

(2) Die Landschaftsversammlung kann durch Satzung bestimmen, daß für weitere Geschäftsbereiche Fachausschüsse gebildet werden.

(3) Die Vorsitzenden der Fachausschüsse müssen der Landschaftsversammlung, die Vorsitzenden der Fachausschüsse nach Absatz 1a bis d und Absatz 2 sollen auch dem Landschaftsausschuß angehören. Zu den Mitgliedern der Fachausschüsse können außer den Mitgliedern der Landschaftsversammlung auch andere Bürger aus dem Gebiet des Landschaftsverbandes gewählt werden, die durch Fachwissen oder Verwaltungserfahrung besondere Eignung hierfür aufweisen. Ihre Zahl darf die der Mitglieder der Landschaftsversammlung in den einzelnen Fachausschüssen nicht erreichen. Die Zusammensetzung der Fachausschüsse wird durch Satzung geregelt; die Abgrenzung ihrer Zuständigkeiten bestimmt der Landschaftsausschuß, soweit nicht in diesem oder einem anderen Gesetz oder in Satzungen Vorschriften hierüber getroffen sind. Soweit die Landschaftsversammlung stellvertretende Ausschußmitglieder bestellt, ist die Reihenfolge der Vertretung zu regeln. Auf die Fachausschüsse findet § 12 Abs. 3 entsprechende Anwendung.

(4) Haben sich die Fraktionen über die Verteilung der Ausschußvorsitze geeinigt und wird dieser Einigung nicht von einem Fünftel der Mitglieder der Landschaftsversammlung widersprochen, so bestimmen die Fraktionen die Ausschußvorsitzenden aus der Mitte der den Fachausschüssen angehörenden stimmberechtigten Mitgliedern der Landschaftsversammlung. Soweit eine Einigung nicht zustande kommt, werden den Fraktionen die Ausschußvorsitze in der Reihenfolge der Höchstzahlen zugeteilt, die sich durch Teilung der Mitgliederzahlen der Fraktionen durch 1, 2, 3 usw. ergeben; mehrere Fraktionen können sich zusammenschließen. Bei gleichen Höchstzahlen entscheidet das Los, das der Vorsitzende der Landschaftsversammlung zu ziehen hat. Die Fraktionen benennen die Ausschüsse, deren Vorsitz sie beanspruchen, in der Reihenfolge der Höchstzahlen und bestimmen die Vorsitzenden. Scheidet ein Ausschußvorsitzender während der Wahlzeit aus, bestimmt die Fraktion, der er angehört, einen Nachfolger. Die Sätze 1 bis 5 gelten für stellvertretende Vorsitzende entsprechend.

(5) Werden Ausschüsse während der Wahlzeit neu gebildet, aufgelöst oder ihre Aufgaben wesentlich verändert, ist das Verfahren nach Absatz 4 zu wiederholen.

(6) Die Fachausschüsse haben beratende Befugnis, soweit ihnen nicht bestimmte Angelegenheiten ihres Geschäftsbereichs zur selbständigen Entscheidung übertragen worden sind (§ 11 Abs. 2).

§ 13a
Hybride Sitzungen der Fachausschüsse

§ 58a der Gemeindeordnung für das Land Nordrhein-Westfalen gilt für die Fachausschüsse entsprechend.

§ 14
Sitzungen und Beschlußfassung des Landschaftsausschusses und der Fachausschüsse

(1) Der Landschaftsausschuß und die Fachausschüsse werden von ihren Vorsitzenden einberufen, sooft es die Geschäfte erfordern. Hierbei ist die Tagesordnung, die von den Vorsitzenden im Benehmen mit dem Direktor des Landschaftsverbandes festgesetzt wird, bekanntzugeben. Die Einberufung muß erfolgen, wenn wenigstens ein Fünftel der Mitglieder oder eine Fraktion es unter Angabe der Beratungspunkte in Textform nach § 126b des Bürgerlichen Gesetzbuches beantragen. § 8 Abs. 3 gilt entsprechend.

(2) Für die Sitzungen des Landschaftsausschusses und der Fachausschüsse gilt § 9 Abs. 1 und 4 entsprechend. Durch die Geschäftsordnung kann die Öffentlichkeit für Angelegenheiten einer bestimmten Art ausgeschlossen werden. Auf Antrag eines Ausschußmitgliedes oder auf Vorschlag

des Direktors des Landschaftsverbandes kann für einzelne Angelegenheiten die Öffentlichkeit ausgeschlossen werden. Anträge und Vorschläge auf Ausschluß der Öffentlichkeit dürfen nur in nichtöffentlicher Sitzung begründet und beraten werden. Falls dem Antrag oder dem Vorschlag stattgegeben wird, ist die Öffentlichkeit in geeigneter Weise zu unterrichten, daß in nichtöffentlicher Sitzung weiter verhandelt wird. Der Vorsitzende der Landschaftsversammlung hat das Recht, mit beratender Stimme an den Sitzungen der Ausschüsse teilzunehmen; ihm ist auf Verlangen jederzeit das Wort zu erteilen. Mitglieder der Landschaftsversammlung, die nicht gleichzeitig dem Landschaftsausschuß angehören, und Mitglieder der Fachausschüsse können nach Maßgabe der Geschäftsordnung an den nichtöffentlichen Sitzungen des Landschaftsausschusses als Zuhörer teilnehmen. Die Teilnahme als Zuhörer begründet keinen Anspruch auf Ersatz des Verdienstausfalls und auf Zahlung von Sitzungsgeld.

(3) § 10 ist entsprechend anzuwenden.

§ 15
Pflichten der Mitglieder der Landschaftsversammlung, des Landschaftsausschusses und der Fachausschüsse

(1) Die Mitglieder der Landschaftsversammlung, des Landschaftsausschusses und der Fachausschüsse handeln ausschließlich nach dem Gesetz und ihrer freien, nur durch die Rücksicht auf das öffentliche Wohl bestimmten Überzeugung. Sie sind an Aufträge nicht gebunden.

(2) Für die Tätigkeit als Mitglied der Landschaftsversammlung, des Landschaftsausschusses oder eines Fachausschusses gelten die Vorschriften der §§ 30 bis 32 der Gemeindeordnung mit folgenden Maßgaben entsprechend:

1. Die Pflicht zur Verschwiegenheit kann ihnen gegenüber nicht vom Direktor des Landschaftsverbandes angeordnet werden;
2. die Genehmigung, als Zeuge auszusagen, erteilt der Landschaftsausschuß;
3. Mitglieder der Landschaftsversammlung, des Landschaftsausschusses und der Fachausschüsse sind nicht allein deshalb von der Mitwirkung ausgeschlossen, weil sie Dienstkräfte einer Mitgliedskörperschaft oder einer kreisangehörigen Gemeinde sind, der die Entscheidung einen unmittelbaren Vorteil oder Nachteil bringen kann;
4. die Offenbarungspflicht über Ausschließungsgründe bei Mitgliedern der Landschaftsversammlung und des Landschaftsausschusses besteht gegenüber dem Vorsitzenden der Landschaftsversammlung, bei Ausschußmitgliedern gegenüber dem Ausschußvorsitzenden vor Eintritt in die Verhandlung;
5. über Ausschließungsgründe entscheidet bei Mitgliedern der Landschaftsversammlung die Landschaftsversammlung, bei Mitgliedern des Landschaftsausschusses der Landschaftsausschuß, bei Ausschußmitgliedern der Ausschuß;
6. ein Verstoß gegen die Offenbarungspflicht wird von der Landschaftsversammlung, dem Landschaftsausschuß beziehungsweise dem Ausschuß durch Beschluß festgestellt;
7. sachkundige Bürger im Sinne des § 13 Abs. 3 Satz 2 als Mitglieder von Ausschüssen können Ansprüche anderer gegen den Landschaftsverband nur dann nicht geltend machen, wenn diese in Zusammenhang mit ihren Aufgaben stehen; ob diese Voraussetzungen vorliegen, entscheidet der Ausschuß.

(3) Erleidet der Landschaftsverband infolge eines Beschlusses der Landschaftsversammlung, des Landschaftsausschusses oder der Fachausschüsse einen Schaden, so haften deren Mitglieder, wenn sie

a) in vorsätzlicher oder grob fahrlässiger Verletzung ihrer Pflicht gehandelt haben oder
b) bei der Beschlußfassung mitgewirkt haben, obwohl sie nach dem Gesetz hiervon ausgeschlossen waren und ihnen der Ausschließungsgrund bekannt war oder

c) der Bewilligung von Ausgaben zugestimmt haben, für die das Gesetz oder die Haushaltssatzung eine Ermächtigung nicht vorsieht, wenn nicht gleichzeitig die erforderlichen Deckungsmittel bereitgestellt werden.

(4) Die Mitglieder der Landschaftsversammlung, des Landschaftsausschusses und der Fachausschüsse müssen gegenüber dem Vorsitzenden der Landschaftsversammlung Auskunft über ihre wirtschaftlichen und persönlichen Verhältnisse geben, soweit das für die Ausübung ihres Mandats von Bedeutung sein kann. Die näheren Einzelheiten regelt die Landschaftsversammlung. Name, Anschrift, der ausgeübte Beruf sowie andere vergütete oder ehrenamtliche Tätigkeiten können veröffentlicht werden. Die Auskünfte sind vertraulich zu behandeln. Nach Ablauf der Wahlperiode sind die gespeicherten Daten der ausgeschiedenen Mitglieder zu löschen. § 7 des Korruptionsbekämpfungsgesetzes vom 16. Dezember 2004 (GV. NRW. 2005 S. 8) in der jeweils geltenden Fassung bleibt unberührt.

§ 16
Freistellung, Entschädigung

(1) Für die Freistellung und Entschädigung der Mitglieder der Landschaftsversammlung, des Landschaftsausschusses und der Fachausschüsse gelten die §§ 44, 45 und 133 Absatz 5 der Gemeindeordnung für das Land Nordrhein-Westfalen entsprechend.

(2) Neben den Entschädigungen, die den Mitgliedern der Landschaftsversammlung nach Absatz 1 zustehen, erhalten

1. der Vorsitzende der Landschaftsversammlung,
2. der Stellvertreter des Vorsitzenden der Landschaftsversammlung und weitere Stellvertreter,
3. Vorsitzende von Ausschüssen der Landschaftsversammlung,
4. Fraktionsvorsitzende – bei Fraktionen mit mindestens acht Mitgliedern auch ein stellvertretender Vorsitzender, mit mindestens 16 Mitgliedern auch zwei und mit mindestens 24 Mitgliedern auch drei stellvertretende Vorsitzende –

eine vom für Kommunales zuständigen Ministerium durch Rechtsverordnung festzusetzende angemessene Aufwandsentschädigung.

(3) Die Aufwandsentschädigung gemäß Absatz 2 Nummer 3 wird als monatliche Pauschale gezahlt. Die Landschaftsversammlung kann durch Satzung beschließen, dass

1. einzelne oder sämtliche Ausschüsse von der Regelung in Absatz 2 Nummer 3 ausgenommen werden,
2. die Aufwandsentschädigung abweichend von Satz 1 für einzelne oder sämtliche Ausschüsse als Sitzungsgeld gezahlt wird.

Ausnahmen nach Satz 2 kann die Landschaftsversammlung nur mit einer Mehrheit von zwei Dritteln seiner Mitglieder beschließen, dies gilt nicht, soweit die Landschaftsversammlung beschlossene Ausnahmen wieder aufhebt.

§ 16a
Fraktionen

Fraktionen sind freiwillige Vereinigungen von Mitgliedern der Landschaftsversammlung, die sich auf der Grundlage grundsätzlicher politischer Übereinstimmung zu möglichst gleichgerichtetem Wirken zusammengeschlossen haben. Eine Fraktion besteht aus mindestens drei Personen. Satz 1 gilt für Gruppen ohne Fraktionsstatus entsprechend. Eine Gruppe in der Landschaftsversammlung besteht aus mindestens zwei Personen. Im Übrigen gilt § 56 Absätze 2 bis 5 der Gemeindeordnung für das Land Nordrhein-Westfalen in der jeweils geltenden Fassung entsprechend.

§ 17
Befugnisse des Direktors des Landschaftsverbandes

(1) Der Direktor des Landschaftsverbandes hat

a) die Beschlüsse des Landschaftsausschusses und der übrigen Fachausschüsse vorzubereiten und auszuführen;
b) die ihm vom Landschaftsausschuß übertragenen Verwaltungsaufgaben zu erledigen;
c) die Geschäfte der laufenden Verwaltung zu führen;
d) den Landschaftsverband in Rechts- und Verwaltungsgeschäften gesetzlich zu vertreten.

(2) In Fällen äußerster Dringlichkeit kann der Direktor des Landschaftsverbandes Anordnungen, die einen Beschluß des Landschaftsausschusses oder eines Fachausschusses erfordern, ohne eine solche vorgängige Entscheidung im Einverständnis mit dem Vorsitzenden des Landschaftsausschusses treffen. Er hat den Landschaftsausschuß und den zuständigen Fachausschuß unverzüglich zu unterrichten. Der Landschaftsausschuß kann die Anordnungen aufheben soweit nicht schon Rechte anderer durch die Ausführung des Beschlusses entstanden sind.

(3) Vertreter des Landschaftsverbandes, die Mitgliedschaftsrechte in Organen, Beiräten oder Ausschüssen von juristischen Personen oder Personenvereinigungen wahrnehmen, werden vom Landschaftsausschuß bestellt oder vorgeschlagen. Die Vertreter des Landschaftsverbandes sind an die Beschlüsse der Landschaftsversammlung und des Landschaftsausschusses gebunden. Sie haben ihr Amt auf Beschluß des Landschaftsausschusses jederzeit niederzulegen. Die Sätze 1 bis 3 gelten nur, soweit durch Gesetz nichts anderes bestimmt ist.

(4) Absatz 3 gilt entsprechend, wenn dem Landschaftsverband das Recht eingeräumt wird, Mitglieder des Vorstands, des Aufsichtsrats oder eines gleichartigen Organs zu bestellen oder vorzuschlagen.

(5) Werden die vom Landschaftsverband bestellten oder vorgeschlagenen Personen aus dieser Tätigkeit haftbar gemacht, so hat ihnen der Landschaftsverband den Schaden zu ersetzen, es sei denn, daß sie ihn vorsätzlich oder grob fahrlässig herbeigeführt haben. Auch in diesem Fall ist der Landschaftsverband schadensersatzpflichtig, wenn die von ihm bestellten Personen nach Weisung der Landschaftsversammlung oder des Landschaftsausschusses gehandelt haben.

§ 18
Teilnahme an Sitzungen

(1) Der Direktor des Landschaftsverbandes und die Landesräte nehmen an den Sitzungen der Landschaftsversammlung und des Landschaftsausschusses mit beratender Stimme teil. Ihre Teilnahme an den Sitzungen der Fachausschüsse regelt sich nach der Tagesordnung. Sie können in Angelegenheiten ihres Geschäftsbereichs jederzeit das Wort verlangen.

(2) Zu den Sitzungen können weitere Bedienstete des Landschaftsverbandes hinzugezogen werden.

§ 19
Beanstandungsrecht

(1) Verletzt ein Beschluß der Landschaftsversammlung das geltende Recht, so hat der Direktor des Landschaftsverbandes ihn zu beanstanden. Die Beanstandung ist der Landschaftsversammlung unter Darlegung der Gründe schriftlich mitzuteilen. Sie hat aufschiebende Wirkung. Die Landschaftsversammlung hat innerhalb eines Monats nach der Beanstandung erneut über die Angelegenheit zu beschließen. Verbleibt sie bei ihrem Beschluß, so hat der Direktor des Landschaftsverbandes unverzüglich die Entscheidung der Aufsichtsbehörde einzuholen. Die aufschiebende Wirkung bleibt bestehen.

(2) Auf Beschlüsse des Landschaftsausschusses und Entscheidungen der Fachausschüsse finden die Vorschriften des Absatzes 1 entsprechende Anwendung, hinsichtlich der Fachausschüsse

jedoch mit der Maßgabe, daß falls der Fachausschuß bei seiner Entscheidung verbleibt, über die Angelegenheit innerhalb eines weiteren Monats der Landschaftsausschuß beschließt.

(3) Die Verletzung eines Mitwirkungsverbots nach § 15 Abs. 2 in Verbindung mit § 31 der Gemeindeordnung kann gegen einen Beschluß der Landschaftsversammlung, des Landschaftsausschusses oder eines Fachausschusses nach Ablauf von sechs Monaten seit der Beschlußfassung oder, wenn eine öffentliche Bekanntmachung erforderlich ist, sechs Monate nach dieser nicht mehr geltend gemacht werden, es sei denn, daß der Direktor des Landschaftsverbandes den Beschluß vorher beanstandet hat oder die Verletzung des Mitwirkungsverbots vorher gegenüber dem Landschaftsverband gerügt und dabei die Tatsache bezeichnet worden ist, die die Verletzung ergibt.

§ 20
Direktor des Landschaftsverbandes, Landesräte und sonstige Bedienstete

(1) Dem Direktor des Landschaftsverbandes werden zur Mitwirkung bei der Erledigung der Dienstgeschäfte und zur Vertretung in bestimmten Geschäftsbereichen leitende Beamte (Landesräte) beigeordnet; ihre Zahl wird durch Satzung und Stellenplan festgelegt. Allgemeiner Vertreter des Direktors des Landschaftsverbandes ist der Erste Landesrat. Im übrigen richtet sich die Vertretung und Geschäftsverteilung nach der vom Landschaftsausschuß zu erlassenden Geschäftsordnung.

(2) Der Direktor des Landschaftsverbandes und die Landesräte werden für die Dauer von acht Jahren gewählt. Die Stellen sind öffentlich auszuschreiben. Der Direktor des Landschaftsverbandes oder einer der Landesräte muss die Befähigung zum Richteramt oder zur Laufbahn des allgemeinen Ver-waltungsdienstes im Land Nordrhein-Westfalen in der Laufbahngruppe 2, zweites Einstiegsamt, besitzen. Die Bestimmungen des § 71 der Gemeindeordnung über die Wiederwahl sowie des § 72 der Gemeindeordnung finden entsprechende Anwendung.

(3) Die Landschaftsversammlung kann den Direktor des Landschaftsverbandes und Landesräte abberufen. Der Antrag kann nur von der Mehrheit der gesetzlichen Zahl der Mitglieder gestellt werden. Zwischen dem Eingang des Antrags und der Sitzung der Landschaftsversammlung muß eine Frist von mindestens sechs Wochen liegen. Über den Antrag ist ohne Aussprache abzustimmen. Der Beschluß über die Abberufung bedarf einer Mehrheit von zwei Dritteln der gesetzlichen Zahl der Mitglieder. Der Nachfolger ist innerhalb einer Frist von sechs Monaten zu wählen.

(4) Dienstvorgesetzter des Direktors des Landschaftsverbandes ist der Landschaftsausschuß, Dienstvorgesetzter aller übrigen Bediensteten des Landschaftsverbandes ist der Direktor des Landschaftsverbandes. Die Beamten des Landschaftsverbandes werden aufgrund eines Beschlusses des Landschaftsausschusses vom Direktor des Landschaftsverbandes ernannt, befördert und entlassen. Die arbeits- und tarifrechtlichen Entscheidungen für die Beschäftigten trifft der Direktor des Landschaftsverbandes. Die Satzung kann eine andere Regelung treffen. Der Stellenplan ist einzuhalten; Abweichungen sind nur zulässig, soweit sie aufgrund des Besoldungs- oder Tarifrechts zwingend erforderlich sind. Die Rechtsverhältnisse der Bediensteten des Landschaftsverbandes bestimmen sich im übrigen nach den Vorschriften des allgemeinen Beamten- und des Tarifrechts.

§ 21
Verpflichtungserklärungen

(1) Erklärungen, durch die der Landschaftsverband verpflichtet werden soll, bedürfen der schriftlichen Form. Sie sind durch den Direktor des Landschaftsverbandes oder seinen allgemeinen Vertreter zu unterzeichnen. Liegt der Erklärung ein Beschluß der Landschaftsversammlung oder eines Ausschusses zugrunde, so soll dieser dabei angeführt werden.

(2) Absatz 1 findet keine Anwendung auf Geschäfte der laufenden Verwaltung, die für den Landschaftsverband geldlich nicht von erheblicher Bedeutung sind, und auf Geschäfte, die aufgrund einer in der Form des Absatzes 1 ausgestellten Vollmacht abgeschlossen werden.

4. Abschnitt
Finanzwirtschaft

§ 22
Landschaftsumlage

(1) Die Landschaftsverbände erheben nach den hierfür geltenden Vorschriften von den kreisfreien Städten und Kreisen eine Umlage, soweit ihre sonstigen Erträge zur Deckung der Aufwendungen im Ergebnisplan nicht ausreichen (Landschaftsumlage). Ist die Haushaltssatzung des Landschaftsverbandes bei Beginn des Haushaltsjahres noch nicht bekannt gemacht, so darf die Landschaftsumlage ausschließlich nach dem Umlagesatz des Vorjahres auf Grundlage der dafür festgesetzten Umlagegrundlagen erhoben werden.

(2) Die Landschaftsumlage ist für jedes Haushaltsjahr neu festzusetzen. Die Festsetzung des Umlagesatzes bedarf der Genehmigung der Aufsichtsbehörde. Die Genehmigung kann unter Bedingungen und mit Auflagen erteilt werden.

(3) Der Umlagesatz kann einmal im Laufe des Haushaltsjahres geändert werden. Die Änderung des Umlagesatzes wirkt auf den Beginn des Haushaltsjahres zurück. Eine Erhöhung des Umlagesatzes der Landschaftsumlage ist nur zulässig, wenn unter Berücksichtigung des Rücksichtnahmegebotes nach § 9 Satz 2 der Kreisordnung alle anderen Möglichkeiten, den Haushalt des Landschaftsverbandes auszugleichen, ausgeschöpft sind. Im Falle einer Erhöhung des für das Haushaltsjahr bereits festgesetzten Umlagesatzes muss der Beschluss vor dem 30. Juni des Haushaltsjahres gefasst sein.

(4) § 55 der Kreisordnung findet entsprechende Anwendung.

§ 23
Haushaltswirtschaft und Prüfung

(1) Die Landschaftsverbände haben für jedes Haushaltsjahr über alle Erträge und Aufwendungen, Einzahlungen und Auszahlungen sowie Verpflichtungsermächtigungen einen Haushaltsplan aufzustellen und am Ende des Haushaltsjahres einen Jahresabschluss und einen Gesamtabschluss aufzustellen.

(2) Für den Haushalt, die mittelfristige Ergebnis- und Finanzplanung, die Verwaltung des Vermögens, die Finanzbuchhaltung, den Jahresabschluss, den Gesamtabschluss und den Beteiligungsbericht sowie das Prüfungswesen gelten sinngemäß die Vorschriften der Gemeindeordnung und ihrer Durchführungsverordnungen sowie § 55 der Kreisordnung. Das Nähere wird durch Satzung geregelt.

(3) Soweit nicht in diesem Gesetz oder aufgrund dieses Gesetzes eine andere Regelung getroffen ist, finden die Vorschriften der Gemeindeordnung für das Land Nordrhein-Westfalen über die wirtschaftliche Betätigung und die nichtwirtschaftliche Betätigung sowie die hierzu erlassenen Rechtsvorschriften in ihrer jeweils geltenden Fassung mit der Maßgabe entsprechende Anwendung, dass an die Stelle des Rates der Landschaftsausschuss, an die Stelle des Bürgermeisters der Direktor des Landschaftsverbandes und an die Stelle der Beigeordneten die Landesräte treten. Bei der entsprechenden Anwendung des § 113 der Gemeindeordnung für das Land Nordrhein-Westfalen findet § 50 Absatz 4 der Gemeindeordnung für das Land Nordrhein-Westfalen ebenfalls entsprechende Anwendung.

(4) Die überörtliche Prüfung der Landschaftsverbände ist Aufgabe der Gemeindeprüfungsanstalt.

(5) Der Entwurf der Haushaltssatzung mit ihren Anlagen ist nach vorheriger öffentlicher Bekanntgabe an sieben Tagen öffentlich auszulegen. Gegen den Entwurf können Einwohner der Mitgliedskörperschaften innerhalb einer Frist von vierzehn Tagen nach Beginn der Auslegung Einwendungen erheben. In der öffentlichen Bekanntgabe der Auslegung ist auf die Frist hinzuweisen; außerdem ist die Stelle anzugeben, bei der die Einwendungen zu erheben sind. Über die Einwendungen beschließt die Landschaftsversammlung in öffentlicher Sitzung.

§ 23a
Ausgleichsrücklage

In der Bilanz ist eine Ausgleichsrücklage zusätzlich zur allgemeinen Rücklage als gesonderter Posten des Eigenkapitals anzusetzen. Der Ausgleichsrücklage können Jahresüberschüsse durch Beschluss der Landschaftsversammlung zugeführt werden, soweit die allgemeine Rücklage einen Bestand in Höhe von mindestens 3 Prozent der Bilanzsumme des Jahresabschlusses aufweist.

§ 23b
Haushaltssicherungskonzept

(1) Der Landschaftsverband hat zur Sicherung seiner dauerhaften Leistungsfähigkeit ein Haushaltssicherungskonzept aufzustellen und darin den nächstmöglichen Zeitpunkt zu bestimmen, bis zu dem der Haushaltsausgleich wieder hergestellt ist. § 76 der Gemeindeordnung gilt entsprechend.

(2) Ist der Landschaftsverband überschuldet oder steht die Überschuldung innerhalb der mittelfristigen Finanzplanung bevor, so kann das Haushaltssicherungskonzept nur genehmigt werden, wenn sowohl der Haushaltsausgleich als auch die Beseitigung der Überschuldung innerhalb der Frist des § 76 Absatz 2 Satz 3 der Gemeindeordnung dargestellt wird.

§ 23c
Sonderumlage

Der Landschaftsverband kann eine Sonderumlage erheben, sofern im Jahresabschluss eine Inanspruchnahme des Eigenkapitals erfolgt ist. Eine Sonderumlage ist zu erheben, sofern eine Überschuldung nach § 75 Absatz 7 der Gemeindeordnung eingetreten ist. Die Sonderumlage ist nach der Inanspruchnahme der Ausgleichsrücklage und der allgemeinen Rücklage und unter Beachtung des Rücksichtnahmegebots nach § 9 Satz 2 der Kreisordnung zu bestimmen. Sie kann in Teilbeträgen festgesetzt und erhoben werden. § 55 Absatz 1 und 2 der Kreisordnung sowie § 22 Absatz 2 und 3 finden entsprechende Anwendung.

5. Abschnitt
Aufsicht

§ 24
Allgemeine Aufsicht und Sonderaufsicht

(1) Die Aufsicht über die Landschaftsverbände führt das für Kommunales zuständige Ministerium. Die Aufsicht erstreckt sich darauf, daß die Landschaftsverbände im Einklang mit den Gesetzen verwaltet werden (allgemeine Aufsicht).

(2) Soweit die Landschaftsverbände ihre Aufgaben nach Weisung erfüllen, richtet sich die Aufsicht nach den hierüber erlassenen Bestimmungen (Sonderaufsicht).

§ 25
Unterrichtungsrecht

Die Aufsichtsbehörde kann sich jederzeit über die Angelegenheiten der Landschaftsverbände unterrichten.

§ 26
Beanstandungs- und Aufhebungsrecht

(1) Die Aufsichtsbehörde kann den Direktor des Landschaftsverbandes anweisen, Beschlüsse der Landschaftsversammlung, des Landschaftsausschusses und der Fachausschüsse, die das geltende Recht verletzen, zu beanstanden. Sie kann derartige Beschlüsse auch selbst beanstanden. § 19 findet entsprechende Anwendung. Nach erfolgloser Beanstandung kann die Aufsichtsbehörde

die Beschlüsse aufheben. Sie kann verlangen, daß die aufgrund der Beschlüsse getroffenen Maßnahmen rückgängig gemacht werden.

(2) Die Aufsichtsbehörde kann Anordnungen des Direktors des Landschaftsverbandes, die das geltende Recht verletzen, beanstanden. Die Beanstandung ist dem Landschaftsausschuß unter Darlegung der Gründe schriftlich mitzuteilen. Sie hat aufschiebende Wirkung. Billigt der Landschaftsausschuß die Anordnung des Direktors des Landschaftsverbandes, so kann die Aufsichtsbehörde sie aufheben.

§ 27
Anordnungsrecht und Ersatzvornahme

(1) Erfüllt ein Landschaftsverband die ihm gesetzlich obliegenden Pflichten oder Aufgaben nicht, so kann die Aufsichtsbehörde anordnen, daß er innerhalb einer bestimmten Frist das Erforderliche veranlaßt.

(2) Kommt ein Landschaftsverband der Anordnung der Aufsichtsbehörde nicht innerhalb der Frist nach, so kann die Aufsichtsbehörde die Anordnung an Stelle und auf Kosten des Landschaftsverbandes selbst durchführen oder die Durchführung einem anderen übertragen.

§ 28
Anfechtung von Aufsichtsmaßnahmen

Der Landschaftsverband kann die Maßnahmen der Aufsichtsbehörde unmittelbar mit der Klage im Verwaltungsstreitverfahren anfechten.

§ 29
Zwangsvollstreckung

(1) Zur Einleitung der Zwangsvollstreckung wegen einer Geldforderung gegen den Landschaftsverband bedarf der Gläubiger einer Zulassungsverfügung der Aufsichtsbehörde, es sei denn, daß es sich um die Verfolgung dinglicher Rechte handelt. In der Verfügung hat die Aufsichtsbehörde die Vermögensgegenstände zu bestimmen, in welche die Zwangsvollstreckung zugelassen wird, und über den Zeitpunkt zu befinden, in dem sie stattfinden soll. Die Zwangsvollstreckung wird nach den Vorschriften der Zivilprozeßordnung durchgeführt.

(2) Ein Konkursverfahren über das Vermögen des Landschaftsverbandes findet nicht statt.

(3) Die Bestimmung des § 27 bleibt unberührt.

6. Abschnitt
Schlußvorschriften

§ 30
Überleitung

(1) Rechte und Pflichten, welche durch Gesetz, Verordnung, Satzung oder Rechtsgeschäfte den Provinzialverbänden übertragen sind, werden mit Inkrafttreten dieses Gesetzes Rechte und Pflichten der Landschaftsverbände. Soweit Rechte und Pflichten außerhalb des Aufgabenbereichs des § 5 liegen, nehmen die Landschaftsverbände sie längstens bis zum 31. Dezember 1984 wahr.

(2) Bedienstete im öffentlichen Dienst, die bei Inkrafttreten dieses Gesetzes im Gebiet des Landes Nordrhein-Westfalen ganz oder überwiegend Aufgaben nach den §§ 5 und 30 Absatz 1 Satz 2 wahrnehmen, werden Bedienstete des zuständigen Landschaftsverbandes. Die Landschaftsverbände sind zur Zahlung der Versorgungsbezüge für Bedienstete sowie deren Hinterbliebene verpflichtet, auf die bei Eintritt des Versorgungsfalles die Voraussetzungen des Satzes 1 zutrafen. Anderweitige vertragliche Abmachungen bleiben unberührt. Die Landschaftsverbände sind Dienstherren derjenigen Bediensteten der Provinzialverbände, deren Unterbringung und

Versorgung sich nach § 63 des Gesetzes zur Regelung der Rechtsverhältnisse der unter Artikel 131 des Grundgesetzes fallenden Personen vom 11. Mai 1951 (BGBl. I S. 307) bestimmt. Bestehen im Einzelfalle Zweifel, ob die Voraussetzungen des Satzes 1 vorliegen, so entscheidet darüber das zuständige Fachministerium im Einvernehmen mit dem für Kommunales zuständigen Ministerium und dem für Finanzen zuständigen Ministerium.

(3) Vermögen und Schulden der Provinzialverbände werden mit Inkrafttreten des Gesetzes Vermögen und Schulden der Landschaftsverbände. Vermögensteile, die bei Inkrafttreten des Gesetzes für Zwecke des Landes benutzt werden, verbleiben bis zu einer vertraglichen oder gesetzlichen Regelung in der Verwaltung und Nutzung des Landes. Vermögen des Landes, das in Wahrnehmung von Aufgaben der Provinzialverbände gebildet worden ist, und den in den §§ 5 und 30 Abs. 1 Satz 2 angeführten Aufgaben dient, ist den Landschaftsverbänden zu übertragen; Verpflichtungen des Landes, die unter den gleichen Voraussetzungen entstanden sind, sind von den Landschaftsverbänden zu übernehmen.

§ 31
Durchführung des Gesetzes

Das für Kommunales zuständige Ministerium erlässt die zur Durchführung dieses Gesetzes erforderlichen Rechtsverordnungen. Die erforderlichen Verwaltungsvorschriften erlässt das für Kommunales zuständige Ministerium oder im Einvernehmen mit ihm das jeweils zuständige Fachministerium.

§ 32
Übergangsregelungen

(1) Die in § 6 Absatz 3 Satz 1 genannte Frist gilt für alle ab dem 15. Dezember 2021 verkündeten Satzungen. Für alle vorher verkündeten Satzungen gelten die zum Zeitpunkt der Bekanntmachung geltenden Fristen.

(2) Die in § 19 Absatz 3 genannten Fristen gelten für alle ab dem 15. Dezember 2021 gefassten beziehungsweise öffentlich bekannt gemachten Beschlüsse. Für alle vorher gefassten beziehungsweise öffentlich bekannt gemachten Beschlüsse gelten die zum Zeitpunkt des Beschlusses beziehungsweise der Bekanntmachung geltenden Fristen.

§ 33
Inkrafttreten

Das Gesetz tritt am 17. Oktober 1994 in Kraft.

2. Kommunales Haushaltsrecht

2.1 KomHVO NRW

Verordnung über das Haushaltswesen der Kommunen im Land Nordrhein-Westfalen (Kommunalhaushaltsverordnung Nordrhein-Westfalen – KomHVO NRW)

vom 12. Dezember 2018 (GV. NRW. S. 708),
zuletzt geändert durch Gesetz vom 9. Dezember 2022 (GV. NRW. S. 1063)

Inhaltsübersicht

Teil 4 Buchführung, Inventar, Zahlungsabwicklung
§ 28 Buchführung
§ 29 Inventar, Inventur
§ 30 Inventurvereinfachungsverfahren
§ 31 Zahlungsabwicklung, Liquiditätsplanung
§ 32 Sicherheitsstandards und interne Aufsicht

Teil 5 Vermögen und Schulden
§ 33 Allgemeine Bewertungsanforderungen
§ 33a Aufwendungen für die Erhaltung der gemeindlichen Leistungsfähigkeit
§ 34 Wertansätze für Vermögensgegenstände
§ 35 Bewertungsvereinfachungsverfahren
§ 35a Bildung von Bewertungseinheiten
§ 36 Abschreibungen und Zuschreibungen
§ 37 Wertansätze für Rückstellungen

Teil 6 Jahresabschluss
§ 38 Jahresabschluss
§ 39 Ergebnisrechnung
§ 40 Finanzrechnung
§ 41 Teilrechnungen
§ 42 Bilanz
§ 43 Rechnungsabgrenzungsposten
§ 44 Weitere Vorschriften zu einzelnen Bilanzposten
§ 45 Anhang
§ 46 Anlagenspiegel
§ 47 Forderungsspiegel
§ 48 Verbindlichkeitenspiegel
§ 49 Lagebericht

Teil 7 Gesamtabschluss
§ 50 Gesamtabschluss
§ 51 Konsolidierung
§ 52 Gesamtlagebericht, Gesamtanhang
§ 53 Beteiligungsbericht

Teil 8 Sonderbestimmungen für die erstmalige Bewertung von Vermögen und die Eröffnungsbilanz
§ 54 Aufstellung der Eröffnungsbilanz
§ 55 Ermittlung der Wertansätze
§ 56 Besondere Bewertungsvorschriften
§ 57 Vereinfachungsverfahren für die Ermittlung von Wertansätzen
§ 58 Berichtigung von Wertansätzen nach Feststellung der Eröffnungsbilanz

Teil 9 Schlussvorschriften
§ 59 Aufbewahrung von Unterlagen, Aufbewahrungsfristen
§ 60 Sondervermögen, Treuhandvermögen
§ 61 Inkrafttreten

Teil 1
Haushaltsplanung, Finanzplanung

§ 1
Bestandteile des Haushaltsplans und Anlagen

(1) Der Haushaltsplan besteht aus
1. dem Ergebnisplan,
2. dem Finanzplan,
3. den Teilplänen,
4. dem Haushaltssicherungskonzept, wenn ein solches erstellt werden muss oder fortzuschreiben ist.

(2) Dem Haushaltsplan sind als Anlagen beizufügen
1. der Vorbericht,
2. der Stellenplan,
3. der Haushaltsquerschnitt als je eine Übersicht über die Erträge und Aufwendungen, die Veranschlagung des ordentlichen Ergebnisses und des Teilergebnisses der Produktgruppen des Ergebnisplans sowie über den Saldo aus laufender Verwaltungstätigkeit, die Einzahlungen, die Auszahlungen, den Saldo aus Investitionstätigkeit, den Finanzierungsmittelüberschuss oder -fehlbetrag und die Verpflichtungsermächtigungen der Produktgruppen des Finanzplans nach § 3,
4. eine Übersicht über den voraussichtlichen Stand der Verbindlichkeiten aus Krediten für Investitionen und aus Liquiditätskrediten und der ihnen wirtschaftlich gleichkommenden Rechtsgeschäfte sowie der Verpflichtungen aus Bürgschaften, Gewährverträgen und der ihnen wirtschaftlich gleichkommenden Rechtsgeschäfte, jeweils bezogen auf den Beginn des Vorjahres sowie auf den Beginn und das Ende des Haushaltsjahres,
5. eine Übersicht über die Entwicklung des Eigenkapitals,
6. eine Übersicht über die aus Verpflichtungsermächtigungen in den einzelnen Jahren voraussichtlich fällig werdenden Auszahlungen werden Auszahlungen in den Jahren fällig, auf die sich der Finanzplan noch nicht erstreckt, ist die voraussichtliche Deckung des Zahlungsmittelbedarfs dieser Jahre gesondert darzustellen,
7. die Ergebnisrechnung, die Finanzrechnung und die Bilanz des Vorvorjahres; soweit der betreffende Jahresabschluss noch nicht festgestellt wurde, reicht der von der Hauptverwaltungsbeamtin oder dem Hauptverwaltungsbeamten bestätigte Entwurf,
8. die Wirtschaftspläne und neuesten Jahresabschlüsse der Sondervermögen, für die Sonderrechnungen geführt werden,
9. die Wirtschaftspläne und neuesten Jahresabschlüsse der Unternehmen und Einrichtungen mit eigener Rechtspersönlichkeit, an denen die Kommune mit mehr als 20 Prozent unmittelbar oder mittelbar beteiligt ist, an die Stelle der Wirtschaftspläne und Jahresabschlüsse kann eine kurz gefasste Übersicht über die Wirtschaftslage und die voraussichtliche Entwicklung der Unternehmen und Einrichtungen treten,
10. in den kreisfreien Städten die Übersichten mit bezirksbezogenen Haushaltsangaben.

Für die Vorlage der Anlagen gemäß Nummer 7 kann die Aufsichtsbehörde in begründeten Einzelfällen bis zum Haushaltsjahr 2021 Ausnahmen zulassen.

(3) Den im Haushaltsplan für das Haushaltsjahr zu veranschlagenden Erträgen und Aufwendungen sowie Einzahlungen und Auszahlungen sind die Ergebnisse der Rechnung des Vorvorjahres und die Haushaltspositionen des Vorjahres voranzustellen und die Planungspositionen der dem Haushaltsjahr folgenden drei Jahre anzufügen (mittelfristige Ergebnis- und Finanzplanung).

§ 2
Ergebnisplan

(1) Der Ergebnisplan enthält in Form des vorgegebenen Musters nach § 133 Absatz 3 der Gemeindeordnung:
die ordentlichen Erträge:
1. Steuern und ähnliche Abgaben,
2. Zuwendungen und allgemeine Umlagen,
3. sonstige Transfererträge,
4. öffentlich-rechtliche Leistungsentgelte,
5. privatrechtliche Leistungsentgelte,
6. Kostenerstattungen und Kostenumlagen,
7. sonstige ordentliche Erträge,
8. aktivierte Eigenleistungen,
9. Bestandsveränderungen,

die ordentlichen Aufwendungen:
10. Personalaufwendungen,
11. Versorgungsaufwendungen,
12. Aufwendungen für Sach- und Dienstleistungen,
13. bilanzielle Abschreibungen,
14. Transferaufwendungen,
15. sonstige ordentliche Aufwendungen,

außerdem:
16. Finanzerträge,
17. Zinsen und sonstige Finanzaufwendungen

und:
18. außerordentliche Erträge,
19. außerordentliche Aufwendungen.

(2) Im Ergebnisplan sind für jedes Haushaltsjahr
1. der Saldo aus der Summe der ordentlichen Erträge und der Summe der ordentlichen Aufwendungen als ordentliches Ergebnis,
2. der Saldo aus den Finanzerträgen und den Zinsen und sonstigen Finanzaufwendungen als Finanzergebnis,
3. die Summe aus dem ordentlichen Ergebnis und dem Finanzergebnis als Ergebnis der laufenden Verwaltungstätigkeit,
4. der Saldo aus den außerordentlichen Erträgen und den außerordentlichen Aufwendungen als außerordentliches Ergebnis,
5. die Summe aus Ergebnis der laufenden Verwaltungstätigkeit und außerordentlichem Ergebnis als Jahresergebnis

auszuweisen.

(3) Die Zuordnung von Erträgen und Aufwendungen zu den Positionen des Ergebnisplans ist auf der Grundlage des vom für Kommunales zuständigen Ministerium bekannt gegebenen Kontierungsplans vorzunehmen.

§ 3
Finanzplan

(1) Der Finanzplan enthält in Form des vorgegebenen Musters nach § 133 Absatz 3 der Gemeindeordnung:
die Einzahlungen aus laufender Verwaltungstätigkeit:
1. Steuern und ähnliche Abgaben,

2. Zuwendungen und allgemeine Umlagen,
3. sonstige Transfereinzahlungen,
4. öffentlich-rechtliche Leistungsentgelte,
5. privatrechtliche Leistungsentgelte,
6. Kostenerstattungen und Kostenumlagen,
7. sonstige Einzahlungen,
8. Zinsen und sonstige Finanzeinzahlungen,

die Auszahlungen aus laufender Verwaltungstätigkeit:

9. Personalauszahlungen,
10. Versorgungsauszahlungen,
11. Auszahlungen für Sach- und Dienstleistungen,
12. Zinsen und sonstige Finanzauszahlungen,
13. Transferauszahlungen,
14. sonstige Auszahlungen,

aus Investitionstätigkeit
die Einzahlungen:

15. aus Zuwendungen für Investitionsmaßnahmen,
16. aus der Veräußerung von Sachanlagen,
17. aus der Veräußerung von Finanzanlagen,
18. von Beiträgen und ähnlichen Entgelten und
19. sonstige Investitionseinzahlungen,

die Auszahlungen:

20. für den Erwerb von Grundstücken und Gebäuden,
21. für Baumaßnahmen,
22. für den Erwerb von beweglichem Anlagevermögen,
23. für den Erwerb von Finanzanlagen,
24. von aktivierbaren Zuwendungen und
25. sonstige Investitionsauszahlungen,

aus Finanzierungstätigkeit:

26. Einzahlungen aus der Aufnahme von Krediten für Investitionen und diesen wirtschaftlich gleichkommenden Rechtsverhältnissen,
27. Einzahlungen aus der Aufnahme von Krediten zur Liquiditätssicherung,
28. Auszahlungen für die Tilgung von Krediten für Investitionen und diesen wirtschaftlich gleichkommenden Rechtsverhältnissen,
29. Auszahlungen für die Tilgung von Krediten zur Liquiditätssicherung.

(2) Im Finanzplan sind für jedes Haushaltsjahr

1. der Zahlungsmittelsaldo aus den Ein- und Auszahlungen aus laufender Verwaltungstätigkeit als Saldo aus laufender Verwaltungstätigkeit,
2. der Saldo aus den Ein- und Auszahlungen aus Investitionstätigkeit als Saldo aus Investitionstätigkeit,
3. die Summe der Salden nach den Nummern 1 und 2 als Finanzmittelüberschuss oder Finanzmittelfehlbetrag,
4. der Saldo aus den Ein- und Auszahlungen aus Finanzierungstätigkeit als Saldo aus Finanzierungstätigkeit,
5. die Summe aus Finanzmittelüberschuss oder Finanzmittelfehlbetrag und aus dem Saldo nach Nummer 4,
6. die Summe nach Nummer 5 und dem Bestand am Anfang des Haushaltsjahres als Bestand an Finanzmitteln am Ende des Haushaltsjahres

auszuweisen.

(3) Die Zuordnung von Einzahlungen und Auszahlungen zu den Positionen des Finanzplans ist auf der Grundlage des vom für Kommunales zuständigen Ministerium bekannt gegebenen Kontierungsplans vorzunehmen.

§ 4
Teilpläne, Budgets

(1) Der Haushaltsplan ist in Teilpläne zu gliedern. Die Teilpläne sind produktorientiert zu bilden. Sie bestehen aus einem Teilergebnisplan und einem Teilfinanzplan. Sie werden nach Produktbereichen oder nach Verantwortungsbereichen (Budgets) unter Beachtung des vom für Kommunales zuständigen Ministerium bekannt gegebenen Produktrahmens aufgestellt.

(2) Die Aufstellung der Teilpläne ist nach folgenden Maßgaben vorzunehmen:

1. Werden Teilpläne nach Produktbereichen aufgestellt, sollen dazu die Ziele und soweit möglich die Kennzahlen zur Messung der Zielerreichung, die Produktgruppen und die wesentlichen Produkte beschrieben werden.
2. Werden Teilpläne nach Produktgruppen oder nach Produkten aufgestellt, sollen dazu die Ziele und die Kennzahlen zur Messung der Zielerreichung beschrieben werden. Diesen Teilplänen sind die Produktbereiche nach Absatz 1 voranzustellen, deren Teilergebnispläne die Summen der Erträge und der Aufwendungen und deren Teilfinanzpläne die Summen der Einzahlungen und der Auszahlungen für Investitionen ausweisen müssen.
3. Werden Teilpläne nach örtlichen Verantwortungsbereichen aufgestellt, sollen dazu die Aufgaben und die dafür gebildeten Produkte sowie die Ziele und die Kennzahlen zur Messung der Zielerreichung beschrieben werden. Diesen Teilplänen sind in einer Übersicht die Produktbereiche nach Absatz 1 voranzustellen, deren Teilergebnispläne die Summen der Erträge und der Aufwendungen und deren Teilfinanzpläne die Summen der Einzahlungen und der Auszahlungen für Investitionen ausweisen müssen.

(3) Die Teilergebnispläne sind entsprechend § 2 aufzustellen. Für jeden Teilergebnisplan ist ein Jahresergebnis entsprechend § 2 Absatz 2 darzustellen. Soweit Erträge und Aufwendungen aus internen Leistungsbeziehungen für die Haushaltsbewirtschaftung erfasst werden, sind diese zusätzlich abzubilden.

(4) Für die Teilfinanzpläne gilt § 3 entsprechend, soweit die dort enthaltenen Einzahlungen und Auszahlungen nicht zentral im Haushalt oder einem Teilfinanzplan veranschlagt sind. Abweichend von Satz 1 kann die Darstellung im Teilfinanzplan auf § 3 Absatz 1 Nummern 15 bis 19 und Nummern 20 bis 25 unter Angabe des Saldos aus § 3 Absatz 2 Nummer 2 beschränkt werden. Die Investitionen sind einzeln oberhalb der vom Vertretungsorgan festgelegten Wertgrenze unter Angabe der Ein- und Auszahlungen sowie der jeweiligen Investitionssumme und der Verpflichtungsermächtigungen für die Folgejahre darzustellen.

(5) Die zur Ausführung des Haushaltsplans getroffenen Bewirtschaftungsregelungen sind in den Teilplänen oder in der Haushaltssatzung auszuweisen.

(6) Eine Position im Teilergebnisplan oder im Teilfinanzplan, die keinen Betrag ausweist, kann entfallen, es sei denn, im Vorjahr oder im Vorvorjahr wurde unter dieser Position ein Betrag ausgewiesen oder in der mittelfristigen Ergebnis- und Finanzplanung soll unter dieser Position ein Betrag ausgewiesen werden.

§ 5
Haushaltssicherungskonzept

Im Haushaltssicherungskonzept gemäß § 76 der Gemeindeordnung sind die Ausgangslage, die Ursachen der entstandenen Fehlentwicklung und deren vorgesehene Beseitigung zu beschreiben. Das Haushaltssicherungskonzept soll die schnellstmögliche Wiedererlangung des Haushaltsausgleichs gewährleisten und darstellen, wie nach Umsetzung der darin enthaltenen Maßnahmen der Haushalt so gesteuert werden kann, dass er in Zukunft dauerhaft ausgeglichen sein wird.

§ 6
Berücksichtigung von Orientierungsdaten im Haushaltsplan

Bei der Aufstellung und Fortschreibung der Ergebnis- und Finanzplanung sollen die vom für Kommunales zuständigen Ministerium bekannt gegebenen Orientierungsdaten berücksichtigt werden.

§ 7
Vorbericht

(1) Der Vorbericht soll einen Überblick über die Eckpunkte des Haushaltsplans geben. Die Entwicklung und die aktuelle Lage der Kommune sind anhand der im Haushaltsplan enthaltenen Informationen und der Ergebnis- und Finanzdaten darzustellen.

(2) Der Vorbericht soll unter Berücksichtigung der nachfolgenden Gliederung Aussagen enthalten über:

1. welche wesentlichen Ziele und Strategien die Kommune verfolgt und welche Änderungen gegenüber dem Vorjahr eintreten werden,
2. wie sich die wesentlichen Erträge, Aufwendungen, Einzahlungen und Auszahlungen, das Vermögen, die Verbindlichkeiten und die Zinsbelastungen sowie die Verpflichtungen aus Bürgschaften, Gewährverträgen und ihnen wirtschaftlich gleichkommenden Rechtsgeschäften in den beiden dem Haushaltsjahr vorangegangenen Haushaltsjahren entwickelt haben und voraussichtlich im mittelfristigen Ergebnis- und Finanzplanungszeitraums entwickeln werden,
3. wie sich das Jahresergebnis und das Eigenkapital im Haushaltsjahr und in den dem Haushaltsjahr folgenden drei Jahren entwickeln werden und in welchem Verhältnis diese Entwicklung zum Deckungsbedarf des Finanzplans steht,
4. welche wesentlichen Investitionen, Instandsetzungs- und Erhaltungsmaßnahmen im Haushaltsjahr geplant sind und welche Auswirkungen sich hieraus für die Haushalte der folgenden Jahre ergeben,
5. wie sich der Saldo aus laufender Verwaltungstätigkeit und aus Finanzierungstätigkeit entwickeln wird unter besonderer Angabe der Entwicklung der Kredite zur Liquiditätssicherung inklusive eines darzustellenden Abbaupfades,
6. wenn ein Haushaltssicherungskonzept aufgestellt wurde, wie die für das Haushaltsjahr vorgesehenen Maßnahmen im Haushaltsplan verwirklicht werden und wie sich diese auf die künftige Entwicklung der Ertrags-, Finanz- und Vermögenslage auswirken,
7. welche wesentlichen haushaltswirtschaftlichen Belastungen sich insbesondere aus der Eigenkapitalausstattung und der Verlustabdeckung für andere Organisationseinheiten und Vermögensmassen, aus Umlagen, aus Straßenentwässerungskostenanteilen, der Übernahme von Bürgschaften und anderen Sicherheiten sowie Gewährverträgen ergeben werden oder zu erwarten sind aus
   a) den Sondervermögen der Kommune, für die aufgrund gesetzlicher Vorschriften Sonderrechnungen geführt werden,
   b) den Formen interkommunaler Zusammenarbeit, an denen die Kommune beteiligt ist, und
   c) den unmittelbaren und mittelbaren Beteiligungen der Kommune an Unternehmen in einer Rechtsform des öffentlichen und privaten Rechts.

§ 8
Stellenplan

(1) Der Stellenplan hat die im Haushaltsjahr erforderlichen Stellen der Beamtinnen und Beamten und der nicht nur vorübergehend beschäftigten Bediensteten auszuweisen. Stellen von Beam-

tinnen und Beamten in Einrichtungen von Sondervermögen, für die Sonderrechnungen geführt werden, sind gesondert aufzuführen.

(2) Im Stellenplan ist ferner für jede Besoldungs- und Entgeltgruppe die Gesamtzahl der Stellen für das Vorjahr sowie der am 30. Juni des Vorjahres besetzten Stellen anzugeben. Wesentliche Abweichungen vom Stellenplan des Vorjahres sowie geplante zukünftige Veränderungen sind zu erläutern.

(3) Dem Stellenplan ist beizufügen:

1. eine Übersicht über die vorgesehene Aufteilung der Stellen des Stellenplans auf die Produktbereiche, soweit diese nicht auszugsweise den einzelnen Teilplänen beigefügt sind,
2. eine Übersicht über die vorgesehene Zahl der Nachwuchskräfte und der informatorisch beschäftigten Dienstkräfte.

§ 9
Haushaltsplan für zwei Jahre

(1) Werden in der Haushaltssatzung Ermächtigungen für zwei Haushaltsjahre ausgesprochen, sind im Ergebnisplan die Erträge und Aufwendungen und im Finanzplan die Einzahlungen, Auszahlungen und Verpflichtungsermächtigungen für jedes der beiden Haushaltsjahre getrennt aufzuführen.

(2) Die Fortschreibung der mittelfristigen Ergebnis- und Finanzplanung im ersten Haushaltsjahr ist dem Vertretungsorgan vor Beginn des zweiten Haushaltsjahres vorzulegen.

(3) Anlagen nach § 1 Absatz 2 Nummer 8 bis 10, die nach der Beschlussfassung über die Haushaltssatzung nach Absatz 1 erstellt worden sind, müssen der Fortschreibung nach Absatz 2 beigefügt werden.

§ 10
Nachtragshaushaltsplan

(1) Der Nachtragshaushaltsplan muss alle erheblichen Änderungen der Erträge und Aufwendungen und der Einzahlungen und Auszahlungen, die zum Zeitpunkt seiner Aufstellung übersehbar sind, einschließlich der bereits geleisteten oder angeordneten über- und außerplanmäßigen Aufwendungen und Auszahlungen, sowie die damit zusammenhängenden Änderungen der Ziele und Kennzahlen enthalten.

(2) Enthält der Nachtragshaushaltsplan neue Verpflichtungsermächtigungen, so sind deren Auswirkungen auf die mittelfristige Finanzplanung anzugeben, die Übersicht nach § 1 Absatz 2 Nummer 6 ist zu ergänzen.

Teil 2
Planungsgrundsätze

§ 11
Allgemeine Planungsgrundsätze

(1) Die Erträge und Aufwendungen sind in ihrer voraussichtlich dem Haushaltsjahr zuzurechnenden Höhe, die Einzahlungen und Auszahlungen in Höhe der im Haushaltsjahr voraussichtlich eingehenden oder zu leistenden Beträge zu veranschlagen, sie sind sorgfältig zu schätzen, soweit sie nicht errechenbar sind.

(2) Die Erträge, Aufwendungen, Einzahlungen und Auszahlungen sind in voller Höhe und getrennt voneinander zu veranschlagen, soweit in dieser Verordnung nichts anderes bestimmt ist.

(3) Für denselben Zweck sollen Aufwendungen und Auszahlungen nicht an verschiedenen Stellen im Haushaltsplan veranschlagt werden. Wird ausnahmsweise anders verfahren, ist auf die Ansätze gegenseitig zu verweisen.

§ 12
Verpflichtungsermächtigungen

(1) Die Verpflichtungsermächtigungen sind in den Teilfinanzplänen maßnahmenbezogen zu veranschlagen. Dabei ist anzugeben, wie sich die Belastungen voraussichtlich auf die künftigen Jahre verteilen werden. Dies gilt nur für die Investitionen, die nach § 4 Absatz 4 Satz 3 darzustellen sind.

(2) Es kann erklärt werden, dass einzelne Verpflichtungsermächtigungen auch für andere Investitionsmaßnahmen in Anspruch genommen werden können. Der in der Haushaltssatzung festgesetzte Gesamtbetrag der Verpflichtungsermächtigungen darf nicht überschritten werden.

§ 13
Investitionen

(1) Bevor Investitionen oberhalb der vom Vertretungsorgan festgelegten Wertgrenzen beschlossen und im Haushaltsplan ausgewiesen werden, soll unter mehreren in Betracht kommenden Möglichkeiten durch einen Wirtschaftlichkeitsvergleich, mindestens durch einen Vergleich der Anschaffungs- oder Herstellungskosten nach § 34 Absatz 2 und 3 und der Folgekosten, die für die Kommune wirtschaftlichste Lösung ermittelt werden. Dabei ist die künftige Bevölkerungsentwicklung zu berücksichtigen.

(2) Ermächtigungen für Baumaßnahmen dürfen im Finanzplan erst veranschlagt werden, wenn Baupläne, Kostenberechnungen und Erläuterungen vorliegen, aus denen die Art der Ausführung, die Gesamtkosten der Maßnahme, getrennt nach Grunderwerb und Herstellungskosten, einschließlich der Einrichtungskosten sowie der Folgekosten ersichtlich sind und denen ein Bauzeitplan beigefügt ist. Die Unterlagen müssen auch die voraussichtlichen Jahresauszahlungen unter Angabe der Kostenbeteiligung Dritter, und die für die Dauer der Nutzung entstehenden jährlichen Haushaltsbelastungen ausweisen.

(3) Vor Beginn einer Investition unterhalb der festgelegten Wertgrenzen muss mindestens eine Kostenberechnung vorliegen.

§ 14
Verfügungsmittel

Verfügungsmittel der Hauptverwaltungsbeamtin oder des Hauptverwaltungsbeamten sind im Haushaltsplan gesondert zu veranschlagen. Die verfügbaren Mittel dürfen nicht überschritten werden, sind nicht übertragbar und nicht deckungsfähig.

§ 15
Fremde Finanzmittel

(1) Im Finanzplan werden nicht veranschlagt:

1. durchlaufende Finanzmittel,
2. Finanzmittel, die die Kommune auf Grund rechtlicher Vorschriften unmittelbar in den Haushalt eines anderen öffentlichen Aufgabenträgers zu buchen hat, einschließlich der ihr zur Selbstbewirtschaftung zugewiesenen Finanzmittel,
3. Finanzmittel, die in der Zahlungsabwicklung mit dem endgültigen Kostenträger oder mit einer anderen Institution, die unmittelbar mit dem endgültigen Kostenträger abrechnet, anstelle der Kommune vereinnahmt oder ausgezahlt werden.

(2) Die Hauptverwaltungsbeamtin oder der Hauptverwaltungsbeamte kann anordnen, dass Zahlungen nach Absatz 1 angenommen oder geleistet werden dürfen, wenn dies im Interesse der Kommune liegt und gewährleistet ist, dass diese Zahlungen in die Prüfung der Zahlungsabwicklung einbezogen werden.

§ 16
Interne Leistungsbeziehungen

Werden in den Teilplänen zum Nachweis des vollständigen Ressourcenverbrauchs interne Leistungsbeziehungen erfasst, sind diese dem Jahresergebnis des Teilergebnisplans und der Teilergebnisrechnung hinzuzufügen und müssen sich im Ergebnisplan und in der Ergebnisrechnung insgesamt ausgleichen.

§ 17
Kosten- und Leistungsrechnung

(1) Nach den örtlichen Bedürfnissen der Kommune soll eine Kosten- und Leistungsrechnung zur Unterstützung der Verwaltungssteuerung und für die Beurteilung der Wirtschaftlichkeit und Leistungsfähigkeit bei der Aufgabenerfüllung geführt werden.

(2) Die Hauptverwaltungsbeamtin oder der Hauptverwaltungsbeamte regelt die Grundsätze über Art und Umfang der Kosten- und Leistungsrechnung und legt sie dem Vertretungsorgan zur Kenntnis vor.

§ 18
Weitere Vorschriften für die Haushaltsplanung

(1) Die Veranschlagung von Personalaufwendungen in den Teilplänen richtet sich nach den im Haushaltsjahr voraussichtlich besetzten Stellen. Dabei können die Personalaufwendungen für Personen, die nicht im Stellenplan geführt werden, zentral veranschlagt werden.

(2) Die Versorgungs- und die Beihilfeaufwendungen können auf die Teilpläne aufgeteilt oder zentral veranschlagt werden.

§ 19
Erläuterungen

Die Ansätze im Haushaltsplan sind, soweit erforderlich, zu erläutern. Insbesondere sind zu erläutern:

1. Ansätze von Erträgen und Aufwendungen, soweit sie wesentlich sind und von den bisherigen Ansätzen wesentlich abweichen,
2. neue Investitionen; erstrecken sie sich über mehrere Jahre, ist bei jeder folgenden Veranschlagung die bisherige Abwicklung darzulegen,
3. Notwendigkeit und Höhe der Verpflichtungsermächtigungen,
4. Ansätze für Aufwendungen und Auszahlungen zur Erfüllung von Verträgen, die die Kommune über ein Jahr hinaus zu erheblichen Zahlungen verpflichten, sowie
5. Sperrvermerke, Zweckbindungen und andere besondere Bestimmungen im Haushaltsplan.

Teil 3
Besondere Vorschriften für die Haushaltswirtschaft

§ 20
Grundsätze der Gesamtdeckung

Soweit in dieser Verordnung nichts anderes bestimmt ist, dienen

1. die Erträge insgesamt zur Deckung der Aufwendungen des Ergebnisplanes und
2. die Einzahlungen insgesamt zur Deckung der Auszahlungen des Finanzplanes.

§ 86 Absatz 1 der Gemeindeordnung bleibt hiervon unberührt.

§ 21
Bildung von Budgets

(1) Zur flexiblen Haushaltsbewirtschaftung können Erträge und Aufwendungen zu Budgets verbunden werden. In den Budgets ist die Summe der Erträge und die Summe der Aufwendungen

für die Haushaltsführung verbindlich. Die Sätze 1 und 2 gelten auch für Einzahlungen und Auszahlungen für Investitionen.

(2) Es kann bestimmt werden, dass Mehrerträge bestimmte Ermächtigungen für Aufwendungen erhöhen und Mindererträge bestimmte Ermächtigungen für Aufwendungen vermindern. Das Gleiche gilt für Mehreinzahlungen und Mindereinzahlungen für Investitionen. Die Mehraufwendungen oder Mehrauszahlungen gelten nicht als überplanmäßige Aufwendungen oder Auszahlungen.

(3) Die Bewirtschaftung der Budgets darf nicht zu einer Minderung des Saldos aus laufender Verwaltungstätigkeit nach § 3 Absatz 2 Nummer 1 führen. Die Inanspruchnahme von Budgets nach Absatz 2 ist nur zulässig, wenn das geplante Jahresergebnis nicht gefährdet ist und die Vorschriften des § 86 der Gemeindeordnung beachtet werden.

§ 22
Ermächtigungsübertragung

(1) Ermächtigungen für Aufwendungen und Auszahlungen sind übertragbar. Die Hauptverwaltungsbeamtin oder der Hauptverwaltungsbeamte regelt mit Zustimmung des Vertretungsorgans die Grundsätze über Art, Umfang und Dauer der Ermächtigungsübertragungen.

(2) Werden Ermächtigungen für Aufwendungen und Auszahlungen übertragen, erhöhen sie die entsprechenden Positionen im Haushaltsplan des folgenden Jahres.

(3) Sind Erträge oder Einzahlungen auf Grund rechtlicher Verpflichtungen zweckgebunden, bleiben die entsprechenden Ermächtigungen zur Leistung von Aufwendungen bis zur Erfüllung des Zwecks und die Ermächtigungen zur Leistung von Auszahlungen bis zur Fälligkeit der letzten Zahlung für ihren Zweck verfügbar.

(4) Werden Ermächtigungen übertragen, ist dem Vertretungsorgan eine Übersicht der Übertragungen mit Angabe der Auswirkungen auf den Ergebnisplan und den Finanzplan des Folgejahres vorzulegen. Die Übertragungen sind im Jahresabschluss im Plan-/Ist-Vergleich der Ergebnisrechnung gemäß § 39 Absatz 2 und der Finanzrechnung gemäß § 40 und im Anhang gesondert anzugeben.

§ 23
Überwachung der Forderungen

(1) Die der Kommune zustehenden Forderungen sind vollständig zu erfassen und rechtzeitig durchzusetzen. Der Zahlungseingang ist zu überwachen.

(2) Die Kommune kann davon absehen, Ansprüche von weniger als 10 Euro geltend zu machen, es sei denn, dass die Durchsetzung aus grundsätzlichen Erwägungen geboten ist, letzteres gilt insbesondere für Gebühren.

(3) Mit juristischen Personen des öffentlichen Rechts kann auf der Grundlage der Gegenseitigkeit etwas anderes vereinbart werden.

§ 24
Bewirtschaftung und Überwachung der Aufwendungen und Auszahlungen

(1) Die im Haushaltsplan enthaltenen Ermächtigungen dürfen erst dann in Anspruch genommen werden, wenn die Aufgabenerfüllung dies erfordert. Die Inanspruchnahme ist zu überwachen.

(2) Bei Ermächtigungen für Investitionen muss die rechtzeitige Bereitstellung der Finanzmittel gesichert sein. Dabei darf die Finanzierung anderer, bereits begonnener Maßnahmen nicht beeinträchtigt werden.

(3) Die Absätze 1 und 2 gelten für die Inanspruchnahme von Verpflichtungsermächtigungen entsprechend.

(4) Abgaben, abgabeähnliche Erträge und allgemeine Zuweisungen, die die Kommune zurückzuzahlen hat, sind bei den Erträgen abzusetzen, auch wenn sie sich auf Erträge der Vorjahre beziehen.

(5) Die für die Bewirtschaftung festgelegten Sperrvermerke oder andere besondere Bestimmungen sind, soweit sie bereits bei der Aufstellung des Haushaltsplans feststehen, im Haushaltsplan oder in der Haushaltssatzung auszuweisen.

§ 25
Berichtspflicht, haushaltswirtschaftliche Sperre

(1) Das Vertretungsorgan ist unverzüglich zu unterrichten, wenn sich abzeichnet, dass

1. sich das Ergebnis des Ergebnisplanes oder des Finanzplanes wesentlich verschlechtert,
2. sich die Gesamtauszahlungen einer Maßnahme des Finanzplanes nach § 4 Absatz 4 Satz 3 wesentlich erhöhen werden oder
3. eine haushaltswirtschaftliche Sperre nach Absatz 2 ausgesprochen wird.

(2) Soweit und solange die Entwicklung der Erträge und Einzahlungen oder Aufwendungen und Auszahlungen es erfordert, kann die Inanspruchnahme von Ansätzen für Aufwendungen und Auszahlungen und Verpflichtungsermächtigungen durch die Kämmerin oder den Kämmerer gesperrt werden. § 81 Absatz 4 der Gemeindeordnung bleibt unberührt.

§ 26
Vergabe von Aufträgen

(1) Der Vergabe von Aufträgen muss eine öffentliche Ausschreibung oder eine beschränkte Ausschreibung mit Teilnahmewettbewerb vorausgehen, sofern nicht die Natur des Geschäfts oder besondere Umstände eine Ausnahme in Form einer beschränkten Ausschreibung ohne Teilnahmewettbewerb, Verhandlungsvergabe mit oder ohne Teilnahmewettbewerb beziehungsweise einer freihändigen Vergabe rechtfertigen.

(2) Bei der Vergabe von Aufträgen unterhalb der jeweils geltenden Schwellenwerte gemäß § 106 des Gesetzes gegen Wettbewerbsbeschränkungen in der Fassung der Bekanntmachung vom 26. Juni 2013 (BGBl. I S. 1750, 3245), das zuletzt durch Artikel 10 des Gesetzes vom 12. Juli 2018 (BGBl. I S. 1151) geändert worden ist, sind die Vergabebestimmungen anzuwenden, die das für Kommunales zuständige Ministerium bekannt gibt.

§ 27
Stundung, Niederschlagung und Erlass

(1) Ansprüche der Kommune dürfen ganz oder teilweise gestundet werden, wenn ihre Einziehung bei Fälligkeit eine erhebliche Härte für den Schuldner bedeuten würde und der Anspruch durch die Stundung nicht gefährdet erscheint. Gestundete Beträge sind in der Regel angemessen zu verzinsen.

(2) Ansprüche der Kommune dürfen niedergeschlagen werden, wenn zu erwarten ist, dass die Einziehung keinen Erfolg haben wird, oder wenn die Kosten der Einziehung außer Verhältnis zur Höhe des Anspruchs stehen.

(3) Ansprüche der Kommune dürfen ganz oder zum Teil erlassen werden, wenn ihre Einziehung nach Lage des einzelnen Falles für den Schuldner eine besondere Härte bedeuten würde. Das Gleiche gilt für die Rückzahlung oder Anrechnung von geleisteten Beträgen.

(4) Ansprüche der Kommune, die diese als dauerhaft uneinbringlich einschätzt, sind auszubuchen und dürfen nicht im Inventar geführt werden.

Teil 4
Buchführung, Inventar, Zahlungsabwicklung

§ 28
Buchführung

(1) Alle Geschäftsvorfälle sowie die Vermögens- und Schuldenlage sind nach dem System der doppelten Buchführung und unter Beachtung der Grundsätze ordnungsmäßiger Buchführung in den Büchern klar ersichtlich und nachprüfbar aufzuzeichnen. Die Bücher müssen Auswertungen nach der Haushaltsgliederung, nach der sachlichen Ordnung sowie in zeitlicher Ordnung zulassen.

(2) Die Eintragungen in die Bücher müssen vollständig, richtig, zeitgerecht und geordnet vorgenommen werden, so dass die Geschäftsvorfälle in ihrer Entstehung und Abwicklung nachvollziehbar sind. Eine Eintragung oder eine Aufzeichnung in den Büchern darf nicht in einer Weise verändert werden, dass der ursprüngliche Inhalt nicht mehr feststellbar ist. Auch solche Veränderungen dürfen nicht vorgenommen werden, deren Beschaffenheit es ungewiss lässt, ob sie ursprünglich oder erst später gemacht worden sind.

(3) Den Buchungen sind Belege, durch die der Nachweis der richtigen und vollständigen Ermittlung der Ansprüche und Verpflichtungen zu erbringen ist, zu Grunde zu legen (begründende Unterlagen). Die Buchungsbelege müssen Hinweise enthalten, die eine Verbindung zu den Eintragungen in den Büchern herstellen.

(4) Aus den Buchungen der zahlungswirksamen Geschäftsvorfälle sind die Zahlungen für den Ausweis in der Finanzrechnung durch eine von der Kommune bestimmte Buchungsmethode zu ermitteln. Die Ermittlung darf nicht durch eine indirekte Rückrechnung aus dem in der Ergebnisrechnung ausgewiesenen Jahresergebnis erfolgen.

(5) Bei der Buchführung mit Hilfe automatisierter Datenverarbeitung (DV-Buchführung) muss unter Beachtung der Grundsätze zur ordnungsmäßigen Führung und Aufbewahrung von Büchern, Aufzeichnungen und Unterlagen in elektronischer Form sowie zum Datenzugriff (GoBD) sichergestellt werden, dass

1. fachlich geprüfte Programme und freigegebene Verfahren eingesetzt werden,
2. die Daten vollständig und richtig erfasst, eingegeben, verarbeitet und ausgegeben werden,
3. nachvollziehbar dokumentiert ist, wer, wann, welche Daten eingegeben oder verändert hat,
4. in das automatisierte Verfahren nicht unbefugt eingegriffen werden kann,
5. die gespeicherten Daten nicht verloren gehen und nicht unbefugt verändert werden können,
6. die gespeicherten Daten bis zum Ablauf der Aufbewahrungsfristen jederzeit in angemessener Frist lesbar und maschinell auswertbar sind,
7. Berichtigungen der Bücher protokolliert und die Protokolle wie Belege aufbewahrt werden,
8. elektronische Signaturen mindestens während der Dauer der Aufbewahrungsfristen nachprüfbar sind,
9. die Unterlagen, die für den Nachweis der richtigen und vollständigen Ermittlung der Ansprüche oder Zahlungsverpflichtungen sowie für die ordnungsgemäße Abwicklung der Buchführung und des Zahlungsverkehrs erforderlich sind, einschließlich eines Verzeichnisses über den Aufbau der Datensätze und die Dokumentation der eingesetzten Programme und Verfahren bis zum Ablauf der Aufbewahrungsfrist verfügbar bleiben, § 59 bleibt unberührt,
10. die Verwaltung von Informationssystemen und automatisierten Verfahren von der fachlichen Sachbearbeitung und der Erledigung von Aufgaben der Finanzbuchhaltung verantwortlich abgegrenzt wird.

(6) Für durchlaufende Finanzmittel sowie andere haushaltsfremde Vorgänge sind gesonderte Nachweise zu führen.

(7) Der Buchführung ist der vom für Kommunales zuständigen Ministerium bekannt gegebene Kontenrahmen zu Grunde zu legen. Der Kontenrahmen kann bei Bedarf ergänzt werden. Die eingerichteten Konten sind in einem Verzeichnis (Kontenplan) aufzuführen.

§ 29
Inventar, Inventur

(1) Für die Aufstellung des Inventars und die Durchführung der Inventur gemäß § 91 Absatz 1 und 2 der Gemeindeordnung gilt:

1. Vermögensgegenstände des Sachanlagevermögens sowie Roh-, Hilfs- und Betriebsstoffe können, wenn sie regelmäßig ersetzt werden und ihr Gesamtwert für die Kommune von nachrangiger Bedeutung ist, mit einer gleichbleibenden Menge und einem gleichbleibenden Wert (Festwert) angesetzt werden, sofern ihr Bestand in seiner Größe, seinem Wert und seiner Zusammensetzung nur geringen Veränderungen unterliegt, jedoch ist in der Regel alle fünf Jahre eine körperliche Bestandsaufnahme durchzuführen;
2. wird für Aufwuchs ein pauschaliertes Festwertverfahren angewendet, ist eine Revision nach zehn Jahren und eine Neuberechnung des Forsteinrichtungswerks alle 20 Jahre durchzuführen und
3. gleichartige Vermögensgegenstände des Vorratsvermögens sowie andere gleichartige oder annähernd gleichwertige bewegliche Vermögensgegenstände und Schulden können jeweils zu einer Gruppe zusammengefasst und mit dem gewogenen Durchschnittswert angesetzt werden.

(2) Die Hauptverwaltungsbeamtin oder der Hauptverwaltungsbeamte regelt das Nähere über die Durchführung der Inventur.

(3) Das Verfahren und die Ergebnisse der Inventur sind so zu dokumentieren, dass diese für sachverständige Dritte in angemessener Zeit nachvollziehbar sind.

§ 30
Inventurvereinfachungsverfahren

(1) Bei der Aufstellung des Inventars darf der Bestand der Vermögensgegenstände nach Art, Menge und Wert auch mit Hilfe anerkannter mathematisch-statistischer Methoden auf Grund von Stichproben ermittelt werden. Das Verfahren muss den Grundsätzen ordnungsmäßiger Buchführung entsprechen. Der Aussagewert des auf diese Weise aufgestellten Inventars muss dem Aussagewert eines auf Grund einer körperlichen Bestandsaufnahme aufgestellten Inventars gleichkommen.

(2) Bei der Aufstellung des Inventars für den Schluss eines Haushaltsjahres bedarf es einer körperlichen Bestandsaufnahme der Vermögensgegenstände für diesen Zeitpunkt nicht, soweit durch Anwendung eines den Grundsätzen ordnungsmäßiger Buchführung entsprechenden anderen Verfahrens gesichert ist, dass der Bestand der Vermögensgegenstände nach Art, Menge und Wert auch ohne die körperliche Bestandsaufnahme für diesen Zeitpunkt festgestellt werden kann. Bei Anwendung des Buchinventurverfahrens soll das Intervall für die körperliche Bestandsaufnahme bei körperlichen beweglichen Vermögensgegenständen des Anlagevermögens fünf Jahre und bei körperlichen unbeweglichen Vermögensgegenständen des Anlagevermögens zehn Jahre nicht überschreiten.

(3) In dem Inventar für den Schluss eines Haushaltsjahres brauchen Vermögensgegenstände nicht verzeichnet zu werden, wenn

1. die Kommune ihren Bestand auf Grund einer körperlichen Bestandsaufnahme oder auf Grund eines nach Absatz 2 zulässigen anderen Verfahrens nach Art, Menge und Wert in einem besonderen Inventar verzeichnet hat, das für einen Tag innerhalb der letzten drei Monate vor oder der ersten beiden Monate nach dem Schluss des Haushaltsjahres aufgestellt ist, und

2. auf Grund des besonderen Inventars durch Anwendung eines den Grundsätzen ordnungsmäßiger Buchführung entsprechenden Fortschreibungs- oder Rückrechnungsverfahrens gesichert ist, dass der am Schluss des Haushaltsjahres vorhandene Bestand der Vermögensgegenstände für diesen Zeitpunkt ordnungsgemäß bewertet werden kann.

(4) Die Hauptverwaltungsbeamtin oder der Hauptverwaltungsbeamte kann für bewegliche Gegenstände des Sachanlagevermögens, deren Anschaffungs- oder Herstellungskosten im Einzelnen wertmäßig den Betrag von 800 Euro ohne Umsatzsteuer nicht überschreiten, Befreiungen von § 91 Absatz 1 und 2 der Gemeindeordnung vorsehen.

(5) Sofern Vorratsbestände von Roh-, Hilfs- und Betriebsstoffen, Waren sowie unfertige und fertige Erzeugnisse bereits dem Lager entnommen sind, gelten sie als verbraucht und dürfen nicht erfasst und bewertet werden.

§ 31
Zahlungsabwicklung, Liquiditätsplanung

(1) Zur Zahlungsabwicklung gehören die Annahme von Einzahlungen, die Leistung von Auszahlungen und die Verwaltung der Finanzmittel. Jeder Zahlungsvorgang ist zu erfassen und zu dokumentieren, dabei sind die durchlaufenden und die fremden Finanzmittel nach § 15 Absatz 1 gesondert zu erfassen.

(2) Jeder Zahlungsanspruch und jede Zahlungsverpflichtung sind auf ihren Grund und ihre Höhe zu prüfen und festzustellen (sachliche und rechnerische Feststellung). Die Hauptverwaltungsbeamtin oder der Hauptverwaltungsbeamte regelt die Befugnis für die sachliche und rechnerische Feststellung.

(3) Zahlungsabwicklung und Buchführung dürfen nicht von demselben Beschäftigten wahrgenommen werden. Beschäftigten, denen die Buchführung oder die Abwicklung von Zahlungen obliegt, darf die Befugnis zur sachlichen und rechnerischen Feststellung nur übertragen werden, wenn und soweit der Sachverhalt nur von ihnen beurteilt werden kann. Zahlungsaufträge sind von zwei Beschäftigten freizugeben.

(4) Die Finanzmittelkonten sind am Schluss des Buchungstages oder vor Beginn des folgenden Buchungstages mit den Bankkonten abzugleichen. Am Ende des Haushaltsjahres sind sie für die Aufstellung des Jahresabschlusses abzuschließen und der Bestand an Finanzmitteln ist festzustellen.

(5) Die Zahlungsabwicklung ist mindestens einmal jährlich unvermutet zu prüfen. Überwacht die örtliche Rechnungsprüfung dauernd die Zahlungsabwicklung, kann von der unvermuteten Prüfung abgesehen werden.

(6) Die Kommune hat ihre Zahlungsfähigkeit durch eine angemessene Liquiditätsplanung unter Einbeziehung der im Finanzplan ausgewiesenen Einzahlungen und Auszahlungen sicherzustellen.

§ 32
Sicherheitsstandards und interne Aufsicht

(1) Um die ordnungsgemäße Erledigung der Aufgaben der Finanzbuchhaltung unter besonderer Berücksichtigung des Umgangs mit Zahlungsmitteln sowie die Verwahrung und Verwaltung von Wertgegenständen sicherzustellen, sind von der Hauptverwaltungsbeamtin oder dem Hauptverwaltungsbeamten nähere Vorschriften unter Berücksichtigung der örtlichen Gegebenheiten zu erlassen. Die Vorschriften können ein Weisungsrecht oder einen Zustimmungsvorbehalt der Hauptverwaltungsbeamtin oder des Hauptverwaltungsbeamten vorsehen, müssen inhaltlich hinreichend bestimmt sein und bedürfen der Schriftform. Sie sind dem Vertretungsorgan zur Kenntnis zu geben.

(2) Die örtlichen Vorschriften nach Absatz 1 müssen mindestens Bestimmungen in Ausführung des § 23 Absatz 1 und der §§ 28, 31 und 59 sowie über

1. die Aufbau- und Ablauforganisation der Finanzbuchhaltung (Geschäftsablauf) mit Festlegungen über
1.1 sachbezogene Verantwortlichkeiten,
1.2 schriftliche Unterschriftsbefugnisse oder elektronische Signaturen mit Angabe von Form und Umfang,
1.3 zentrale oder dezentrale Erledigung der Zahlungsabwicklung mit Festlegung eines Verantwortlichen für die Sicherstellung der Zahlungsfähigkeit,
1.4 Buchungsverfahren mit und ohne Zahlungsabwicklung sowie die Identifikation von Buchungen,
1.5 die tägliche Abstimmung der Konten mit Ermittlung der Liquidität,
1.6 die Jahresabstimmung der Konten für den Jahresabschluss,
1.7 die Behandlung von Kleinbeträgen,
1.8 Stundung, Niederschlagung und Erlass von Ansprüchen der Kommune,
1.9 Mahn- und Vollstreckungsverfahren mit Festlegung einer zentralen Stelle sowie gegebenenfalls weiterer Stellen mit deren abweichend davon festgelegten Einzelzuständigkeiten,
2. den Einsatz von automatisierter Datenverarbeitung in der Finanzbuchhaltung mit Festlegungen über
2.1 die Freigabe von Verfahren,
2.2 Berechtigungen im Verfahren,
2.3 Dokumentation der eingegebenen Daten und ihrer Veränderungen,
2.4 Identifikationen innerhalb der sachlichen und zeitlichen Buchung,
2.5 Nachprüfbarkeit von elektronischen Signaturen,
2.6 Sicherung und Kontrolle der Verfahren,
2.7 die Abgrenzung der Verwaltung von Informationssystemen und automatisierten Verfahren von der fachlichen Sachbearbeitung und der Erledigung der Aufgaben der Finanzbuchhaltung,
3. die Verwaltung der Zahlungsmittel mit Festlegungen über
3.1 Einrichtung von Bankkonten,
3.2 Unterschriften von zwei Beschäftigten im Bankverkehr,
3.3 Aufbewahrung, Beförderung und Entgegennahme von Zahlungsmitteln durch Beschäftigte und Automaten,
3.4 Einsatz von Geldkarte, Debitkarte oder Kreditkarte sowie Schecks,
3.5 Anlage nicht benötigter Zahlungsmittel,
3.6 Aufnahme und Rückzahlung von Krediten zur Liquiditätssicherung,
3.7 die durchlaufende Zahlungsabwicklung und fremde Finanzmittel,
3.8 die Bereitstellung von Liquidität im Rahmen eines Liquiditätsverbundes, wenn ein solcher eingerichtet ist,
4. die Sicherheit und Überwachung der Finanzbuchhaltung mit Festlegungen über
4.1 ein Verbot bestimmter Tätigkeiten in Personalunion,
4.2 die Sicherheitseinrichtungen,
4.3 die Aufsicht und Kontrolle über Buchführung und Zahlungsabwicklung,
4.4 regelmäßige und unvermutete Prüfungen,
4.5 die Beteiligung der örtlichen Rechnungsprüfung und der Kämmerin oder des Kämmerers,
5. die sichere Verwahrung und die Verwaltung von Wertgegenständen sowie von Unterlagen nach § 59

enthalten.

(3) Beschäftigte, denen die Abwicklung von Zahlungen obliegt, können mit der Stundung, Niederschlagung und dem Erlass von kommunalen Ansprüchen beauftragt werden, wenn dies der Verwaltungsvereinfachung dient und eine ordnungsgemäße Erledigung gewährleistet ist.

(4) Die Hauptverwaltungsbeamtin oder der Hauptverwaltungsbeamte hat die Aufsicht über die Finanzbuchhaltung. Sie oder er kann die Aufsicht einer Beigeordneten oder einem Beigeordneten oder einer oder einem sonstigen Beschäftigten übertragen, der oder dem nicht die Abwicklung von Zahlungen obliegt. Ist eine Kämmerin oder ein Kämmerer bestellt, so hat sie oder er die Aufsicht über die Finanzbuchhaltung, sofern sie oder er nicht nach § 93 Absatz 2 der Gemeindeordnung als Verantwortliche oder als Verantwortlicher für die Finanzbuchhaltung bestellt ist.

Teil 5
Vermögen und Schulden

§ 33
Allgemeine Bewertungsanforderungen

(1) Die Bewertung des im Jahresabschluss auszuweisenden Vermögens und der Schulden ist unter Beachtung der Grundsätze ordnungsmäßiger Buchführung vorzunehmen. Dabei gilt insbesondere:

1. Die Wertansätze der Eröffnungsbilanz des Haushaltsjahres müssen mit denen der Schlussbilanz des vorhergehenden Haushaltsjahres übereinstimmen.
2. Die Vermögensgegenstände und die Schulden sind zum Abschlussstichtag einzeln zu bewerten.
3. Es ist wirklichkeitsgetreu zu bewerten, namentlich sind alle vorhersehbaren Risiken und Verluste, die bis zum Abschlussstichtag entstanden sind, zu berücksichtigen, selbst wenn diese erst zwischen dem Abschlussstichtag und dem Tag der Aufstellung des Jahresabschlusses bekannt geworden sind; Risiken und Verluste, für deren Verwirklichung im Hinblick auf die besonderen Verhältnisse der öffentlichen Haushaltswirtschaft nur eine geringe Wahrscheinlichkeit spricht, bleiben außer Betracht. Gewinne sind nur zu berücksichtigen, wenn sie am Abschlussstichtag realisiert sind.
4. Im Haushaltsjahr entstandene Aufwendungen und erzielte Erträge sind unabhängig von den Zeitpunkten der entsprechenden Zahlungen im Jahresabschluss zu berücksichtigen.
5. Die auf den vorhergehenden Jahresabschluss angewandten Bewertungsmethoden sollen beibehalten werden.

(2) Von den Grundsätzen des Absatzes 1 darf nur in begründeten Ausnahmefällen abgewichen werden.

§ 33a
Aufwendungen für die Erhaltung der gemeindlichen Leistungsfähigkeit

(1) In den Jahresabschlüssen 2020 bis 2023 sind Aufwendungen zur Erhaltung der gemeindlichen Leistungsfähigkeit, soweit sie nicht bilanzierungsfähig sind, als Bilanzierungshilfe zu aktivieren. Der Posten ist in der Bilanz unter der Bezeichnung „Aufwendungen zur Erhaltung der gemeindlichen Leistungsfähigkeit" vor dem Anlagevermögen auszuweisen und im Anhang zu erläutern.

(2) Die Bewertung der nach Absatz 1 zu aktivierenden Bilanzierungshilfen erfolgt nach § 5 des NKF-COVID-19-Ukraine-Isolierungsgesetzes vom 29. September 2020 (GV. NRW. S. 916), das zuletzt durch Artikel 2 des Gesetzes vom 9. Dezember 2022 (GV. NRW. S. 1063) geändert worden ist.

(3) Die weitere bilanzielle Behandlung der in den Jahresabschlüssen der Haushaltsjahre 2020 bis 2022 aktivierten Bilanzierungshilfen in den Haushaltsjahren nach 2023 richtet sich nach § 6 des NKF-COVID-19-Ukraine-Isolierungsgesetz.

§ 34
Wertansätze für Vermögensgegenstände

(1) Ein Vermögensgegenstand ist in die Bilanz aufzunehmen, wenn die Kommune das wirtschaftliche Eigentum daran inne hat und dieser selbstständig verwertbar ist. Als Anlagevermögen sind nur die Gegenstände auszuweisen, die dazu bestimmt sind, dauernd der Aufgabenerfüllung der Kommune zu dienen.

(2) Anschaffungskosten sind die Aufwendungen, die geleistet werden, um einen Vermögensgegenstand zu erwerben und ihn in einen betriebsbereiten Zustand zu versetzen, soweit sie dem Vermögensgegenstand einzeln zugeordnet werden können. Zu den Anschaffungskosten gehören auch die Nebenkosten sowie die nachträglichen Anschaffungskosten. Minderungen des Anschaffungspreises sind abzusetzen.

(3) Herstellungskosten sind die Aufwendungen, die durch den Verbrauch von Gütern und die Inanspruchnahme von Diensten für die Herstellung eines Vermögensgegenstands, seine Erweiterung oder für eine über seinen ursprünglichen Zustand hinausgehende wesentliche Verbesserung entstehen. Dazu gehören die Materialkosten, die Fertigungskosten und die Sonderkosten der Fertigung. Bei der Berechnung der Herstellungskosten dürfen auch angemessene Teile der notwendigen Materialgemeinkosten, der notwendigen Fertigungsgemeinkosten und des Wertverzehrs des Anlagevermögens, soweit er durch die Fertigung veranlasst ist, eingerechnet werden. Kosten der allgemeinen Verwaltung sowie Aufwendungen für soziale Einrichtungen der Verwaltung, für freiwillige soziale Leistungen und für betriebliche Altersversorgung brauchen nicht eingerechnet zu werden. Aufwendungen im Sinne der Sätze 3 und 4 dürfen nur insoweit berücksichtigt werden, als sie auf den Zeitraum der Herstellung entfallen.

(4) Zinsen für Fremdkapital gehören nicht zu den Herstellungskosten. Zinsen für Fremdkapital, welches zur Finanzierung der Herstellung eines Vermögensgegenstands verwendet wird, dürfen als Herstellungskosten angesetzt werden, soweit sie auf den Zeitraum der Herstellung entfallen.

(5) Forderungen sind mit dem Nominalbetrag anzusetzen. Soweit ein Ausfallrisiko besteht, ist der Nominalbetrag entweder durch Einzel- oder durch Pauschalwert- oder durch pauschale Einzelwertberichtigung zu vermindern.

§ 35
Bewertungsvereinfachungsverfahren

Soweit es den Grundsätzen ordnungsmäßiger Buchführung entspricht, kann für den Wertansatz gleichartiger Vermögensgegenstände des Vorratsvermögens unterstellt werden, dass die zuerst oder die zuletzt angeschafften oder hergestellten Vermögensgegenstände zuerst verbraucht oder veräußert worden sind. § 29 Absatz 1 Nummer 1 und 3 sind auch auf den Jahresabschluss anwendbar.

§ 35a
Bildung von Bewertungseinheiten

Werden Kredite gemäß § 86 Absatz 1 Satz 4 der Gemeindeordnung aufgenommen, kann § 254 des Handelsgesetzbuchs angewandt werden. Sofern hiervon Gebrauch gemacht wird, sind § 88 Absatz 1 der Gemeindeordnung, § 33 Absatz 1 Nummer 2 und 3, § 36 Absatz 1 dieser Verordnung und § 256a des Handelsgesetzbuchs in dem Umfang und für den Zeitraum nicht anzuwenden, in dem die gegenläufigen Wertänderungen oder Zahlungsströme sich ausgleichen.

§ 36
Abschreibungen und Zuschreibungen

(1) Bei Vermögensgegenständen des Anlagevermögens, deren Nutzung zeitlich begrenzt ist, sind die Anschaffungs- oder Herstellungskosten um planmäßige Abschreibungen zu vermindern. Die Anschaffungs- oder Herstellungskosten sollen dazu linear auf die Haushaltsjahre verteilt werden,

in denen der Vermögensgegenstand voraussichtlich genutzt wird. Die degressive Abschreibung oder die Leistungsabschreibung können dann angewandt werden, wenn dies dem tatsächlichen Ressourcenverbrauch besser entspricht.

(2) Bei Gebäuden dürfen für das Bauwerk und für die mit ihm verbundenen Gebäudeteile (Komponenten) Dach und Fenster unterschiedliche Nutzungsdauern bestimmt werden (Komponentenansatz). Darüber hinaus dürfen weitere Komponenten gebildet werden, soweit es sich um mit dem Gebäude verbundene physische Gebäudebestandteile handelt und deren Wert im Einzelnen mindestens 5 Prozent des Neubauwertes beträgt. Bei Straßen, Wegen und Plätzen in bituminöser Bauweise mit Unterbau dürfen für die Komponenten Deckschicht und Unterbau unterschiedliche Nutzungsdauern bestimmt werden. Für alle anderen Vermögensgegenstände ist die Anwendung des Komponentenansatzes ausgeschlossen.

(3) Vermögensgegenstände des Anlagevermögens, deren Anschaffungs- oder Herstellungskosten wertmäßig den Betrag von 800 Euro ohne Umsatzsteuer nicht übersteigen, die selbstständig genutzt werden können und einer Abnutzung unterliegen, können unmittelbar als Aufwand verbucht werden. In diesem Fall wird die Auszahlung der laufenden Verwaltungstätigkeit zugeordnet.

(4) Für die Bestimmung der wirtschaftlichen Nutzungsdauer von abnutzbaren Vermögensgegenständen ist die vom für Kommunales zuständigen Ministerium bekannt gegebene Abschreibungstabelle für Kommunen zu Grunde zu legen. Innerhalb des dort vorgegebenen Rahmens ist unter Berücksichtigung der tatsächlichen örtlichen Verhältnisse die Bestimmung der jeweiligen Nutzungsdauer so vorzunehmen, dass eine Stetigkeit für zukünftige Festlegungen von Abschreibungen gewährleistet wird. Eine Übersicht über die örtlich festgelegten Nutzungsdauern der Vermögensgegenstände (Abschreibungstabelle) sowie ihre nachträglichen Änderungen sind der Aufsichtsbehörde auf Anforderung vorzulegen.

(5) Wird, soweit nicht von der Möglichkeit des Absatzes 2 Gebrauch gemacht wird, durch Erhaltung oder Instandsetzung eines Vermögensgegenstandes des Anlagevermögens oder einer Komponente desselben, die im Sinne des Absatzes 2 als erheblich einzustufen wäre, eine Verlängerung seiner wirtschaftlichen Nutzungsdauer erreicht, ist er neu zu bewerten und die Restnutzungsdauer neu zu bestimmen. Entsprechend ist zu verfahren, wenn in Folge einer voraussichtlich dauernden Wertminderung eine Verkürzung eintritt.

(6) Außerplanmäßige Abschreibungen sind bei einer voraussichtlich dauernden Wertminderung eines Vermögensgegenstandes des Anlagevermögens vorzunehmen, um diesen mit dem niedrigeren Wert anzusetzen, der diesem am Abschlussstichtag beizulegen ist. Bei Finanzanlagen können außerplanmäßige Abschreibungen auch bei einer voraussichtlich nicht dauernden Wertminderung vorgenommen werden. Außerplanmäßige Abschreibungen sind im Anhang zu erläutern.

(7) Bei einer voraussichtlich dauernden Wertminderung von Grund und Boden durch die Anschaffung oder Herstellung von Infrastrukturvermögen können außerplanmäßige Abschreibungen bis zur Inbetriebnahme der Vermögensgegenstände linear auf den Zeitraum verteilt werden, in dem die Vermögensgegenstände angeschafft oder hergestellt werden. Absatz 6 Satz 3 gilt entsprechend.

(8) Bei Vermögensgegenständen des Umlaufvermögens sind Abschreibungen vorzunehmen, um diese mit einem niedrigeren Wert anzusetzen, der sich aus einem beizulegenden Wert am Abschlussstichtag ergibt.

(9) Stellt sich in einem späteren Haushaltsjahr heraus, dass die Gründe für eine Wertminderung eines Vermögensgegenstandes des Anlagevermögens nicht mehr bestehen, so ist der Betrag der Abschreibung im Umfang der Werterhöhung unter Berücksichtigung der Abschreibungen, die inzwischen vorzunehmen gewesen wären, zuzuschreiben. Zuschreibungen sind im Anhang zu erläutern.

§ 37
Wertansätze für Rückstellungen

(1) Pensionsverpflichtungen nach den beamtenrechtlichen Vorschriften sind als Rückstellung anzusetzen. Zu den Rückstellungen nach Satz 1 gehören bestehende Versorgungsansprüche sowie sämtliche Anwartschaften und andere fortgeltende Ansprüche nach dem Ausscheiden aus dem Dienst. Für die Rückstellungen ist im Teilwertverfahren der Barwert zu ermitteln. Der Berechnung ist ein Rechnungszinsfuß von 5 Prozent zu Grunde zu legen. Der Barwert für Ansprüche auf Beihilfen nach § 75 des Gesetz über die Beamtinnen und Beamten des Landes Nordrhein-Westfalen sowie andere Ansprüche außerhalb des Beamtenversorgungsgesetz für das Land Nordrhein-Westfalen kann als prozentualer Anteil der Rückstellungen für Versorgungsbezüge nach Satz 1 ermittelt werden. Der Prozentsatz nach Satz 5 ist aus dem Verhältnis des Volumens der gezahlten Leistungen nach Satz 5 zu dem Volumen der gezahlten Versorgungsbezüge zu ermitteln. Er bemisst sich nach dem Durchschnitt dieser Leistungen in den drei dem Jahresabschluss vorangehenden Haushaltsjahren. Die Ermittlung des Prozentsatzes ist mindestens alle fünf Jahre vorzunehmen. Abweichend kann der Barwert für die gesamten zukünftigen Ansprüche nach Satz 5 auf Grundlage des Durchschnitts dieser Leistungen im vorgenannten Zeitraum ermittelt werden.

(2) Soweit auf Grund einer allgemeinen Besoldungsanpassung Zuführungen zu den Rückstellungen nach Absatz 1 erforderlich sind, können diese Beträge ratierlich über die drei auf das Jahr der Anpassung folgenden Haushaltsjahre in der Ergebnisplanung beziehungsweise der Ergebnisrechnung verteilt werden.

(3) Für die Rekultivierung und Nachsorge von Deponien sind Rückstellungen in Höhe der zu erwartenden Gesamtkosten zum Zeitpunkt der Rekultivierungs- und Nachsorgemaßnahmen anzusetzen. Das gilt entsprechend für die Sanierung von Altlasten.

(4) Für unterlassene Instandhaltung von Sachanlagen sind Rückstellungen anzusetzen, wenn die Nachholung der Instandhaltung hinreichend konkret beabsichtigt ist und als bisher unterlassen bewertet werden muss. Die vorgesehenen Maßnahmen müssen am Abschlussstichtag einzeln bestimmt und wertmäßig beziffert sein.

(5) Für Verpflichtungen, die dem Grunde oder der Höhe nach zum Abschlussstichtag noch nicht genau bekannt sind, müssen Rückstellungen angesetzt werden, sofern der zu leistende Betrag nicht geringfügig ist. Es muss wahrscheinlich sein, dass eine Verbindlichkeit zukünftig entsteht, die wirtschaftliche Ursache vor dem Abschlussstichtag liegt und die zukünftige Inanspruchnahme voraussichtlich erfolgen wird. Ferner können Rückstellungen gebildet werden für unbestimmte Aufwendungen in künftigen Haushaltsjahren für die erhöhte Heranziehung zu Umlagen nach § 56 Kreisordnung für das Land Nordrhein-Westfalen, § 22 Landschaftsverbandsordnung für das Land Nordrhein-Westfalen, § 2 Städteregion Aachen Gesetz, § 19 des Gesetzes über den Regionalverband Ruhr aufgrund von ungewöhnlich hohen Steuereinzahlungen des Haushaltsjahres, die in die Berechnungen der Umlagegrundlage nach dem jeweils geltenden Gesetz zur Regelung der Zuweisungen des Landes Nordrhein-Westfalen an die Gemeinden und Gemeindeverbände einbezogen werden.

(6) Für drohende Verluste aus schwebenden Geschäften und aus laufenden Verfahren müssen Rückstellungen angesetzt werden, sofern der voraussichtliche Verlust nicht geringfügig sein wird.

(7) Sonstige Rückstellungen dürfen nur gebildet werden, soweit diese durch Gesetz oder Verordnung zugelassen sind. Rückstellungen sind aufzulösen, wenn der Grund hierfür entfallen ist.

Teil 6
Jahresabschluss

§ 38
Jahresabschluss

(1) Die Kommune hat zum Schluss eines jeden Haushaltsjahres einen Jahresabschluss unter Beachtung der Grundsätze ordnungsmäßiger Buchführung und der in dieser Verordnung enthaltenen Maßgaben aufzustellen. Der Jahresabschluss besteht aus

1. der Ergebnisrechnung,
2. der Finanzrechnung,
3. den Teilrechnungen,
4. der Bilanz und
5. dem Anhang.

(2) Dem Jahresabschluss ist ein Lagebericht nach § 49 beizufügen. Sofern eine Kommune von der größenabhängigen Befreiung im Zusammenhang mit der Erstellung des Gesamtabschlusses und des Gesamtlageberichtes Gebrauch macht, sind in den Anhang des kommunalen Jahresabschlusses Angaben zu Erträgen und Aufwendungen mit den einzubeziehenden vollkonsolidierungspflichtigen verselbständigten Aufgabenbereichen aufzunehmen.

§ 39
Ergebnisrechnung

(1) In der Ergebnisrechnung sind die dem Haushaltsjahr zuzurechnenden Erträge und Aufwendungen getrennt von einander nachzuweisen. Dabei dürfen Aufwendungen nicht mit Erträgen verrechnet werden, soweit durch Gesetz oder Verordnung nichts anderes zugelassen ist. Für die Aufstellung der Ergebnisrechnung gilt § 2 entsprechend.

(2) Den in der Ergebnisrechnung nachzuweisenden Ist-Ergebnissen sind die Ergebnisse der Rechnung des Vorjahres und die fortgeschriebenen Planansätze des Haushaltsjahres voranzustellen sowie ein Plan-/Ist-Vergleich anzufügen, der die nach § 22 Absatz 1 übertragenen Ermächtigungen gesondert auszuweisen hat.

(3) Erträge und Aufwendungen, die unmittelbar mit der allgemeinen Rücklage verrechnet werden, sind nachrichtlich nach dem Jahresergebnis auszuweisen.

§ 40
Finanzrechnung

In der Finanzrechnung sind die im Haushaltsjahr eingegangenen Einzahlungen und geleisteten Auszahlungen getrennt voneinander nachzuweisen. Dabei dürfen Auszahlungen nicht mit Einzahlungen verrechnet werden, soweit durch Gesetz oder Verordnung nicht anderes zugelassen ist. Für die Aufstellung der Finanzrechnung finden § 3 und § 39 Absatz 2 entsprechende Anwendung. In dieser Aufstellung sind die Zahlungen aus der Aufnahme und der Tilgung von Krediten zur Liquiditätssicherung gesondert auszuweisen. Fremde Finanzmittel nach § 15 Absatz 1 sind darin in Höhe der Änderung ihres Bestandes gesondert vor den gesamten liquiden Mitteln auszuweisen.

§ 41
Teilrechnungen

(1) Entsprechend den gemäß § 4 aufgestellten Teilplänen sind Teilrechnungen, gegliedert in Teilergebnisrechnung und Teilfinanzrechnung, aufzustellen. § 39 Absatz 2 findet entsprechende Anwendung.

(2) Die Teilrechnungen sind jeweils um Ist-Zahlen zu den in den Teilplänen ausgewiesenen Leistungsmengen und Kennzahlen zu ergänzen.

§ 42
Bilanz

(1) Die Bilanz hat sämtliche Vermögensgegenstände als Anlage- oder Umlaufvermögen, das Eigenkapital und die Schulden sowie die Rechnungsabgrenzungsposten zu enthalten und ist entsprechend den Absätzen 3 und 4 zu gliedern, soweit in der Gemeindeordnung oder in dieser Verordnung nichts anderes bestimmt ist.

(2) In der Bilanz dürfen Posten auf der Aktivseite nicht mit Posten auf der Passivseite sowie Grundstücksrechte nicht mit Grundstückslasten verrechnet werden.

(3) Die Aktivseite der Bilanz ist mindestens in die Posten

0. Aufwendungen zur Erhaltung der gemeindlichen Leistungsfähigkeit,
1. Anlagevermögen,
   1.1 Immaterielle Vermögensgegenstände,
   1.2 Sachanlagen,
      1.2.1 Unbebaute Grundstücke und grundstücksgleiche Rechte,
         1.2.1.1 Grünflächen,
         1.2.1.2 Ackerland,
         1.2.1.3 Wald, Forsten,
         1.2.1.4 Sonstige unbebaute Grundstücke,
      1.2.2 Bebaute Grundstücke und grundstücksgleiche Rechte,
         1.2.2.1 Kinder- und Jugendeinrichtungen,
         1.2.2.2 Schulen,
         1.2.2.3 Wohnbauten,
         1.2.2.4 Sonstige Dienst-, Geschäfts- und Betriebsgebäude,
      1.2.3 Infrastrukturvermögen,
         1.2.3.1 Grund und Boden des Infrastrukturvermögens,
         1.2.3.2 Brücken und Tunnel,
         1.2.3.3 Gleisanlagen mit Streckenausrüstung und Sicherheitsanlagen,
         1.2.3.4 Entwässerungs- und Abwasserbeseitigungsanlagen,
         1.2.3.5 Straßennetz mit Wegen, Plätzen und Verkehrslenkungsanlagen,
         1.2.3.6 Sonstige Bauten des Infrastrukturvermögens,
      1.2.4 Bauten auf fremdem Grund und Boden,
      1.2.5 Kunstgegenstände, Kulturdenkmäler,
      1.2.6 Maschinen und technische Anlagen, Fahrzeuge,
      1.2.7 Betriebs- und Geschäftsausstattung,
      1.2.8 Geleistete Anzahlungen, Anlagen im Bau,
   1.3 Finanzanlagen,
      1.3.1 Anteile an verbundenen Unternehmen,
      1.3.2 Beteiligungen,
      1.3.3 Sondervermögen,
      1.3.4 Wertpapiere des Anlagevermögens,
      1.3.5 Ausleihungen,
         1.3.5.1 an verbundene Unternehmen,
         1.3.5.2 an Beteiligungen,
         1.3.5.3 an Sondervermögen,
         1.3.5.4 Sonstige Ausleihungen,
2. Umlaufvermögen,
   2.1 Vorräte,
      2.1.1 Roh-, Hilfs- und Betriebsstoffe, Waren,
      2.1.2 Geleistete Anzahlungen,

2.2 Forderungen und sonstige Vermögensgegenstände,
2.2.1 Öffentlich-rechtliche Forderungen und Forderungen aus Transferleistungen,
2.2.2 Privatrechtliche Forderungen,
2.2.3 Sonstige Vermögensgegenstände,
2.3 Wertpapiere des Umlaufvermögens,
2.4 Liquide Mittel,
3. Aktive Rechnungsabgrenzung,
zu gliedern und nach Maßgabe des § 44 Absatz 7 um den Posten
4. Nicht durch Eigenkapital gedeckter Fehlbetrag
zu ergänzen.

(4) Die Passivseite der Bilanz ist mindestens in die Posten
1. Eigenkapital,
1.1 Allgemeine Rücklage,
1.2 Sonderrücklagen,
1.3 Ausgleichsrücklage,
1.4 Jahresüberschuss/Jahresfehlbetrag,
2. Sonderposten,
2.1 für Zuwendungen,
2.2 für Beiträge,
2.3 für den Gebührenausgleich,
2.4 Sonstige Sonderposten,
3. Rückstellungen,
3.1 Pensionsrückstellungen,
3.2 Rückstellungen für Deponien und Altlasten,
3.3 Instandhaltungsrückstellungen,
3.4 Sonstige Rückstellungen nach § 37 Absatz 5 und 6,
4. Verbindlichkeiten,
4.1 Anleihen,
4.1.1 für Investitionen,
4.1.2 zur Liquiditätssicherung,
4.2 Verbindlichkeiten aus Krediten für Investitionen,
4.2.1 von verbundenen Unternehmen,
4.2.2 von Beteiligungen,
4.2.3 von Sondervermögen,
4.2.4 vom öffentlichen Bereich,
4.2.5 von Kreditinstituten,
4.3 Verbindlichkeiten aus Krediten zur Liquiditätssicherung,
4.4 Verbindlichkeiten aus Vorgängen, die Kreditaufnahmen wirtschaftlich gleichkommen,
4.5 Verbindlichkeiten aus Lieferungen und Leistungen,
4.6 Verbindlichkeiten aus Transferleistungen,
4.7 Sonstige Verbindlichkeiten,
4.8 Erhaltene Anzahlungen,
5. Passive Rechnungsabgrenzung
zu gliedern.

(5) In der Bilanz ist zu jedem Posten nach den Absätzen 3 und 4 der Betrag des Vorjahres anzugeben. Sind die Beträge nicht vergleichbar, ist dies im Anhang zu erläutern. Ein Posten der Bilanz, der keinen Betrag ausweist, kann entfallen, es sei denn, dass im vorhergehenden Haushaltsjahr unter diesem Posten ein Betrag ausgewiesen wurde.

(6) Neue Posten dürfen hinzugefügt werden, wenn ihr Inhalt nicht von einem vorgeschriebenen Posten der Absätze 3 und 4 erfasst wird. Dies gilt nicht für Wertberichtigungen zu Forderungen. Werden Posten hinzugefügt, ist dies im Anhang anzugeben.

(7) Die vorgeschriebenen Posten der Bilanz dürfen zusammengefasst werden, wenn sie einen Betrag enthalten, der für die Vermittlung eines den tatsächlichen Verhältnissen entsprechenden Bildes der Vermögens- und Schuldenlage der Kommune nicht erheblich ist oder dadurch die Klarheit der Darstellung vergrößert wird. Die Zusammenfassung von Posten der Bilanz ist im Anhang anzugeben. Dies gilt auch für die Mitzugehörigkeit zu anderen Posten, wenn Vermögensgegenstände oder Schulden unter mehrere Posten der Bilanz fallen.

(8) Die Zuordnung von Wertansätzen für Vermögensgegenstände und Schulden zu den Posten der Bilanz ist auf der Grundlage des vom für Kommunales zuständigen Ministerium bekannt gegebenen Kontierungsplans vorzunehmen.

§ 43
Rechnungsabgrenzungsposten

(1) Als aktive Rechnungsabgrenzungsposten sind vor dem Abschlussstichtag geleistete Ausgaben, soweit sie Aufwand für eine bestimmte Zeit nach diesem Tag darstellen, anzusetzen. Satz 1 gilt entsprechend, wenn Sachzuwendungen geleistet werden.

(2) Ist der Rückzahlungsbetrag einer Verbindlichkeit höher als der Auszahlungsbetrag, so darf der Unterschiedsbetrag in den aktiven Rechnungsabgrenzungsposten aufgenommen werden. Der Unterschiedsbetrag ist durch planmäßige jährliche Abschreibungen aufzulösen, die auf die gesamte Laufzeit der Verbindlichkeit verteilt werden können.

(3) Als passive Rechnungsabgrenzungsposten sind vor dem Abschlussstichtag eingegangene Einnahmen, soweit sie einen Ertrag für eine bestimmte Zeit nach diesem Tag darstellen, anzusetzen. Satz 1 gilt entsprechend, wenn erhaltene Zuwendungen für Investitionen an Dritte weitergeleitet werden.

§ 44
Weitere Vorschriften zu einzelnen Bilanzposten

(1) Immaterielle Vermögensgegenstände des Anlagevermögens, die nicht entgeltlich erworben oder selbst hergestellt wurden, dürfen nicht aktiviert werden.

(2) Bei geleisteten Zuwendungen für Vermögensgegenstände, an denen die Kommune das wirtschaftliche Eigentum hat, sind die Vermögensgegenstände zu aktivieren. Ist kein Vermögensgegenstand zu aktivieren, jedoch die geleistete Zuwendung mit einer mehrjährigen, zeitbezogenen Gegenleistungsverpflichtung verbunden, ist diese als Rechnungsabgrenzungsposten zu aktivieren und entsprechend der Erfüllung der Gegenleistungsverpflichtung aufzulösen. Besteht eine mengenbezogene Gegenleistungsverpflichtung, ist diese als immaterieller Vermögensgegenstand des Anlagevermögens zu bilanzieren. Ein Rechnungsabgrenzungsposten ist auch bei einer Sachzuwendung zu bilden.

(3) Erträge und Aufwendungen aus dem Abgang und der Veräußerung von Vermögensgegenständen nach § 90 Absatz 3 Satz 1 der Gemeindeordnung sowie aus Wertveränderungen von Finanzanlagen sind unmittelbar mit der allgemeinen Rücklage zu verrechnen. Die Verrechnungen sind im Anhang zu erläutern.

(4) Erhaltene Zuwendungen für die Anschaffung oder Herstellung von Vermögensgegenständen, deren ertragswirksame Auflösung durch den Zuwendungsgeber ausgeschlossen wurde, sind in Höhe des noch nicht aktivierten Anteils der Vermögensgegenstände in einer Sonderrücklage zu passivieren. Diese Sonderrücklage kann auch gebildet werden, um die vom Vertretungsorgan beschlossene Anschaffung oder Herstellung von Vermögensgegenständen zu sichern. In dem Jahr, in dem die vorgesehenen Vermögensgegenstände betriebsbereit sind, ist die Sonderrück-

lage durch Umschichtung in die allgemeine Rücklage insoweit aufzulösen. Sonstige Sonderrücklagen dürfen nur gebildet werden, soweit diese durch Gesetz oder Verordnung zugelassen sind.

(5) Für erhaltene und zweckentsprechend verwendete Zuwendungen und Beiträge für Investitionen sind Sonderposten auf der Passivseite zwischen dem Eigenkapital und den Rückstellungen anzusetzen. Die Auflösung der Sonderposten ist entsprechend der Abnutzung des geförderten Vermögensgegenstandes vorzunehmen. Werden erhaltene Zuwendungen für Investitionen an Dritte weitergeleitet, darf ein Sonderposten nur gebildet werden, wenn die Kommune die geförderten Vermögensgegenstände nach Absatz 2 Satz 1 zu aktivieren hat.

(6) Kostenüberdeckungen der kostenrechnenden Einrichtungen am Ende eines Kalkulationszeitraumes, die nach § 6 des Kommunalabgabengesetzes für das Land Nordrhein-Westfalen ausgeglichen werden müssen, sind als Sonderposten für den Gebührenausgleich anzusetzen. Kostenunterdeckungen, die ausgeglichen werden sollen, sind im Anhang anzugeben.

(7) Ergibt sich in der Bilanz ein Überschuss der Passivposten über die Aktivposten, ist der entsprechende Betrag auf der Aktivseite der Bilanz unter der Bezeichnung „Nicht durch Eigenkapital gedeckter Fehlbetrag" gesondert auszuweisen.

§ 45
Anhang

(1) Im Anhang sind zu den Posten der Bilanz die verwendeten Bilanzierungs- und Bewertungsmethoden anzugeben. Die Positionen der Ergebnisrechnung und die in der Finanzrechnung nachzuweisenden Einzahlungen und Auszahlungen aus der Investitionstätigkeit und der Finanzierungstätigkeit sind zu erläutern. Die Anwendung von Vereinfachungsregelungen und Schätzungen ist zu beschreiben. Die Erläuterungen sind so zu fassen, dass sachverständige Dritte die Sachverhalte beurteilen können.

(2) Gesondert anzugeben und zu erläutern sind:

1. Besondere Umstände, die dazu führen, dass der Jahresabschluss nicht ein den tatsächlichen Verhältnissen entsprechendes Bild der Vermögens-, Schulden-, Ertrags- und Finanzlage der Kommune vermittelt,
2. die Verringerung der allgemeinen Rücklage und ihre Auswirkungen auf die weitere Entwicklung des Eigenkapitals innerhalb der auf das abgelaufene Haushaltsjahr bezogenen mittelfristigen Ergebnis- und Finanzplanung,
3. Abweichungen vom Grundsatz der Einzelbewertung und von bisher angewandten Bewertungs- und Bilanzierungsmethoden,
4. die Vermögensgegenstände des Anlagevermögens, für die Rückstellungen für unterlassene Instandhaltung gebildet worden sind, unter Angabe des Rückstellungsbetrages,
5. die Aufgliederung des Postens „Sonstige Rückstellungen" entsprechend § 37 Absatz 5 und 6, sofern es sich um wesentliche Beträge handelt,
6. Abweichungen von der standardmäßig vorgesehenen linearen Abschreibung sowie von der örtlichen Abschreibungstabelle bei der Festlegung der Nutzungsdauer von Vermögensgegenständen,
7. noch nicht erhobene Beiträge aus fertiggestellten Erschließungsmaßnahmen,
8. bei Fremdwährungen der Kurs der Währungsumrechnung,
9. die Verpflichtungen aus Leasingverträgen,
10. Name und Sitz anderer Unternehmen, die Höhe des Anteils am Kapital, das Eigenkapital und das Ergebnis des letzten Geschäftsjahrs dieser Unternehmen, für das ein Jahresabschluss vorliegt, soweit es sich um Beteiligungen im Sinne des § 271 Absatz 1 des Handelsgesetzbuchs handelt,
11. bei Anwendung des § 35a,
    a) mit welchem Betrag jeweils Vermögensgegenstände, Schulden, schwebende Geschäfte und mit hoher Wahrscheinlichkeit erwartete Transaktionen zur Absicherung welcher

Risiken in welche Arten von Bewertungseinheiten einbezogen sind sowie die Höhe der mit Bewertungseinheiten abgesicherten Risiken,

b) für die jeweils abgesicherten Risiken, warum, in welchem Umfang und für welchen Zeitraum sich die gegenläufigen Wertänderungen oder Zahlungsströme künftig voraussichtlich ausgleichen einschließlich der Methode der Ermittlung,

c) eine Erläuterung der mit hoher Wahrscheinlichkeit erwarteten Transaktionen, die in Bewertungseinheiten einbezogen wurden,

soweit die Angaben nicht im Lagebericht gemacht werden.

Im Anhang ist anzugeben, ob und für welchen Zeitraum ein gültiger Gleichstellungsplan gemäß § 5 des Gesetzes zur Gleichstellung von Frauen und Männern für das Land Nordrhein-Westfalen vorliegt.

Zu erläutern sind auch die im Verbindlichkeitenspiegel auszuweisenden Haftungsverhältnisse sowie alle Sachverhalte, aus denen sich künftig erhebliche finanzielle Verpflichtungen ergeben können, und weitere wichtige Angaben, soweit sie nach Vorschriften der Gemeindeordnung oder dieser Verordnung für den Anhang vorgesehen sind.

(3) Dem Anhang ist ein Anlagenspiegel, ein Forderungsspiegel und ein Verbindlichkeitenspiegel nach den §§ 46 bis 48 sowie ein Eigenkapitalspiegel und eine Übersicht über die in das folgende Jahr übertragenen Haushaltsermächtigungen beizufügen.

(4) Kommunen, die ausschließlich Beteiligungen ohne beherrschenden Einfluss halten und somit von der Aufstellung eines Gesamtabschlusses und eines Beteiligungsberichtes befreit sind, müssen eine Übersicht sämtlicher verselbstständigter Aufgabenbereiche in öffentlich-rechtlicher und privatrechtlicher Form beifügen. Die Übersicht muss die Angaben nach § 117 Absatz 2 Gemeindeordnung enthalten.

§ 46
Anlagenspiegel

(1) Im Anlagenspiegel ist die Entwicklung der Posten des Anlagevermögens darzustellen.

(2) Im Anhang ist die Entwicklung der einzelnen Posten des Anlagevermögens in einer gesonderten Aufgliederung darzustellen. Dabei sind, ausgehend von den gesamten Anschaffungs- und Herstellungskosten, die Zugänge, Abgänge, Umbuchungen und Zuschreibungen des Geschäftsjahrs sowie die Abschreibungen gesondert aufzuführen. Zu den Abschreibungen sind gesondert folgende Angaben zu machen:

1. die Abschreibungen in ihrer gesamten Höhe zu Beginn und Ende des Geschäftsjahrs,
2. die im Laufe des Geschäftsjahrs vorgenommenen Abschreibungen und
3. Änderungen in den Abschreibungen in ihrer gesamten Höhe im Zusammenhang mit Zu- und Abgängen sowie Umbuchungen im Laufe des Geschäftsjahrs.

Sind in die Herstellungskosten Zinsen für Fremdkapital einbezogen worden, ist für jeden Posten des Anlagevermögens anzugeben, welcher Betrag an Zinsen im Geschäftsjahr aktiviert worden ist.

§ 47
Forderungsspiegel

(1) Im Forderungsspiegel sind die Forderungen der Kommune nachzuweisen. Er ist mindestens entsprechend § 42 Absatz 3 Nummer 2.2.1 und 2.2.2 zu gliedern.

(2) Zu den Posten nach Absatz 1 Satz 2 ist jeweils der Gesamtbetrag am Abschlussstichtag unter Angabe der Restlaufzeit, gegliedert in Betragsangaben für Forderungen mit Restlaufzeiten bis zu einem Jahr, von einem bis fünf Jahren und von mehr als fünf Jahren sowie der Gesamtbetrag am vorherigen Abschlussstichtag anzugeben.

§ 48
Verbindlichkeitenspiegel

(1) Im Verbindlichkeitenspiegel sind die Verbindlichkeiten der Kommune nachzuweisen. Er ist mindestens entsprechend § 42 Absatz 4 Nummer 4 zu gliedern. Nachrichtlich sind die Haftungsverhältnisse aus der Bestellung von Sicherheiten, gegliedert nach Arten und unter Angabe des jeweiligen Gesamtbetrages, auszuweisen.

(2) Zu den Posten nach Absatz 1 Satz 1 sind jeweils der Gesamtbetrag am Abschlussstichtag unter Angabe der Restlaufzeit, gegliedert in Betragsangaben für Verbindlichkeiten mit Restlaufzeiten bis zu einem Jahr, von einem bis zu fünf Jahren und von mehr als fünf Jahren sowie der Gesamtbetrag am vorherigen Abschlussstichtag anzugeben.

§ 49
Lagebericht

Der Lagebericht ist so zu fassen, dass ein den tatsächlichen Verhältnissen entsprechendes Bild der Vermögens-, Schulden-, Ertrags- und Finanzlage der Kommune vermittelt wird. Dazu ist ein Überblick über die wichtigen Ergebnisse des Jahresabschlusses und Rechenschaft über die Haushaltswirtschaft im abgelaufenen Jahr zu geben. Über Vorgänge von besonderer Bedeutung, auch solcher, die nach Schluss des Haushaltsjahres eingetreten sind, ist zu berichten. Außerdem hat der Lagebericht eine ausgewogene und umfassende, dem Umfang der kommunalen Aufgabenerfüllung entsprechende Analyse der Haushaltswirtschaft und der Vermögens-, Schulden-, Ertrags- und Finanzlage der Kommune zu enthalten. In die Analyse sollen produktorientierte Ziele und Kennzahlen, soweit sie bedeutsam für das Bild der Vermögens-, Schulden-, Ertrags- und Finanzlage der Kommune sind, einbezogen und unter Bezugnahme auf die im Jahresabschluss enthaltenen Ergebnisse erläutert werden. Auch ist auf die Chancen und Risiken für die künftige Entwicklung der Kommune einzugehen, zu Grunde liegende Annahmen sind anzugeben.

Teil 7
Gesamtabschluss

§ 50
Gesamtabschluss

(1) Der Gesamtabschluss besteht aus
1. der Gesamtergebnisrechnung,
2. der Gesamtbilanz,
3. dem Gesamtanhang,
4. der Kapitalflussrechnung und
5. dem Eigenkapitalspiegel.

(2) Dem Gesamtabschluss ist ein Gesamtlagebericht beizufügen.

(3) Auf den Gesamtabschluss sind, soweit seine Eigenart keine Abweichungen bedingt oder nichts anderes bestimmt ist, die §§ 33 bis 39, 42 bis 44 und 48 entsprechend anzuwenden.

(4) Sofern in diesem Abschnitt auf Vorschriften des Handelsgesetzbuchs verwiesen wird, finden diese in der Fassung des Handelsgesetzbuchs vom 10. Mai 1897 (RGBl. S. 105), zuletzt geändert durch Gesetz vom 23. Juni 2017 (BGBl. I S. 1693), entsprechende Anwendung.

§ 51
Konsolidierung

(1) Verselbstständigte Aufgabenbereiche in öffentlich-rechtlichen Organisationsformen sind entsprechend den §§ 300, 301, 303 bis 305 und 307 bis 309 des Handelsgesetzbuchs zu konsolidieren.

(2) Stehen Unternehmen und Einrichtungen des privaten Rechts unter der einheitlichen Leitung der Kommune, sind diese entsprechend Absatz 1 zu konsolidieren. Dies gilt auch, wenn der Kommune

1. die Mehrheit der Stimmrechte der Gesellschafter zusteht,
2. das Recht zusteht, die Mehrheit der Mitglieder des Verwaltungs-, Leitungs- oder Aufsichtsorgans zu bestellen oder abzuberufen und sie gleichzeitig Gesellschafterin ist oder
3. das Recht zusteht, einen beherrschenden Einfluss auf Grund eines mit diesem Unternehmen geschlossenen Beherrschungsvertrags oder auf Grund einer Satzungsbestimmung dieses Unternehmens auszuüben.

(3) Verselbstständigte Aufgabenbereiche unter maßgeblichem Einfluss der Kommune sind entsprechend den §§ 311 und 312 des Handelsgesetzbuchs zu konsolidieren.

§ 52
Gesamtlagebericht, Gesamtanhang

(1) Durch den Gesamtlagebericht ist das durch den Gesamtabschluss zu vermittelnde Bild der Vermögens-, Schulden-, Ertrags- und Finanzgesamtlage der Kommune einschließlich der verselbstständigten Aufgabenbereiche zu erläutern. Dazu sind in einem Überblick der Geschäftsablauf mit den wichtigsten Ergebnissen des Gesamtabschlusses und die Gesamtlage in ihren tatsächlichen Verhältnissen darzustellen. Außerdem hat der Lagebericht eine ausgewogene und umfassende, dem Umfang der kommunalen Aufgabenerfüllung entsprechende Analyse der Haushaltswirtschaft der Kommune unter Einbeziehung der verselbstständigten Aufgabenbereiche und der Gesamtlage der Kommune zu enthalten. In die Analyse sollen produktorientierte Ziele und Kennzahlen, soweit sie bedeutsam für das Bild der Vermögens-, Schulden-, Ertrags- und Finanzgesamtlage der Kommune sind, einbezogen und unter Bezugnahme auf die im Gesamtabschluss enthaltenen Ergebnisse erläutert werden. Auch ist auf die Chancen und Risiken für die künftige Gesamtentwicklung der Kommune einzugehen, zu Grunde liegende Annahmen sind anzugeben. Der Gesamtabschluss muss zu sämtlichen verselbstständigten Aufgabenbereichen in öffentlich-rechtlicher und privatrechtlicher Form die Angaben nach § 53 Absatz 1 bis 3 enthalten.

(2) Im Gesamtanhang sind zu den Posten der Gesamtbilanz und den Positionen der Gesamtergebnisrechnung die verwendeten Bilanzierungs- und Bewertungsmethoden anzugeben und so zu erläutern, dass sachverständige Dritte die Wertansätze beurteilen können. Die Anwendung von zulässigen Vereinfachungsregelungen und Schätzungen ist im Einzelnen anzugeben.

(3) Dem Gesamtanhang ist eine Kapitalflussrechnung unter Beachtung des Deutschen Rechnungslegungsstandards Nummer 21 (DRS 21) in der vom Bundesministerium der Justiz nach § 342 Absatz 2 des Handelsgesetzbuchs bekannt gemachten Form beizufügen.

§ 53
Beteiligungsbericht

Im Beteiligungsbericht nach § 117 der Gemeindeordnung sind in Form des vorgegebenen Musters nach § 133 Absatz 3 der Gemeindeordnung gesondert anzugeben und zu erläutern

1. die Beteiligungsverhältnisse,
2. die Ziele der Beteiligung und
3. die Erfüllung des öffentlichen Zwecks.

Teil 8
Sonderbestimmungen für die erstmalige Bewertung von Vermögen und die Eröffnungsbilanz

§ 54
Aufstellung der Eröffnungsbilanz

(1) Die Kommune hat eine Eröffnungsbilanz nach § 92 der Gemeindeordnung unter Beachtung der Grundsätze ordnungsmäßiger Buchführung und der in der Gemeindeordnung und dieser Verordnung enthaltenen Vorschriften aufzustellen. Die Eröffnungsbilanz ist entsprechend § 42 Absatz 3 und 4 zu gliedern, ihr ist ein Anhang entsprechend § 45 Absatz 1 und 2 sowie ein Forderungsspiegel nach § 47 und ein Verbindlichkeitenspiegel nach § 48 beizufügen. Sie ist durch einen Lagebericht entsprechend § 49 zu ergänzen.

(2) Vor der Aufstellung der Eröffnungsbilanz ist eine Inventur nach § 29 durchzuführen und ein Inventar aufzustellen. § 30 Absatz 2 bis 4 findet entsprechende Anwendung.

§ 55
Ermittlung der Wertansätze

(1) Die Ermittlung der Wertansätze für die Eröffnungsbilanz ist auf der Grundlage von vorsichtig geschätzten Zeitwerten durch geeignete Verfahren vorzunehmen. Bei der Bewertung der Vermögensgegenstände und Schulden finden die §§ 32 bis 37 und die §§ 42 bis 44 entsprechende Anwendung, soweit nicht nach den §§ 56 und 57 zu verfahren ist. Dabei ist bei den Vermögensgegenständen des Anlagevermögens, deren Nutzung zeitlich begrenzt ist, die Restnutzungsdauer festzulegen.

(2) Bei der Bewertung von Vermögensgegenständen dürfen Sachverhalte, für die Rückstellungen nach § 37 gebildet werden, nicht wertmindernd berücksichtigt werden.

§ 56
Besondere Bewertungsvorschriften

(1) Bei bebauten Grundstücken, die für die in § 107 Absatz 2 Nummer 2 der Gemeindeordnung, im Gesetz über den Brandschutz, die Hilfeleistung und den Katastrophenschutz vom 17. Dezember 2015 (GV. NRW. S. 886) in der jeweils geltenden Fassung und im Gesetz über den Rettungsdienst sowie die Notfallrettung und den Krankentransport durch Unternehmer vom 24. November 1992 (GV. NRW. S. 458) in der jeweils geltenden Fassung benannten Aufgabenbereiche genutzt werden, sollen die Gebäude anhand des Sachwertverfahrens bewertet werden. Dabei sind in der Regel die aktuellen Normalherstellungskosten zu Grunde zu legen, sofern nicht ausnahmsweise besser geeignete örtliche Grundlagen für die Wertermittlung verfügbar sind. Insbesondere Gebäude oder wesentliche Gebäudeteile, die in marktvergleichender Weise genutzt werden, können abweichend von Satz 2 anhand des Ertragswertverfahrens bewertet werden. Der Grund und Boden ist mit 25 bis 40 Prozent des aktuellen Werts des umgebenden erschlossenen Baulands in der bestehenden örtlichen Lage anzusetzen.

(2) Grund und Boden von Infrastrukturvermögen im planungsrechtlichen Innenbereich der Kommune ist mit 10 Prozent des nach § 13 Absatz 1 der Verordnung über die Gutachterausschüsse für Grundstückswerte abgeleiteten gebietstypischen Werts für das Gebiet der Kommune für baureifes Land für freistehende Ein- und Zweifamilienhäuser des individuellen Wohnungsbaus in mittlerer Lage anzusetzen. Grund und Boden von Infrastrukturvermögen im planungsrechtlichen Außenbereich ist mit 10 Prozent des Bodenrichtwerts für Ackerland anzusetzen, sofern nicht wegen der umliegenden Grundstücke andere Bodenrichtwerte gelten, mindestens jedoch mit einem Euro pro Quadratmeter anzusetzen.

(3) Für die Kulturpflege bedeutsame bewegliche Vermögensgegenstände sollen, wenn sie auf Dauer versichert sind, mit ihrem Versicherungswert, andernfalls mit dem einer dauerhaften Versicherung zu Grunde zu legenden Wert angesetzt werden. Sonstige Kunstgegenstände, Aus-

stellungsgegenstände und andere bewegliche Kulturobjekte können mit einem Erinnerungswert angesetzt werden.

(4) Baudenkmäler, die nicht als Gebäude oder als Teil eines Gebäudes genutzt werden, und Bodendenkmäler sind mit einem Erinnerungswert anzusetzen.

(5) Eine Aufteilung der Aufwendungen für Anlagen im Bau nach den einzelnen Posten des Sachanlagevermögens ist nicht vorzunehmen. Wertmindernde Umstände sind zu berücksichtigen.

(6) Beim Ansatz von Beteiligungen an Unternehmen in Form von Aktien oder anderen Wertpapieren, die an einer Börse zum amtlichen Handel oder zum geregelten Markt zugelassen oder in den Freiverkehr einbezogen sind, findet Absatz 7 entsprechende Anwendung. Beteiligungen an Unternehmen, die nach § 116 Absatz 3 der Gemeindeordnung nicht in den Gesamtabschluss einbezogen zu werden brauchen, sowie Sondervermögen und rechtlich unselbstständige Stiftungen können mit dem anteiligen Wert des Eigenkapitals angesetzt werden. Die übrigen Beteiligungen an Unternehmen sollen unter Beachtung ihrer öffentlichen Zwecksetzung anhand des Ertragswertverfahrens oder des Substanzwertverfahrens bewertet werden. Dabei darf die Wertermittlung auf die wesentlichen wertbildenden Faktoren unter Berücksichtigung vorhandener Planungsrechnungen beschränkt werden.

(7) Wertpapiere, die an einer Börse zum amtlichen Handel oder zum geregelten Markt zugelassen oder in den Freiverkehr einbezogen sind, sind mit dem Tiefstkurs der vergangenen zwölf Wochen ausgehend vom Bilanzstichtag anzusetzen, andere Wertpapiere mit ihren historischen Anschaffungskosten. Wertpapiere sind als Anlagevermögen zu aktivieren. Sie sind nur dann als Umlaufvermögen anzusetzen, wenn sie zur Veräußerung oder als kurzfristige Anlage liquider Mittel bis zu einem Jahr bestimmt sind.

(8) Für die Bestimmung der wirtschaftlichen Restnutzungsdauer von abnutzbaren Vermögensgegenständen findet § 36 Absatz 4 entsprechende Anwendung.

(9) Die Bewertung von Vermögensgegenständen und Schulden sowie die Zuordnung der ermittelten Wertansätze zu den Posten der Eröffnungsbilanz ist auf der Grundlage der vom für Kommunales zuständigen Ministerium bekannt gegebenen Bewertungsrichtlinie vorzunehmen.

§ 57
Vereinfachungsverfahren für die Ermittlung von Wertansätzen

(1) Vermögensgegenstände, für die ein Zeitwert von weniger als 800 Euro ohne Umsatzsteuer ermittelt wird, müssen nicht angesetzt werden. Sie können mit ihrem Zeitwert, wenn sie noch länger als ein Jahr genutzt werden, oder mit einem Erinnerungswert angesetzt werden.

(2) Am Bilanzstichtag auf ausländische Währung lautende Verbindlichkeiten und erhaltene Anzahlungen sind mit dem Briefkurs, Forderungen und geleistete Anzahlungen mit dem Geldkurs in Euro umzurechnen.

(3) Eine eigenständige Bewertung von Maschinen und technischen Anlagen, die Teil eines Gebäudes sind, sowie von selbstständigen beweglichen Gebäudeteilen kann unterbleiben, wenn deren voraussichtliche Nutzungsdauer nicht erheblich von der des zugehörigen Gebäudes abweicht oder wenn diese keine wesentliche Bedeutung haben. Dies gilt nicht für Vermögensgegenstände, die nur vorübergehend in ein Gebäude eingebaut oder eingefügt sind (Scheinbestandteile).

(4) Zum Zwecke der Gebührenkalkulation ermittelte Wertansätze für Vermögensgegenstände können übernommen werden.

(5) Für gleichartige oder sachlich durch eine Fördermaßnahme verbundene Vermögensgegenstände kann der Prozentanteil der erhaltenen Zuwendungen und Beiträge an den Anschaffungs- und Herstellungskosten des geförderten Vermögensgegenstandes mit Hilfe mathematisch-statistischer Methoden auf Grund von Stichproben oder durch andere geeignete Verfahren pauschal ermittelt werden. Dieser Prozentanteil ist der Ermittlung des ansetzbaren Werts der Sonderposten unter Berücksichtigung des angesetzten Zeitwerts des Vermögensgegenstandes zu Grunde zu legen.

§ 58
Berichtigung von Wertansätzen nach Feststellung der Eröffnungsbilanz

(1) Ergibt sich bei der Aufstellung späterer Jahresabschlüsse, dass in der Eröffnungsbilanz Vermögensgegenstände oder Sonderposten oder Schulden
1. mit einem zu niedrigen Wert,
2. mit einem zu hohen Wert,
3. zu Unrecht oder
4. zu Unrecht nicht

angesetzt worden sind, so ist in der später aufzustellenden Bilanz der Wertansatz zu berichtigen, wenn es sich um einen wesentlichen Wertbetrag handelt. Eine Berichtigungspflicht besteht auch, wenn am späteren Abschlussstichtag die fehlerhaft angesetzten Vermögensgegenstände nicht mehr vorhanden sind oder die Schulden nicht mehr bestehen. Maßgeblich für die Beurteilung der Fehlerhaftigkeit sind die zum Eröffnungsbilanzstichtag bestehenden objektiven Verhältnisse.

(2) Ist eine Berichtigung vorzunehmen, so ist eine sich daraus ergebende Wertänderung ergebnisneutral mit der allgemeinen Rücklage zu verrechnen. Wertberichtigungen oder Wertnachholungen sind im Anhang der Bilanz zum aufzustellenden Jahresabschluss gesondert anzugeben. Eine Berichtigung von Wertansätzen durch eine neue Ausübung von Wahlrechten oder Ermessenspielräumen ist nicht zulässig.

Teil 9
Schlussvorschriften

§ 59
Aufbewahrung von Unterlagen, Aufbewahrungsfristen

(1) Die Kommune ist verpflichtet, die Bücher, die Unterlagen über die Inventur, die Jahresabschlüsse, die dazu ergangenen Anweisungen und Organisationsregelungen, die Buchungsbelege und die Unterlagen über den Zahlungsverkehr sowie die Eröffnungsbilanz geordnet und sicher aufzubewahren.

(2) Die Jahresabschlüsse und die Eröffnungsbilanz sind dauernd aufzubewahren. Die Bücher sind zehn Jahre, die Belege und die sonstigen Unterlagen sechs Jahre aufzubewahren. Die Fristen beginnen am 1. Januar des der Beschlussfassung des Vertretungsorgans über die Feststellung des Jahresabschlusses folgenden Haushaltsjahres.

(3) Bei der Sicherung der Bücher, der Belege und der sonst erforderlichen Aufzeichnungen auf Datenträger oder Bildträger muss insbesondere sichergestellt sein, dass der Inhalt der Daten- oder Bildträger mit den Originalen übereinstimmt, während der Dauer der Aufbewahrungsfrist verfügbar und maschinell auswertbar ist und jederzeit innerhalb einer angemessenen Frist lesbar gemacht werden kann.

(4) Werden automatisierte Verfahren, in denen Bücher und Belege gespeichert sind, geändert oder abgelöst, muss die maschinelle Auswertung der gespeicherten Daten innerhalb der Aufbewahrungsfristen auch mit den geänderten oder neuen Verfahren oder durch ein anderes System gewährleistet sein.

§ 60
Sondervermögen, Treuhandvermögen

Soweit auf Sondervermögen und Treuhandvermögen der Kommune gesetzliche Vorschriften über die Haushaltswirtschaft Anwendung finden, gilt diese Verordnung sinngemäß.

§ 61
Inkrafttreten

Diese Verordnung tritt am 1. Januar 2019 in Kraft. Gleichzeitig tritt die Gemeindehaushaltsverordnung NRW vom 16. November 2004 (GV. NRW. S. 644, ber. 2005 S. 15), die zuletzt durch Verordnung vom 27. April 2018 (GV. NRW. S. 239) geändert worden ist, außer Kraft.

2.2 Muster zur GO NRW und KomHVO NRW

Muster für das doppische Rechnungswesen sowie zu Bestimmungen der Gemeindeordnung für das Land Nordrhein-Westfalen und der Kommunalhaushaltsverordnung Nordrhein-Westfalen (VV Muster zur GO NRW und KomHVO NRW)

Runderlass des Ministeriums für Heimat, Kommunales, Bau und Gleichstellung
304 – 48.12.02/99 – 765/19 vom 8. November 2019 (MBl. NRW. S. 652),
geändert durch Runderlass vom 6. April 2021 (MBl. NRW. S. 173)

1. Muster

Die nachfolgend aufgeführten Muster erleichtern die Haushaltswirtschaft der Kommunen. Sie sichern ein Mindestmaß an Transparenz und Einheitlichkeit.

Die in den Mustern (Anlagen 1 bis 32) im Benehmen mit dem Ministerium der Finanzen vorgegebenen Mindestinhalte dienen der Vergleichbarkeit der kommunalen Haushalte und sind gemäß § 133 Absatz 3 der Gemeindeordnung für das Land Nordrhein-Westfalen in der Fassung der Bekanntmachung vom 14. Juli 1994 (GV. NRW. S. 666), die zuletzt durch Artikel 5 des Gesetzes vom 11. April 2019 (GV. NRW. S. 202) geändert worden ist, (im Folgenden GO NRW genannt) von den Kommunen zu verwenden. Das Muster für den Beteiligungsbericht (Anlage 32) wird zu einem späteren Zeitpunkt bekannt gegeben.

1.1 Muster für Haushaltssatzungen

1.1.1 Muster für die Haushaltssatzung (Anlage 1)

Die Haushaltssatzung muss in Ausführung des § 78 GO NRW die für die jährliche Haushaltswirtschaft der Kommune erforderlichen Regelungen enthalten. Sie muss nach den im Muster aufgezeigten Bestimmungen, gegebenenfalls in alternativer Form, aufgebaut werden.

1.1.2 Muster für die Nachtragssatzung (Anlage 2)

Eine Nachtragssatzung, die nach § 81 GO NRW aufzustellen ist, verändert die nach § 78 GO NRW aufgestellte Haushaltssatzung. Sie muss die vorgesehenen Veränderungen enthalten und nach den im Muster aufgezeigten Bestimmungen, gegebenenfalls in alternativer Form, aufgebaut werden.

1.2 Muster für den Haushaltsplan

1.2.1 Muster für den Haushaltsquerschnitt (Anlage 3)

Der Haushaltsquerschnitt ist nach § 1 Absatz 2 Nummer 3 der Kommunalhaushaltsverordnung Nordrhein-Westfalen vom 12. Dezember 2018 (GV. NRW. S. 708) (im Folgenden KomHVO NRW genannt) dem Haushaltsplan als Anlage beizufügen. Er aggregiert Werte der Haushaltsplanung und unterstützt damit die jeweiligen Adressatinnen und Adressaten des Haushaltsplans durch übersichtliche Darstellung wesentlicher Inhalte des Haushaltes.

1.2.2 Muster für den Ergebnisplan (Anlage 4)

Der Ergebnisplan ist nach § 1 Absatz 1 Nummer 1 KomHVO NRW Bestandteil des Haushaltsplans und bildet die Zusammenführung der Haushaltspositionen nach § 2 KomHVO NRW mit dem Planungszeitraum nach § 1 Absatz 3 KomHVO NRW ab. Er muss die in § 2 KomHVO NRW vorgegebene Mindestgliederung aufweisen. Gemäß § 75 Absatz 2 Satz 4 GO NRW kann ein globaler Minderaufwand unter Angabe der zu kürzenden Teilpläne veranschlagt werden. Diese rechtlichen Vorgaben sowie die verbindlichen Zuordnungen zu den betroffenen Haushaltspositionen im kommunalen Kontierungsplan (Anlage 18) sind bei der Aufstellung des jährlichen Haushaltsplans zu beachten.

1.2.3 Muster für den Finanzplan (Anlage 5)

Der Finanzplan ist nach § 1 Absatz 1 Nummer 2 KomHVO NRW Bestandteil des Haushaltsplans und bildet die Zusammenführung der Haushaltspositionen nach § 3 KomHVO NRW mit dem Planungszeitraum nach § 1 Absatz 3 KomHVO NRW ab. Er muss die in § 3 KomHVO NRW vorgegebene Mindestgliederung aufweisen. Soweit ein globaler Minderaufwand veranschlagt wurde, kann dieser nachrichtlich bei den Auszahlungen aus laufender Verwaltungstätigkeit ausgewiesen werden. Diese rechtlichen Vorgaben sowie die verbindlichen Zuordnungen zu den betroffenen Haushaltspositionen im kommunalen Kontierungsplan (Anlage 18) sind bei der Aufstellung des jährlichen Haushaltsplans zu beachten.

1.2.4 Bildung von Produktbereichen (Anlage 6)

Die im Haushaltsplan abzubildenden Produktbereiche bilden die Verbindung zwischen dem an sie anknüpfenden Ressourcenverbrauch und den angestrebten Zielen und Wirkungen. Die produktorientierte Gliederung soll deshalb nach § 4 KomHVO NRW das führende Gliederungsprinzip für den Haushaltsplan sein. Die vorgesehenen 17 Produktbereiche spiegeln das unverzichtbare Mindestmaß an Einheitlichkeit und Information wider.

Die Kommunen sind verpflichtet, für Steuerungs- und Informationszwecke und aus Gründen der Vergleichbarkeit der kommunalen Haushalte sowie für die Prüfung des Haushalts durch die Aufsichtsbehörde die erste Gliederungsstufe ihres Haushalts auf der Grundlage der in Anlage 6 aufgeführten 17 Produktbereiche auszugestalten. Diese Produktbereiche werden für verbindlich erklärt. Die Bildung der entsprechenden Teilpläne ist in der aufgeführten Reihenfolge der 17 Produktbereiche vorzunehmen. Die zur Abgrenzung der Produktbereiche vorgenommene Zuordnung, nach der unter anderem die fachlichen Verwaltungsaufgaben und die wirtschaftlichen Betätigungen den sachlich betroffenen Produktbereichen zuzuordnen sind, ist gleichfalls verbindlich. Die Gliederungsziffern werden zur Anwendung empfohlen. Es können auch die zweistelligen Gliederungsziffern aus der Übersicht der Produktgruppen der kommunalen Finanzstatistik zur Anwendung kommen, weil die Produktbereiche 1 bis 16 die Grundlage für diese Produktgruppen bilden.

1.2.5 Gliederung des örtlichen Haushaltsplans (Anlage 7)

Die Ziele, die Steuerung der Kommune zu verbessern und den Ressourcenverbrauch vollständig zu berücksichtigen, erfordern eine entsprechende Gliederung des Haushaltsplans. Zugleich wird den Kommunen die Befugnis eingeräumt, den Haushaltsplan nach ihren örtlichen Bedürfnissen eigenverantwortlich zu untergliedern.

1.2.6 Muster für produktorientierte Teilpläne (Anlage 8)

Die produktorientierten Teilpläne sollen jeweils die notwendigen Produktinformationen entsprechend der vorgenommenen Gliederungstiefe, den Teilergebnisplan, den Teilfinanzplan, Ziele, Leistungsmengen und messbare Kennzahlen, gegebenenfalls einen Auszug aus der Stellenübersicht, und soweit erforderlich die speziellen Bewirtschaftungsregeln sowie die notwendigen Erläuterungen enthalten.

1.2.7 Muster für den Teilergebnisplan (Anlage 9)

Die Inhalte der Teilpläne, die auf der Grundlage der Produktbereiche gebildet werden und nach § 1 Absatz 1 Nummer 3 KomHVO NRW Bestandteil des Haushaltsplans sind, enthalten als wichtigsten Bestandteil den Teilergebnisplan nach § 4 KomHVO NRW. Die Teilergebnispläne stellen eine Untergliederung des Ergebnisplans dar. Ihnen kommt die entscheidende Bedeutung bei den Beratungen und Entscheidungen über den Haushaltsplan zu. Sie müssen die in § 2 KomHVO NRW vorgegebene Mindestgliederung aufweisen (§ 4 Absatz 3 KomHVO NRW). Dabei ist zu berücksichtigen, dass nach § 4 Absatz 6 KomHVO NRW auch gegebenenfalls eine Haushaltsposition, die mehrjährig keinen Betrag ausweist, entfallen kann. Außerdem besteht die Verpflichtung, die Erträge und Aufwendungen aus internen Leistungsbeziehungen dann in den Teilergebnisplänen abzubilden, wenn sie für die Haushaltsbewirtschaftung erfasst werden. Eine Verpflichtung für eine solche Erfassung besteht allerdings nicht (§ 16 KomHVO NRW). Soweit ein globaler Minderaufwand für einen Teilergebnisplan veranschlagt wurde, kann die Kürzung ausgewiesen werden. Diese rechtlichen Vorgaben sind bei der Aufstellung der Teilpläne zu beachten.

1.2.8 Muster für den Teilfinanzplan (Anlage 10 A und 10 B)

Auch wenn im Rahmen der Teilpläne dem Teilergebnisplan die entscheidende Bedeutung zukommt, ist der Teilfinanzplan ein unverzichtbarer Bestandteil der Teilpläne. Ihm sind nach § 4 Absatz 4 KomHVO NRW vor allem die Informationen über die vorgesehenen Investitionen zu entnehmen. Die Teilfinanzpläne stellen zudem eine Untergliederung des Finanzplans dar. Dabei ist zu beachten, dass der jeweilige Teilfinanzplan aus zwei Teilen besteht. Der Teil A (Zahlungsübersicht, Anlage 10 A) hat mindestens die Einzahlungen und Auszahlungen für Investitionen nach Arten einschließlich der damit verbundenen Verpflichtungsermächtigungen zu enthalten. Der Kommune bleibt es dabei freigestellt, auch alle oder nur einzelne Einzahlungen und Auszahlungen aus laufender Verwaltungstätigkeit abzubilden. Der Teil B (Anlage 10 B) hat die Planung der einzelnen Investitionsmaßnahmen mit den diesen zugeordneten Ein- und Auszahlungen, Verpflichtungsermächtigungen und den bereitgestellten Mitteln sowie den gesamten getätigten Zahlungen zu enthalten. Diese rechtlichen Vorgaben sind bei der Aufstellung der Teilpläne zu beachten.

1.3 Muster für den Stellenplan

1.3.1 Muster für die Gliederung der Stellen (Anlage 11 A und 11 B)

Der Stellenplan der Kommune nach § 8 KomHVO NRW hat sämtliche Stellen für die Beschäftigten unabhängig von ihrer Besetzung auszuweisen und ist nach Beschäftigungsverhältnissen zu untergliedern. Er ist danach in Besoldungs- und Entgeltgruppen aufzuteilen. Bei Beamtenverhältnissen soll eine Einteilung in Besoldungsgruppen und in Laufbahngruppen vorgenommen werden. Der Stellenplan ist gemäß § 1 Absatz 2 Nummer 2 KomHVO NRW dem Haushaltsplan als Anlage beizufügen. Die Muster sind anzupassen, soweit sich Änderungen auf Grund von Tarifverträgen ergeben.

1.3.2 Muster für die Stellenübersichten (Anlage 12 A 1 bis 12 B)

Die Übersicht über die Aufteilung der Stellen des Stellenplans auf die Produktbereiche nach § 8 Absatz 3 Nummer 1 KomHVO NRW bildet die Grundlage für die Aufteilung der Personalaufwendungen auf die Teilpläne. Die Gesamtübersicht hat die gesamte Aufteilung der Stellen zu enthalten, soweit die Stellen nicht in den einzelnen Teilplänen ausgewiesen werden. Außerdem ist in der Übersicht nach § 8 Absatz 3 Nummer 2 KomHVO NRW ein Überblick über die Dienstkräfte in der Ausbildungszeit, die Nachwuchskräfte, zu geben. Die Übersichten sind laut §§ 1 Absatz 2 Nummer 2, 8 Absatz 3 KomHVO NRW mit dem Stellenplan dem Haushaltsplan beizufügen. Sie sind anzupassen, soweit sich Änderungen auf Grund von Tarifverträgen ergeben.

1.4 Muster für besondere Übersichten zum Haushaltsplan

1.4.1 Muster für die Zuwendungen an Fraktionen, Gruppen und einzelne Ratsmitglieder (Anlage 13 A und 13 B)

In der Übersicht über die Zuwendungen an die Fraktionen nach § 56 GO NRW sind jeweils getrennt für jede Fraktion sowohl die Geldleistungen als auch die geldwerten Leistungen anzugeben. Die Übersicht ist gemäß § 56 Absatz 3 GO NRW dem Haushaltsplan beizufügen.

1.4.2 Muster für die Übersicht über den Stand der Verbindlichkeiten (Anlage 14)

Den Verbindlichkeiten kommt eine große Bedeutung für die kommunale Haushaltswirtschaft zu, so dass auf eine gesonderte und aktuelle Darstellung zum Zeitpunkt der Aufstellung des Haushaltsplans nicht verzichtet werden kann. Um deren mögliche Entwicklung aufzuzeigen, ist in der Übersicht der Stand am Ende des Vorvorjahres sowie der voraussichtliche Stand zu Beginn und zum Ende des Haushaltsjahres in der Gliederung des Verbindlichkeitenspiegels anzugeben. Die Übersicht ist gemäß § 1 Absatz 2 Nummer 4 KomHVO NRW dem Haushaltsplan beizufügen.

1.4.3 Muster für die Übersicht über die Verpflichtungsermächtigungen (Anlage 15)

Die Übersicht über die Verpflichtungsermächtigungen muss erkennen lassen, in welcher Höhe aus der Inanspruchnahme von Verpflichtungsermächtigungen in den späteren Jahren voraussichtlich Auszahlungen erwachsen werden und auf welche Jahre sich diese verteilen. Sie ist nach § 1 Absatz 2 Nummer 6 KomHVO NRW dem Haushaltsplan beizufügen.

1.5 Muster für die Buchführung

1.5.1 Abschreibungstabelle (Anlage 16)

Unabhängig davon, ob die Abschreibung nach Zeit oder nach Leistung vorgenommen wird, kommt der Bestimmung der Nutzungsdauern für die einzelnen Vermögensgegenstände eine entscheidende Bedeutung zu. Mit dem 2. NKF-Weiterentwicklungsgesetz vom 18. Dezember 2018 (GV. NRW. 2018 S. 759) sind die Möglichkeiten zur Bestimmung der Nutzungsdauern in bestimmten Fällen flexibilisiert worden. § 36 Absatz 2 KomHVO NRW bietet mit dem Komponentenansatz für die Abschreibung von Gebäuden und Straßen die Möglichkeit, Komponenten mit unterschiedlichen Nutzungsdauern zu bestimmen. Nach § 36 Absatz 5 KomHVO NRW führen Erhaltungs- und Instandhaltungsmaßnahmen an Vermögensgegenständen des Anlagevermögens unter den genannten Voraussetzungen zu einer Neubestimmung der Nutzungsdauer.

Um im kommunalen Bereich dennoch eine möglichst hohe Vergleichbarkeit zu erreichen, ist die Vorgabe eines verbindlichen Rahmens für die Nutzungsdauern geboten. In Ausführung des § 36 KomHVO NRW sind daher kommunenübergreifend Abschreibungszeiträume weitestgehend festgelegt worden. Die „NKF-Rahmentabelle der Gesamtnutzungsdauer für kommunale Vermögensstände“ ist nach § 36 Absatz 4 KomHVO NRW für die Festlegung und Ausgestaltung der örtlichen Nutzungsdauern von Vermögensgegenständen verbindlich.

Die Kommune hat unter Berücksichtigung der tatsächlichen örtlichen Verhältnisse die Bestimmung der jeweiligen Nutzungsdauer selbst vorzunehmen. Sie hat sich dabei in der Regel innerhalb des vorgegebenen Rahmens zu bewegen und eine Übersicht, die Abschreibungstabelle, zu erstellen. Außerdem muss sie bei unveränderter Sachlage die Stetigkeit für zukünftige Festlegungen von Abschreibungen durch Beibehaltung der einmal getroffenen Festlegung gewährleisten. Wegen der erheblichen Bedeutung, der aus den Nutzungsdauern zu entwickelnden Abschreibungen auf den Ergebnisplan, die Ergebnisrechnung und auf die kommunale Bilanz hat die Aufsichtsbehörde nach § 36 Absatz 4 Satz 3 KomHVO NRW die Möglichkeit, sich die Übersicht über die örtlich festgelegten Nutzungsdauern der Vermögensgegenstände sowie ihre nachträglichen Änderungen von der Kommune vorlegen zu lassen.

1.5.2 NKF-Kontenrahmen (Anlage 17)

Die systematischen Anforderungen an eine Finanzbuchhaltung, die notwendige Überprüfbarkeit der Buchungen, eine interkommunale Vergleichbarkeit sowie die Anforderungen der Finanzstatistik bedingen, einen allgemeinen verbindlichen Kontenrahmen festzulegen. Die verbindliche Vorgabe für die Kommune nach § 28 Absatz 7 Satz 1 KomHVO NRW beschränkt sich dabei darauf, dieses den allgemeinen buchungstechnischen Prinzipien folgende Ordnungsgerüst der Bildung der einzelnen Konten zu Grunde zu legen. Der NKF-Kontenrahmen stellt den verbindlichen Rahmen für die eigenverantwortliche Ausgestaltung und Konkretisierung von Konten. Er ist in der Reihenfolge seiner Kontenklassen einschließlich ihrer Bezeichnungen verbindlich. Die Verbindlichkeit des Kontenrahmens besteht auch, wenn Inhalte einer Kontenklasse nicht im Rahmen der doppelten Buchführung bebucht, sondern statistisch mitgeführt werden. Der Gebrauch der zweistelligen Ziffern erleichtert unter anderem die Erfüllung der finanzstatistischen Anforderungen, weil der NKF-Kontenrahmen auch dafür die Grundlage bildet. Mit diesem Kontenrahmen wird den Kommunen noch ein ausreichender Spielraum für die weitere Ausgestaltung der Konten gelassen.

Der NKF-Kontenrahmen ist nach dem Abschlussgliederungsprinzip gegliedert, das heißt die Einteilung der Kontenklassen ist nach der Reihenfolge der einzelnen Posten in der Bilanz und nach der Reihenfolge der einzelnen Haushaltspositionen in der Ergebnisrechnung und in der Finanzrechnung erfolgt. In diesem NKF-Kontenrahmen sind die Kontenklassen 0 bis 8 für die Durchführung der „Geschäftsbuchführung" belegt, die selbstständig abgeschlossen wird und damit einen in sich geschlossenen Rechnungskreis bildet. Die Kosten- und Leistungsrechnung wird in einem zweiten Rechnungskreis abgewickelt. Hierfür wird die Kontenklasse 9 freigehalten, so dass der Kommune ausreichend Raum für die Gestaltung ihrer Kosten- und Leistungsrechnung bleibt. Der NKF-Kontenrahmen ist in der Regel jeweils weiter in Kontengruppen, Kontenarten und Konten zu untergliedern, um die örtlich ausgeprägten Konten zu bilden. Die Kommune ist nach § 28 Absatz 7 Satz 3 KomHVO NRW verpflichtet, alle ihre Konten in einem Verzeichnis, dem Kontenplan, aufzuführen.

In diesem kommunalen Kontenplan werden alle Konten systematisch zusammengestellt, die in der örtlichen Buchführung der Kommune Verwendung finden. Dies erfordert unter Einbeziehung der §§ 2, 3 und 42 KomHVO NRW mindestens die Einrichtung von Konten für die Ergebnisrechnung, die Finanzrechnung und die Bilanz. Diese Regelungen geben den Kommunen die notwendige Gestaltungsfreiheit, die weitere Untergliederung der Konten nach eigenen örtlichen Bedürfnissen vorzunehmen. Dabei ist zu entscheiden, ob anhand der Bewirtschaftungsbefugnisse beziehungsweise der Budgetbildung weitere Konten oder Unterkonten abgegrenzt werden sollen. In die Festlegung der örtlichen Konten können auch die Anforderungen der Finanzstatistiken einbezogen werden. Es besteht dafür jedoch keine Vorgabe. Es wird empfohlen, bereits bei der Einrichtung von Konten festzulegen, ob die finanzstatistischen Anforderungen direkt aus den Konten heraus oder über Nebenrechnungen erfüllt werden sollen.

1.5.3 Kontierungsplan (Anlage 18)

Zur Nachvollziehbarkeit der Erträge und Aufwendungen sowie der Einzahlungen und Auszahlungen im Rahmen einer Beurteilung des kommunalen Haushalts ist es sachgerecht, dass die Kommunen bei der Aufstellung des Haushaltsplans den verbindlich vorgegebenen Kontierungsplan beachten. Er sichert die richtige Zuordnung auch für die Erstellung des Jahresabschlusses. Für die Bilanz ist deshalb ebenfalls eine entsprechende Zuordnung zu beachten. Auf dieser Grundlage wird das Buchungsgeschehen der Kommunen nachvollziehbarer sowie eine Vergleichbarkeit für die Aufsichtsbehörden gesichert. Dies erleichtert zudem den Kommunen ihre Meldepflichten für die Finanzstatistik zu erfüllen.

1.6 Muster für den Jahresabschluss

1.6.1 Muster für die Ergebnisrechnung (Anlage 19)

In der Ergebnisrechnung nach § 39 KomHVO NRW sind für die Ertrags- und Aufwandsarten, jeweils Jahressummen auszuweisen, um das tatsächliche Ressourcenaufkommen und den tatsächlichen Ressourcenverbrauch im Haushaltsjahr abzubilden. Dazu ist durch die Bildung von Salden wie im Ergebnisplan das ordentliche Ergebnis und das Finanzergebnis als Ergebnis der laufenden Verwaltungstätigkeit festzustellen. Außerdem muss durch den Saldo aus außerordentlichen Erträgen und außerordentlichen Aufwendungen das außerordentliche Ergebnis ermittelt werden. Zudem ist es zur Vervollständigung des Gesamtbildes über die Haushaltswirtschaft des Jahres erforderlich, das ordentliche Ergebnis und das außerordentliche Ergebnis zu einem Jahresergebnis zusammenzuführen. Soweit ein globaler Minderaufwand veranschlagt wurde, ist lediglich der im Ergebnisplan festgesetzte (Plan-)Betrag in die Ergebnisrechnung zu übernehmen.
Eine solche „Abrechnung“ ist jedoch nur vollständig, wenn auch ein Ansatz- / Ist-Vergleich vorgenommen wird, das heißt Planabweichungen durch die Gegenüberstellung von der im Haushaltsplan ausgewiesenen Positionen mit den Ist-Werten gesondert festgestellt und ausgewiesen werden. Den Kommunen wird empfohlen, bei Bedarf nicht nur die nach § 39 Absatz 2 KomHVO NRW auszuweisenden übertragenen Ermächtigungen in dem Plan- / Ist-Vergleich gesondert auszuweisen, sondern darüber hinaus auch andere Veränderungen seit Beginn der Ausführung des beschlossenen Haushaltsplans aufzuzeigen, zum Beispiel Erhöhungen oder Minderungen der Haushaltspositionen, deren Ursache in einer Nachtragssatzung liegt. Diese Veränderungen sind Planfortschreibungen und haben die ursprünglich vom Rat beschlossenen Haushaltspositionen auf Grund von zulässigen haushaltswirtschaftlichen Maßnahmen und Entscheidungen verändert. Zu diesem Plan- / Ist-Vergleich gehört auch, dass das aktuelle Ergebnis in einen Zusammenhang mit den Vorjahren gestellt wird, um die Ergebnisse des abgelaufenen Haushaltsjahres besser bewerten zu können. Außerdem ist es erforderlich, zu den nachzuweisenden Ist-Ergebnissen des Haushaltsjahres auch die Ergebnisse der Rechnung des Vorjahres anzugeben. Diese rechtlichen Vorgaben sind bei der Aufstellung der Ergebnisrechnung zu beachten.

1.6.2 Muster für die Teilergebnisrechnungen (Anlage 20)

Die Teilergebnisrechnungen nach § 41 KomHVO NRW sind entsprechend der Ergebnisrechnung zu gliedern. In diesen Rechnungen sind die Erträge und Aufwendungen aus internen Leistungsbeziehungen auszuweisen, wenn diese im Teilergebnisplan enthalten sind, weil die Kommune sie für ihre Haushaltsbewirtschaftung erfasst hat. Eine Verpflichtung für eine gesonderte Erfassung der Erträge und Aufwendungen aus internen Leistungsbeziehungen durch die Kommune besteht nach § 16 KomHVO NRW allerdings nicht. Sind in den Teilplänen zum Nachweis des vollständigen Ressourcenverbrauchs die internen Leistungsbeziehungen erfasst, sind diese dem Jahresergebnis der Teilergebnisrechnung hinzuzufügen und müssen sich in der Ergebnisrechnung insgesamt ausgleichen. Soweit ein globaler Minderaufwand für einen Teilergebnisplan veranschlagt wurde, ist die Kürzung auch in der Teilergebnisrechnung auszuweisen. Es ist lediglich der im Teilergebnisplan festgesetzte (Plan-)Betrag in die Teilergebnisrechnung zu übernehmen Diese rechtlichen Vorgaben sind bei der Aufstellung der Teilergebnisrechnungen zu beachten.

1.6.3 Muster für die Finanzrechnung (Anlage 21)

In der Finanzrechnung nach § 40 KomHVO NRW sind für sämtliche Einzahlungs- und Auszahlungsarten, jeweils Jahressummen, auszuweisen, um die tatsächlichen Einzahlungen und Auszahlungen im Haushaltsjahr nach Arten aufzuzeigen und insgesamt die erfolgte Änderung des Bestandes an Finanzmitteln nachzuweisen. Dazu ist wie im Finanzplan der Saldo für die Zahlungen aus laufender Verwaltungstätigkeit, der Saldo für die Zahlungen aus der Investitionstätigkeit und aus beiden der Finanzmittelüberschuss oder Finanzmittelfehlbetrag zu ermitteln. Durch die Einbeziehung des Saldos aus der Finanzierungstätigkeit, aus den Zahlungen aus der Aufnahme und der Tilgung von Krediten für Investitionen und Krediten zur Liquiditätssicherung, lässt sich dann die Änderung des Bestandes an eigenen Finanzmitteln feststellen und ausweisen.

Es ist jedoch zur Vervollständigung des Gesamtbildes erforderlich, den Bestand am Anfang des Haushaltsjahres mit der Änderung des Bestandes im abgelaufenen Haushaltsjahr und dem Bestand an fremden Finanzmitteln zusammen zu führen, um damit den Endbestand der Finanzmittel sowie den Finanzmittelfluss insgesamt zu ermitteln und abzubilden. Dieser Endbestand an Finanzmitteln ist als vorhandene liquide Mittel der Kommune in dem dafür vorgesehenen Bilanzposten anzusetzen. In der Finanzrechnung sind auch die Ergebnisse der Rechnung des Vorjahres abzubilden. Zudem ist ein Planvergleich wie bei der Ergebnisrechnung vorzunehmen, der entsprechend den Erläuterungen zur Ergebnisrechnung erweitert werden sollte. Diese rechtlichen Vorgaben sind bei der Aufstellung der Finanzrechnung zu beachten.

1.6.4 Muster für die Teilfinanzrechnungen (Anlage 22 A und 22 B)

Die Teilfinanzrechnungen nach § 41 KomHVO NRW sind entsprechend der Finanzrechnung zu gliedern. Sie bestehen wie die Teilfinanzpläne aus zwei Teilen. Der Teil A (Zahlungsübersicht, Anlage 22 A) enthält die Einzahlungen und Auszahlungen für Investitionen nach Arten. Der Kommune bleibt es freigestellt, darin auch alle oder nur einzelne Einzahlungen und Auszahlungen aus laufender Verwaltungstätigkeit abzubilden Der Teil B (Anlage 22 B) enthält die Abrechnung für die einzelnen Investitionsmaßnahmen oberhalb der vom Vertretungsorgan festgesetzten Wertgrenzen mit den diesen zugeordneten Ein- und Auszahlungen, entsprechend dem Stand am Ende des Haushaltsjahres. Außerdem sind die gesamten investiven Einzahlungen und Auszahlungen für Investitionen unterhalb der vom Vertretungsorgan festgesetzten Wertgrenzen auszuweisen. Diese rechtlichen Vorgaben sind bei der Aufstellung der Teilfinanzrechnungen zu beachten.

1.6.5 Muster für die Struktur der Bilanz (Anlage 23)

Die Bilanz ist als Gegenüberstellung von Vermögen und Finanzierungsmitteln der Kommune zum Abschlussstichtag ein wesentlicher Bestandteil des doppischen Rechnungssystems. Die Bilanzen der Kommunen müssen einheitlich gegliedert sein. Daher ist in § 42 Absatz 1 KomHVO NRW festgelegt, dass die Posten „Anlagevermögen", „Umlaufvermögen", „Eigenkapital", „Schulden" und „Rechnungsabgrenzungsposten" in jede kommunale Bilanz gehören und diese in eine Aktivseite und eine Passivseite zu gliedern sind.

Auf der Aktivseite der Bilanz wird das Vermögen der Kommune mit den zum Abschlussstichtag ermittelten Werten angesetzt. Damit wird die Mittelverwendung der Kommune dokumentiert. Auf der Passivseite der Bilanz werden die Verbindlichkeiten der Kommune und ihr Eigenkapital gezeigt. Dadurch wird die Mittelherkunft beziehungsweise die Finanzierung des Vermögens offengelegt und dokumentiert. Die Gliederung der Bilanz erfolgt dabei auf beiden Seiten nach Fristigkeiten. So wird auf der Aktivseite zwischen Anlagevermögen (langfristig) und Umlaufvermögen (kurzfristig) unterschieden. Auf der Passivseite wird zuerst das Eigenkapital und dann das Fremdkapital gezeigt. Auch auf dieser Seite gilt das Prinzip der Fristigkeit, denn die allgemeine Rücklage steht vor der Ausgleichsrücklage (im Eigenkapital) und die Kredite für Investitionen stehen vor den Krediten zur Liquiditätssicherung.

Für die Bilanzgliederung gilt unter Beachtung des Grundsatzes der Klarheit und Übersichtlichkeit, dass die Bezeichnung der einzelnen Posten klar und verständlich unter Einbeziehung der rechtlichen Begriffsinhalte sein muss, jeder Posten mit dem dazugehörigen in Ziffern ausgedrückten Betrag eine eigene Zeile erhält, die Posten in der Bilanz in sinnvoller Weise aufeinander folgen und untereinander gesetzt werden. Dazu sind eine weitere Aufgliederung oder „davon"-Vermerke je nach Bedeutung für die Kommune, insbesondere in Bezug auf die Darstellung ihrer Aufgabenerfüllung, sachgerecht und zulässig.

Diese rechtlichen Vorgaben sind bei der Aufstellung der Bilanz zu beachten. Außerdem sind die verbindlichen Zuordnungen zu den Bilanzposten durch den kommunalen Kontierungsplan näher definiert worden (Anlage 18).

1.6.6 Muster für den Anlagenspiegel (Anlage 24)

Im Anlagenspiegel nach § 46 KomHVO NRW ist die Entwicklung einzelner Posten des Anlagevermögens im Haushaltsjahr detailliert darzustellen. Er ist daher mindestens entsprechend § 42 Absatz 3 Nummer 1 KomHVO NRW zu gliedern. Um die Änderungen dieser Bilanzposten nachvollziehbar zu machen, sind dazu jeweils tabellarisch die Anschaffungs- oder Herstellungskosten, die Zugänge, Abgänge und Umbuchungen, die Zuschreibungen, die Änderungen durch Zu- und Abgänge sowie durch Umbuchungen, die kumulierten Abschreibungen, die Buchwerte am Abschlussstichtag und am vorherigen Abschlussstichtag und die Abschreibungen im Haushaltsjahr anzugeben.

Die „historischen" Anschaffungs- oder Herstellungskosten (Spalte 1) eines Vermögensgegenstandes werden ausgewiesen, solange der Vermögensgegenstand vorhanden ist, selbst wenn er bereits vollständig abgeschrieben ist. Erst im Jahr nach dem Abgang des Vermögensgegenstandes sind dessen Anschaffungs- oder Herstellungskosten aus dem Anlagenspiegel herauszunehmen.

Als Zugänge und Abgänge (Spalten 2 und 3) werden die Anschaffungs- oder Herstellungskosten der Vermögensgegenstände ausgewiesen, die im Haushaltsjahr tatsächlich dem Anlagevermögen zugegangen oder aus dem Anlagevermögen abgegangen sind. Wenn Vermögensgegenstände im Haushaltsjahr veräußert werden, sind deren historische Anschaffungs- oder Herstellungskosten unter den Abgängen zu erfassen. Erst im Jahr danach sind dessen Anschaffungs- oder Herstellungskosten aus dem Anlagenspiegel herauszunehmen.

Bei den Umbuchungen (Spalte 4) werden Umgliederungen vorhandener Anlagewerte erfasst, zum Beispiel die Umgliederung von Vermögensgegenständen aus „Anlagen im Bau" nach ihrer Fertigstellung in den entsprechenden Posten des Anlagevermögens. Umbuchungen liegen aber nicht bei Umschichtungen vom Anlagevermögen ins Umlaufvermögen vor. Diese Fälle sind als Abgänge zu erfassen.

Auch die Abschreibungen im Haushaltsjahr (Spalte 7) sowie die Zuschreibungen im Haushaltsjahr (Spalte 8) sind auszuweisen. Erfolgen Zuschreibungen bei den Vermögensgegenständen, so dürfen diese nicht saldiert, sondern müssen unter Beachtung des Bruttoprinzips erfasst werden.

Unter kumulierten Abschreibungen (Spalte 10) sind sämtliche vorgenommenen Abschreibungen zu erfassen seit der Vermögensgegenstand mit seinen historischen Anschaffungs- oder Herstellungskosten zum Anlagevermögen der Kommune gehört. Diese kumulierten Abschreibungen sind gegebenenfalls um vorgenommene Zuschreibungen zu korrigieren. Ist ein Vermögensgegenstand durch Abgang oder Umbuchung aus dem Anlagevermögen ausgeschieden, so sind die kumulierten Abschreibungen des Vermögensgegenstandes nicht mehr auszuweisen. Im Anlagenspiegel sind aber noch die Abschreibungen aus dem abgelaufenen Haushaltsjahr aufzunehmen, um die Übereinstimmung mit der Ergebnisrechnung zu sichern.

Die im Anlagenspiegel auszuweisenden Buchwerte (Spalten 11 und 12) ergeben sich rechnerisch als Restbuchwerte aus den Werten desselben Haushaltsjahres. Um die Veränderung beziehungsweise die Entwicklung aufzuzeigen, ist der Stand am Ende des Haushaltsjahres sowie am Ende des Vorjahres anzugeben.

Diese rechtlichen Vorgaben sind bei der Aufstellung des Anlagenspiegels zu beachten. Den Anlagenspiegel kann die Kommune eigenverantwortlich nach örtlichen Bedürfnissen um Zusatzinformationen ergänzen, soweit dadurch die Klarheit und Übersichtlichkeit der Darstellung nicht beeinträchtigt wird.

1.6.7 Muster für den Forderungsspiegel (Anlage 25)

Der Forderungsspiegel nach § 47 KomHVO NRW soll den Stand und die Entwicklung einzelner Posten des Umlaufvermögens im Haushaltsjahr detailliert nachweisen. Er ist daher mindestens entsprechend § 42 Absatz 3 Nummer 2.2. KomHVO NRW zu gliedern. Um die Änderungen dieser Bilanzposten nachvollziehbar zu machen, ist dazu jeweils tabellarisch der Gesamtbetrag am Abschlussstichtag unter Angabe der Restlaufzeit, gegliedert in Betragsangaben für Forderungen mit Restlaufzeiten bis zu einem Jahr, von einem bis fünf Jahren und von mehr als fünf Jahren sowie der Gesamtbetrag am vorherigen Abschlussstichtag anzugeben.

Diese rechtlichen Vorgaben sind bei der Aufstellung des Forderungsspiegels zu beachten. Den Forderungsspiegel kann die Kommune eigenverantwortlich nach örtlichen Bedürfnissen um Zusatzinformationen ergänzen, soweit dadurch die Klarheit und Übersichtlichkeit der Darstellung nicht beeinträchtigt wird.

1.6.8 Muster für den Eigenkapitalspiegel (Anlage 26)

Der Eigenkapitalspiegel ist nach § 45 Absatz 3 KomHVO NRW dem Jahresabschluss als Anlage beizufügen. Er gibt Aufschluss über die Struktur und Entwicklung des kommunalen Eigenkapitals.

1.6.9 Muster für den Verbindlichkeitenspiegel (Anlage 27)

Der Verbindlichkeitenspiegel weist den Stand und die Entwicklung der Verbindlichkeiten im Haushaltsjahr detaillierter nach und ist mindestens nach den in § 48 Absatz 1 KomHVO NRW aufgeführten Posten zu gliedern. Um die Änderungen nachvollziehbar zu machen, ist dazu jeweils tabellarisch der Gesamtbetrag am Abschlussstichtag unter Angabe der Restlaufzeit, gegliedert in Betragsangaben für Verbindlichkeiten mit Restlaufzeiten bis zu einem Jahr, von einem bis zu fünf Jahren und von mehr als fünf Jahren sowie der Gesamtbetrag am vorherigen Abschlussstichtag anzugeben. Der Verbindlichkeitenspiegel dient dazu, die Struktur der Verschuldung der Kommune transparent zu machen.

Ergänzend werden in dem Verbindlichkeitenspiegel auch die Haftungsverhältnisse aus der Bestellung von Sicherheiten, gegliedert nach Arten und unter Angabe des jeweiligen Gesamtbetrages nachrichtlich ausgewiesen, um auch diese Verpflichtungen der Kommune offen zu legen.

Diese rechtlichen Vorgaben sind bei der Aufstellung des Verbindlichkeitenspiegels zu beachten. Den Verbindlichkeitenspiegel kann die Kommune um Zusatzinformationen ergänzen, soweit dadurch die Klarheit und Übersichtlichkeit der Darstellung nicht beeinträchtigt wird.

1.7 Muster für den Gesamtabschluss

1.7.1 Positionenrahmen NKF-Gesamtabschluss (Anlage 28)

Mit dem Positionenrahmen für den NKF-Gesamtabschluss werden die Grundstruktur der Summenbilanz sowie die Struktur der Summenergebnisrechnung für die Aufstellung des Gesamtabschlusses aufgezeigt. Damit sollen die Abschlusspositionen für den Gesamtabschluss vereinheitlicht und sachgerechte Meldungen, insbesondere durch die kommunalen Betriebe, erreicht werden. Der Positionenrahmen besteht aus zwei Teilen. Im Teil A wird festgelegt, in welche Positionen der Gesamtbilanz, die auf die Gliederung der Bilanz nach § 42 KomHVO NRW ausgerichtet ist, die Bilanzpositionen der zu konsolidierenden Betriebe der Kommune eingehen sollen. Im Teil B wird festgelegt, in welche Positionen der Gesamtergebnisrechnung, die auf die Gliederung der Ergebnisrechnung nach § 39 in Verbindung mit § 2 KomHVO NRW ausgerichtet ist, die Positionen der Gewinn- und Verlustrechnung der zu konsolidierenden Betriebe der Kommune eingehen sollen. Die Vorschriften der §§ 33 bis 39, 42 bis 44 und 48 KomHVO NRW sind nach § 50 Absatz 3 KomHVO NRW auf den Gesamtabschluss entsprechend anzuwenden, soweit seine Eigenart keine Abweichungen bedingt oder nichts anderes bestimmt ist.
Die Bezifferungen der in Teil A enthaltenen Bilanzposten und der in Teil B enthaltenen Ergebnispositionen sind für die örtliche Anwendung nicht verbindlich. Sie sind von der Kommune eigenverantwortlich in fachlicher und technischer Hinsicht unter Berücksichtigung der örtlichen Gegebenheiten vorzunehmen.

1.7.2 Muster für die Gesamtbilanz (Anlage 29)

Die Darstellung der Gesamtbilanz ist auf die wichtigen Bilanzposten auszurichten, die nach § 50 Absatz 3 KomHVO in Verbindung mit § 42 KomHVO NRW auch in der kommunalen Bilanz enthalten sein sollen, denn auch im Gesamtabschluss muss eine Mindesteinheitlichkeit bei der Gliederung der Gesamtbilanz durch die Kommunen gewährleistet werden. Gleichwohl können örtliche Gegebenheiten so gewichtig sein, dass diese bei der Gestaltung der Bestandteile des kommunalen Gesamtabschlusses nicht außer Betracht bleiben dürfen.
Von der Kommune ist auch zu prüfen, ob einzelnen Bilanzposten eine geringe Bedeutung zukommt, so dass ein Verzicht als gesonderter Posten in der Gesamtbilanz in Betracht kommen kann. Bei einem Verzicht müssen dann im Gesamtanhang ausreichend differenzierte Angaben zu diesem örtlichen Sachverhalt gemacht werden. Die Bezifferung der Aktiv- und Passivposten ist von der Kommune unter Berücksichtigung der örtlichen Gegebenheiten eigenverantwortlich in fachlicher und technischer Hinsicht festzulegen.

1.7.3 Muster für die Gesamtergebnisrechnung (Anlage 30)

Die Darstellung der Gesamtergebnisrechnung ist auf die Positionen auszurichten, die nach § 39 in Verbindung mit § 2 KomHVO NRW mindestens in der kommunalen Ergebnisrechnung enthalten sein sollen (§ 50 Absatz 3 KomHVO). Auch im Gesamtabschluss muss eine Mindesteinheitlichkeit der Gesamtergebnisrechnungen der Kommunen gewährleistet werden.
Für die örtliche Anwendung ist die Bezifferung von Ertrags- und Aufwandspositionen sowie von Summen und Salden von der Kommune unter Berücksichtigung der örtlichen Gegebenheiten eigenverantwortlich in fachlicher und technischer Hinsicht festzulegen.

1.7.4 Muster für die Gesamtkapitalflussrechnung

Dem Gesamtanhang im kommunalen Gesamtabschluss ist nach § 52 Absatz 3 KomHVO NRW eine Gesamtkapitalflussrechnung beizufügen. Eine Abbildung der kommunalen Zahlungsströme in der Gesamtkapitalflussrechnung im Gesamtabschluss der Kommune hat unter Beachtung des Deutschen Rechnungslegungsstandards 21 zu erfolgen. Die Gesamtkapitalflussrechnung soll wie in der kommunalen Finanzrechnung in die drei Bereiche „Laufende Geschäftstätigkeit", „Investitionstätigkeit" und „Finanzierungstätigkeit" gegliedert und es sollen die Strukturen der kommunalen Einzahlungs- und Auszahlungsströme aufgezeigt werden. Dazu enthält der Deutsche Rechnungslegungsstandard 21 entsprechende Muster. Auf ein kommunalspezifisches Muster wird deshalb verzichtet."

1.7.5 Muster für den Gesamteigenkapitalspiegel (Anlage 31)

Der Gesamteigenkapitalspiegel ist nach § 50 Absatz 1 Nr. 5 KomHVO NRW Bestandteil des Gesamtabschlusses. Er gibt Aufschluss über die Eigenkapitalstruktur und -entwicklung des „Konzerns Kommune".

1.7.6 Muster für den Beteiligungsbericht (Anlage 32)

Der Beteiligungsbericht enthält die näheren Informationen über sämtliche Beteiligungen der kommunalen Gebietskörperschaft. Er lenkt den Blick jährlich auf die einzelnen Beteiligungen, indem er Auskunft über alle verselbständigten Aufgabenbereiche der Kommune, deren Leistungsspektrum und deren wirtschaftliche Situation und Aussichten, unabhängig davon, ob diese dem Konsolidierungskreis für den Gesamtabschluss angehören. Damit erfolgt eine differenzierte Darstellung der Leistungsfähigkeit der kommunalen Gebietskörperschaft. Das Muster für den Beteiligungsbericht wird aufgrund des Umfangs nicht abgedruckt und kann im Service-Portal recht.nrw.de als Anlage zu dieser Veröffentlichung elektronisch abgerufen werden.

2. Anlagenübersicht

1. Muster für die Haushaltssatzung
2. Muster für die Nachtragssatzung
3. Muster für den Haushaltsquerschnitt
4. Muster für den Ergebnisplan
5. Muster für den Finanzplan
6. Bildung von Produktbereichen
7. Gliederung des örtlichen Haushaltsplans
8. Muster für produktorientierte Teilpläne
9. Muster für den Teilergebnisplan
10. Muster für den Teilfinanzplan
11. Muster für die Gliederung der Stellen
12. Muster für die Stellenübersichten
13. Muster für die Zuwendungen an Fraktionen
14. Muster für die Übersicht über den Stand der Verbindlichkeiten
15. Muster für die Übersicht über die Verpflichtungsermächtigungen
16. Abschreibungstabelle
17. NKF-Kontenrahmen
18. Kontierungsplan
19. Muster für die Ergebnisrechnung
20. Muster für die Teilergebnisrechnungen
21. Muster für die Finanzrechnung
22. Muster für die Teilfinanzrechnungen
23. Muster für die Struktur der Bilanz
24. Muster für den Anlagenspiegel

25. Muster für den Forderungsspiegel
26. Muster für den Eigenkapitalspiegel
27. Muster für den Verbindlichkeitenspiegel
28. Positionenrahmen NKF-Gesamtabschluss
29. Muster für die Gesamtbilanz
30. Muster für die Gesamtergebnisrechnung
31. Muster für den Gesamteigenkapitalspiegel
32. Muster für den Beteiligungsbericht

3. Inkrafttreten, Außerkrafttreten

Dieser Erlass tritt am Tag nach der Veröffentlichung in Kraft und mit Ablauf des 31. Dezember 2024 außer Kraft. Gleichzeitig mit dem Inkrafttreten des Runderlasses nach Satz 1 tritt der Runderlass des Innenministeriums „Muster für das doppische Rechnungswesen und zu Bestimmungen der Gemeindeordnung (GO) und der Gemeindehaushaltsverordnung (GemHVO) vom 24. Februar 2005 (MBl. NRW. S. 354), der zuletzt durch Runderlass vom 19. Dezember 2017 (MBl. NRW. S. 1057) geändert worden ist, außer Kraft.

(Anlage 1)

Haushaltssatzung und Bekanntmachung der Haushaltssatzung

1. Haushaltssatzung der Kommune ... für das Haushaltsjahr ...

Aufgrund der §§ 78 ff. der Gemeindeordnung für das Land Nordrhein-Westfalen in der Fassung der Bekanntmachung vom 14. Juli 1994 (GV. NRW. S. 666), die zuletzt durch Gesetz vom … geändert worden ist, hat das Vertretungsorgan der Kommune ... mit Beschluss vom ... folgende Haushaltssatzung erlassen:

§ 1

Der Haushaltsplan für das Haushaltsjahr[1] …, der die für die Erfüllung der Aufgaben der Kommune voraussichtlich erzielbaren Erträge und entstehenden Aufwendungen sowie eingehenden Einzahlungen und zu leistenden Auszahlungen und notwendigen Verpflichtungsermächtigungen enthält, wird

im Ergebnisplan mit

dem Gesamtbetrag der Erträge auf	… EUR *(100 %)*
dem Gesamtbetrag der Aufwendungen auf	… EUR *(100 %)*
ggf. abzüglich globaler Minderaufwand von	... EUR *(max. 1 % ordentl. Aufwend.)*
ggf. somit auf	… EUR *(minimal 99 %)*

im Finanzplan mit

dem Gesamtbetrag der Einzahlungen aus der laufenden Verwaltungstätigkeit auf	… EUR
dem Gesamtbetrag der Auszahlungen aus der laufenden Verwaltungstätigkeit auf	… EUR
(ggf. nachrichtlich: Globaler Minderaufwand von	… EUR im Ergebnisplan)
dem Gesamtbetrag der Einzahlungen aus der Investitionstätigkeit auf	… EUR
dem Gesamtbetrag der Auszahlungen aus der Investitionstätigkeit auf	… EUR
dem Gesamtbetrag der Einzahlungen aus der Finanzierungstätigkeit auf	… EUR
dem Gesamtbetrag der Auszahlungen aus der Finanzierungstätigkeit auf	… EUR

festgesetzt.

Ggf.: Der vorgenannte globale Minderaufwand im Ergebnisplan gemäß § 75 Absatz 2 Satz 4 GO NRW wird in den folgenden Teilplänen abgebildet:

Teilplan XX, Teilplan XY, usw.

(Festsetzungsvariante „ggf." im Ergebnisplan, nachrichtlich im Finanzplan und hinsichtlich der Benennung von Teilplänen bezieht sich ausschließlich auf etwaigen in der Haushaltssatzung festgesetzten globalen Minderaufwand, die *kursiven und verkleinerten* Erläuterungen bei den Beträgen des Ergebnisplans entfallen in der Satzung.)

§ 2[1)]

Der Gesamtbetrag der Kredite, deren Aufnahme für Investitionen erforderlich ist, wird auf

... EUR

festgesetzt.

(alternativ: Kredite für Investitionen werden nicht veranschlagt.)

§ 3[1)]

Der Gesamtbetrag der Verpflichtungsermächtigungen, der zur Leistung von Investitionsauszahlungen in künftigen Jahren erforderlich ist, wird auf

... EUR

festgesetzt.

(alternativ: Verpflichtungsermächtigungen werden nicht veranschlagt.)

§ 4[1)]

Die Inanspruchnahme der Ausgleichsrücklage aufgrund des voraussichtlichen Jahresergebnisses im Ergebnisplan wird auf

... EUR

und/oder
die Verringerung der allgemeinen Rücklage aufgrund des voraussichtlichen Jahresergebnisses im Ergebnisplan wird auf

... EUR

festgesetzt.

(alternativ: Eine Inanspruchnahme des Eigenkapitals soll nicht erfolgen.)
(Bei ggf. in der Haushaltssatzung festgesetztem globalen Minderaufwand erfolgt die Festsetzung der Verringerung(en) nach Berücksichtigung des globalen Minderaufwandes.)

§ 5[1)]

Der Höchstbetrag der Kredite, die zur Liquiditätssicherung in Anspruch genommen werden dürfen, wird auf

... EUR

festgesetzt.

(alternativ: Kredite zur Liquiditätssicherung werden nicht beansprucht.)

§ 6[2]

Die Steuersätze für die Gemeindesteuern werden für das Haushaltsjahr[1] ... wie folgt festgesetzt:

1. Grundsteuer

1.1 für die land- und forstwirtschaftlichen Betriebe (Grundsteuer A) auf ... v. H.

1.2 für die Grundstücke (Grundsteuer B) auf ... v. H.

2. Gewerbesteuer auf ... v. H.

§ 7

Nach dem Haushaltssicherungskonzept ist der Haushaltsausgleich im Jahre ... wiederhergestellt. Die im Haushaltssicherungskonzept enthaltenen Konsolidierungsmaßnahmen sind bei der Ausführung des Haushaltsplans umzusetzen.

(alternativ: entfällt)

§ 8 ff.[3]

2. Bekanntmachung der Haushaltssatzung
nach den geltenden Vorschriften und:

(Erfüllung der Anzeigepflicht):
Die vorstehende Haushaltssatzung mit ihren Anlagen für das Haushaltsjahr ... wird hiermit öffentlich bekannt gemacht. Die Haushaltssatzung mit ihren Anlagen ist gemäß § 80 Absatz 5 GO NRW dem Landrat als untere staatliche Verwaltungsbehörde in ... (alternativ: der Bezirksregierung in ...) mit Schreiben vom ... angezeigt worden.

(Bei einer Verringerung der Rücklage):
Die nach § 75 Absatz 4 GO NRW erforderliche Genehmigung der Verringerung der Rücklage ist vom Landrat als untere staatliche Verwaltungsbehörde in ... (alternativ: der Bezirksregierung in ...) mit Verfügung vom ... erteilt worden.

(Bei der Aufstellung von Haushaltssicherungskonzepten):
Die nach § 76 Absatz 2 GO NRW erforderliche Genehmigung des Haushaltssicherungskonzeptes ist vom Landrat als untere staatliche Verwaltungsbehörde in ... (alternativ: der Bezirksregierung in ...) mit Verfügung vom ... erteilt worden.

(Verfügbarmachung zur Einsichtnahme):
Der Haushaltsplan (und das Haushaltssicherungskonzept) liegen zur Einsichtnahme vom ... bis ... im ... öffentlich aus und sind unter der Adresse … im Internet verfügbar.

..., den ...

....
(Unterschrift)

Fußnoten:
1) Bei der Festsetzung für zwei Haushaltsjahre sind die einzelnen Jahresbeträge anzugeben.
2) Erlässt die Kommune aufgrund der Realsteuergesetze eine besondere Hebesatzsatzung, so ist in der Haushaltssatzung zum Ausdruck zu bringen, dass die Angabe der Steuersätze in der Haushaltssatzung nur deklaratorische Bedeutung hat.
3) Hier können weitere Vorschriften gem. § 78 Absatz 2 GO NRW aufgenommen werden.

(Anlage 2)

Nachtragssatzung und Bekanntmachung der Nachtragssatzung

1. Nachtragssatzung zur Haushaltssatzung der Kommune ... für das Haushaltsjahr ...

Aufgrund des § 81 der Gemeindeordnung für das Land Nordrhein-Westfalen in der Fassung der Bekanntmachung vom 14. Juli 1994 (GV. NRW. S. 666), die zuletzt durch Gesetz vom … geändert worden ist, hat das Vertretungsorgan der Kommune ... mit Beschluss vom ... folgende Nachtragssatzung zur Haushaltssatzung vom ... erlassen:

§ 1

Mit dem Nachtragshaushaltsplan werden

	die bisherigen fest-gesetzten Gesamt-beträge EUR	erhöht um EUR	vermindert um EUR	und damit der Gesamtbetrag des Haushalts-plans einschl. Nachträge festgesetzt auf EUR
Ergebnisplan Erträge Aufwendungen				
Finanzplan <u>aus der laufenden Verwaltungstätigkeit:</u> Einzahlungen Auszahlungen <u>aus der Investitionstätigkeit:</u> Einzahlungen Auszahlungen <u>aus der Finanzierungstätigkeit:</u> Einzahlungen Auszahlungen				

§ 2

Der Gesamtbetrag der Kredite, deren Aufnahme für die Investitionen erforderlich ist, wird gegenüber der bisherigen Festsetzung in Höhe von ... EUR um ... EUR vermindert/erhöht und damit auf ... EUR festgesetzt.

(<u>alternativ</u>: Der bisher festgesetzte Gesamtbetrag der Kredite für Investitionen wird nicht geändert.)

§ 3

Der Gesamtbetrag der Verpflichtungsermächtigungen, der zur Leistung von Investitionsauszahlungen in künftigen Jahren erforderlich ist, wird gegenüber der bisherigen Festsetzung in Höhe von ... EUR um ... EUR vermindert/erhöht und damit auf ... EUR festgesetzt.

(alternativ: Der bisherige festgesetzte Gesamtbetrag der Verpflichtungsermächtigungen wird nicht geändert.)

§ 4

Die Inanspruchnahme der Ausgleichsrücklage aufgrund des voraussichtlichen Jahresergebnisses im Ergebnisplan wird gegenüber der bisherigen Festsetzung in Höhe von ... EUR um ... EUR vermindert/erhöht und damit auf

... EUR

und/oder
die Verringerung der allgemeinen Rücklage aufgrund des voraussichtlichen Jahresergebnisses im Ergebnisplan wird gegenüber der bisherigen Festsetzung in Höhe von ... EUR um ... EUR vermindert/erhöht und damit auf

... EUR

festgesetzt.

(alternativ: Die bisher festgesetzte Inanspruchnahme der Ausgleichsrücklage und/oder die bisher festgesetzte Verringerung der allgemeinen Rücklage wird nicht geändert oder eine Inanspruchnahme des Eigenkapitals soll nicht erfolgen.)

§ 5

Der Höchstbetrag der Kredite, die zur Liquiditätssicherung in Anspruch genommen werden dürfen, wird gegenüber der bisherigen Festsetzung in Höhe von ... EUR um ... EUR vermindert/erhöht und damit auf ... EUR festgesetzt.

(alternativ: Der bisher festgesetzte Höchstbetrag der Kredite zur Liquiditätssicherung wird nicht geändert.)

§ 6[1)]

Die Steuersätze für die Gemeindesteuern werden für das Haushaltsjahr ... wie folgt festgesetzt:

Steuerart	bisher v. H.	erhöht um v. H.	vermindert v. H.	nunmehr v. H.

1. **Grundsteuer** 1.1 für die land- und forstwirtschaftlichen Betriebe (Grundsteuer A) 1.2 für die Grundstücke (Grundsteuer B) 2. **Gewerbesteuer**				

(alternativ: Die Steuersätze werden nicht geändert.)

§ 7 ff.[2)]

2. Bekanntmachung der Nachtragssatzung
nach den geltenden Vorschriften und:

(Erfüllung der Anzeigepflicht):
Die vorstehende Nachtragssatzung für das Haushaltsjahr ... wird hiermit öffentlich bekannt gemacht. Die Nachtragssatzung mit ihren Anlagen ist gemäß § 80 Absatz 5 GO NRW dem Landrat als untere staatliche Verwaltungsbehörde in ... (alternativ: der Bezirksregierung in ...) mit Schreiben vom ... angezeigt worden.

(Bei einer Verringerung der Rücklage):
Die nach § 75 Absatz 4 GO NRW erforderliche Genehmigung der Verringerung der Rücklage ist vom Landrat als untere staatliche Verwaltungsbehörde in ... (alternativ: der Bezirksregierung in ...) mit Verfügung vom ... erteilt worden.

(Bei der Aufstellung von Haushaltssicherungskonzepten):
Die nach § 76 Absatz 2 GO NRW erforderliche Genehmigung des Haushaltssicherungskonzeptes ist vom Landrat als untere staatliche Verwaltungsbehörde in ... (alternativ: der Bezirksregierung in ...) mit Verfügung vom ... erteilt worden.

(Verfügbarmachung zur Einsichtnahme):
Der Nachtragshaushaltsplan liegt zur Einsichtnahme vom ... bis ... im ... öffentlich aus und ist unter der Adresse … im Internet verfügbar.

..., den ...

....
(Unterschrift)

Fußnoten:
1) Erlässt die Kommune aufgrund der Realsteuergesetze eine besondere Hebesatzsatzung, so ist in der Nachtragssatzung zum Ausdruck zu bringen, dass die Angabe der Steuersätze in der Nachtragssatzung nur deklaratorische Bedeutung hat.
2) Hier können Regelungen zur Haushaltssicherung und weitere Vorschriften gem. § 78 Absatz 2 Satz 2 GO NRW getroffen werden.

(Anlage 3)

Haushaltsquerschnitt

Teil 1: Ergebnisplanung

PB	PG	Bezeichnung	ordentliche Erträge EUR	ordentliche Aufwendungen EUR	ordentliches Ergebnis EUR	Finanzergebnis EUR	Ergebnis der laufenden Verwaltungstätigkeit EUR	Außerordentliches Ergebnis EUR	Ergebnis des Teilhaushaltes[1] EUR

Teil 2: Finanzplanung

PB	PG	Bezeichnung	Einzahlungen aus laufender Verwaltungstätigkeit EUR	Auszahlungen aus laufender Verwaltungstätigkeit EUR	Saldo aus laufender Verwaltungstätigkeit EUR	Einzahlungen aus Investitionstätigkeit EUR	Auszahlungen aus Investitionstätigkeit EUR	Saldo aus Investitionstätigkeit EUR	Finanzmittelüberschuss/ -fehlbetrag EUR	Einzahlungen aus Finanzierungstätigkeit EUR	Auszahlungen aus Finanzierungstätigkeit EUR	Saldo aus Finanzierungstätigkeit EUR	Verpflichtungsermächtigungen EUR

Fußnoten:

1) Die Angabe erfolgt ohne interne Leistungsverrechnung

(Anlage 4)

Ergebnisplan

		Ertrags- und Aufwandsarten	Ergebnis des Vorvorjahres EUR	Ansatz des Vorjahres EUR	Ansatz des Haushaltsjahres EUR	Planung Haushaltsjahr + 1 EUR	Planung Haushaltsjahr + 2 EUR	Planung Haushaltsjahr + 3 EUR
			1	2	3	4	5	6
1		Steuern und ähnliche Abgaben						
2	+	Zuwendungen und allgemeine Umlagen						
3	+	Sonstige Transfererträge						
4	+	Öffentlich-rechtliche Leistungsentgelte						
5	+	Privatrechtliche Leistungsentgelte						
6	+	Kostenerstattungen und Kostenumlagen						
7	+	Sonstige ordentliche Erträge						
8	+	Aktivierte Eigenleistungen						
9	+/-	Bestandsveränderungen						
10	=	Ordentliche Erträge						
11	-	Personalaufwendungen						
12	-	Versorgungsaufwendungen						
13	-	Aufwendungen für Sach- und Dienstleistungen						
14	-	Bilanzielle Abschreibungen						
15	-	Transferaufwendungen						
16	-	Sonstige ordentliche Aufwendungen						
17	=	Ordentliche Aufwendungen						
18	=	**Ordentliches Ergebnis** (= Zeilen 10 und 17)						
19	+	Finanzerträge						
20	-	Zinsen und sonstige Finanzaufwendungen						
21	=	**Finanzergebnis** (= Zeilen 19 und 20)						
22	=	**Ergebnis der laufenden Verwaltungstätigkeit** (= Zeilen 18 und 21)						
23	+	Außerordentliche Erträge						
24	-	Außerordentliche Aufwendungen						
25	=	**Außerordentliches Ergebnis** (= Zeilen 23 und 24)						
26	=	**Jahresergebnis** (= Zeilen 22 und 25)						
27	-	globaler Minderaufwand						
28	=	**Jahresergebnis nach Abzug globaler Minderaufwand** (= Zeilen 26 und 27)						
<u>Nachrichtlich:</u> Verrechnung von Erträgen und Aufwendungen mit der allgemeinen Rücklage								
29		Verrechnete Erträge bei Vermögensgegenständen						
30		Verrechnete Erträge bei Finanzanlagen						
31		Verrechnete Aufwendungen bei Vermögensgegenständen						
32		Verrechnete Aufwendungen bei Finanzanlagen						
33		**Verrechnungssaldo** (= Zeilen 29 bis 32)						

(Anlage 5)

Finanzplan

	Ein- und Auszahlungsarten	Ergebnis des Vorvorjahres EUR	Ansatz des Vorjahres EUR	Ansatz des Haushaltsjahres EUR	Planung Haushaltsjahr + 1 EUR	Planung Haushaltsjahr + 2 EUR	Planung Haushaltsjahr + 3 EUR
		1	2	3	4	5	6
1	Steuern und ähnliche Abgaben						
2	+ Zuwendungen und allgemeine Umlagen						
3	+ Sonstige Transfereinzahlungen						
4	+ Öffentlich-rechtliche Leistungsentgelte						
5	+ Privatrechtliche Leistungsentgelte						
6	+ Kostenerstattungen, Kostenumlagen						
7	+ Sonstige Einzahlungen						
8	+ Zinsen und sonstige Finanzeinzahlungen						
9	= **Einzahlungen aus laufender Verwaltungstätigkeit**						
10	- Personalauszahlungen						
11	- Versorgungsauszahlungen						
12	- Auszahlungen für Sach- und Dienstleistungen						
13	- Zinsen und sonstige Finanzauszahlungen						
14	- Transferauszahlungen						
15	- Sonstige Auszahlungen						
16	= **Auszahlungen aus laufender Verwaltungstätigkeit***						
17	= **Saldo aus laufender Verwaltungstätigkeit** (= Zeilen 9 und 16)						
18	+ Zuwendungen für Investitionsmaßnahmen						
19	+ Einzahlungen aus der Veräußerung von Sachanlagen						
20	+ Einzahlungen aus der Veräußerung von Finanzanlagen						
21	+ Einzahlungen aus Beiträgen und ähnlichen Entgelten						
22	+ Sonstige Investitionseinzahlungen						
23	= **Einzahlungen aus Investitionstätigkeit**						
24	- Auszahlungen für den Erwerb von Grundstücken und Gebäuden						
25	- Auszahlungen für Baumaßnahmen						
26	- Auszahlungen für den Erwerb von beweglichem Anlagevermögen						
27	- Auszahlungen für den Erwerb von Finanzanlagen						
28	- Auszahlungen von aktivierbaren Zuwendungen						
29	- Sonstige Investitionsauszahlungen						
30	= **Auszahlungen aus Investitionstätigkeit**						
31	= **Saldo aus Investitionstätigkeit** (= Zeilen 23 und 30)						
32	= **Finanzmittelüberschuss/-fehlbetrag** (= Zeilen 17 und 31)						
33	+ Einzahlungen aus der Aufnahme und durch Rückflüsse von Krediten für Investitionen und diesen wirtschaftlich gleichkommenden Rechtsverhältnissen						
34	+ Einzahlungen aus der Aufnahme und durch Rückflüsse von Krediten zur Liquiditätssicherung						
35	- Auszahlungen für die Tilgung und Gewährung von Krediten für Investitionen und diesen wirtschaftlich gleichkommenden Rechtsverhältnissen						
36	- Auszahlungen für die Tilgung und Gewährung von Krediten zur Liquiditätssicherung						
37	= **Saldo aus Finanzierungstätigkeit**						
38	= **Änderung des Bestandes an eigenen Finanzmitteln** (= Zeilen 32 und 37)						
39	+ Anfangsbestand an Finanzmitteln						
40	= **Liquide Mittel** (= Zeilen 38 und 39)						

* *ggf. nachrichtlich: Globaler Minderaufwand in EUR*

(Anlage 6)

Bildung von Produktbereichen im kommunalen Haushalt

Bei der Bildung von Produktbereichen sowie deren Abbildung im Haushaltsplan der Kommune sind die nachfolgend aufgeführten Produktbereiche verbindlich. Die zur Abgrenzung der Produktbereiche vorgenommene Zuordnung ist zu beachten. Dazu gilt, dass die fachlichen Verwaltungsaufgaben und die wirtschaftlichen Betätigungen den sachlich betroffenen Produktbereichen zuzuordnen sind.

1. Gesamtübersicht

Der kommunale Haushaltsplan ist in produktorientierte Teilpläne nachfolgenden verbindlichen Produktbereichen und in der ausgewiesenen Reihenfolge zu gliedern:

Produktbereiche		
01 Innere Verwaltung **02 Sicherheit und Ordnung** **03 Schulträgeraufgaben** **04 Kultur und Wissenschaft** **05 Soziale Leistungen** **06 Kinder-, Jugend- und Familienhilfe**	**07 Gesundheitsdienste** **08 Sportförderung** **09 Räumliche Planung und Entwicklung, Geoinformationen** **10 Bauen und Wohnen** **11 Ver- und Entsorgung** **12 Verkehrsflächen und -anlagen, ÖPNV**	**13 Natur- und Landschaftspflege** **14 Umweltschutz** **15 Wirtschaft und Tourismus** **16 Allgemeine Finanzwirtschaft** **17 Stiftungen**

Innerhalb der Grenzen dieser Produktbereiche können Teilpläne auch nach Produktgruppen oder nach Produkten aufgestellt werden. Es bleibt dabei jeder Kommune überlassen, ob sie im Haushaltsplan lediglich eine weitere Gliederungsebene darstellen (Produktgruppen) oder tiefer untergliedern (Produkte) will.

2. Inhaltsbestimmung

Die Produktbereiche im kommunalen Haushalt sind nach der folgenden Zuordnung abzugrenzen:

01 Innere Verwaltung

Vertretungsorgan, Ausschüsse, Bezirksvertretungen, Bezirksausschüsse
Kreistag, Kreisausschuss, Ausschüsse
Bürgermeister/in, Bezirksvorsteher/in, Ortsvorsteher/in, Beigeordnete
Landrat/Landrätin
Ausländerbeirat
Fraktionen, Zuwendungen gemäß § 56 Absatz 3 GO NRW
Allgemeine Verwaltungsangelegenheiten
Rats- und Verwaltungsbeauftragte
Controlling, Finanzbuchhaltung, Kämmerei
Einrichtungen für die gesamte Verwaltung
Einrichtungen für Verwaltungsangehörige
Örtliche Rechnungsprüfung
Angelegenheiten der unteren staatlichen Verwaltungsbehörde

02 Sicherheit und Ordnung

Statistische Angelegenheiten
Aufgaben bei der Durchführung von Wahlen und Abstimmungen
Öffentliche Ordnungsangelegenheiten
Brandschutz
Rettungsdienst
Abwehr von Großschadensereignissen

03 Schulträgeraufgaben

Grundschulen
Hauptschulen
Realschulen, Abendrealschulen als Weiterbildungskolleg
Gymnasien, Abendgymnasien als Weiterbildungskolleg
Kollegs
Gesamtschulen
Förderschulen
Berufskollegs in Form von Berufsschule, Berufsfachschule, Fachschule, Fachoberschule
Schülerbeförderung
Fördermaßnahmen für einzelne Schüler
schulartenübergreifende Maßnahmen
Sonstige schulische Einrichtungen der Allgemeinbildung

04 Kultur und Wissenschaft

Museen, Sammlungen, sonstige Kultureinrichtungen
Theater
Musikpflege, Musikschulen
Heimatpflege
Sonstige Kulturpflege
Förderung von wissenschaftlichen Einrichtungen

05 Soziale Leistungen
Grundversorgung an natürliche Personen
Soziale Einrichtungen
Sonstige soziale Leistungen

06 Kinder-, Jugend- und Familienhilfe
Förderung von Kindern und Jugendlichen
Förderung der Erziehung in der Familie
Adoptionsvermittlung
Tageseinrichtungen für Kinder
Einrichtungen der Jugendarbeit
Sonstige Einrichtungen zur Förderung junger Menschen und Familien

07 Gesundheitsdienste
Krankenhäuser, Kliniken
Sonstige Gesundheitseinrichtungen
Gesundheitsschutz und -pflege

08 Sportförderung
Allgemeine Förderung des Sports
Sportstätten und Bäder

09 Räumliche Planung und Entwicklung, Geoinformationen
Räumliche Planungs- und Entwicklungsmaßnahmen
Geoinformationen

10 Bauen und Wohnen
Bau- und Grundstücksordnung
Wohnungsbauförderung
Denkmalschutz und -pflege

11 Ver- und Entsorgung
Elektrizitäts-, Gas-, Wasser-, Fernwärmeversorgung
Abfallwirtschaft
Abwasserbeseitigung

12 Verkehrsflächen und -anlagen, ÖPNV
Durchführung von Bau- und Unterhaltungsaufgaben bei Straßen
Winterdienst
Verkehrssicherungsanlagen
Straßenreinigung
Parkeinrichtungen
ÖPNV
Sonstiger Personen- und Güterverkehr

13 Natur- und Landschaftspflege
Öffentliches Grün, Landschaftsbau
Öffentliche Gewässer, Wasserbauliche Anlagen
Friedhofs- und Bestattungswesen
Land- und Forstwirtschaft

14 Umweltschutz

Umweltschutzmaßnahmen
Umweltschutzbeauftragte

15 Wirtschaft und Tourismus

Wirtschaftsförderung
Allgemeine Einrichtungen und Unternehmen
Tourismus

16 Allgemeine Finanzwirtschaft

Steuern
Allgemeine Zuweisungen, allgemeine Umlagen
Sonstige allgemeine Finanzwirtschaft

17 Stiftungen

(Anlage 7)

Gliederung des örtlichen Haushaltsplans
Gliederungsvarianten

1. Gliederung nach Produktbereichen
Der kommunale Haushaltsplan ist in produktorientierte Teilpläne nachfolgenden verbindlichen Produktbereichen und in der ausgewiesenen Reihenfolge zu gliedern:

Produktbereiche		
01 Innere Verwaltung **02 Sicherheit und Ordnung** **03 Schulträgeraufgaben** **04 Kultur und Wissenschaft** **05 Soziale Leistungen** **06 Kinder-, Jugend- und Familienhilfe**	**07 Gesundheitsdienste** **08 Sportförderung** **09 Räumliche Planung und Entwicklung, Geoinformationen** **10 Bauen und Wohnen** **11 Ver- und Entsorgung** **12 Verkehrsflächen und -anlagen, ÖPNV**	**13 Natur- und Landschaftspflege** **14 Umweltschutz** **15 Wirtschaft und Tourismus** **16 Allgemeine Finanzwirtschaft** **17 Stiftungen**

Abbildung 1

Innerhalb der Grenzen dieser Produktbereiche können Teilpläne auch nach Produktgruppen oder nach Produkten aufgestellt werden. Es bleibt dabei jeder Kommune überlassen, ob sie im Haushaltsplan lediglich eine weitere Gliederungsebene darstellen (Produktgruppen) oder tiefer untergliedern (Produkte) will. Teilpläne unterhalb der Produktbereichsebene können auch nach örtlichen Verantwortungsbereichen aufgestellt werden. Auch diese Teilpläne können in Produktgruppen oder Produkte untergliedert werden.

Die Aufzählung der Produktbereiche folgt der Abstimmung der Länder, erleichtert die Sortierung der Produktbereiche sowie die Zuordnung der Produktgruppen und Produkte zu den Produktbereichen.

2. Produktorientierte Untergliederung der Produktbereiche:
Die Kommune kann unterhalb der Ebene der verbindlich vorgegebenen Produktbereiche nach ihren eigenen Bedürfnissen diese Teilpläne untergliedern:

2.1 Die Kommune kann eigene Produktgruppen und Produkte bilden (Beispiel):

Verbindliche Produktbereiche*	Eigene Produktgruppen	Eigene Produkte
01 Innere Verwaltung ... 03 Schulträgeraufgaben ... 05 Soziale Leistungen ... 07 Gesundheitsdienste ... 09 Räumliche Planung und Entwicklung, Geoinformationen ... 16 Allgemeine Finanzwirtschaft ...	**Bildung von Produktgruppen nach den örtlichen Bedürfnissen**	**Bildung von Produkten nach den örtlichen Bedürfnissen**

* *Vollständige Abbildung siehe Abbildung 1*

2.2 Die Kommune kann den Empfehlungen Dritter folgen:

2.2.1 Empfehlungen der NKF -Modellkommunen (Beispiel):

Verbindliche Produktbereiche*	Produktgruppen nach NKF *(Auszug)*	Produkte nach NKF *(Auszug)*
01 Innere Verwaltung	08 Personalmanagement	01 Personalsteuerung
...	...	...
03 Schulträgeraufgaben	04 Schulaufsicht	04 Nichtschülerprüfung
...	...	...
05 Soziale Leistungen	01 Unterst. von Senioren	02 Altenarbeit
...	...	...
07 Gesundheitsdienste	03 Gesundheitshilfe	04 Sucht- und Drogenhilfe
...	...	...
09 Räumliche Planung und Entwicklung, Geoinformationen	01 Räumliche Planung ...	02 Flächennutzungsplan ...
...		...
16 Allgemeine Finanzwirtschaft	01 Allgemeine Finanzwirtschaft	

* *Vollständige Abbildung siehe Abbildung 1*

2.2.2 Empfehlungen der Länder für die Finanzstatistik (Beispiel):

Verbindliche Produktbereiche*	Produktgruppen für die Finanzstatistik *(Auszug)*	Produkte
01 Innere Verwaltung	111 Vw.steuerung und Service	**Bildung von Produkten nach den örtlichen Bedürfnissen**
...	...	
03 Schulträgeraufgaben	211 Grundschulen	
...	...	
05 Soziale Leistungen	315 Soziale Einrichtungen	
...	...	
07 Gesundheitsdienste	412 Gesundheitseinrichtungen	
...	...	
09 Räumliche Planung und Entwicklung, Geoinformationen	511 Räumliche Planung- und Entwicklungsmaßnahmen ...	
...		
16 Allgemeine Finanzwirtschaft	612 Sonst. allg. Finanzwirtschaft	
...	...	

* *Vollständige Abbildung siehe Abbildung 1*

Die finanzstatistisch erforderlichen Produktgruppen, zu denen Zahlungsarten mit Beträgen zuzuordnen und im Rahmen der Meldepflichten zur Finanzstatistik zu erfassen sind, werden auf der Grundlage des Finanz- und Personalstatistikgesetzes bekannt gegeben.

3. Organisationsbezogene Untergliederung der Produktbereiche (Beispiel):

Die Kommune kann die Teilpläne nach Produktbereichen weiter nach organisatorischen Gesichtspunkten untergliedern (Beispiel):

	Verbindliche Produktbereiche*	
01 Innere Verwaltung ... 03 Schulträgeraufgaben ...	05 Soziale Hilfen ... 07 Gesundheitsdienste	09 Räumliche Planung und Entwicklung, Geoinformatinen ... 16 Allgemeine Finanzwirtschaft
	Örtliche Organisation *(Beispiel)*	
Fachbereich 1	**Fachbereich 2**	**Fachbereich 3**
Hauptamt	Schulverwaltungsamt	Planungsamt
Amt für Finanzwesen	Kulturamt	Bauamt
Ordnungsamt	Sozialamt	Umweltamt
Rechnungsprüfungsamt	Jugendamt	

* *Vollständige Abbildung siehe Abbildung 1*

Es bleibt der Kommune überlassen, ob sie eine oder mehrere Organisationsebenen im Haushaltsplan abbildet. Diesen Organisationsebenen können Produktgruppen oder Produkte zugeordnet werden.

4. Abbildung der Produktbereiche bei Untergliederungen

Die verbindlichen Produktbereiche sind den o.a. möglichen Untergliederungen der Produktbereichsebene voranzustellen. Dabei ist es dann ausreichend, wenn im jeweiligen Teilergebnisplan des Produktbereiches die Summen der Erträge und der Aufwendungen und im jeweiligen Teilfinanzplan die Summen der Einzahlungen und der Auszahlungen für Investitionen ausgewiesen werden.

Die Kommune muss durch ihre Produktbildung sicherstellen, dass bei einer Untergliederung der Produktbereichsebene auch die Produktbereiche ordnungsgemäß im Haushaltsplan ausgewiesen werden.

(Anlage 8)

Muster über den Aufbau von Teilplänen für den kommunalen Haushaltsplan

1. Gestaltung der Teilpläne

In den Teilplänen des kommunalen Haushalts werden auf der Grundlage des § 4 KomHVO im Wesentlichen die folgenden Informationen gegeben:

- Erläuterungen zum Produktbereich, den Produktgruppen mit den beschriebenen Produkten,
- die Ziele und Kennzahlen zur Messung der Zielerreichung,
- ggf. Auszüge aus der Stellenübersicht,
- Aufwendungen und Erträge, ggf. einschließlich der Erträge und Aufwendungen aus den internen Leistungsbeziehungen (im Teilergebnisplan),
- investive Einzahlungen und Auszahlungen (= Teilfinanzplan) mit der Übersicht einzelner Maßnahmen bei Investitionen oberhalb der vom Vertretungsorgan festgelegten Wertgrenzen.

Zusätzlich können weitere ergänzende Angaben gemacht werden:

- spezielle Bewirtschaftungsregeln,
- Erläuterungen zu den Haushaltspositionen,
- quantitative und qualitative Leistungsmengen, soweit sie zielbezogen und steuerungsrelevant sind,
- Daten über die örtlichen Verhältnisse, z. B. zur Verwaltungsorganisation, der Verantwortlichkeiten, der Auftragsgrundlage, den Zielgruppen, der Wettbewerbssituation etc.

Die Angaben können in Textform oder Graphiken aufbereitet und in besonderen Feldern in den betreffenden Teilplänen dargestellt werden, soweit keine Verbindlichkeit für einzelne Bereiche besteht. Im Haushaltsplan sollten die Teilpläne gleichartig gestaltet sein.

2. Gliederung der Teilpläne

Das Muster zeigt eine Möglichkeit der Gliederung des Teilplanes anhand eines Produktbereiches schematisch auf. Darin enthaltene Bezeichnungen sollen lediglich den Aufbau des Teilplanes verdeutlichen. Die konkrete Ausgestaltung nach den örtlichen Bedürfnissen muss durch jede Kommune selbst erfolgen.

Haushaltsplan ...

Fachliche Zuständigkeit:
Frau/Herr

Gesundheitsdienste
Produktbereich 07

Inhalte des Produktbereiches

Beschreibung und Zielsetzung:
Zielgruppe(n):
Besonderheiten im Haushaltsjahr:

Produktbereichsübersicht

Produktgruppen mit

- **den wesentlichen beschriebenen Produkten:**
- **den einzelnen Zielen:**
- **den Kennzahlen zur Messung der Zielerreichung:**

(Die Kennzahlen und ggf. die Leistungsmengen sollen nach Arten und möglichst entsprechend der Zeitreihe nach § 1 Abs. 3 KomHVO gegliedert werden.)

Personaleinsatz

(Die Angaben zum eingesetzten Personal - Auszug aus der Stellenübersicht nach § 8 KomHVO - sollen nach Beschäftigungsverhältnissen gegliedert werden. Diese Abbildung kann durch Angaben in einer Zeitreihe nach § 1 Abs. 3 KomHVO ergänzt werden.)

Teilergebnisplan

	Haushalts-positionen	Vor-vor-jahr	Vor-jahr	**Haus-halts-jahr**	Plan-Jahr (Hj +1)	Plan-Jahr (Hj +2)	Plan-Jahr (Hj +3)	

(Der Teilergebnisplan muss die in § 2 vorgegebene Mindestgliederung enthalten (vgl. Nr. 1.2.7 des Erlasses sowie Anlage 9).

Teilfinanzplan

	Haushalts-positionen	Vor-vor-jahr	Vor-jahr	**Haus-halts-jahr**	Plan-Jahr (Hj +1)	Plan-Jahr (Hj +2)	Plan-Jahr (Hj +3)	

(Der Teilfinanzplan muss die in § 3 vorgegebene Mindestgliederung enthalten (vgl. Nr. 1.2.8 des Erlasses sowie Anlagen 10 A und 10 B).

Bewirtschaftungsregelungen	Für den Teilergebnisplan: Für den Teilfinanzplan: Sonstiges:
Erläuterungen zu den Haushaltspositionen	Für den Teilergebnisplan: Für den Teilfinanzplan: Sonstiges:

Sonstige Daten über örtliche Verhältnisse

(Anlage 9)

Teilergebnisplan

	Ertrags- und Aufwandsarten	Ergebnis des Vorvorjahres EUR	Ansatz des Vorjahres EUR	Ansatz des Haushaltsjahres EUR	Planung Haushaltsjahr + 1 EUR	Planung Haushaltsjahr + 2 EUR	Planung Haushaltsjahr + 3 EUR
		1	2	3	4	5	6
1 ↓ 9	*Ertragsarten wie im Ergebnisplan*						
10	= **Ordentliche Erträge**						
11 ↓ 16	*Aufwandsarten wie im Ergebnisplan*						
17	= **Ordentliche Aufwendungen**						
18	= **Ordentliches Ergebnis** (= Zeilen 10 u. 17)						
19 20	Arten wie im Ergebnisplan						
21	= **Finanzergebnis** (= Zeilen 19 und 20)						
22	= **Ergebnis der laufenden Verwaltungstätigkeit** (= Zeilen 18 und 21)						
23 24	+ Außerordentliche Erträge - Außerordentliche Aufwendungen						
25	= **Außerordentliches Ergebnis** (= Zeilen 23 und 24)						
26	= **Ergebnis - vor Berücksichtigung der internen Leistungsbeziehungen -** (= Zeilen 22 und 25)						
27	+ Erträge aus internen Leistungsbeziehungen						
28	- Aufwendungen aus internen Leistungsbeziehungen						
29	= **Teilergebnis** (= Zeilen 26, 27, 28)						
30	- globaler Minderaufwand						
31	= **Teilergebnis nach Abzug globaler Minderaufwand** (=Zeilen 29 und 30)						

Der Ausweis eines globalen Minderaufwands in den Zeilen 30 und 31 kann entfallen.

(Anlage 10 A)

Teilfinanzplan
A. Zahlungsübersicht

	Einzahlungs- und Auszahlungsarten	Ergebnis des Vorvorjahres EUR	Ansatz des Vorjahres EUR	Ansatz des Haushaltsjahres EUR	Verpflichtungsermächtigungen EUR	Planung Haushaltsjahr + 1 EUR	Planung Haushaltsjahr + 2 EUR	Planung Haushaltsjahr + 3 EUR
		1	2	3	4	5	6	7
	Laufende Verwaltungstätigkeit *(Einzahlungen und Auszahlungen nach Arten können wie im Finanzplan abgebildet werden.)*							
	Investitionstätigkeit							
	Einzahlungen							
1	aus Zuwendungen für Investitionsmaßnahmen							
2	aus der Veräußerung von Sachanlagen							
3	aus der Veräußerung von Finanzanlagen							
4	aus Beiträgen u. ä. Entgelten							
5	Sonstige Investitionseinzahlungen							
6	**Summe: (invest. Einzahlungen)**							
	Auszahlungen							
7	für den Erwerb von Grundstücken und Gebäuden							
8	für Baumaßnahmen							
9	für den Erwerb von beweglichem Anlagevermögen							
10	für den Erwerb von Finanzanlagen							
11	von aktivierbaren Zuwendungen							
12	Sonstige Investitionsauszahlungen							
13	**Summe: (invest. Auszahlungen)**							
14	**Saldo: der Investitionstätigkeit (Einzahlungen ./. Auszahlungen)**							

Zu den Verpflichtungsermächtigungen in Spalte 4 ist anzugeben, wie sich die Belastung auf die folgenden Jahre verteilt.

(Anlage 10 B)

Teilfinanzplan
B. Planung einzelner Investitionsmaßnahmen

Investitions-maßnahmen	Ergebnis des Vor-vor-jahres EUR	Ansatz des Vor-jahres EUR	Ansatz des Haus-halts-jahres EUR	Ver-pflich-tungser-mächti-gungen EUR	Pla-nung Haus-halts-jahr + 1 EUR	Pla-nung Haus-halts-jahr + 2 EUR	Pla-nung Haus-halts-jahr + 3 EUR	Bisher bereit-gestellt (ein-schl. Sp. 2) EUR	Ge-samt-einzah-lungen/ -aus-zahlun-gen EUR
	1	2	3	4	5	6	7	8	9
Investitionsmaßnahmen oberhalb der festgesetzten Wertgrenzen									
Maßnahme: ... + Einzahlungen aus Investitionszuwendungen - Auszahlungen für den Erwerb von Grundstücken und Gebäuden - Auszahlungen für Baumaßnahmen									
Saldo: (Einzahlungen ./. Auszahlungen)									
Weitere Maßnahmen: (Gliederung wie oben)									

Investitionsmaßnahmen unterhalb der festgesetzten Wertgrenzen									
Summe der investiven Einzahlungen									
Summe der investiven Auszahlungen									
Saldo: (Einzahlungen ./. Auszahlungen)									

Zu den Verpflichtungsermächtigungen in Spalte 4 ist anzugeben, wie sich die Belastung auf die folgenden Jahre verteilt.

(Anlage 11 A)

Stellenplan

Teil A: Beamtinnen und Beamte

- Kommunalverwaltung[1] / Sondervermögen mit Sonderrechnung[1] -

Wahlbeamte und Laufbahngruppen[2]	Besoldungsgruppe	Zahl der Stellen ...[3]		Zahl der Stellen ...[5]	Zahl der tatsächlich besetzten Stellen am 30.06. ...[5]	Erläuterungen
		insgesamt	davon ausgesondert[4]			
1	2	3	4	5	6	7
Insgesamt						

Fußnoten:

1) Für Kommunalverwaltung und für jedes Sondervermögen sind jeweils gesonderte Stellenpläne aufzustellen (gilt auch für Tarifbeschäftigte).
2) Die Angabe der Amtsbezeichnung wird freigestellt.
3) Einzusetzen ist das Haushaltsjahr.
4) Zahl der Stellen, die vor der Berechnung der Stellenanteile nach § 27 LBesG NRW ausgesondert wurden.
5) Einzusetzen ist das Vorjahr.

(Anlage 11 B)

Stellenplan
Teil B: Tarifbeschäftigte

Entgeltgruppe/ Sondertarif	Zahl der Stellen ...[1]	Zahl der Stellen ...[2]	Zahl der tatsächlich besetzten Stellen am 30.06. ...[2]	Erläuterungen
1	2	3	4	5

Fußnoten:
1) Einzusetzen ist das Haushaltsjahr.
2) Einzusetzen ist das Vorjahr.

(Anlage 12 A 1)

Stellenübersicht

Teil A: Aufteilung nach der Haushaltsgliederung

- Beamtinnen und Beamte -

Produkt-bereich	Bezeichnung	Wahl-beamte	Laufbahn-gruppe 2, zwei-tes Einstiegsamt	Laufbahn-gruppe 2, erstes Einstiegsamt	Laufbahn-gruppe 1, zwei-tes Einstiegsamt	Erläuterungen
		B 11 →	B 2 →	A 13 →	A 9 →	
1	2	3	4	5	6	7

(Anlage 12 A 2)

Stellenübersicht

Teil A: Aufteilung nach der Haushaltsgliederung

- Tarifbeschäftigte -

Produkt-bereich	Bezeichnung	...[1]
1	2	3

Fußnote:

1) Einteilung der Kopfspalte nach den Entgeltgruppen.

(Anlage 12 B)

Stellenübersicht

Teil B: Dienstkräfte in der Ausbildungszeit

- Nachwuchskräfte und informatorisch beschäftigte Dienstkräfte -

Bezeichnung	Art der Vergütung	Vorgesehen für ...[1]	Beschäftigt am 01.10. ...[2]	Erläuterungen
1	2	3	4	5
Inspektoranwärterinnen/ Inspektoranwärter	Anwärterbezüge			
Verwaltungspraktikantinnen/ Verwaltungspraktikanten	Unterhaltszuschuss / -beihilfe			
Auszubildende	Ausbildungsvergütung			
Praktikantinnen/ Praktikanten	fester Satz			
Insgesamt				

Fußnoten:
1) Einzusetzen ist das Haushaltsjahr.
2) Einzusetzen ist das Vorjahr.

(Anlage 13 A)

Zuwendungen an Fraktionen, Gruppen und einzelne Ratsmitglieder

Teil A: Geldleistungen

Nr.	Fraktion, Gruppe, einzelnes Ratsmitglied	Im Haushaltsplan enthalten		Ergebnis aus Jahres-abschluss ...[3] EUR	Erläuterungen[4]
		...[1] EUR	...[2] EUR		
1	2	3	4	5	6

Fußnoten:
1) Haushaltsjahr
2) Vorjahr
3) Vorvorjahr
4) Spalte 6 kann entfallen, wenn die Erläuterungen an anderer Stelle stehen

(Anlage 13 B)

Zuwendungen an Fraktionen, Gruppen und einzelne Ratsmitglieder

Teil B: Geldwerte Leistungen

Fraktion, Gruppe, Ratsmitglied:

Zweckbestimmung	Geldwert			Erläuterungen
	Haushaltsjahr ... EUR	Vorjahr ... EUR	mehr (+) weniger (-) EUR	
1	2	3	4	5
1. Gestellung von Personal der kommunalen Körperschaft für die Fraktionsarbeit				
1.1 für die Sicherung des Informationsaustauschs, organisatorische Arbeiten und sonstige Dienste (Geschäftsstellenbetrieb)				
1.2 für Sachgebiete der Fraktionsarbeit (Fraktionsassistenten)				
1.3 für Fahrer von Dienstfahrzeugen				
2. Bereitstellung von Fahrzeugen				
3. Bereitstellung von Räumen				
3.1 für die Fraktionsgeschäftsstelle				
3.2 dauernd oder bedarfsweise für die Durchführung von Fraktionssitzungen				
4. Bereitstellung einer Büroausstattung				
4.1 Büromöbel und -maschinen				
4.2 sonstiges Büromaterial				
5. Übernahme laufender oder einmaliger Kosten für				
5.1 bereitgestellte Räume (Heizung, Reinigung, Beleuchtung)				
5.2 Fachliteratur und -zeitschriften				
5.3 Telefon, Telefax, Datenübertragungsleitungen				
5.4 Rechnerzeiten auf zentraler ADV-Anlage				
6. Sonstiges				

(Anlage 14)

Übersicht
über den voraussichtlichen Stand der Verbindlichkeiten

Art	Stand am Ende des Vorvorjahres ... TEUR	Voraussichtlicher Stand zu Beginn des Haushaltsjahres ... TEUR	Voraussichtlicher Stand zum Ende des Haushaltsjahres ... TEUR
	1	2	3
(Untergliederung wie im Verbindlichkeiten-spiegel)			

(Anlage 15)

Übersicht
über die aus Verpflichtungsermächtigungen voraussichtlich fällig werdenden Auszahlungen

Verpflichtungs-ermächtigungen im Haushaltsplan des Jahres: ...[1]	Voraussichtlich fällige Auszahlungen[2]				
	.... TEUR	.... TEUR	.... TEUR	.... TEUR	Folgejahre TEUR
1	2	3	4	5	6
Summe					

Gemäß § 1 Abs. 2 Nr. 6 KomHVO NRW ist hier die voraussichtliche Deckung des Zahlungsmittelbedarfs der Folgejahre (Spalte 6) zu erläutern.

Fußnoten:

1) In Spalte 1 sind das Haushaltsjahr und alle früheren Jahre aufzuführen, in denen Verpflichtungsermächtigungen veranschlagt waren, aus deren Inanspruchnahme noch Auszahlungen fällig werden.

2) In der Spalte 2 ist das Haushaltsjahr einzusetzen. In den Spalten 3 ff. sind die dem Haushaltsjahr folgenden Jahre einzusetzen.

(Anlage 16)

NKF-Rahmentabelle der Gesamtnutzungsdauer für kommunale Vermögensstände

Nr.	Vermögensgegenstand	Nutzung in Jahren
1	**Gebäude und bauliche Anlagen**	
1.01	Abwasserhebe- und -reinigungsanlagen (baulicher Teil)	30 - 40
1.02	Abwasserkanäle	50 - 80
1.03	Auslaufbauwerke einschl. Rechen und Schützen (Bauwerke)	30 - 50
1.04	Baracken, Behelfsbauten	20 - 40
1.05	Einlaufbauwerke einschl. Rechen und Schützen (Bauwerke)	30 - 50
1.06	Feuerwehrgerätehäuser (massiv)	40 - 80
1.07	Feuerwehrgerätehäuser (sonstige Bauweise)	20 - 40
1.08	Freibäder (bauliche Anlagen)	30 - 50
1.09	Garagen (massiv)	40 - 60
1.10	Garagen (sonstige Bauweise)	20 - 40
1.11	Gemeindezentren, Bürgerhäuser, Saalbauten, Vereins-, Jugendheime	40 - 80
1.12	Geschäftshäuser (auch gemischt genutzt mit Wohnungen)	50 - 80
1.13	Hallen (massiv)	40 - 60
1.14	Hallen (sonstige Bauweise)	20 - 40
1.15	Hallenbäder	40 - 70
1.16	Heime, Personal- und Schwestern-, Alten-, Kinder-	40 - 80
1.17	Hochwasserschutzanlagen (dauerhafte), z. B. Deiche	70 - 100
1.18	Industriegebäude, Werkstätten (mit und ohne Sozialtrakt)	40 - 60
1.19	Kapellen, Kirchen	60 - 80
1.20	Kindergärten, Kindertagesstätten	40 - 80
1.21	Krankenhäuser	40 - 60
1.22	Krematorien	50 - 60
1.23	Lager (massiv)	40 - 60
1.24	Lager (sonstige Bauweise)	20 - 40
1.25	Leichenhallen, Trauerhallen	60 - 80
1.26	Parkhäuser, Tiefgaragen	30 - 50
1.27	Pumpenhäuser	20 - 50
1.28	Rettungswachen (massiv)	40 - 80
1.29	Rettungswachen (sonstige Bauweise)	20 - 40
1.30	Schleusen, Wehre (Stahl oder Beton)	40 - 50
1.31	Schleusen, Wehre (sonstige Bauweise)	20 - 30
1.32	Schulgebäude (massiv)	40 - 80
1.33	Schulgebäude (sonstige Bauweise)	20 - 40
1.34	Silobauten (Beton)	28 - 33
1.35	Silobauten (Kunststoff oder Stahl)	17 - 25
1.36	Sportanlagen (nur Sozialgebäude u. a. Funktionsgebäude)	40 - 60
1.37	Straßenabläufe einschl. Anschlusskanäle	50 - 80
1.38	Transformatoren- und Schalthäuser, Trafostationshäuser	20 - 50
1.39	Tunnel	70 - 80
1.40	Verwaltungsgebäude (massiv)	40 - 80
1.41	Verwaltungsgebäude (sonstige Bauweise)	20 - 40
1.42	Wassertürme	40- 50
1.43	Wohncontainer	10 - 20
1.44	Wohnhäuser (auch Mehrfamilienhäuser)	50 - 80
1.45	Gebäudekomponente - Dach	30 – 50

Nr.	Vermögensgegenstand	Nutzung in Jahren
1.46	Gebäudekomponente - Fenster	30 - 50
2	**Straßen, Wege, Plätze (Grundstückseinrichtungen)**	
2.01	Betonmauer, Ziegelmauer	20 - 40
2.02	Brücken (Holzkonstruktion)	20 - 40
2.03	Brücken (Mauerwerk, Beton- oder Stahlkonstruktion, Verbundsystem)	50 - 100
2.04	Gewässerausbau naturnah, offene Gräben	20 - 50
2.05	Kompostdeponie, -plätze	10 - 25
2.06	Löschwasserteiche	20 - 40
2.07	Straßen- und Stadtmobiliar	10 - 30
2.08	Spielplätze, Bolzplätze	10 - 15
2.09	Sportplätze (Rasen- und Hartplätze)	20 - 25
2.10	Straßen (Anlieger-, Hauptverkehrsstraßen) Wege, Plätze, Parkflächen	30 - 60
2.11	Straßenkomponente - Deckschicht	10 - 30
2.12	Straßenkomponente - Unterbau	30 - 80
2.13	Wege, Plätze, Parkflächen (in einfacher Bauart)	10 - 30
3	**Technische Anlagen (Betriebsanlagen)**	
3.01	Abwasserhebe- und -reinigungsanlagen (maschinelle Einrichtungen)	10 - 33
3.02	Alarmgeber, Alarmanlagen	5 - 15
3.03	Aufzüge (mobil), Hublifte, Hebebühnen, Arbeitsbühnen	10 - 25
3.04	Bahnkörper, Gleisanlagen, Gleiseinrichtungen, Weichen	15 - 33
3.05	Baucontainer, Bürocontainer, Transportcontainer	10 - 20
3.06	Beleuchtungsanlagen	20 - 30
3.07	Beschallungsanlagen	5 - 15
3.08	Blockheizkraftwerke (Kraft-Wärmekopplungsanlagen)	10 - 20
3.09	Dampfkessel, Dampfmaschinen, Dampfturbinen, Dampfversorgungsleitungen	10 - 20
3.10	Druckluftanlagen, Kompressoren	5 - 15
3.11	Druckrohrleitungen	20 - 40
3.12	Gasleitungen	40 - 45
3.13	Heiß- und Kaltluftanlagen, Abzugsvorrichtungen, Ventilatoren, Klimaanlagen	10 - 15
3.14	Heizkanäle	40 - 50
3.15	Kabelnetze (auch Rohre, Schächte)	20 - 25
3.16	Leitstellentechnik	5 - 15
3.17	Mess- und Prüfgeräte	8 - 12
3.18	Notstromaggregate, Stromgeneratoren, -umformer, Gleichrichter	15 - 20
3.19	Ozonmessstation, Umweltmessstation	8 - 12
3.20	Photovoltaikanlagen	20 - 25
3.21	Solaranlagen	10 - 15
3.22	Stromverteileranlagen	10 - 15
3.23	Telekommunikationseinrichtungen, Betriebsfunkanlagen, Antennenmasten	10 - 15
3.24	Verkehrsrechner (Verkehrsleitsystem)	10 - 15
3.25	Videoanlagen, Überwachungsanlagen	5 - 15
3.26	Waschanlage, Waschstraße	5 - 15
3.27	Wasseraufbereitungsanlagen, Wasserenthärtungsanlagen, Wasserreinigungsanlagen	10 - 15
3.28	Windkraftanlagen	15 - 20
4	**Maschinen und Geräte**	
4.00	Maschinen und Geräte	5 - 20
	z. B.: Atemschutzgerät, Maskendichtprüfgerät	8 - 12
	z. B.: Bohrhammer, Bohrmaschine	5 - 8
	z. B.: Druckereimaschinen und ähnliches	13 - 15
	z. B.: Fahrkartenverkaufsautomat, Fahrkartenentwerter	8 - 12
	z. B.: medizinisch-technische Geräte	8 - 10
	z. B.: Parkscheinautomat	8 - 12
	z. B.: Spielgeräte (Wippe, Rutsche, Schaukel, Klettergeräte usw.)	8 - 10
5	**Büro- und Geschäftsausstattung**	
5.00	Büro- und Geschäftsausstattung	3 - 20

Nr.	Vermögensgegenstand	Nutzung in Jahren
	z. B. Büromaschinen, Flipcharts, Software	5 - 10
	z. B.: Büromöbel	10 - 20
	z. B.: Computer und Zubehör	3 - 5
	z. B.: Werkstatteinrichtungen	10 - 15
6	**Fahrzeuge**	
6.01	Anhänger, Auflieger	10 - 15
6.02	Bagger, sonstige Baufahrzeuge	8 - 12
6.03	Fahrräder	4 - 8
6.04	Fäkalienwagen, Hochdruckspülwagen u. ä.	8 - 10
6.05	Feuerwehrfahrzeuge, Feuerlöschfahrzeuge, Kraftfahrdrehleiter, Löschboot	15 - 20
6.06	Hubwagen, Gerätewagen	6 - 10
6.07	Kleintransporter, Mannschaftstransportfahrzeuge	6 - 10
6.08	Krankentransportwagen, -fahrzeuge, Notarzteinsatzwagen, Rettungstransportwagen	6 - 8
6.09	Lastkraftwagen, Sattelschlepper, Wechselaufbauten u. ä.	8 - 12
6.10	Lokomotiven, Waggons, Gelenkwagen-Waggons, Kesselwagen	25 - 30
6.11	Motorräder, Motorroller	6 - 10
6.12	Müllentsorgungsfahrzeuge	6 - 10
6.13	Omnibusse	6 - 10
6.14	Personenkraftwagen, Wohnwagen	6 - 10
6.15	Rettungsboot	8 - 12
6.16	Traktoren	8 - 12

(Anlage 17)

Haushaltsrechtlicher NKF-Kontenrahmen

Aktiva		Passiva		Ergebnisrechnung		Finanzrechnung		Abschluss	KLR
Kontenklasse 0	Kontenklasse 1	Kontenklasse 2	Kontenklasse 3	Kontenklasse 4	Kontenklasse 5	Kontenklasse 6	Kontenklasse 7	Kontenklasse 8	Kontenklasse 9
Immaterielle Vermögensgegenstände und Sachanlagen	**Finanzanlagen, Umlaufvermögen und aktive Rechnungsabgrenzung**	**Eigenkapital, Sonderposten und Rückstellungen**	**Verbindlichkeiten und passive Rechnungsabgrenzung**	**Erträge**	**Aufwendungen**	**Einzahlungen**	**Auszahlungen**	**Abschlusskonten**	**Kosten- und Leistungsrechnung**
	10 Anteile an verbundenen Unternehmen	20 Eigenkapital	30 Anleihen	40 Steuern und ähnliche Abgaben	50 Personalaufwendungen	60 Steuern und ähnliche Abgaben	70 Personalauszahlungen	80 Eröffnungs-/Abschlusskonten	90 Kosten- und Leistungsrechnung (KLR)
01 Immaterielle Vermögensgegenstände	11 Beteiligungen	21 Wertberichtigungen *(kein Bilanzausweis)*	31 ...	41 Zuwendungen und allgemeine Umlagen	51 Versorgungsaufwendungen	61 Zuwendungen und allgemeine Umlagen	71 Versorgungsauszahlungen	81 Korrekturkonten	
02 Unbebaute Grundstücke und grundstücksgleiche Rechte	12 Sondervermögen	22 ...	32 Verbindlichkeiten aus Krediten für Investitionen	42 Sonstige Transfererträge	52 Aufwendungen für Sach- und Dienstleistungen	62 Sonstige Transfereinzahlungen	72 Auszahlungen für Sach- und Dienstleistungen	82 Kurzfristige Erfolgsrechnung	
03 Bebaute Grundstücke und grundstücksgleiche Rechte	13 Ausleihungen	23 Sonderposten	33 Verbindlichkeiten aus Krediten zur Liquiditätssicherung	43 Öffentlich-rechtliche Leistungsentgelte	53 Transferaufwendungen	63 Öffentlich-rechtliche Leistungsentgelte	73 Transferauszahlungen		Die Ausgestaltung der KLR ist von jeder Kommune selbst festzulegen.
04 Infrastrukturvermögen	14 Wertpapiere	24 ...	34 Verbindlichkeiten aus Vorgängen, die Kreditaufnahmen wirtschaftlich gleichkommen	44 Privatrechtliche Leistungsentgelte, Kostenerstattungen und Kostenumlagen	54 Sonstige ordentliche Aufwendungen	64 Privatrechtliche Leistungsentgelte, Kostenerstattungen und Kostenumlagen	74 Sonstige Auszahlungen aus laufender Verwaltungstätigkeit		
05 Bauten auf fremdem Grund und Boden	15 Vorräte	25 Pensionsrückstellungen	35 Verbindlichkeiten aus Lieferungen und Leistungen	45 Sonstige ordentliche Erträge	55 Zinsen und sonstige Finanzaufwendungen	65 Sonstige Einzahlungen aus laufender Verwaltungstätigkeit	75 Zinsen und sonstige Finanzauszahlungen		
06 Kunstgegenstände, Kulturdenkmäler	16 Öffentlich-rechtliche Forderungen und Forderungen aus Transferleistungen	26 Rückstellungen für Deponien und Altlasten	36 Verbindlichkeiten aus Transferleistungen	46 Finanzerträge	56 ...	66 Zinsen und sonstige Finanzeinzahlungen	76 ...		
07 Maschinen und technische Anlagen, Fahrzeuge	17 Privatrechtliche Forderungen, sonstige Vermögensgegenstände	27 Instandhaltungsrückstellungen	37 Sonstige Verbindlichkeiten	47 Aktivierte Eigenleistungen, Bestandsveränderungen	57 Bilanzielle Abschreibungen	67 ...	77 ...		
08 Betriebs- und Geschäftsausstattung	18 Liquide Mittel	28 Sonstige Rückstellungen	38 Erhaltene Anzahlungen	48 Erträge aus internen Leistungsbeziehungen	58 Aufwendungen aus internen Leistungsbeziehungen	68 Einzahlungen aus Investitionstätigkeit	78 Auszahlungen aus Investitionstätigkeit		
09 Geleistete Anzahlungen, Anlagen im Bau	19 Aktive Rechnungsabgrenzung	29 ...	39 Passive Rechnungsabgrenzung	49 Außerordentliche Erträge	59 Außerordentliche Aufwendungen	69 Einzahlungen aus Finanzierungstätigkeit	79 Auszahlungen aus Finanzierungstätigkeit		

(Anlage 18)

Zuordnungsvorschriften zum kommunalen haushaltsrechtlichen Kontenrahmen
(Kommunaler Kontierungsplan)

In der kommunalen Finanzbuchhaltung sind die Geschäftsvorfälle auf der Grundlage des Kontenrahmens nach den folgenden Zuordnungen im Rahmen der Buchungen zu kontieren:

0 Immaterielle Vermögensgegenstände und Sachanlagen

01 Immaterielle Vermögensgegenstände

Konzessionen
Lizenzen
DV-Software
(Hier sind nur Vermögensgegenstände des Anlagevermögens, die entgeltlich erworben oder nicht selbst hergestellt wurden, zu erfassen.)

02 Unbebaute Grundstücke und grundstücksgleiche Rechte

Grünflächen
(Erholungsflächen als Parkanlagen oder sonstige Freizeit- und Erholungsflächen)
Ackerland
(landwirtschaftlich oder gartenbaulich genutzte Flächen)
Wald, Forsten
Sonstige unbebaute Grundstücke
(Bei den einzelnen Posten sollen Grund und Boden, Aufbauten und Betriebsvorrichtungen getrennt erfasst werden.)

03 Bebaute Grundstücke und grundstücksgleiche Rechte

Grundstücke mit Kinder- und Jugendeinrichtungen,
Grundstücke mit Schulen
Grundstücke mit Wohnbauten
Grundstücke mit sonstigen Dienst-, Geschäfts- und Betriebsgebäuden
(Bei den einzelnen Posten sollen Grund und Boden, Aufbauten und Betriebsvorrichtungen getrennt erfasst werden.)

04 Infrastrukturvermögen

Grund und Boden des Infrastrukturvermögens
(Unbebaute Grundstücke sowie Grund und Boden von bebauten Grundstücken)
Brücken und Tunnel
Gleisanlagen mit Streckenausrüstung und Sicherheitsanlagen
Entwässerungs- und Abwasserbeseitigungsanlagen
(Kläranlagen, Abwasserkanäle, Stauraumkanäle, Regenrückhaltebecken, Regenwasserbehandlungsanlagen, öffentliche Toiletten)
Straßennetz mit Wegen, Plätzen und Verkehrslenkungsanlagen
Sonstige Bauten des Infrastrukturvermögens
(Strom-, Gas-, Wasserleitungen und dazu gehörige Anlagen, wasserbauliche Anlagen)

05 Bauten auf fremdem Grund und Boden

06 Kunstgegenstände, Kulturdenkmäler
Gemälde, Skulpturen, Antiquitäten usw.
Baudenkmäler, Bodendenkmäler, sonstige Kulturdenkmäler

07 Maschinen und technische Anlagen, Fahrzeuge

08 Betriebs- und Geschäftsausstattung
Einrichtungsgegenstände von Büros und Werkstätten, Werkzeuge u. a.

09 Geleistete Anzahlungen, Anlagen im Bau

1 Finanzanlagen, Umlaufvermögen und aktive Rechnungsabgrenzung

10 Anteile an verbundenen Unternehmen

11 Beteiligungen
(Sofern sie nicht zu den verbundenen Unternehmen gehören)
Anteile an Kapitalgesellschaften (auch Gemeinnützige Gesellschaften)
Anstalten des öffentlichen Rechts
Anteile an sonstigen juristischen Personen, z. B. Zweckverbände
Rechtlich selbstständige Stiftungen
Beteiligungen an Personengesellschaften

12 Sondervermögen
Sondervermögen nach § 97 GO NRW

13 Ausleihungen
Ausleihungen
- an verbundene Unternehmen
- an Beteiligungen
- an Sondervermögen

Anteile an Genossenschaft sind als „Sonstige Ausleihungen" anzusetzen

14 Wertpapiere
Wertpapiere in Form von Unternehmensanteilen
Sonstige Wertpapiere
(In der Bilanz getrennt bei Anlage- oder Umlaufvermögen anzusetzen.)

15 Vorräte
Rohstoffe/Fertigungsmaterial
Hilfsstoffe, Betriebsstoffe
Waren
Unfertige/fertige Erzeugnisse, unfertige Leistungen
Zu veräußernde Bau- und Gewerbegrundstücke
Geleistete Anzahlungen auf Vorräte
Sonstige Vorräte

16 Öffentlich-rechtliche Forderungen und Forderungen aus Transferleistungen

Gebührenforderungen
Beitragsforderungen
Steuerforderungen
Forderungen aus Transferleistungen
Sonstige öffentlich-rechtliche Forderungen

17 Privatrechtliche Forderungen, sonstige Vermögensgegenstände

Privatrechtliche Forderungen
- gegenüber dem privaten Bereich
- gegenüber dem öffentlichen Bereich
- gegen verbundene Unternehmen
- gegen Beteiligungen
- gegen Sondervermögen

Sonstige Vermögensgegenstände

18 Liquide Mittel

Guthaben bei Banken, Kreditinstituten, der Bundesbank, der Europäischen Zentralbank u. a.
Entgegennahme von Schecks
Kassenbestand in Form von Bargeld

19 Aktive Rechnungsabgrenzung (RAP)

Ausgaben für andere Haushaltsjahre
Kreditbeschaffungskosten
Zölle und Verbrauchssteuern
Umsatzsteuer auf erhaltene Anzahlungen
Geleistete Zuwendungen mit Gegenleistungsverpflichtung

2 Eigenkapital, Sonderposten und Rückstellungen

20 Eigenkapital

Allgemeine Rücklage
Sonderrücklage
Ausgleichsrücklage
Jahresüberschuss/Jahresfehlbetrag

21 Wertberichtigungen

Einzelwert- und Pauschalwertberichtigungen zu Forderungen
(kein Bilanzausweis)

22 *(nicht belegt)*

23 Sonderposten

Sonderposten aus Zuwendungen
Sonderposten aus Beiträgen
Sonderposten für den Gebührenausgleich
Sonstige Sonderposten

24 *(nicht belegt)*

25 Pensionsrückstellungen
- für Beschäftigte
- für Versorgungsempfänger

26 Rückstellungen für Deponien und Altlasten

27 Instandhaltungsrückstellungen
für unterlassene Instandhaltung u. a.

28 Sonstige Rückstellungen
- für nicht in Anspruch genommenen Urlaub
- für Arbeitszeitguthaben
- für die Aufbewahrung von Unterlagen
- für die Inanspruchnahme von Altersteilzeit

29 *(nicht belegt)*

3 Verbindlichkeiten und passive Rechnungsabgrenzung

30 Anleihen
konvertible und nicht konvertible

31 *(nicht belegt)*

32 Verbindlichkeiten aus Krediten für Investitionen
- von verbundenen Unternehmen
- von Beteiligungen
- von Sondervermögen
- vom öffentlichen Bereich
- von Kreditinstituten

33 Verbindlichkeiten aus Krediten zur Liquiditätssicherung
- vom öffentlichen Bereich
- von Kreditinstituten

34 Verbindlichkeiten aus Vorgängen, die Kreditaufnahmen wirtschaftlich gleichkommen
Schuldübernahmen
Leibrentenverträge
Verträge über die Durchführung städtebaulicher Maßnahmen
Gewährung von Schuldendiensthilfen an Dritte
Leasingverträge
Restkaufgelder im Zusammenhang mit Grundstücksgeschäften
Sonstige Kreditaufnahmen gleichkommende Vorgänge

35 Verbindlichkeiten aus Lieferungen und Leistungen
- gegen verbundene Unternehmen
- gegen Beteiligungen
- gegen Sondervermögen
- gegen den öffentlichen Bereich

- gegen den privaten Bereich
- im Ausland

36 Verbindlichkeiten aus Transferleistungen

- gegen verbundene Unternehmen
- gegen Beteiligungen
- gegen Sondervermögen
- gegen den öffentlichen Bereich
- gegen übrige Bereiche

37 Sonstige Verbindlichkeiten

Steuerverbindlichkeiten aus den Steuerarten
- gegenüber Sozialversicherungsträgern
- gegenüber Mitarbeitern, Organmitgliedern und Gesellschaftern

38 Erhaltene Anzahlungen

39 Passive Rechnungsabgrenzung (RAP)

Einnahmen für andere Haushaltsjahre
Erhaltene Zuwendungen für Dritte

4 Erträge

40 Steuern und ähnliche Abgaben

Realsteuern als Grundsteuer A, Grundsteuer B, Gewerbesteuer
Gemeindeanteile an Gemeinschaftssteuern, an der Einkommensteuer, an der Umsatzsteuer
Andere Steuern, z. B. Vergnügungssteuer, Hundesteuer, Jagdsteuer, Zweitwohnungssteuer
Steuerähnliche Einnahmen, z. B. Fremdenverkehrsabgaben, Abgaben von Spielbanken u. a.
Ausgleichsleistungen nach dem Familienleistungsausgleich
Ausgleichsleistungen wegen der Umsetzung der Grundsicherung für Arbeitssuchende

41 Zuwendungen und allgemeine Umlagen

Zuwendungen

(Unter Zuwendungen werden Zuweisungen und Zuschüsse erfasst. Zuweisungen sind Übertragungen finanzieller Mittel zwischen Gebietskörperschaften und Zuschüsse sind Übertragungen vom unternehmerischen und übrigen Bereich an Kommunen.)

Schlüsselzuweisungen vom Land
Bedarfszuweisungen vom Land, von Gemeinden, Gemeindeverbänden (GV)
Allgemeine Zuweisungen vom Bund, vom Land, von Gemeinden (GV)
Zuweisungen und Zuschüsse für laufende Zwecke
Erträge aus der Auflösung von Sonderposten
Allgemeine Umlagen vom Land, von Gemeinden (GV)

(Unter allgemeinen Umlagen werden Zuweisungen von Gemeinden und Gemeindeverbänden an Körperschaften erfasst, die ohne Zweckbindung an einen bestimmten Aufgabenbereich zur Deckung eines allgemeinen Finanzbedarfs aufgrund eines bestimmten Schlüssels geleistet werden.)

Kreisumlage einschließlich Mehrbelastung
Jugendamtsumlage
Landschaftsumlage
Verbandsumlage des Regionalverbandes Ruhrgebiet

42 Sonstige Transfererträge
Ersatz von sozialen Leistungen außerhalb von Einrichtungen und in Einrichtungen
Schuldendiensthilfen
Andere sonstige Transfererträge

43 Öffentlich-rechtliche Leistungsentgelte
Verwaltungsgebühren
Öffentlich-rechtliche Gebühren (Entgelte) für die Inanspruchnahme von Verwaltungsleistungen und Amtshandlungen, z. B. Passgebühren, Genehmigungsgebühren, Gebühren für die Bauüberwachung, Gebühren für Beglaubigungen, für Erlaubnisscheine, Vermessungs-(Abmarkungs-)gebühren usw.
Benutzungsgebühren und ähnliche Entgelte
Entgelte für die Benutzung von öffentlichen Einrichtungen und Anlagen und für die Inanspruchnahme wirtschaftlicher Dienstleistungen z. B. Entgelte für die Lieferung von Elektrizität, Gas, Fernwärme, Wasser, einschl. Grundgebühren, Zählermiete
Entgelte der Verkehrsunternehmen
Entgelte für die Inanspruchnahme von Einrichtungen der Abwasserbeseitigung, der Müllabfuhr, der Straßenreinigung, des Bestattungswesens, für die Sondernutzung von Straßen
Entgelte für Arbeiten zur Unterhaltung von Straßen, Anlagen und dgl.
Entgelte für die Unterhaltung der Hausanschlüsse für Gas, Wasser, Abwasser und Elektrizität
Sonstige Entgelte, z. B. *Parkgebühren, Pflegesätze der Krankenhäuser, Alten- und Pflegeheime (auch Einkaufsgelder), Eintrittsgelder zu kulturellen oder sportlichen Veranstaltungen*
Pflege von Gräbern
Zweckgebundene Abgaben
Erträge aus der Auflösung von Sonderposten für Beiträge, für den Gebührenausgleich und aus ähnlichen Sonderposten

44 Privatrechtliche Leistungsentgelte, Kostenerstattungen und Kostenumlagen
Privatrechtliche Leistungsentgelte
- Erträge aus Verkauf
- Mieten und Pachten

Kostenerstattungen und Kostenumlagen
- Erträge aus Kostenerstattungen und Kostenumlagen
- Erträge aus aufgabenbezogenen Leistungsbeteiligungen, z. B. aus der Umsetzung der Grundsicherung für Arbeitssuchende

45 Sonstige ordentliche Erträge
Erträge aus der Veräußerung von Vermögensgegenständen, sofern diese nicht mit der allgemeinen Rücklage zu verrechnen sind
Konzessionsabgaben
Erträge aus der Auflösung von sonstigen Sonderposten
Erstattung von Steuern vom Einkommen und Ertrag für Vorjahre

Nicht zahlungswirksame ordentliche Erträge, z. B. Erträge aus Zuschreibungen, aus der Auflösung oder Herabsetzung von Wertberichtigungen auf Forderungen, aus der Auflösung von Rückstellungen

46 Finanzerträge

Zinserträge

Finanzerträge aus Beteiligungen, Gewinnabführungsverträgen, Wertpapieren des Anlage- und des Umlaufvermögens, auch andere zinsähnliche Erträge

47 Aktivierte Eigenleistungen, Bestandsveränderungen

Aktivierte Eigenleistungen

- Selbst erstellte aktivierungsfähige Vermögensgegenstände

Bestandsveränderungen

- Bestandsveränderungen an unfertigen und fertigen Erzeugnissen

48 Erträge aus internen Leistungsbeziehungen

49 Außerordentliche Erträge

5 Aufwendungen

50 Personalaufwendungen

Bezüge der Beamten, Vergütungen der Tarifbeschäftigten, Aufwendungen für sonstige Beschäftigte

Beiträge zu Versorgungskassen und Zusatzversorgungskassen

Beiträge zur gesetzlichen Sozialversicherung

Beihilfen und Unterstützungsleistungen und dgl. für Beschäftigte

Zuführungen zu Pensionsrückstellungen für Beschäftigte und Altersteilzeit

Aufwendungen für Rückstellungen für nicht genommenen Urlaub und Arbeitszeitguthaben

Pauschalierte Lohnsteuer

51 Versorgungsaufwendungen

Versorgungsaufwendungen

Beiträge zur gesetzlichen Sozialversicherung

Beihilfen und Unterstützungsleistungen und dgl. für Versorgungsempfänger

Zuführungen zu Pensionsrückstellungen für Versorgungsempfänger

52 Aufwendungen für Sach- und Dienstleistungen

- für Fertigung, Vertrieb und Waren
- für Energie/Wasser/Abwasser
- für Unterhaltung der Grundstücke und Gebäude, des Infrastrukturvermögens, der Maschinen und technischen Anlagen, von Fahrzeugen, der Betriebsvorrichtungen, der Betriebs- und Geschäftsausstattung
- für die Bewirtschaftung der Grundstücke, Gebäude usw.
- für weitere Verwaltungs- und Betriebsaufwendungen, z. B. Schülerbeförderungskosten, Lernmittel
- für Kostenerstattungen
- für sonstige Sach- und Dienstleistungen

53 Transferaufwendungen

Aufwendungen für Zuweisungen und Zuschüsse für laufende Zwecke
Schuldendiensthilfen
Sozialtransferaufwendungen
- Leistungen an natürliche Personen außerhalb von Einrichtungen und in Einrichtungen
- Leistungen der Sozialhilfe, auch Grundsicherung im Alter
- Leistungen der Jugendhilfe
- Leistungen an Arbeitssuchende
- Leistungen an Kriegsopfer und ähnliche Anspruchsberechtigte
- Leistungen an Asylbewerber
- sonstige soziale Leistungen

Aufwendungen wegen Steuerbeteiligungen, z. B. Gewerbesteuerumlage
Finanzierungsbeteiligung Fonds Deutsche Einheit
Allgemeine Zuweisungen an Gemeinden (GV)
Allgemeine Umlagen
- an das Land *(auch Nachzahlung aus der Abrechnung des Solidarbeitrages)*
- an Gemeinden (GV)

Sonstige Transferaufwendungen

54 Sonstige ordentliche Aufwendungen

Sonstige Personal- und Versorgungsaufwendungen für Personaleinstellungen, Aus- und Fortbildung, Umschulung, übernommene Reisekosten, für Beschäftigtenbetreuung und Dienstjubiläen, Umzugskostenvergütung für Dienst- und Schutzkleidung, persönliche Ausrüstungsgegenstände, Personalnebenaufwendungen, Ausgleichsabgabe

Aufwendungen für die Inanspruchnahme von Rechten und Diensten
Mieten, Pachten, Erbbauzinsen, Leasing, Leiharbeitskräfte, Aufwendungen für ehrenamtliche und sonstige Tätigkeiten, zu denen Aufwendungen für den Rat, Ausschüsse, Fraktionen, Beiräte auch für die Mitgliedschaft in Aufsichtsräten zählen

Geschäftsaufwendungen
Büromaterial, Zeitungen, Fachliteratur, Telekommunikationsleistungen, Porto, Öffentlichkeitsarbeit, Bekanntmachungen u. a.

Aufwendungen für Beiträge
Versicherungsbeiträge, Beiträge zu Wirtschaftsverbänden, Berufsvertretungen und Vereinen

Wertberichtigungen
Aufwendungen aus Wertberichtigungen, die nicht als bilanzielle Abschreibung zu erfassen und nicht mit der allgemeinen Rücklage zu verrechnen sind

Aufwendungen für besondere Finanzauszahlungen
Aufwendungen für nicht rückzahlbare Zuweisungen für Investitionen

Betriebliche Steueraufwendungen
Grundsteuer, Kraftfahrzeugsteuer, Ausfuhrzölle, andere Verbrauchsteuern, sonstige betriebliche Steueraufwendungen

Aufwendungen für Steuern vom Einkommen und Ertrag

Aufgabenbezogene Leistungsbeteiligungen, z. B. aus der Umsetzung der Grundsicherung für Arbeitssuchende

Andere sonstige ordentlichen Aufwendungen
Verfügungsmittel, Aufwendungen für Schadensfälle

55 Zinsen und sonstige Finanzaufwendungen
Zinsaufwendungen
Sonstige Finanzaufwendungen

56 *(nicht belegt)*

57 Bilanzielle Abschreibungen
- als nutzungsbedingte Wertminderungen in Form von planmäßigen und außerplanmäßigen Abschreibungen
- auf immaterielle Vermögensgegenstände des Anlagevermögens
- auf Gebäude u. a.
- auf das Infrastrukturvermögen, z. B. Brücken und Tunnel, Gleisanlagen mit Streckenausrüstung und Sicherheitsanlagen, Entwässerungs- und Abwasserbeseitigungsanlagen, Straßen, Wege, Plätze, Verkehrslenkungsanlagen, auf sonstige Bauten des Infrastrukturvermögens
- auf Maschinen und technische Anlagen, Fahrzeuge
- auf Betriebs- und Geschäftsausstattung und geringwertige Wirtschaftsgüter
- auf Finanzanlagen
- auf das Umlaufvermögen

58 Aufwendungen aus internen Leistungsbeziehungen

59 Außerordentliche Aufwendungen

6 Einzahlungen

60 Steuern und ähnliche Abgaben
(vgl. Nummer 40)

61 Zuwendungen und allgemeine Umlagen
(vgl. Nummer 41, jedoch ohne den Bereich „Erträge aus der Auflösung von Sonderposten")

62 Sonstige Transfereinzahlungen
(vgl. Nummer 42)

63 Öffentlich-rechtliche Leistungsentgelte
(vgl. Nummer 43, jedoch ohne den Bereich „Erträge aus der Auflösung von Sonderposten")

64 Privatrechtliche Leistungsentgelte, Kostenerstattungen und Kostenumlagen
(vgl. Nummer 44)

65 Sonstige Einzahlungen aus laufender Verwaltungstätigkeit
Konzessionsabgaben
Erstattung von Steuern vom Einkommen und Ertrag für Vorjahre

66 Zinsen und sonstige Finanzeinzahlungen
Zinseinzahlungen
Sonstige Finanzeinzahlungen

67*(nicht belegt)*

68 Einzahlungen aus Investitionstätigkeit
Zuwendungen für Investitionsmaßnahmen
Einzahlungen aus der Veräußerung von Sachanlagen
Einzahlungen aus der Veräußerung von Finanzanlagen
Beiträge und ähnliche Entgelte
Sonstige Investitionseinzahlungen
Rückflüsse von Ausleihungen

69 Einzahlungen aus Finanzierungstätigkeit
Kreditaufnahmen für Investitionen
Kreditaufnahmen zur Liquiditätssicherung
Rückflüsse von Darlehen (ohne Ausleihungen)

7Auszahlungen

70 Personalauszahlungen
Personalauszahlungen
Beiträge zu Zusatzversorgungskassen
(vgl. Nummer 50)

71 Versorgungsauszahlungen
Versorgungsauszahlungen
Umlagezahlungen an Versorgungskassen
(vgl. Nummer 51)

72 Auszahlungen für Sach- und Dienstleistungen
(vgl. Nummer 52)

73 Transferauszahlungen
(vgl. Nummer 53)

74 Sonstige Auszahlungen aus laufender Verwaltungstätigkeit
(vgl. Nummer 54)

75 Zinsen und sonstige Finanzauszahlungen
(vgl. Nummer 55)

76 *(nicht belegt)*

77 *(nicht belegt)*

78 Auszahlungen aus Investitionstätigkeit
Auszahlungen für den Erwerb von Vermögensgegenständen (auch Ablösung von Dauerlasten)

(Wird das Wahlrecht des § 36 Abs. 3 KomHVO in Anspruch genommen, sind die Auszahlungen für die Anschaffung des entsprechenden Vermögensgegenstandes der laufenden Verwaltungstätigkeit zuzuordnen.)
Auszahlungen für die Abwicklung von Baumaßnahmen
(Eine Trennung zwischen den Baumaßnahmen oberhalb der vom Rat festgelegten Wertgrenze ist vorzunehmen.)
Auszahlungen von aktivierbaren Zuwendungen
Gewährung von Ausleihungen

79 Auszahlungen aus Finanzierungstätigkeit
Tilgung von Krediten für Investitionen
Tilgung von Krediten zur Liquiditätssicherung
Gewährung von Darlehen

8 Abschlusskonten

80 Eröffnungs-/Abschlusskonten
Eröffnungsbilanz-Konto
Schlussbilanz-Konto
Ergebnisrechnungs-Konto
Finanzrechnungs-Konto

81 Korrekturkonten

82 Kurzfristige Erfolgsrechnung

9 Kosten- und Leistungsrechnung

90 Kosten- und Leistungsrechnung (KLR)
(Die Ausgestaltung der KLR ist von jeder Kommune selbst festzulegen.)

(Anlage 19)

Ergebnisrechnung

		Ertrags- und Aufwandsarten	Ergebnis des Vorjahres EUR	Fortgeschriebener Ansatz des Haushaltsjahres EUR	davon Ermächtigungsübertragungen aus dem Vorjahr EUR	Ist-Ergebnis des Haushaltsjahres EUR	Vergleich Ansatz/Ist (Sp. 4 ./. Sp. 2) EUR	Ermächtigungsübertragungen in das Folgejahr EUR
			1	2	3	4	5	6
1		Steuern und ähnliche Abgaben						
2	+	Zuwendungen und allgemeine Umlagen						
3	+	Sonstige Transfererträge						
4	+	Öffentlich-rechtliche Leistungsentgelte						
5	+	Privatrechtliche Leistungsentgelte						
6	+	Kostenerstattungen und Kostenumlagen						
7	+	Sonstige ordentliche Erträge						
8	+	Aktivierte Eigenleistungen						
9	+/-	Bestandsveränderungen						
10	=	**Ordentliche Erträge**						
11	-	Personalaufwendungen						
12	-	Versorgungsaufwendungen						
13	-	Aufwendungen für Sach- und Dienstleistungen						
14	-	Bilanzielle Abschreibungen						
15	-	Transferaufwendungen						
16	-	Sonstige ordentliche Aufwendungen						
17	=	**Ordentliche Aufwendungen**						
18	=	**Ordentliches Ergebnis** (= Zeilen 10 und 17)						
19	+	Finanzerträge						
20	-	Zinsen und sonstige Finanzaufwendungen						
21	=	**Finanzergebnis** (= Zeilen 19 und 20)						
22	=	**Ergebnis der laufenden Verwaltungstätigkeit** (= Zeilen 18 und 21)						
23	+	Außerordentliche Erträge						
24	-	Außerordentliche Aufwendungen						
25	=	**Außerordentliches Ergebnis**						
	-	(= Zeilen 23 und 24)						
26	=	**Jahresergebnis** (= Zeilen 22 und 25)						
27	-	Globaler Minderaufwand*				0		
28	=	**Jahresergebnis nach Abzug globaler Minderaufwand** (= Zeilen 26 und 27)						
Nachrichtlich: Verrechnung von Erträgen und Aufwendungen mit der allgemeinen Rücklage								
29		Verrechnete Erträge bei Vermögensgegenständen						
30		Verrechnete Erträge bei Finanzanlagen						
31		Verrechnete Aufwendungen bei Vermögensgegenständen						
32		Verrechnete Aufwendungen bei Finanzanlagen						
33		**Verrechnungssaldo** (= Zeilen 29 bis 32)						

** Beim globalen Minderaufwand ist in der Spalte des fortgeschriebenen Ansatzes lediglich der im Ergebnisplan festgesetzte Betrag zu übernehmen.*

(Anlage 20)

Teilergebnisrechnung

Ertrags- und Aufwandsarten		Ergeb-nis des Vorjahr-es EUR	Fort-geschrie-bener Ansatz des Haushalts-jahres EUR	davon Ermächti-gungsüber-tragungen aus dem Vorjahr EUR	Ist-Ergebnis des Haushalts-jahres EUR	Vergleich Ansatz/Ist (Sp. 4 ./. Sp. 2) EUR	Ermächti-gungsüber-tragungen in das Folgejahr EUR
		1	2	3	4	5	6
1 ↓ 9	*Ertragsarten wie im Ergebnisplan*						
10	= **Ordentliche Erträge**						
11 ↓ 16	*Aufwandsarten wie im Ergebnisplan*						
17	= **Ordentliche Aufwendungen**						
18	= **Ordentliches Ergebnis** (= Zeilen 10 und 17)						
19 20	*Arten wie im Ergebnisplan*						
21	= **Finanzergebnis** (= Zeilen 19 und 20)						
22	= **Ergebnis aus der laufenden Verwaltungstätigkeit** (= Zeilen 18 und 21)						
23 24	+ Außerordentliche Erträge - Außerordentliche Aufwendungen						
25	= **Außerordentliches Ergebnis** (= Zeilen 23 und 24)						
26	= **Ergebnis vor Berücksichtigung der internen Leistungsbezieh-ungen** (= Zeilen 22 und 25)						
27	+ Erträge aus internen Leistungs-beziehungen						
28	- Aufwendungen aus internen Leistungsbeziehungen						
29	= **Teilergebnis** (= Zeilen 26, 27, 28)						
30	- Globaler Minderaufwand*						
31	= **Teilergebnis nach Abzug globaler Minderaufwand** (= Zeilen 30 und 31)						

** Beim globalen Minderaufwand ist in der Spalte des fortgeschriebenen Ansatzes lediglich der im Teilergebnisplan festgesetzte Betrag zu übernehmen.*

(Anlage 21)

Finanzrechnung

	Ein- und Auszahlungsarten	Ergebnis des Vorjahres EUR	Fortgeschriebener Ansatz des Haushaltsjahres EUR	davon Ermächtigungsübertragungen aus dem Vorjahr EUR	Ist-Ergebnis des Haushaltsjahres EUR	Vergleich Ansatz/Ist (Sp. 4 ./. Sp. 2) EUR	Ermächtigungsübertragungen in das Folgejahr EUR
		1	2	3	4	5	6
1	Steuern und ähnliche Abgaben						
2	+ Zuwendungen und allgemeine Umlagen						
3	+ Sonstige Transfereinzahlungen						
4	+ Öffentlich-rechtliche Leistungsentgelte						
5	+ Privatrechtliche Leistungsentgelte						
6	+ Kostenerstattungen, Kostenumlagen						
7	+ Sonstige Einzahlungen						
8	+ Zinsen und sonstige Finanzeinzahlungen						
9	**= Einzahlungen aus laufender Verwaltungstätigkeit**						
10	- Personalauszahlungen						
11	- Versorgungsauszahlungen						
12	- Auszahlungen für Sach- und Dienstleistungen						
13	- Zinsen und sonstige Finanzauszahlungen						
14	- Transferauszahlungen						
15	- Sonstige Auszahlungen						
16	**= Auszahlungen aus laufender Verwaltungstätigkeit**						
17	**= Saldo aus laufender Verwaltungstätigkeit** (= Zeilen 9 und 16)						
18	+ Zuwendungen für Investitionsmaßnahmen						
19	+ Einzahlungen aus der Veräußerung von Sachanlagen						
20	+ Einzahlungen aus der Veräußerung von Finanzanlagen						
21	+ Einzahlungen aus Beiträgen u.ä. Entgelten						
22	+ Sonstige Investitionseinzahlungen						
23	**= Einzahlungen aus Investitionstätigkeit**						
24	- Auszahlungen für den Erwerb von Grundstücken und Gebäuden						
25	- Auszahlungen für Baumaßnahmen						
26	- Auszahlungen für den Erwerb von beweglichem Anlagevermögen						
27	- Auszahlungen für den Erwerb von Finanzanlagen						
28	- Auszahlungen von aktivierbaren Zuwendungen						
29	- Sonstige Investitionsauszahlungen						
30	**= Auszahlungen aus Investitionstätigkeit**						
31	**= Saldo aus Investitionstätigkeit** (= Zeilen 23 und 30)						
32	**= Finanzmittelüberschuss/-fehlbetrag** (= Zeilen 17 und 31)						
33	+ Einzahlungen aus der Aufnahme und durch Rückflüsse von Krediten für Investitionen und diesen wirtschaftlich gleichkommenden Rechtsverhältnissen						
34	+ Einzahlungen aus der Aufnahme und durch Rückflüsse von Krediten zur Liquiditätssicherung						
35	- Auszahlungen für die Tilgung und Gewährung von Krediten für Investitionen und diesen wirtschaftlich gleichkommenden Rechtsverhältnissen						
36	- Auszahlungen für die Tilgung und Gewährung von Krediten zur Liquiditätssicherung						
37	**= Saldo aus Finanzierungstätigkeit**						
38	**= Änderung des Bestandes an eigenen Finanzmitteln**						
39	+ Anfangsbestand an Finanzmitteln						
40	+ Änderung des Bestandes an fremden Finanzmitteln						
41	**= Liquide Mittel** (= Zeilen 38, 39 und 40)						

(Anlage 22 A)

Teilfinanzrechnung
A. Zahlungsnachweis

	Ein- und Auszahlungsarten	Ergebnis des Vorjahres EUR	Fort-geschrie-bener Ansatz des Haushalts-jahres EUR	davon Ermächti-gungs-über-tragungen aus dem Vorjahr EUR	Ist-Ergebnis des Haushalts-jahres EUR	Vergleich Ansatz/Ist (Sp. 4 ./. Sp. 2) EUR	Ermächti-gungs-über-tragungen in das Folgejahr EUR
		1	2	3	4	5	6
	Laufende Verwaltungstätigkeit *(Einzahlungen und Auszahlungen nach Arten können wie in der Finanzrechnung abgebildet werden.)*						
	Investitionstätigkeit						
	Einzahlungen						
1	aus Zuwendungen für Investitionsmaßnahmen						
2	aus der Veräußerung von Sachanlagen						
3	aus der Veräußerung von Finanzanlagen						
4	aus Beiträgen u. ä. Entgelten						
5	Sonstige Investitionseinzahlungen						
6	**Summe:** **(invest. Einzahlungen)**						
	Auszahlungen						
7	für den Erwerb von Grundstücken und Gebäuden						
8	für Baumaßnahmen						
9	für den Erwerb von beweglichem Anlagevermögen						
10	für den Erwerb von Finanzanlagen						
11	von aktivierbaren Zuwendungen						
12	Sonstige Investitionsauszahlungen						
13	Summe: **(invest. Auszahlungen)**						
14	**Saldo:** **der Investitionstätigkeit** **(Einzahlungen ./. Auszahlungen)**						

(Anlage 22 B)

Teilfinanzrechnung

B. Nachweis einzelner Investitionsmaßnahmen

Investitionsmaßnahmen	Ergebnis des Vorjahres EUR	Fortgeschriebener Ansatz des Haushaltsjahres EUR	davon Ermächtigungsübertragungen aus dem Vorjahr EUR	Ist-Ergebnis des Haushaltsjahres EUR	Vergleich Ansatz/Ist (Sp. 4./. Sp. 2) EUR	Ermächtigungsübertragungen in das Folgejahr EUR
	1	2	3	4	5	6
Investitionsmaßnahmen oberhalb der festgesetzten Wertgrenzen						
Maßnahme: ... + Einzahlungen aus Investitionszuwendungen - Auszahlungen für den Erwerb von Grundstücken und Gebäuden - Auszahlungen für Baumaßnahmen						
Saldo: (Einzahlungen ./. Auszahlungen)						
Weitere Maßnahmen (Gliederung wie oben)						

Investitionsmaßnahmen unterhalb der festgesetzten Wertgrenzen						
Summe der investiven Einzahlungen						
Summe der investiven Auszahlungen						
Saldo: (Einzahlungen ./. Auszahlungen)						

(Anlage 23)

Struktur der kommunalen Bilanz in Nordrhein-Westfalen

AKTIVA

1. Anlagevermögen
   - 1.1 Immaterielle Vermögensgegenstände
   - 1.2 Sachanlagen
     - 1.2.1 Unbebaute Grundstücke und grundstücksgleiche Rechte
       - 1.2.1.1 Grünflächen
       - 1.2.1.2 Ackerland
       - 1.2.1.3 Wald, Forsten
       - 1.2.1.4 Sonstige unbebaute Grundstücke
     - 1.2.2 Bebaute Grundstücke und grundstücksgleiche Rechte
       - 1.2.2.1 Kinder- und Jugendeinrichtungen
       - 1.2.2.2 Schulen
       - 1.2.2.3 Wohnbauten
       - 1.2.2.4 Sonstige Dienst-, Geschäfts- und Betriebsgebäude
     - 1.2.3 Infrastrukturvermögen
       - 1.2.3.1 Grund und Boden des Infrastrukturvermögens
       - 1.2.3.2 Brücken und Tunnel
       - 1.2.3.3 Gleisanlagen mit Streckenausrüstung und Sicherheitsanlagen
       - 1.2.3.4 Entwässerungs- und Abwasserbeseitigungsanlagen
       - 1.2.3.5 Straßennetz mit Wegen, Plätzen und Verkehrslenkungsanlagen
       - 1.2.3.6 Sonstige Bauten des Infrastrukturvermögens
     - 1.2.4 Bauten auf fremdem Grund und Boden
     - 1.2.5 Kunstgegenstände, Kulturdenkmäler
     - 1.2.6 Maschinen und technische Anlagen, Fahrzeuge
     - 1.2.7 Betriebs- und Geschäftsausstattung
     - 1.2.8 Geleistete Anzahlungen, Anlagen im Bau
   - 1.3 Finanzanlagen
     - 1.3.1 Anteile an verbundenen Unternehmen
     - 1.3.2 Beteiligungen
     - 1.3.3 Sondervermögen
     - 1.3.4 Wertpapiere des Anlagevermögens
     - 1.3.5 Ausleihungen
       - 1.3.5.1 an verbundene Unternehmen
       - 1.3.5.2 an Beteiligungen
       - 1.3.5.3 an Sondervermögen
       - 1.3.5.4 Sonstige Ausleihungen
2. Umlaufvermögen
   - 2.1 Vorräte
     - 2.1.1 Roh-, Hilfs- und Betriebsstoffe, Waren
     - 2.1.2 Geleistete Anzahlungen
   - 2.2 Forderungen und sonstige Vermögensgegenstände
     - 2.2.1 Öffentlich-rechtliche Forderungen und Forderungen aus Transferleistungen
     - 2.2.2 Privatrechtliche Forderungen
     - 2.2.3 Sonstige Vermögensgegenstände
   - 2.3 Wertpapiere des Umlaufvermögens
   - 2.4 Liquide Mittel
3. Aktive Rechnungsabgrenzung
4. Nicht durch Eigenkapital gedeckter Fehlbetrag

PASSIVA

1. Eigenkapital
   - 1.1 Allgemeine Rücklage
   - 1.2 Sonderrücklagen
   - 1.3 Ausgleichsrücklage
   - 1.4 Jahresüberschuss/Jahresfehlbetrag
2. Sonderposten
   - 2.1 für Zuwendungen
   - 2.2 für Beiträge
   - 2.3 für den Gebührenausgleich
   - 2.4 Sonstige Sonderposten
3. Rückstellungen
   - 3.1 Pensionsrückstellungen
   - 3.2 Rückstellungen für Deponien und Altlasten
   - 3.3 Instandhaltungsrückstellungen
   - 3.4 Sonstige Rückstellungen
4. Verbindlichkeiten
   - 4.1 Anleihen
     - 4.1.1 für Investitionen
     - 4.1.2 zur Liquiditätssicherung
   - 4.2 Verbindlichkeiten aus Krediten für Investitionen
     - 4.2.1 von verbundenen Unternehmen
     - 4.2.2 von Beteiligungen
     - 4.2.3 von Sondervermögen
     - 4.2.4 vom öffentlichen Bereich
     - 4.2.5 von Kreditinstituten
   - 4.3 Verbindlichkeiten aus Krediten zur Liquiditätssicherung
   - 4.4 Verbindlichkeiten aus Vorgängen, die Kreditaufnahmen wirtschaftlich gleichkommen
   - 4.5 Verbindlichkeiten aus Lieferungen und Leistungen
   - 4.6 Verbindlichkeiten aus Transferleistungen
   - 4.7 Sonstige Verbindlichkeiten
   - 4.8 Erhaltene Anzahlungen
5. Passive Rechnungsabgrenzung

(Anlage 24)

Anlagenspiegel

Anlagevermögen	Anschaffungs- und Herstellungskosten					Abschreibungen und Zuschreibungen					Buchwert	
	Stand am 01.01. des Haushalts-jahres EUR	Zu-gänge EUR	Ab-gänge EUR	Umbuchun-gen im Haus-haltsjahr EUR	Stand am 31.12. des Haushalts-jahres EUR	Kumulierte Abschrei-bungen zum 31.12. des Vorjahres EUR	Abschrei-bungen im Haus-haltsjahr EUR	Zuschrei-bungen im Haus-haltsjahr EUR	Änderungen durch Zu- und Abgänge sowie Umbuchungen im Haus-haltsjahr EUR	Kumulierte Abschrei-bungen zum 31.12. des Haushalts-jahres EUR	am 31.12. des Haushalts-jahres EUR	am 31.12. des Vor-jahres
		+	-	+ / -			-	+	+ / -	-		
1. Immaterielle Vermögensgegenstände												
2. Sachanlagen												
2.1 Unbebaute Grundstücke und grundstücksgleiche Rechte												
2.1.1 Grünflächen												
2.1.2 Ackerland												
2.1.3 Wald, Forsten												
2.1.4 Sonstige unbebaute Grundstücke												
2.2 Bebaute Grundstücke und grundstücksgleiche Rechte												
2.2.1 Kindertageseinrichtungen												
2.2.2 Schulen												
2.2.3 Wohnbauten												
2.2.4 Sonstige Dienst-, Geschäfts- und Betriebsgebäude												

** Aktivierte Zinsen gem. § 34 Abs. 4 Satz 2 KomHVO sind anzugeben. Diese Angabe kann nachrichtlich erfolgen.*

2.3 Infrastrukturvermögen												
2.3.1 Grund und Boden des Infrastrukturvermögens												
2.3.2 Brücken und Tunnel												
2.3.3 Gleisanlagen mit Streckenausrüstung und Sicherheitsanlagen												
2.3.4 Entwässerungs- und Abwasserbeseitigungsanlagen												
2.3.5 Straßennetz mit Wegen, Plätzen und Verkehrslenkungsanlagen												
2.3.6 Sonstige Bauten des Infrastrukturvermögens												
2.4 Bauten auf fremdem Grund und Boden												
2.5 Kunstgegenstände, Kulturdenkmäler												
2.6 Maschinen und technische Anlagen, Fahrzeuge												
2.7 Betriebs- und Geschäftsausstattung												
2.8 Geleistete Anzahlungen, Anlagen im Bau												
3. Finanzanlagen												
3.1 Anteile an verbundenen Unternehmen												
3.2 Beteiligungen												
3.3 Sondervermögen												
3.4 Wertpapiere des Anlagevermögens												
3.5 Ausleihungen												
3.5.1 an verbundene Unternehmen												
3.5.2 an Beteiligungen												
3.5.3 an Sondervermögen												
3.5.4 Sonstige Ausleihungen												

(Anlage 25)

Forderungsspiegel

Art der Forderungen	Gesamtbetrag am 31.12. des Haushaltsjahres EUR	mit einer Restlaufzeit von bis zu 1 Jahr EUR	1 bis 5 Jahre EUR	mehr als 5 Jahre EUR	Gesamtbetrag am 31.12. des Vorjahres EUR
	1	2	3	4	5
(Gliederung mindestens wie in § 42 Absatz 3 Nummern 2.2.1 und 2.2.2 KomHVO NRW)					

(Anlage 26)

Eigenkapitalspiegel

Bezeichnung	Bestand zum 31.12. des Vorjahres[1] EUR	Verrechnung des Vorjahres-ergebnisses EUR	Verrechnungen mit der allgemeinen Rücklage nach § 44 Abs. 3 KomHVO im Haushaltsjahr EUR	Veränderungen der Sonderrücklage EUR	Jahresergebnis des Haushaltsjahres (vor Beschluss über Ergebnisverwend.) EUR	Bestand zum 31.12. des Haushaltsjahres[2] EUR
1.1 Allgemeine Rücklage						
1.2 Sonderrücklagen						
1.3 Ausgleichsrücklage						
1.4 Jahresüberschuss/-fehlbetrag						
1.5 Nicht durch Eigenkapital gedeckter Fehlbetrag (Gegenposten zu Aktiva)[1]						
Summe Eigenkapital						
4. Nicht durch Eigenkapital gedeckter Fehlbetrag						

1) Besteht ein negatives Eigenkapital, so sind die Positionen 1.1 bis 1.4 auszuweisen (auch negativ) und kumuliert über die Position 1.5 auszubuchen.

2) Bestand vor Verrechnung des Jahresergebnisses

<u>Nachrichtlich:</u> Ergebnisverrechnungen Vorjahre (§ 96 Abs. 1 Satz 3 GO NRW)

	3. Vorjahr	Vorvorjahr	Vorjahr	Saldo
Allgemeiner Rücklage (+/-)				
Ausgleichsrücklage (+/-)				
Summe				

(Anlage 27)

Verbindlichkeitenspiegel

Art der Verbindlichkeiten	Gesamtbetrag am 31.12. des Haushaltsjahres EUR	mit einer Restlaufzeit von bis zu 1 Jahr EUR	1 bis 5 Jahre EUR	mehr als 5 Jahre EUR	Gesamtbetrag am 31.12. des Vorjahres EUR
	1	2	3	4	5
1. Anleihen					
1.1 für Investitionen					
1.2 zur Liquiditätssicherung					
2. Verbindlichkeiten aus Krediten für Investitionen					
2.1 von verbundenen Unternehmen					
2.2 von Beteiligungen					
2.3 von Sondervermögen					
2.4 vom öffentlichen Bereich					
2.5 von Kreditinstituten					
3. Verbindlichkeiten aus Krediten zur Liquiditätssicherung					
4. Verbindlichkeiten aus Vorgängen, die Kreditaufnahmen wirtschaftlich gleichkommen					
5. Verbindlichkeiten aus Lieferungen und Leistungen					
6. Verbindlichkeiten aus Transferleistungen					
7. Sonstige Verbindlichkeiten					
8. Erhaltene Anzahlungen					
9. Summe aller Verbindlichkeiten					
Nachrichtlich anzugeben: Haftungsverhältnisse aus der Bestellung von Sicherheiten: z. B. Bürgschaften u.a.					

(Anlage 28)

NKF-Positionenrahmen für den Gesamtabschluss
Teil A: Gesamtbilanz
(Summenbilanz)

A Aktiva

A1 Immaterielle Vermögensgegenstände
- Geschäfts- oder Firmenwert
  - Geschäfts- oder Firmenwert aus den Einzelabschlüssen
  - Geschäfts- oder Firmenwert aus der Vollkonsolidierung
  - Geschäfts- oder Firmenwert aus der Equity-Konsolidierung (nur bei Kapitalanteilsmethode)
- Sonstige immaterielle Vermögensgegenstände
  - Sonstige selbstgeschaffene immaterielle Vermögensgegenstände aus den Einzelabschlüssen
  - Sonstige entgeltlich erworbene immaterielle Vermögensgegenstände
- Anzahlungen auf immaterielle Vermögensgegenstände
  - Anzahlungen auf immaterielle Vermögensgegenstände an Vollkonsolidierungskreis
  - Anzahlungen auf immaterielle Vermögensgegenstände an Sonstige

A2 Sachanlagen

Unbebaute Grundstücke und grundstücksgleiche Rechte
- Grünflächen
- Ackerland
- Wald, Forsten
- Sonstige unbebaute Grundstücke

Bebaute Grundstücke und grundstücksgleiche Rechte
- Grundstücke mit Kinder- und Jugendeinrichtungen
- Grundstücke mit Schulen
- Grundstücke mit Wohnbauten
- Grundstücke mit Krankenhäusern
- Grundstücke mit sozialen Einrichtungen
- Grundstücke mit Sportstätten
- Grundstücke mit Mehrzweck- und Messehallen
- Grundstücke mit sonstigen Dienst-, Geschäfts- und Betriebsgebäuden

Infrastrukturvermögen
- Grund und Boden des Infrastrukturvermögens
- Brücken und Tunnel
- Gleisanlagen mit Streckenausrüstung und Sicherheitsanlagen
- Entwässerungs- und Abwasserbeseitigungsanlagen
- Straßennetz mit Wegen, Plätzen und Verkehrslenkungsanlagen
- Stromversorgungsanlagen
- Gasversorgungsanlagen
- Wasserversorgungsanlagen
- Abfallbeseitigungsanlagen
- Sonstige Bauten des Infrastrukturvermögens

Bauten auf fremdem Grund und Boden
Bauten auf fremdem Grund und Boden

Kunstgegenstände, Kulturdenkmäler
Kunstgegenstände
Baudenkmäler
Bodendenkmäler
Sonstige Kulturgüter

Maschinen und technische Anlagen, Fahrzeuge
Maschinen und technische Anlagen
Spezialfahrzeuge
Fahrzeuge für den ÖPNV
Sonstige Fahrzeuge

Betriebs- und Geschäftsausstattung
Betriebs- und Geschäftsausstattung

Geleistete Anzahlungen und Anlagen im Bau
Geleistete Anzahlungen
Geleistete Anzahlungen an Vollkonsolidierungskreis
Geleistete Anzahlungen an Sonstige
Anlagen im Bau

A3 Finanzanlagen
Anteile an verbundenen Unternehmen
Anteile an verbundenen Unternehmen im Vollkonsolidierungskreis
Anteile an sonstigen verbundenen Unternehmen

Anteile an assoziierten Unternehmen
Anteile an assoziierten Betrieben

Übrige Beteiligungen
Übrige Beteiligungen

Sondervermögen
Voll zu konsolidierende Sondervermögen
Nicht voll zu konsolidierende Sondervermögen

Wertpapiere des Anlagevermögens
Wertpapiere des Anlagevermögens vom Vollkonsolidierungskreis
Sonstige Wertpapiere des Anlagevermögens

Ausleihungen
Ausleihungen an verbundene Unternehmen
Ausleihungen an verbundene Unternehmen im Vollkonsolidierungskreis
Ausleihungen an sonstige verbundene Unternehmen
Ausleihungen an Beteiligungen
Ausleihungen an Sondervermögen
Ausleihungen an Sondervermögen im Vollkonsolidierungskreis
Ausleihungen an sonstige Sondervermögen
Ausleihungen von kommunalen Betrieben an Kommunen
Sonstige Ausleihungen

A4 Umlaufvermögen

Vorräte

Rohstoffe / Fertigungsmaterial, Hilfsstoffe, Betriebsstoffe
Waren (auch Grundstücke des Umlaufvermögens)
Unfertige Erzeugnisse, unfertige Leistungen
Fertige Erzeugnisse
Geleistete Anzahlungen für Vorräte
Geleistete Anzahlungen für Vorräte an Vollkonsolidierungskreis
Geleistete Anzahlungen für Vorräte an Sonstige

Forderungen und sonstige Vermögensgegenstände

Forderungen

Eingefordertes, noch nicht eingezahltes Kapital
Eingefordertes, noch nicht eingezahltes Kapital vom Vollkonsolidierungskreis
Eingefordertes, noch nicht eingezahltes Kapital von Sonstigen
Sonstige Forderungen
Sonstige Forderungen an Vollkonsolidierungskreis
Sonstige Forderungen an Sonstige

Sonstige Vermögensgegenstände

Sonstige Vermögensgegenstände vom Vollkonsolidierungskreis
Sonstige Vermögensgegenstände von Sonstigen

Wertpapiere des Umlaufvermögens

Wertpapiere des Umlaufvermögens vom Vollkonsolidierungskreis
Sonstige Wertpapiere des Umlaufvermögens

Liquide Mittel

A5 Aktive Rechnungsabgrenzung (RAP)

Aktive latente Steuern (aus Einzelabschlüssen)
Sonstige aktive Rechnungsabgrenzung
Sonstige aktive Rechnungsabgrenzungsposten vom Vollkonsolidierungskreis
Sonstige aktive Rechnungsabgrenzungsposten von Sonstigen

A6 Nicht durch Eigenkapital gedeckter Fehlbetrag

Nicht durch Eigenkapital gedeckter Fehlbetrag

P Passiva

P1 Eigenkapital

Allgemeine Rücklage

Allgemeine Rücklage
Grundkapital / Stammkapital
Kapitalrücklage
Gewinnrücklagen
Unterschiedsbetrag aus der Kapitalkonsolidierung
Ergebnisvorträge

Sonderrücklagen

Sonderrücklagen

Ausgleichsrücklage

Ausgleichsrücklage

Gesamtjahresüberschuss / Gesamtjahresfehlbetrag ohne anderen Gesellschaftern zuzurechnendes Ergebnis

Konzernanteil am Jahresergebnis

Ausgleichsposten für Anteile anderer Gesellschafter

Ausgleichsposten für Anteile anderer Gesellschafter

Gegenposten des nicht durch Eigenkapital gedeckten Fehlbetrages

P2 Unterschiedsbetrag aus der Kapitalkonsolidierung

P3 Sonderposten

Sonderposten für Zuwendungen

Sonderposten für Zuwendungen vom Vollkonsolidierungskreis
Sonderposten für Zuwendungen von Sonstigen

Sonderposten für Beiträge

Sonderposten für Beiträge vom Vollkonsolidierungskreis
Sonderposten für Beiträge von Sonstigen

Sonderposten für den Gebührenausgleich

Sonderposten für den Gebührenausgleich

Sonstige Sonderposten

Sonstige Sonderposten vom Vollkonsolidierungskreis
Sonstige Sonderposten von Sonstigen
Sonderposten mit Rücklageanteil

P4 Rückstellungen

Pensionsrückstellungen

Pensionsrückstellungen

Rückstellungen für Deponien und Altlasten

Rückstellungen für Deponien
Rückstellungen für Altlasten

Instandhaltungsrückstellungen
Instandhaltungsrückstellungen

Steuerrückstellungen
Steuerrückstellungen gegenüber Kommune
Steuerrückstellungen gegenüber Sonstigen
Passive latente Steuern aus Einzelabschlüssen

Sonstige Rückstellungen
Sonstige Rückstellungen gegenüber Vollkonsolidierungskreis
Sonstige Rückstellungen gegenüber Sonstigen

P5 Verbindlichkeiten
Anleihen
Anleihen vom Vollkonsolidierungskreis
- für Investitionen
- zur Liquiditätssicherung
Anleihen von Sonstigen
- für Investitionen
- zur Liquiditätssicherung

Verbindlichkeiten aus Krediten für Investitionen
Verbindlichkeiten aus Krediten für Investitionen gegenüber dem Vollkonsolidierungskreis
Verbindlichkeiten aus Krediten für Investitionen gegenüber Sonstigen

Verbindlichkeiten aus Krediten zur Liquiditätssicherung
Verbindlichkeiten aus Krediten zur Liquiditätssicherung gegenüber dem Vollkonsolidierungskreis
Verbindlichkeiten aus Krediten zur Liquiditätssicherung gegenüber Sonstigen

Verbindlichkeiten aus Vorgängen, die Kreditaufnahmen wirtschaftlich gleichkommen
Verbindlichkeiten aus Vorgängen, die Kreditaufnahmen wirtschaftlich gleichkommen gegenüber dem Vollkonsolidierungskreis
Verbindlichkeiten aus Vorgängen, die Kreditaufnahmen wirtschaftlich gleichkommen gegenüber Sonstigen

Verbindlichkeiten aus Lieferungen und Leistungen
Verbindlichkeiten aus Lieferungen und Leistungen gegenüber dem Vollkonsolidierungskreis
Verbindlichkeiten aus Lieferungen und Leistungen gegenüber Sonstigen

Sonstige Verbindlichkeiten
Sonstige Verbindlichkeiten gegenüber dem Vollkonsolidierungskreis
Sonstige Verbindlichkeiten gegenüber Sonstigen

Erhaltene Anzahlungen
Erhaltene Anzahlungen vom Vollkonsolidierungskreis
Erhaltene Anzahlungen von Sonstigen

P6 Passive Rechnungsabgrenzung (RAP)
Passive Rechnungsabgrenzungsposten vom Vollkonsolidierungskreis
Passive Rechnungsabgrenzungsposten von Sonstigen

Teil B
Positionenrahmen zur Gesamtergebnisrechnung (Summenergebnisrechnung)

E Ordentliche Gesamterträge

E1 Steuern und ähnliche Abgaben
Steuern und ähnliche Abgaben vom Vollkonsolidierungskreis
Steuern und ähnliche Abgaben von Sonstigen

E2 Zuwendungen und allgemeine Umlagen
Zuwendungen und allgemeine Umlagen vom Vollkonsolidierungskreis
Zuwendungen und allgemeine Umlagen von Sonstigen

E3 Sonstige Transfererträge
Sonstige Transfererträge vom Vollkonsolidierungskreis
Sonstige Transfererträge von Sonstigen

E4 Öffentlich-rechtliche Leistungsentgelte
Öffentlich-rechtliche Leistungsentgelte vom Vollkonsolidierungskreis
Öffentlich-rechtliche Leistungsentgelte von Sonstigen

E5 Privatrechtliche Leistungsentgelte
Privatrechtliche Leistungsentgelte vom Vollkonsolidierungskreis
Privatrechtliche Leistungsentgelte von Sonstigen

E6 Kostenerstattungen und Kostenumlagen
Kostenerstattungen und Kostenumlagen vom Vollkonsolidierungskreis
Kostenerstattungen und Kostenumlagen von Sonstigen

E7 Sonstige ordentliche Erträge
Sonstige ordentliche Erträge vom Vollkonsolidierungskreis
Sonstige ordentliche Erträge von Sonstigen

E8 Aktivierte Eigenleistungen
Aktivierte Eigenleistungen

E9 Bestandsveränderungen
Bestandsveränderungen

A Ordentliche Gesamtaufwendungen

A1 Personalaufwendungen
Aufwendungen aus Personalgestellung im Vollkonsolidierungskreis
Sonstige Personalaufwendungen

A2 Versorgungsaufwendungen
Versorgungsaufwendungen

A3 Aufwendungen für Sach- und Dienstleistungen
Aufwendungen für Sach- und Dienstleistungen an Vollkonsolidierungskreis
Aufwendungen für Sach- und Dienstleistungen an Sonstige

A4 Bilanzielle Abschreibungen
Abschreibungen von Aufwendungen für die Ingangsetzung und Erweiterung des Geschäftsbetriebs
Abschreibungen auf den Geschäfts- oder Firmenwert aus den Einzelabschlüssen
Abschreibungen auf den Geschäfts- oder Firmenwert aus der Vollkonsolidierung
Abschreibungen auf den Geschäfts- oder Firmenwert aus der Equity-Konsolidierung (nur bei Kapitalanteilsmethode)
Abschreibungen auf selbstgeschaffene immaterielle Vermögensgegenstände
Abschreibungen auf voll zu konsolidierende verbundene Unternehmen
Abschreibungen auf Sondervermögen
Abschreibungen auf Vermögensgegenstände des Umlaufvermögens
Sonstige Abschreibungen

A5 Transferaufwendungen
Transferaufwendungen an Vollkonsolidierungskreis
Transferaufwendungen an Sonstige

A6 Sonstige ordentliche Aufwendungen
Steuern vom Einkommen und Ertrag
Steuern vom Einkommen und Ertrag an Vollkonsolidierungskreis
Steuern vom Einkommen und Ertrag an Sonstige

Sonstige Steuern
Sonstige Steuern an Vollkonsolidierungskreis
Sonstige Steuern an Sonstige

Latente Steuern
Latente Steuern aus den Einzelabschlüssen

Aufwendungen aus Verlustübernahmen
Aufwendungen aus Verlustübernahmen vom Vollkonsolidierungskreis
Aufwendungen aus Verlustübernahmen von Sonstigen

Übrige sonstige ordentliche Aufwendungen
Übrige sonstige ordentliche Aufwendungen an Vollkonsolidierungskreis
Übrige sonstige ordentliche Aufwendungen an Sonstige

S1 Ordentliches Gesamtergebnis
(Saldo aus E1 bis E 9 und A1 bis A6)

F1 Finanzerträge

Erträge aus Gewinnabführungsverträgen / Verlustübernahmen

Erträge aus Gewinnabführungsverträgen vom Vollkonsolidierungskreis
Erträge aus Gewinnabführungsverträgen von Sonstigen
Erträge aus Verlustübernahmen vom Vollkonsolidierungskreis
Erträge aus Verlustübernahmen von Sonstigen

Beteiligungserträge

Beteiligungserträge von voll zu konsolidierenden verbundenen Unternehmen
Beteiligungserträge von Sondervermögen
Beteiligungserträge von Sonstigen

Zinserträge und sonstige Finanzerträge

Zinserträge

Zinserträge vom Vollkonsolidierungskreis
Zinserträge von Sonstigen

Erträge aus assoziierten Beteiligungen

Erträge aus assoziierten Beteiligungen (ggf. nach Arten)

Sonstige Finanzerträge

Sonstige Finanzerträge vom Vollkonsolidierungskreis
Sonstige Finanzerträge von Sonstigen

F2 Finanzaufwendungen

Aufwendungen aus Gewinnabführungsverträgen

Aufwendungen aus Gewinnabführungsverträgen vom Vollkonsolidierungskreis
Aufwendungen aus Gewinnabführungsverträgen von Sonstigen

Zinsaufwendungen und sonstige Finanzaufwendungen

Zinsaufwendungen

Zinsaufwendungen an Vollkonsolidierungskreis
Zinsaufwendungen an Sonstige

Aufwendungen aus assoziierten Beteiligungen

Aufwendungen aus assoziierten Beteiligungen (ggf. nach Arten)

Sonstige Finanzaufwendungen

Sonstige Finanzaufwendungen an Vollkonsolidierungskreis
Sonstige Finanzaufwendungen an Sonstige

S2 Gesamtfinanzergebnis

(Saldo aus F1 und F 2)

S3 Gesamtergebnis der laufenden Geschäftstätigkeit

(Saldo aus S1 und S2)

AE1 Außerordentliche Erträge
Außerordentliche Erträge vom Vollkonsolidierungskreis
Außerordentliche Erträge von Sonstigen

AE2 Außerordentliche Aufwendungen
Außerordentliche Aufwendungen an Vollkonsolidierungskreis
Außerordentliche Aufwendungen an Sonstige

S4 Außerordentliches Gesamtergebnis
(Saldo aus AE1 und AE2)

S5 Gesamtjahresüberschuss / Gesamtjahresfehlbetrag
(Saldo aus S3 und S4)

AG1 Anderen Gesellschaftern zuzurechnendes Ergebnis

S6 Gesamtjahresüberschuss / Gesamtjahresfehlbetrag ohne anderen Gesellschaftern zuzurechnendes Ergebnis
(Saldo aus S5 und AG1)

(Anlage 29)

Gesamtbilanz

AKTIVA			PASSIVA		
Bilanzposten	**Haus-halts-jahr EUR**	**Vor-jahr EUR**	**Bilanzposten**	**Haus-halts-jahr EUR**	**Vor-jahr EUR**
1. Anlagevermögen			**1. Eigenkapital**		
1.1 Immaterielle Vermögensgegenstände			1.1 Allgemeine Rücklage		
1.2 Sachanlagen			1.2 Sonderrücklagen		
1.2.1 Unbebaute Grundstücke und grundstücksgleiche Rechte (örtlich weiter zu untergliedern)			1.3 Ausgleichsrücklage		
1.2.2 Bebaute Grundstücke u. grundstücksgleiche Rechte (örtlich weiter zu untergliedern)			1.4 Gesamtjahresergebnis ohne anderen Gesellschaftern zuzurechnendes Ergebnis		
1.2.3 Infrastrukturvermögen			1.5 Ausgleichsposten für die Anteile anderer Gesellschafter*		
1.2.3.1 Grund und Boden des Infrastrukturvermögens			**2. Unterschiedsbetrag aus der Kapitalkonsolidierung**		
1.2.3.2 Bauten des Infrastrukturvermögens (örtlich weiter zu untergliedern)			**3. Sonderposten**		
1.2.4 Bauten auf fremden Grund und Boden			3.1 Sonderposten für Zuwendungen		
1.2.5 Kunstgegenstände, Kulturdenkmäler			3.2 Sonderposten für Beiträge		
1.2.6 Maschinen und technische Anlagen, Fahrzeuge			3.3 Sonderposten für den Gebührenausgleich		
1.2.7 Betriebs- und Geschäftsausstattung			3.4 Sonstige Sonderposten		
1.2.8 Geleistete Anzahlungen und Anlagen im Bau			**4. Rückstellungen**		
1.3 Finanzanlagen			4.1 Pensionsrückstellungen		
1.3.1 Anteile an verbundenen Unternehmen			4.2 Rückstellungen für Deponien und Altlasten		
1.3.2 Anteile an assoziierten Unternehmen			4.3 Instandhaltungsrückstellungen		
1.3.3 Übrige Beteiligungen			4.4 Steuerrückstellungen		
1.3.4 Sondervermögen			4.5 Sonstige Rückstellungen		
1.3.5 Wertpapiere des Anlagevermögens			**5. Verbindlichkeiten**		
1.3.6 Ausleihungen			5.1 Anleihen		
2. Umlaufvermögen			5.2 Verbindlichkeiten aus Krediten für Investitionen		
2.1 Vorräte			5.3 Verbindlichkeiten aus Krediten zur Liquiditätssicherung		
2.1.1 Roh-, Hilfs- und Betriebsstoffe, Waren			5.4 Verbindlichkeiten aus Vorgängen, die Kreditaufnahmen wirtschaftlich gleichkommen		
2.1.2 Geleistete Anzahlungen			5.5 Verbindlichkeiten aus Lieferungen und Leistungen		
2.2 Forderungen und sonstige Vermögensgegenstände			5.6 Sonstige Verbindlichkeiten		
2.2.1 Forderungen			5.7 Erhaltene Anzahlungen		
2.2.2 Sonstige Vermögensgegenstände			**6. Passive Rechnungsabgrenzung**		
2.3 Wertpapiere des Umlaufvermögens					
2.4 Liquide Mittel					
3. Aktive Rechnungsabgrenzung					
4. Nicht durch Eigenkapital gedeckter Fehlbetrag					

* Enthält das Ergebnis, das den anderen Gesellschaftern zuzurechnen ist.

(Anlage 30)

Gesamtergebnisrechnung

		Ertrags- und Aufwandsarten	Ergebnis des Haushaltsjahres EUR	Ergebnis des Vorjahres EUR
			1	2
1		Steuern und ähnliche Abgaben		
2	+	Zuwendungen und allgemeine Umlagen		
3	+	Sonstige Transfererträge		
4	+	Öffentlich-rechtliche Leistungsentgelte		
5	+	Privatrechtliche Leistungsentgelte		
6	+	Kostenerstattungen und Kostenumlagen		
7	+	Sonstige ordentliche Erträge		
8	+	Aktivierte Eigenleistungen		
9	+/-	Bestandsveränderungen		
10	=	**Ordentliche Gesamterträge**		
11	-	Personalaufwendungen		
12	-	Versorgungsaufwendungen		
13	-	Aufwendungen für Sach- und Dienstleistungen		
14	-	Bilanzielle Abschreibungen		
15	-	Transferaufwendungen		
16	-	Sonstige ordentliche Aufwendungen		
17	=	**Ordentliche Gesamtaufwendungen**		
18	=	**Ordentliches Gesamtergebnis** (= Zeilen 10 und 17)		
19	+	Finanzerträge		
20	-	Finanzaufwendungen		
21	=	**Gesamtfinanzergebnis** (= Zeilen 19 und 20)		
22	=	**Gesamtergebnis der laufenden Geschäftstätigkeit** (= Zeilen 18 und 21)		
23	+	Außerordentliche Erträge		
24	-	Außerordentliche Aufwendungen		
25	=	**Außerordentliches Gesamtergebnis** (= Zeilen 23 und 24)		
26	=	**Gesamtjahresergebnis** (= Zeilen 22 und 25)		
27	-	Anderen Gesellschaftern zuzurechnendes Ergebnis		
28	=	**Gesamtjahresergebnis ohne anderen Gesellschaftern zuzurechnendes Ergebnis** (= Zeilen 26 und 27)		

(Anlage 31)

Gesamteigenkapitalspiegel

Bezeichnung	Wert zum 31.12. des Vorjahres EUR	Verrechnung des Vorjahres-ergebnisses EUR	Gesamt-jahres-ergebnis im Haushalts-jahr EUR	Verrech-nungen mit der allgemeinen Rücklage nach § 44 Abs. 3 KomHVO EUR	Kapital-erhöhung der Minderheits-gesellschafter EUR	Änderungen im Konsolidier-ungskreis EUR	Sonstige Veränder-ungen im Eigenkapital EUR	Wert zum 31.12. des Haushalts-jahres EUR
1.1 Allgemeine Rücklage								
1.2 Sonderrücklagen								
1.3 Ausgleichsrücklage								
1.4 Gesamtjahresergebnis ohne anderen Gesellschaftern zuzurechnendes Ergebnis								
1.5 Ausgleichsposten für Anteile anderer Gesellschafter								
1.6 Nicht durch Eigenkapital gedeckter Fehlbetrag (Gegenposten zu Aktiva)[1]								
Gesamteigenkapital								
4. Nicht durch Eigenkapital gedeckter Fehlbetrag								

1) Besteht ein negatives Gesamteigenkapital, so sind die Positionen 1.1 bis 1.5 auszuweisen (auch negativ) und kumuliert über die Position 1.6 auszubuchen.

Beteiligungsbericht Berichtsjahr der Kommune

Hinweise zu diesem Muster:

- Gelb-farbene Textfelder: Hier werden jeweils individuelle Angaben eingesetzt.
    - Bei der Angabe „Berichtsjahr" ist das jeweilige Berichtsjahr (in der Form „JJJJ") anzugeben.
    - Bei der Angabe „Vorjahr" ist das dem Berichtsjahr vorangehende Jahr (in der Form „JJJJ") anzugeben.
    - Bei der Angabe „Kommune" ist die jeweilige Bezeichnung der kommunalen Gebietskörperschaft anzugeben. Der jeweils vorangestellte Artikel ist entsprechend anzupassen.
    - Die Angabe „Rat" sowie der jeweils vorangestellte Artikel sind bei den Gemeindeverbänden entsprechend anzupassen.
    - Bei der Angabe „Datum" ist das Datum des jeweiligen Ratsbeschlusses anzugeben
    - Bei der Angabe „xxx"/ „xxx,x"/ „xxxx" ist der jeweilige Zahlenwert bzw. das jeweilige Jahr anzugeben.
    - Bei der Angabe „Beteiligung_neu" ist der Name der neuen Beteiligung der kommunalen Gebietskörperschaft anzugeben.
    - Bei der Angabe „Beteiligung_verändert" ist der Name der Beteiligung anzugeben, deren Beteiligungsquote sich im Berichtsjahr verändert hat.
    - Bei der Angabe „Beteiligung" ist der Name der Beteiligung anzugeben, über die die kommunale Gebietskörperschaft an mittelbaren Beteiligungen beteiligt ist.
    - Bei der Angabe „Beteiligung_alt" ist der Name der alten Beteiligung der kommunalen Gebietskörperschaft anzugeben.

- Grün-farbene Textfelder: Diese enthalten Bearbeitungshinweise und können gelöscht werden.

- Als „optional" gekennzeichneter Inhalt: Die Übernahme steht im Ermessen der zur Erstellung eines Beteiligungsberichtes Verpflichteter.

- Das vorliegende Muster legt die Mindestvorgaben an den Beteiligungsbericht fest. Bei Bedarf können diese durch die kommunalen Gebietskörperschaften um zusätzliche Informationen (z.B. Organigramm, Abkürzungsverzeichnis etc.) ergänzt werden.

Hinweis des Verfassers zum hier abgedruckten Muster zum Beteiligungsbericht:
Aus drucktechnischen Gründen wurde das Muster nicht wie im Original farbig wiedergegeben. Die eigentlich grün-farbenen Beabeitungshinweise sind hier durch ihre dunkelgraue Schattierung sowie die explizite Betitelung mit „[Bearbeitungshinweis: ...]" erkennbar. Die eigentlich gelbfarbenen Textfelder zum Einsetzen der indivduellen Daten sind wiederum hellgrau schattiert.

Veröffentlichung des Beteiligungsberichtes Berichtsjahr

der Kommune

Optional: Vorwort

4

Inhaltsverzeichnis

1 Allgemeines zur Zulässigkeit der wirtschaftlichen und nichtwirtschaftlichen Betätigung von Kommunen

Das kommunale Selbstverwaltungsrecht nach Art. 28 Absatz 2 Grundgesetz erlaubt den Kommunen, alle Angelegenheiten der örtlichen Gemeinschaft im Rahmen der Gesetze in eigener Verantwortung zu regeln. Die Kommunen sind gem. Art. 78 Absatz 2 der Verfassung für das Land Nordrhein-Westfalen in ihrem Gebiet die alleinigen Träger der öffentlichen Verwaltung, soweit die Gesetze nichts anderes vorschreiben.

Durch diese verfassungsrechtlich verankerte Selbstverwaltungsgarantie haben die Kommunen die Möglichkeit, sich über den eigenen Hoheitsbereich hinausgehend wirtschaftlich zu betätigen. Ihren rechtlichen Rahmen findet die wirtschaftliche Betätigung im 11. Teil (§§ 107 ff.) der Gemeindeordnung Nordrhein-Westfalen (GO NRW). Hierin ist geregelt, unter welchen Voraussetzungen eine wirtschaftliche bzw. nichtwirtschaftliche Betätigung zulässig ist („ob") und welcher Rechtsform – öffentlich-rechtlich oder privatrechtlich – die Kommunen sich dabei bedienen dürfen („wie").

Gemäß § 107 Absatz 1 GO NRW darf sich eine Gemeinde zur Erfüllung ihrer Aufgaben wirtschaftlich betätigen, wenn ein öffentlicher Zweck die Betätigung erfordert (Nummer 1), die Betätigung nach Art und Umfang in einem angemessenen Verhältnis zur Leistungsfähigkeit der Gemeinde steht (Nummer 2) und bei einem Tätigwerden außerhalb der Wasserversorgung, des öffentlichen Verkehrs sowie des Betriebes von Telekommunikationsleitungsnetzen einschließlich der Telekommunikationsdienstleistungen der öffentliche Zweck durch andere Unternehmen nicht besser und wirtschaftlicher erfüllt werden kann (Nummer 3).

Von der wirtschaftlichen Betätigung ist die sog. nichtwirtschaftliche Betätigung gemäß § 107 Absatz 2 GO NRW abzugrenzen. Hierunter fallen Einrichtungen, zu denen die Gemeinde gesetzlich verpflichtet ist (Nummer 1), öffentliche Einrichtungen, die für die soziale und kulturelle Betreuung der Einwohner erforderlich sind, Einrichtungen, die der Straßenreinigung, der Wirtschaftsförderung, der Fremdenverkehrsförderung oder der Wohnraumversorgung dienen (Nummer 3), Einrichtungen des Umweltschutzes (Nummer 4) sowie Einrichtungen, die ausschließlich der Deckung des Eigenbedarfs von Gemeinden und Gemeindeverbänden dienen (Nummer 5). Auch diese Einrichtungen sind, soweit es mit ihrem öffentlichen Zweck vereinbar ist, nach wirtschaftlichen Gesichtspunkten zu verwalten und können entsprechend den Vorschriften über die Eigenbetriebe geführt werden.

In § 109 sind die allgemeinen Wirtschaftsgrundsätze, die sowohl für die wirtschaftliche als auch für die nichtwirtschaftliche Betätigung gelten, niedergelegt. Demnach sind die Unternehmen und Einrichtungen so zu führen, zu steuern und zu kontrollieren, dass der öffentliche Zweck nachhaltig erfüllt wird. Unternehmen sollen einen Ertrag für den Haushalt der Gemeinde abwerfen, soweit dadurch die Erfüllung des öffentlichen Zwecks nicht beeinträchtigt wird. Der Jahresgewinn der wirtschaftlichen Unternehmen als Unterschied der Erträge und Aufwendungen soll so hoch sein, dass außer den für die technische und wirtschaftliche Entwicklung des Unternehmens notwendigen Rücklagen mindestens eine marktübliche Verzinsung des Eigenkapitals erwirtschaftet wird.

Bei der Ausgestaltung der wirtschaftlichen Betätigung liegt es vorbehaltlich der gesetzlichen Bestimmungen im Ermessen der Kommunen, neben öffentlich-rechtlichen auch privatrechtliche Organisationsformen zu wählen. So dürfen Kommunen unter den Voraussetzungen des § 108 GO NRW Unternehmen und Einrichtungen in einer Rechtsform des privaten Rechts gründen oder sich daran beteiligen. Unter anderem muss die Erfüllung des öffentlichen Zwecks durch Gesellschaftsvertrag, Satzung oder sonstiges Organisationsstatut gewährleistet sein und eine Rechtsform gewählt werden, welche die Haftung der Gemeinde auf einen bestimmten Betrag begrenzt.

Da im Verfassungsstaat das Gemeinwohl der allgemeine Legitimationsgrund aller Staatlichkeit ist, muss jedes Handeln der öffentlichen Hand einen öffentlichen Zweck verfolgen. Die gesetzliche Normierung der Erfüllung des öffentlichen Zwecks als Grundvoraussetzung für die Aufnahme einer wirtschaftlichen und nichtwirtschaftlichen Betätigung einer Kommune soll daher gewährleisten, dass sich diese stets im zulässigen Rahmen kommunaler Aufgabenerfüllung zu bewegen hat. Es ist daher nicht Angelegenheit der kommunalen Ebene, sich ausschließlich mit dem Ziel der Gewinnerzielung in den wirtschaftlichen Wettbewerb zu begeben. Stattdessen kann eine wirtschaftliche bzw. nichtwirtschaftliche Betätigung nur Instrument zur Erfüllung bestehender kommunaler Aufgaben sein.

Die Ausgestaltung des öffentlichen Zwecks ist dabei so vielfältig wie der verfassungsrechtlich umrissene Zuständigkeitsbereich der Kommunen. Der „öffentliche Zweck" stellt einen unbestimmten Rechtsbegriff dar, für dessen inhaltliche Bestimmung zuvorderst die Zielsetzung des gemeindlichen Handelns maßgeblich ist.

2 Beteiligungsbericht Berichtsjahr

2.1 Rechtliche Grundlagen zur Erstellung eines Beteiligungsberichtes

Grundsätzlich haben sämtliche Kommunen gemäß § 116 Absatz 1 GO NRW in jedem Haushaltsjahr für den Abschlussstichtag 31. Dezember einen Gesamtabschluss, der die Jahresabschlüsse sämtlicher verselbständigter Aufgabenbereiche in öffentlich-rechtlicher oder privatrechtlicher Form konsolidiert, sowie einen Gesamtlagebericht nach Absatz 2 aufzustellen.

Hiervon abweichend sind Kommunen gemäß § 116a Absatz 1 GO NRW von der Pflicht zur Aufstellung eines Gesamtabschlusses und Gesamtlageberichts befreit, wenn am Abschlussstichtag ihres Jahresabschlusses und am vorhergehenden Abschlussstichtag jeweils mindestens zwei der drei im Gesetz genannten Merkmale zutreffen.

Über das Vorliegen der Voraussetzungen für die Befreiung von der Pflicht zur Aufstellung eines Gesamtabschlusses entscheidet der Rat gemäß § 116a Absatz 2 Satz 1 GO NRW für jedes Haushaltsjahr bis zum 30. September des auf das Haushaltsjahr folgenden Jahres.

Der Rat der Kommune hat am Datum gemäß § 116a Absatz 2 Satz 1 GO NRW entschieden, von der nach § 116a Absatz 1 GO NRW vorgesehenen Befreiung von der Pflicht zur Aufstellung eines Gesamtabschlusses und Gesamtlageberichts Gebrauch zu machen. Daher hat die Kommune gemäß § 116a Absatz 3 GO NRW einen Beteiligungsbericht nach § 117 GO NRW zu erstellen.

Der Beteiligungsbericht hat gemäß § 117 Absatz 2 GO NRW grundsätzlich folgende Informationen zu sämtlichen verselbständigten Aufgabenbereichen in öffentlich-rechtlicher und privatrechtlicher Form zu enthalten:

1. die Beteiligungsverhältnisse,

2. die Jahresergebnisse der verselbständigten Aufgabenbereiche,

3. eine Übersicht über den Stand der Verbindlichkeiten und die Entwicklung des Eigenkapitals jedes verselbständigten Aufgabenbereiches sowie

4. eine Darstellung der wesentlichen Finanz- und Leistungsbeziehungen der Beteiligungen untereinander und mit der Gemeinde.

Über den Beteiligungsbericht ist nach § 117 Absatz 1 Satz 3 GO NRW ein gesonderter Beschluss des Rates in öffentlicher Sitzung herbeizuführen. Der Rat der Kommune hat am Datum den Beteiligungsbericht Berichtsjahr beschlossen.

2.2 Gegenstand und Zweck des Beteiligungsberichtes

Der Beteiligungsbericht enthält die näheren Informationen über sämtliche unmittelbaren und mittelbaren Beteiligungen an sämtlichen verselbständigten Aufgabenbereichen in öffentlich-rechtlicher und privatrechtlicher Form der Kommune. Er lenkt den Blick jährlich auf die einzelnen Beteiligungen, indem er Auskunft über alle verselbständigten Aufgabenbereiche der Kommune, deren Leistungsspektrum und deren wirtschaftliche Situation und Aussichten gibt, unabhängig davon, ob diese dem Konsolidierungskreis für einen Gesamtabschluss angehören würden. Damit erfolgt eine differenzierte Darstellung der Leistungsfähigkeit der Kommune durch die Abbildung der Daten der einzelnen Beteiligungen.

Die Gliederung des Beteiligungsberichtes und die Angaben zu den einzelnen Beteiligungen ermöglichen, dass eine Beziehung zwischen den gebotenen Informationen und den dahinterstehenden Aufgaben hergestellt werden kann. Dies ermöglicht durch den Vergleich der Leistungen mit den Aufgaben auch die Feststellung, ob die Erfüllung der Aufgaben der Kommune durch die verschiedenen Organisationsformen nachhaltig gewährleistet ist.

Der Beteiligungsbericht unterstützt damit eine regelmäßige Aufgabenkritik und eine Analyse der Aufbauorganisation der Kommune insgesamt durch die Mitglieder der Vertretungsgremien.

Adressat der Aufstellungspflicht ist die Kommune. Um diese Pflicht erfüllen zu können, müssen der Kommune die entsprechenden Informationen zur Verfügung stehen.

Hierzu kann die Kommune unmittelbar von jedem verselbständigten Aufgabenbereich alle Aufklärungen und Nachweise verlangen, die die Aufstellung des Beteiligungsberichtes erfordert (vgl. § 117 Absatz 1 Satz 2 i.V.m. § 116 Absatz 6 Satz 2 GO NRW).

Die verwendeten wirtschaftlichen Daten beruhen auf den im Laufe des Jahres Berichtsjahr festgestellten Abschlüssen für das Geschäftsjahr Berichtsjahr. Die Angaben zur Besetzung der Überwachungsorgane weisen das gesamte Jahr Berichtsjahr aus.

3 Das Beteiligungsportfolio der Kommune

[**Bearbeitungshinweis:** Hier kann optional eine grafische Übersicht über die Beteiligungsverhältnisse der Kommune (bspw. als Organigramm) eingefügt werden.]

3.1 Änderungen im Beteiligungsportfolio

[**Bearbeitungshinweis:** Hier sind sämtliche Zugänge, Abgänge und Veränderungen in den Beteiligungsquoten zu dokumentieren und zu erläutern. Dabei sind folgende Angaben zu berücksichtigen: das Jahr des Zu-/Abgangs bzw. der Veränderung (entspricht im Wesentlichen dem Berichtsjahr), die Beteiligungsquote (bei mittelbaren Beteiligungen die durchgerechnete Beteiligungsquote) sowie die Beteiligungsart (unmittelbar oder mittelbar). Die nachfolgenden Textbausteine dienen nur als Muster und können von der Kommune – unter Beibehaltung der verbindlichen Angaben – durch individuelle Formulierungen ersetzt werden.]

Im Jahr Berichtsjahr hat es verschiedene [optional: keine] Änderungen bei den unmittelbaren und mittelbaren Beteiligungen der Kommune gegeben.

Zugänge

Im Jahr Berichtsjahr wurde die Beteiligung_neu gegründet. Die Kommune ist zu xxx,x % beteiligt [optional: Die Kommune ist zu xxx,x % (durchgerechnete Beteiligungsquote) mittelbar beteiligt. Die Beteiligung_neu wird von der Beteiligung gehalten]. Die Beteiligung_neu wird daher neu in den Beteiligungsbericht aufgenommen.

Veränderung in Beteiligungsquoten

Bei der Beteiligung_verändert haben sich im Jahr Berichtsjahr die Beteiligungsquoten geändert. Die Kommune ist neu mit xxx,x % beteiligt [optional: Die Kommune ist neu mit xxx,x % (durchgerechnete Beteiligungsquote) mittelbar beteiligt. Die Beteiligung_verändert wird von der Beteiligung gehalten].

Abgänge

Die unmittelbare [optional: mittelbare] Beteiligung der Kommune an der Beteiligung_alt endete im Jahr Berichtsjahr.

Aufgrund der Handelsregisterlöschung der Beteiligung_alt wird diese Beteiligung im Beteiligungsbericht nicht mehr dargestellt.

[Optional: Ausblick auf geplante Änderungen]

3.2 Beteiligungsstruktur

Tabelle 1:

Übersicht der Beteiligungen der Kommune mit Angabe der Beteiligungsverhältnisse und Jahresergebnisse

[**Bearbeitungshinweis:** Hier sind sämtliche Beteiligungen der kommunalen Gebietskörperschaft aufzuführen. Je nach Umfang der örtlichen Beteiligungsstrukturen kann die Kommune auch zwei Tabellen anlegen – eine für die unmittelbaren Beteiligungen sowie eine für die mittelbaren Beteiligungen. Macht die Kommune hiervon Gebrauch, entfällt jeweils die Spalte „Beteiligungsart".

Die Sortierung bzw. Gliederung obliegt der kommunalen Gebietskörperschaft. Die Beteiligungen können bspw. absteigend nach dem (durchgerechneten) Anteil am Stammkapital oder nach einzelnen Wirtschaftssektoren dargestellt werden.

Die Ausleihungen sowie Wertpapiere des Anlagevermögens sollen hier lediglich nachrichtlich aufgeführt werden.]

Lfd. Nr.	**Beteiligung**	**Höhe des Stammkapitals und des Jahresergebnisses am 31.12. Berichtsjahr**	**(durchgerechneter) Anteil der Kommune am Stammkapital**		**Beteiligungsart**
		TEURO	TEURO	%	
1	Beispielunternehmen GmbH	1.000	1.000	100,0	Unmittelbar
	Jahresergebnis Berichtsjahr	+ 300			
2	Beispielunternehmen AG	5.000	1.000	20,0	Mittelbar
	Jahresergebnis Berichtsjahr	+ 100			
3					
	Jahresergebnis Berichtsjahr				
4					
	Jahresergebnis Berichtsjahr				
5					
	Jahresergebnis Berichtsjahr				
6					
	Jahresergebnis Berichtsjahr				
7					
	Jahresergebnis Berichtsjahr				

3.3 Wesentliche Finanz- und Leistungsbeziehungen

Tabelle 2:

Übersicht über die wesentlichen Finanz- und Leistungsbeziehungen im Kommunalkonzern Kommune (in TEUR)

[**Bearbeitungshinweis:** Die Entscheidung über die Wesentlichkeit ist von der Kommune unter Einbeziehung und Abwägung der örtlichen Kenntnisse und Gegebenheiten zu treffen und zu erläutern. Die angeführten Leistungskennzahlen sind verbindlich, können aber bei Bedarf durch die Kommune ergänzt werden.]

	gegenüber	Stadt	Service GmbH	Verwaltungs-GmbH	Beförderungs-GmbH	Energie AG
Stadt	Forderungen					
	Verbindlichkeiten					
	Erträge					
	Aufwendungen					
Service GmbH	Forderungen					
	Verbindlichkeiten					
	Erträge					
	Aufwendungen					
Verwaltungs-GmbH	Forderungen					
	Verbindlichkeiten					
	Erträge					
	Aufwendungen					
Beförderungs-GmbH	Forderungen					
	Verbindlichkeiten					
	Erträge					
	Aufwendungen					
Energie AG	Forderungen					
	Verbindlichkeiten					
	Erträge					
	Aufwendungen					

3.4 Einzeldarstellung

[**Bearbeitungshinweis:** Nachfolgend soll die Einzeldarstellung für die wesentlichen unmittelbaren Beteiligungen erfolgen. Die Sortierung bzw. Gliederung der nachfolgend aufgeführten Beteiligungen obliegt der kommunalen Gebietskörperschaft. Die Beteiligungen können bspw. absteigend nach dem Anteil am Stammkapital oder nach einzelnen Wirtschaftssektoren dargestellt werden.

Als wesentlich gelten Beteiligungen, wenn diese die Voraussetzungen des § 51 KomHVO erfüllen oder eine strategische Relevanz haben bzw. an der deren Berichterstattung ein besonderes Interesse besteht. Die Entscheidung der Wesentlichkeit ist von der Kommune unter Einbeziehung und Abwägung der örtlichen Kenntnisse und Gegebenheiten zu treffen und zu erläutern. Sofern es örtlich sachgerechter erscheint, unmittelbare und mittelbare Beteiligungen zusammenhängend darzustellen (Bsp. Holding), kann auf die nachfolgende Differenzierung hinsichtlich unmittelbarer Beteiligungen (Kapitel 3.4.1) und mittelbarer Beteiligungen (Kapitel 3.4.2) verzichtet werden.]

3.4.1 Unmittelbare Beteiligungen der Kommune zum 31. Dezember Berichtsjahr

Die unmittelbaren Beteiligungen werden in der Bilanz unter der langfristigen Vermögensposition „Finanzanlagen"

- als „Anteile an verbundenen Unternehmen" ausgewiesen. In dieser Bilanzposition kommen Beteiligungen zum Ausweis, bei denen die Kommune einen beherrschenden Einfluss auf die Beteiligung ausüben kann. Dieser liegt in der Regel vor, wenn die Kommune mehr als 50 % der Anteile hält,
- als „Beteiligungen" ausgewiesen. In dieser Bilanzposition kommen Anteile an Unternehmen und Einrichtungen zum Ausweis, die die Kommune mit der Absicht hält, eine auf Dauer angelegte, im Regelfall über ein Jahr hinausgehende Verbindung einzugehen und bei denen es sich nicht um verbundene Unternehmen handelt.
- als „Sondervermögen" ausgewiesen. Hierbei handelt es sich um Kommunalvermögen, das zur Erfüllung eines bestimmten Zwecks dient und daher getrennt vom allgemeinen Haushalt der Kommune geführt wird. Sondervermögen sind gemäß § 97 GO NRW das Gemeindegliedervermögen, das Vermögen rechtlich unselbstständiger örtlicher Stiftungen, Eigenbetriebe (§ 114 GO NRW) und organisatorisch verselbstständigte Einrichtungen (§ 107 Abs. 2 GO NRW) ohne eigene Rechtspersönlichkeit,
- als „Wertpapiere des Anlagevermögens" ausgewiesen. Hierbei handelt es sich um Unternehmensanteile, die auf Dauer angelegt werden, durch die jedoch keine dauernde

Verbindung der Kommune zum Unternehmen hergestellt werden soll. Aufgrund dessen werden diese lediglich in Tabelle 1 nachrichtlich ausgewiesen.

als „Ausleihungen" ausgewiesen. Hierbei handelt es sich um langfristige Finanzforderungen der Kommune gegenüber Dritten, die durch den Einsatz kommunalen Kapitals an diese entstanden sind und dem Geschäftsbetrieb der Kommune dauerhaft dienen sollen. Mit Ausnahme von GmbH-Anteilen, die nicht als verbundene Unternehmen oder Beteiligungen ausgewiesen werden, weil sie lediglich als Kapitalanlage gehalten werden, handelt es sich bei den Ausleihungen nicht um Beteiligungen im Sinne der GO NRW. Aufgrund dessen werden diese lediglich in Tabelle 1 nachrichtlich ausgewiesen.

3.4.1.1 [bitte Name der Beteiligung aus Tabelle 1 – lfd. Nr. 1 – hier eintragen]

Optional: Basisdaten

Anschrift
Gründungsjahr
...

Zweck der Beteiligung

[**Bearbeitungshinweis:** Hier ist der Zweck des Unternehmens bzw. der Einrichtung, der sich aus dem Gesellschaftsvertrag und/ oder dem Handelsregistereintrag ergibt, zu benennen.]

Ziel der Beteiligung und Erfüllung des öffentlichen Zwecks

[**Bearbeitungshinweis:** Hier ist zu erläutern, ob und inwiefern der geforderte öffentliche Zweck als eine der Prämissen für die wirtschaftliche bzw. nichtwirtschaftliche Betätigung von Kommunen bei der vorliegenden Beteiligung erfüllt wird.]

Darstellung der Beteiligungsverhältnisse

[**Bearbeitungshinweis:** Hier sind alle Anteilseigner mit ihren Anteilen in Prozent zu nennen. Zudem sind die von der Beteiligung gehaltenen Beteiligungen unter Angabe des Beteiligungsanteils anzuführen.]

Darstellung der wesentlichen Finanz- und Leistungsbeziehungen

[**Bearbeitungshinweis:** Hier sind die in der Tabelle 2 dargestellten Finanz- und Leistungsbeziehungen zu erläutern. Gewinnausschüttungen und Verlustübernahmen sind gesondert zu erläutern.]

Übersicht über den Stand der Verbindlichkeiten und die Entwicklung des Eigenkapitals

Vermögenslage							**Kapitallage**
Aktiva							**Passiva**
	Berichtsjahr	**Vorjahr**	**Veränderung Berichts- zu Vorjahr**		**Berichtsjahr**	**Vorjahr**	**Veränderung Berichts- zu Vorjahr**
	TEURO	TEURO	TEURO		TEURO	TEURO	TEURO
Anlagevermögen				**Eigenkapital**			
Umlaufvermögen				**Sonderposten**			
				Rückstellungen			
				Verbindlichkeiten			
Aktive Rechnungsabgrenzung				**Passive Rechnungsabgrenzung**			
Bilanzsumme				**Bilanzsumme**			

Nachrichtlicher Ausweis Bürgschaften:

[**Bearbeitungshinweis:** Es sind die Höhe der jeweiligen Bürgschaft sowie der Bürgschaftsnehmer, Bürgschaftsgeber (ggf. obsolet, weil es die Kommune ist) und Gläubiger der Hauptforderung zu benennen. Sollten sich Anzeichen dafür ergeben, dass der Bürgschaftsfall eintreten könnte, so ist hierauf hinzuweisen]

Entwicklung der Gewinn- und Verlustrechnung

[**Bearbeitungshinweis:** Je nach Rechtsform ist die Darstellung anzupassen, z.B. für Eigenbetriebe oder Zweckverbände, die nach NKF Rechnung legen.]

	Berichtsjahr	**Vorjahr**	**Veränderung Berichts- zu Vorjahr**
	TEURO	TEURO	TEURO
1. Umsatzerlöse			
2. sonstige betriebliche Erträge			
3. Materialaufwand			
4. Personalaufwand			
5. Abschreibungen			
6. sonstige betriebliche Aufwendungen			

7. Finanzergebnis
8. Ergebnis vor Ertragssteuern
9. Jahresüberschuss (+)/-fehlbetrag (-)

Kennzahlen

	Berichtsjahr	Vorjahr	Veränderung Berichts- zu Vorjahr
	%	%	%
Eigenkapitalquote			
Eigenkapitalrentabilität			
Anlagendeckungsgrad 2			
Verschuldungsgrad			
Umsatzrentabilität			

Personalbestand

Zum 31. Dezember Berichtsjahr waren xxx Mitarbeiterinnen und Mitarbeiter (Vorjahr: xxx) für das Unternehmen tätig.

Geschäftsentwicklung

[**Bearbeitungshinweis:** Hier erfolgt eine kurze, aber nachvollziehbare Darstellung der Geschäftsentwicklung für das abgeschlossene Geschäftsjahr (u.a. auch Entwicklung des Eigenkapitals, des Jahresergebnisses und der Verbindlichkeiten). Auf Besonderheiten, die die Lage der Beteiligung beeinflusst haben, ist kurz einzugehen. Außerdem ist eine kurze, aber nachvollziehbare Wiedergabe der Chancen und Risiken für die künftige Entwicklung der Beteiligung sowie ggf. diesbezügliche Bewertung aus Sicht der kommunalen Gebietskörperschaft vorzunehmen.

An dieser Stelle kann der Lagebericht der jeweiligen Beteiligung verwendet werden.]

Organe und deren Zusammensetzung

[**Bearbeitungshinweis:** Hier sind die Organe der Beteiligung aufzuführen und deren Mitglieder namentlich zu benennen.]

Information der Öffentlichkeit über die Zusammensetzung von Aufsichts- und Verwaltungsräten nach Geschlecht

Gemäß § 12 Absatz 6 des Gesetzes über die Gleichstellung von Frauen und Männern für das Land Nordrhein-Westfalen (Landesgleichstellungsgesetz – LGG) ist die Öffentlichkeit über die Zusammensetzung von Aufsichts- und Verwaltungsräten nach Geschlecht regelmäßig in geeigneter Form zu unterrichten.

Dem Aufsichtsgremium in diesem Unternehmen gehören von den insgesamt XX Mitgliedern XX Frauen an (Frauenanteil: XX %).

Variante 1: Damit wird der im § 12 Absatz 1 LGG geforderte Mindestanteil von Frauen in Höhe von 40 Prozent erreicht/überschritten.

Variante 2: Damit wird der im § 12 Absatz 1 LGG geforderte Mindestanteil von Frauen in Höhe von 40 Prozent nicht erreicht/unterschritten.

Vorliegen eines Gleichstellungsplanes nach § 2 Absatz 2 und § 5 LGG

Gemäß § 2 Absatz 2 LGG haben die Gemeinden und Gemeindeverbände beziehungsweise ihre Vertreterinnen und Vertreter in den Unternehmensgremien bei der Gründung von Unternehmen in Rechtsformen des privaten Rechts in unmittelbarer und mittelbarer Beteiligung dafür Sorge zu tragen, dass die entsprechende Anwendung des LGG in der Unternehmenssatzung verankert wird.

Gehört einer Gemeinde oder einem Gemeindeverband allein oder gemeinsam mit anderen Gebietskörperschaften die Mehrheit der Anteile eines Unternehmens in einer Rechtsform des privaten Rechts, wirken die Vertreterinnen und Vertreter darauf hin, dass in dem Unternehmen die Ziele des LGG beachtet werden. Dies gilt sowohl für unmittelbare als auch für mittelbare Beteiligungen. Für Unternehmen, die auf eine Beendigung ihrer Geschäftstätigkeit ausgerichtet sind, findet § 2 Absatz 2 LGG keine Anwendung.

Ein Gleichstellungsplan nach § 5 LGG wurde für die Jahre xxxx bis xxxx erstellt. Ein Gleichstellungsplan nach § 5 LGG befindet sich in Erstellung und soll voraussichtlich im Jahr xxxx in Kraft treten. Der Gleichstellungsplan nah § 5 LGG befindet sich derzeit in Fortschreibung.

3.4.1.2 [bitte Name der Beteiligung aus Tabelle 1 – lfd. Nr. 2 – hier eintragen]

3.4.2 Mittelbare Beteiligungen der Kommune zum 31. Dezember Berichtsjahr

[**Bearbeitungshinweis:** Zu den wesentlichen bzw. strategisch bedeutsamen mittelbaren Beteiligungen sind ergänzende Angaben zu folgenden Gesichtspunkten zu erstellen: Zweck der Beteiligung, Bilanzsumme, Eigen- und Fremdkapital, Jahresergebnis und laufende und/oder absehbare Chancen und Risiken für den kommunalen Kernhaushalt bzw. Holding. Darüber hinaus können optional weitere Aspekte analog zur Einzeldarstellung der unmittelbaren Beteiligungen beleuchtet werden.

Die Beurteilung, ob es sich um eine wesentliche Beteiligung handelt, ist auf der Grundlage der örtlichen Verhältnisse und Erfahrungen vorzunehmen. Als Anhaltspunkt kann eine durchgerechnete Beteiligungsquote von mehr als 20 % dienen. Eine Beteiligung kann allerdings auch bei einer geringeren durchgerechneten Beteiligungsquote eine wesentliche Bedeutung haben. Dies beispielsweise dann der Fall, wenn die mittelbare Beteiligung für den Kernhaushalt nicht unerhebliche Erträge an diesen abführt bzw. nicht unerhebliche Aufwendungen aus diesem erhält und somit eine nicht nur nachrangige finanzielle Bedeutung für den Kernhaushalt hat. Weiterhin könnte die mittelbare Beteiligung eine strategische Relevanz haben bzw. an der Berichterstattung ein besonderes Interesse bestehen.]

3.4.2.1 [bitte Name der Beteiligung aus Tabelle 1 – lfd. Nr. 3 – hier eintragen]

Optional: Basisdaten

Zweck der Beteiligung

Ziel der Beteiligung und Erfüllung des öffentlichen Zwecks

Optional: Darstellung der Beteiligungsverhältnisse

Optional: Darstellung der wesentlichen Finanz- und Leistungsbeziehungen

Übersicht über den Stand der Verbindlichkeiten und die Entwicklung des Eigenkapitals

Optional: Entwicklung der Gewinn- und Verlustrechnung

Optional: Kennzahlen

Optional: Personalbestand

Geschäftsentwicklung

Optional: Organe und deren Zusammensetzung

Optional: Information der Öffentlichkeit über die Zusammensetzung von Aufsichts- und Verwaltungsräten nach Geschlecht

Optional: Vorliegen eines Gleichstellungsplanes nach § 2 Absatz 2 und § 5 LGG

3.4.2.2 [bitte Name der Beteiligung aus Tabelle 1 — lfd. Nr. 4 — hier eintragen]

4 Optional: Organisation der Beteiligungsverwaltung

[**Bearbeitungshinweis:** Hier kann die Organisation der Beteiligungsverwaltung – bspw. durch eine grafische Übersicht zur Aufbauorganisation des Beteiligungsmanagements – dargestellt und Zuständigkeiten bzw. Ansprechpartner aufgeführt werden.]

5 Optional: Public Corporate Governance Kodex

[**Bearbeitungshinweis:** Hier besteht die Möglichkeit, den PCGK der Kommune abzubilden.]

2.3 NKF-Kennzahlenset

Kommunales Haushaltsrecht NKF-Kennzahlenset Nordrhein-Westfalen (NKF-Kennzahlen)

Runderlass des Innenministeriums 34 – 48.04.05/01 – 2323/08 vom 1. Oktober 2008

1. Vorbemerkungen

Im Rahmen der Anzeige- und Genehmigungspflichten nach der Gemeindeordnung haben die Aufsichtsbehörden die Aufgabe, anhand der ihnen vorgelegten Unterlagen das Handeln der Gemeinden (GV) nach Rechtmäßigkeit und Plausibilität zu prüfen und ggf. gegenüber der einzelnen Gemeinde mit den ihr zur Verfügung stehenden Mitteln tätig zu werden. Durch die aufsichtsrechtliche Prüfung soll neben der Einhaltung des haushaltsrechtlichen Rahmens auch eine nachhaltige Haushaltswirtschaft der Gemeinden erreicht werden. Gefährdungen der geordneten Haushaltswirtschaft von Gemeinden und Risiken für ihre Zukunft sollen durch die aufsichtsrechtliche Prüfung frühzeitig erkannt werden. Die Tätigkeit der Aufsichtsbehörden soll durch ausgewählte Kennzahlen, die in dem nachfolgenden NKF-Kennzahlenset enthalten sind, unterstützt werden. Bei der Prüfung der jeweiligen, örtlichen Haushaltswirtschaft kann es sinnvoll und geboten sein, anlassbezogen weitere Kennzahlen heranzuziehen, die in diesem Erlass nicht genannt sind.

2. NKF–Kennzahlenset

In gemeinsamer Arbeit von Aufsichtsbehörden der Gemeinden (GV) sowie der Gemeindeprüfungsanstalt als überörtliche Prüfungseinrichtung und Vertretern der örtlichen Rechnungsprüfung (VERPA) ist für die Beurteilung der wirtschaftlichen Lage der Kommunen ein NKF-Kennzahlenset erarbeitet worden. Darin sind die für die Prüfung wichtigen Kennzahlen zusammengefasst worden. Nach intensiver gemeinsamer Überarbeitung wird für die Haushaltsbeurteilung nunmehr das Kennzahlenset nach dem nachfolgenden Schema zugrunde gelegt:

NKF-Kennzahlenset Nordrhein-Westfalen		
Nr.	**NKF-Kennzahlenset**	**Analysebereich**
1.	Aufwandsdeckungsgrad	Haushaltswirtschaftliche Gesamtsituation
2.	Eigenkapitalquote 1	
3.	Eigenkapitalquote 2	
4.	Fehlbetragsquote	
5.	Infrastrukturquote	Kennzahlen zur Vermögenslage
6.	Abschreibungsintensität	
7.	Drittfinanzierungsquote	
8.	Investitionsquote	
9.	Anlagendeckungsgrad 2	Kennzahlen zur Finanzlage

NKF-Kennzahlenset Nordrhein-Westfalen		
Nr.	**NKF-Kennzahlenset**	**Analysebereich**
10.	Dynamischer Verschuldungsgrad	
11.	Liquidität 2. Grades	
12.	Kurzfristige Verbindlichkeitsquote	
13.	Zinslastquote	
14.	Steuerquote bzw. Allg. Umlagenquote	Kennzahlen zur Ertragslage
15.	Zuwendungsquote	
16.	Personalintensität	
17.	Sach- und Dienstleistungsintensität	
18.	Transferaufwandsquote	

Dieses Kennzahlenset macht eine Bewertung des Haushalts und der wirtschaftlichen Lage jeder Gemeinde nach einheitlichen Kriterien möglich, auch wenn dies durch unterschiedliche Stellen vorgenommen wird. Die Aufsichtsbehörden sollen das NKF-Kennzahlenset bei der Beurteilung von kommunalen Haushalten einsetzen.

Bei der Auswertung der Kennzahlen ist darauf zu achten, dass das Kennzahlenset nur bei vollständiger Anwendung Schlüsse über die haushaltswirtschaftliche Situation einer Gemeinde zulässt. Die isolierte Betrachtung einzelner Kennzahlen könnte zu Fehlinterpretationen führen. Es ist dabei zu berücksichtigen, ob es um die Beurteilung einer Haushaltssatzung oder eines Jahresabschlusses geht. Bei beiden Betrachtungen bietet es sich an, die Kennzahlen mit Hilfe von Zeitreihen zu bewerten (z.B. Zeitreihe aus dem Haushaltsplan). Zur Veranschaulichung ist diesem Erlass hierzu ein Muster beigefügt (Muster 1).

3. Die einzelnen Kennzahlen

Für die Haushaltsanalyse sollen folgende Kennzahlen herangezogen werden:

3.1 Aufwandsdeckungsgrad (ADG)

Diese Kennzahl zeigt an, zu welchem Anteil die ordentlichen Aufwendungen durch ordentliche Erträge gedeckt werden können. Ein finanzielles Gleichgewicht kann nur durch eine vollständige Deckung erreicht werden.

$$\textbf{Aufwandsdeckungsgrad} = \frac{\text{Ordentliche Erträge} \times 100}{\text{Ordentliche Aufwendungen}}$$

Ermittlung der Kennzahl:

Unter der Wertgröße „Ordentliche Erträge" sind die Erträge nach § 2 Abs. 1 Nr. 1 bis 9 GemHVO (Ergebnisplan) bzw. § 38 Abs. 1 S. 3 GemHVO (Ergebnisrechnung) zu erfassen. Unter der Wertgröße „Ordentliche Aufwendungen" sind die Aufwendungen nach § 2 Abs. 1 Nr. 10 bis 15 GemHVO (Ergebnisplan) bzw. § 38 Abs. 1 S. 3 GemHVO (Ergebnisrechnung) zu erfassen.

3.2 Eigenkapitalquote 1 (EkQ1)

Die Kennzahl „Eigenkapitalquote 1" misst den Anteil des Eigenkapitals am gesamten bilanzierten Kapital (Gesamtkapital) auf der Passivseite der kommunalen Bilanz. Die Kennzahl kann bei einer Gemeinde ein wichtiger Bonitätsindikator sein.

$$\textbf{Eigenkapitalquote 1} = \frac{\text{Eigenkapital} \times 100}{\text{Bilanzsumme}}$$

Ermittlung der Kennzahl:
Unter der Wertgröße „Eigenkapital" sind die Ansätze der Bilanzposten nach § 41 Abs. 4 Nr. 1 GemHVO zu erfassen. Unter der Wertgröße „Bilanzsumme" ist die Summe der Passivseite der Bilanz nach § 41 Abs. 4 GemHVO zu erfassen.

3.3 Eigenkapitalquote 2 (EkQ2)

Die Kennzahl „Eigenkapitalquote 2" misst den Anteil des „wirtschaftlichen Eigenkapitals" am gesamten bilanzierten Kapital (Gesamtkapital) auf der Passivseite der kommunalen Bilanz. Weil bei den Gemeinden die Sonderposten mit Eigenkapitalcharakter oft einen wesentlichen Ansatz in der Bilanz darstellen, wird die Wertgröße „Eigenkapital" um diese „langfristigen" Sonderposten erweitert.

$$\textbf{Eigenkapitalquote 2} = \frac{(\text{Eigenkapital} + \text{Sopo Zuwendungen/Beiträge}) \times 100}{\text{Bilanzsumme}}$$

Ermittlung der Kennzahl:
Unter der Wertgröße „Eigenkapital" sind die Ansätze der Bilanzposten nach § 41 Abs. 4 Nr. 1 GemHVO zu erfassen. Unter der Wertgröße „Sopo Zuwendungen/Beiträge" sind die Ansätze der Bilanzposten nach § 41 Abs. 4 Nrn. 2.1 und 2.2 GemHVO zu erfassen. Unter der Wertgröße „Bilanzsumme" ist die Summe der Passivseite der Bilanz nach § 41 Abs. 4 GemHVO zu erfassen.

3.4 Fehlbetragsquote (FbQ)

Diese Kennzahl gibt Auskunft über den durch einen Fehlbetrag in Anspruch genommenen Eigenkapitalanteil. Da mögliche Sonderrücklagen hier jedoch unberücksichtigt bleiben müssen, bezieht die Kennzahl ausschließlich die Ausgleichsrücklage und die allgemeine Rücklage ein. Zur Ermittlung der Quote wird das negative Jahresergebnis ins Verhältnis zu diesen beiden Bilanzposten gesetzt.

$$\textbf{Fehlbetragsquote} = \frac{\text{Negatives Jahresergebnis} \times (-\,100)}{\text{Ausgleichsrücklage} + \text{Allg. Rücklage}}$$

Ermittlung der Kennzahl:
Unter der Wertgröße „Negatives Jahresergebnis" ist die Summe aus ordentlichem Ergebnis und außerordentlichem Ergebnis nach § 2 Abs. 2 Nr. 5 GemHVO (Ergebnisplan) bzw. § 38 Abs. 1 S. 3 GemHVO (Ergebnisrechnung) zu erfassen. Unter der Wertgröße „Ausgleichsrücklage" ist der Ansatz in der Bilanz nach § 41 Abs. 4 Nr. 1.3 GemHVO zu erfassen. Unter der Wertgröße „Allgemeine Rücklage" ist der Ansatz in der Bilanz nach § 41 Abs. 4 Nr. 1.1 GemHVO zu erfassen.

3.5 Infrastrukturquote (IsQ)

Diese Kennzahl stellt ein Verhältnis zwischen dem Infrastrukturvermögen und dem Gesamtvermögen auf der Aktivseite der Bilanz her. Sie gibt Aufschluss darüber, ob die Höhe des Infrastrukturvermögens den wirtschaftlichen Rahmenbedingungen der Gemeinde entspricht. In Einzelfällen kann es sachgerecht sein, auch die Gebietsgröße der Gemeinde oder andere örtliche Besonderheiten bei der Bewertung dieser Kennzahl zu berücksichtigen.

$$\textbf{Infrastrukturquote} = \frac{\text{Infrastrukturvermögen} \times 100}{\text{Bilanzsumme}}$$

Ermittlung der Kennzahl:
Unter der Wertgröße „Infrastrukturvermögen" sind die Ansätze der Bilanzposten nach § 41 Abs. 3 Nr. 1.2.3 GemHVO zu erfassen. Unter der Wertgröße „Bilanzsumme" ist die Summe der Aktivseite der Bilanz nach § 41 Abs. 3 GemHVO zu erfassen.

3.6 Abschreibungsintensität (AbI)

Die Kennzahl zeigt an, in welchem Umfang die Gemeinde durch die Abnutzung des Anlagevermögens belastet wird.

$$\textbf{Abschreibungsintensität} = \frac{\text{Bilanzielle Abschreibungen auf Anlagevermögen} \times 100}{\text{Ordentliche Aufwendungen}}$$

Ermittlung der Kennzahl:
Unter der Wertgröße „Bilanzielle Abschreibungen auf Anlagevermögen" sind die Aufwendungen nach § 2 Abs. 1 Nr. 13 GemHVO (Ergebnisplan) bzw. § 38 Abs. 1 S. 3 GemHVO (Ergebnisrechnung) zu erfassen, die in einem unmittelbaren Bezug zum Anlagevermögen der Ansätze der Bilanzposten nach § 41 Abs. 3 Nr. 1 GemHVO stehen. Diese Werte sind dem Anlagenspiegel nach § 45 GemHVO zu entnehmen. Liegt ein aktueller Anlagespiegel für die Analyse nicht vor, kann für die Ermittlung der Kennzahl auf die Aufwendungen nach § 2 Abs. 1 Nr. 13 GemHVO (Ergebnisplan) zurückgegriffen werden. Die Abschreibungsintensität ist in diesem Fall entsprechend Ziffer 6 dieses Erlasses als „Plan-Kennzahl" zu kennzeichnen.

3.7 Drittfinanzierungsquote (DfQ)

Die Kennzahl zeigt das Verhältnis zwischen den bilanziellen Abschreibungen und den Erträgen aus der Auflösung von Sonderposten im Haushaltsjahr. Sie gibt einen Hinweis auf die Frage, inwieweit die Erträge aus der Sonderpostenauflösung die Belastung durch Abschreibungen abmildern. Damit wird die Beeinflussung des Werteverzehrs durch die Drittfinanzierung deutlich.

$$\textbf{Drittfinanzierungsquote} = \frac{\text{Erträge aus der Auflösung von Sonderposten x 100}}{\text{Bilanzielle Abschreibungen auf Anlagevermögen}}$$

Ermittlung der Kennzahl:
Unter der Wertgröße „Erträge aus der Auflösung von Sonderposten" sind Erträge zu erfassen, die in einem unmittelbaren Bezug zu den Sonderposten der Ansätze der Bilanzposten nach § 41 Abs. 4 Nr. 2 GemHVO stehen. Dies sind die entsprechenden Erträge gem. Anlage 17 (Kommunaler Kontierungsplan) – Kontengruppe 41 und 43– zum RdErl. IM vom 24.02.2005. Sollte der Gesamtbetrag dieser Erträge nicht in den Haushaltsunterlagen benannt sein, soll die Gemeinde gebeten werden, die notwendigen Betragsangaben, entsprechend der Gliederung des o.a. Bilanzbereiches, nachzuliefern.
Unter der Wertgröße „Bilanzielle Abschreibungen auf Anlagevermögen" sind die Aufwendungen nach § 2 Abs. 1 Nr. 13 GemHVO (Ergebnisplan) bzw. § 38 Abs. 1 S. 3 GemHVO (Ergebnisrechnung) zu erfassen, die in einem unmittelbaren Bezug zum Anlagevermögen der Ansätze der Bilanzposten nach § 41 Abs. 3 Nr. 1 GemHVO stehen. Diese Werte sind dem Anlagenspiegel nach § 45 GemHVO zu entnehmen. Liegt ein aktueller Anlagespiegel für die Analyse nicht vor, kann für die Ermittlung der Kennzahl auf die Aufwendungen nach § 2 Abs. 1 Nr. 13 GemHVO

(Ergebnisplan) zurückgegriffen werden. Die Drittfinanzierungsquote ist in diesem Fall entsprechend Ziffer 6 dieses Erlasses als „Plan-Kennzahl" zu kennzeichnen.

3.8 Investitionsquote (InQ)

Die Kennzahl gibt Auskunft darüber, in welchem Umfang dem Substanzverlust durch Abschreibungen und Vermögensabgängen neue Investitionen gegenüberstehen.

$$\textbf{Investitionsquote} = \frac{\text{Bruttoinvestitionen} \times 100}{\text{Abgänge des AV} + \text{Abschreibungen AV}}$$

Ermittlung der Kennzahl:
Unter der Wertgröße „Bruttoinvestitionen" ist die Summe der Zugänge des Anlagevermögens und der Zuschreibungen auf das Anlagevermögen zu ermitteln. Diese Zugänge und Zuschreibungen sind dem Anlagenspiegel nach § 45 GemHVO zu entnehmen. Die Wertgrößen „Jahresabschreibungen auf Anlagevermögen" und „Abgänge des Anlagevermögens" sind ebenfalls dem Anlagenspiegel nach § 45 GemHVO zu entnehmen

3.9 Anlagendeckungsgrad 2 (AnD2)

Die Kennzahl „Anlagendeckungsgrad II" gibt an, wie viel Prozent des Anlagevermögens langfristig finanziert sind. Bei der Berechnung dieser Kennzahl werden dem Anlagevermögen die langfristigen Passivposten Eigenkapital, Sonderposten mit Eigenkapitalanteilen und langfristiges Fremdkapital gegenübergestellt:

$$\textbf{Anlagendeckungsgrad II} = \frac{(\text{Eigenkapital} + \text{Sopo Zuwendungen/Beiträge} + \text{Langfristiges Fremdkapital}) \times 100}{\text{Anlagevermögen}}$$

Ermittlung der Kennzahl:
Unter der Wertgröße „Eigenkapital" sind die Ansätze der Bilanzposten nach § 41 Abs. 4 Nr. 1 GemHVO zu erfassen. Unter der Wertgröße „Sonderposten Zuwendungen/Beiträge" sind die Ansätze der Bilanzposten nach § 41 Abs. 4 Nrn. 2.1 und 2.2 GemHVO zu erfassen. Unter der Wertgröße „Langfristiges Fremdkapital" sind die Ansätze der Bilanzposten nach § 41 Abs. 4 Nrn. 3.1, 3.2 und 4 GemHVO zu erfassen. Die langfristigen Verbindlichkeiten nach § 41 Abs. 4 Nr. 4 GemHVO müssen eine Restlaufzeit von mehr als fünf Jahren haben und sind dem Verbindlichkeitenspiegel nach § 47 GemHVO zu entnehmen. Unter der Wertgröße „Anlagevermögen" sind die Ansätze der Bilanzposten nach § 41 Abs. 3 Nr. 1 GemHVO zu erfassen.

3.10 Dynamischer Verschuldungsgrad (DVsG)

Mit Hilfe der Kennzahl „Dynamischer Verschuldungsgrad" lässt sich die Schuldentilgungsfähigkeit der Gemeinde beurteilen. Sie hat dynamischen Charakter, weil sie mit dem Saldo aus laufender Verwaltungstätigkeit aus der Finanzrechnung eine zeitraumbezogene Größe enthält. Dieser Saldo zeigt bei jeder Gemeinde an, in welcher Größenordnung freie Finanzmittel aus ihrer laufenden Geschäftstätigkeit im abgelaufenen Haushaltsjahr zur Verfügung stehen und damit zur möglichen Schuldentilgung genutzt werden könnten. Der Dynamische Verschuldungsgrad gibt an, in wie vielen Jahren es unter theoretisch gleichen Bedingungen möglich wäre, die Effektivverschuldung aus den zur Verfügung stehenden Finanzmitteln vollständig zu tilgen (Entschuldungsdauer):

$$\textbf{Dynamischer Verschuldungsgrad} = \frac{\text{Effektivverschuldung}}{\text{Saldo aus laufender Verwaltungstätigkeit (FP/FR)}}$$

Ermittlung der Kennzahl:
Die Kennzahl „Dynamischer Verschuldungsgrad“ wird aus der Division der Wertgröße „Effektive Verschuldung“ der Gemeinde durch die Wertgröße „Saldo aus laufender Verwaltungstätigkeit“ aus der Finanzrechnung (FR) der Gemeinde ermittelt. Die Wertgröße „Effektive Verschuldung“ berechnet sich wie folgt:

	Gesamtes Fremdkapital
./.	Liquide Mittel
./.	kurzfristige Forderungen
=	Effektive Verschuldung

Für diese Berechnung sind unter der Wertgröße „Gesamtes Fremdkapital“ die Ansätze der Bilanzposten nach § 41 Abs. 4 Nrn. 2.3, 3 und 4 GemHVO zu erfassen. Unter der Wertgröße „Liquide Mittel“ ist der Ansatz des Bilanzpostens nach § 41 Abs. 3 Nr. 2.4 GemHVO zu erfassen. Unter der Wertgröße „Kurzfristige Forderungen“ sind die Teilansätze der Bilanzposten nach § 41 Abs. 3 Nr. 2.2 GemHVO zu erfassen, die eine Restlaufzeit von bis zu einem Jahr haben. Letztgenannte Teilansätze sind dem Forderungsspiegel nach § 46 GemHVO zu entnehmen.
Als Wertgröße „Saldo aus laufender Verwaltungstätigkeit (FP/FR)“ der nach § 3 Abs. 2 Nr. 1 GemHVO im Finanzplan bzw. gem. § 39 S. 3 GemHVO in der Finanzrechnung auszuweisende Saldo einzusetzen.

3.11 Liquidität 2. Grades (Li2)

Die Kennzahl gibt stichtagsbezogen Auskunft über die „Kurzfristige Liquidität“ der Gemeinde. Sie zeigt auf, in welchem Umfang die kurzfristigen Verbindlichkeiten zum Bilanzstichtag durch die vorhandenen liquiden Mittel und die kurzfristigen Forderungen gedeckt werden können.

$$\textbf{Liquidität 2. Grades} = \frac{\text{Liquide Mittel + Kurzfristige Forderungen x 100}}{\text{Kurzfristige Verbindlichkeiten}}$$

Ermittlung der Kennzahl:
Unter der Wertgröße „Liquide Mittel“ ist der Ansatz des Bilanzpostens nach § 41 Abs. 3 Nr. 2.4 GemHVO zu erfassen. Unter der Wertgröße „Kurzfristige Forderungen“ sind die Ansätze der Bilanzposten nach § 41 Abs. 3 Nr. 2.2 GemHVO zu erfassen. Die kurzfristigen Forderungen müssen eine Restlaufzeit von bis zu einem Jahr haben (vgl. Forderungsspiegel nach § 46 GemHVO).
Unter der Wertgröße „Kurzfristige Verbindlichkeiten“ sind die Ansätze der Bilanzposten nach § 41 Abs. 4 Nr. 4 GemHVO zu erfassen. Die kurzfristigen Verbindlichkeiten müssen eine Restlaufzeit von bis zu einem Jahr haben (vgl. Verbindlichkeitenspiegel nach § 47 GemHVO).

3.12 Kurzfristige Verbindlichkeitsquote (KVbQ)

Wie hoch die Bilanz durch kurzfristiges Fremdkapital belastet wird, kann mit Hilfe der Kennzahl „Kurzfristige Verbindlichkeitsquote“ beurteilt werden.

$$\textbf{Kurzfristige Verbindlichkeitsquote} = \frac{\text{Kurzfristige Verbindlichkeiten x 100}}{\text{Bilanzsumme}}$$

Ermittlung der Kennzahl:
Unter der Wertgröße „Kurzfristige Verbindlichkeiten" sind die Teilansätze der Bilanzposten nach § 41 Abs. 4 Nr. 4 GemHVO zu erfassen, die eine Restlaufzeit von bis zu einem Jahr haben. Diese Teilansätze sind dem Verbindlichkeitenspiegel nach § 47 GemHVO zu entnehmen. Unter der Wertgröße „Bilanzsumme" ist die Summe der Passivseite der Bilanz nach § 41 Abs. 4 GemHVO zu erfassen.

3.13 Zinslastquote

Die Kennzahl „Zinslastquote" zeigt auf, welche Belastung aus Finanzaufwendungen zusätzlich zu den (ordentlichen) Aufwendungen aus laufender Verwaltungstätigkeit besteht.

$$\textbf{Zinslastquote} = \frac{\text{Finanzaufwendungen x 100}}{\text{Ordentliche Aufwendungen}}$$

Ermittlung der Kennzahl:
Unter der Wertgröße „Finanzaufwendungen" sind die Aufwendungen für Zinsen und sonstige Finanzaufwendungen nach § 2 Abs. 1 Nr. 17 GemHVO (Ergebnisplan) bzw. § 38 Abs. 1 S. 3 GemHVO (Ergebnisrechnung) zu erfassen. Unter der Wertgröße „Ordentliche Aufwendungen" sind die Aufwendungen nach § 2 Abs. 1 Nr. 10 bis 15 GemHVO (Ergebnisplan) bzw. § 38 Abs. 1 S. 3 GemHVO (Ergebnisrechnung) zu erfassen.

3.14 Netto-Steuerquote (NSQ) oder Allgemeine Umlagenquote (AUQ)

Die Netto-Steuerquote gibt an, zu welchem Teil sich die Gemeinde „selbst" finanzieren kann und somit unabhängig von staatlichen Zuwendungen ist. Für eine realistische Ermittlung der Steuerkraft der Gemeinde ist es erforderlich, den Gemeindeanteil an der Gewerbesteuer und den Aufwand für die Finanzierungsbeteiligung am Fonds Deutsche Einheit in Abzug zu bringen.

$$\textbf{Netto-Steuerquote} = \frac{\begin{array}{c}\text{(Steuererträge – GewSt.Umlage –}\\ \text{Finanzierungsbet.Fonds Dt. Einheit)} \times 100\end{array}}{\begin{array}{c}\text{Ordentliche Erträge – GewSt.Umlage –}\\ \text{Finanzierungsbet.Fonds Dt. Einheit}\end{array}}$$

Ermittlung der Kennzahl:
Unter der Wertgröße „Steuererträge" sind die Erträge aus Steuern und ähnlichen Abgaben nach § 2 Abs. 1 Nr. 1 GemHVO (Ergebnisplan) bzw. § 38 Abs. 1 S. 3 GemHVO (Ergebnisrechnung) zu erfassen. Unter der Wertgröße „Ordentliche Erträge" sind die Erträge nach § 2 Abs. 1 Nr. 1 bis 9 GemHVO (Ergebnisplan) bzw. § 38 Abs. 1 S. 3 GemHVO (Ergebnisrechnung) zu erfassen.

Unter den Wertgrößen „Gewerbesteuerumlage" und „Finanzierungsbeteiligung Fonds Deutsche Einheit" sind die Aufwendungen wegen Steuerbeteiligungen der Gemeinde gem. Anlage 17 (Kommunaler Kontierungsplan) – Kontengruppe 53 – zum RdErl. IM vom 24.02.2005 zu erfassen. Sollten diese Beträge nicht in den Haushaltsunterlagen benannt sein, soll die Gemeinde gebeten werden, die notwendigen Angaben nachzuliefern.

Bei Kreisen und anderen Gemeindeverbänden, denen Steuern nicht in einem Umfang wie den Gemeinden zufließen, ist die Netto-Steuerquote durch eine „Allgemeine Umlagenquote" zu ersetzen.

$$\textbf{Allgemeine Umlagenquote} = \frac{\text{Allgemeine Umlage} \times 100}{\text{Ordentliche Erträge}}$$

Ermittlung der Kennzahl:
Unter der Wertgröße „Allgemeine Umlagen" sind die dafür zutreffenden Teilerträge nach § 2 Abs. 1 Nr. 2 GemHVO zu erfassen. Dies sind Erträge aus der Kreisumlage einschließlich Mehrbelastung, der Jugendamtsumlage sowie ggf. der Landschaftsumlage und der Verbandsumlage RVR gem. Anlage 17 (Kommunaler Kontierungsplan) – Kontengruppe 41 – zum RdErl. IM vom 24.02.2005. Unter der Wertgröße „Ordentliche Erträge" sind die gleichen Erträge wie bei der Steuerquote zu erfassen.

3.15 Zuwendungsquote (ZwQ)

Die Zuwendungsquote gibt einen Hinweis darauf, inwieweit die Gemeinde von Zuwendungen und damit von Leistungen Dritter abhängig ist.

$$\textbf{Zuwendungsquote} = \frac{\text{Erträge aus Zuwendungen} \times 100}{\text{Ordentliche Erträge}}$$

Ermittlung der Kennzahl:
Unter der Wertgröße „Erträge aus Zuwendungen" sind die dafür zutreffenden Teilerträge nach § 2 Abs. 1 Nr. 2 GemHVO zu erfassen. Dies sind gem. Anlage 17 (Kommunaler Kontierungsplan) – Kontengruppe – 41 zum RdErl. IM vom 24.02.2005 Erträge aus den Schlüsselzuweisungen vom Land, den Bedarfszuweisungen vom Land und von Gemeinden (GV), den allgemeinen Zuweisungen vom Bund, vom Land und von Gemeinden (GV), den Zuweisungen und Zuschüssen für laufende Zwecke sowie den Erträgen aus der Auflösung von Sonderposten. Unter der Wertgröße „Ordentliche Erträge" sind die Erträge nach § 2 Abs. 1 Nr. 1 bis 9 GemHVO (Ergebnisplan) bzw. § 38 Abs. 1 S. 3 GemHVO (Ergebnisrechnung) zu erfassen.

3.16 Personalintensität (PI)

Die „Personalintensität" gibt an, welchen Anteil die Personalaufwendungen an den ordentlichen Aufwendungen ausmachen. Im Hinblick auf den interkommunalen Vergleich dient diese Kennzahl dazu, die Frage zu beantworten, welcher Teil der Aufwendungen üblicherweise für Personal aufgewendet wird.

$$\textbf{Personalintensität} = \frac{\text{Personalaufwendungen} \times 100}{\text{Ordentliche Aufwendungen}}$$

Ermittlung der Kennzahl:
Unter der Wertgröße „Personalaufwendungen" sind die Aufwendungen nach § 2 Abs. 1 Nr. 10 GemHVO (Ergebnisplan) bzw. § 38 Abs. 1 S. 3 GemHVO (Ergebnisrechnung) zu erfassen. Unter der Wertgröße „Ordentliche Aufwendungen" sind die Aufwendungen nach § 2 Abs. 1 Nr. 10 bis 15 GemHVO (Ergebnisplan) bzw. § 38 Abs. 1 S. 3 GemHVO (Ergebnisrechnung) zu erfassen.

3.17 Sach- und Dienstleistungsintensität (SDI)

Die Kennzahl „Sach- und Dienstleistungsintensität" lässt erkennen, in welchem Ausmaß sich eine Gemeinde für die Inanspruchnahme von Leistungen Dritter entschieden hat.

$$\textbf{Sach- u. Dienstleistungsintensität} = \frac{\text{Aufwendungen für Sach– und Dienstleistungen} \times 100}{\text{Ordentliche Aufwendungen}}$$

Ermittlung der Kennzahl:
Unter der Wertgröße „Aufwendungen für Sach- und Dienstleistungen" sind die Aufwendungen nach § 2 Abs. 1 Nr. 12 GemHVO (Ergebnisplan) bzw. § 38 Abs. 1 S. 3 GemHVO (Ergebnisrechnung) zu erfassen. Unter der Wertgröße „Ordentliche Aufwendungen" sind die Aufwendungen nach § 2 Abs. 1 Nr. 10 bis 15 GemHVO (Ergebnisplan) bzw. § 38 Abs. 1 S. 3 GemHVO (Ergebnisrechnung) zu erfassen.

3.18 Transferaufwandsquote (TAQ)

Die Kennzahl „Transferaufwandsquote" stellt einen Bezug zwischen den Transferaufwendungen und den ordentlichen Aufwendungen her.

$$\textbf{Transferaufwandsquote} = \frac{\text{Transferaufwendungen} \times 100}{\text{Ordentliche Aufwendungen}}$$

Ermittlung der Kennzahl:
Unter der Wertgröße „Transferaufwendungen" sind die Aufwendungen nach § 2 Abs. 1 Nr. 14 GemHVO (Ergebnisplan) bzw. § 38 Abs. 1 S. 3 GemHVO (Ergebnisrechnung) zu erfassen. Unter der Wertgröße „Ordentliche Aufwendungen" sind die Aufwendungen nach § 2 Abs. 1 Nr. 10 bis 15 GemHVO gem. (Ergebnisplan) bzw. § 38 Abs. 1 S. 3 GemHVO (Ergebnisrechnung) zu erfassen.

4. Verpflichtung der Aufsichtsbehörden

Der Aufbau dieses Kennzahlensets erfordert es, die entsprechenden Wertgrößen aus den Haushalten der Kommunen zu ermitteln. Zur Veranschaulichung wird diesem Erlass ein Muster mit den zu erhebenden Wertgrößen beigefügt (Muster 2). Solange es ein landesweites, automatisiertes Verfahren zur Aufnahme und Weiterverarbeitung der erforderlichen Haushaltsdaten noch nicht gibt, obliegt den Aufsichtsbehörden die Aufgabe, die Daten z.B. mit Hilfe einer Standard-Tabellenkalkulationssoftware in das NKF-Kennzahlenset einzustellen, zu pflegen und fortzuführen.

Alle Aufsichtsbehörden bleiben aufgefordert, an der Entwicklung zu einer Zielbestimmung bzw. der Festlegung eines Zielbereichs jeder Kennzahl und an der Festlegung eines darauf aufbauenden Handlungsrahmens mitzuwirken. Sie sollten sich untereinander über den Aufbau des NKF-Kennzahlensets und die Auswertungsmöglichkeiten austauschen. Die erhaltenen Informationen lassen auch über den Bereich einer Aufsichtsbehörde hinaus eine vergleichende Betrachtung der Haushaltslage der Kommunen zu.

5. Hinweise zur Erfassung der Basisdaten

In den elektronischen Erfassungstools zur Kennzahlenermittlung sind die Basisdaten ausschließlich als positive Werte einzugeben (ohne Vorzeichen). Ausnahmen hiervon bilden bereits saldierte Werte (z.B. Finanzergebnis, falls negativ).

Kennzahlen, die einen Nullwert im Nenner der Formel aufweisen und dadurch mathematisch nicht ermittelt werden können, werden mit „n.b." (nicht berechenbar) ausgewiesen. Falls fehlerhafte oder unvollständige Basisdaten dazu führen, dass eine Kennzahl nicht berechnet werden kann, wird die Kennzahl mit „k.A." (keine Angaben) angegeben.

Den Kennzahlensets wird ein kurzes Datenblatt mit Eckdaten zu der betreffenden Kommune vorangestellt, welches folgenden Mindestinhalt aufweist: Kreisfreie Stadt/Kreis/Kreisangehörige Kommune, Einwohnerzahl, ggf. Genehmigtes HSK/nicht genehmigtes HSK, Sog. Optionskommune, Bilanzsumme, Höhe der Allgemeinen Rücklage, Höhe der Ausgleichsrücklage,

Jahresergebnis. Zur Veranschaulichung des Eckdatenblattes wird diesem Erlass ein Muster beigefügt (Muster 3).

6. Maßgebliche Rechengrößen, Kennzeichnung nach Plan- u. Ist-Kennzahlen

Für die Kennzahlenanalyse eines Plan-Haushaltsjahres sind die für die Berechnung der Kennzahlen erforderlichen Wertgrößen dem Ergebnis- bzw. Finanzplan des entsprechenden Haushaltsjahres sowie der Bilanz zum 31.12. des entsprechenden Vorjahres zu entnehmen. Kennzahlen, deren Wertgrößen vollständig oder teilweise aus Plandaten bestehen, werden als Plan-Kennzahlen bezeichnet. Zur Abgrenzung von den Ist-Kennzahlen können sie als Unterscheidungsmerkmal ein „P“ enthalten (z.B. FbQ P).

Für die Kennzahlenanalyse eines Jahresabschlusses sind die für die Berechnung der Kennzahlen erforderlichen Wertgrößen der Ergebnis- bzw. Finanzrechnung und der Bilanz zum 31.12. des entsprechenden Haushaltsjahres zu entnehmen. Kennzahlen, deren Wertgrößen vollständig aus Jahresabschlussdaten bestehen, werden als Ist-Kennzahlen bezeichnet. Zur Abgrenzung von den Plan-Kennzahlen können sie als Unterscheidungsmerkmal ein „I“ enthalten (z.B. FbQ I).

7. Aufhebungsvorschrift

Der RdErl. des Innenministeriums vom 19. 02. 2008 (34–48.04.05/01–2323/07) wird aufgehoben.

Muster 1 NKF-Kennzahlenset NRW

Gemeinde (GV):

Kennzahl	**Vorvor-jahr (IST)**	**Vor-jahr**	**Haus-halts-jahr**	**1. Plan-jahr**	**2. Plan-jahr**	**3. Plan-jahr**
Aufwandsdeckungs-grad						
Eigenkapitalquote I						
Eigenkapitalquote II						
Fehlbetragsquote						
Infrastrukturquote						
Abschreibungsintensi-tät						
Drittfinanzierungs-quote						
Investitionsquote						
Anlagendeckungs-grad II						
Dynamischer Verschuldungsgrad						
Liquidität 2. Grades						
Kurzfristige Verbind-lichkeitsquote						
Zinslastquote						
Netto-Steuerquote bzw. Allg. Umlagen-quote						
Zuwendungsquote						
Personalintensität						
Sach- und Dienstleis-tungsintensität						
Transferaufwands-quote						

Muster 2 NKF Kennzahlenset NRW

Wertgrößen zur Ermittlung von Kennzahlen

Gemeinde (GV):

	Vorvor-jahr (IST)	**Vor-jahr**	**Haus-halts-jahr**	**1. Plan-jahr**	**2. Plan-jahr**	**3. Plan-jahr**
Bilanzdaten						
Infrastrukturvermögen						
Anlagevermögen						
Liquide Mittel						
Allgemeine Rücklage						
Ausgleichsrücklage						
Eigenkapital gesamt						
Sonderposten für Zuwendungen						
Sonderposten für Beiträge						
Pensionsrückstellungen						
Rückstellungen für Deponien und Altlasten						
Fremdkapital gesamt						
Bilanzsumme						
Daten aus dem Ergebnisplan/der Ergebnisrechnung						
Erträge aus Steuern und ähnl. Abgaben (Bei Umlageverbänden: Allg. Umlagen)						
Erträge aus Zuwendungen						
Ordentliche Erträge						
Personalaufwendungen						
Aufwendungen für Sach- und Dienstleistungen						
Bilanzielle Abschreibungen						
Transferaufwendungen						
Ordentliche Aufwendungen						
Aufwendungen für Zinsen und sonstige Finanzaufwendungen						

	Vorvor-jahr (IST)	**Vor-jahr**	**Haus-halts-jahr**	**1. Plan-jahr**	**2. Plan-jahr**	**3. Plan-jahr**
Finanzergebnis						
Außerordentliches Ergebnis						
Daten aus dem Finanz-plan/der Finanzrechnung						
Saldo aus lfd. Verwaltungs-tätigkeit						
Sonstige Daten						
Anlagevermögen: Zugänge im Haushaltsjahr (Anlagenspiegel)						
Anlagevermögen: Zuschrei-bungen im Haushaltsjahr (Anlagespiegel)						
Anlagevermögen: Abgänge im Haushaltsjahr (Anlagenspiegel)						
Anlagevermögen: Ab-schreibungen im Haushalts-jahr (Anlagenspiegel)						
Verbindlichkeiten mit Rest-laufzeit bis zu 1 Jahr (Ver-bindlichkeitenspiegel)						
Verbindlichkeiten mit Restlaufzeit von mehr als 5 Jahren (Verb.-Spiegel)						
Forderungen mit Restlauf-zeit bis zu 1 Jahr (Forderungsspiegel)						
Erträge aus der Auflösung von Sonderposten (Summenbildung)						
Steuerbeteiligungen (GewSt.-Umlage, Finanzierungsbeteilig. Fonds Dt. Einheit)						

Muster 3 NKF-Kennzahlenset NRW

NKF-Kennzahlenset NRW	
Eckdaten zur Gemeinde (GV)	
Gemeinde (GV):	
Körperschafts-Status:	
Einwohnerzahl:	
Angaben zum HSK:	
Sog. Optionskommune:	
Bilanzsumme:	
Höhe der Allgemeinen Rücklage:	
Höhe der Ausgleichsrücklage:	
Jahresergebnis:	
…	
…	
…	

2.4 HSPV-Kontenplan

Kontenplan für das Studium an der Hochschule für Polizei und öffentliche Verwaltung NRW

Kontenklasse	Kontengruppe	Konto	Bezeichnung
0			**Bilanzierungshilfen, Immaterielles Vermögen und Sachanlagen**
	00		**Bilanzierungshilfen**
		001	**Aufwendungen zur Erhaltung der gemeindlichen Leistungsfähigkeit**
	01		**Immaterielles Vermögen**
		011	Konzessionen
		012	DV-Software
		013	Patente, Nutzungsrechte
	02	**020**	**Unbebaute Grundstücke und grundstücksgleiche Rechte**
	03	**030**	**Bebaute Grundstücke und grundstücksgleiche Rechte**
	04		**Infrastrukturvermögen**
		041	Grund und Boden des Infrastrukturvermögens
		042	Infrastrukturvermögen
	05	**050**	**Bauten auf fremdem Grund und Boden**
	06	**060**	**Kunstgegenstände, Kulturdenkmäler**
	07		**Maschinen und technische Anlagen, Fahrzeuge**
		071	Maschinen und technische Anlagen
		073	Betriebsvorrichtungen
		074	Fahrzeuge
	08		**Betriebs- und Geschäftsausstattung**
		081	Betriebs- und Geschäftsausstattung
		082	Geringwertige Wirtschaftsgüter

Kontenklasse	Kontengruppe	Konto	Bezeichnung
	09		**Geleistete Anzahlungen, Anlagen im Bau**
		091	Geleistete Anzahlungen auf Sachanlagen
		092	Anlagen im Bau
1			**Finanzanlagen**
	10	100	**Anteile an verbundenen Unternehmen**
	11	110	**Beteiligungen**
	12	120	**Sondervermögen**
	13	130	**Ausleihungen**
	14		**Wertpapiere** [in der Bilanz getrennt bei Anlage- oder Umlaufvermögen anzusetzen]
		141	Wertpapiere des Anlagevermögens
		142	Wertpapiere des Umlaufvermögens
	15		Vorräte
		151	Roh-, Hilfs- und Betriebsstoffe
		152	Waren
		153	Unfertige und fertige Erzeugnisse und Leistungen
		154	Zu veräußernde Bau- und Gewerbegrundstücke
		155	Geleistete Anzahlungen auf Vorräte
		159	Sonstige Vorräte
	16		**Öffentlich-rechtl. Forderungen u. Forderungen aus Transferleistungen**
		161	Gebühren-, Beitrags- und Steuerforderungen
		164	Forderungen aus Transferleistungen
		165	Sonstige öffentlich-rechtliche Forderungen
		166	Zweifelhafte öffentlich-rechtliche Forderungen
	17		**Privatrechtliche Forderungen, sonstige Vermögensgegenstände**
		171	Forderungen aus Lieferungen und Leistungen
		172	Sonstige privatrechtliche Forderungen

Kontenklasse	Kontengruppe	Konto	Bezeichnung
		173	Zweifelhafte privatrechtliche Forderungen
		174	Sonstige Vermögensgegenstände
		176	Vorsteuer
		177	Sonstige Forderungen (Rechnungsabgrenzung)
	18		**Liquide Mittel**
		181	Guthaben bei Banken und Kreditinstituten (Sichteinlagen)
		182	Kasse (Bargeld)
	19		**Aktive Rechnungsabgrenzung (ARAP) und nicht gedeckter Fehlbetrag**
		191	Aktive RAP für Kreditbeschaffungskosten (Disagio)
		192	Aktive RAP für geleistete Zuwendungen
		193	Sonstige aktive RAP
		199	Nicht durch Eigenkapital gedeckter Fehlbetrag
2			**Eigenkapital, Sonderposten und Rückstellungen**
	20		**Eigenkapital**
		201	Allgemeine Rücklage
		203	Sonderrücklagen
		204	Ausgleichsrücklage
		205	Jahresüberschuss / Jahresfehlbetrag
	21		**Wertberichtigungen** [In der Bilanz Verrechnung mit den Forderungen, da Bilanzausweis nicht zulässig.]
		211	Einzelwertberichtigung zu privatrechtlichen Forderungen
		212	Pauschalwertberichtigungen zu privatrechtlichen Forderungen
		213	Einzelwertberichtigung zu öffentlich-rechtlichen Forderungen
		214	Pauschalwertberichtigungen zu öffentlich-rechtlichen Forderungen
	23		**Sonderposten**
		231	Sonderposten aus Zuwendungen

Kontenklasse	Kontengruppe	Konto	Bezeichnung
		232	Sonderposten aus Beiträgen
		233	Sonderposten für den Gebührenausgleich
		239	Sonstige Sonderposten
	25		**Pensionsrückstellungen**
		251	Pensionsrückstellungen für aktive Beschäftigte
		252	Pensionsrückstellungen für Versorgungsempfänger
	26	**260**	**Rückstellungen für Deponien und Altlasten**
	27	**270**	**Instandhaltungsrückstellungen**
	28		**Sonstige Rückstellungen**
		280	Sonstige Rückstellungen
		281	Urlaubsrückstellungen
		282	Überstundenrückstellungen
		283	Rückstellungen für drohende Verluste aus schwebenden Geschäften
		284	Rückstellungen für die erhöhte Heranziehung zu Umlagen [nach § 37 Abs. 5 S. 3 KomHVO]
3			**Verbindlichkeiten und passive Rechnungsabgrenzung**
	30	**300**	**Anleihen**
	32	**320**	**Verbindlichkeiten aus Krediten für Investitionen**
	33	**330**	**Verbindlichkeiten aus Krediten zur Liquiditätssicherung**
	34		**Verbindlichkeiten aus Vorgängen, die Kreditaufnahmen wirtschaftlich gleichkommen**
		341	Schuldübernahmen
		342	Leibrentenverträge
		345	Leasingverträge
	35		**Verbindlichkeiten aus Lieferungen und Leistungen**
		351	Verbindlichkeiten aus Lieferungen und Leistungen gegen verbundene Unternehmen, Beteiligungen und Sondervermögen

Kontenklasse	Kontengruppe	Konto	Bezeichnung
		352	Verbindlichkeiten aus Lieferungen und Leistungen gegen den privaten Bereich
		353	Verbindlichkeiten aus Lieferungen und Leistungen gegen den öffentlichen Bereich
	36	**360**	**Verbindlichkeiten aus Transferleistungen**
	37		**Sonstige Verbindlichkeiten**
		371	Steuerverbindlichkeiten (z.B. einbehaltene lohnabhänige Steuern)
		372	Verbindlichkeiten gegenüber Sozialversicherungsträgern
		373	Umsatzsteuer
		374	Umsatzsteuerverrechnung
		375	Verbindlichkeiten gegenüber Beschäftigten
		376	Sonstige Verbindlichkeiten (Rechnungsabgrenzung)
		378	Ungeklärte Zahlungseingänge [Einzahlungskonto 699]
		379	Andere sonstige Verbindlichkeiten
	38	**380**	**Erhaltene Anzahlungen**
	39		**Passive Rechnungsabgrenzung (PRAP)**
		391	Passive RAP für erhaltene Zuwendungen
		392	Sonstige passive RAP
4			**Erträge**
	40		**Steuern und ähnliche Abgaben**
		401	Grundsteuer A
		402	Grundsteuer B
		403	Gewerbesteuer
		404	Gemeindeanteil an der Einkommensteuer
		405	Gemeindeanteil an der Umsatzsteuer
		406	Sonstige Gemeindesteuern
		407	Steuerähnliche Erträge
		408	Ausgleichsleistungen

Kontenklasse	Kontengruppe	Konto	Bezeichnung
	41		**Zuwendungen und allgemeine Umlagen**
		411	Schlüsselzuweisungen
		412	Bedarfszuweisungen
		413	Sonstige allgemeine Zuweisungen
		414	Zuweisungen und Zuschüsse für laufende Zwecke
		415	Erträge aus der Auflösung von Sonderposten aus Zuwendungen
		416	Allgemeine Umlagen (z.B. Kreisumlage)
	42		**Transfererträge**
		421	Ersatz von sozialen Leistungen außerhalb von Einrichtungen
		422	Ersatz von sozialen Leistungen in Einrichtungen
		423	sonstige Transfererträge
	43		**Öffentlich-rechtliche Leistungsentgelte**
		431	Verwaltungsgebühren
		432	Benutzungsgebühren und ähnliche Entgelte
		433	Erträge aus der Auflösung von Sonderposten für Beiträge
		434	Ertragskorrektur aus der Bildung und Auflösung von Sonderposten für den Gebührenausgleich
		436	Zweckgebundene Abgaben (z.B. Kurtaxen, Kurbeiträge)
	44		**Privatrechtliche Leistungsentgelte, Kostenerstattungen und Kostenumlagen**
		441	Umsatzerlöse
		442	Erlösberichtigungen [Separates Korrekturkonto, Buchung auch direkt auf 441 zulässig]
		443	Mieten und Pachten
		444	Erträge aus dem Verkauf von Vorräten
		445	Sonstige privatrechtliche Leistungsentgelte
		446	Erträge aus Kostenerstattungen, Kostenumlagen

Kontenklasse	Kontengruppe	Konto	Bezeichnung
	45		**Sonstige ordentliche Erträge**
		451	Erträge aus der Veräußerung von immateriellem Vermögen und Sachanlagen
		452	Erträge aus der Veräußerung von Finanzanlagen
		453	Verrechnung Veräußerungserträge und Zuschreibungen Finanzanlagen mit Allg. Rücklage [bei Vorliegen der Voraussetzungen § 44 Abs. 3 KomHVO]
		454	Bußgelder, Verwarngelder (Ordnungswidrigkeiten)
		455	Konzessionsabgaben
		456	Säumniszuschläge, Stundungszinsen
		457	Erträge aus Zuschreibungen
		458	Erträge aus der Auflösung oder Herabsetzung von Rückstellungen oder Wertberichtigungen
		459	Andere sonstige ordentliche Erträge
	46		**Finanzerträge**
		461	Zinserträge
		462	Sonstige Finanzerträge
	47		**Aktivierte Eigenleistungen und Bestandsveränderungen**
		471	Aktivierte Eigenleistungen
		472	Bestandsveränderungen an unfertigen und fertigen Erzeugnissen und Leistungen
	48	480	**Erträge aus internen Leistungsbeziehungen**
	49		**Außerordentliche Erträge**
		490	**Sonstige außerordentliche Erträge**
		491	**Außerordentliche Erträge zur Isolierung von Haushaltsbelastungen nach dem NKF-CUIG**
5			**Aufwendungen**
	50		**Personalaufwendungen**
		501	Dienstbezüge der Beamten
		502	Dienstbezüge der tariflich Beschäftigten

Kontenklasse	Kontengruppe	Konto	Bezeichnung
		503	Dienstbezüge der sonstigen Beschäftigten
		504	Beiträge zu Versorgungskassen
		505	Beiträge zur gesetzlichen Sozialversicherung (Arbeitgeberanteil)
		506	Beihilfen und Unterstützungsleistungen für Beschäftigte
		507	Zuführungen zu Pensionsrückstellungen für Beschäftigte
		508	Pauschalierte Lohnsteuer
	51		**Versorgungsaufwendungen**
		511	Bezüge der Versorgungsempfänger
		512	Beiträge zur gesetzlichen Sozialversicherung für Versorgungsempfänger
		513	Beihilfen und Unterstützungsleistungen für Versorgungsempfänger
		514	Zuführungen zu Pensionsrückstellungen für Versorgungsempfänger
	52		**Aufwendungen für Sach- und Dienstleistungen**
		521	Instandhaltung der Grundstücke und baulichen Anlagen
		522	Instandhaltung des Infrastrukturvermögens
		523	Erstattungen für Aufwendungen von Dritten aus laufender Verwaltungstätigkeit
		524	Unterhaltung und Bewirtschaftung des unbeweglichen Vermögens
		525	Instandhaltung und Unterhaltung des beweglichen Vermögens
		526	Aufwendungen für Roh-, Hilfs-, Betriebsstoffe und Waren
		527	Schülerbeförderungen und Lernmittel nach dem Lernmittelfreiheitsgesetz
		528	Aufwendungen für Festwerte
		529	Sonstige Aufwendungen für Sach- und Dienstleistungen(inkl. Sofortaufwand nach § 36 Abs. 3 KomHVO)
	53		**Transferaufwendungen**
		531	Leistungen der Sozialhilfe außerhalb von Einrichtungen
		532	Leistungen der Sozialhilfe in Einrichtungen
		533	Schuldendiensthilfen

Kontenklasse	Kontengruppe	Konto	Bezeichnung
		534	Sonstige Sozialtransferaufwendungen
		535	Gewerbesteuerumlage
		536	Finanzierungsbeteiligung Fonds Deutscher Einheit
		537	Allgemeine Umlagen an das Land (Solidarbeitrag)
		538	Allgemeine Umlagen an Gemeinde und Gemeindeverbände
		539	Sonstige Transferaufwendungen
	54		**Sonstige ordentliche Aufwendungen**
		541	Sonstige Personal- und Versorgungsaufwendungen
		542	Mieten, Pachten und Leasing
		543	Geschäftsaufwendungen
		544	Steuern, Versicherungen, Schadensfälle
		545	Verluste aus dem Abgang von Vermögensgegenständen des Anlagevermögens
		546	Verrechnung Veräußerungsverluste mit Allgemeiner Rücklage [bei Vorliegen der Voraussetungen § 44 Abs. 3 KomHVO]
		547	Wertberichtigungen von Forderungen
		548	Verfügungsmittel [Separater Ausweis in Plan und Rechnung erforderlich!]
		549	Sonstige Aufwendungen aus laufender Verwaltungstätigkeit
	55		**Zinsen und sonstige Finanzaufwendungen**
		551	Zinsaufwendungen
		552	Auflösung ARAP für Disagio
		553	Sonstige Finanzaufwendungen
	57		**Bilanzielle Abschreibungen**
		571	Abschreibungen auf immaterielles Vermögen und Sachanlagen
		572	Abschreibungen auf geringwertige Wirtschaftsgüter [Vollabschreibung im Jahr der Anschaffung]
		573	Verrechnung von außerplanmäßigen Abschreibungen auf Finanzanlagen nach § 44 Abs. 3 KomHVO

Kontenklasse	Kontengruppe	Konto	Bezeichnung
		574	Außerplanmäßige Abschreibungen auf Umlaufvermögen [außer Forderungen, siehe 547]
		575	Andere außerplanmäßige Abschreibungen
		576	Planmäßige Abschreibung auf Bilanierungshilfen
		577	Außerplanmäßige Abschreibungen auf Bilanzierungshilfen
	58	**580**	**Aufwendungen aus internen Leistungsbeziehungen**
	59	**590**	**Außerordentliche Aufwendungen**
6			**Einzahlungen**
	60		**Steuern und ähnliche Abgaben**
		601	Grundsteuer A
		602	Grundsteuer B
		603	Gewerbesteuer
		604	Gemeindeanteil an der Einkommensteuer
		605	Gemeindeanteil an der Umsatzsteuer
		606	Sonstige Gemeindesteuern
		607	Steuerähnliche Einzahlungen
		608	Ausgleichsleistungen
	61		**Zuwendungen und allgemeine Umlagen**
		611	Schlüsselzuweisungen
		612	Bedarfszuweisungen
		613	Sonstige allgemeine Zuweisungen
		614	Zuweisungen und Zuschüsse für laufende Zwecke
		616	Allgemeine Umlagen (z.B. Kreisumlage)
	62		**Transfereinzahlungen**
		621	Ersatz von sozialen Leistungen außerhalb von Einrichtungen
		622	Ersatz von sozialen Leistungen in Einrichtungen
		623	Sonstige Transfereinzahlungen

Kontenklasse	Kontengruppe	Konto	Bezeichnung
	63		**Öffentlich-rechtliche Leistungsentgelte**
		631	Verwaltungsgebühren
		632	Benutzungsgebühren und ähnliche Entgelte
		636	Einzahlungen aus zweckgebundenen Abgaben (z.B. Kurtaxen, Kurbeiträge)
	64		**Privatrechtliche Leistungsentgelte, Kostenerstattungen und Kostenumlagen**
		641	Umsatzerlöse
		642	Erlösschmälerungen (Korrekturkonto)
		643	Mieten und Pachten
		644	Einzahlungen aus dem Verkauf von Vorräten
		645	Sonstige privatrechtliche Leistungsentgelte
		646	Einzahlungen aus Kostenerstattungen, Kostenumlagen
	65		**Sonstige Einzahlungen aus laufender Verwaltungstätigkeit**
		654	Bußgelder, Verwarngelder (Ordnungswidrigkeiten)
		655	Konzessionsabgaben
		656	Säumniszuschläge, Stundungszinsen
		659	Sonstige ordentliche Einzahlungen
	66		**Finanzeinzahlungen**
		661	Zinseinzahlungen
		662	Sonstige Finanzeinzahlungen
	68		**Einzahlungen aus Investitionstätigkeit**
		681	Einzahlungen aus Zuwendungen für Investitionsmaßnahmen
		682	Einzahlungen aus der Veräußerung von immateriellen Vermögensgegenständen und Sachanlagen
		683	Einzahlungen aus der Veräußerung von Finanzanlagen
		684	Beiträge und ähnliche Entgelte

Kontenklasse	Kontengruppe	Konto	Bezeichnung
		685	Rückflüsse von Ausleihungen
		689	Sonstige Investitionseinzahlungen
	69		**Einzahlungen aus Finanzierungstätigkeit**
		691	Einzahlungen aus Anleihen
		692	Kreditaufnahmen für Investitionen
		693	Aufnahme von Krediten zur Liquiditätssicherung
		694	Einzahlung aus sonstiger Wertpapierverschuldung
		695	Rückflüsse von Darlehen (ohne Ausleihungen)
		699	Ungeklärte Einzahlungen
7			**Auszahlungen**
	70		**Personalauszahlungen**
		701	Dienstbezüge der Beamten
		702	Dienstbezüge der tariflich Beschäftigten
		703	Dienstbezüge der sonstigen Beschäftigten
		704	Beiträge zu Versorgungskassen
		705	Beiträge zur gesetzlichen Sozialversicherung (Arbeitgeberanteil)
		706	Beihilfen und Unterstützungsleistungen für Beschäftigte
		708	Pauschalierte Lohnsteuer
	71		**Versorgungsauszahlungen**
		711	Auszahlungen für die Bezüge von Versorgungsempfängern
		712	Beiträge zur gesetzlichen Sozialversicherung für Versorgungsempfänger
		713	Beihilfen und Unterstützungsleistungen für Versorgungsempfänger
	72		**Auszahlungen für Sach- und Dienstleistungen**
		721	Instandhaltung der Grundstücke und baulichen Anlagen
		722	Instandhaltung des Infrastrukturvermögens
		723	Erstattungszahlungen für Aufwendungen von Dritten aus laufender Verwaltungstätigkeit

Kontenklasse	Kontengruppe	Konto	Bezeichnung
		724	Unterhaltung und Bewirtschaftung des unbeweglichen Vermögens
		725	Instandhaltung und Unterhaltung des beweglichen Vermögens
		726	Auszahlungen für Roh-, Hilfs-, Betriebsstoffe und Waren
		727	Schülerbeförderungen und Lernmittel nach dem Lernmittelfreiheitsgesetz
		729	Sonstige Auszahlungen für Sach- und Dienstleistungen (inkl. Auszahlungen nach § 36 Abs. 3 KomHVO)
	73		**Transferauszahlungen**
		731	Leistungen der Sozialhilfe außerhalb von Einrichtungen
		732	Leistungen der Sozialhilfe in Einrichtungen
		733	Schuldendiensthilfen
		734	Sonstige Sozialtransferauszahlungen
		735	Gewerbesteuerumlage
		736	Finanzierungsbeteiligung Fonds Deutscher Einheit
		737	Allgemeine Umlagen an das Land (Solidarbeitrag)
		738	Allgemeine Umlagen an Gemeinde und Gemeindeverbände
		739	Sonstige Transferauszahlungen
	74		**Sonstige Auszahlungen aus laufender Verwaltungstätigkeit**
		741	Sonstige Personal- und Versorgungsauszahlungen
		742	Mieten, Pachten und Leasing
		743	Geschäftsauszahlungen
		744	Steuern , Versicherungen, Schadensfälle
		748	Verfügungsmittel
		749	Sonstige Auszahlungen aus laufender Verwaltungstätigkeit
	75		**Zinsen und sonstige Finanzauszahlungen**
		751	Zinsauszahlungen
		752	Sonstige Finanzauszahlungen

Kontenklasse			
	Kontengruppe		
		Konto	**Bezeichnung**
	78		**Auszahlungen für Investitionstätigkeit**
		781	Auszahlungen für den Erwerb von Grundstücken und Gebäuden
		782	Auszahlungen für Baumaßnahmen
		783	Auszahlungen für den Erwerb von immateriellen Vermögensgegenständen und beweglichen Sachen des Anlagevermögens
		784	Auszahlungen für den Erwerb von Finanzanlagen (ohne Ausleihungen)
		785	Auszahlungen von aktivierbaren Zuwendungen
		786	Gewährung von Ausleihungen
		787	Auszahlungen für die Ablösung von Dauerlasten
		789	Sonstige Investitionsauszahlungen
	79		**Auszahlungen aus Finanzierungstätigkeit**
		791	Tilgung von Krediten für Investitionen
		792	Tilgung von Krediten zur Liquiditätssicherung
		793	Tilgung von sonstigen Wertpapierschulden
		794	Auszahlungen aus Anleihen
		795	Gewährung von Darlehen (ohne Ausleihungen)
8			**Abschlusskonten**
	80		**Eröffnungskonten und Abschlusskonten**
		801	Eröffnungsbilanzkonto
		802	Schlussbilanzkonto
		803	Ergebnisrechnungskonto
		804	Finanzrechnungskonto
		805	Bestandsveränderungskonto
9	90	900	**Kosten- und Leistungsrechnung (KLR)**

Fassung 2023
Christoph Stockel-Veltmann, Dozent HSPV NRW, Abt. Münster

2.5 NKF-CUIG

Gesetz zur Isolierung der aus der COVID-19-Pandemie und dem Krieg gegen die Ukraine folgenden Belastungen der kommunalen Haushalte im Land Nordrhein-Westfalen (NKF-COVID-19-Ukraine-Isolierungsgesetz – NKF-CUIG)

vom 29. September 2020 (GV. NRW. S. 916),
zuletzt geändert durch Gesetz vom 9. Dezember 2022 (GV. NRW. S. 1063)

§ 1
Anwendungsbereich

(1) Dieses Gesetz gilt für die Haushaltswirtschaft der Gemeinden und Gemeindeverbände, für die die Regelungen des Achten Teils der Gemeindeordnung für das Land Nordrhein-Westfalen in der Fassung der Bekanntmachung vom 14. Juli 1994 (GV. NRW. S. 666), die zuletzt durch Artikel 1 des Gesetzes vom 13. April 2022 (GV. NRW. S. 490) geändert worden ist, Anwendung finden.

(2) Des Weiteren findet dieses Gesetz Anwendung auf die wirtschaftlichen Unternehmen der Gemeinden ohne eigene Rechtspersönlichkeit gemäß § 114 sowie die eigenbetriebsähnlichen Einrichtungen gemäß § 107 Absatz 2 Satz 2 der Gemeindeordnung für das Land Nordrhein-Westfalen, sofern diese von der Option des § 27 der Eigenbetriebsverordnung für das Land Nordrhein-Westfalen vom 16. November 2004 (GV. NRW. S. 644, ber. 2005 S. 15), die zuletzt durch Verordnung vom 22. März 2021 (GV. NRW. S. 348) geändert worden ist, Gebrauch machen.

§ 2
(weggefallen)

§ 3
(weggefallen)

§ 4
Aufstellungen der Haushaltssatzungen für die Jahre nach 2021

(1) Die Haushaltssatzung und der Haushaltsplan für die Haushaltsjahre 2021 bis 2023 sind jeweils nach den Vorschriften des Achten Teils der Gemeindeordnung für das Land Nordrhein-Westfalen aufzustellen.

(2) Bis einschließlich des Haushaltsjahres 2023 ist bei der Aufstellung der Haushaltssatzung für das jeweilige Haushaltsjahr die Summe der auf das Haushaltsjahr infolge der COVID-19-Pandemie entfallenden Haushaltsbelastung durch Mindererträge oder Mehraufwendungen zu prognostizieren. Hierzu ist eine Gegenüberstellung des im Rahmen der Aufstellung der Haushaltssatzung erstellten Ergebnisplans mit einer Nebenrechnung für das jeweilige Haushaltsjahr vorzunehmen.

(3) Bei der Aufstellung der Haushaltssatzung 2023 und der mittelfristigen Finanzplanung für das jeweilige Haushaltsjahr ist die Summe der infolge des Krieges gegen die Ukraine auf das Haus-

haltsjahr entfallenden Haushaltsbelastungen durch Mindererträge oder Mehraufwendungen zu prognostizieren. Für die Prognose ist eine Gegenüberstellung des im Rahmen der Aufstellung der Haushaltssatzung erstellten Ergebnisplans mit einer Nebenrechnung für das jeweilige Haushaltsjahr vorzunehmen.

(4) Die Nebenrechnung erfolgt auf der Ebene des Ergebnisplans. Für das Haushaltsjahr 2021 liegt die mit der Aufstellung der Haushaltssatzung für das Jahr 2020 vorgenommene mittelfristige Ergebnis- und Finanzplanung nach § 84 der Gemeindeordnung für das Land Nordrhein-Westfalen, welche Haushaltsbelastungen aus Absatz 2 und 3 noch nicht enthält und um zwischenzeitliche nicht krisenbedingte Veränderungen fortzuschreiben ist, zugrunde. Mit der Haushaltsplanung ist die so erstellte Nebenrechnung jeweils fortzuschreiben.

(5) Wird eine Haushaltssatzung nach § 78 Absatz 3 Satz 2 der Gemeindeordnung für das Land Nordrhein-Westfalen aufgestellt, die Festsetzungen für die Haushaltsjahre 2023 und 2024 (Doppelhaushalt) enthält, so ist die Isolierung von Haushaltsbelastungen aus dem Krieg gegen die Ukraine abweichend von Absatz 3 auch für das Haushaltsjahr 2024 und in der mittelfristigen Finanzplanung letztmalig für das Jahr 2026 vorzunehmen.

(6) Die nach den Absätzen 2 bis 5 prognostizierten Haushaltsbelastungen sind als außerordentlicher Ertrag in den Ergebnisplan aufzunehmen. Dies ist im Vorbericht zum Haushaltsplan zu erläutern. Die Nebenrechnung ist dem Vorbericht als Anlage beizufügen.

§ 5
Jahresabschlüsse 2020 bis 2023

(1) Bei der Aufstellung der Jahresabschlüsse für die Haushaltsjahre 2020 bis 2023 finden die Vorschriften des Achten Teils der Gemeindeordnung für das Land Nordrhein-Westfalen Anwendung.

(2) Bei der Aufstellung der Jahresabschlüsse für die Haushaltsjahre 2020 bis 2023 ist die Summe der Haushaltsbelastungen infolge der COVID-19-Pandemie durch Mindererträge oder Mehraufwendungen zu ermitteln. Bei der Aufstellung der Jahresabschlüsse für die Haushaltsjahre 2022 und 2023 ist zusätzlich jeweils die Summe der Haushaltsbelastungen durch Mindererträge oder Mehraufwendungen aus dem Krieg gegen die Ukraine zu ermitteln.

(3) Für den Jahresabschluss 2020 erfolgt diese Ermittlung durch eine gesonderte Erfassung der konkreten Belastungen des beschlossenen Haushaltes 2020. Soweit die Haushaltsbelastungen nicht oder nicht in vollem Umfang konkret ermittelt werden können, ist hilfsweise eine Nebenrechnung vorzunehmen. Hierzu erfolgt eine Gegenüberstellung der entsprechenden Teile der Ergebnisplanung des Haushaltsjahres 2020, für welche die Haushaltsbelastung nicht oder nicht im vollen Umfang ermittelt werden konnte, mit dem korrespondierenden Entwurf der Ergebnisrechnung für 2020. Ist im Haushaltsjahr 2020 eine Änderung der ursprünglich beschlossenen Ergebnisplanung durch eine Nachtragssatzung vorgenommen worden, ist die Ergebnisplanung in Gestalt der Nachtragssatzung der Nebenrechnung nach Satz 2 und 3 zugrunde zu legen.

(4) Für die Jahresabschlüsse 2021 bis 2023 ist Absatz 3 sinngemäß anzuwenden. Für die hilfsweise vorzunehmende Nebenrechnung im Jahresabschluss 2021 ist der Ergebnisplan der Haushaltssatzung 2021 zu verwenden. Ist im Haushaltsjahr 2021 eine Änderung der ursprünglich beschlossenen Ergebnisplanung durch eine Nachtragssatzung vorgenommen worden, ist die Ergebnisplanung in Gestalt der Nachtragssatzung der Nebenrechnung zugrunde zu legen. Für die Jahresabschlüsse 2022 und 2023 ist entsprechend zu verfahren.

(5) Die gemäß den Absätzen 2 bis 4 ermittelte Summe der Haushaltsbelastung ist im jeweiligen Jahresabschluss als außerordentlicher Ertrag im Rahmen der Abschlussbuchungen in die Ergebnisrechnung einzustellen und bilanziell gemäß § 6 gesondert zu aktivieren. Dies ist im Anhang zum Jahresabschluss zu erläutern.

(6) Im Anhang zum Jahresabschluss ist die Summe der auf die COVID-19-Pandemie und den Krieg gegen die Ukraine entfallenden Verbindlichkeiten aus Krediten zur Liquiditätssicherung zu ermitteln und zu erläutern. Hierzu sind die bilanzierten Verbindlichkeiten aus Krediten zur Liquiditätssicherung auf den auf die COVID-19-Pandemie und den Krieg gegen die Ukraine entfallenden Anteil, der höchstens dem Bilanzwert der Bilanzierungshilfe nach § 6 entspricht, und dem verbleibenden Anteil aufzuteilen. Der nach Satz 2 ermittelte, auf die COVID-19-Pandemie und den Krieg gegen die Ukraine entfallende, Anteil der Verbindlichkeiten aus Krediten zur Liquiditätssicherung kann über einen Zeitraum von 50 Jahren, längstens aber über die Abschreibungsdauer der mit § 6 bilanzierten Aktivierungshilfe zurückgeführt werden.

§ 6
Behandlung der Bilanzierungshilfe in den Haushaltsjahren nach 2021

(1) Die mit dem Jahresabschluss 2020 erstmalig anzusetzende Bilanzierungshilfe ist, unter Berücksichtigung ihrer Fortschreibung, beginnend im Haushaltsjahr 2026 linear über längstens 50 Jahre erfolgswirksam abzuschreiben.

(2) Den Gemeinden und Gemeindeverbänden sowie den weiteren in den Anwendungsbereich nach § 1 Absatz 2 einbezogenen Betrieben und Einrichtungen steht im Jahr 2025 für die Aufstellung der Haushaltssatzung 2026 das einmalig auszuübende Recht zu, die Bilanzierungshilfe ganz oder in Anteilen gegen das Eigenkapital erfolgsneutral auszubuchen. Über die Entscheidung ist ein Beschluss des zuständigen Organs für den Beschluss über die Haushaltssatzung herbeizuführen. Eine Überschuldung darf dadurch weder eintreten noch eine bereits bestehende Überschuldung erhöht werden.

(3) Außerplanmäßige Abschreibungen sind zulässig, soweit sie mit der dauernden Leistungsfähigkeit der Gemeinde in Einklang stehen.

§ 7
Ausführung des Gesetzes

(1) Das für Kommunales zuständige Ministerium wird ermächtigt, die zur Durchführung dieses Gesetzes erforderliche Rechtsverordnung sowie die erforderlichen Verwaltungsvorschriften und Muster zu erlassen.

(2) Soweit zur Durchführung dieses Gesetzes erforderlich, können auch in den auf der Grundlage des § 133 der Gemeindeordnung für das Land Nordrhein-Westfalen erlassenen Rechtsverordnungen und Verwaltungsvorschriften ergänzende Regelungen getroffen und Muster bekannt gegeben werden.

(3) Die Landesregierung berichtet dem für Kommunales zuständigen Ausschuss des Landtags jährlich über die Auswirkungen dieses Gesetzes.

§ 8
Inkrafttreten, Außerkrafttreten

Dieses Gesetz tritt am Tag nach der Verkündung in Kraft. Die §§ 2 und 3 treten am 31. Dezember 2021 außer Kraft.

2.6 Hinweise zum NKF-CIG

Hinweise zum Verfahren zur haushaltsrechtlichen Isolierung der Pandemieschäden in der Haushaltsaufstellung 2022 sowie in den Jahresabschlüssen 2021 und 2022

Runderlass des Ministeriums für Heimat, Kommunales, Bau und Gleichstellung
304-46.16 – 2000/21 vom 15. Dezember 2021

Das Gesetz zur Änderung kommunalrechtlicher Vorschriften vom 01.12.2021 (GV. NRW. S. 1346 bis 1350) sieht in Artikel 1 eine Änderung des NKF-COVID-19-Isolierungsgesetzes (NKF-CIG) vor, wodurch die bislang auf den Jahresabschluss 2020 und die Haushaltsaufstellung 2021 begrenzten Regelungen zur Isolierung der auf die COVID-19-Pandemie entfallenden Haushaltsbelastungen auf die Haushaltsaufstellung 2022 sowie die Jahresabschlüsse 2021 und 2022 ausgeweitet werden. Die Regelungen orientieren sich grundsätzlich an der bisherigen im NKF-CIG vorgegebenen Systematik zur Ermittlung und Isolierung pandemiebedingter Haushaltsbelastungen. Ergänzend gebe ich zur Sicherstellung einer einheitlichen Anwendungspraxis nachfolgende Hinweise zur Haushaltsaufstellung 2022 sowie zur Aufstellung der Jahresabschlüsse 2021 und 2022:

1. Haushaltsaufstellung 2022 (§ 4 Absatz 3 Satz 3 NKF-CIG)

Bei der Haushaltsaufstellung erfolgt die Ermittlung der pandemiebedingten Haushaltsbelastungen gemäß § 4 Absatz 2 Satz 2 NKF-CIG anhand einer Gegenüberstellung des für das jeweilige Haushaltsjahr aufzustellenden Ergebnisplans mit einer Nebenrechnung. Im Hinblick auf den für das Haushaltsjahr 2022 aufzustellenden Haushalt sieht § 4 Absatz 3 Satz 3 NKF-CIG vor, dass die für das Haushaltsjahr 2021 erstellte Nebenrechnung fortzuschreiben ist. Diese beruht gemäß § 4 Absatz 3 Satz 2 NKF-CIG auf der von pandemiebedingten Verwerfungen unbeschadeten mittelfristigen Ergebnis- und Finanzplanung der Haushaltssatzung für das Haushaltsjahr 2020 und umfasst gemäß § 84 der Gemeindeordnung für das Land Nordrhein-Westfalen die Haushaltsjahre 2021 bis 2023. Bei der erstmals für das Haushaltsjahr 2021 aufzustellenden Nebenrechnung waren somit für jedes einzelne der mittelfristigen Ergebnis- und Finanzplanung unterliegende Haushaltsjahr die Planansätze auf Grundlage zwischenzeitlicher nicht pandemiebedingter Entwicklungen anzupassen und den entsprechenden Planansätzen des Ergebnisplans 2021 gegenüberzustellen. Anlässlich der Haushaltsaufstellung 2022 sind die im Rahmen der Nebenrechnung ausgewiesenen Planansätze nun beginnend mit dem Haushaltsjahr 2022 um nach der Aufstellung der Haushaltssatzung 2021 bekanntgewordene nicht krisenbedingte Veränderungen fortzuschreiben und den jeweiligen Planansätzen des Ergebnisplans 2022 gegenüberzustellen.

2. Jahresabschlüsse 2021 und 2022 (§ 5 Absatz 4 Satz 1 NKF-CIG)

Gemäß § 5 Absatz 4 Satz 1 NKF-CIG sind die für den Jahresabschluss 2020 geltenden Regelungen in den Jahresabschlüssen 2021 und 2022 sinngemäß anzuwenden. Zur Ermittlung der pandemiebedingten Haushaltsbelastungen ist in den Jahresabschlüssen 2021 und 2022 daher gemäß § 5 Absatz 3 Satz 2 NKF-CIG hilfsweise eine Nebenrechnung vorzunehmen, sofern eine gesonderte Schadenserfassung nach Satz 1 nicht oder nicht in vollem Umfang möglich ist. Grundlage der Nebenrechnung im Jahresabschluss 2021 ist gemäß § 5 Absatz 4 Satz 2 NKF-CIG der mit der Aufstellung der Haushaltssatzung für das Haushaltsjahr 2021 erstellte Ergebnisplan. Dieser beinhaltet bereits – anders als der im Jahresabschluss 2020 verwendete Ergebnisplan 2020 – pandemiebedingte Haushaltsschäden. Allerdings finden in der Haushaltsaufstellung 2021 bereits die Vorschriften des § 4 NKF-CIG Anwendung, sodass der in diesem Zusammenhang prognostizierte Pandemieschaden gemäß § 4 Absatz 5 Satz 1 NKF-CIG als außerordentlichen Ertrag in den Ergebnisplan aufzunehmen ist. Das hierdurch nahezu pandemieunbeschadete Jahresergebnis des Ergebnisplans 2021 ist dem pandemiegezeichneten Jahresergebnis des Entwurfs der Ergebnisrechnung 2021 gegenüberzustellen (Plan-Ist-Vergleich). Die hieraus resultierende Haushaltsbelastung ist schließlich nach § 5 Absatz 5 Satz 1 NKF-CIG als außerordentlichen Ertrag in die Ergebnisrechnung 2021 einzustellen und bilanziell gemäß § 6 NKF-CIG gesondert zu aktivieren.

Für den Jahresabschluss 2022 ist gemäß § 5 Absatz 4 Satz 4 NKF-CIG entsprechend zu verfahren. Hier ist im Rahmen der Nebenrechnung mithin auf den Ergebnisplan der Haushaltssatzung 2022 abzustellen.

Ich bitte Sie, die Ihrer Aufsicht unmittelbar unterstehenden Kommunen und die Kommunalaufsichten der Landräte zu informieren. Weiterhin bitte ich Sie, die Kommunalaufsichten der Landräte um Information der dort beaufsichtigten Kommunen zu bitten.

2.7 HGB (Auszug)

Handelsgesetzbuch (HGB)

vom 10. Mai 1897 (RGBl. S. 219),
zuletzt geändert durch Gesetz vom 19. Juni 2023 (BGBl. I Nr. 154)

– Auszug –

Drittes Buch
Handelsbücher

Erster Abschnitt
Vorschriften für alle Kaufleute

Erster Unterabschnitt
Buchführung. Inventar

§ 238
Buchführungspflicht

(1) Jeder Kaufmann ist verpflichtet, Bücher zu führen und in diesen seine Handelsgeschäfte und die Lage seines Vermögens nach den Grundsätzen ordnungsmäßiger Buchführung ersichtlich zu machen. Die Buchführung muß so beschaffen sein, daß sie einem sachverständigen Dritten innerhalb angemessener Zeit einen Überblick über die Geschäftsvorfälle und über die Lage des Unternehmens vermitteln kann. Die Geschäftsvorfälle müssen sich in ihrer Entstehung und Abwicklung verfolgen lassen.
(2) Der Kaufmann ist verpflichtet, eine mit der Urschrift übereinstimmende Wiedergabe der abgesandten Handelsbriefe (Kopie, Abdruck, Abschrift oder sonstige Wiedergabe des Wortlauts auf einem Schrift-, Bild- oder anderen Datenträger) zurückzubehalten.

§ 239
Führung der Handelsbücher

(1) Bei der Führung der Handelsbücher und bei den sonst erforderlichen Aufzeichnungen hat sich der Kaufmann einer lebenden Sprache zu bedienen. Werden Abkürzungen, Ziffern, Buchstaben oder Symbole verwendet, muß im Einzelfall deren Bedeutung eindeutig festliegen.
(2) Die Eintragungen in Büchern und die sonst erforderlichen Aufzeichnungen müssen vollständig, richtig, zeitgerecht und geordnet vorgenommen werden.
(3) Eine Eintragung oder eine Aufzeichnung darf nicht in einer Weise verändert werden, daß der ursprüngliche Inhalt nicht mehr feststellbar ist. Auch solche Veränderungen dürfen nicht vorgenommen werden, deren Beschaffenheit es ungewiß läßt, ob sie ursprünglich oder erst später gemacht worden sind.
(4) Die Handelsbücher und die sonst erforderlichen Aufzeichnungen können auch in der geordneten Ablage von Belegen bestehen oder auf Datenträgern geführt werden, soweit diese Formen der Buchführung einschließlich des dabei angewandten Verfahrens den Grundsätzen ordnungsmäßiger Buchführung entsprechen. Bei der Führung der Handelsbücher und der sonst erforderlichen Aufzeichnungen auf Datenträgern muß insbesondere sichergestellt sein, daß die Daten während der Dauer der Aufbewahrungsfrist verfügbar sind und jederzeit innerhalb angemessener Frist lesbar gemacht werden können. Absätze 1 bis 3 gelten sinngemäß.

§ 240
Inventar

(1) Jeder Kaufmann hat zu Beginn seines Handelsgewerbes seine Grundstücke, seine Forderungen und Schulden, den Betrag seines baren Geldes sowie seine sonstigen Vermögensgegenstände genau zu verzeichnen und dabei den Wert der einzelnen Vermögensgegenstände und Schulden anzugeben.

(2) Er hat demnächst für den Schluß eines jeden Geschäftsjahrs ein solches Inventar aufzustellen. Die Dauer des Geschäftsjahrs darf zwölf Monate nicht überschreiten. Die Aufstellung des Inventars ist innerhalb der einem ordnungsmäßigen Geschäftsgang entsprechenden Zeit zu bewirken.

(3) Vermögensgegenstände des Sachanlagevermögens sowie Roh-, Hilfs- und Betriebsstoffe können, wenn sie regelmäßig ersetzt werden und ihr Gesamtwert für das Unternehmen von nachrangiger Bedeutung ist, mit einer gleichbleibenden Menge und einem gleichbleibenden Wert angesetzt werden, sofern ihr Bestand in seiner Größe, seinem Wert und seiner Zusammensetzung nur geringen Veränderungen unterliegt. Jedoch ist in der Regel alle drei Jahre eine körperliche Bestandsaufnahme durchzuführen.

(4) Gleichartige Vermögensgegenstände des Vorratsvermögens sowie andere gleichartige oder annähernd gleichwertige bewegliche Vermögensgegenstände und Schulden können jeweils zu einer Gruppe zusammengefaßt und mit dem gewogenen Durchschnittswert angesetzt werden.

§ 241
Inventurvereinfachungsverfahren

(1) Bei der Aufstellung des Inventars darf der Bestand der Vermögensgegenstände nach Art, Menge und Wert auch mit Hilfe anerkannter mathematisch-statistischer Methoden auf Grund von Stichproben ermittelt werden. Das Verfahren muß den Grundsätzen ordnungsmäßiger Buchführung entsprechen. Der Aussagewert des auf diese Weise aufgestellten Inventars muß dem Aussagewert eines auf Grund einer körperlichen Bestandsaufnahme aufgestellten Inventars gleichkommen.

(2) Bei der Aufstellung des Inventars für den Schluß eines Geschäftsjahrs bedarf es einer körperlichen Bestandsaufnahme der Vermögensgegenstände für diesen Zeitpunkt nicht, soweit durch Anwendung eines den Grundsätzen ordnungsmäßiger Buchführung entsprechenden anderen Verfahrens gesichert ist, daß der Bestand der Vermögensgegenstände nach Art, Menge und Wert auch ohne die körperliche Bestandsaufnahme für diesen Zeitpunkt festgestellt werden kann.

(3) In dem Inventar für den Schluß eines Geschäftsjahrs brauchen Vermögensgegenstände nicht verzeichnet zu werden, wenn

1. der Kaufmann ihren Bestand auf Grund einer körperlichen Bestandsaufnahme oder auf Grund eines nach Absatz 2 zulässigen anderen Verfahrens nach Art, Menge und Wert in einem besonderen Inventar verzeichnet hat, das für einen Tag innerhalb der letzten drei Monate vor oder der ersten beiden Monate nach dem Schluß des Geschäftsjahrs aufgestellt ist, und
2. auf Grund des besonderen Inventars durch Anwendung eines den Grundsätzen ordnungsmäßiger Buchführung entsprechenden Fortschreibungs- oder Rückrechnungsverfahrens gesichert ist, daß der am Schluß des Geschäftsjahrs vorhandene Bestand der Vermögensgegenstände für diesen Zeitpunkt ordnungsgemäß bewertet werden kann.

§ 241a
Befreiung von der Pflicht zur Buchführung und Erstellung eines Inventars

Einzelkaufleute, die an den Abschlussstichtagen von zwei aufeinander folgenden Geschäftsjahren nicht mehr als jeweils 600 000 Euro Umsatzerlöse und jeweils 60 000 Euro Jahresüberschuss aufweisen, brauchen die §§ 238 bis 241 nicht anzuwenden. Im Fall der Neugründung treten die

Rechtsfolgen schon ein, wenn die Werte des Satzes 1 am ersten Abschlussstichtag nach der Neugründung nicht überschritten werden.

Zweiter Unterabschnitt
Eröffnungsbilanz. Jahresabschluß

Erster Titel
Allgemeine Vorschriften

§ 242
Pflicht zur Aufstellung

(1) Der Kaufmann hat zu Beginn seines Handelsgewerbes und für den Schluß eines jeden Geschäftsjahrs einen das Verhältnis seines Vermögens und seiner Schulden darstellenden Abschluß (Eröffnungsbilanz, Bilanz) aufzustellen. Auf die Eröffnungsbilanz sind die für den Jahresabschluß geltenden Vorschriften entsprechend anzuwenden, soweit sie sich auf die Bilanz beziehen.

(2) Er hat für den Schluß eines jeden Geschäftsjahrs eine Gegenüberstellung der Aufwendungen und Erträge des Geschäftsjahrs (Gewinn- und Verlustrechnung) aufzustellen.

(3) Die Bilanz und die Gewinn- und Verlustrechnung bilden den Jahresabschluß.

(4) Die Absätze 1 bis 3 sind auf Einzelkaufleute im Sinn des § 241a nicht anzuwenden. Im Fall der Neugründung treten die Rechtsfolgen nach Satz 1 schon ein, wenn die Werte des § 241a Satz 1 am ersten Abschlussstichtag nach der Neugründung nicht überschritten werden.

§ 243
Aufstellungsgrundsatz

(1) Der Jahresabschluß ist nach den Grundsätzen ordnungsmäßiger Buchführung aufzustellen.

(2) Er muß klar und übersichtlich sein.

(3) Der Jahresabschluß ist innerhalb der einem ordnungsmäßigen Geschäftsgang entsprechenden Zeit aufzustellen.

§ 244
Sprache. Währungseinheit

Der Jahresabschluß ist in deutscher Sprache und in Euro aufzustellen.

§ 245
Unterzeichnung

Der Jahresabschluß ist vom Kaufmann unter Angabe des Datums zu unterzeichnen. Sind mehrere persönlich haftende Gesellschafter vorhanden, so haben sie alle zu unterzeichnen.

Zweiter Titel
Ansatzvorschriften

§ 246
Vollständigkeit, Verrechnungsverbot

(1) Der Jahresabschluss hat sämtliche Vermögensgegenstände, Schulden, Rechnungsabgrenzungsposten sowie Aufwendungen und Erträge zu enthalten, soweit gesetzlich nichts anderes bestimmt ist. Vermögensgegenstände sind in der Bilanz des Eigentümers aufzunehmen; ist ein Vermögensgegenstand nicht dem Eigentümer, sondern einem anderen wirtschaftlich zuzurechnen, hat dieser ihn in seiner Bilanz auszuweisen. Schulden sind in die Bilanz des Schuldners aufzunehmen. Der Unterschiedsbetrag, um den die für die Übernahme eines Unternehmens bewirkte Gegenleistung den Wert der einzelnen Vermögensgegenstände des Unternehmens abzüglich der

Schulden im Zeitpunkt der Übernahme übersteigt (entgeltlich erworbener Geschäfts- oder Firmenwert), gilt als zeitlich begrenzt nutzbarer Vermögensgegenstand.

(2) Posten der Aktivseite dürfen nicht mit Posten der Passivseite, Aufwendungen nicht mit Erträgen, Grundstücksrechte nicht mit Grundstückslasten verrechnet werden. Vermögensgegenstände, die dem Zugriff aller übrigen Gläubiger entzogen sind und ausschließlich der Erfüllung von Schulden aus Altersversorgungsverpflichtungen oder vergleichbaren langfristig fälligen Verpflichtungen dienen, sind mit diesen Schulden zu verrechnen; entsprechend ist mit den zugehörigen Aufwendungen und Erträgen aus der Abzinsung und aus dem zu verrechnenden Vermögen zu verfahren. Übersteigt der beizulegende Zeitwert der Vermögensgegenstände den Betrag der Schulden, ist der übersteigende Betrag unter einem gesonderten Posten zu aktivieren.

(3) Die auf den vorhergehenden Jahresabschluss angewandten Ansatzmethoden sind beizubehalten. § 252 Abs. 2 ist entsprechend anzuwenden.

§ 247
Inhalt der Bilanz

(1) In der Bilanz sind das Anlage- und das Umlaufvermögen, das Eigenkapital, die Schulden sowie die Rechnungsabgrenzungsposten gesondert auszuweisen und hinreichend aufzugliedern.

(2) Beim Anlagevermögen sind nur die Gegenstände auszuweisen, die bestimmt sind, dauernd dem Geschäftsbetrieb zu dienen.

(3) (weggefallen)

§ 248
Bilanzierungsverbote und -wahlrechte

(1) In die Bilanz dürfen nicht als Aktivposten aufgenommen werden:

1. Aufwendungen für die Gründung eines Unternehmens,
2. Aufwendungen für die Beschaffung des Eigenkapitals und
3. Aufwendungen für den Abschluss von Versicherungsverträgen.

(2) Selbst geschaffene immaterielle Vermögensgegenstände des Anlagevermögens können als Aktivposten in die Bilanz aufgenommen werden. Nicht aufgenommen werden dürfen selbst geschaffene Marken, Drucktitel, Verlagsrechte, Kundenlisten oder vergleichbare immaterielle Vermögensgegenstände des Anlagevermögens.

§ 249
Rückstellungen

(1) Rückstellungen sind für ungewisse Verbindlichkeiten und für drohende Verluste aus schwebenden Geschäften zu bilden. Ferner sind Rückstellungen zu bilden für

1. im Geschäftsjahr unterlassene Aufwendungen für Instandhaltung, die im folgenden Geschäftsjahr innerhalb von drei Monaten, oder für Abraumbeseitigung, die im folgenden Geschäftsjahr nachgeholt werden,
2. Gewährleistungen, die ohne rechtliche Verpflichtung erbracht werden.

(2) Für andere als die in Absatz 1 bezeichneten Zwecke dürfen Rückstellungen nicht gebildet werden. Rückstellungen dürfen nur aufgelöst werden, soweit der Grund hierfür entfallen ist.

§ 250
Rechnungsabgrenzungsposten

(1) Als Rechnungsabgrenzungsposten sind auf der Aktivseite Ausgaben vor dem Abschlußstichtag auszuweisen, soweit sie Aufwand für eine bestimmte Zeit nach diesem Tag darstellen.

(2) Auf der Passivseite sind als Rechnungsabgrenzungsposten Einnahmen vor dem Abschlußstichtag auszuweisen, soweit sie Ertrag für eine bestimmte Zeit nach diesem Tag darstellen.

(3) Ist der Erfüllungsbetrag einer Verbindlichkeit höher als der Ausgabebetrag, so darf der Unterschiedsbetrag in den Rechnungsabgrenzungsposten auf der Aktivseite aufgenommen werden. Der Unterschiedsbetrag ist durch planmäßige jährliche Abschreibungen zu tilgen, die auf die gesamte Laufzeit der Verbindlichkeit verteilt werden können.

§ 251
Haftungsverhältnisse

Unter der Bilanz sind, sofern sie nicht auf der Passivseite auszuweisen sind, Verbindlichkeiten aus der Begebung und Übertragung von Wechseln, aus Bürgschaften, Wechsel- und Scheckbürgschaften und aus Gewährleistungsverträgen sowie Haftungsverhältnisse aus der Bestellung von Sicherheiten für fremde Verbindlichkeiten zu vermerken; sie dürfen in einem Betrag angegeben werden. Haftungsverhältnisse sind auch anzugeben, wenn ihnen gleichwertige Rückgriffsforderungen gegenüberstehen.

Dritter Titel
Bewertungsvorschriften

§ 252
Allgemeine Bewertungsgrundsätze

(1) Bei der Bewertung der im Jahresabschluß ausgewiesenen Vermögensgegenstände und Schulden gilt insbesondere folgendes:

1. Die Wertansätze in der Eröffnungsbilanz des Geschäftsjahrs müssen mit denen der Schlußbilanz des vorhergehenden Geschäftsjahrs übereinstimmen.
2. Bei der Bewertung ist von der Fortführung der Unternehmenstätigkeit auszugehen, sofern dem nicht tatsächliche oder rechtliche Gegebenheiten entgegenstehen.
3. Die Vermögensgegenstände und Schulden sind zum Abschlußstichtag einzeln zu bewerten.
4. Es ist vorsichtig zu bewerten, namentlich sind alle vorhersehbaren Risiken und Verluste, die bis zum Abschlußstichtag entstanden sind, zu berücksichtigen, selbst wenn diese erst zwischen dem Abschlußstichtag und dem Tag der Aufstellung des Jahresabschlusses bekanntgeworden sind; Gewinne sind nur zu berücksichtigen, wenn sie am Abschlußstichtag realisiert sind.
5. Aufwendungen und Erträge des Geschäftsjahrs sind unabhängig von den Zeitpunkten der entsprechenden Zahlungen im Jahresabschluß zu berücksichtigen.
6. Die auf den vorhergehenden Jahresabschluss angewandten Bewertungsmethoden sind beizubehalten.

(2) Von den Grundsätzen des Absatzes 1 darf nur in begründeten Ausnahmefällen abgewichen werden.

§ 253
Zugangs- und Folgebewertung

(1) Vermögensgegenstände sind höchstens mit den Anschaffungs- oder Herstellungskosten, vermindert um die Abschreibungen nach den Absätzen 3 bis 5, anzusetzen. Verbindlichkeiten sind zu ihrem Erfüllungsbetrag und Rückstellungen in Höhe des nach vernünftiger kaufmännischer Beurteilung notwendigen Erfüllungsbetrages anzusetzen. Soweit sich die Höhe von Altersversorgungsverpflichtungen ausschließlich nach dem beizulegenden Zeitwert von Wertpapieren im Sinn des § 266 Abs. 2 A. III. 5 bestimmt, sind Rückstellungen hierfür zum beizulegenden Zeitwert dieser Wertpapiere anzusetzen, soweit er einen garantierten Mindestbetrag übersteigt. Nach § 246 Abs. 2 Satz 2 zu verrechnende Vermögensgegenstände sind mit ihrem beizulegenden Zeitwert zu bewerten. Kleinstkapitalgesellschaften (§ 267a) dürfen eine Bewertung zum beizulegenden Zeitwert nur vornehmen, wenn sie von keiner der in § 264 Absatz 1 Satz 5, § 266 Absatz 1

Satz 4, § 275 Absatz 5 und § 326 Absatz 2 vorgesehenen Erleichterungen Gebrauch machen. Macht eine Kleinstkapitalgesellschaft von mindestens einer der in Satz 5 genannten Erleichterungen Gebrauch, erfolgt die Bewertung der Vermögensgegenstände nach Satz 1, auch soweit eine Verrechnung nach § 246 Absatz 2 Satz 2 vorgesehen ist.

(2) Rückstellungen mit einer Restlaufzeit von mehr als einem Jahr sind abzuzinsen mit dem ihrer Restlaufzeit entsprechenden durchschnittlichen Marktzinssatz, der sich im Falle von Rückstellungen für Altersversorgungsverpflichtungen aus den vergangenen zehn Geschäftsjahren und im Falle sonstiger Rückstellungen aus den vergangenen sieben Geschäftsjahren ergibt. Abweichend von Satz 1 dürfen Rückstellungen für Altersversorgungsverpflichtungen oder vergleichbare langfristig fällige Verpflichtungen pauschal mit dem durchschnittlichen Marktzinssatz abgezinst werden, der sich bei einer angenommenen Restlaufzeit von 15 Jahren ergibt. Die Sätze 1 und 2 gelten entsprechend für auf Rentenverpflichtungen beruhende Verbindlichkeiten, für die eine Gegenleistung nicht mehr zu erwarten ist. Der nach den Sätzen 1 und 2 anzuwendende Abzinsungszinssatz wird von der Deutschen Bundesbank nach Maßgabe einer Rechtsverordnung ermittelt und monatlich bekannt gegeben. In der Rechtsverordnung nach Satz 4, die nicht der Zustimmung des Bundesrates bedarf, bestimmt das Bundesministerium der Justiz im Benehmen mit der Deutschen Bundesbank das Nähere zur Ermittlung der Abzinsungszinssätze, insbesondere die Ermittlungsmethodik und deren Grundlagen, sowie die Form der Bekanntgabe.

(3) Bei Vermögensgegenständen des Anlagevermögens, deren Nutzung zeitlich begrenzt ist, sind die Anschaffungs- oder die Herstellungskosten um planmäßige Abschreibungen zu vermindern. Der Plan muss die Anschaffungs- oder Herstellungskosten auf die Geschäftsjahre verteilen, in denen der Vermögensgegenstand voraussichtlich genutzt werden kann. Kann in Ausnahmefällen die voraussichtliche Nutzungsdauer eines selbst geschaffenen immateriellen Vermögensgegenstands des Anlagevermögens nicht verlässlich geschätzt werden, sind planmäßige Abschreibungen auf die Herstellungskosten über einen Zeitraum von zehn Jahren vorzunehmen. Satz 3 findet auf einen entgeltlich erworbenen Geschäfts- oder Firmenwert entsprechende Anwendung. Ohne Rücksicht darauf, ob ihre Nutzung zeitlich begrenzt ist, sind bei Vermögensgegenständen des Anlagevermögens bei voraussichtlich dauernder Wertminderung außerplanmäßige Abschreibungen vorzunehmen, um diese mit dem niedrigeren Wert anzusetzen, der ihnen am Abschlussstichtag beizulegen ist. Bei Finanzanlagen können außerplanmäßige Abschreibungen auch bei voraussichtlich nicht dauernder Wertminderung vorgenommen werden.

(4) Bei Vermögensgegenständen des Umlaufvermögens sind Abschreibungen vorzunehmen, um diese mit einem niedrigeren Wert anzusetzen, der sich aus einem Börsen- oder Marktpreis am Abschlussstichtag ergibt. Ist ein Börsen- oder Marktpreis nicht festzustellen und übersteigen die Anschaffungs- oder Herstellungskosten den Wert, der den Vermögensgegenständen am Abschlussstichtag beizulegen ist, so ist auf diesen Wert abzuschreiben.

(5) Ein niedrigerer Wertansatz nach Absatz 3 Satz 5 oder 6 und Absatz 4 darf nicht beibehalten werden, wenn die Gründe dafür nicht mehr bestehen. Ein niedrigerer Wertansatz eines entgeltlich erworbenen Geschäfts- oder Firmenwertes ist beizubehalten.

(6) Im Falle von Rückstellungen für Altersversorgungsverpflichtungen ist der Unterschiedsbetrag zwischen dem Ansatz der Rückstellungen nach Maßgabe des entsprechenden durchschnittlichen Marktzinssatzes aus den vergangenen zehn Geschäftsjahren und dem Ansatz der Rückstellungen nach Maßgabe des entsprechenden durchschnittlichen Marktzinssatzes aus den vergangenen sieben Geschäftsjahren in jedem Geschäftsjahr zu ermitteln. Gewinne dürfen nur ausgeschüttet werden, wenn die nach der Ausschüttung verbleibenden frei verfügbaren Rücklagen zuzüglich eines Gewinnvortrags und abzüglich eines Verlustvortrags mindestens dem Unterschiedsbetrag nach Satz 1 entsprechen. Der Unterschiedsbetrag nach Satz 1 ist in jedem Geschäftsjahr im Anhang oder unter der Bilanz darzustellen.

§ 254
Bildung von Bewertungseinheiten

Werden Vermögensgegenstände, Schulden, schwebende Geschäfte oder mit hoher Wahrscheinlichkeit erwartete Transaktionen zum Ausgleich gegenläufiger Wertänderungen oder Zahlungsströme aus dem Eintritt vergleichbarer Risiken mit Finanzinstrumenten zusammengefasst (Bewertungseinheit), sind § 249 Abs. 1, § 252 Abs. 1 Nr. 3 und 4, § 253 Abs. 1 Satz 1 und § 256a in dem Umfang und für den Zeitraum nicht anzuwenden, in dem die gegenläufigen Wertänderungen oder Zahlungsströme sich ausgleichen. Als Finanzinstrumente im Sinn des Satzes 1 gelten auch Termingeschäfte über den Erwerb oder die Veräußerung von Waren.

§ 255
Bewertungsmaßstäbe

(1) Anschaffungskosten sind die Aufwendungen, die geleistet werden, um einen Vermögensgegenstand zu erwerben und ihn in einen betriebsbereiten Zustand zu versetzen, soweit sie dem Vermögensgegenstand einzeln zugeordnet werden können. Zu den Anschaffungskosten gehören auch die Nebenkosten sowie die nachträglichen Anschaffungskosten. Anschaffungspreisminderungen, die dem Vermögensgegenstand einzeln zugeordnet werden können, sind abzusetzen.

(2) Herstellungskosten sind die Aufwendungen, die durch den Verbrauch von Gütern und die Inanspruchnahme von Diensten für die Herstellung eines Vermögensgegenstands, seine Erweiterung oder für eine über seinen ursprünglichen Zustand hinausgehende wesentliche Verbesserung entstehen. Dazu gehören die Materialkosten, die Fertigungskosten und die Sonderkosten der Fertigung sowie angemessene Teile der Materialgemeinkosten, der Fertigungsgemeinkosten und des Werteverzehrs des Anlagevermögens, soweit dieser durch die Fertigung veranlasst ist. Bei der Berechnung der Herstellungskosten dürfen angemessene Teile der Kosten der allgemeinen Verwaltung sowie angemessene Aufwendungen für soziale Einrichtungen des Betriebs, für freiwillige soziale Leistungen und für die betriebliche Altersversorgung einbezogen werden, soweit diese auf den Zeitraum der Herstellung entfallen. Forschungs- und Vertriebskosten dürfen nicht einbezogen werden.

(2a) Herstellungskosten eines selbst geschaffenen immateriellen Vermögensgegenstands des Anlagevermögens sind die bei dessen Entwicklung anfallenden Aufwendungen nach Absatz 2. Entwicklung ist die Anwendung von Forschungsergebnissen oder von anderem Wissen für die Neuentwicklung von Gütern oder Verfahren oder die Weiterentwicklung von Gütern oder Verfahren mittels wesentlicher Änderungen. Forschung ist die eigenständige und planmäßige Suche nach neuen wissenschaftlichen oder technischen Erkenntnissen oder Erfahrungen allgemeiner Art, über deren technische Verwertbarkeit und wirtschaftliche Erfolgsaussichten grundsätzlich keine Aussagen gemacht werden können. Können Forschung und Entwicklung nicht verlässlich voneinander unterschieden werden, ist eine Aktivierung ausgeschlossen.

(3) Zinsen für Fremdkapital gehören nicht zu den Herstellungskosten. Zinsen für Fremdkapital, das zur Finanzierung der Herstellung eines Vermögensgegenstands verwendet wird, dürfen angesetzt werden, soweit sie auf den Zeitraum der Herstellung entfallen; in diesem Falle gelten sie als Herstellungskosten des Vermögensgegenstands.

(4) Der beizulegende Zeitwert entspricht dem Marktpreis. Soweit kein aktiver Markt besteht, anhand dessen sich der Marktpreis ermitteln lässt, ist der beizulegende Zeitwert mit Hilfe allgemein anerkannter Bewertungsmethoden zu bestimmen. Lässt sich der beizulegende Zeitwert weder nach Satz 1 noch nach Satz 2 ermitteln, sind die Anschaffungs- oder Herstellungskosten gemäß § 253 Abs. 4 fortzuführen. Der zuletzt nach Satz 1 oder 2 ermittelte beizulegende Zeitwert gilt als Anschaffungs- oder Herstellungskosten im Sinn des Satzes 3.

§ 256
Bewertungsvereinfachungsverfahren

Soweit es den Grundsätzen ordnungsmäßiger Buchführung entspricht, kann für den Wertansatz gleichartiger Vermögensgegenstände des Vorratsvermögens unterstellt werden, daß die zuerst oder daß die zuletzt angeschafften oder hergestellten Vermögensgegenstände zuerst verbraucht oder veräußert worden sind. § 240 Abs. 3 und 4 ist auch auf den Jahresabschluß anwendbar.

§ 256a
Währungsumrechnung

Auf fremde Währung lautende Vermögensgegenstände und Verbindlichkeiten sind zum Devisenkassamittelkurs am Abschlussstichtag umzurechnen. Bei einer Restlaufzeit von einem Jahr oder weniger sind § 253 Abs. 1 Satz 1 und § 252 Abs. 1 Nr. 4 Halbsatz 2 nicht anzuwenden.

Zweiter Abschnitt
Ergänzende Vorschriften für Kapitalgesellschaften (Aktiengesellschaften, Kommanditgesellschaften auf Aktien und Gesellschaften mit beschränkter Haftung) sowie bestimmte Personenhandelsgesellschaften

Erster Unterabschnitt
Jahresabschluß der Kapitalgesellschaft und Lagebericht

Erster Titel
Allgemeine Vorschriften

§ 264
Pflicht zur Aufstellung; Befreiung

(1) Die gesetzlichen Vertreter einer Kapitalgesellschaft haben den Jahresabschluß (§ 242) um einen Anhang zu erweitern, der mit der Bilanz und der Gewinn- und Verlustrechnung eine Einheit bildet, sowie einen Lagebericht aufzustellen. Die gesetzlichen Vertreter einer kapitalmarktorientierten Kapitalgesellschaft, die nicht zur Aufstellung eines Konzernabschlusses verpflichtet ist, haben den Jahresabschluss um eine Kapitalflussrechnung und einen Eigenkapitalspiegel zu erweitern, die mit der Bilanz, Gewinn- und Verlustrechnung und dem Anhang eine Einheit bilden; sie können den Jahresabschluss um eine Segmentberichterstattung erweitern. Der Jahresabschluß und der Lagebericht sind von den gesetzlichen Vertretern in den ersten drei Monaten des Geschäftsjahrs für das vergangene Geschäftsjahr aufzustellen. Kleine Kapitalgesellschaften (§ 267 Abs. 1) brauchen den Lagebericht nicht aufzustellen; sie dürfen den Jahresabschluß auch später aufstellen, wenn dies einem ordnungsgemäßen Geschäftsgang entspricht, jedoch innerhalb der ersten sechs Monate des Geschäftsjahres. Kleinstkapitalgesellschaften (§ 267a) brauchen den Jahresabschluss nicht um einen Anhang zu erweitern, wenn sie

1. die in § 268 Absatz 7 genannten Angaben,
2. die in § 285 Nummer 9 Buchstabe c genannten Angaben und
3. im Falle einer Aktiengesellschaft die in § 160 Absatz 3 Satz 2 des Aktiengesetzes genannten Angaben

unter der Bilanz angeben.

(1a) In dem Jahresabschluss sind die Firma, der Sitz, das Registergericht und die Nummer, unter der die Gesellschaft in das Handelsregister eingetragen ist, anzugeben. Befindet sich die Gesellschaft in Liquidation oder Abwicklung, ist auch diese Tatsache anzugeben.

(2) Der Jahresabschluß der Kapitalgesellschaft hat unter Beachtung der Grundsätze ordnungsmäßiger Buchführung ein den tatsächlichen Verhältnissen entsprechendes Bild der Vermögens-, Finanz- und Ertragslage der Kapitalgesellschaft zu vermitteln. Führen besondere Umstände dazu,

daß der Jahresabschluß ein den tatsächlichen Verhältnissen entsprechendes Bild im Sinne des Satzes 1 nicht vermittelt, so sind im Anhang zusätzliche Angaben zu machen. Die Mitglieder des vertretungsberechtigten Organs einer Kapitalgesellschaft, die als Inlandsemittent (§ 2 Absatz 14 des Wertpapierhandelsgesetzes) Wertpapiere (§ 2 Absatz 1 des Wertpapierhandelsgesetzes) begibt und keine Kapitalgesellschaft im Sinne des § 327a ist, haben in einer dem Jahresabschluss beizufügenden schriftlichen Erklärung zu versichern, dass der Jahresabschluss nach bestem Wissen ein den tatsächlichen Verhältnissen entsprechendes Bild im Sinne des Satzes 1 vermittelt oder der Anhang Angaben nach Satz 2 enthält. Macht eine Kleinstkapitalgesellschaft von der Erleichterung nach Absatz 1 Satz 5 Gebrauch, sind nach Satz 2 erforderliche zusätzliche Angaben unter der Bilanz zu machen. Es wird vermutet, dass ein unter Berücksichtigung der Erleichterungen für Kleinstkapitalgesellschaften aufgestellter Jahresabschluss den Erfordernissen des Satzes 1 entspricht.

(3) Eine Kapitalgesellschaft, die nicht im Sinne des § 264d kapitalmarktorientiert ist und die als Tochterunternehmen in den Konzernabschluss eines Mutterunternehmens mit Sitz in einem Mitgliedstaat der Europäischen Union oder einem anderen Vertragsstaat des Abkommens über den Europäischen Wirtschaftsraum einbezogen ist, braucht die Vorschriften dieses Unterabschnitts und des Dritten und Vierten Unterabschnitts dieses Abschnitts nicht anzuwenden, wenn alle folgenden Voraussetzungen erfüllt sind:

1. alle Gesellschafter des Tochterunternehmens haben der Befreiung für das jeweilige Geschäftsjahr zugestimmt;
2. das Mutterunternehmen hat sich bereit erklärt, für die von dem Tochterunternehmen bis zum Abschlussstichtag eingegangenen Verpflichtungen im folgenden Geschäftsjahr einzustehen;
3. der Konzernabschluss und der Konzernlagebericht des Mutterunternehmens sind nach den Rechtsvorschriften des Staates, in dem das Mutterunternehmen seinen Sitz hat, und im Einklang mit folgenden Richtlinien aufgestellt und geprüft worden:
   a) Richtlinie 2013/34/EU des Europäischen Parlaments und des Rates vom 26. Juni 2013 über den Jahresabschluss, den konsolidierten Abschluss und damit verbundene Berichte von Unternehmen bestimmter Rechtsformen und zur Änderung der Richtlinie 2006/43/EG des Europäischen Parlaments und des Rates und zur Aufhebung der Richtlinien 78/660/EWG und 83/349/EWG des Rates (ABl. L 182 vom 29.6.2013, S. 19), die zuletzt durch die Richtlinie (EU) 2021/2101 (ABl. L 429 vom 1.12.2021, S. 1) geändert worden ist,
   b) Richtlinie 2006/43/EG des Europäischen Parlaments und des Rates vom 17. Mai 2006 über Abschlussprüfungen von Jahresabschlüssen und konsolidierten Abschlüssen, zur Änderung der Richtlinien 78/660/EWG und 83/349/EWG des Rates und zur Aufhebung der Richtlinie 84/253/EWG des Rates (ABl. L 157 vom 9.6.2006, S. 87), die zuletzt durch die Richtlinie 2014/56/EU (ABl. L 158 vom 27.5.2014, S. 196) geändert worden ist;
4. die Befreiung des Tochterunternehmens ist im Anhang des Konzernabschlusses des Mutterunternehmens angegeben und
5. für das Tochterunternehmen sind nach § 325 Absatz 1 bis 1b offengelegt worden:
   a) der Beschluss nach Nummer 1,
   b) die Erklärung nach Nummer 2,
   c) der Konzernabschluss,
   d) der Konzernlagebericht und
   e) der Bestätigungsvermerk zum Konzernabschluss und Konzernlagebericht des Mutterunternehmens nach Nummer 3.

Hat bereits das Mutterunternehmen einzelne oder alle der in Satz 1 Nummer 5 bezeichneten Unterlagen offengelegt, braucht das Tochterunternehmen die betreffenden Unterlagen nicht erneut offenzulegen, wenn sie im Unternehmensregister unter dem Tochterunternehmen auffindbar sind; § 326 Absatz 2 ist auf diese Offenlegung nicht anzuwenden. Satz 2 gilt nur dann, wenn das Mutterunternehmen die betreffende Unterlage in deutscher oder in englischer Sprache offengelegt hat oder das Tochterunternehmen zusätzlich eine beglaubigte Übersetzung dieser Unterlage in deutscher Sprache nach § 325 Absatz 1 bis 1b offenlegt.

(4) Absatz 3 ist nicht anzuwenden, wenn eine Kapitalgesellschaft das Tochterunternehmen eines Mutterunternehmens ist, das einen Konzernabschluss nach den Vorschriften des Publizitätsgesetzes aufgestellt hat, und wenn in diesem Konzernabschluss von dem Wahlrecht des § 13 Absatz 3 Satz 1 des Publizitätsgesetzes Gebrauch gemacht worden ist; § 314 Absatz 3 bleibt unberührt.

§ 264d
Kapitalmarktorientierte Kapitalgesellschaft

Eine Kapitalgesellschaft ist kapitalmarktorientiert, wenn sie einen organisierten Markt im Sinn des § 2 Absatz 11 des Wertpapierhandelsgesetzes durch von ihr ausgegebene Wertpapiere im Sinn des § 2 Absatz 1 des Wertpapierhandelsgesetzes in Anspruch nimmt oder die Zulassung solcher Wertpapiere zum Handel an einem organisierten Markt beantragt hat.

§ 265
Allgemeine Grundsätze für die Gliederung

(1) Die Form der Darstellung, insbesondere die Gliederung der aufeinanderfolgenden Bilanzen und Gewinn- und Verlustrechnungen, ist beizubehalten, soweit nicht in Ausnahmefällen wegen besonderer Umstände Abweichungen erforderlich sind. Die Abweichungen sind im Anhang anzugeben und zu begründen.

(2) In der Bilanz sowie in der Gewinn- und Verlustrechnung ist zu jedem Posten der entsprechende Betrag des vorhergehenden Geschäftsjahrs anzugeben. Sind die Beträge nicht vergleichbar, so ist dies im Anhang anzugeben und zu erläutern. Wird der Vorjahresbetrag angepaßt, so ist auch dies im Anhang anzugeben und zu erläutern.

(3) Fällt ein Vermögensgegenstand oder eine Schuld unter mehrere Posten der Bilanz, so ist die Mitzugehörigkeit zu anderen Posten bei dem Posten, unter dem der Ausweis erfolgt ist, zu vermerken oder im Anhang anzugeben, wenn dies zur Aufstellung eines klaren und übersichtlichen Jahresabschlusses erforderlich ist.

(4) Sind mehrere Geschäftszweige vorhanden und bedingt dies die Gliederung des Jahresabschlusses nach verschiedenen Gliederungsvorschriften, so ist der Jahresabschluß nach der für einen Geschäftszweig vorgeschriebenen Gliederung aufzustellen und nach der für die anderen Geschäftszweige vorgeschriebenen Gliederung zu ergänzen. Die Ergänzung ist im Anhang anzugeben und zu begründen.

(5) Eine weitere Untergliederung der Posten ist zulässig; dabei ist jedoch die vorgeschriebene Gliederung zu beachten. Neue Posten und Zwischensummen dürfen hinzugefügt werden, wenn ihr Inhalt nicht von einem vorgeschriebenen Posten gedeckt wird.

(6) Gliederung und Bezeichnung der mit arabischen Zahlen versehenen Posten der Bilanz und der Gewinn- und Verlustrechnung sind zu ändern, wenn dies wegen Besonderheiten der Kapitalgesellschaft zur Aufstellung eines klaren und übersichtlichen Jahresabschlusses erforderlich ist.

(7) Die mit arabischen Zahlen versehenen Posten der Bilanz und der Gewinn- und Verlustrechnung können, wenn nicht besondere Formblätter vorgeschrieben sind, zusammengefaßt ausgewiesen werden, wenn

1. sie einen Betrag enthalten, der für die Vermittlung eines den tatsächlichen Verhältnissen entsprechenden Bildes im Sinne des § 264 Abs. 2 nicht erheblich ist,

oder

2. dadurch die Klarheit der Darstellung vergrößert wird; in diesem Falle müssen die zusammengefaßten Posten jedoch im Anhang gesondert ausgewiesen werden.

(8) Ein Posten der Bilanz oder der Gewinn- und Verlustrechnung, der keinen Betrag ausweist, braucht nicht aufgeführt zu werden, es sei denn, daß im vorhergehenden Geschäftsjahr unter diesem Posten ein Betrag ausgewiesen wurde.

Zweiter Titel
Bilanz

§ 266
Gliederung der Bilanz

(1) Die Bilanz ist in Kontoform aufzustellen. Dabei haben mittelgroße und große Kapitalgesellschaften (§ 267 Absatz 2 und 3) auf der Aktivseite die in Absatz 2 und auf der Passivseite die in Absatz 3 bezeichneten Posten gesondert und in der vorgeschriebenen Reihenfolge auszuweisen. Kleine Kapitalgesellschaften (§ 267 Abs. 1) brauchen nur eine verkürzte Bilanz aufzustellen, in die nur die in den Absätzen 2 und 3 mit Buchstaben und römischen Zahlen bezeichneten Posten gesondert und in der vorgeschriebenen Reihenfolge aufgenommen werden. Kleinstkapitalgesellschaften (§ 267a) brauchen nur eine verkürzte Bilanz aufzustellen, in die nur die in den Absätzen 2 und 3 mit Buchstaben bezeichneten Posten gesondert und in der vorgeschriebenen Reihenfolge aufgenommen werden.

(2) Aktivseite

A. Anlagevermögen:
- I. Immaterielle Vermögensgegenstände:
  1. Selbst geschaffene gewerbliche Schutzrechte und ähnliche Rechte und Werte;
  2. entgeltlich erworbene Konzessionen, gewerbliche Schutzrechte und ähnliche Rechte und Werte sowie Lizenzen an solchen Rechten und Werten;
  3. Geschäfts- oder Firmenwert;
  4. geleistete Anzahlungen;
- II. Sachanlagen:
  1. Grundstücke, grundstücksgleiche Rechte und Bauten einschließlich der Bauten auf fremden Grundstücken;
  2. technische Anlagen und Maschinen;
  3. andere Anlagen, Betriebs- und Geschäftsausstattung;
  4. geleistete Anzahlungen und Anlagen im Bau;
- III. Finanzanlagen:
  1. Anteile an verbundenen Unternehmen;
  2. Ausleihungen an verbundene Unternehmen;
  3. Beteiligungen;
  4. Ausleihungen an Unternehmen, mit denen ein Beteiligungsverhältnis besteht;
  5. Wertpapiere des Anlagevermögens;
  6. sonstige Ausleihungen.

B. Umlaufvermögen:
- I. Vorräte:
  1. Roh-, Hilfs- und Betriebsstoffe;
  2. unfertige Erzeugnisse, unfertige Leistungen;
  3. fertige Erzeugnisse und Waren;
  4. geleistete Anzahlungen;
- II. Forderungen und sonstige Vermögensgegenstände:
  1. Forderungen aus Lieferungen und Leistungen;
  2. Forderungen gegen verbundene Unternehmen;
  3. Forderungen gegen Unternehmen, mit denen ein Beteiligungsverhältnis besteht;
  4. sonstige Vermögensgegenstände;
- III. Wertpapiere:
  1. Anteile an verbundenen Unternehmen;
  2. sonstige Wertpapiere;
- IV. Kassenbestand, Bundesbankguthaben, Guthaben bei Kreditinstituten und Schecks.

C. Rechnungsabgrenzungsposten.
D. Aktive latente Steuern.
E. Aktiver Unterschiedsbetrag aus der Vermögensverrechnung.
(3) Passivseite
A. Eigenkapital:
  I. Gezeichnetes Kapital;
  II. Kapitalrücklage;
  III. Gewinnrücklagen:
    1. gesetzliche Rücklage;
    2. Rücklage für Anteile an einem herrschenden oder mehrheitlich beteiligten Unternehmen;
    3. satzungsmäßige Rücklagen;
    4. andere Gewinnrücklagen;
  IV. Gewinnvortrag/Verlustvortrag;
  V. Jahresüberschuß/Jahresfehlbetrag.
B. Rückstellungen:
  1. Rückstellungen für Pensionen und ähnliche Verpflichtungen;
  2. Steuerrückstellungen;
  3. sonstige Rückstellungen.
C. Verbindlichkeiten:
  1. Anleihen
  davon konvertibel;
  2. Verbindlichkeiten gegenüber Kreditinstituten;
  3. erhaltene Anzahlungen auf Bestellungen;
  4. Verbindlichkeiten aus Lieferungen und Leistungen;
  5. Verbindlichkeiten aus der Annahme gezogener Wechsel und der Ausstellung eigener Wechsel;
  6. Verbindlichkeiten gegenüber verbundenen Unternehmen;
  7. Verbindlichkeiten gegenüber Unternehmen, mit denen ein Beteiligungsverhältnis besteht;
  8. sonstige Verbindlichkeiten,
  davon aus Steuern,
  davon im Rahmen der sozialen Sicherheit.
D. Rechnungsabgrenzungsposten.
E. Passive latente Steuern.

§ 267
Umschreibung der Größenklassen

(1) Kleine Kapitalgesellschaften sind solche, die mindestens zwei der drei nachstehenden Merkmale nicht überschreiten:
1. 6000000 Euro Bilanzsumme.
2. 12000000 Euro Umsatzerlöse in den zwölf Monaten vor dem Abschlußstichtag.
3. Im Jahresdurchschnitt fünfzig Arbeitnehmer.

(2) Mittelgroße Kapitalgesellschaften sind solche, die mindestens zwei der drei in Absatz 1 bezeichneten Merkmale überschreiten und jeweils mindestens zwei der drei nachstehenden Merkmale nicht überschreiten:
1. 20000000 Euro Bilanzsumme.
2. 40000000 Euro Umsatzerlöse in den zwölf Monaten vor dem Abschlußstichtag.
3. Im Jahresdurchschnitt zweihundertfünfzig Arbeitnehmer.

(3) Große Kapitalgesellschaften sind solche, die mindestens zwei der drei in Absatz 2 bezeichneten Merkmale überschreiten. Eine Kapitalgesellschaft im Sinn des § 264d gilt stets als große.

(4) Die Rechtsfolgen der Merkmale nach den Absätzen 1 bis 3 Satz 1 treten nur ein, wenn sie an den Abschlußstichtagen von zwei aufeinanderfolgenden Geschäftsjahren über- oder unterschritten werden. Im Falle der Umwandlung oder Neugründung treten die Rechtsfolgen schon ein, wenn die Voraussetzungen des Absatzes 1, 2 oder 3 am ersten Abschlußstichtag nach der Umwandlung oder Neugründung vorliegen. Satz 2 findet im Falle des Formwechsels keine Anwendung, sofern der formwechselnde Rechtsträger eine Kapitalgesellschaft oder eine Personenhandelsgesellschaft im Sinne des § 264a Absatz 1 ist.

(4a) Die Bilanzsumme setzt sich aus den Posten zusammen, die in den Buchstaben A bis E des § 266 Absatz 2 aufgeführt sind. Ein auf der Aktivseite ausgewiesener Fehlbetrag (§ 268 Absatz 3) wird nicht in die Bilanzsumme einbezogen.

(5) Als durchschnittliche Zahl der Arbeitnehmer gilt der vierte Teil der Summe aus den Zahlen der jeweils am 31. März, 30. Juni, 30. September und 31. Dezember beschäftigten Arbeitnehmer einschließlich der im Ausland beschäftigten Arbeitnehmer, jedoch ohne die zu ihrer Berufsausbildung Beschäftigten.

(6) Informations- und Auskunftsrechte der Arbeitnehmervertretungen nach anderen Gesetzen bleiben unberührt.

§ 267a
Kleinstkapitalgesellschaften

(1) Kleinstkapitalgesellschaften sind kleine Kapitalgesellschaften, die mindestens zwei der drei nachstehenden Merkmale nicht überschreiten:

1. 350000 Euro Bilanzsumme;
2. 700000 Euro Umsatzerlöse in den zwölf Monaten vor dem Abschlussstichtag;
3. im Jahresdurchschnitt zehn Arbeitnehmer.

§ 267 Absatz 4 bis 6 gilt entsprechend.

(2) Die in diesem Gesetz für kleine Kapitalgesellschaften (§ 267 Absatz 1) vorgesehenen besonderen Regelungen gelten für Kleinstkapitalgesellschaften entsprechend, soweit nichts anderes geregelt ist.

(3) Keine Kleinstkapitalgesellschaften sind:

1. Investmentgesellschaften im Sinne des § 1 Absatz 11 des Kapitalanlagegesetzbuchs,
2. Unternehmensbeteiligungsgesellschaften im Sinne des § 1a Absatz 1 des Gesetzes über Unternehmensbeteiligungsgesellschaften oder
3. Unternehmen, deren einziger Zweck darin besteht, Beteiligungen an anderen Unternehmen zu erwerben sowie die Verwaltung und Verwertung dieser Beteiligungen wahrzunehmen, ohne dass sie unmittelbar oder mittelbar in die Verwaltung dieser Unternehmen eingreifen, wobei die Ausübung der ihnen als Aktionär oder Gesellschafter zustehenden Rechte außer Betracht bleibt.

§ 268
Vorschriften zu einzelnen Posten der Bilanz, Bilanzvermerke

(1) Die Bilanz darf auch unter Berücksichtigung der vollständigen oder teilweisen Verwendung des Jahresergebnisses aufgestellt werden. Wird die Bilanz unter Berücksichtigung der teilweisen Verwendung des Jahresergebnisses aufgestellt, so tritt an die Stelle der Posten „Jahresüberschuß/Jahresfehlbetrag“ und „Gewinnvortrag/Verlustvortrag“ der Posten „Bilanzgewinn/Bilanzverlust“; ein vorhandener Gewinn- oder Verlustvortrag ist in den Posten „Bilanzgewinn/Bilanzverlust“ einzubeziehen und in der Bilanz gesondert anzugeben. Die Angabe kann auch im Anhang gemacht werden.

(2) (weggefallen)

(3) Ist das Eigenkapital durch Verluste aufgebraucht und ergibt sich ein Überschuß der Passivposten über die Aktivposten, so ist dieser Betrag am Schluß der Bilanz auf der Aktivseite gesondert unter der Bezeichnung „Nicht durch Eigenkapital gedeckter Fehlbetrag“ auszuweisen.

(4) Der Betrag der Forderungen mit einer Restlaufzeit von mehr als einem Jahr ist bei jedem gesondert ausgewiesenen Posten zu vermerken. Werden unter dem Posten „sonstige Vermögensgegenstände“ Beträge für Vermögensgegenstände ausgewiesen, die erst nach dem Abschlußstichtag rechtlich entstehen, so müssen Beträge, die einen größeren Umfang haben, im Anhang erläutert werden.

(5) Der Betrag der Verbindlichkeiten mit einer Restlaufzeit bis zu einem Jahr und der Betrag der Verbindlichkeiten mit einer Restlaufzeit von mehr als einem Jahr sind bei jedem gesondert ausgewiesenen Posten zu vermerken. Erhaltene Anzahlungen auf Bestellungen sind, soweit Anzahlungen auf Vorräte nicht von dem Posten „Vorräte“ offen abgesetzt werden, unter den Verbindlichkeiten gesondert auszuweisen. Sind unter dem Posten „Verbindlichkeiten“ Beträge für Verbindlichkeiten ausgewiesen, die erst nach dem Abschlußstichtag rechtlich entstehen, so müssen Beträge, die einen größeren Umfang haben, im Anhang erläutert werden.

(6) Ein nach § 250 Abs. 3 in den Rechnungsabgrenzungsposten auf der Aktivseite aufgenommener Unterschiedsbetrag ist in der Bilanz gesondert auszuweisen oder im Anhang anzugeben.

(7) Für die in § 251 bezeichneten Haftungsverhältnisse sind

1. die Angaben zu nicht auf der Passivseite auszuweisenden Verbindlichkeiten und Haftungsverhältnissen im Anhang zu machen,
2. dabei die Haftungsverhältnisse jeweils gesondert unter Angabe der gewährten Pfandrechte und sonstigen Sicherheiten anzugeben und
3. dabei Verpflichtungen betreffend die Altersversorgung und Verpflichtungen gegenüber verbundenen oder assoziierten Unternehmen jeweils gesondert zu vermerken.

(8) Werden selbst geschaffene immaterielle Vermögensgegenstände des Anlagevermögens in der Bilanz ausgewiesen, so dürfen Gewinne nur ausgeschüttet werden, wenn die nach der Ausschüttung verbleibenden frei verfügbaren Rücklagen zuzüglich eines Gewinnvortrags und abzüglich eines Verlustvortrags mindestens den insgesamt angesetzten Beträgen abzüglich der hierfür gebildeten passiven latenten Steuern entsprechen. Werden aktive latente Steuern in der Bilanz ausgewiesen, ist Satz 1 auf den Betrag anzuwenden, um den die aktiven latenten Steuern die passiven latenten Steuern übersteigen. Bei Vermögensgegenständen im Sinn des § 246 Abs. 2 Satz 2 ist Satz 1 auf den Betrag abzüglich der hierfür gebildeten passiven latenten Steuern anzuwenden, der die Anschaffungskosten übersteigt.

§ 270
Bildung bestimmter Posten

(1) Einstellungen in die Kapitalrücklage und deren Auflösung sind bereits bei der Aufstellung der Bilanz vorzunehmen.

(2) Wird die Bilanz unter Berücksichtigung der vollständigen oder teilweisen Verwendung des Jahresergebnisses aufgestellt, so sind Entnahmen aus Gewinnrücklagen sowie Einstellungen in Gewinnrücklagen, die nach Gesetz, Gesellschaftsvertrag oder Satzung vorzunehmen sind oder auf Grund solcher Vorschriften beschlossen worden sind, bereits bei der Aufstellung der Bilanz zu berücksichtigen.

§ 271
Beteiligungen, Verbundene Unternehmen

(1) Beteiligungen sind Anteile an anderen Unternehmen, die bestimmt sind, dem eigenen Geschäftsbetrieb durch Herstellung einer dauernden Verbindung zu jenen Unternehmen zu dienen.

Dabei ist es unerheblich, ob die Anteile in Wertpapieren verbrieft sind oder nicht. Eine Beteiligung wird vermutet, wenn die Anteile an einem Unternehmen insgesamt den fünften Teil des Nennkapitals dieses Unternehmens oder, falls ein Nennkapital nicht vorhanden ist, den fünften Teil der Summe aller Kapitalanteile an diesem Unternehmen überschreiten. Auf die Berechnung ist § 16 Abs. 2 und 4 des Aktiengesetzes entsprechend anzuwenden. Die Mitgliedschaft in einer eingetragenen Genossenschaft gilt nicht als Beteiligung im Sinne dieses Buches.

(2) Verbundene Unternehmen im Sinne dieses Buches sind unabhängig von ihrer Rechtsform und ihrem Sitz solche, die im Verhältnis zueinander Mutterunternehmen und Tochterunternehmen gemäß § 290 Absatz 1 Satz 1 und Absatz 2 bis 4 sind; alle mit demselben Mutterunternehmen verbundenen Tochterunternehmen sind auch untereinander verbundene Unternehmen.

§ 272
Eigenkapital

(1) Gezeichnetes Kapital ist mit dem Nennbetrag anzusetzen. Die nicht eingeforderten ausstehenden Einlagen auf das gezeichnete Kapital sind von dem Posten „Gezeichnetes Kapital" offen abzusetzen; der verbleibende Betrag ist als Posten „Eingefordertes Kapital" in der Hauptspalte der Passivseite auszuweisen; der eingeforderte, aber noch nicht eingezahlte Betrag ist unter den Forderungen gesondert auszuweisen und entsprechend zu bezeichnen.

(1a) Der Nennbetrag oder, falls ein solcher nicht vorhanden ist, der rechnerische Wert von erworbenen eigenen Anteilen ist in der Vorspalte offen von dem Posten „Gezeichnetes Kapital" abzusetzen. Der Unterschiedsbetrag zwischen dem Nennbetrag oder dem rechnerischen Wert und den Anschaffungskosten der eigenen Anteile ist mit den frei verfügbaren Rücklagen zu verrechnen. Aufwendungen, die Anschaffungsnebenkosten sind, sind Aufwand des Geschäftsjahrs.

(1b) Nach der Veräußerung der eigenen Anteile entfällt der Ausweis nach Absatz 1a Satz 1. Ein den Nennbetrag oder den rechnerischen Wert übersteigender Differenzbetrag aus dem Veräußerungserlös ist bis zur Höhe des mit den frei verfügbaren Rücklagen verrechneten Betrages in die jeweiligen Rücklagen einzustellen. Ein darüber hinausgehender Differenzbetrag ist in die Kapitalrücklage gemäß Absatz 2 Nr. 1 einzustellen. Die Nebenkosten der Veräußerung sind Aufwand des Geschäftsjahrs.

(2) Als Kapitalrücklage sind auszuweisen

1. der Betrag, der bei der Ausgabe von Anteilen einschließlich von Bezugsanteilen über den Nennbetrag oder, falls ein Nennbetrag nicht vorhanden ist, über den rechnerischen Wert hinaus erzielt wird;
2. der Betrag, der bei der Ausgabe von Schuldverschreibungen für Wandlungsrechte und Optionsrechte zum Erwerb von Anteilen erzielt wird;
3. der Betrag von Zuzahlungen, die Gesellschafter gegen Gewährung eines Vorzugs für ihre Anteile leisten;
4. der Betrag von anderen Zuzahlungen, die Gesellschafter in das Eigenkapital leisten.

(3) Als Gewinnrücklagen dürfen nur Beträge ausgewiesen werden, die im Geschäftsjahr oder in einem früheren Geschäftsjahr aus dem Ergebnis gebildet worden sind. Dazu gehören aus dem Ergebnis zu bildende gesetzliche oder auf Gesellschaftsvertrag oder Satzung beruhende Rücklagen und andere Gewinnrücklagen.

(4) Für Anteile an einem herrschenden oder mit Mehrheit beteiligten Unternehmen ist eine Rücklage zu bilden. In die Rücklage ist ein Betrag einzustellen, der dem auf der Aktivseite der Bilanz für die Anteile an dem herrschenden oder mit Mehrheit beteiligten Unternehmen angesetzten Betrag entspricht. Die Rücklage, die bereits bei der Aufstellung der Bilanz zu bilden ist, darf aus vorhandenen frei verfügbaren Rücklagen gebildet werden. Die Rücklage ist aufzulösen, soweit die Anteile an dem herrschenden oder mit Mehrheit beteiligten Unternehmen veräußert, ausgegeben oder eingezogen werden oder auf der Aktivseite ein niedrigerer Betrag angesetzt wird.

(5) Übersteigt der auf eine Beteiligung entfallende Teil des Jahresüberschusses in der Gewinn- und Verlustrechnung die Beträge, die als Dividende oder Gewinnanteil eingegangen sind oder auf deren Zahlung die Kapitalgesellschaft einen Anspruch hat, ist der Unterschiedsbetrag in eine Rücklage einzustellen, die nicht ausgeschüttet werden darf. Die Rücklage ist aufzulösen, soweit die Kapitalgesellschaft die Beträge vereinnahmt oder einen Anspruch auf ihre Zahlung erwirbt.

§ 274
Latente Steuern

(1) Bestehen zwischen den handelsrechtlichen Wertansätzen von Vermögensgegenständen, Schulden und Rechnungsabgrenzungsposten und ihren steuerlichen Wertansätzen Differenzen, die sich in späteren Geschäftsjahren voraussichtlich abbauen, so ist eine sich daraus insgesamt ergebende Steuerbelastung als passive latente Steuern (§ 266 Abs. 3 E.) in der Bilanz anzusetzen. Eine sich daraus insgesamt ergebende Steuerentlastung kann als aktive latente Steuern (§ 266 Abs. 2 D.) in der Bilanz angesetzt werden. Die sich ergebende Steuerbe- und die sich ergebende Steuerentlastung können auch unverrechnet angesetzt werden. Steuerliche Verlustvorträge sind bei der Berechnung aktiver latenter Steuern in Höhe der innerhalb der nächsten fünf Jahre zu erwartenden Verlustverrechnung zu berücksichtigen.

(2) Die Beträge der sich ergebenden Steuerbe- und -entlastung sind mit den unternehmensindividuellen Steuersätzen im Zeitpunkt des Abbaus der Differenzen zu bewerten und nicht abzuzinsen. Die ausgewiesenen Posten sind aufzulösen, sobald die Steuerbe- oder -entlastung eintritt oder mit ihr nicht mehr zu rechnen ist. Der Aufwand oder Ertrag aus der Veränderung bilanzierter latenter Steuern ist in der Gewinn- und Verlustrechnung gesondert unter dem Posten „Steuern vom Einkommen und vom Ertrag" auszuweisen.

§ 274a
Größenabhängige Erleichterungen

Kleine Kapitalgesellschaften sind von der Anwendung der folgenden Vorschriften befreit:

1. § 268 Abs. 4 Satz 2 über die Pflicht zur Erläuterung bestimmter Forderungen im Anhang,
2. § 268 Abs. 5 Satz 3 über die Erläuterung bestimmter Verbindlichkeiten im Anhang,
3. § 268 Abs. 6 über den Rechnungsabgrenzungsposten nach § 250 Abs. 3,
4. § 274 über die Abgrenzung latenter Steuern.

Dritter Titel
Gewinn- und Verlustrechnung

§ 275
Gliederung

(1) Die Gewinn- und Verlustrechnung ist in Staffelform nach dem Gesamtkostenverfahren oder dem Umsatzkostenverfahren aufzustellen. Dabei sind die in Absatz 2 oder 3 bezeichneten Posten in der angegebenen Reihenfolge gesondert auszuweisen.

(2) Bei Anwendung des Gesamtkostenverfahrens sind auszuweisen:

1. Umsatzerlöse
2. Erhöhung oder Verminderung des Bestands an fertigen und unfertigen Erzeugnissen
3. andere aktivierte Eigenleistungen
4. sonstige betriebliche Erträge
5. Materialaufwand:
   a) Aufwendungen für Roh-, Hilfs- und Betriebsstoffe und für bezogene Waren
   b) Aufwendungen für bezogene Leistungen

6. Personalaufwand:
   a) Löhne und Gehälter
   b) soziale Abgaben und Aufwendungen für Altersversorgung und für Unterstützung, davon für Altersversorgung
7. Abschreibungen:
   a) auf immaterielle Vermögensgegenstände des Anlagevermögens und Sachanlagen
   b) auf Vermögensgegenstände des Umlaufvermögens, soweit diese die in der Kapitalgesellschaft üblichen Abschreibungen überschreiten
8. sonstige betriebliche Aufwendungen
9. Erträge aus Beteiligungen,
davon aus verbundenen Unternehmen
10. Erträge aus anderen Wertpapieren und Ausleihungen des Finanzanlagevermögens,
davon aus verbundenen Unternehmen
11. sonstige Zinsen und ähnliche Erträge,
davon aus verbundenen Unternehmen
12. Abschreibungen auf Finanzanlagen und auf Wertpapiere des Umlaufvermögens
13. Zinsen und ähnliche Aufwendungen,
davon an verbundene Unternehmen
14. Steuern vom Einkommen und vom Ertrag
15. Ergebnis nach Steuern
16. sonstige Steuern
17. Jahresüberschuss/Jahresfehlbetrag.

(3) Bei Anwendung des Umsatzkostenverfahrens sind auszuweisen:

1. Umsatzerlöse
2. Herstellungskosten der zur Erzielung der Umsatzerlöse erbrachten Leistungen
3. Bruttoergebnis vom Umsatz
4. Vertriebskosten
5. allgemeine Verwaltungskosten
6. sonstige betriebliche Erträge
7. sonstige betriebliche Aufwendungen
8. Erträge aus Beteiligungen,
davon aus verbundenen Unternehmen
9. Erträge aus anderen Wertpapieren und Ausleihungen des Finanzanlagevermögens,
davon aus verbundenen Unternehmen
10. sonstige Zinsen und ähnliche Erträge,
davon aus verbundenen Unternehmen
11. Abschreibungen auf Finanzanlagen und auf Wertpapiere des Umlaufvermögens
12. Zinsen und ähnliche Aufwendungen,
davon an verbundene Unternehmen
13. Steuern vom Einkommen und vom Ertrag
14. Ergebnis nach Steuern
15. sonstige Steuern
16. Jahresüberschuss/Jahresfehlbetrag.

(4) Veränderungen der Kapital- und Gewinnrücklagen dürfen in der Gewinn- und Verlustrechnung erst nach dem Posten „Jahresüberschuß/Jahresfehlbetrag“ ausgewiesen werden.

(5) Kleinstkapitalgesellschaften (§ 267a) können anstelle der Staffelungen nach den Absätzen 2 und 3 die Gewinn- und Verlustrechnung wie folgt darstellen:

1. Umsatzerlöse,
2. sonstige Erträge,
3. Materialaufwand,

4. Personalaufwand,
5. Abschreibungen,
6. sonstige Aufwendungen,
7. Steuern,
8. Jahresüberschuss/Jahresfehlbetrag.

§ 276
Größenabhängige Erleichterungen

Kleine und mittelgroße Kapitalgesellschaften (§ 267 Abs. 1, 2) dürfen die Posten § 275 Abs. 2 Nr. 1 bis 5 oder Abs. 3 Nr. 1 bis 3 und 6 zu einem Posten unter der Bezeichnung „Rohergebnis" zusammenfassen. Die Erleichterungen nach Satz 1 gelten nicht für Kleinstkapitalgesellschaften (§ 267a), die von der Regelung des § 275 Absatz 5 Gebrauch machen.

§ 277
Vorschriften zu einzelnen Posten der Gewinn- und Verlustrechnung

(1) Als Umsatzerlöse sind die Erlöse aus dem Verkauf und der Vermietung oder Verpachtung von Produkten sowie aus der Erbringung von Dienstleistungen der Kapitalgesellschaft nach Abzug von Erlösschmälerungen und der Umsatzsteuer sowie sonstiger direkt mit dem Umsatz verbundener Steuern auszuweisen.

(2) Als Bestandsveränderungen sind sowohl Änderungen der Menge als auch solche des Wertes zu berücksichtigen; Abschreibungen jedoch nur, soweit diese die in der Kapitalgesellschaft sonst üblichen Abschreibungen nicht überschreiten.

(3) Außerplanmäßige Abschreibungen nach § 253 Absatz 3 Satz 5 und 6 sind jeweils gesondert auszuweisen oder im Anhang anzugeben. Erträge und Aufwendungen aus Verlustübernahme und auf Grund einer Gewinngemeinschaft, eines Gewinnabführungs- oder eines Teilgewinnabführungsvertrags erhaltene oder abgeführte Gewinne sind jeweils gesondert unter entsprechender Bezeichnung auszuweisen.

(4) (weggefallen)

(5) Erträge aus der Abzinsung sind in der Gewinn- und Verlustrechnung gesondert unter dem Posten „Sonstige Zinsen und ähnliche Erträge" und Aufwendungen gesondert unter dem Posten „Zinsen und ähnliche Aufwendungen" auszuweisen. Erträge aus der Währungsumrechnung sind in der Gewinn- und Verlustrechnung gesondert unter dem Posten „Sonstige betriebliche Erträge" und Aufwendungen aus der Währungsumrechnung gesondert unter dem Posten „Sonstige betriebliche Aufwendungen" auszuweisen.

Fünfter Titel
Anhang

§ 284
Erläuterung der Bilanz und der Gewinn- und Verlustrechnung

(1) In den Anhang sind diejenigen Angaben aufzunehmen, die zu den einzelnen Posten der Bilanz oder der Gewinn- und Verlustrechnung vorgeschrieben sind; sie sind in der Reihenfolge der einzelnen Posten der Bilanz und der Gewinn- und Verlustrechnung darzustellen. Im Anhang sind auch die Angaben zu machen, die in Ausübung eines Wahlrechts nicht in die Bilanz oder in die Gewinn- und Verlustrechnung aufgenommen wurden.

(2) Im Anhang müssen

1. die auf die Posten der Bilanz und der Gewinn- und Verlustrechnung angewandten Bilanzierungs- und Bewertungsmethoden angegeben werden;
2. Abweichungen von Bilanzierungs- und Bewertungsmethoden angegeben und begründet werden; deren Einfluß auf die Vermögens-, Finanz- und Ertragslage ist gesondert darzustellen;

3. bei Anwendung einer Bewertungsmethode nach § 240 Abs. 4, § 256 Satz 1 die Unterschiedsbeträge pauschal für die jeweilige Gruppe ausgewiesen werden, wenn die Bewertung im Vergleich zu einer Bewertung auf der Grundlage des letzten vor dem Abschlußstichtag bekannten Börsenkurses oder Marktpreises einen erheblichen Unterschied aufweist;
4. Angaben über die Einbeziehung von Zinsen für Fremdkapital in die Herstellungskosten gemacht werden.

(3) Im Anhang ist die Entwicklung der einzelnen Posten des Anlagevermögens in einer gesonderten Aufgliederung darzustellen. Dabei sind, ausgehend von den gesamten Anschaffungs- und Herstellungskosten, die Zugänge, Abgänge, Umbuchungen und Zuschreibungen des Geschäftsjahrs sowie die Abschreibungen gesondert aufzuführen. Zu den Abschreibungen sind gesondert folgende Angaben zu machen:
1. die Abschreibungen in ihrer gesamten Höhe zu Beginn und Ende des Geschäftsjahrs,
2. die im Laufe des Geschäftsjahrs vorgenommenen Abschreibungen und
3. Änderungen in den Abschreibungen in ihrer gesamten Höhe im Zusammenhang mit Zu- und Abgängen sowie Umbuchungen im Laufe des Geschäftsjahrs.

Sind in die Herstellungskosten Zinsen für Fremdkapital einbezogen worden, ist für jeden Posten des Anlagevermögens anzugeben, welcher Betrag an Zinsen im Geschäftsjahr aktiviert worden ist.

§ 285
Sonstige Pflichtangaben

Ferner sind im Anhang anzugeben:
1. zu den in der Bilanz ausgewiesenen Verbindlichkeiten
   a) der Gesamtbetrag der Verbindlichkeiten mit einer Restlaufzeit von mehr als fünf Jahren,
   b) der Gesamtbetrag der Verbindlichkeiten, die durch Pfandrechte oder ähnliche Rechte gesichert sind, unter Angabe von Art und Form der Sicherheiten;
2. die Aufgliederung der in Nummer 1 verlangten Angaben für jeden Posten der Verbindlichkeiten nach dem vorgeschriebenen Gliederungsschema;
3. Art und Zweck sowie Risiken, Vorteile und finanzielle Auswirkungen von nicht in der Bilanz enthaltenen Geschäften, soweit die Risiken und Vorteile wesentlich sind und die Offenlegung für die Beurteilung der Finanzlage des Unternehmens erforderlich ist;

3a. der Gesamtbetrag der sonstigen finanziellen Verpflichtungen, die nicht in der Bilanz enthalten sind und die nicht nach § 268 Absatz 7 oder Nummer 3 anzugeben sind, sofern diese Angabe für die Beurteilung der Finanzlage von Bedeutung ist; davon sind Verpflichtungen betreffend die Altersversorgung und Verpflichtungen gegenüber verbundenen oder assoziierten Unternehmen jeweils gesondert anzugeben;

4. die Aufgliederung der Umsatzerlöse nach Tätigkeitsbereichen sowie nach geografisch bestimmten Märkten, soweit sich unter Berücksichtigung der Organisation des Verkaufs, der Vermietung oder Verpachtung von Produkten und der Erbringung von Dienstleistungen der Kapitalgesellschaft die Tätigkeitsbereiche und geografisch bestimmten Märkte untereinander erheblich unterscheiden;
5. (weggefallen)
6. (weggefallen)
7. die durchschnittliche Zahl der während des Geschäftsjahrs beschäftigten Arbeitnehmer getrennt nach Gruppen;
8. bei Anwendung des Umsatzkostenverfahrens (§ 275 Abs. 3)
   a) der Materialaufwand des Geschäftsjahrs, gegliedert nach § 275 Abs. 2 Nr. 5,
   b) der Personalaufwand des Geschäftsjahrs, gegliedert nach § 275 Abs. 2 Nr. 6;
9. für die Mitglieder des Geschäftsführungsorgans, eines Aufsichtsrats, eines Beirats oder einer ähnlichen Einrichtung jeweils für jede Personengruppe

a) die für die Tätigkeit im Geschäftsjahr gewährten Gesamtbezüge (Gehälter, Gewinnbeteiligungen, Bezugsrechte und sonstige aktienbasierte Vergütungen, Aufwandsentschädigungen, Versicherungsentgelte, Provisionen und Nebenleistungen jeder Art). In die Gesamtbezüge sind auch Bezüge einzurechnen, die nicht ausgezahlt, sondern in Ansprüche anderer Art umgewandelt oder zur Erhöhung anderer Ansprüche verwendet werden. Außer den Bezügen für das Geschäftsjahr sind die weiteren Bezüge anzugeben, die im Geschäftsjahr gewährt, bisher aber in keinem Jahresabschluss angegeben worden sind. Bezugsrechte und sonstige aktienbasierte Vergütungen sind mit ihrer Anzahl und dem beizulegenden Zeitwert zum Zeitpunkt ihrer Gewährung anzugeben; spätere Wertveränderungen, die auf einer Änderung der Ausübungsbedingungen beruhen, sind zu berücksichtigen;
b) die Gesamtbezüge (Abfindungen, Ruhegehälter, Hinterbliebenenbezüge und Leistungen verwandter Art) der früheren Mitglieder der bezeichneten Organe und ihrer Hinterbliebenen. Buchstabe a Satz 2 und 3 ist entsprechend anzuwenden. Ferner ist der Betrag der für diese Personengruppe gebildeten Rückstellungen für laufende Pensionen und Anwartschaften auf Pensionen und der Betrag der für diese Verpflichtungen nicht gebildeten Rückstellungen anzugeben;
c) die gewährten Vorschüsse und Kredite unter Angabe der Zinssätze, der wesentlichen Bedingungen und der gegebenenfalls im Geschäftsjahr zurückgezahlten oder erlassenen Beträge sowie die zugunsten dieser Personen eingegangenen Haftungsverhältnisse;

10. alle Mitglieder des Geschäftsführungsorgans und eines Aufsichtsrats, auch wenn sie im Geschäftsjahr oder später ausgeschieden sind, mit dem Familiennamen und mindestens einem ausgeschriebenen Vornamen, einschließlich des ausgeübten Berufs und bei börsennotierten Gesellschaften auch der Mitgliedschaft in Aufsichtsräten und anderen Kontrollgremien im Sinne des § 125 Abs. 1 Satz 5 des Aktiengesetzes. Der Vorsitzende eines Aufsichtsrats, seine Stellvertreter und ein etwaiger Vorsitzender des Geschäftsführungsorgans sind als solche zu bezeichnen;
11. Name und Sitz anderer Unternehmen, die Höhe des Anteils am Kapital, das Eigenkapital und das Ergebnis des letzten Geschäftsjahrs dieser Unternehmen, für das ein Jahresabschluss vorliegt, soweit es sich um Beteiligungen im Sinne des § 271 Absatz 1 handelt oder ein solcher Anteil von einer Person für Rechnung der Kapitalgesellschaft gehalten wird;

11a. Name, Sitz und Rechtsform der Unternehmen, deren unbeschränkt haftender Gesellschafter die Kapitalgesellschaft ist;

11b. von börsennotierten Kapitalgesellschaften sind alle Beteiligungen an großen Kapitalgesellschaften anzugeben, die 5 Prozent der Stimmrechte überschreiten;

12. Rückstellungen, die in der Bilanz unter dem Posten „sonstige Rückstellungen" nicht gesondert ausgewiesen werden, sind zu erläutern, wenn sie einen nicht unerheblichen Umfang haben;
13. jeweils eine Erläuterung des Zeitraums, über den ein entgeltlich erworbener Geschäfts- oder Firmenwert abgeschrieben wird;
14. Name und Sitz des Mutterunternehmens der Kapitalgesellschaft, das den Konzernabschluss für den größten Kreis von Unternehmen aufstellt, sowie der Ort, wo der von diesem Mutterunternehmen aufgestellte Konzernabschluss erhältlich ist;

14a. Name und Sitz des Mutterunternehmens der Kapitalgesellschaft, das den Konzernabschluss für den kleinsten Kreis von Unternehmen aufstellt, sowie der Ort, wo der von diesem Mutterunternehmen aufgestellte Konzernabschluss erhältlich ist;

15. soweit es sich um den Anhang des Jahresabschlusses einer Personenhandelsgesellschaft im Sinne des § 264a Abs. 1 handelt, Name und Sitz der Gesellschaften, die persönlich haftende Gesellschafter sind, sowie deren gezeichnetes Kapital;

15a. das Bestehen von Genussscheinen, Genussrechten, Wandelschuldverschreibungen, Optionsscheinen, Optionen, Besserungsscheinen oder vergleichbaren Wertpapieren oder Rechten, unter Angabe der Anzahl und der Rechte, die sie verbriefen;

16. dass die nach § 161 des Aktiengesetzes vorgeschriebene Erklärung abgegeben und wo sie öffentlich zugänglich gemacht worden ist;

17. das von dem Abschlussprüfer für das Geschäftsjahr berechnete Gesamthonorar, aufgeschlüsselt in das Honorar für
    a) die Abschlussprüfungsleistungen,
    b) andere Bestätigungsleistungen,
    c) Steuerberatungsleistungen,
    d) sonstige Leistungen,

    soweit die Angaben nicht in einem das Unternehmen einbeziehenden Konzernabschluss enthalten sind;

18. für zu den Finanzanlagen (§ 266 Abs. 2 A. III.) gehörende Finanzinstrumente, die über ihrem beizulegenden Zeitwert ausgewiesen werden, da eine außerplanmäßige Abschreibung nach § 253 Absatz 3 Satz 6 unterblieben ist,
    a) der Buchwert und der beizulegende Zeitwert der einzelnen Vermögensgegenstände oder angemessener Gruppierungen sowie
    b) die Gründe für das Unterlassen der Abschreibung einschließlich der Anhaltspunkte, die darauf hindeuten, dass die Wertminderung voraussichtlich nicht von Dauer ist;

19. für jede Kategorie nicht zum beizulegenden Zeitwert bilanzierter derivativer Finanzinstrumente
    a) deren Art und Umfang,
    b) deren beizulegender Zeitwert, soweit er sich nach § 255 Abs. 4 verlässlich ermitteln lässt, unter Angabe der angewandten Bewertungsmethode,
    c) deren Buchwert und der Bilanzposten, in welchem der Buchwert, soweit vorhanden, erfasst ist, sowie
    d) die Gründe dafür, warum der beizulegende Zeitwert nicht bestimmt werden kann;

20. für mit dem beizulegenden Zeitwert bewertete Finanzinstrumente
    a) die grundlegenden Annahmen, die der Bestimmung des beizulegenden Zeitwertes mit Hilfe allgemein anerkannter Bewertungsmethoden zugrunde gelegt wurden, sowie
    b) Umfang und Art jeder Kategorie derivativer Finanzinstrumente einschließlich der wesentlichen Bedingungen, welche die Höhe, den Zeitpunkt und die Sicherheit künftiger Zahlungsströme beeinflussen können;

21. zumindest die nicht zu marktüblichen Bedingungen zustande gekommenen Geschäfte, soweit sie wesentlich sind, mit nahe stehenden Unternehmen und Personen, einschließlich Angaben zur Art der Beziehung, zum Wert der Geschäfte sowie weiterer Angaben, die für die Beurteilung der Finanzlage notwendig sind; ausgenommen sind Geschäfte mit und zwischen mittel- oder unmittelbar in 100-prozentigem Anteilsbesitz stehenden in einen Konzernabschluss einbezogenen Unternehmen; Angaben über Geschäfte können nach Geschäftsarten zusammengefasst werden, sofern die getrennte Angabe für die Beurteilung der Auswirkungen auf die Finanzlage nicht notwendig ist;

22. im Fall der Aktivierung nach § 248 Abs. 2 der Gesamtbetrag der Forschungs- und Entwicklungskosten des Geschäftsjahrs sowie der davon auf die selbst geschaffenen immateriellen Vermögensgegenstände des Anlagevermögens entfallende Betrag;

23. bei Anwendung des § 254,
    a) mit welchem Betrag jeweils Vermögensgegenstände, Schulden, schwebende Geschäfte und mit hoher Wahrscheinlichkeit erwartete Transaktionen zur Absicherung welcher Risiken in welche Arten von Bewertungseinheiten einbezogen sind sowie die Höhe der mit Bewertungseinheiten abgesicherten Risiken,

b) für die jeweils abgesicherten Risiken, warum, in welchem Umfang und für welchen Zeitraum sich die gegenläufigen Wertänderungen oder Zahlungsströme künftig voraussichtlich ausgleichen einschließlich der Methode der Ermittlung,
c) eine Erläuterung der mit hoher Wahrscheinlichkeit erwarteten Transaktionen, die in Bewertungseinheiten einbezogen wurden,

soweit die Angaben nicht im Lagebericht gemacht werden;

24. zu den Rückstellungen für Pensionen und ähnliche Verpflichtungen das angewandte versicherungsmathematische Berechnungsverfahren sowie die grundlegenden Annahmen der Berechnung, wie Zinssatz, erwartete Lohn- und Gehaltssteigerungen und zugrunde gelegte Sterbetafeln;
25. im Fall der Verrechnung von Vermögensgegenständen und Schulden nach § 246 Abs. 2 Satz 2 die Anschaffungskosten und der beizulegende Zeitwert der verrechneten Vermögensgegenstände, der Erfüllungsbetrag der verrechneten Schulden sowie die verrechneten Aufwendungen und Erträge; Nummer 20 Buchstabe a ist entsprechend anzuwenden;
26. zu Anteilen an Sondervermögen im Sinn des § 1 Absatz 10 des Kapitalanlagegesetzbuchs oder Anlageaktien an Investmentaktiengesellschaften mit veränderlichem Kapital im Sinn der §§ 108 bis 123 des Kapitalanlagegesetzbuchs oder vergleichbaren EU-Investmentvermögen oder vergleichbaren ausländischen Investmentvermögen von mehr als dem zehnten Teil, aufgegliedert nach Anlagezielen, deren Wert im Sinne der §§ 168, 278 oder 286 Absatz 1 des Kapitalanlagegesetzbuchs oder vergleichbarer ausländischer Vorschriften über die Ermittlung des Marktwertes, die Differenz zum Buchwert und die für das Geschäftsjahr erfolgte Ausschüttung sowie Beschränkungen in der Möglichkeit der täglichen Rückgabe; darüber hinaus die Gründe dafür, dass eine Abschreibung gemäß § 253 Absatz 3 Satz 6 unterblieben ist, einschließlich der Anhaltspunkte, die darauf hindeuten, dass die Wertminderung voraussichtlich nicht von Dauer ist; Nummer 18 ist insoweit nicht anzuwenden;
27. für nach § 268 Abs. 7 im Anhang ausgewiesene Verbindlichkeiten und Haftungsverhältnisse die Gründe der Einschätzung des Risikos der Inanspruchnahme;
28. der Gesamtbetrag der Beträge im Sinn des § 268 Abs. 8, aufgegliedert in Beträge aus der Aktivierung selbst geschaffener immaterieller Vermögensgegenstände des Anlagevermögens, Beträge aus der Aktivierung latenter Steuern und aus der Aktivierung von Vermögensgegenständen zum beizulegenden Zeitwert;
29. auf welchen Differenzen oder steuerlichen Verlustvorträgen die latenten Steuern beruhen und mit welchen Steuersätzen die Bewertung erfolgt ist;
30. wenn latente Steuerschulden in der Bilanz angesetzt werden, die latenten Steuersalden am Ende des Geschäftsjahrs und die im Laufe des Geschäftsjahrs erfolgten Änderungen dieser Salden;
31. jeweils der Betrag und die Art der einzelnen Erträge und Aufwendungen von außergewöhnlicher Größenordnung oder außergewöhnlicher Bedeutung, soweit die Beträge nicht von untergeordneter Bedeutung sind;
32. eine Erläuterung der einzelnen Erträge und Aufwendungen hinsichtlich ihres Betrags und ihrer Art, die einem anderen Geschäftsjahr zuzurechnen sind, soweit die Beträge nicht von untergeordneter Bedeutung sind;
33. Vorgänge von besonderer Bedeutung, die nach dem Schluss des Geschäftsjahrs eingetreten und weder in der Gewinn- und Verlustrechnung noch in der Bilanz berücksichtigt sind, unter Angabe ihrer Art und ihrer finanziellen Auswirkungen;
34. der Vorschlag für die Verwendung des Ergebnisses oder der Beschluss über seine Verwendung.

§ 286
Unterlassen von Angaben

(1) Die Berichterstattung hat insoweit zu unterbleiben, als es für das Wohl der Bundesrepublik Deutschland oder eines ihrer Länder erforderlich ist.

(2) Die Aufgliederung der Umsatzerlöse nach § 285 Nr. 4 kann unterbleiben, soweit die Aufgliederung nach vernünftiger kaufmännischer Beurteilung geeignet ist, der Kapitalgesellschaft einen erheblichen Nachteil zuzufügen; die Anwendung der Ausnahmeregelung ist im Anhang anzugeben.

(3) Die Angaben nach § 285 Nr. 11 und 11b können unterbleiben, soweit sie

1. für die Darstellung der Vermögens-, Finanz- und Ertragslage der Kapitalgesellschaft nach § 264 Abs. 2 von untergeordneter Bedeutung sind oder
2. nach vernünftiger kaufmännischer Beurteilung geeignet sind, der Kapitalgesellschaft oder dem anderen Unternehmen einen erheblichen Nachteil zuzufügen.

Die Angabe des Eigenkapitals und des Jahresergebnisses kann unterbleiben, wenn das Unternehmen, über das zu berichten ist, seinen Jahresabschluß nicht offenzulegen hat und die berichtende Kapitalgesellschaft keinen beherrschenden Einfluss auf das betreffende Unternehmen ausüben kann. Satz 1 Nr. 2 ist nicht anzuwenden, wenn die Kapitalgesellschaft oder eines ihrer Tochterunternehmen (§ 290 Abs. 1 und 2) am Abschlussstichtag kapitalmarktorientiert im Sinn des § 264d ist. Im Übrigen ist die Anwendung der Ausnahmeregelung nach Satz 1 Nr. 2 im Anhang anzugeben.

(4) Bei Gesellschaften, die keine börsennotierten Aktiengesellschaften sind, können die in § 285 Nr. 9 Buchstabe a und b verlangten Angaben über die Gesamtbezüge der dort bezeichneten Personen unterbleiben, wenn sich anhand dieser Angaben die Bezüge eines Mitglieds dieser Organe feststellen lassen.

(5) (weggefallen)

§ 288
Größenabhängige Erleichterungen

(1) Kleine Kapitalgesellschaften (§ 267 Absatz 1) brauchen nicht

1. die Angaben nach § 264c Absatz 2 Satz 9, § 265 Absatz 4 Satz 2, § 284 Absatz 2 Nummer 3, Absatz 3, § 285 Nummer 2, 3, 4, 8, 9 Buchstabe a und b, Nummer 10 bis 12, 14, 15, 15a, 17 bis 19, 21, 22, 24, 26 bis 30, 32 bis 34 zu machen;
2. eine Trennung nach Gruppen bei der Angabe nach § 285 Nummer 7 vorzunehmen;
3. bei der Angabe nach § 285 Nummer 14a den Ort anzugeben, wo der vom Mutterunternehmen aufgestellte Konzernabschluss erhältlich ist.

(2) Mittelgroße Kapitalgesellschaften (§ 267 Absatz 2) brauchen die Angabe nach § 285 Nummer 4, 29 und 32 nicht zu machen. Wenn sie die Angabe nach § 285 Nummer 17 nicht machen, sind sie verpflichtet, diese der Wirtschaftsprüferkammer auf deren schriftliche Anforderung zu übermitteln. Sie brauchen die Angaben nach § 285 Nummer 21 nur zu machen, sofern die Geschäfte direkt oder indirekt mit einem Gesellschafter, Unternehmen, an denen die Gesellschaft selbst eine Beteiligung hält, oder Mitgliedern des Geschäftsführungs-, Aufsichts- oder Verwaltungsorgans abgeschlossen wurden.

Sechster Titel
Lagebericht

§ 289
Inhalt des Lageberichts

(1) Im Lagebericht sind der Geschäftsverlauf einschließlich des Geschäftsergebnisses und die Lage der Kapitalgesellschaft so darzustellen, dass ein den tatsächlichen Verhältnissen entsprechendes Bild vermittelt wird. Er hat eine ausgewogene und umfassende, dem Umfang und der Komplexität der Geschäftstätigkeit entsprechende Analyse des Geschäftsverlaufs und der Lage der Gesellschaft zu enthalten. In die Analyse sind die für die Geschäftstätigkeit bedeutsamsten finanziellen Leistungsindikatoren einzubeziehen und unter Bezugnahme auf die im Jahresabschluss ausgewiesenen Beträge und Angaben zu erläutern. Ferner ist im Lagebericht die voraussichtliche Entwicklung mit ihren wesentlichen Chancen und Risiken zu beurteilen und zu erläutern; zugrunde liegende Annahmen sind anzugeben. Die Mitglieder des vertretungsberechtigten Organs einer Kapitalgesellschaft, die als Inlandsemittent (§ 2 Absatz 14 des Wertpapierhandelsgesetzes) Wertpapiere (§ 2 Absatz 1 des Wertpapierhandelsgesetzes) begibt und keine Kapitalgesellschaft im Sinne des § 327a ist, haben in einer dem Lagebericht beizufügenden schriftlichen Erklärung zu versichern, dass im Lagebericht nach bestem Wissen der Geschäftsverlauf einschließlich des Geschäftsergebnisses und die Lage der Kapitalgesellschaft so dargestellt sind, dass ein den tatsächlichen Verhältnissen entsprechendes Bild vermittelt wird und dass die wesentlichen Chancen und Risiken im Sinne des Satzes 4 beschrieben sind.

(2) Im Lagebericht ist auch einzugehen auf:

1.
   a) die Risikomanagementziele und -methoden der Gesellschaft einschließlich ihrer Methoden zur Absicherung aller wichtigen Arten von Transaktionen, die im Rahmen der Bilanzierung von Sicherungsgeschäften erfasst werden, sowie
   b) die Preisänderungs-, Ausfall- und Liquiditätsrisiken sowie die Risiken aus Zahlungsstromschwankungen, denen die Gesellschaft ausgesetzt ist,

   jeweils in Bezug auf die Verwendung von Finanzinstrumenten durch die Gesellschaft und sofern dies für die Beurteilung der Lage oder der voraussichtlichen Entwicklung von Belang ist;
2. den Bereich Forschung und Entwicklung sowie
3. bestehende Zweigniederlassungen der Gesellschaft.
4. (weggefallen)

Sind im Anhang Angaben nach § 160 Absatz 1 Nummer 2 des Aktiengesetzes zu machen, ist im Lagebericht darauf zu verweisen.

(3) Bei einer großen Kapitalgesellschaft (§ 267 Abs. 3) gilt Absatz 1 Satz 3 entsprechend für nichtfinanzielle Leistungsindikatoren, wie Informationen über Umwelt- und Arbeitnehmerbelange, soweit sie für das Verständnis des Geschäftsverlaufs oder der Lage von Bedeutung sind.

(4) Kapitalgesellschaften im Sinn des § 264d haben im Lagebericht die wesentlichen Merkmale des internen Kontroll- und des Risikomanagementsystems im Hinblick auf den Rechnungslegungsprozess zu beschreiben.

Zweiter Unterabschnitt
Konzernabschluß und Konzernlagebericht

Erster Titel
Anwendungsbereich

§ 290
Pflicht zur Aufstellung

(1) Die gesetzlichen Vertreter einer Kapitalgesellschaft (Mutterunternehmen) mit Sitz im Inland haben in den ersten fünf Monaten des Konzerngeschäftsjahrs für das vergangene Konzerngeschäftsjahr einen Konzernabschluss und einen Konzernlagebericht aufzustellen, wenn diese auf ein anderes Unternehmen (Tochterunternehmen) unmittel- oder mittelbar einen beherrschenden Einfluss ausüben kann. Ist das Mutterunternehmen eine Kapitalgesellschaft im Sinn des § 325 Abs. 4 Satz 1, sind der Konzernabschluss sowie der Konzernlagebericht in den ersten vier Monaten des Konzerngeschäftsjahrs für das vergangene Konzerngeschäftsjahr aufzustellen.

(2) Beherrschender Einfluss eines Mutterunternehmens besteht stets, wenn

1. ihm bei einem anderen Unternehmen die Mehrheit der Stimmrechte der Gesellschafter zusteht;
2. ihm bei einem anderen Unternehmen das Recht zusteht, die Mehrheit der Mitglieder des die Finanz- und Geschäftspolitik bestimmenden Verwaltungs-, Leitungs- oder Aufsichtsorgans zu bestellen oder abzuberufen, und es gleichzeitig Gesellschafter ist;
3. ihm das Recht zusteht, die Finanz- und Geschäftspolitik auf Grund eines mit einem anderen Unternehmen geschlossenen Beherrschungsvertrages oder auf Grund einer Bestimmung in der Satzung des anderen Unternehmens zu bestimmen, oder
4. es bei wirtschaftlicher Betrachtung die Mehrheit der Risiken und Chancen eines Unternehmens trägt, das zur Erreichung eines eng begrenzten und genau definierten Ziels des Mutterunternehmens dient (Zweckgesellschaft). Neben Unternehmen können Zweckgesellschaften auch sonstige juristische Personen des Privatrechts oder unselbständige Sondervermögen des Privatrechts sein, ausgenommen als Sondervermögen aufgelegte offene inländische Spezial-AIF mit festen Anlagebedingungen im Sinn des § 284 des Kapitalanlagegesetzbuchs oder vergleichbare EU-Investmentvermögen oder ausländische Investmentvermögen, die den als Sondervermögen aufgelegten offenen inländischen Spezial-AIF mit festen Anlagebedingungen im Sinn des § 284 des Kapitalanlagegesetzbuchs vergleichbar sind, oder als Sondervermögen aufgelegte geschlossene inländische Spezial-AIF oder vergleichbare EU-Investmentvermögen oder ausländische Investmentvermögen, die den als Sondervermögen aufgelegten geschlossenen inländischen Spezial-AIF vergleichbar sind.

(3) Als Rechte, die einem Mutterunternehmen nach Absatz 2 zustehen, gelten auch die einem anderen Tochterunternehmen zustehenden Rechte und die den für Rechnung des Mutterunternehmens oder von Tochterunternehmen handelnden Personen zustehenden Rechte. Den einem Mutterunternehmen an einem anderen Unternehmen zustehenden Rechten werden die Rechte hinzugerechnet, über die es selbst oder eines seiner Tochterunternehmen auf Grund einer Vereinbarung mit anderen Gesellschaftern dieses Unternehmens verfügen kann. Abzuziehen sind Rechte, die

1. mit Anteilen verbunden sind, die von dem Mutterunternehmen oder von dessen Tochterunternehmen für Rechnung einer anderen Person gehalten werden, oder
2. mit Anteilen verbunden sind, die als Sicherheit gehalten werden, sofern diese Rechte nach Weisung des Sicherungsgebers oder, wenn ein Kreditinstitut die Anteile als Sicherheit für ein Darlehen hält, im Interesse des Sicherungsgebers ausgeübt werden.

(4) Welcher Teil der Stimmrechte einem Unternehmen zusteht, bestimmt sich für die Berechnung der Mehrheit nach Absatz 2 Nr. 1 nach dem Verhältnis der Zahl der Stimmrechte, die es aus den

ihm gehörenden Anteilen ausüben kann, zur Gesamtzahl aller Stimmrechte. Von der Gesamtzahl aller Stimmrechte sind die Stimmrechte aus eigenen Anteilen abzuziehen, die dem Tochterunternehmen selbst, einem seiner Tochterunternehmen oder einer anderen Person für Rechnung dieser Unternehmen gehören.

(5) Ein Mutterunternehmen ist von der Pflicht, einen Konzernabschluss und einen Konzernlagebericht aufzustellen, befreit, wenn es nur Tochterunternehmen hat, die gemäß § 296 nicht in den Konzernabschluss einbezogen werden brauchen.

§ 293
Größenabhängige Befreiungen

(1) Ein Mutterunternehmen ist von der Pflicht, einen Konzernabschluß und einen Konzernlagebericht aufzustellen, befreit, wenn

1. am Abschlußstichtag seines Jahresabschlusses und am vorhergehenden Abschlußstichtag mindestens zwei der drei nachstehenden Merkmale zutreffen:
   a) Die Bilanzsummen in den Bilanzen des Mutterunternehmens und der Tochterunternehmen, die in den Konzernabschluß einzubeziehen wären, übersteigen insgesamt nicht 24 000 000 Euro.
   b) Die Umsatzerlöse des Mutterunternehmens und der Tochterunternehmen, die in den Konzernabschluß einzubeziehen wären, übersteigen in den zwölf Monaten vor dem Abschlußstichtag insgesamt nicht 48 000 000 Euro.
   c) Das Mutterunternehmen und die Tochterunternehmen, die in den Konzernabschluß einzubeziehen wären, haben in den zwölf Monaten vor dem Abschlußstichtag im Jahresdurchschnitt nicht mehr als 250 Arbeitnehmer beschäftigt;

oder

2. am Abschlußstichtag eines von ihm aufzustellenden Konzernabschlusses und am vorhergehenden Abschlußstichtag mindestens zwei der drei nachstehenden Merkmale zutreffen:
   a) Die Bilanzsumme übersteigt nicht 20 000 000 Euro.
   b) Die Umsatzerlöse in den zwölf Monaten vor dem Abschlußstichtag übersteigen nicht 40 000 000 Euro.
   c) Das Mutterunternehmen und die in den Konzernabschluß einbezogenen Tochterunternehmen haben in den zwölf Monaten vor dem Abschlußstichtag im Jahresdurchschnitt nicht mehr als 250 Arbeitnehmer beschäftigt.

Auf die Ermittlung der durchschnittlichen Zahl der Arbeitnehmer ist § 267 Abs. 5 anzuwenden.

(2) Auf die Ermittlung der Bilanzsumme ist § 267 Absatz 4a entsprechend anzuwenden.

(3) (weggefallen)

(4) Außer in den Fällen des Absatzes 1 ist ein Mutterunternehmen von der Pflicht zur Aufstellung des Konzernabschlusses und des Konzernlageberichts befreit, wenn die Voraussetzungen des Absatzes 1 nur am Abschlußstichtag oder nur am vorhergehenden Abschlußstichtag erfüllt sind und das Mutterunternehmen am vorhergehenden Abschlußstichtag von der Pflicht zur Aufstellung des Konzernabschlusses und des Konzernlageberichts befreit war. § 267 Abs. 4 Satz 2 und 3 ist entsprechend anzuwenden.

(5) Die Absätze 1 und 4 sind nicht anzuwenden, wenn das Mutterunternehmen oder ein in dessen Konzernabschluss einbezogenes Tochterunternehmen am Abschlussstichtag kapitalmarktorientiert im Sinn des § 264d ist oder es den Vorschriften des Ersten oder Zweiten Unterabschnitts des Vierten Abschnitts unterworfen ist.

Zweiter Titel
Konsolidierungskreis

§ 294
Einzubeziehende Unternehmen Vorlage- und Auskunftspflichten

(1) In den Konzernabschluß sind das Mutterunternehmen und alle Tochterunternehmen ohne Rücksicht auf den Sitz und die Rechtsform der Tochterunternehmen einzubeziehen, sofern die Einbeziehung nicht nach § 296 unterbleibt.

(2) Hat sich die Zusammensetzung der in den Konzernabschluß einbezogenen Unternehmen im Laufe des Geschäftsjahrs wesentlich geändert, so sind in den Konzernabschluß Angaben aufzunehmen, die es ermöglichen, die aufeinanderfolgenden Konzernabschlüsse sinnvoll zu vergleichen.

(3) Die Tochterunternehmen haben dem Mutterunternehmen ihre Jahresabschlüsse, Einzelabschlüsse nach § 325 Abs. 2a, Lageberichte, gesonderten nichtfinanziellen Berichte, Konzernabschlüsse, Konzernlageberichte, gesonderten nichtfinanziellen Konzernberichte und, wenn eine Abschlussprüfung stattgefunden hat, die Prüfungsberichte sowie, wenn ein Zwischenabschluß aufzustellen ist, einen auf den Stichtag des Konzernabschlusses aufgestellten Abschluß unverzüglich einzureichen. Das Mutterunternehmen kann von jedem Tochterunternehmen alle Aufklärungen und Nachweise verlangen, welche die Aufstellung des Konzernabschlusses, des Konzernlageberichts und des gesonderten nichtfinanziellen Konzernberichts erfordert.

§ 296
Verzicht auf die Einbeziehung

(1) Ein Tochterunternehmen braucht in den Konzernabschluß nicht einbezogen zu werden, wenn

1. erhebliche und andauernde Beschränkungen die Ausübung der Rechte des Mutterunternehmens in bezug auf das Vermögen oder die Geschäftsführung dieses Unternehmens nachhaltig beeinträchtigen,
2. die für die Aufstellung des Konzernabschlusses erforderlichen Angaben nicht ohne unverhältnismäßig hohe Kosten oder unangemessene Verzögerungen zu erhalten sind oder
3. die Anteile des Tochterunternehmens ausschließlich zum Zwecke ihrer Weiterveräußerung gehalten werden.

(2) Ein Tochterunternehmen braucht in den Konzernabschluß nicht einbezogen zu werden, wenn es für die Verpflichtung, ein den tatsächlichen Verhältnissen entsprechendes Bild der Vermögens-, Finanz- und Ertragslage des Konzerns zu vermitteln, von untergeordneter Bedeutung ist. Entsprechen mehrere Tochterunternehmen der Voraussetzung des Satzes 1, so sind diese Unternehmen in den Konzernabschluß einzubeziehen, wenn sie zusammen nicht von untergeordneter Bedeutung sind.

(3) Die Anwendung der Absätze 1 und 2 ist im Konzernanhang zu begründen.

Dritter Titel
Inhalt und Form des Konzernabschlusses

§ 297
Inhalt

(1) Der Konzernabschluss besteht aus der Konzernbilanz, der Konzern-Gewinn- und Verlustrechnung, dem Konzernanhang, der Kapitalflussrechnung und dem Eigenkapitalspiegel. Er kann um eine Segmentberichterstattung erweitert werden.

(1a) Im Konzernabschluss sind die Firma, der Sitz, das Registergericht und die Nummer, unter der das Mutterunternehmen in das Handelsregister eingetragen ist, anzugeben. Befindet sich das Mutterunternehmen in Liquidation oder Abwicklung, ist auch diese Tatsache anzugeben.

(2) Der Konzernabschluß ist klar und übersichtlich aufzustellen. Er hat unter Beachtung der Grundsätze ordnungsmäßiger Buchführung ein den tatsächlichen Verhältnissen entsprechendes Bild der Vermögens-, Finanz- und Ertragslage des Konzerns zu vermitteln. Führen besondere Umstände dazu, daß der Konzernabschluß ein den tatsächlichen Verhältnissen entsprechendes Bild im Sinne des Satzes 2 nicht vermittelt, so sind im Konzernanhang zusätzliche Angaben zu machen. Die Mitglieder des vertretungsberechtigten Organs eines Mutterunternehmens, das als Inlandsemittent (§ 2 Absatz 14 des Wertpapierhandelsgesetzes) Wertpapiere (§ 2 Absatz 1 des Wertpapierhandelsgesetzes) begibt und keine Kapitalgesellschaft im Sinne des § 327a ist, haben in einer dem Konzernabschluss beizufügenden schriftlichen Erklärung zu versichern, dass der Konzernabschluss nach bestem Wissen ein den tatsächlichen Verhältnissen entsprechendes Bild im Sinne des Satzes 2 vermittelt oder der Konzernanhang Angaben nach Satz 3 enthält.

(3) Im Konzernabschluß ist die Vermögens-, Finanz- und Ertragslage der einbezogenen Unternehmen so darzustellen, als ob diese Unternehmen insgesamt ein einziges Unternehmen wären. Die auf den vorhergehenden Konzernabschluß angewandten Konsolidierungsmethoden sind beizubehalten. Abweichungen von Satz 2 sind in Ausnahmefällen zulässig. Sie sind im Konzernanhang anzugeben und zu begründen. Ihr Einfluß auf die Vermögens-, Finanz- und Ertragslage des Konzerns ist anzugeben.

§ 298
Anzuwendende Vorschriften, Erleichterungen

(1) Auf den Konzernabschluß sind, soweit seine Eigenart keine Abweichung bedingt oder in den folgenden Vorschriften nichts anderes bestimmt ist, die §§ 244 bis 256a, 264c, 265, 266, 268 Absatz 1 bis 7, die §§ 270, 271, 272 Absatz 1 bis 4, die §§ 274, 275 und 277 über den Jahresabschluß und die für die Rechtsform und den Geschäftszweig der in den Konzernabschluß einbezogenen Unternehmen mit Sitz im Geltungsbereich dieses Gesetzes geltenden Vorschriften, soweit sie für große Kapitalgesellschaften gelten, entsprechend anzuwenden.

(2) Der Konzernanhang und der Anhang des Jahresabschlusses des Mutterunternehmens dürfen zusammengefaßt werden. In diesem Falle müssen der Konzernabschluß und der Jahresabschluß des Mutterunternehmens gemeinsam offengelegt werden. Aus dem zusammengefassten Anhang muss hervorgehen, welche Angaben sich auf den Konzern und welche Angaben sich nur auf das Mutterunternehmen beziehen.

§ 299
Stichtag für die Aufstellung

(1) Der Konzernabschluss ist auf den Stichtag des Jahresabschlusses des Mutterunternehmens aufzustellen.

(2) Die Jahresabschlüsse der in den Konzernabschluß einbezogenen Unternehmen sollen auf den Stichtag des Konzernabschlusses aufgestellt werden. Liegt der Abschlußstichtag eines Unternehmens um mehr als drei Monate vor dem Stichtag des Konzernabschlusses, so ist dieses Unternehmen auf Grund eines auf den Stichtag und den Zeitraum des Konzernabschlusses aufgestellten Zwischenabschlusses in den Konzernabschluß einzubeziehen.

(3) Wird bei abweichenden Abschlußstichtagen ein Unternehmen nicht auf der Grundlage eines auf den Stichtag und den Zeitraum des Konzernabschlusses aufgestellten Zwischenabschlusses in den Konzernabschluß einbezogen, so sind Vorgänge von besonderer Bedeutung für die Vermögens-, Finanz- und Ertragslage eines in den Konzernabschluß einbezogenen Unternehmens, die zwischen dem Abschlußstichtag dieses Unternehmens und dem Abschlußstichtag des Konzernabschlusses eingetreten sind, in der Konzernbilanz und der Konzern-Gewinn- und Verlustrechnung zu berücksichtigen oder im Konzernanhang anzugeben.

Vierter Titel
Vollkonsolidierung

§ 300
Konsolidierungsgrundsätze, Vollständigkeitsgebot

(1) In dem Konzernabschluß ist der Jahresabschluß des Mutterunternehmens mit den Jahresabschlüssen der Tochterunternehmen zusammenzufassen. An die Stelle der dem Mutterunternehmen gehörenden Anteile an den einbezogenen Tochterunternehmen treten die Vermögensgegenstände, Schulden, Rechnungsabgrenzungsposten und Sonderposten der Tochterunternehmen, soweit sie nach dem Recht des Mutterunternehmens bilanzierungsfähig sind und die Eigenart des Konzernabschlusses keine Abweichungen bedingt oder in den folgenden Vorschriften nichts anderes bestimmt ist.

(2) Die Vermögensgegenstände, Schulden und Rechnungsabgrenzungsposten sowie die Erträge und Aufwendungen der in den Konzernabschluß einbezogenen Unternehmen sind unabhängig von ihrer Berücksichtigung in den Jahresabschlüssen dieser Unternehmen vollständig aufzunehmen, soweit nach dem Recht des Mutterunternehmens nicht ein Bilanzierungsverbot oder ein Bilanzierungswahlrecht besteht. Nach dem Recht des Mutterunternehmens zulässige Bilanzierungswahlrechte dürfen im Konzernabschluß unabhängig von ihrer Ausübung in den Jahresabschlüssen der in den Konzernabschluß einbezogenen Unternehmen ausgeübt werden. Ansätze, die auf der Anwendung von für Kreditinstitute oder Versicherungsunternehmen wegen der Besonderheiten des Geschäftszweigs geltenden Vorschriften beruhen, dürfen beibehalten werden; auf die Anwendung dieser Ausnahme ist im Konzernanhang hinzuweisen.

§ 301
Kapitalkonsolidierung

(1) Der Wertansatz der dem Mutterunternehmen gehörenden Anteile an einem in den Konzernabschluß einbezogenen Tochterunternehmen wird mit dem auf diese Anteile entfallenden Betrag des Eigenkapitals des Tochterunternehmens verrechnet. Das Eigenkapital ist mit dem Betrag anzusetzen, der dem Zeitwert der in den Konzernabschluss aufzunehmenden Vermögensgegenstände, Schulden, Rechnungsabgrenzungsposten und Sonderposten entspricht, der diesen an dem für die Verrechnung nach Absatz 2 maßgeblichen Zeitpunkt beizulegen ist. Rückstellungen sind nach § 253 Abs. 1 Satz 2 und 3, Abs. 2 und latente Steuern nach § 274 Abs. 2 zu bewerten.

(2) Die Verrechnung nach Absatz 1 ist auf Grundlage der Wertansätze zu dem Zeitpunkt durchzuführen, zu dem das Unternehmen Tochterunternehmen geworden ist. Können die Wertansätze zu diesem Zeitpunkt nicht endgültig ermittelt werden, sind sie innerhalb der darauf folgenden zwölf Monate anzupassen. Stellt ein Mutterunternehmen erstmalig einen Konzernabschluss auf, sind die Wertansätze zum Zeitpunkt der Einbeziehung des Tochterunternehmens in den Konzernabschluss zugrunde zu legen, soweit das Tochterunternehmen nicht in dem Jahr Tochterunternehmen geworden ist, für das der Konzernabschluss aufgestellt wird. Das Gleiche gilt für die erstmalige Einbeziehung eines Tochterunternehmens, auf die bisher gemäß § 296 verzichtet wurde. In Ausnahmefällen dürfen die Wertansätze nach Satz 1 auch in den Fällen der Sätze 3 und 4 zugrunde gelegt werden; dies ist im Konzernanhang anzugeben und zu begründen.

(3) Ein nach der Verrechnung verbleibender Unterschiedsbetrag ist in der Konzernbilanz, wenn er auf der Aktivseite entsteht, als Geschäfts- oder Firmenwert und, wenn er auf der Passivseite entsteht, unter dem Posten „Unterschiedsbetrag aus der Kapitalkonsolidierung" nach dem Eigenkapital auszuweisen. Der Posten und wesentliche Änderungen gegenüber dem Vorjahr sind im Konzernanhang zu erläutern.

(4) Anteile an dem Mutterunternehmen, die einem in den Konzernabschluss einbezogenen Tochterunternehmen gehören, sind in der Konzernbilanz als eigene Anteile des Mutterunternehmens

mit ihrem Nennwert oder, falls ein solcher nicht vorhanden ist, mit ihrem rechnerischen Wert, in der Vorspalte offen von dem Posten „Gezeichnetes Kapital" abzusetzen.

§ 303
Schuldenkonsolidierung

(1) Ausleihungen und andere Forderungen, Rückstellungen und Verbindlichkeiten zwischen den in den Konzernabschluß einbezogenen Unternehmen sowie entsprechende Rechnungsabgrenzungsposten sind wegzulassen.

(2) Absatz 1 braucht nicht angewendet zu werden, wenn die wegzulassenden Beträge für die Vermittlung eines den tatsächlichen Verhältnissen entsprechenden Bildes der Vermögens-, Finanz- und Ertragslage des Konzerns nur von untergeordneter Bedeutung sind.

§ 304
Behandlung der Zwischenergebnisse

(1) In den Konzernabschluß zu übernehmende Vermögensgegenstände, die ganz oder teilweise auf Lieferungen oder Leistungen zwischen in den Konzernabschluß einbezogenen Unternehmen beruhen, sind in der Konzernbilanz mit einem Betrag anzusetzen, zu dem sie in der auf den Stichtag des Konzernabschlusses aufgestellten Jahresbilanz dieses Unternehmens angesetzt werden könnten, wenn die in den Konzernabschluß einbezogenen Unternehmen auch rechtlich ein einziges Unternehmen bilden würden.

(2) Absatz 1 braucht nicht angewendet zu werden, wenn die Behandlung der Zwischenergebnisse nach Absatz 1 für die Vermittlung eines den tatsächlichen Verhältnissen entsprechenden Bildes der Vermögens-, Finanz- und Ertragslage des Konzerns nur von untergeordneter Bedeutung ist.

§ 305
Aufwands- und Ertragskonsolidierung

(1) In der Konzern-Gewinn- und Verlustrechnung sind

1. bei den Umsatzerlösen die Erlöse aus Lieferungen und Leistungen zwischen den in den Konzernabschluß einbezogenen Unternehmen mit den auf sie entfallenden Aufwendungen zu verrechnen, soweit sie nicht als Erhöhung des Bestands an fertigen und unfertigen Erzeugnissen oder als andere aktivierte Eigenleistungen auszuweisen sind,
2. andere Erträge aus Lieferungen und Leistungen zwischen den in den Konzernabschluß einbezogenen Unternehmen mit den auf sie entfallenden Aufwendungen zu verrechnen, soweit sie nicht als andere aktivierte Eigenleistungen auszuweisen sind.

(2) Aufwendungen und Erträge brauchen nach Absatz 1 nicht weggelassen zu werden, wenn die wegzulassenden Beträge für die Vermittlung eines den tatsächlichen Verhältnissen entsprechenden Bildes der Vermögens-, Finanz- und Ertragslage des Konzerns nur von untergeordneter Bedeutung sind.

§ 306
Latente Steuern

Führen Maßnahmen, die nach den Vorschriften dieses Titels durchgeführt worden sind, zu Differenzen zwischen den handelsrechtlichen Wertansätzen der Vermögensgegenstände, Schulden oder Rechnungsabgrenzungsposten und deren steuerlichen Wertansätzen und bauen sich diese Differenzen in späteren Geschäftsjahren voraussichtlich wieder ab, so ist eine sich insgesamt ergebende Steuerbelastung als passive latente Steuern und eine sich insgesamt ergebende Steuerentlastung als aktive latente Steuern in der Konzernbilanz anzusetzen. Die sich ergebende Steuerbe- und die sich ergebende Steuerentlastung können auch unverrechnet angesetzt werden. Differenzen aus dem erstmaligen Ansatz eines nach § 301 Abs. 3 verbleibenden Unterschiedsbetrages bleiben unberücksichtigt. Das Gleiche gilt für Differenzen, die sich zwischen dem steuerlichen Wertansatz einer Beteiligung an einem Tochterunternehmen, assoziierten Unternehmen oder einem Gemeinschaftsunternehmen im Sinn des § 310 Abs. 1 und dem handelsrechtlichen Wertansatz des im Konzernabschluss angesetzten Nettovermögens ergeben. § 274 Abs. 2 ist entsprechend anzuwenden. Die Posten dürfen mit den Posten nach § 274 zusammengefasst werden.

§ 307
Anteile anderer Gesellschafter

(1) In der Konzernbilanz ist für nicht dem Mutterunternehmen gehörende Anteile an in den Konzernabschluß einbezogenen Tochterunternehmen ein Ausgleichsposten für die Anteile der anderen Gesellschafter in Höhe ihres Anteils am Eigenkapital unter dem Posten „nicht beherrschende Anteile" innerhalb des Eigenkapitals gesondert auszuweisen.
(2) In der Konzern-Gewinn- und Verlustrechnung ist der im Jahresergebnis enthaltene, anderen Gesellschaftern zustehende Gewinn und der auf sie entfallende Verlust nach dem Posten „Jahresüberschuß/Jahresfehlbetrag" unter dem Posten „nicht beherrschende Anteile" gesondert auszuweisen.

Fünfter Titel
Bewertungsvorschriften

§ 308
Einheitliche Bewertung

(1) Die in den Konzernabschluß nach § 300 Abs. 2 übernommenen Vermögensgegenstände und Schulden der in den Konzernabschluß einbezogenen Unternehmen sind nach den auf den Jahresabschluß des Mutterunternehmens anwendbaren Bewertungsmethoden einheitlich zu bewerten. Nach dem Recht des Mutterunternehmens zulässige Bewertungswahlrechte können im Konzernabschluß unabhängig von ihrer Ausübung in den Jahresabschlüssen der in den Konzernabschluß einbezogenen Unternehmen ausgeübt werden. Abweichungen von den auf den Jahresabschluß des Mutterunternehmens angewandten Bewertungsmethoden sind im Konzernanhang anzugeben und zu begründen.
(2) Sind in den Konzernabschluß aufzunehmende Vermögensgegenstände oder Schulden des Mutterunternehmens oder der Tochterunternehmen in den Jahresabschlüssen dieser Unternehmen nach Methoden bewertet worden, die sich von denen unterscheiden, die auf den Konzernabschluß anzuwenden sind oder die von den gesetzlichen Vertretern des Mutterunternehmens in Ausübung von Bewertungswahlrechten auf den Konzernabschluß angewendet werden, so sind die abweichend bewerteten Vermögensgegenstände oder Schulden nach den auf den Konzernabschluß angewandten Bewertungsmethoden neu zu bewerten und mit den neuen Wertansätzen in den Konzernabschluß zu übernehmen. Wertansätze, die auf der Anwendung von für Kreditinstitute oder Versicherungsunternehmen wegen der Besonderheiten des Geschäftszweigs geltenden Vorschriften beruhen, dürfen beibehalten werden; auf die Anwendung dieser Ausnahme ist im Konzernanhang hinzuweisen. Eine einheitliche Bewertung nach Satz 1 braucht nicht vorgenommen zu werden, wenn ihre Auswirkungen für die Vermittlung eines den tatsächlichen Verhältnissen entsprechenden Bildes der Vermögens-, Finanz- und Ertragslage des Konzerns nur von untergeordneter Bedeutung sind. Darüber hinaus sind Abweichungen in Ausnahmefällen zulässig; sie sind im Konzernanhang anzugeben und zu begründen.
(3) (weggefallen)

§ 308a
Umrechnung von auf fremde Währung lautenden Abschlüssen

Die Aktiv- und Passivposten einer auf fremde Währung lautenden Bilanz sind, mit Ausnahme des Eigenkapitals, das zum historischen Kurs in Euro umzurechnen ist, zum Devisenkassamittelkurs am Abschlussstichtag in Euro umzurechnen. Die Posten der Gewinn- und Verlustrechnung sind zum Durchschnittskurs in Euro umzurechnen. Eine sich ergebende Umrechnungsdifferenz ist innerhalb des Konzerneigenkapitals nach den Rücklagen unter dem Posten „Eigenkapitaldifferenz aus Währungsumrechnung“ auszuweisen. Bei teilweisem oder vollständigem Ausscheiden des Tochterunternehmens ist der Posten in entsprechender Höhe erfolgswirksam aufzulösen.

§ 309
Behandlung des Unterschiedsbetrags

(1) Die Abschreibung eines nach § 301 Abs. 3 auszuweisenden Geschäfts- oder Firmenwertes bestimmt sich nach den Vorschriften des Ersten Abschnitts.

(2) Ein nach § 301 Absatz 3 auf der Passivseite auszuweisender Unterschiedsbetrag kann ergebniswirksam aufgelöst werden, soweit ein solches Vorgehen den Grundsätzen der §§ 297 und 298 in Verbindung mit den Vorschriften des Ersten Abschnitts entspricht.

Sechster Titel
Anteilmäßige Konsolidierung

§ 310
Anteilmäßige Konsolidierung

(1) Führt ein in einen Konzernabschluß einbezogenes Mutter- oder Tochterunternehmen ein anderes Unternehmen gemeinsam mit einem oder mehreren nicht in den Konzernabschluß einbezogenen Unternehmen, so darf das andere Unternehmen in den Konzernabschluß entsprechend den Anteilen am Kapital einbezogen werden, die dem Mutterunternehmen gehören.

(2) Auf die anteilmäßige Konsolidierung sind die §§ 297 bis 301, §§ 303 bis 306, 308, 308a, 309 entsprechend anzuwenden.

Siebenter Titel
Assoziierte Unternehmen

§ 311
Definition, Befreiung

(1) Wird von einem in den Konzernabschluß einbezogenen Unternehmen ein maßgeblicher Einfluß auf die Geschäfts- und Finanzpolitik eines nicht einbezogenen Unternehmens, an dem das Unternehmen nach § 271 Abs. 1 beteiligt ist, ausgeübt (assoziiertes Unternehmen), so ist diese Beteiligung in der Konzernbilanz unter einem besonderen Posten mit entsprechender Bezeichnung auszuweisen. Ein maßgeblicher Einfluß wird vermutet, wenn ein Unternehmen bei einem anderen Unternehmen mindestens den fünften Teil der Stimmrechte der Gesellschafter innehat.

(2) Auf eine Beteiligung an einem assoziierten Unternehmen brauchen Absatz 1 und § 312 nicht angewendet zu werden, wenn die Beteiligung für die Vermittlung eines den tatsächlichen Verhältnissen entsprechenden Bildes der Vermögens-, Finanz- und Ertragslage des Konzerns von untergeordneter Bedeutung ist.

§ 312
Wertansatz der Beteiligung und Behandlung des Unterschiedsbetrags

(1) Eine Beteiligung an einem assoziierten Unternehmen ist in der Konzernbilanz mit dem Buchwert anzusetzen. Der Unterschiedsbetrag zwischen dem Buchwert und dem anteiligen Eigenkapital des assoziierten Unternehmens sowie ein darin enthaltener Geschäfts- oder Firmenwert oder passiver Unterschiedsbetrag sind im Konzernanhang anzugeben.

(2) Der Unterschiedsbetrag nach Absatz 1 Satz 2 ist den Wertansätzen der Vermögensgegenstände, Schulden, Rechnungsabgrenzungsposten und Sonderposten des assoziierten Unternehmens insoweit zuzuordnen, als deren beizulegender Zeitwert höher oder niedriger ist als ihr Buchwert. Der nach Satz 1 zugeordnete Unterschiedsbetrag ist entsprechend der Behandlung der Wertansätze dieser Vermögensgegenstände, Schulden, Rechnungsabgrenzungsposten und Sonderposten im Jahresabschluss des assoziierten Unternehmens im Konzernabschluss fortzuführen, abzuschreiben oder aufzulösen. Auf einen nach Zuordnung nach Satz 1 verbleibenden Geschäfts- oder Firmenwert oder passiven Unterschiedsbetrag ist § 309 entsprechend anzuwenden. § 301 Abs. 1 Satz 3 ist entsprechend anzuwenden.

(3) Der Wertansatz der Beteiligung und der Unterschiedsbetrag sind auf der Grundlage der Wertansätze zu dem Zeitpunkt zu ermitteln, zu dem das Unternehmen assoziiertes Unternehmen geworden ist. Können die Wertansätze zu diesem Zeitpunkt nicht endgültig ermittelt werden, sind sie innerhalb der darauf folgenden zwölf Monate anzupassen. § 301 Absatz 2 Satz 3 bis 5 gilt entsprechend.

(4) Der nach Absatz 1 ermittelte Wertansatz einer Beteiligung ist in den Folgejahren um den Betrag der Eigenkapitalveränderungen, die den dem Mutterunternehmen gehörenden Anteilen am Kapital des assoziierten Unternehmens entsprechen, zu erhöhen oder zu vermindern; auf die Beteiligung entfallende Gewinnausschüttungen sind abzusetzen. In der Konzern-Gewinn- und Verlustrechnung ist das auf assoziierte Beteiligungen entfallende Ergebnis unter einem gesonderten Posten auszuweisen.

(5) Wendet das assoziierte Unternehmen in seinem Jahresabschluß vom Konzernabschluß abweichende Bewertungsmethoden an, so können abweichend bewertete Vermögensgegenstände oder Schulden für die Zwecke der Absätze 1 bis 4 nach den auf den Konzernabschluß angewandten Bewertungsmethoden bewertet werden. Wird die Bewertung nicht angepaßt, so ist dies im Konzernanhang anzugeben. Die §§ 304 und 306 sind entsprechend anzuwenden, soweit die für die Beurteilung maßgeblichen Sachverhalte bekannt oder zugänglich sind.

(6) Es ist jeweils der letzte Jahresabschluß des assoziierten Unternehmens zugrunde zu legen. Stellt das assoziierte Unternehmen einen Konzernabschluß auf, so ist von diesem und nicht vom Jahresabschluß des assoziierten Unternehmens auszugehen.

Achter Titel
Konzernanhang

§ 313
Erläuterung der Konzernbilanz und der Konzern-Gewinn- und Verlustrechnung, Angaben zum Beteiligungsbesitz.

(1) In den Konzernanhang sind diejenigen Angaben aufzunehmen, die zu einzelnen Posten der Konzernbilanz oder der Konzern-Gewinn- und Verlustrechnung vorgeschrieben sind; diese Angaben sind in der Reihenfolge der einzelnen Posten der Konzernbilanz und der Konzern-Gewinn- und Verlustrechnung darzustellen. Im Konzernanhang sind auch die Angaben zu machen, die in Ausübung eines Wahlrechts nicht in die Konzernbilanz oder in die Konzern-Gewinn- und Verlustrechnung aufgenommen wurden. Im Konzernanhang müssen

1. die auf die Posten der Konzernbilanz und der Konzern-Gewinn- und Verlustrechnung angewandten Bilanzierungs- und Bewertungsmethoden angegeben werden;
2. Abweichungen von Bilanzierungs-, Bewertungs- und Konsolidierungsmethoden angegeben und begründet werden; deren Einfluß auf die Vermögens-, Finanz- und Ertragslage des Konzerns ist gesondert darzustellen.

(2) Im Konzernanhang sind außerdem anzugeben:

1. Name und Sitz der in den Konzernabschluß einbezogenen Unternehmen, der Anteil am Kapital der Tochterunternehmen, der dem Mutterunternehmen und den in den Konzernabschluß einbezogenen Tochterunternehmen gehört oder von einer für Rechnung dieser Unternehmen handelnden Person gehalten wird, sowie der zur Einbeziehung in den Konzernabschluß verpflichtende Sachverhalt, sofern die Einbeziehung nicht auf einer der Kapitalbeteiligung entsprechenden Mehrheit der Stimmrechte beruht. Diese Angaben sind auch für Tochterunternehmen zu machen, die nach § 296 nicht einbezogen worden sind;
2. Name und Sitz der assoziierten Unternehmen, der Anteil am Kapital der assoziierten Unternehmen, der dem Mutterunternehmen und den in den Konzernabschluß einbezogenen Tochterunternehmen gehört oder von einer für Rechnung dieser Unternehmen handelnden Person gehalten wird. Die Anwendung des § 311 Abs. 2 ist jeweils anzugeben und zu begründen;
3. Name und Sitz der Unternehmen, die nach § 310 nur anteilmäßig in den Konzernabschluß einbezogen worden sind, der Tatbestand, aus dem sich die Anwendung dieser Vorschrift ergibt, sowie der Anteil am Kapital dieser Unternehmen, der dem Mutterunternehmen und den in den Konzernabschluß einbezogenen Tochterunternehmen gehört oder von einer für Rechnung dieser Unternehmen handelnden Person gehalten wird;
4. Name und Sitz anderer Unternehmen, die Höhe des Anteils am Kapital, das Eigenkapital und das Ergebnis des letzten Geschäftsjahrs dieser Unternehmen, für das ein Jahresabschluss vorliegt, soweit es sich um Beteiligungen im Sinne des § 271 Absatz 1 handelt oder ein solcher Anteil von einer Person für Rechnung des Mutterunternehmens oder eines anderen in den Konzernabschluss einbezogenen Unternehmens gehalten wird;
5. alle nicht nach den Nummern 1 bis 4 aufzuführenden Beteiligungen an großen Kapitalgesellschaften, die 5 Prozent der Stimmrechte überschreiten, wenn sie von einem börsennotierten Mutterunternehmen, börsennotierten Tochterunternehmen oder von einer für Rechnung eines dieser Unternehmen handelnden Person gehalten werden;
6. Name, Sitz und Rechtsform der Unternehmen, deren unbeschränkt haftender Gesellschafter das Mutterunternehmen oder ein anderes in den Konzernabschluss einbezogenes Unternehmen ist;
7. Name und Sitz des Unternehmens, das den Konzernabschluss für den größten Kreis von Unternehmen aufstellt, dem das Mutterunternehmen als Tochterunternehmen angehört, und im Falle der Offenlegung des von diesem anderen Mutterunternehmen aufgestellten Konzernabschlusses der Ort, wo dieser erhältlich ist;
8. Name und Sitz des Unternehmens, das den Konzernabschluss für den kleinsten Kreis von Unternehmen aufstellt, dem das Mutterunternehmen als Tochterunternehmen angehört, und im Falle der Offenlegung des von diesem anderen Mutterunternehmen aufgestellten Konzernabschlusses der Ort, wo dieser erhältlich ist.

(3) Die in Absatz 2 verlangten Angaben brauchen insoweit nicht gemacht zu werden, als nach vernünftiger kaufmännischer Beurteilung damit gerechnet werden muß, daß durch die Angaben dem Mutterunternehmen, einem Tochterunternehmen oder einem anderen in Absatz 2 bezeichneten Unternehmen erhebliche Nachteile entstehen können. Die Anwendung der Ausnahmeregelung ist im Konzernanhang anzugeben. Satz 1 gilt nicht, wenn ein Mutterunternehmen oder eines seiner Tochterunternehmen kapitalmarktorientiert im Sinn des § 264d ist. Die Angaben nach Absatz 2 Nummer 4 und 5 brauchen nicht gemacht zu werden, wenn sie für die Vermittlung eines den tatsächlichen Verhältnissen entsprechenden Bilds der Vermögens-, Finanz- und Ertragslage des Konzerns von untergeordneter Bedeutung sind. Die Pflicht zur Angabe von Eigenkapital und Ergebnis nach Absatz 2 Nummer 4 braucht auch dann nicht erfüllt zu werden, wenn das in Anteilsbesitz stehende Unternehmen seinen Jahresabschluss nicht offenlegt.

§ 314
Sonstige Pflichtangaben

(1) Im Konzernanhang sind ferner anzugeben:

1. der Gesamtbetrag der in der Konzernbilanz ausgewiesenen Verbindlichkeiten mit einer Restlaufzeit von mehr als fünf Jahren sowie der Gesamtbetrag der in der Konzernbilanz ausgewiesenen Verbindlichkeiten, die von in den Konzernabschluß einbezogenen Unternehmen durch Pfandrechte oder ähnliche Rechte gesichert sind, unter Angabe von Art und Form der Sicherheiten;
2. Art und Zweck sowie Risiken, Vorteile und finanzielle Auswirkungen von nicht in der Konzernbilanz enthaltenen Geschäften des Mutterunternehmens und der in den Konzernabschluss einbezogenen Tochterunternehmen, soweit die Risiken und Vorteile wesentlich sind und die Offenlegung für die Beurteilung der Finanzlage des Konzerns erforderlich ist;

2a. der Gesamtbetrag der sonstigen finanziellen Verpflichtungen, die nicht in der Konzernbilanz enthalten sind und die nicht nach § 298 Absatz 1 in Verbindung mit § 268 Absatz 7 oder nach Nummer 2 anzugeben sind, sofern diese Angabe für die Beurteilung der Finanzlage des Konzerns von Bedeutung ist; davon sind Verpflichtungen betreffend die Altersversorgung sowie Verpflichtungen gegenüber Tochterunternehmen, die nicht in den Konzernabschluss einbezogen werden, oder gegenüber assoziierten Unternehmen jeweils gesondert anzugeben;

3. die Aufgliederung der Umsatzerlöse des Konzerns nach Tätigkeitsbereichen sowie nach geografisch bestimmten Märkten, soweit sich unter Berücksichtigung der Organisation des Verkaufs, der Vermietung oder Verpachtung von Produkten und der Erbringung von Dienstleistungen des Konzerns die Tätigkeitsbereiche und geografisch bestimmten Märkte untereinander erheblich unterscheiden;
4. die durchschnittliche Zahl der Arbeitnehmer der in den Konzernabschluss einbezogenen Unternehmen während des Geschäftsjahrs, getrennt nach Gruppen und gesondert für die nach § 310 nur anteilmäßig konsolidierten Unternehmen, sowie, falls er nicht gesondert in der Konzern-Gewinn- und Verlustrechnung ausgewiesen ist, der in dem Geschäftsjahr entstandene gesamte Personalaufwand, aufgeschlüsselt nach Löhnen und Gehältern, Kosten der sozialen Sicherheit und Kosten der Altersversorgung;
5. (weggefallen)
6. für die Mitglieder des Geschäftsführungsorgans, eines Aufsichtsrats, eines Beirats oder einer ähnlichen Einrichtung des Mutterunternehmens, jeweils für jede Personengruppe:
   a) die für die Wahrnehmung ihrer Aufgaben im Mutterunternehmen und den Tochterunternehmen im Geschäftsjahr gewährten Gesamtbezüge (Gehälter, Gewinnbeteiligungen, Bezugsrechte und sonstige aktienbasierte Vergütungen, Aufwandsentschädigungen, Versicherungsentgelte, Provisionen und Nebenleistungen jeder Art). In die Gesamtbezüge sind auch Bezüge einzurechnen, die nicht ausgezahlt, sondern in Ansprüche anderer Art umgewandelt oder zur Erhöhung anderer Ansprüche verwendet werden. Außer den Bezügen für das Geschäftsjahr sind die weiteren Bezüge anzugeben, die im Geschäftsjahr gewährt, bisher aber in keinem Konzernabschluss angegeben worden sind. Bezugsrechte und sonstige aktienbasierte Vergütungen sind mit ihrer Anzahl und dem beizulegenden Zeitwert zum Zeitpunkt ihrer Gewährung anzugeben; spätere Wertveränderungen, die auf einer Änderung der Ausübungsbedingungen beruhen, sind zu berücksichtigen;
   b) die für die Wahrnehmung ihrer Aufgaben im Mutterunternehmen und den Tochterunternehmen gewährten Gesamtbezüge (Abfindungen, Ruhegehälter, Hinterbliebenenbezüge und Leistungen verwandter Art) der früheren Mitglieder der bezeichneten Organe und ihrer Hinterbliebenen; Buchstabe a Satz 2 und 3 ist entsprechend anzuwenden. Ferner ist der Betrag der für diese Personengruppe gebildeten Rückstellungen für laufende

Pensionen und Anwartschaften auf Pensionen und der Betrag der für diese Verpflichtungen nicht gebildeten Rückstellungen anzugeben;
c) die vom Mutterunternehmen und den Tochterunternehmen gewährten Vorschüsse und Kredite unter Angabe der gegebenenfalls im Geschäftsjahr zurückgezahlten oder erlassenen Beträge sowie die zugunsten dieser Personen eingegangenen Haftungsverhältnisse;
7. der Bestand an Anteilen an dem Mutterunternehmen, die das Mutterunternehmen oder ein Tochterunternehmen oder ein anderer für Rechnung eines in den Konzernabschluß einbezogenen Unternehmens erworben oder als Pfand genommen hat; dabei sind die Zahl und der Nennbetrag oder rechnerische Wert dieser Anteile sowie deren Anteil am Kapital anzugeben;
7a. die Zahl der Aktien jeder Gattung der während des Geschäftsjahrs im Rahmen des genehmigten Kapitals gezeichneten Aktien des Mutterunternehmens, wobei zu Nennbetragsaktien der Nennbetrag und zu Stückaktien der rechnerische Wert für jede von ihnen anzugeben ist;
7b. das Bestehen von Genussscheinen, Wandelschuldverschreibungen, Optionsscheinen, Optionen oder vergleichbaren Wertpapieren oder Rechten, aus denen das Mutterunternehmen verpflichtet ist, unter Angabe der Anzahl und der Rechte, die sie verbriefen;
8. für jedes in den Konzernabschluss einbezogene börsennotierte Unternehmen, dass die nach § 161 des Aktiengesetzes vorgeschriebene Erklärung abgegeben und wo sie öffentlich zugänglich gemacht worden ist;
9. das von dem Abschlussprüfer des Konzernabschlusses für das Geschäftsjahr berechnete Gesamthonorar, aufgeschlüsselt in das Honorar für
   a) die Abschlussprüfungsleistungen,
   b) andere Bestätigungsleistungen,
   c) Steuerberatungsleistungen,
   d) sonstige Leistungen;
10. für zu den Finanzanlagen (§ 266 Abs. 2 A. III.) gehörende Finanzinstrumente, die in der Konzernbilanz über ihrem beizulegenden Zeitwert ausgewiesen werden, da eine außerplanmäßige Abschreibung gemäß § 253 Absatz 3 Satz 6 unterblieben ist,
   a) der Buchwert und der beizulegende Zeitwert der einzelnen Vermögensgegenstände oder angemessener Gruppierungen sowie
   b) die Gründe für das Unterlassen der Abschreibung einschließlich der Anhaltspunkte, die darauf hindeuten, dass die Wertminderung voraussichtlich nicht von Dauer ist;
11. für jede Kategorie nicht zum beizulegenden Zeitwert bilanzierter derivativer Finanzinstrumente
   a) deren Art und Umfang,
   b) deren beizulegender Zeitwert, soweit er sich nach § 255 Abs. 4 verlässlich ermitteln lässt, unter Angabe der angewandten Bewertungsmethode,
   c) deren Buchwert und der Bilanzposten, in welchem der Buchwert, soweit vorhanden, erfasst ist, sowie
   d) die Gründe dafür, warum der beizulegende Zeitwert nicht bestimmt werden kann;
12. für mit dem beizulegenden Zeitwert bewertete Finanzinstrumente
   a) die grundlegenden Annahmen, die der Bestimmung des beizulegenden Zeitwertes mit Hilfe allgemein anerkannter Bewertungsmethoden zugrunde gelegt wurden, sowie
   b) Umfang und Art jeder Kategorie derivativer Finanzinstrumente einschließlich der wesentlichen Bedingungen, welche die Höhe, den Zeitpunkt und die Sicherheit künftiger Zahlungsströme beeinflussen können;
13. zumindest die nicht zu marktüblichen Bedingungen zustande gekommenen Geschäfte des Mutterunternehmens und seiner Tochterunternehmen, soweit sie wesentlich sind, mit nahe stehenden Unternehmen und Personen, einschließlich Angaben zur Art der Beziehung, zum Wert der Geschäfte sowie weiterer Angaben, die für die Beurteilung der Finanzlage des

Konzerns notwendig sind; ausgenommen sind Geschäfte zwischen in einen Konzernabschluss einbezogenen nahestehenden Unternehmen, wenn diese Geschäfte bei der Konsolidierung weggelassen werden; Angaben über Geschäfte können nach Geschäftsarten zusammengefasst werden, sofern die getrennte Angabe für die Beurteilung der Auswirkungen auf die Finanzlage des Konzerns nicht notwendig ist;

14. im Fall der Aktivierung nach § 248 Abs. 2 der Gesamtbetrag der Forschungs- und Entwicklungskosten des Geschäftsjahres der in den Konzernabschluss einbezogenen Unternehmen sowie der davon auf die selbst geschaffenen immateriellen Vermögensgegenstände des Anlagevermögens entfallende Betrag;
15. bei Anwendung des § 254 im Konzernabschluss,
    a) mit welchem Betrag jeweils Vermögensgegenstände, Schulden, schwebende Geschäfte und mit hoher Wahrscheinlichkeit erwartete Transaktionen zur Absicherung welcher Risiken in welche Arten von Bewertungseinheiten einbezogen sind sowie die Höhe der mit Bewertungseinheiten abgesicherten Risiken;
    b) für die jeweils abgesicherten Risiken, warum, in welchem Umfang und für welchen Zeitraum sich die gegenläufigen Wertänderungen oder Zahlungsströme künftig voraussichtlich ausgleichen einschließlich der Methode der Ermittlung;
    c) eine Erläuterung der mit hoher Wahrscheinlichkeit erwarteten Transaktionen, die in Bewertungseinheiten einbezogen wurden,

    soweit die Angaben nicht im Konzernlagebericht gemacht werden;
16. zu den in der Konzernbilanz ausgewiesenen Rückstellungen für Pensionen und ähnliche Verpflichtungen das angewandte versicherungsmathematische Berechnungsverfahren sowie die grundlegenden Annahmen der Berechnung, wie Zinssatz, erwartete Lohn- und Gehaltssteigerungen und zugrunde gelegte Sterbetafeln;
17. im Fall der Verrechnung von in der Konzernbilanz ausgewiesenen Vermögensgegenständen und Schulden nach § 246 Abs. 2 Satz 2 die Anschaffungskosten und der beizulegende Zeitwert der verrechneten Vermögensgegenstände, der Erfüllungsbetrag der verrechneten Schulden sowie die verrechneten Aufwendungen und Erträge; Nummer 12 Buchstabe a ist entsprechend anzuwenden;
18. zu den in der Konzernbilanz ausgewiesenen Anteilen an Sondervermögen im Sinn des § 1 Absatz 10 des Kapitalanlagegesetzbuchs oder Anlageaktien an Investmentaktiengesellschaften mit veränderlichem Kapital im Sinn der §§ 108 bis 123 des Kapitalanlagegesetzbuchs oder vergleichbaren EU-Investmentvermögen oder vergleichbaren ausländischen Investmentvermögen von mehr als dem zehnten Teil, aufgegliedert nach Anlagezielen, deren Wert im Sinne der §§ 168, 278 oder 286 Absatz 1 des Kapitalanlagegesetzbuchs oder vergleichbarer ausländischer Vorschriften über die Ermittlung des Marktwertes, die Differenz zum Buchwert und die für das Geschäftsjahr erfolgte Ausschüttung sowie Beschränkungen in der Möglichkeit der täglichen Rückgabe; darüber hinaus die Gründe dafür, dass eine Abschreibung gemäß § 253 Absatz 3 Satz 6 unterblieben ist, einschließlich der Anhaltspunkte, die darauf hindeuten, dass die Wertminderung voraussichtlich nicht von Dauer ist; Nummer 10 ist insoweit nicht anzuwenden;
19. für nach § 268 Abs. 7 im Konzernanhang ausgewiesene Verbindlichkeiten und Haftungsverhältnisse die Gründe der Einschätzung des Risikos der Inanspruchnahme;
20. jeweils eine Erläuterung des Zeitraums, über den ein entgeltlich erworbener Geschäfts- oder Firmenwert abgeschrieben wird;
21. auf welchen Differenzen oder steuerlichen Verlustvorträgen die latenten Steuern beruhen und mit welchen Steuersätzen die Bewertung erfolgt ist;
22. wenn latente Steuerschulden in der Konzernbilanz angesetzt werden, die latenten Steuersalden am Ende des Geschäftsjahrs und die im Laufe des Geschäftsjahrs erfolgten Änderungen dieser Salden;

23. jeweils den Betrag und die Art der einzelnen Erträge und Aufwendungen von außergewöhnlicher Größenordnung oder außergewöhnlicher Bedeutung, soweit die Beträge nicht von untergeordneter Bedeutung sind;
24. eine Erläuterung der einzelnen Erträge und Aufwendungen hinsichtlich ihres Betrages und ihrer Art, die einem anderen Konzerngeschäftsjahr zuzurechnen sind, soweit die Beträge für die Beurteilung der Vermögens-, Finanz- und Ertragslage des Konzerns nicht von untergeordneter Bedeutung sind;
25. Vorgänge von besonderer Bedeutung, die nach dem Schluss des Konzerngeschäftsjahrs eingetreten und weder in der Konzern-Gewinn- und Verlustrechnung noch in der Konzernbilanz berücksichtigt sind, unter Angabe ihrer Art und ihrer finanziellen Auswirkungen;
26. der Vorschlag für die Verwendung des Ergebnisses des Mutterunternehmens oder gegebenenfalls der Beschluss über die Verwendung des Ergebnisses des Mutterunternehmens.

(2) Mutterunternehmen, die den Konzernabschluss um eine Segmentberichterstattung erweitern (§ 297 Abs. 1 Satz 2), sind von der Angabepflicht gemäß Absatz 1 Nr. 3 befreit.

(3) Für die Angabepflicht gemäß Absatz 1 Nummer 6 Buchstabe a und b gilt § 286 Absatz 4 entsprechend.

Neunter Titel
Konzernlagebericht

§ 315
Inhalt des Konzernlageberichts

(1) Im Konzernlagebericht sind der Geschäftsverlauf einschließlich des Geschäftsergebnisses und die Lage des Konzerns so darzustellen, dass ein den tatsächlichen Verhältnissen entsprechendes Bild vermittelt wird. Er hat eine ausgewogene und umfassende, dem Umfang und der Komplexität der Geschäftstätigkeit entsprechende Analyse des Geschäftsverlaufs und der Lage des Konzerns zu enthalten. In die Analyse sind die für die Geschäftstätigkeit bedeutsamsten finanziellen Leistungsindikatoren einzubeziehen und unter Bezugnahme auf die im Konzernabschluss ausgewiesenen Beträge und Angaben zu erläutern. Ferner ist im Konzernlagebericht die voraussichtliche Entwicklung mit ihren wesentlichen Chancen und Risiken zu beurteilen und zu erläutern; zugrunde liegende Annahmen sind anzugeben. Die Mitglieder des vertretungsberechtigten Organs eines Mutterunternehmens, das als Inlandsemittent (§ 2 Absatz 14 des Wertpapierhandelsgesetzes) Wertpapiere (§ 2 Absatz 1 des Wertpapierhandelsgesetzes) begibt und keine Kapitalgesellschaft im Sinne des § 327a ist, haben in einer dem Konzernlagebericht beizufügenden schriftlichen Erklärung zu versichern, dass im Konzernlagebericht nach bestem Wissen der Geschäftsverlauf einschließlich des Geschäftsergebnisses und die Lage des Konzerns so dargestellt sind, dass ein den tatsächlichen Verhältnissen entsprechendes Bild vermittelt wird und dass die wesentlichen Chancen und Risiken im Sinne des Satzes 4 beschrieben sind.

(2) Im Konzernlagebericht ist auch einzugehen auf:

1.
   a) die Risikomanagementziele und -methoden des Konzerns einschließlich seiner Methoden zur Absicherung aller wichtigen Arten von Transaktionen, die im Rahmen der Bilanzierung von Sicherungsgeschäften erfasst werden, sowie
   b) die Preisänderungs-, Ausfall- und Liquiditätsrisiken sowie die Risiken aus Zahlungsstromschwankungen, denen der Konzern ausgesetzt ist,

   jeweils in Bezug auf die Verwendung von Finanzinstrumenten durch den Konzern und sofern dies für die Beurteilung der Lage oder der voraussichtlichen Entwicklung von Belang ist;

2. den Bereich Forschung und Entwicklung des Konzerns und
3. für das Verständnis der Lage des Konzerns wesentliche Zweigniederlassungen der insgesamt in den Konzernabschluss einbezogenen Unternehmen.

Ist das Mutterunternehmen eine Aktiengesellschaft, hat es im Konzernlagebericht auf die nach § 160 Absatz 1 Nummer 2 des Aktiengesetzes im Anhang zu machenden Angaben zu verweisen.

(3) Absatz 1 Satz 3 gilt entsprechend für nichtfinanzielle Leistungsindikatoren, wie Informationen über Umwelt- und Arbeitnehmerbelange, soweit sie für das Verständnis des Geschäftsverlaufs oder der Lage des Konzerns von Bedeutung sind.

(4) Ist das Mutterunternehmen oder ein in den Konzernabschluss einbezogenes Tochterunternehmen kapitalmarktorientiert im Sinne des § 264d, ist im Konzernlagebericht auch auf die wesentlichen Merkmale des internen Kontroll- und Risikomanagementsystems im Hinblick auf den Konzernrechnungslegungsprozess einzugehen.

(5) § 298 Absatz 2 über die Zusammenfassung von Konzernanhang und Anhang ist entsprechend anzuwenden.

Dritter Unterabschnitt
Prüfung

§ 316
Pflicht zur Prüfung

(1) Der Jahresabschluß und der Lagebericht von Kapitalgesellschaften, die nicht kleine im Sinne des § 267 Abs. 1 sind, sind durch einen Abschlußprüfer zu prüfen. Hat keine Prüfung stattgefunden, so kann der Jahresabschluß nicht festgestellt werden.

(2) Der Konzernabschluß und der Konzernlagebericht von Kapitalgesellschaften sind durch einen Abschlußprüfer zu prüfen. Hat keine Prüfung stattgefunden, so kann der Konzernabschluss nicht gebilligt werden.

(3) Werden der Jahresabschluß, der Konzernabschluß, der Lagebericht oder der Konzernlagebericht nach Vorlage des Prüfungsberichts geändert, so hat der Abschlußprüfer diese Unterlagen erneut zu prüfen, soweit es die Änderung erfordert. Über das Ergebnis der Prüfung ist zu berichten; der Bestätigungsvermerk ist entsprechend zu ergänzen. Die Sätze 1 und 2 gelten entsprechend für diejenige Wiedergabe des Jahresabschlusses, des Lageberichts, des Konzernabschlusses und des Konzernlageberichts, welche eine Kapitalgesellschaft, die als Inlandsemittent (§ 2 Absatz 14 des Wertpapierhandelsgesetzes) Wertpapiere (§ 2 Absatz 1 des Wertpapierhandelsgesetzes) begibt und keine Kapitalgesellschaft im Sinne des § 327a ist, für Zwecke der Offenlegung erstellt hat.

§ 316a
Abschlussprüfung bei Unternehmen von öffentlichem Interesse

Auf die Abschlussprüfung bei Kapitalgesellschaften, die Unternehmen von öffentlichem Interesse sind, sind die Vorschriften dieses Unterabschnitts nur insoweit anzuwenden, als nicht die Verordnung (EU) Nr. 537/2014 des Europäischen Parlaments und des Rates vom 16. April 2014 über spezifische Anforderungen an die Abschlussprüfung bei Unternehmen von öffentlichem Interesse und zur Aufhebung des Beschlusses 2005/909/EG der Kommission (ABl. L 158 vom 27.5.2014, S. 77; L 170 vom 11.6.2014, S. 66) anzuwenden ist. Unternehmen von öffentlichem Interesse sind Unternehmen, die

1. kapitalmarktorientiert sind im Sinne des § 264d,
2. CRR-Kreditinstitute sind im Sinne des § 1 Absatz 3d Satz 1 des Kreditwesengesetzes, mit Ausnahme derjenigen Institute, die in § 2 Absatz 1 Nummer 1 und 2 des Kreditwesengesetzes und in Artikel 2 Absatz 5 Nummer 5 der Richtlinie 2013/36/EU des Europäischen Par-

laments und des Rates vom 26. Juni 2013 über den Zugang zur Tätigkeit von Kreditinstituten und die Beaufsichtigung von Kreditinstituten und Wertpapierfirmen, zur Änderung der Richtlinie 2002/87/EG und zur Aufhebung der Richtlinien 2006/48/EG und 2006/49/EG (ABl. L 176 vom 27.6.2013, S. 338; L 208 vom 2.8.2013, S. 73; L 20 vom 25.1.2017, S. 1; L 203 vom 26.6.2020, S. 95), die zuletzt durch die Richtlinie (EU) 2019/2034 (ABl. L 314 vom 5.12.2019, S. 64) geändert worden ist, genannt sind, oder

3. Versicherungsunternehmen sind im Sinne des Artikels 2 Absatz 1 der Richtlinie 91/674/EWG.

§ 317
Gegenstand und Umfang der Prüfung

(1) In die Prüfung des Jahresabschlusses ist die Buchführung einzubeziehen. Die Prüfung des Jahresabschlusses und des Konzernabschlusses hat sich darauf zu erstrecken, ob die gesetzlichen Vorschriften und sie ergänzende Bestimmungen des Gesellschaftsvertrags oder der Satzung beachtet worden sind. Die Prüfung ist so anzulegen, daß Unrichtigkeiten und Verstöße gegen die in Satz 2 aufgeführten Bestimmungen, die sich auf die Darstellung des sich nach § 264 Abs. 2 ergebenden Bildes der Vermögens-, Finanz- und Ertragslage der Kapitalgesellschaft wesentlich auswirken, bei gewissenhafter Berufsausübung erkannt werden.

(2) Der Lagebericht und der Konzernlagebericht sind darauf zu prüfen, ob der Lagebericht mit dem Jahresabschluß, gegebenenfalls auch mit dem Einzelabschluss nach § 325 Abs. 2a, und der Konzernlagebericht mit dem Konzernabschluß sowie mit den bei der Prüfung gewonnenen Erkenntnissen des Abschlußprüfers in Einklang stehen und ob der Lagebericht insgesamt ein zutreffendes Bild von der Lage der Kapitalgesellschaft und der Konzernlagebericht insgesamt ein zutreffendes Bild von der Lage des Konzerns vermittelt. Dabei ist auch zu prüfen, ob die Chancen und Risiken der künftigen Entwicklung zutreffend dargestellt sind. Die Prüfung des Lageberichts und des Konzernlageberichts hat sich auch darauf zu erstrecken, ob die gesetzlichen Vorschriften zur Aufstellung des Lage- oder Konzernlageberichts beachtet worden sind. Im Hinblick auf die Vorgaben nach den §§ 289b bis 289e und den §§ 315b und 315c ist nur zu prüfen, ob die nichtfinanzielle Erklärung oder der gesonderte nichtfinanzielle Bericht, die nichtfinanzielle Konzernerklärung oder der gesonderte nichtfinanzielle Konzernbericht vorgelegt wurde. Im Fall des § 289b Absatz 3 Satz 1 Nummer 2 Buchstabe b ist vier Monate nach dem Abschlussstichtag eine ergänzende Prüfung durch denselben Abschlussprüfer durchzuführen, ob der gesonderte nichtfinanzielle Bericht oder der gesonderte nichtfinanzielle Konzernbericht vorgelegt wurde; § 316 Absatz 3 Satz 2 gilt entsprechend mit der Maßgabe, dass der Bestätigungsvermerk nur dann zu ergänzen ist, wenn der gesonderte nichtfinanzielle Bericht oder der gesonderte nichtfinanzielle Konzernbericht nicht innerhalb von vier Monaten nach dem Abschlussstichtag vorgelegt worden ist. Die Prüfung der Angaben nach § 289f Absatz 2 und 5 sowie § 315d ist darauf zu beschränken, ob die Angaben gemacht wurden.

(3) Der Abschlußprüfer des Konzernabschlusses hat auch die im Konzernabschluß zusammengefaßten Jahresabschlüsse, insbesondere die konsolidierungsbedingten Anpassungen, in entsprechender Anwendung des Absatzes 1 zu prüfen. Sind diese Jahresabschlüsse von einem anderen Abschlussprüfer geprüft worden, hat der Konzernabschlussprüfer dessen Arbeit zu überprüfen und dies zu dokumentieren.

(3a) Bei einer Kapitalgesellschaft, die als Inlandsemittent (§ 2 Absatz 14 des Wertpapierhandelsgesetzes) Wertpapiere (§ 2 Absatz 1 des Wertpapierhandelsgesetzes) begibt und keine Kapitalgesellschaft im Sinne des § 327a ist, hat der Abschlussprüfer im Rahmen der Prüfung auch zu beurteilen, ob die für Zwecke der Offenlegung erstellte Wiedergabe des Jahresabschlusses und die für Zwecke der Offenlegung erstellte Wiedergabe des Lageberichts den Vorgaben des § 328 Absatz 1 entsprechen. Bei einer Kapitalgesellschaft im Sinne des Satzes 1 hat der Abschlussprüfer des Konzernabschlusses im Rahmen der Prüfung auch zu beurteilen, ob die für Zwecke der

Offenlegung erstellte Wiedergabe des Konzernabschlusses und die für Zwecke der Offenlegung erstellte Wiedergabe des Konzernlageberichts den Vorgaben des § 328 Absatz 1 entsprechen.

(3b) Der Abschlussprüfer des Jahresabschlusses hat im Rahmen der Prüfung auch zu beurteilen, ob die Kapitalgesellschaft

1. für das r, das demjenigen Geschäftsjahr vorausging, für dessen Schluss der zu prüfende Jahresabschluss aufgestellt wird, zur Offenlegung eines Ertragsteuerinformationsberichts gemäß § 342m Absatz 1 oder 2 verpflichtet war und
2. im Falle der Nummer 1 ihre dort genannte Verpflichtung zur Offenlegung erfüllt hat.

(4) Bei einer börsennotierten Aktiengesellschaft ist außerdem im Rahmen der Prüfung zu beurteilen, ob der Vorstand die ihm nach § 91 Abs. 2 des Aktiengesetzes obliegenden Maßnahmen in einer geeigneten Form getroffen hat und ob das danach einzurichtende Überwachungssystem seine Aufgaben erfüllen kann.

(4a) Soweit nichts anderes bestimmt ist, hat die Prüfung sich nicht darauf zu erstrecken, ob der Fortbestand der geprüften Kapitalgesellschaft oder die Wirksamkeit und Wirtschaftlichkeit der Geschäftsführung zugesichert werden kann.

(5) Bei der Durchführung einer Prüfung hat der Abschlussprüfer die internationalen Prüfungsstandards anzuwenden, die von der Europäischen Kommission in dem Verfahren nach Artikel 26 Absatz 3 der Richtlinie 2006/43/EG des Europäischen Parlaments und des Rates vom 17. Mai 2006 über Abschlussprüfungen von Jahresabschlüssen und konsolidierten Abschlüssen, zur Änderung der Richtlinien 78/660/EWG und 83/349/EWG des Rates und zur Aufhebung der Richtlinie 84/253/EWG des Rates (ABl. EU Nr. L 157 S. 87), die zuletzt durch die Richtlinie 2014/56/EU (ABl. L 158 vom 27.5.2014, S. 196) geändert worden ist, angenommen worden sind.

(6) Das Bundesministerium der Justiz wird ermächtigt, im Einvernehmen mit dem Bundesministerium für Wirtschaft und Klimaschutz durch Rechtsverordnung, die nicht der Zustimmung des Bundesrates bedarf, zusätzlich zu den bei der Durchführung der Abschlussprüfung nach Absatz 5 anzuwendenden internationalen Prüfungsstandards weitere Abschlussprüfungsanforderungen vorzuschreiben, wenn dies durch den Umfang der Abschlussprüfung bedingt ist und den in den Absätzen 1 bis 4 genannten Prüfungszielen dient.

§ 318
Bestellung und Abberufung des Abschlußprüfers

(1) Der Abschlußprüfer des Jahresabschlusses wird von den Gesellschaftern gewählt; den Abschlußprüfer des Konzernabschlusses wählen die Gesellschafter des Mutterunternehmens. Bei Gesellschaften mit beschränkter Haftung und bei offenen Handelsgesellschaften und Kommanditgesellschaften im Sinne des § 264a Abs. 1 kann der Gesellschaftsvertrag etwas anderes bestimmen. Der Abschlußprüfer soll jeweils vor Ablauf des Geschäftsjahrs gewählt werden, auf das sich seine Prüfungstätigkeit erstreckt. Die gesetzlichen Vertreter, bei Zuständigkeit des Aufsichtsrats dieser, haben unverzüglich nach der Wahl den Prüfungsauftrag zu erteilen. Der Prüfungsauftrag kann nur widerrufen werden, wenn nach Absatz 3 ein anderer Prüfer bestellt worden ist.

(1a) Eine Vereinbarung, die die Wahlmöglichkeiten nach Absatz 1 auf bestimmte Kategorien oder Listen von Prüfern oder Prüfungsgesellschaften beschränkt, ist nichtig.

(2) Als Abschlußprüfer des Konzernabschlusses gilt, wenn kein anderer Prüfer bestellt wird, der Prüfer als bestellt, der für die Prüfung des in den Konzernabschluß einbezogenen Jahresabschlusses des Mutterunternehmens bestellt worden ist. Erfolgt die Einbeziehung auf Grund eines Zwischenabschlusses, so gilt, wenn kein anderer Prüfer bestellt wird, der Prüfer als bestellt, der für die Prüfung des letzten vor dem Konzernabschlußstichtag aufgestellten Jahresabschlusses des Mutterunternehmens bestellt worden ist.

(3) Auf Antrag der gesetzlichen Vertreter, des Aufsichtsrats oder von Gesellschaftern, deren Anteile bei Antragstellung zusammen den zwanzigsten Teil der Stimmrechte oder des gezeichneten

Kapitals oder einen Börsenwert von 500 000 Euro erreichen, hat das Gericht nach Anhörung der Beteiligten und des gewählten Prüfers einen anderen Abschlussprüfer zu bestellen, wenn

1. dies aus einem in der Person des gewählten Prüfers liegenden Grund geboten erscheint, insbesondere, wenn ein Ausschlussgrund nach § 319 Absatz 2 bis 5 oder nach § 319b besteht oder ein Verstoß gegen Artikel 5 Absatz 4 Unterabsatz 1 Satz 1 oder Absatz 5 Unterabsatz 2 Satz 2 der Verordnung (EU) Nr. 537/2014 vorliegt, oder
2. die Vorschriften zur Bestellung des Prüfers nach Artikel 16 der Verordnung (EU) Nr. 537/2014 oder die Vorschriften zur Laufzeit des Prüfungsmandats nach Artikel 17 der Verordnung (EU) Nr. 537/2014 nicht eingehalten worden sind.

Der Antrag ist binnen zwei Wochen nach dem Tag der Wahl des Abschlussprüfers zu stellen; Aktionäre können den Antrag nur stellen, wenn sie gegen die Wahl des Abschlussprüfers bei der Beschlussfassung Widerspruch erklärt haben. Wird ein Grund zur Bestellung eines anderen Abschlussprüfers als des gewählten Prüfers erst nach dessen Wahl bekannt oder tritt ein solcher Grund erst nach dessen Wahl ein, ist der Antrag binnen zwei Wochen nach dem Tag zu stellen, an dem der Antragsberechtigte Kenntnis von den antragsbegründenden Umständen erlangt hat oder ohne grobe Fahrlässigkeit hätte erlangen müssen. Stellen Aktionäre den Antrag, so haben sie glaubhaft zu machen, dass sie seit mindestens drei Monaten vor dem Tag der Wahl des Abschlussprüfers Inhaber der Aktien sind. Zur Glaubhaftmachung genügt eine eidesstattliche Versicherung vor einem Notar. Unterliegt die Gesellschaft einer staatlichen Aufsicht, so kann auch die Aufsichtsbehörde den Antrag stellen. Der Antrag kann nach Erteilung des Bestätigungsvermerks, im Fall einer Nachtragsprüfung nach § 316 Abs. 3 nach Ergänzung des Bestätigungsvermerks nicht mehr gestellt werden. Gegen die Entscheidung ist die Beschwerde zulässig.

(4) Ist der Abschlußprüfer bis zum Ablauf des Geschäftsjahrs nicht gewählt worden, so hat das Gericht auf Antrag der gesetzlichen Vertreter, des Aufsichtsrats oder eines Gesellschafters den Abschlußprüfer zu bestellen. Gleiches gilt, wenn ein gewählter Abschlußprüfer die Annahme des Prüfungsauftrags abgelehnt hat, weggefallen ist oder am rechtzeitigen Abschluß der Prüfung verhindert ist und ein anderer Abschlußprüfer nicht gewählt worden ist. Die gesetzlichen Vertreter sind verpflichtet, den Antrag zu stellen. Gegen die Entscheidung des Gerichts findet die Beschwerde statt; die Bestellung des Abschlußprüfers ist unanfechtbar.

(5) Der vom Gericht bestellte Abschlußprüfer hat Anspruch auf Ersatz angemessener barer Auslagen und auf Vergütung für seine Tätigkeit. Die Auslagen und die Vergütung setzt das Gericht fest. Gegen die Entscheidung findet die Beschwerde statt; die Rechtsbeschwerde ist ausgeschlossen. Aus der rechtskräftigen Entscheidung findet die Zwangsvollstreckung nach der Zivilprozeßordnung statt.

(6) Ein von dem Abschlußprüfer angenommener Prüfungsauftrag kann von dem Abschlußprüfer nur aus wichtigem Grund gekündigt werden. Als wichtiger Grund ist es nicht anzusehen, wenn Meinungsverschiedenheiten über den Inhalt des Bestätigungsvermerks, seine Einschränkung oder Versagung bestehen. Die Kündigung ist schriftlich zu begründen. Der Abschlußprüfer hat über das Ergebnis seiner bisherigen Prüfung zu berichten; § 321 ist entsprechend anzuwenden.

(7) Kündigt der Abschlußprüfer den Prüfungsauftrag nach Absatz 6, so haben die gesetzlichen Vertreter die Kündigung dem Aufsichtsrat, der nächsten Hauptversammlung oder bei Gesellschaften mit beschränkter Haftung den Gesellschaftern mitzuteilen. Den Bericht des bisherigen Abschlußprüfers haben die gesetzlichen Vertreter unverzüglich dem Aufsichtsrat vorzulegen. Jedes Aufsichtsratsmitglied hat das Recht, von dem Bericht Kenntnis zu nehmen. Der Bericht ist auch jedem Aufsichtsratsmitglied oder, soweit der Aufsichtsrat dies beschlossen hat, den Mitgliedern eines Ausschusses auszuhändigen. Ist der Prüfungsauftrag vom Aufsichtsrat erteilt worden, obliegen die Pflichten der gesetzlichen Vertreter dem Aufsichtsrat einschließlich der Unterrichtung der gesetzlichen Vertreter.

(8) Die Wirtschaftsprüferkammer ist unverzüglich und schriftlich begründet durch den Abschlussprüfer und die gesetzlichen Vertreter der geprüften Gesellschaft von der Kündigung oder dem Widerruf des Prüfungsauftrages zu unterrichten.

§ 319
Auswahl der Abschlussprüfer und Ausschlussgründe

(1) Abschlussprüfer können Wirtschaftsprüfer und Wirtschaftsprüfungsgesellschaften sein. Abschlussprüfer von Jahresabschlüssen und Lageberichten mittelgroßer Gesellschaften mit beschränkter Haftung (§ 267 Abs. 2) oder von mittelgroßen Personenhandelsgesellschaften im Sinne des § 264a Abs. 1 können auch vereidigte Buchprüfer und Buchprüfungsgesellschaften sein. Die Abschlussprüfer nach den Sätzen 1 und 2 müssen über einen Auszug aus dem Berufsregister verfügen, aus dem sich ergibt, dass die Eintragung nach § 38 Nummer 1 Buchstabe h oder Nummer 2 Buchstabe f der Wirtschaftsprüferordnung vorgenommen worden ist; Abschlussprüfer, die erstmalig eine gesetzlich vorgeschriebene Abschlussprüfung nach § 316 des Handelsgesetzbuchs durchführen, müssen spätestens sechs Wochen nach Annahme eines Prüfungsauftrages über den Auszug aus dem Berufsregister verfügen. Die Abschlussprüfer sind während einer laufenden Abschlussprüfung verpflichtet, eine Löschung der Eintragung unverzüglich gegenüber der Gesellschaft anzuzeigen.

(2) Ein Wirtschaftsprüfer oder vereidigter Buchprüfer ist als Abschlussprüfer ausgeschlossen, wenn während des Geschäftsjahres, für dessen Schluss der zu prüfende Jahresabschluss aufgestellt wird, oder während der Abschlussprüfung Gründe, insbesondere Beziehungen geschäftlicher, finanzieller oder persönlicher Art, vorliegen, nach denen die Besorgnis der Befangenheit besteht.

(3) Ein Wirtschaftsprüfer oder vereidigter Buchprüfer ist insbesondere von der Abschlussprüfung ausgeschlossen, wenn er oder eine Person, mit der er seinen Beruf gemeinsam ausübt,

1. Anteile oder andere nicht nur unwesentliche finanzielle Interessen an der zu prüfenden Kapitalgesellschaft oder eine Beteiligung an einem Unternehmen besitzt, das mit der zu prüfenden Kapitalgesellschaft verbunden ist oder von dieser mehr als zwanzig vom Hundert der Anteile besitzt;
2. gesetzlicher Vertreter, Mitglied des Aufsichtsrats oder Arbeitnehmer der zu prüfenden Kapitalgesellschaft oder eines Unternehmens ist, das mit der zu prüfenden Kapitalgesellschaft verbunden ist oder von dieser mehr als zwanzig vom Hundert der Anteile besitzt;
3. über die Prüfungstätigkeit hinaus bei der zu prüfenden oder für die zu prüfende Kapitalgesellschaft in dem zu prüfenden Geschäftsjahr oder bis zur Erteilung des Bestätigungsvermerks
   a) bei der Führung der Bücher oder der Aufstellung des zu prüfenden Jahresabschlusses mitgewirkt hat,
   b) bei der Durchführung der internen Revision in verantwortlicher Position mitgewirkt hat,
   c) Unternehmensleitungs- oder Finanzdienstleistungen erbracht hat oder
   d) eigenständige versicherungsmathematische oder Bewertungsleistungen erbracht hat, die sich auf den zu prüfenden Jahresabschluss nicht nur unwesentlich auswirken,

   sofern diese Tätigkeiten nicht von untergeordneter Bedeutung sind; dies gilt auch, wenn eine dieser Tätigkeiten von einem Unternehmen für die zu prüfende Kapitalgesellschaft ausgeübt wird, bei dem der Wirtschaftsprüfer oder vereidigte Buchprüfer gesetzlicher Vertreter, Arbeitnehmer, Mitglied des Aufsichtsrats oder Gesellschafter, der mehr als zwanzig vom Hundert der den Gesellschaftern zustehenden Stimmrechte besitzt, ist;
4. bei der Prüfung eine Person beschäftigt, die nach den Nummern 1 bis 3 nicht Abschlussprüfer sein darf;
5. in den letzten fünf Jahren jeweils mehr als dreißig vom Hundert der Gesamteinnahmen aus seiner beruflichen Tätigkeit von der zu prüfenden Kapitalgesellschaft und von Unternehmen, an denen die zu prüfende Kapitalgesellschaft mehr als zwanzig vom Hundert der Anteile besitzt, bezogen hat und dies auch im laufenden Geschäftsjahr zu erwarten ist; zur Vermei-

dung von Härtefällen kann die Wirtschaftsprüferkammer befristete Ausnahmegenehmigungen erteilen.

Dies gilt auch, wenn der Ehegatte oder der Lebenspartner einen Ausschlussgrund nach Satz 1 Nr. 1, 2 oder 3 erfüllt.

(4) Wirtschaftsprüfungsgesellschaften und Buchprüfungsgesellschaften sind von der Abschlussprüfung ausgeschlossen, wenn sie selbst, einer ihrer gesetzlichen Vertreter, ein Gesellschafter, der mehr als zwanzig vom Hundert der den Gesellschaftern zustehenden Stimmrechte besitzt, ein verbundenes Unternehmen, ein bei der Prüfung in verantwortlicher Position beschäftigter Gesellschafter oder eine andere von ihr beschäftigte Person, die das Ergebnis der Prüfung beeinflussen kann, nach Absatz 2 oder Absatz 3 ausgeschlossen sind. Satz 1 gilt auch, wenn ein Mitglied des Aufsichtsrats nach Absatz 3 Satz 1 Nr. 2 ausgeschlossen ist oder wenn mehrere Gesellschafter, die zusammen mehr als zwanzig vom Hundert der den Gesellschaftern zustehenden Stimmrechte besitzen, jeweils einzeln oder zusammen nach Absatz 2 oder Absatz 3 ausgeschlossen sind.

(5) Absatz 1 Satz 3 sowie die Absätze 2 bis 4 sind auf den Abschlussprüfer des Konzernabschlusses entsprechend anzuwenden.

§ 319b
Netzwerk

(1) Ein Abschlussprüfer ist von der Abschlussprüfung ausgeschlossen, wenn ein Mitglied seines Netzwerks einen Ausschlussgrund nach § 319 Abs. 2, 3 Satz 1 Nr. 1, 2 oder Nr. 4, Abs. 3 Satz 2 oder Abs. 4 erfüllt, es sei denn, dass das Netzwerkmitglied auf das Ergebnis der Abschlussprüfung keinen Einfluss nehmen kann. Er ist ausgeschlossen, wenn ein Mitglied seines Netzwerks einen Ausschlussgrund nach § 319 Abs. 3 Satz 1 Nr. 3 erfüllt. Ein Netzwerk liegt vor, wenn Personen bei ihrer Berufsausübung zur Verfolgung gemeinsamer wirtschaftlicher Interessen für eine gewisse Dauer zusammenwirken.

(2) Absatz 1 ist auf den Abschlussprüfer des Konzernabschlusses entsprechend anzuwenden.

§ 320
Vorlagepflicht, Auskunftsrecht

(1) Die gesetzlichen Vertreter der Kapitalgesellschaft haben dem Abschlußprüfer den Jahresabschluß, den Lagebericht und den gesonderten nichtfinanziellen Bericht unverzüglich nach der Aufstellung vorzulegen. Sie haben ihm zu gestatten, die Bücher und Schriften der Kapitalgesellschaft sowie die Vermögensgegenstände und Schulden, namentlich die Kasse und die Bestände an Wertpapieren und Waren, zu prüfen. Die gesetzlichen Vertreter einer Kapitalgesellschaft, die als Inlandsemittent (§ 2 Absatz 14 des Wertpapierhandelsgesetzes) Wertpapiere (§ 2 Absatz 1 des Wertpapierhandelsgesetzes) begibt und keine Kapitalgesellschaft im Sinne des § 327a ist, haben dem Abschlussprüfer auch die für Zwecke der Offenlegung nach den Vorgaben des § 328 Absatz 1 erstellte Wiedergabe des Jahresabschlusses und die nach diesen Vorgaben erstellte Wiedergabe des Lageberichts vorzulegen.

(2) Der Abschlußprüfer kann von den gesetzlichen Vertretern alle Aufklärungen und Nachweise verlangen, die für eine sorgfältige Prüfung notwendig sind. Soweit es die Vorbereitung der Abschlußprüfung erfordert, hat der Abschlußprüfer die Rechte nach Absatz 1 Satz 2 und nach Satz 1 auch schon vor Aufstellung des Jahresabschlusses. Soweit es für eine sorgfältige Prüfung notwendig ist, hat der Abschlußprüfer die Rechte nach den Sätzen 1 und 2 auch gegenüber Mutter- und Tochterunternehmen.

(3) Die gesetzlichen Vertreter einer Kapitalgesellschaft, die einen Konzernabschluß aufzustellen hat, haben dem Abschlußprüfer des Konzernabschlusses den Konzernabschluß, den Konzernlagebericht, den gesonderten nichtfinanziellen Konzernbericht, die Jahresabschlüsse, Lageberichte, die gesonderten nichtfinanziellen Berichte und, wenn eine Prüfung stattgefunden hat, die

Prüfungsberichte des Mutterunternehmens und der Tochterunternehmen vorzulegen. Der Abschlußprüfer hat die Rechte nach Absatz 1 Satz 2 und nach Absatz 2 bei dem Mutterunternehmen und den Tochterunternehmen, die Rechte nach Absatz 2 auch gegenüber den Abschlußprüfern des Mutterunternehmens und der Tochterunternehmen. Die gesetzlichen Vertreter einer Kapitalgesellschaft, die als Inlandsemittent (§ 2 Absatz 14 des Wertpapierhandelsgesetzes) Wertpapiere (§ 2 Absatz 1 des Wertpapierhandelsgesetzes) begibt und keine Kapitalgesellschaft im Sinne des § 327a ist, haben dem Abschlussprüfer auch die für Zwecke der Offenlegung nach den Vorgaben des § 328 Absatz 1 erstellte Wiedergabe des Konzernabschlusses und die nach diesen Vorgaben erstellte Wiedergabe des Konzernlageberichts vorzulegen.

(4) Der bisherige Abschlussprüfer hat dem neuen Abschlussprüfer auf schriftliche Anfrage über das Ergebnis der bisherigen Prüfung zu berichten; § 321 ist entsprechend anzuwenden.

(5) Ist die Kapitalgesellschaft als Tochterunternehmen in den Konzernabschluss eines Mutterunternehmens einbezogen, das seinen Sitz nicht in einem Mitgliedstaat der Europäischen Union oder einem anderen Vertragsstaat des Abkommens über den Europäischen Wirtschaftsraum hat, kann der Prüfer nach Absatz 2 zur Verfügung gestellte Unterlagen an den Abschlussprüfer des Konzernabschlusses weitergeben, soweit diese für die Prüfung des Konzernabschlusses des Mutterunternehmens erforderlich sind. Die Übermittlung personenbezogener Daten muss im Einklang mit den Vorgaben der Verordnung (EU) 2016/679 und den allgemeinen datenschutzrechtlichen Vorschriften stehen.

§ 321
Prüfungsbericht

(1) Der Abschlußprüfer hat über Art und Umfang sowie über das Ergebnis der Prüfung zu berichten; auf den Bericht sind die Sätze 2 und 3 sowie die Absätze 2 bis 4a anzuwenden. Der Bericht ist schriftlich und mit der gebotenen Klarheit abzufassen; in ihm ist vorweg zu der Beurteilung der Lage der Kapitalgesellschaft oder Konzerns durch die gesetzlichen Vertreter Stellung zu nehmen, wobei insbesondere auf die Beurteilung des Fortbestandes und der künftigen Entwicklung der Kapitalgesellschaft unter Berücksichtigung des Lageberichts und bei der Prüfung des Konzernabschlusses von Mutterunternehmen auch des Konzerns unter Berücksichtigung des Konzernlageberichts einzugehen ist, soweit die geprüften Unterlagen und der Lagebericht oder der Konzernlagebericht eine solche Beurteilung erlauben. Außerdem hat der Abschlussprüfer über bei Durchführung der Prüfung festgestellte Unrichtigkeiten oder Verstöße gegen gesetzliche Vorschriften sowie Tatsachen zu berichten, die den Bestand der geprüften Kapitalgesellschaft oder des Konzerns gefährden oder seine Entwicklung wesentlich beeinträchtigen können oder die schwerwiegende Verstöße der gesetzlichen Vertreter oder von Arbeitnehmern gegen Gesetz, Gesellschaftsvertrag oder die Satzung erkennen lassen.

(2) Im Hauptteil des Prüfungsberichts ist festzustellen, ob die Buchführung und die weiteren geprüften Unterlagen, der Jahresabschluss, der Lagebericht, der Konzernabschluss und der Konzernlagebericht den gesetzlichen Vorschriften und den ergänzenden Bestimmungen des Gesellschaftsvertrags oder der Satzung entsprechen. In diesem Rahmen ist auch über Beanstandungen zu berichten, die nicht zur Einschränkung oder Versagung des Bestätigungsvermerks geführt haben, soweit dies für die Überwachung der Geschäftsführung und der geprüften Kapitalgesellschaft von Bedeutung ist. Es ist auch darauf einzugehen, ob der Abschluss insgesamt unter Beachtung der Grundsätze ordnungsmäßiger Buchführung oder sonstiger maßgeblicher Rechnungslegungsgrundsätze ein den tatsächlichen Verhältnissen entsprechendes Bild der Vermögens-, Finanz- und Ertragslage der Kapitalgesellschaft oder des Konzerns vermittelt. Dazu ist auch auf wesentliche Bewertungsgrundlagen sowie darauf einzugehen, welchen Einfluss Änderungen in den Bewertungsgrundlagen einschließlich der Ausübung von Bilanzierungs- und Bewertungswahlrechten und der Ausnutzung von Ermessensspielräumen sowie sachverhaltsgestaltende Maßnahmen insgesamt auf die Darstellung der Vermögens-, Finanz- und Ertragslage

haben. Hierzu sind die Posten des Jahres- und des Konzernabschlusses aufzugliedern und ausreichend zu erläutern, soweit diese Angaben nicht im Anhang enthalten sind. Es ist darzustellen, ob die gesetzlichen Vertreter die verlangten Aufklärungen und Nachweise erbracht haben.

(3) In einem besonderen Abschnitt des Prüfungsberichts sind Gegenstand, Art und Umfang der Prüfung zu erläutern. Dabei ist auch auf die angewandten Rechnungslegungs- und Prüfungsgrundsätze einzugehen.

(4) Ist im Rahmen der Prüfung eine Beurteilung nach § 317 Abs. 4 abgegeben worden, so ist deren Ergebnis in einem besonderen Teil des Prüfungsberichts darzustellen. Es ist darauf einzugehen, ob Maßnahmen erforderlich sind, um das interne Überwachungssystem zu verbessern.

(4a) Der Abschlussprüfer hat im Prüfungsbericht seine Unabhängigkeit zu bestätigen.

(5) Der Abschlußprüfer hat den Bericht unter Angabe des Datums zu unterzeichnen und den gesetzlichen Vertretern vorzulegen; § 322 Absatz 7 Satz 3 und 4 gilt entsprechend. Hat der Aufsichtsrat den Auftrag erteilt, so ist der Bericht ihm und gleichzeitig einem eingerichteten Prüfungsausschuss vorzulegen. Im Fall des Satzes 2 ist der Bericht unverzüglich nach Vorlage dem Geschäftsführungsorgan mit Gelegenheit zur Stellungnahme zuzuleiten.

§ 321a
Offenlegung des Prüfungsberichts in besonderen Fällen

(1) Wird über das Vermögen der Gesellschaft ein Insolvenzverfahren eröffnet oder wird der Antrag auf Eröffnung des Insolvenzverfahren mangels Masse abgewiesen, so hat ein Gläubiger oder Gesellschafter die Wahl, selbst oder durch einen von ihm zu bestimmenden Wirtschaftsprüfer oder im Fall des § 319 Abs. 1 Satz 2 durch einen vereidigten Buchprüfer Einsicht in die Prüfungsberichte des Abschlussprüfers über die aufgrund gesetzlicher Vorschriften durchzuführende Prüfung des Jahresabschlusses der letzten drei Geschäftsjahre zu nehmen, soweit sich diese auf die nach § 321 geforderte Berichterstattung beziehen. Der Anspruch richtet sich gegen denjenigen, der die Prüfungsberichte in seinem Besitz hat.

(2) Bei einer Aktiengesellschaft oder einer Kommanditgesellschaft auf Aktien stehen den Gesellschaftern die Rechte nach Absatz 1 Satz 1 nur zu, wenn ihre Anteile bei Geltendmachung des Anspruchs zusammen den einhundertsten Teil des Grundkapitals oder einen Börsenwert von 100000 Euro erreichen. Dem Abschlussprüfer ist die Erläuterung des Prüfungsberichts gegenüber den in Absatz 1 Satz 1 aufgeführten Personen gestattet.

(3) Der Insolvenzverwalter oder ein gesetzlicher Vertreter des Schuldners kann einer Offenlegung von Geheimnissen, namentlich Betriebs- oder Geschäftsgeheimnissen, widersprechen, wenn die Offenlegung geeignet ist, der Gesellschaft einen erheblichen Nachteil zuzufügen. § 323 Abs. 1 und 3 bleibt im Übrigen unberührt. Unbeschadet des Satzes 1 sind die Berechtigten nach Absatz 1 Satz 1 zur Verschwiegenheit über den Inhalt der von ihnen eingesehenen Unterlagen nach Absatz 1 Satz 1 verpflichtet.

(4) Die Absätze 1 bis 3 gelten entsprechend, wenn der Schuldner zur Aufstellung eines Konzernabschlusses und Konzernlageberichts verpflichtet ist.

§ 322
Bestätigungsvermerk

(1) Der Abschlussprüfer hat das Ergebnis der Prüfung schriftlich in einem Bestätigungsvermerk zum Jahresabschluss oder zum Konzernabschluss zusammenzufassen. Der Bestätigungsvermerk hat Gegenstand, Art und Umfang der Prüfung zu beschreiben und dabei die angewandten Rechnungslegungs- und Prüfungsgrundsätze anzugeben; er hat ferner eine Beurteilung des Prüfungsergebnisses zu enthalten. In einem einleitenden Abschnitt haben zumindest die Beschreibung des Gegenstands der Prüfung und die Angabe zu den angewandten Rechnungslegungsgrundsätzen zu erfolgen. Über das Ergebnis der Prüfungen nach § 317 Absatz 3a und 3b ist jeweils in einem besonderen Abschnitt zu berichten.

(1a) Bei der Erstellung des Bestätigungsvermerks hat der Abschlussprüfer die internationalen Prüfungsstandards anzuwenden, die von der Europäischen Kommission in dem Verfahren nach Artikel 26 Absatz 3 der Richtlinie 2006/43/EG angenommen worden sind.

(2) Die Beurteilung des Prüfungsergebnisses muss zweifelsfrei ergeben, ob

1. ein uneingeschränkter Bestätigungsvermerk erteilt,
2. ein eingeschränkter Bestätigungsvermerk erteilt,
3. der Bestätigungsvermerk aufgrund von Einwendungen versagt oder
4. der Bestätigungsvermerk deshalb versagt wird, weil der Abschlussprüfer nicht in der Lage ist, ein Prüfungsurteil abzugeben.

Die Beurteilung des Prüfungsergebnisses soll allgemein verständlich und problemorientiert unter Berücksichtigung des Umstandes erfolgen, dass die gesetzlichen Vertreter den Abschluss zu verantworten haben. Auf Risiken, die den Fortbestand der Kapitalgesellschaft oder eines Konzernunternehmens gefährden, ist gesondert einzugehen. Auf Risiken, die den Fortbestand eines Tochterunternehmens gefährden, braucht im Bestätigungsvermerk zum Konzernabschluss des Mutterunternehmens nicht eingegangen zu werden, wenn das Tochterunternehmen für die Vermittlung eines den tatsächlichen Verhältnissen entsprechenden Bildes der Vermögens-, Finanz- und Ertragslage des Konzerns nur von untergeordneter Bedeutung ist.

(3) In einem uneingeschränkten Bestätigungsvermerk (Absatz 2 Satz 1 Nr. 1) hat der Abschlussprüfer zu erklären, dass die von ihm nach § 317 durchgeführte Prüfung zu keinen Einwendungen geführt hat und dass der von den gesetzlichen Vertretern der Gesellschaft aufgestellte Jahres- oder Konzernabschluss aufgrund der bei der Prüfung gewonnenen Erkenntnisse des Abschlussprüfers nach seiner Beurteilung den gesetzlichen Vorschriften entspricht und unter Beachtung der Grundsätze ordnungsmäßiger Buchführung oder sonstiger maßgeblicher Rechnungslegungsgrundsätze ein den tatsächlichen Verhältnissen entsprechendes Bild der Vermögens-, Finanz- und Ertragslage der Kapitalgesellschaft oder des Konzerns vermittelt. Der Abschlussprüfer kann zusätzlich einen Hinweis auf Umstände aufnehmen, auf die er in besonderer Weise aufmerksam macht, ohne den Bestätigungsvermerk einzuschränken.

(4) Sind Einwendungen zu erheben, so hat der Abschlussprüfer seine Erklärung nach Absatz 3 Satz 1 einzuschränken (Absatz 2 Satz 1 Nr. 2) oder zu versagen (Absatz 2 Satz 1 Nr. 3). Die Versagung ist in den Vermerk, der nicht mehr als Bestätigungsvermerk zu bezeichnen ist, aufzunehmen. Die Einschränkung oder Versagung ist zu begründen; Absatz 3 Satz 2 findet Anwendung. Ein eingeschränkter Bestätigungsvermerk darf nur erteilt werden, wenn der geprüfte Abschluss unter Beachtung der vom Abschlussprüfer vorgenommenen, in ihrer Tragweite erkennbaren Einschränkung ein den tatsächlichen Verhältnissen im Wesentlichen entsprechendes Bild der Vermögens-, Finanz- und Ertragslage vermittelt.

(5) Der Bestätigungsvermerk ist auch dann zu versagen, wenn der Abschlussprüfer nach Ausschöpfung aller angemessenen Möglichkeiten zur Klärung des Sachverhalts nicht in der Lage ist, ein Prüfungsurteil abzugeben (Absatz 2 Satz 1 Nr. 4). Absatz 4 Satz 2 und 3 gilt entsprechend.

(6) Die Beurteilung des Prüfungsergebnisses hat sich auch darauf zu erstrecken, ob der Lagebericht oder der Konzernlagebericht nach dem Urteil des Abschlussprüfers mit dem Jahresabschluss und gegebenenfalls mit dem Einzelabschluss nach § 325 Abs. 2a oder mit dem Konzernabschluss in Einklang steht, die gesetzlichen Vorschriften zur Aufstellung des Lage- oder Konzernlageberichts beachtet worden sind und der Lage- oder Konzernlagebericht insgesamt ein zutreffendes Bild von der Lage der Kapitalgesellschaft oder des Konzerns vermittelt. Dabei ist auch darauf einzugehen, ob die Chancen und Risiken der zukünftigen Entwicklung zutreffend dargestellt sind.

(6a) Wurden mehrere Prüfer oder Prüfungsgesellschaften gemeinsam zum Abschlussprüfer bestellt, soll die Beurteilung des Prüfungsergebnisses einheitlich erfolgen. Ist eine einheitliche Beurteilung ausnahmsweise nicht möglich, sind die Gründe hierfür darzulegen; die Beurteilung ist jeweils in einem gesonderten Absatz vorzunehmen. Die Sätze 1 und 2 gelten im Fall der gemeinsamen Bestellung von

1. Wirtschaftsprüfern oder Wirtschaftsprüfungsgesellschaften,
2. vereidigten Buchprüfern oder Buchprüfungsgesellschaften sowie
3. Prüfern oder Prüfungsgesellschaften nach den Nummern 1 und 2.

(7) Der Abschlussprüfer hat den Bestätigungsvermerk oder den Vermerk über seine Versagung unter Angabe des Ortes der Niederlassung des Abschlussprüfers und des Tages der Unterzeichnung zu unterzeichnen; im Fall des Absatzes 6a hat die Unterzeichnung durch alle bestellten Personen zu erfolgen. Der Bestätigungsvermerk oder der Vermerk über seine Versagung ist auch in den Prüfungsbericht aufzunehmen. Ist der Abschlussprüfer eine Wirtschaftsprüfungsgesellschaft, so hat die Unterzeichnung zumindest durch den Wirtschaftsprüfer zu erfolgen, welcher die Abschlussprüfung für die Prüfungsgesellschaft durchgeführt hat. Satz 3 ist auf Buchprüfungsgesellschaften entsprechend anzuwenden.

§ 323
Verantwortlichkeit des Abschlußprüfers

(1) Der Abschlußprüfer, seine Gehilfen und die bei der Prüfung mitwirkenden gesetzlichen Vertreter einer Prüfungsgesellschaft sind zur gewissenhaften und unparteiischen Prüfung und zur Verschwiegenheit verpflichtet; gesetzliche Mitteilungspflichten bleiben unberührt. Sie dürfen nicht unbefugt Geschäfts- und Betriebsgeheimnisse verwerten, die sie bei ihrer Tätigkeit erfahren haben. Wer vorsätzlich oder fahrlässig seine Pflichten verletzt, ist der Kapitalgesellschaft und, wenn ein verbundenes Unternehmen geschädigt worden ist, auch diesem zum Ersatz des daraus entstehenden Schadens verpflichtet. Mehrere Personen haften als Gesamtschuldner.

(2) Die Ersatzpflicht der in Absatz 1 Satz 1 genannten Personen für eine Prüfung ist vorbehaltlich der Sätze 2 bis 4 wie folgt beschränkt:

1. bei Kapitalgesellschaften, die ein Unternehmen von öffentlichem Interesse nach § 316a Satz 2 Nummer 1 sind: auf sechzehn Millionen Euro;
2. bei Kapitalgesellschaften, die ein Unternehmen von öffentlichem Interesse nach § 316a Satz 2 Nummer 2 oder 3, aber nicht nach § 316a Satz 2 Nummer 1 sind: auf vier Millionen Euro;
3. bei Kapitalgesellschaften, die nicht in den Nummern 1 und 2 genannt sind: auf eine Million fünfhunderttausend Euro.

Dies gilt nicht für Personen, die vorsätzlich gehandelt haben, und für den Abschlussprüfer einer Kapitalgesellschaft nach Satz 1 Nummer 1, der grob fahrlässig gehandelt hat. Die Ersatzpflicht des Abschlussprüfers einer Kapitalgesellschaft nach Satz 1 Nummer 2, der grob fahrlässig gehandelt hat, ist abweichend von Satz 1 Nummer 2 auf zweiunddreißig Millionen Euro für eine Prüfung beschränkt. Die Ersatzpflicht des Abschlussprüfers einer Kapitalgesellschaft nach Satz 1 Nummer 3, der grob fahrlässig gehandelt hat, ist abweichend von Satz 1 Nummer 3 auf zwölf Millionen Euro für eine Prüfung beschränkt. Die Haftungshöchstgrenzen nach den Sätzen 1, 3 und 4 gelten auch, wenn an der Prüfung mehrere Personen beteiligt gewesen oder mehrere zum Ersatz verpflichtende Handlungen begangen worden sind, und ohne Rücksicht darauf, ob andere Beteiligte vorsätzlich oder grob fahrlässig gehandelt haben.

(3) Die Verpflichtung zur Verschwiegenheit besteht, wenn eine Prüfungsgesellschaft Abschlußprüfer ist, auch gegenüber dem Aufsichtsrat und den Mitgliedern des Aufsichtsrats der Prüfungsgesellschaft.

(4) Die Ersatzpflicht nach diesen Vorschriften kann durch Vertrag weder ausgeschlossen noch beschränkt werden.

(5) Die Mitteilung nach Artikel 7 Unterabsatz 2 der Verordnung (EU) Nr. 537/2014 ist an die Bundesanstalt für Finanzdienstleistungsaufsicht zu richten, bei dem Verdacht einer Straftat oder Ordnungswidrigkeit auch an die für die Verfolgung jeweils zuständige Behörde.

§ 324
Prüfungsausschuss

(1) Kapitalgesellschaften, die Unternehmen von öffentlichem Interesse (§ 316a Satz 2) sind und keinen Aufsichts- oder Verwaltungsrat haben, der die Voraussetzungen des § 100 Absatz 5 des Aktiengesetzes erfüllen muss, sind verpflichtet, einen Prüfungsausschuss nach Absatz 2 einzurichten, der sich insbesondere mit den in § 107 Absatz 3 Satz 2 und 3 des Aktiengesetzes beschriebenen Aufgaben befasst. Dies gilt nicht für Kapitalgesellschaften im Sinne des Satzes 1,

1. deren ausschließlicher Zweck in der Ausgabe von Wertpapieren im Sinne des § 2 Absatz 1 des Wertpapierhandelsgesetzes besteht, die durch Vermögensgegenstände besichert sind;
2. die Kreditinstitute im Sinne des § 340 Absatz 1 sind und einen organisierten Markt im Sinne des § 2 Absatz 11 des Wertpapierhandelsgesetzes nur durch die Ausgabe von Schuldtiteln im Sinne des § 2 Absatz 1 Nummer 3 Buchstabe a des Wertpapierhandelsgesetzes in Anspruch nehmen, wenn deren Nominalwert 100 Millionen Euro nicht übersteigt und keine Verpflichtung zur Veröffentlichung eines Prospekts nach der Verordnung (EU) 2017/1129 des Europäischen Parlaments und des Rates vom 14. Juni 2017 über den Prospekt, der beim öffentlichen Angebot von Wertpapieren oder bei deren Zulassung zum Handel an einem geregelten Markt zu veröffentlichen ist und zur Aufhebung der Richtlinie 2003/71/EG (ABl. L 168 vom 30.6.2017, S. 12), die zuletzt durch die Verordnung (EU) 2019/2146 (ABl. L 325 vom 16.12.2019, S. 43) geändert worden ist, besteht;
3. die Investmentvermögen im Sinne des § 1 Absatz 1 des Kapitalanlagegesetzbuchs sind.

Im Fall des Satzes 2 Nummer 1 ist im Anhang darzulegen, weshalb ein Prüfungsausschuss nicht eingerichtet wird.

(2) Die Mitglieder des Prüfungsausschusses sind von den Gesellschaftern zu wählen. Die Mehrheit der Mitglieder, darunter der Vorsitzende, muss unabhängig sein; im Übrigen ist § 100 Absatz 5 des Aktiengesetzes entsprechend anzuwenden. Der Vorsitzende des Prüfungsausschusses darf nicht mit der Geschäftsführung betraut sein. § 107 Absatz 3 Satz 8, § 124 Abs. 3 Satz 2 und § 171 Abs. 1 Satz 2 und 3 des Aktiengesetzes sind entsprechend anzuwenden. Der Prüfungsausschuss hat den Gesellschaftern einen Vorschlag für die Wahl des Abschlussprüfers zu machen, wenn die Kapitalgesellschaft keinen Aufsichts- oder Verwaltungsrat hat oder wenn der Aufsichts- oder Verwaltungsrat für den Vorschlag nicht zuständig ist.

(3) Die Abschlussprüferaufsichtsstelle beim Bundesamt für Wirtschaft und Ausfuhrkontrolle kann zur Erfüllung ihrer Aufgaben gemäß Artikel 27 Absatz 1 Buchstabe c der Verordnung (EU) Nr. 537/2014 von einer Kapitalgesellschaft, die ein Unternehmen von öffentlichem Interesse (§ 316a Satz 2) ist, eine Darstellung und Erläuterung des Ergebnisses sowie der Durchführung der Tätigkeit seines Prüfungsausschusses verlangen. Die Abschlussprüferaufsichtsstelle soll zunächst auf Informationen aus öffentlich zugänglichen Quellen zurückgreifen.

2.8 StabG (Auszug)

Gesetz zur Förderung der Stabilität und des Wachstums der Wirtschaft (StabG)

vom 8. Juni 1967 (BGBl. I S. 582),
zuletzt geändert durch Verordnung vom 31. August 2015 (BGBl. I S. 1474)

– Auszug –

§ 1

Bund und Länder haben bei ihren wirtschafts- und finanzpolitischen Maßnahmen die Erfordernisse des gesamtwirtschaftlichen Gleichgewichts zu beachten. Die Maßnahmen sind so zu treffen, daß sie im Rahmen der marktwirtschaftlichen Ordnung gleichzeitig zur Stabilität des Preisniveaus, zu einem hohen Beschäftigungsstand und außenwirtschaftlichem Gleichgewicht bei stetigem und angemessenem Wirtschaftswachstum beitragen.

§ 16

(1) Gemeinden und Gemeindeverbände haben bei ihrer Haushaltswirtschaft den Zielen des § 1 Rechnung zu tragen.

(2) Die Länder haben durch geeignete Maßnahme darauf hinzuwirken, daß die Haushaltswirtschaft der Gemeinden und Gemeindeverbände den konjunkturpolitischen Erfordernissen entspricht.

2.9 Orientierungsdaten 2023–2026

Orientierungsdaten 2023–2026 für die mittelfristige Ergebnis- und Finanzplanung der Gemeinden und Gemeindeverbände des Landes Nordrhein-Westfalen

Runderlass des Ministeriums für Heimat, Kommunales, Bau und Digitalisierung 304-46.05.01-264/22 vom 22. November 2022 (MBl. NRW. S. 980)

Nachfolgend gebe ich gemäß § 6 der Kommunalhaushaltsverordnung (KomHVO NRW) in Verbindung mit § 84 der Gemeindeordnung für das Land Nordrhein-Westfalen (GO NRW) im Einvernehmen mit dem Ministerium der Finanzen die Orientierungsdaten 2023 bis 2026 für die mittelfristige Ergebnis- und Finanzplanung der Gemeinden und Gemeindeverbände des Landes Nordrhein-Westfalen bekannt.

I. Allgemeine Erläuterungen

1. Grundlagen der Orientierungsdaten 2023-2026

Die Orientierungsdaten stützen sich im Wesentlichen auf die Ergebnisse des Arbeitskreises „Steuerschätzungen" vom Oktober 2022. Zudem berücksichtigen sie die Entwicklungen des Landeshaushaltes und des kommunalen Finanzausgleichs. In den unter II 1. dargestellten Änderungsraten der kommunalen Einnahmen aus Steuern und Zuweisungen sind zudem bereits noch zu erwartende Steuerrechtsänderungen wie zum Beispiel das Jahressteuergesetz 2022 und das Inflationsausgleichsgesetz auf Basis des aktuellen Gesetzgebungsverfahrens berücksichtigt. Aufgrund der bestehenden gesamtwirtschaftlichen und sicherheitspolitischen Risiken empfiehlt sich gleichwohl eine vorsichtige Haushaltsplanung.Da der Arbeitskreis „Steuerschätzungen" nur die tatsächlichen Zuflüsse für das jeweilige Haushaltsjahr betrachtet, sind seine Ergebnisse vom Oktober 2022 an den Einnahmen ausgerichtet. Die Orientierungsdaten zu den Steuern und Abgaben sind deshalb Einzahlungsgrößen. Eine periodengerechte Zuordnung erfolgt nicht und kann nur von den Kommunen individuell mit Rücksicht auf die jeweilige örtliche Situation vorgenommen werden.

2. Gewerbesteuerumlage

Die Entwicklung der einzelnen Komponenten des Vervielfältigers der Gewerbesteuerumlage wird in der nachfolgenden Tabelle angegeben. Im Zeitraum bis 2026 wird es nach geltender Rechtslage keine Veränderungen geben.

Jahr	**Vervielfältiger § 6 Abs. 3. GemFinRefG**		**Gesamt-Vervielfältiger**
	Bund	Länder	
2022	14,5	20,5	35
2023	14,5	20,5	35
2024	14,5	20,5	35
2025	14,5	20,5	35
2026	14,5	20,5	35

3. Wirkung der Orientierungsdaten – Berücksichtigung örtlicher Besonderheiten

Gemäß § 16 Absatz 1 Stabilitäts- und Wachstumsgesetz sowie § 75 Absatz 1 und 84 GO NRW sollen sich die Gemeinden und Gemeindeverbände bei der Aufstellung des Haushaltes 2023 und bei der mittelfristigen Ergebnis- und Finanzplanung für die Jahre 2024 bis 2026 an den unter II.1 aufgeführten Daten zu Einzahlungen und Erträgen ausrichten.
Die Orientierungsdaten liefern allerdings nur Durchschnittswerte für die Gemeinden und Gemeindeverbände und sind deshalb lediglich Anhaltspunkte für die individuelle Finanzplanung. Jede Kommune ist verpflichtet, unter Berücksichtigung der örtlichen Besonderheiten die für ihre Planung zutreffenden Einzelwerte zu ermitteln. Es ist von den Orientierungsdaten abzuweichen, wenn die individuellen Gegebenheiten vor Ort dies erfordern.
Aufgrund der aktuellen gesamtwirtschaftlichen Risiken sollten die Kommunen ihrer Haushaltsplanung eine eher vorsichtige Prognose zugrunde legen.

4. Empfehlungen für die mittelfristige Ergebnis- und Finanzplanung

Im Interesse der kommutnalen Selbstverwaltung muss es oberstes Ziel sein, den Haushaltsausgleich zu erreichen oder zumindest ein genehmigungsfähiges Haushaltssicherungskonzept bzw. einen genehmigungsfähigen Haushaltssanierungsplan nach dem Stärkungspaktgesetz aufzustellen. Für Kommunen, die ein Haushaltssicherungskonzept aufzustellen haben, besteht die Pflicht, den Haushalt zum nächstmöglichen Zeitpunkt wieder auszugleichen (§ 76 Absatz 1 GO NRW).

II. Orientierungsdaten und Erläuterungen

1. Orientierungsdaten 2023-2026 für die mittelfristige Ergebnis- und Finanzplanung der Gemeinden und Gemeindeverbände des Landes Nordrhein-Westfalen

	Absolut	**Orientierungsdaten**			
	2022	**2023**	**2024**	**2025**	**2026**
	in Mio. €	**in %**			
Einzahlungen / Erträge					
Summe der Einzahlungen aus Steuern (brutto)	29.818	+4,1	+4,3	+5,8	+4,0
davon:					
Gemeindeanteil an der Einkommensteuer	9.459	+5,5	+4,4	+6,4	+5,0
Gemeindeanteil an der Umsatzsteuer	1.894	+1,6	+5,1	+3,2	+2,0
Gewerbesteuer (brutto)	14.470	+4,2	+4,9	+6,9	+4,3
Grundsteuer A und B	3.995	+1,1	+1,1	+1,1	+1,0
Kompensation Familienleistungsausgleich (Erträge)	911	+15,3	-3,1	+6,3	+2,6
Zuweisungen des Landes im Rahmen des Steuerverbundes (Erträge)	14.042	+8,3	+1,8	+4,5	+4,7
davon:					
Schlüsselzuweisungen an Gemeinden, Kreise und Landschaftsverbände	11.816	+8,3	+1,8	+4,5	+4,7

2. Erläuterungen

Steuern und ähnliche Abgaben

Die Entwicklung der Steuern und steuerähnlichen Abgaben ist aktuell stark durch die Energiekrise, die über Preissteigerungen bei der Prozessenergie für Gas und Strom in allen Lebensbereichen zu einer überbordenden Inflation geführt hat, die sich als persistent erwiesen hat und zumindest im Jahr 2023 noch gegenwärtig sein wird, geprägt. Somit werden sich einerseits die Umsatzsteuern in den nächsten Jahren stabil entwickeln, da sich trotz abzeichnenden Umsatzrückgangs die Bemessungsgrundlagen aufgrund des hohen Preisauftriebes ausweiten werden. Bei der Lohnsteuer wird eine überproportional aufwärts gerichtete Entwicklung zu verzeichnen sein, da die Arbeitsgeber – trotz angespanntem Umfeld – an ihrem Personal festhalten werden, um nach Überwindung der krisenhaften Ausprägungen kraftvoll durchstarten zu können. Bei den gewinnabhängigen Steuern wie der veranlagten Einkommensteuer und der Körperschaftsteuer wird es hingegen zu einer eher verhaltenen Entwicklung kommen, da die Gewinne durch Produktionseinschränkungen, Lieferengpässen und Kostensteigerungen zunächst unter Druck geraten. Dennoch wird sich nach den Prognosen der Steuerschätzer das Gewerbesteueraufkommen solide entwickeln. Ab dem Jahr 2024 dürfte es dann zu einer weitgehenden Normalisierung mit der Rückkehr zu den langjährigen durchschnittlichen Wachstumsraten kommen.

Aufwendungen allgemein

Aufgrund von Corona-Pandemie sowie hoher Inflation und der hiermit verbundenen außergewöhnlichen Umstände für die kommunale Aufgabenwahrnehmung, wird in diesem Jahr erneut darauf verzichtet, den Kommunen Orientierungs- bzw. Zielwerte für die Aufwendungen vorzugeben.

Gleichwohl wird weiterhin auf die Notwendigkeit einer ressourcenschonenden kommunalen Finanzwirtschaft hingewiesen. Dies gilt insbesondere für haushaltssicherungspflichtige Kommunen, die angesichts der ökonomischen Herausforderungen unter einem anhaltend hohen Konsolidierungsdruck stehen. Um den Haushalt dauerhaft aus eigener Kraft ausgleichen zu können, ist es erforderlich, bei den Aufwendungen nur geringe Zuwachsraten zuzulassen. Dies gilt insbesondere auch für die Personal- und Sachaufwendungen der Kommunen.

2.10 Kommunale Vergabegrundsätze

Vergabegrundsätze für Gemeinden nach § 26 der Kommunalhaushaltsverordnung Nordrhein-Westfalen (Kommunale Vergabegrundsätze)

Runderlass des Ministeriums für Heimat, Kommunales, Bau und Gleichstellung
304-48.07.01/01-169/18 vom 28. August 2018 (MBl. NRW. S. 497),
zuletzt geändert durch Runderlass vom 6. Dezember 2022 (MBl. NRW. S. 1029)

Gemäß § 26 Absatz 2 der Kommunalhaushaltsverordnung Nordrhein-Westfalen vom 12. Dezember 2018 (GV. NRW. S. 708) die zuletzt durch Verordnung vom 9. Dezember 2021 (GV. NRW. S. 1442) geändert worden ist, werden die nachfolgenden Grundsätze festgelegt, die von den Gemeinden bei der Vergabe von Aufträgen unterhalb der durch die Europäische Union vorgegebenen Schwellenwerte anzuwenden sind:

1 Geltungsbereich

1.1
Öffentliche Auftraggeber, die diese Vergabegrundsätze anzuwenden haben, sind Gemeinden und Gemeindeverbände sowie deren Einrichtungen nach § 107 Absatz 2 der Gemeindeordnung für das Land Nordrhein-Westfalen in der Fassung der Bekanntmachung vom 14. Juli 1994 (GV. NRW. S. 666), die zuletzt durch Artikel 1 des Gesetzes vom 13. April 2022 (GV. NRW. S. 490) geändert worden ist, die wie Eigenbetriebe geführt werden (eigenbetriebsähnliche Einrichtungen).

1.2
Keine Anwendung finden diese Vergabegrundsätze auf:
a) Eigenbetriebe,
b) kommunal beherrschte Unternehmen,
c) Einrichtungen in einer Rechtsform des privaten Rechts und
d) Zweckverbände, deren Hauptzweck der Betrieb eines wirtschaftlichen Unternehmens ist.

Für Anstalten des öffentlichen Rechts im Sinne des § 114a der Gemeindeordnung für das Land Nordrhein-Westfalen (Kommunalunternehmen) und gemeinsame Kommunalunternehmen gemäß § 27 des Gesetzes über kommunale Gemeinschaftsarbeit in der Fassung der Bekanntmachung vom 1. Oktober 1979 (GV. NRW. S. 621), das zuletzt durch Artikel 9 des Gesetzes vom 23. Januar 2018 (GV. NRW. S. 90) geändert worden ist, gilt hinsichtlich der Vergabegrundsätze die Regelung des § 8 der Kommunalunternehmensverordnung vom 24. Oktober 2001 (GV. NRW. S. 773), die zuletzt durch Verordnung vom 19. September 2014 (GV. NRW. S. 616) geändert worden ist.

1.3
Die Vergabegrundsätze gelten ausschließlich bei öffentlichen Aufträgen, deren geschätzte Auftragswerte die gemäß § 106 des Gesetzes gegen Wettbewerbsbeschränkungen in der Fassung der Bekanntmachung vom 26. Juni 2013 (BGBl. I S. 1750, 3245), das zuletzt durch Artikel 2 des Gesetzes vom 19. Juli 2022 (BGBl. I S. 1214) geändert worden ist, festgelegten Schwellenwerte (EU-Schwellenwerte) ohne Umsatzsteuer nicht erreichen. Zur Bestimmung des geschätzten

Auftragswertes wird auf § 3 der Vergabeverordnung vom 12. April 2016 (BGBl. I S. 624), die zuletzt durch Artikel 2 des Gesetzes vom 9. Juni 2021 (BGBl. I S. 1691) geändert worden ist, verwiesen.

1.4
Förderrechtliche Bestimmungen im Einzelfall bleiben unberührt. Dies gilt insbesondere für EU-kofinanzierte Projekte.

2 Bundes- und landesgesetzliche Vorschriften

2.1
Bei der Vergabe öffentlicher Aufträge gelten die Regelungen der §§ 97 bis 184 des Gesetzes gegen Wettbewerbsbeschränkungen, sofern im Einzelfall die gemäß § 106 des Gesetzes gegen Wettbewerbsbeschränkungen geltenden EU-Schwellenwerte ohne Umsatzsteuer erreicht oder überstiegen werden.

2.2
Öffentliche Auftraggeber im Land Nordrhein-Westfalen im Sinne von § 99 des Gesetzes gegen Wettbewerbsbeschränkungen unterliegen den Bestimmungen des Tariftreue- und Vergabegesetzes Nordrhein-Westfalen vom 22. März 2018 (GV. NRW. S. 172).

3 Allgemeine Vergabeprinzipien

3.1
Auch unterhalb der EU-Schwellenwerte sind die europarechtlichen Grundprinzipien der Gleichbehandlung, Nichtdiskriminierung und Transparenz zu beachten. Die Auftragsvergabe muss im Einklang mit den Vorschriften und Grundsätzen des Vertrages über die Arbeitsweise der Europäischen Union erfolgen.

Wenn für den Auftrag ein eindeutiges grenzüberschreitendes Interesse im Sinne einer Binnenmarktrelevanz besteht, ist eine angemessene Veröffentlichung der Auftragsvergabe sowie der gleichberechtigte Zugang für Wirtschaftsteilnehmer aus allen Mitgliedstaaten sicherzustellen.

3.2
Mittelständische Interessen sind vornehmlich zu berücksichtigen. Kleinere und mittlere Unternehmen sind angemessen bei der Angebotsaufforderung einzubeziehen. Auf einen Wechsel der Bieter bei den nicht förmlichen Verfahren ist zu achten.

3.3
Der Gemeinsame Runderlass des Ministeriums für Wirtschaft, Innovation, Digitalisierung und Energie, des Ministeriums des Innern, des Ministeriums der Finanzen und des Ministeriums für Heimat, Kommunales, Bau und Gleichstellung „Präqualifikationsrichtlinie“ vom 28. August 2018 (MBl. NRW. S. 504) in der jeweils geltenden Fassung wird den Kommunen zur Anwendung empfohlen.

Der Nachweis der Eignung für Bauleistungen kann mit der Eintragung in die Liste des Vereins für die Präqualifikation von Bauunternehmen e.V. (Präqualifikationsverzeichnis) erfolgen. Unternehmen, die entsprechend § 6b der Vergabe- und Vertragsordnung für Bauleistungen Teil A in der Fassung der Bekanntmachung vom 31. Januar 2019 (BAnz AT 19.02.2019 B2) registriert sind, gelten hinsichtlich der erfassten Kriterien als geeignet. Dies gilt auch für Verfahren nach den §§ 8 bis 48 der Unterschwellenvergabeordnung vom 2. Februar 2017 (BAnz AT 07.02.2017 B1).

Bei Lieferungen und Dienstleistungen gilt die Eintragung eines Unternehmens in das amtliche Verzeichnis präqualifizierter Unternehmen zum grundsätzlichen Nachweis der Eignung des Bewerbers oder Bieters und zum Nichtvorliegen von Ausschlussgründen unabhängig von einem konkreten Einzelauftrag. Das nach Eintragung ins amtliche Verzeichnis erstellte Zertifikat ist als

Eignungsnachweis anzuerkennen. Unternehmen, die im amtlichen Verzeichnis präqualifizierter Unternehmen registriert sind, gelten hinsichtlich der erfassten Kriterien auch in Bauverfahren als geeignet.

3.4
Der Gemeinsame Runderlass des Ministeriums für Wirtschaft, Innovation, Digitalisierung und Energie, des Ministeriums für Arbeit, Gesundheit und Soziales, des Ministeriums für Heimat, Kommunales, Bau und Gleichstellung und des Ministeriums der Finanzen „Berücksichtigung von Werkstätten für behinderte Menschen und von Inklusionsbetrieben bei der Vergabe öffentlicher Aufträge“ vom 29. Dezember 2017 (MBl. NRW. 2018 S. 22) in der jeweils geltenden Fassung wird den Kommunen zur Anwendung empfohlen.

3.5
Der Gemeinsame Runderlass des Ministeriums für Wirtschaft, Innovation, Digitalisierung und Energie und des Ministeriums des Innern „Anwendung einer Schutzklausel zur Abwehr von Einflüssen der Scientology-Organisation und deren Unternehmen bei der Vergabe von öffentlichen Aufträgen über Beratungs- und Schulungsleistungen“ vom 28. August 2018 (MBl. NRW. S. 504) in der jeweils geltenden Fassung wird den Kommunen zur Anwendung empfohlen.

4 Vergabe von Bauleistungen

4.1
Bei Aufträgen über Bauleistungen unterhalb des EU-Schwellenwertes sollen folgende Teile der Vergabe- und Vertragsordnung für Bauleistungen angewendet werden:

a) Teil A: Allgemeine Bestimmungen für die Vergabe von Bauleistungen (Abschnitt 1) in der jeweils geltenden Fassung,
b) Teil B: Allgemeine Vertragsbedingungen für die Ausführung von Bauleistungen in der jeweils geltenden Fassung und
c) Teil C: Allgemeine Technische Vertragsbedingungen (ATV) in der jeweils geltenden Fassung.

Die VOB/A gilt im Wesentlichen für Verträge über die Ausführung oder die gleichzeitige Planung und Ausführung

a) eines Bauvorhabens oder eines Bauwerks für den öffentlichen Auftraggeber, das Ergebnis von Tief- oder Hochbauarbeiten ist und eine wirtschaftliche oder technische Funktion erfüllen soll, oder
b) einer dem öffentlichen Auftraggeber unmittelbar wirtschaftlich zugutekommenden Bauleistung, die Dritte gemäß den vom Auftraggeber genannten Erfordernissen erbringen, wobei der Auftraggeber einen entscheidenden Einfluss auf Art und Planung der Bauleistung hat.

Auf § 103 Absatz 3 Satz 1 Nummer 1 des Gesetzes gegen Wettbewerbsbeschränkungen wird ergänzend hingewiesen.

4.2
Abweichend von § 3a Absatz 4 der Vergabe- und Vertragsordnung für Bauleistungen Teil A (Abschnitt 1) können Bauleistungen bis zu einem voraussichtlichen Auftragswert von 25 000 Euro ohne Umsatzsteuer unter Berücksichtigung der Haushaltsgrundsätze der Wirtschaftlichkeit und Sparsamkeit ohne die Durchführung eines Vergabeverfahrens beschafft werden (Direktauftrag). Der Auftraggeber soll zwischen den beauftragten Unternehmen wechseln.

5 Vergabe von Liefer- und Dienstleistungen

5.1
Bei Aufträgen über Liefer- und Dienstleistungen unterhalb der EU-Schwellenwerte soll die Unterschwellenvergabeordnung in der jeweils geltenden Fassung angewendet werden.

5.2
Abweichend von § 14 der Unterschwellenvergabeordnung können Liefer- und Dienstleistungen bis zu einem voraussichtlichen Auftragswert von 25 000 Euro ohne Umsatzsteuer unter Berücksichtigung der Haushaltsgrundsätze der Wirtschaftlichkeit und Sparsamkeit ohne die Durchführung eines Vergabeverfahrens beschafft werden (Direktauftrag). Der Auftraggeber soll zwischen den beauftragten Unternehmen wechseln.

6 Wahl der Vergabeart

§ 26 Absatz 1 der Kommunalhaushaltsverordnung Nordrhein-Westfalen benennt die Verfahrensarten für die Vergabe öffentlicher Aufträge. Unter Berücksichtigung der Bedürfnisse der kommunalen Praxis halte ich nachfolgende, vereinfachte Möglichkeit zur Wahl der Vergabeart für vertretbar. Die allgemeinen Vergabeprinzipien nach Nummer 3, die Grundsätze der Wirtschaftlichkeit und Sparsamkeit sowie des Tariftreue- und Vergabegesetzes Nordrhein-Westfallen bleiben dabei unberührt.

6.1
Bei Aufträgen über Liefer- und Dienstleistungen kann der öffentliche Auftraggeber bis zu einem vorab geschätzten Auftragswert in Höhe von 100 000 Euro ohne Umsatzsteuer wahlweise eine Verhandlungsvergabe oder eine Beschränkte Ausschreibung (jeweils auch ohne Teilnahmewettbewerb) durchführen.

6.2
Bei Aufträgen über soziale und andere besondere Dienstleistungen im Sinne von § 130 Absatz 1 des Gesetzes gegen Wettbewerbsbeschränkungen steht dem Auftraggeber bis zu einem vorab geschätzten Auftragswert in Höhe von 250 000 Euro ohne Umsatzsteuer abweichend von § 49 der Unterschwellenvergabeordnung neben der Öffentlichen Ausschreibung und der Beschränkten Ausschreibung mit Teilnahmewettbewerb stets auch die Beschränkten Ausschreibung ohne Teilnahmewettbewerb und die Verhandlungsvergabe mit und ohne Teilnahmewettbewerb nach seiner Wahl zur Verfügung.

6.3
Abweichend von § 3a Absatz 2 Nummer 1 und Absatz 3 Satz 2 der Vergabe- und Vertragsordnungen für Bauleistungen Teil A (Abschnitt 1) gelten bei Bauleistungen die nachfolgenden Wertgrenzen.

a) Eine beschränkte Ausschreibung ohne Teilnahmewettbewerb ist zulässig
   1. für jedes Gewerk bis zu einem vorab geschätzten Einzelauftragswert in Höhe von 1 000 000 Euro ohne Umsatzsteuer oder
   2. bis zu einem vorab geschätzten Gesamtauftragswert in Höhe von 2 000 000 Euro ohne Umsatzsteuer.
b) Eine freihändige Vergabe ist zulässig
   1. für jedes Gewerk bis zu einem vorab geschätzten Einzelauftragswert in Höhe von 100 000 Euro ohne Umsatzsteuer oder
   2. bis zu einem vorab geschätzten Gesamtauftragswert in Höhe von 200 000 Euro ohne Umsatzsteuer.

Die Informationspflicht bei beabsichtigten Beschränkten Ausschreibungen ab einem voraussichtlichen Auftragswert von 25 000 Euro ohne Umsatzsteuer nach § 20 Absatz 4 der Vergabe- und Vertragsordnung für Bauleistungen Teil A (Abschnitt 1) bleibt unberührt.

6.4
Die übrigen Ausnahmetatbestände für eine beschränkte Ausschreibung ohne Teilnahmewettbewerb oder einer Verhandlungsvergabe beziehungsweise freihändigen Vergabe (mit und ohne

Teilnahmewettbewerb) im Sinne von § 3a der Vergabe- und Vertragsordnung für Bauleistungen Teil A (Abschnitt 1) sowie § 8 Absatz 3 und § 8 Absatz 4 in Verbindung mit § 12 Absatz 3 der Unterschwellenvergabeordnung bleiben dabei unberührt.

7 Elektronische Vergabe

Bei Aufträgen über Liefer- und Dienstleistungen sowie bei Aufträgen über Bauleistungen können Vergabeverfahren bis zu einem vorab geschätzten Auftragswert in Höhe von 25 000 Euro ohne Umsatzsteuer mittels E-Mail abgewickelt werden. In diesen Fällen kommen § 7 Absatz 4, §§ 39 und 40 der Unterschwellenvergabeordnung und §§ 11a und 14 der Vergabe- und Vertragsordnung für Bauleistungen Teil A nicht zur Anwendung.

8 Freiberufliche Leistungen

8.1

Für Aufträge über Leistungen, die im Rahmen einer freiberuflichen Tätigkeit erbracht oder im Wettbewerb mit freiberuflichen Tätigkeiten angeboten werden, gilt § 50 der Unterschwellenvergabeordnung. Diese Leistungen sind grundsätzlich im Wettbewerb zu vergeben. Die allgemeinen Vergabeprinzipien nach Nummer 3 sowie die Grundsätze der Wirtschaftlichkeit und Sparsamkeit sind hierbei zu beachten.

8.2

Aufträge über freiberufliche Leistungen im Sinne von Nummer 8.1 bis zu einem vorab geschätzten Auftragswert in Höhe von 25 000 Euro (einschließlich Nebenkosten, ohne Umsatzsteuer) können unter Beachtung der Grundsätze der Wirtschaftlichkeit und Sparsamkeit direkt an einen geeigneten Bewerber vergeben werden (Direktauftrag).

8.3

Unter Berücksichtigung der Bedürfnisse der kommunalen Praxis ist ein ausreichender Wettbewerb bei Aufträgen über freiberufliche Leistungen mit einem vorab geschätzten Auftragswert größer als 25 000 Euro (einschließlich Nebenkosten, ohne Umsatzsteuer) unter Beachtung der nachfolgenden Voraussetzungen gewährleistet.

a) Aufträge für Architekten und Ingenieure sind im Leistungswettbewerb zu vergeben. Sie können unter Beachtung der Grundsätze der Wirtschaftlichkeit und Sparsamkeit bis zu einem vorab geschätzten Auftragswert in Höhe von 150 000 Euro (einschließlich Nebenkosten, ohne Umsatzsteuer) nach Verhandlung mit nur einem geeigneten Bewerber vergeben werden. Voraussetzung ist, dass der Aufforderung dieses Bewerbers zur Angebotsabgabe eine Abfrage über die Eignung im Sinne des § 122 des Gesetzes gegen Wettbewerbsbeschränkungen bei mindestens drei möglichen Bewerbern vorausgegangen ist. Der Bewerber, mit dem verhandelt werden soll, muss nach sachgerechten Kriterien ausgewählt werden. Die für die Auswahl maßgeblichen Erwägungen sind zu dokumentieren. Bei der Ermittlung des voraussichtlichen Auftragswerts ist die ortsübliche Vergütung zugrunde zu legen. Die Eignungskriterien sind bei geeigneter Aufgabenstellung so zu wählen, dass kleinere Büroorganisationen und Berufsanfänger sich beteiligen können.
b) In den übrigen Fällen werden mindestens drei Bewerber aufgefordert ein Angebot in Textform abzugeben, wobei entsprechend einer Verhandlungsvergabe ohne Teilnahmewettbewerb gemäß § 12 der Unterschwellenvergabeordnung verfahren werden kann.

Die vorgenannten Verfahren sind zu dokumentieren. Der Bewerberkreis ist regional zu streuen und regelmäßig zu wechseln.

8.4

Planungswettbewerbe können auf den Gebieten der Raumplanung, des Städtebaus und des Bauwesens durchgeführt werden. Hierfür wird der gemeinsame Runderlass des Ministeriums für Bauen, Wohnen, Stadtentwicklung und Verkehr und des Finanzministeriums „Richtlinie für

Planungswettbewerbe“ vom 15. Mai 2014 (MBl. NRW. S. 311), der am 31. Dezember 2019 außer Kraft getreten ist, zur Anwendung empfohlen.

9 Korruptionsverhütung und Wettbewerbsregister

9.1

Bei öffentlichen Aufträgen sind die Vorschriften des Korruptionsbekämpfungsgesetzes vom 16. Dezember 2004 (GV. NRW. 2005 S. 8), das zuletzt durch Artikel 2 des Gesetzes vom 14. September 2021 (GV. NRW. S. 1072) geändert worden ist, zu beachten. Zur Vermeidung von Manipulationen sind entsprechende organisatorische Maßnahmen zu treffen.

9.2

Bei öffentlichen Aufträgen sind die Vorschriften des Wettbewerbsregistergesetzes vom 18. Juli 2017 (BGBl. I S. 2739), das zuletzt durch Artikel 78 des Gesetzes vom 10. August 2021 (BGBl. I S. 3436) geändert worden ist, zu beachten.

10 Inkrafttreten, Außerkrafttreten

Der Runderlass des Ministeriums für Inneres und Kommunales „Kommunale Vergabegrundsätze“ vom 6. Dezember 2012 (MBl. NRW. S. 725), der durch Runderlass vom 25. November 2013 (MBl. NRW. S. 552) geändert worden ist, wird aufgehoben.

Dieser Runderlass tritt am 15. September 2018 in Kraft und am 31. Dezember 2023 außer Kraft.

2.11 Krediterlass

Kredite und kreditähnliche Rechtsgeschäfte der Gemeinden und Gemeindeverbände

Runderlass des Ministeriums für Inneres und Kommunales 34-48.05.01/02 – 8/14 vom 16. Dezember 2014 (MBl. NRW. S. 866), zuletzt geändert durch Runderlass vom 24. November 2021 (MBl. NRW. S. 1043)

1. Vorbemerkung und Geltungsbereich

Die Kreditaufnahme sowie der Abschluss kreditähnlicher Rechtsgeschäfte der Gemeinden unterliegen den Bestimmungen des § 86 der Gemeindeordnung Nordrhein-Westfalen (GO NRW) in der Fassung der Bekanntmachung vom 14.7.1994 (GV. NRW. S. 666), die zuletzt durch Artikel 5 des Gesetzes vom 11. April 2019 (GV. NRW. S. 202) geändert worden ist. Die Aufnahme von Krediten für Investitionen und der Abschluss kreditähnlicher Rechtsgeschäfte müssen sich nach der wirtschaftlichen Leistungskraft der Gemeinde richten. Um die stetige Aufgabenerfüllung und eine nachhaltig geordnete Haushaltswirtschaft sicherzustellen, ist die Vereinbarkeit der Rechtsgeschäfte mit der wirtschaftlichen Leistungskraft besonders sorgfältig zu prüfen.

Die Kredite für Investitionen werden haushaltsrechtlich von den Krediten zur Liquiditätssicherung (vgl. § 89 GO NRW) unterschieden. Sowohl die Kredite für Investitionen als auch die Kredite zur Liquiditätssicherung können in unterschiedlichen Formen, auch Form von Anleihen oder Schuldscheindarlehen, aufgenommen werden.

Der Runderlass gilt für die Gemeinden des Landes Nordrhein-Westfalen. Er ist von den Gemeindeverbänden entsprechend anzuwenden.

2. Kredite für Investitionen und zur Umschuldung

2.1 Allgemeine Grundsätze

Die Gemeinden dürfen nach § 86 Absatz 1 GO NRW Kredite für Investitionen und zur Umschuldung aufnehmen. Bei der Aufnahme dieser Kredite sind von der Gemeinde die haushaltswirtschaftlichen Grundsätze „Wirtschaftlichkeit" und „Sparsamkeit" sowie die Nachrangigkeit dieser Finanzierung nach § 77 Absatz 4 GO NRW zu beachten. Vor der Aufnahme eines Kredites sind deshalb im Regelfall Angebote verschiedener Kreditgeber einzuholen. Für die Wirtschaftlichkeit eines Angebotes sind alle Vertragselemente zu berücksichtigen und zu bewerten.

2.1.1 Kreditkosten

Das Entgelt für den Kredit wird durch Ermittlung des (vorläufigen) effektiven Jahreszinses unter Berücksichtigung aller mit der Kreditaufnahme verbundenen Kosten festgestellt. Zu diesen Kosten zählen auch Disagios, Vermittlungs- und Abschlussgebühren.

Für die Kosten eines Kredites ist die Zinsbelastung von entscheidender Bedeutung. Es ist deshalb unter wirtschaftlichen Gesichtspunkten beim Abschluss und während der Laufzeit eines Kredites immer auf die mögliche Zinsentwicklung und auf eine ausgewogene Strukturierung des Schuldenportfolios zu achten, um auf Zinsänderungsrisiken bzw. -chancen hinreichend reagieren zu können.

2.1.2 Laufzeit und Tilgung, Kündigungs- und Optionsvereinbarungen

Die Laufzeit eines Kredites soll sich grundsätzlich an der Lebensdauer der damit finanzierten Vermögensgegenstände orientieren. Langfristig nutzbare Vermögensgegenstände sollen möglichst auch durch langfristige Kredite finanziert werden, sofern nicht eine andere Laufzeit aus Gründen des Wirtschaftlichkeitsgebotes angezeigt ist. Die zu vereinbarende Tilgung kann sich im Regelfall an den erforderlichen Abschreibungen der Vermögensgegenstände orientieren. Sie soll mit der Leistungskraft der Gemeinde in Einklang stehen.

Die Vereinbarung besonderer Kündigungs- oder Optionsrechte zulasten der Gemeinde ist nur dann zulässig, wenn die Gemeinde im Rahmen ihrer Liquiditätsplanung eine hinreichende Vorsorge zur Anschlussfinanzierung getroffen hat. Sofern besondere Kündigungs- oder Optionsrechte vereinbart werden, so sind diese bei der Berechnung des Kreditentgeltes entsprechend zu berücksichtigen.

2.1.3 Weitergabe von Krediten

Es ist haushaltsrechtlich zulässig, dass die Gemeinden Kredite aufnehmen und ihren Beteiligungen zur Verfügung stellen (Investitionsförderung). Im Rahmen ihrer Aufgabenerledigung handelt es sich nach Auffassung der Bundesanstalt für Finanzdienstleistungsaufsicht dabei nicht um Bankgeschäfte im Sinne des Kreditwesensgesetzes KWG in der Fassung der Bekanntmachung vom 9. September 1998 (BGBl. I S. 2776), das zuletzt durch Artikel 6 des Gesetzes vom 8. Juli 2019 (BGBl. I S. 1002) geändert worden ist.

Das sogenannte Konzernprivileg nach § 2 Absatz 1 Nummer 7 (KWG) ist auf die Weitergabe von Krediten anwendbar. Voraussetzung für eine Anwendbarkeit des sog. Konzernprivilegs ist das Bestehen einer Allein- oder Mehrheitsgesellschafterstellung der Gemeinde als Mutter oder die Verpflichtung zur Vollkonsolidierung in den Gesamtabschluss nach den §§ 116 Absatz 3, 116b GO NRW in Verbindung mit § 51 Kommunalhaushaltsverordnung Nordrhein-Westfalen vom 12. Dezember 2018 (GV. NRW. S. 708) im Folgenden KomHVO NRW genannt.

Die Gemeinde hat die Weitergabe ihrer Kredite unter Beachtung der dazu getroffenen Vereinbarung in ihrer Bilanz anzusetzen und im Anhang zu erläutern. Bei der Weitergabe von Krediten an Beteiligungen sowie bei der Einrichtung eines Liquiditätsverbundes (Abschnitt 3.2) sind die Vorgaben des europäischen Rechts für staatliche Beihilfen und steuerliche Auswirkungen zu beachten.

2.2 Zinsderivate

2.2.1 Risikobegrenzung und Konnexität

Die Gemeinden können Zinsderivate zur Zinssicherung und zur Optimierung ihrer Zinsbelastung nutzen. Auch bei der Optimierung ihrer Zinsbelastung verpflichten die maßgeblichen Haushaltsgrundsätze die Gemeinden zur Beachtung des Vorrangs der Sicherheit und Risikominimierung bei der Gestaltung der Kreditkonditionen. Die Zinsderivate müssen deshalb bereits bestehenden Krediten zugeordnet werden können (Konnexität).

Die vielfältigen Finanzinstrumente der Geld- und Kapitalmärkte sollen im Rahmen einer Risikostreuung nur in einem angemessenen und vertretbaren Umfang in Anspruch genommen werden. Bei der Portfoliosteuerung – insbesondere bei der Zusammenstellung des Portfolios – ist bei den damit einhergehenden Risiken in der Gesamtschau darauf zu achten, dass durch die Zinsderivate bestehende Zinsrisiken nicht erhöht werden.

2.2.2 Verpflichtung zum sorgfältigen Umgang mit Zinsderivaten

Zinsderivate können von den Gemeinden eigenverantwortlich im Rahmen ihrer kommunalen Selbstverwaltung genutzt werden. Hieraus ergibt sich, dass die Gemeinden im eigenen Interesse die Chancen und Risiken nach den entsprechenden fachlichen Gesichtspunkten und mit der gebotenen Sorgfalt beurteilen müssen. Die abgeschlossenen Finanzgeschäfte sind hinsichtlich ihres Umfangs und ihrer Grundlagen zu dokumentieren. Es ist dabei konkret zu belegen, dass die Wirkungsweise und die Risiken des jeweils gewünschten Zinsderivats der Gemeinde bekannt sind.

Sofern auch eine Entscheidung über ein selbst gesetztes eigenverantwortliches Risikolimit zu treffen ist, hat die Gemeinde dieses ebenfalls zu dokumentieren.

Im Zweifelsfall sollen sich die Gemeinden bei diesen Finanzgeschäften einer spezialisierten Fachberatung bedienen. Während der Laufzeit der Zinsderivate sind die von der Gemeinde abgeschlossenen Finanzgeschäfte in eine laufende Risikokontrolle und in ein Berichtswesen einzubeziehen. Es ist dabei nicht ausreichend, die Kontrolle über die gemeindlichen Finanzgeschäfte nur einmal jährlich vorzunehmen.

2.2.3 Bewertungseinheiten bei Zinsderivaten

Es ist eine sachgerechte Analyse der bestehenden Sicherungsbeziehungen vorzunehmen. Es können Bewertungseinheiten gebildet werden, sofern folgende Voraussetzungen kumulativ vorliegen:

1. Beim Grund- und Sicherungsgeschäft liegt aufgrund des diese Geschäfte beeinflussenden Risikoparameters eine gegenläufige Wertentwicklung vor (Homogenität der Risiken).
2. Der Sicherungszusammenhang muss für den gesamten Zeitraum gegeben oder zumindest herstellbar sein (zeitliche Kongruenz).
3. Das Volumen des Sicherungsgeschäfts darf das Volumen der Grundgeschäfte zu keinem Zeitpunkt übersteigen (abstrakte Konnexität).

Bei der Bildung von Bewertungseinheiten entfällt die Pflicht zur Einzelbewertung und zur gesonderten Bilanzierung.

Der Sicherungszusammenhang zwischen Grund- und Sicherungsgeschäft muss dabei über die gesamte Laufzeit des Zinsderivates nachvollziehbar und transparent dokumentiert sein. Die Gemeindeprüfungsanstalt Nordrhein-Westfalen hat für ihre überörtliche Prüfung, insbesondere zur Bilanzierung von Zinsderivaten, weitere Informationen unter www.gpa.nrw.de veröffentlicht.

2.2.4 Beteiligung des Rates beim Einsatz von Zinsderivaten

Die Entscheidungen über den Einsatz von Zinsderivaten sind – wie bei anderen für die Gemeinden bedeutsamen Geschäften – im Zweifel nicht als Geschäfte der laufenden Verwaltung zu behandeln (§ 41 GO NRW). Haben die Zinsderivatgeschäfte jedoch nur eine völlig untergeordnete Bedeutung für die Haushaltswirtschaft der Gemeinde, kann von einer vorherigen Beteiligung des Rates abgesehen werden. Die örtliche Dienstanweisung soll dazu nähere Bestimmungen enthalten.

2.2.5 Örtliche Dienstanweisungen

Die Gemeinden sind verpflichtet, eine örtliche Dienstanweisung zu erlassen. Zu den Regelungsinhalten gehören z. B. der Einsatz von Finanzinstrumenten, Verfahren zur Abschätzung von Chancen und Risiken von Finanzgeschäften, eine Risikomessung und Risikobegrenzung, die Beteiligung des Rates nach Nummer 2.2.4 und das Berichtswesen. Die örtlichen Bestimmungen sind für den Umgang mit Zinsderivaten heranzuziehen und dem Abschluss der einzelnen Finanzgeschäfte zu Grunde zu legen. Muster für eine Dienstanweisung sind als Arbeitshilfe bei den kommunalen Spitzenverbänden abrufbar.

2.3 Kredite in fremder Währung

Die Gemeinden können aus Wirtschaftlichkeitserwägungen auch Kredite in fremder Währung aufnehmen. Für die Aufnahme von Krediten in fremder Währung gilt der Abschnitt 2.2 entsprechend. Zudem müssen nachfolgende Anforderungen bei der Risikoabwägung und Risikovorsorge erfüllt sein.

2.3.1 Risikoabwägung

Zur Vorbereitung der Entscheidung der Gemeinde über die Aufnahme von Krediten in fremder Währung sind unter Berücksichtigung der örtlichen Bedürfnisse die Entscheidungs- und

Auswahlkriterien einschließlich möglicher Zins- bzw. Währungssicherungsinstrumente durch die Gemeinde zu bestimmen. Von der Gemeinde sind dafür die notwendigen Informationen einzuholen. Dies umfasst insbesondere die Verpflichtung, sich selbst Kenntnisse über Sicherheiten und Risiken im Vergleich zu einer anderen Kreditaufnahme zu verschaffen. Wegen des möglichen Wechselkursrisikos von Fremdwährungen bedarf es außerdem der laufenden, eigenverantwortlichen Kontrolle über die gesamte Laufzeit des Kreditgeschäfts in fremder Währung.

2.3.2 Risikovorsorge

Von den Gemeinden muss bei der Aufnahme von Krediten in fremder Währung, abhängig von der Höhe des Wechselkursrisikos, gleichzeitig eine Risikovorsorge getroffen werden. Sie kann regelmäßig darin bestehen, dass die Vorteile der Gemeinde aus der Aufnahme von Krediten in fremder Währung nicht vollständig für Zwecke des gemeindlichen Haushalts abgeschöpft werden. Für diese Risikovorsorge ist deshalb eine Rückstellung § 37 Absatz 6 KomHVO NRW, zu bilden. Die Rückstellung ist nach Wegfall des besonderen Fremdwährungsrisikos aufzulösen. Sollten keine konkreten Anhaltspunkte für die Bestimmung der Risikovorsorge vorliegen, kann ein Wertansatz in Höhe der Hälfte des Zinsvorteils der Gemeinde aus der Kreditaufnahme in ausländischer Währung in der Bilanz passiviert werden.

2.4 Sonstige Vorschriften

Zur Kundeneinstufung von kommunalen Gebietskörperschaften wird auf die Vorschriften des Wertpapierhandelsgesetzes in der Fassung der Bekanntmachung vom 9. September 1998 (BGBl. I S. 2708), das zuletzt durch Artikel 3 des Gesetzes vom 8. Juli 2019 (BGBl. I S. 1002) geändert worden ist, hingewiesen. Die Auslegung der Vorschriften und die bankenaufsichtsrechtliche Zuständigkeit hierfür obliegen der Bundesanstalt für Finanzdienstleistungsaufsicht. Die Auslegung der Vorschriften und die bankenaufsichtsrechtliche Zuständigkeit hierfür obliegen der Bundesanstalt für Finanzdienstleistungsaufsicht.

3 Kredite zur Liquiditätssicherung

3.1 Allgemeine Grundsätze

Die Gemeinden dürfen zur rechtzeitigen Leistung ihrer Auszahlungen die notwendigen Liquiditätskredite bis zu dem in der Haushaltssatzung festgesetzten Höchstbetrag aufnehmen, sofern keine anderen Mittel zur Verfügung stehen (§ 89 GO NRW). Eine besondere Bedeutung kommt dabei dem Wirtschaftlichkeitsgebot zu. Über die Finanzrechnung nach § 40 KomHVO NRW werden diese Kredite im gemeindlichen Jahresabschluss erfasst und nachgewiesen. Der Überblick über die Verstärkung der liquiden Mittel der Gemeinde durch die Liquiditätskredite wird auf der Passivseite der gemeindlichen Bilanz durch den gesonderten Posten „Verbindlichkeiten aus Krediten zur Liquiditätssicherung" sowie im Verbindlichkeitenspiegel nach § 48 KomHVO NRW erfasst und mit ihrem Stand nachgewiesen.

Die Vorschrift des § 89 GO NRW enthält keine Bestimmung zur Laufzeit von Krediten zur Liquiditätssicherung. Es obliegt daher der Gemeinde, die Laufzeit dieser Kredite unter Beachtung der haushaltwirtschaftlichen Bestimmungen und Erfordernisse eigenverantwortlich mit dem Kreditgeber zu vereinbaren. Dabei darf der Charakter der Kredite zur Liquiditätssicherung nicht außer Acht gelassen werden. Die Gemeinde hat daher bei ihrer Entscheidung zu beachten, dass diese Kredite dem Zweck dienen, die Zahlungsfähigkeit der Gemeinde im jeweiligen Haushaltsjahr aufrecht zu erhalten. Die Kredite zur Liquiditätssicherung sind grundsätzlich von vorübergehender Natur.

Die Gemeinde kann für einen Anteil am Gesamtbestand ihrer Kredite zur Liquiditätssicherung auch Zinsvereinbarungen über eine mehrjährige Laufzeit nach den folgenden Maßgaben treffen:

1. Für den Gesamtbestand an Krediten zur Liquiditätssicherung darf die Gemeinde Zinsvereinbarungen mit einer Laufzeit von bis zu fünfzig Jahren vorsehen.

2. Maßgeblich für die Berechnung der Zins- und/oder Liquiditätsvereinbarungen ist der Bestand an Krediten zur Liquiditätssicherung zum Abschlussstichtag des Vorjahres. Bei bereits eingegangenen Zinsvereinbarungen sind die Restlaufzeiten zugrunde zu legen.
3. Macht die Gemeinde von der Möglichkeit Gebrauch, Zinsvereinbarungen über eine mehrjährige Laufzeit zu treffen, hat sie insbesondere in ihrer mittelfristigen Finanzplanung nachzuweisen, dass aus haushaltswirtschaftlichen Gründen eine vorzeitige Tilgung der Kredite nicht in Betracht kommt oder entsprechende Kündigungsoptionen vereinbart werden.

Zinsvereinbarungen, die eine Laufzeit von zehn Jahren überschreiten, hat die Gemeinde zuvor mit der örtlich zuständigen Kommunalaufsicht abzustimmen. Zu diesem Zweck hat sie die Aufsicht rechtzeitig von der Durchführung der beabsichtigten Maßnahmen zu unterrichten und ihr mit Hilfe geeigneter Unterlagen nachzuweisen, dass sie die Maßgaben nach den betreffenden Regelungen dieses Erlasses erfüllt. Nimmt die Aufsicht binnen zweier Wochen nach Eingang des Abstimmungsersuchens hierzu keine Stellung, gilt das Abstimmungsverfahren als ordnungsgemäß abgeschlossen. Die Aufsicht kann auf die Durchführung von Abstimmungsverfahren verzichten.

Für Kredite zur Liquiditätssicherung gilt der Abschnitt 2.1 entsprechend. Die Abschnitte 2.2 und 2.3 finden Anwendung, wenn die Gemeinde bei Krediten zur Liquiditätssicherung auch Zinssicherungsinstrumente einsetzt und/oder diese Kredite in einer Fremdwährung aufnimmt.

3.2 Liquiditätsverbund (Cashpooling)

Ein Liquiditätsverbund (Cashpooling) bedeutet, dass die Gemeinde und ihre Beteiligungen die jeweils zur Verfügung stehende Liquidität auf einem gemeinsamen Konto zusammenführen. Dadurch können die notwendigen Kreditaufnahmen insgesamt minimiert und für die verfügbare Liquidität gegebenenfalls günstigere Konditionen erzielt werden. Die Einrichtung eines Liquiditätsverbundes steht unter dem Vorbehalt der Wirtschaftlichkeit nach § 75 Absatz 1 GO NRW, die nach den Gesamtumständen gegeben sein muss.

Ein Liquiditätsverbund bei der Gemeinde ist nicht als erlaubnispflichtiges Bankgeschäft zu bewerten. Nach Auffassung der Bundesanstalt für Finanzdienstleistungsaufsicht sind diese Geschäfte im Rahmen des Konzernprivilegs nach § 2 Absatz 1 Nummer 7 KWG zulässig. Voraussetzung für eine Anwendbarkeit des sog. Konzernprivilegs ist das Bestehen einer Allein- oder Mehrheitsgesellschafterstellung der Gemeinde als Mutter oder die Verpflichtung zur Vollkonsolidierung in den Gesamtabschluss nach den §§ 116 Absatz 3, 116b GO NRW in Verbindung mit § 51 KomHVO NRW.

Richtet eine Gemeinde einen Liquiditätsverbund zwischen der Kernverwaltung und ihren Beteiligungen ein, bedarf es einer Abstimmung über die Abwicklung der Geldgeschäfte und der Übernahme von Verantwortlichkeiten zwischen den Beteiligten einschließlich der ggf. für die Abwicklung beauftragten Bank. Die jeweiligen Verbindlichkeiten und Forderungen müssen den Beteiligten eindeutig zuzuordnen sein. Die Führung eines eigenen Verrechnungskontos durch die Gemeinde oder einer Beteiligung ist deshalb unabdingbar.

Wenn rechtlich selbständige gemeindliche Unternehmen und Einrichtungen der Gemeinde in einen Liquiditätsverbund einbezogen werden, kann die finanzwirtschaftliche Verantwortung für den Verbund nicht alleine von der Gemeinde (Kernverwaltung) getragen werden. Eine Risikoverlagerung zulasten der Gemeinde (Kernverwaltung) darf deshalb nicht stattfinden. Die Risiken, die mit der Einrichtung eines Liquiditätsverbundes verbunden sind, müssen im Einzelnen benannt, zugeordnet, bewertet und mit den wirtschaftlichen Chancen sorgfältig abgewogen werden. Die organisatorischen Verantwortlichkeiten sind von der Gemeinde eigenverantwortlich festzulegen und zu dokumentieren.

Werden Dritte beauftragt, die Gemeinde bei der Verwaltung des Liquiditätsverbundes fachlich zu beraten oder zu unterstützen, ist die Gemeinde verpflichtet, eine wirksame Kontrolle gegenüber

den Dritten sicherzustellen. Sie hat in jedem Fall zu gewährleisten, dass insbesondere die ihr gesetzlich zugewiesenen Aufgaben in ihrer Verfügungs- und Entscheidungsbefugnis verbleiben.
Die Einrichtung eines Liquiditätsverbundes darf nicht dazu führen, dass die Gemeinde den in der Haushaltssatzung festgesetzten Höchstbetrag an Krediten zur Liquiditätssicherung überschreitet. Der kurzfristige Abfluss von Liquiditätsmitteln von der Gemeinde an Beteiligungen im Rahmen des Liquiditätsverbundes ist nur dann zulässig, wenn vorhandene liquide Mittel im Rahmen der unterjährigen Finanzplanung zeitweise absehbar von der Gemeinde nicht gebraucht werden. Dabei ist der rechtliche Rahmen, den § 89 GO NRW vorgibt, zu beachten. Für den in der Haushaltssatzung festzusetzenden Höchstbetrag gilt der Grundsatz realistischer Planung.

4 Kreditähnliche Rechtsgeschäfte

4.1 Allgemeine Grundsätze

Neben der Aufnahme von Krediten wird die Haushaltswirtschaft der Gemeinden auch durch den Abschluss kreditähnlicher Rechtsgeschäfte zukünftig belastet. Das kreditähnliche Rechtsgeschäft begründet eine Zahlungsverpflichtung der Gemeinde, die einer Kreditaufnahme wirtschaftlich gleichkommt (§ 86 Absatz 4 Satz 1 GO NRW). Die hieraus übernommenen Verpflichtungen dürfen die dauerhafte Leistungsfähigkeit der Gemeinden nicht gefährden. Die Gemeinden müssen deshalb für die kreditähnlichen Rechtsgeschäfte die gleichen Maßstäbe wie für eine Kreditaufnahme anlegen.
Für die Beurteilung, ob ein kreditähnliches Rechtsgeschäft vorliegt, kommt es auf den Einzelfall an. Entscheidend ist nicht die formale Bezeichnung und Einordnung des Geschäftes, sondern dessen wirtschaftliche Auswirkung. Beispiele kreditähnlicher Rechtsgeschäfte sind Leasinggeschäfte, atypische, langfristige Mietverträge ohne Kündigungsmöglichkeiten bzw. Nutzungsüberlassungsverträge für Gebäude auf gemeindeeigenen Grundstücken, periodenübergreifende Stundungsabreden, aber auch Leibrentenverträge und Ratenkaufmodelle. Dazu zählen auch Projekte der Gemeinden in einer öffentlich privaten Partnerschaft (ÖPP), z. B. mit kombinierten kreditähnlichen Vertragselementen.

4.2 Anzeigepflicht

Die Entscheidung über die Begründung einer Zahlungsverpflichtung, die wirtschaftlich einer Kreditverpflichtung gleichkommt, ist nach § 86 Absatz 4 Satz 1 GO NRW der Aufsichtsbehörde unverzüglich, spätestens einen Monat vor der rechtsverbindlichen Eingehung der Verpflichtung, schriftlich anzuzeigen. Unter die Anzeigepflicht fallen auch spätere Änderungen der in § 86 Absatz 4 GO NRW genannten Zahlungsverpflichtungen, wenn sie zu einer höheren Belastung der Gemeinde führen.
In der Anzeige sind die tatsächlichen Verhältnisse und die finanziellen Auswirkungen im Rahmen eines Wirtschaftlichkeitsvergleiches darzustellen und auf Verlangen durch Vorlage der vertraglichen Abmachungen zu belegen. Die Monatsfrist ist keine Ausschlussfrist für aufsichtsbehördliches Handeln. Von der Anzeigepflicht ausgenommen sind Rechtsgeschäfte, die als Geschäfte der laufenden Verwaltung nach § 41 Absatz 3 GO NRW gelten und abgeschlossen werden.

4.3 Nachweis der kreditähnlichen Rechtsgeschäfte

Zur Gewährleistung einer geordneten Haushaltswirtschaft hat die Gemeinde die aus kreditähnlichen Rechtsgeschäften bestehenden Finanzierungsverpflichtungen vollständig im Haushaltsplan darzustellen. Im Vorbericht zum Haushaltsplan ist deshalb aufzuführen, wie hoch die Belastungen aus kreditähnlichen Rechtsgeschäften (insbesondere Immobilien-Leasing) in den folgenden Jahren sein werden.

Der Nachweis der Verbindlichkeiten aus kreditähnlichen Rechtsgeschäften ist im Jahresabschluss der Gemeinde zu führen. In der Bilanz und im Anhang sowie im Verbindlichkeitenspiegel sind die dafür vorgesehenen Angaben zu machen und zu erläutern.

5 Besondere kreditähnliche Rechtsgeschäfte: ÖPP und Leasing

5.1.1 Ausschreibungspflicht

Bei der Vereinbarung eines ÖPP-Projekts (Abschnitt 2) oder eines Leasingvertrags durch die Gemeinde handelt es sich in der Regel um die Vergabe eines öffentlichen Auftrags. Nach § 26 Absatz 1 KomHVO NRW hat dem Auftrag grundsätzlich eine öffentliche Ausschreibung vorauszugehen. Damit soll sichergestellt werden, dass die Angebote der in Frage kommenden Unternehmen im Leistungswettbewerb mit anderen Bewerbern zustande kommen, so dass die Gemeinde in die Lage versetzt wird, unter Ausnutzung aller Chancen am Markt das für sie wirtschaftlichste Angebot zu wählen.

Bei der Vergabe öffentlicher Aufträge gelten grundsätzlich die Regelungen des Gesetzes gegen Wettbewerbsbeschränkungen in der Fassung der Bekanntmachung vom 26. Juni 2013 (BGBl. I S. 1750, 3245), das zuletzt durch Artikel 10 des Gesetzes vom 12. Juli 2018 (BGBl. I S. 1151) geändert worden ist, in der jeweils geltenden Fassung, sofern im Einzelfall der Auftragswert die EU-Schwellenwerte ohne Umsatzsteuer erreicht oder übersteigt. Bei Auftragsvergaben, deren Auftragswerte im Einzelfall die EU-Schwellenwerte nicht erreichen, gelten nach § 26 Absatz 2 KomHVO NRW die Vergabebestimmungen, die das für Kommunales zuständige Ministerium festlegt. Derzeit gelten für die Gemeinden die Vergabegrundsätze, die mit dem Runderlass „Kommunale Vergabegrundsätze“ vom 28. August 2018 (MBl. NRW. S. 497), der durch Runderlass vom 29. März 2019 (MBl. NRW. S. 168) geändert worden ist, veröffentlicht worden sind.

5.1.2 Zuwendungsrecht

Die Gemeinden haben die Landeszuwendungen im Rahmen der vorgegebenen Zweckbestimmungen zu verwenden. ÖPP/Leasing-Projekte sind grundsätzlich förderfähig. Die Fördermittel können an private Unternehmen mit der Maßgabe weitergeleitet werden, dass die Bestimmungen des Bewilligungsbescheides berücksichtigt werden. Die Bestimmungen des einzelnen Zuwendungsbescheides und die haushaltsrechtlichen Bestimmungen sind zu beachten.

5.2 Öffentlich Private Partnerschaft (ÖPP)

Durch die Umsetzung von ÖPP-Projekten können Gemeinden privates Kapital und Know-how in die Aufgabenerfüllung einbeziehen. Insbesondere durch Modelle, die über eine Investitionsfinanzierung hinausgehen, können Effizienzvorteile erreicht werden. In diesem Sinne handelt es sich bei ÖPP-Projekten um eine langfristige, vertraglich geregelte Zusammenarbeit der Gemeinden mit privaten Unternehmen. Dabei werden in der Regel die Planung, der Bau, die Finanzierung, die Instandhaltung und Instandsetzung sowie weitere betriebliche Leistungen über den gesamten Lebenszyklus einer Liegenschaft von dem privaten Partner übernommen. Die Finanzierung erfolgt durch laufende Nutzungsentgelte, Leasingraten oder Mieten der Gemeinde. ÖPP-Projekte stellen für die Gemeinden kreditähnliche Rechtsgeschäfte dar und sind deshalb nach § 86 Absatz 4 GO NRW anzeigepflichtig.

5.2.1 Wirtschaftlichkeitsuntersuchung, konventioneller Vergleichswert (Public Sector Comparator, PSC)

Zum Nachweis der Wirtschaftlichkeit eines ÖPP-Projektes besteht im Rahmen der Anzeige nach § 86 Absatz 4 GO NRW für die Gemeinde die Verpflichtung, eine Wirtschaftlichkeitsuntersuchung vorzulegen, die das ÖPP-Projekt mit den Kosten einer Eigenerstellung vergleicht (Konventioneller Vergleichswert/ PSC). Im Ergebnis darf die ÖPP-Lösung wirtschaftlich grundsätzlich nicht ungünstiger sein, als die Eigenerstellung. Bei der Ermittlung des PSC müssen die voraussichtlichen Kosten und mögliche Erlöse der Eigenerstellung bezogen auf die geplante Vertragslaufzeit geschätzt werden.

Dazu gehören: Investitionskosten (Planung und Bau), Finanzierungskosten, Betriebskosten (inkl. Instandhaltungs- und Instandsetzungskosten), Transaktions- und Verwaltungskosten, Risikokosten und mögliche Kosten und Erlöse aus der Verwertung. Die Methodik des PSC im Einzelnen ist dem Leitfaden „Wirtschaftlichkeitsvergleich bzw. -untersuchungen bei PPP-Projekten" des Finanzministeriums Nordrhein-Westfalen zu entnehmen, der auf der Internetseite https//bro schueren.nordrheinwestfalendirekt.de / broschuerenservice/finanzministerium/leitfaden -der-ppp-initiative-wirtschaftlichkeitsuntersuchung-bei-ppp-projekten/706 zur Verfügung gestellt worden ist.

5.2.2 Bilanzierung des ÖPP-Projektes

Ob und in welcher Höhe die Bilanzierung eines ÖPP-Projektes bei der Gemeinde vorzunehmen ist, richtet sich grundsätzlich nach den Vorschriften der KomHVO NRW. Für eine Aktivierung und Passivierung in der gemeindlichen Bilanz ist das wirtschaftliche Eigentum der Gemeinde am Vermögensgegenstand ausschlaggebend. Aus Gründen der Vereinfachung kann im Regelfall die steuerrechtliche Behandlung des jeweiligen Projektes zugrunde gelegt werden, die durch die Leasingerlasse des Bundesministeriums der Finanzen geregelt wurde. Diese Erlasse werden z. B. auf der Internetseite http://bdl.leasingverband.de/leasing/leasing-erlasse zur Verfügung gestellt.

5.2.3 Veranschlagung im Haushaltsplan

Das Leistungsentgelt eines ÖPP-Projektes ist für die Veranschlagung im Haushaltsplan abhängig von der gewählten Modellvariante und soweit möglich in seine konsumtiven und investiven Anteile aufzuteilen. Die konsumtiven Anteile zum Betrieb und zur Unterhaltung einer Liegenschaft sind als Aufwendungen in den Ergebnisplan aufzunehmen und in der Ergebnisrechnung zu buchen. Gleiches gilt für etwaige Erlöse aus dem Betrieb einer Liegenschaft. Die investiven Anteile, z.B. Baukosten, sind als gemeindliche Investition mit den jährlichen Auszahlungen in den Finanzplan aufzunehmen und in der Finanzrechnung nachzuweisen. Eine pauschale Zuordnung des Leistungsentgeltes nach dem Prinzip der überwiegenden Zugehörigkeit ist zu vermeiden. Die Veranschlagung wird dadurch erleichtert, dass Bieter bei der Angebotsabgabe i. d. R. aufgefordert werden, die Preise für einzelne Leistungsbereiche, z. B. den Bau, den Betrieb, die Unterhaltung des Projektes und dessen Finanzierung gesondert anzugeben.

5.3 Leasing

5.3.1 Allgemeine Grundsätze

Als Alternative zur herkömmlichen Kreditfinanzierung wählen Gemeinden insbesondere Leasing- Modelle, immer häufiger auch im Zusammenhang mit ÖPP-Projekten. Leasing ist die langfristige Vermietung (Anmietung) von beweglichen und unbeweglichen Vermögensgegenständen, wenn ein späterer Eigentumsübergang vertraglich ermöglicht wird. Die Dauer des Vertrages und die Höhe der Leasingraten werden so bemessen, dass der Leasinggeber während der Vertragsdauer seine Investitionskosten ganz oder zumindest zum überwiegenden Teil decken kann. Die Leasingrate (Miete) setzt sich aus den Kapitalkosten sowie einem Zuschlag für Kosten, Risiko und Gewinn des Leasinggebers zusammen.

Die laufenden Kosten des Leasingobjektes, z. B. Abgaben, Versicherungsprämien, werden dem Leasingnehmer meistens gesondert in Rechnung gestellt. Je nach der vertraglichen Gestaltung des Leasingvertrages werden die Instandhaltungskosten und die Unterhaltungskosten des Objektes entweder vom Leasingnehmer oder vom Leasinggeber getragen. Sofern der private Partner als Leasinggeber für die Instandhaltung und/oder die Unterhaltung des Objektes verantwortlich ist, handelt es sich regelmäßig zugleich um ein ÖPP-Projekt.

Bei den Leasing-Objekten kann es sich sowohl um unbewegliches Anlagevermögen, z. B. Bürogebäude, Sportanlagen (Immobilien-Leasing), als auch um bewegliches Anlagevermögen, z. B. EDV-Anlagen, Telekommunikationsanlagen, Fahrzeuge (Mobilienleasing) handeln. Die Finanzierung solcher Vermögensgegenstände über Leasing kann für Gemeinden eine sinnvolle Alternative zur Finanzierung über Kredite sein. Die Gemeinde muss dazu nachweisen, dass die Leasingvariante für die Gemeinde gegenüber einer Finanzierung mit Investitionskrediten wirtschaftlich nicht ungünstiger ist.

Bei Leasinggeschäften, die weder den Betrieb noch die Unterhaltung eines Vermögensgegenstandes umfassen, ist im Rahmen des Anzeigeverfahrens der zuständigen Kommunalaufsichtsbehörde eine konventionelle Vergleichsrechnung vorzulegen. In dieser Vergleichsrechnung sind die voraussichtlich anfallenden Kosten und Risiken in Abhängigkeit vom konkreten Vertragsmodell anzusetzen. Bei Leasinggeschäften der Gemeinden sind für die Bilanzierung und die Veranschlagung im Haushaltsplan die Abschnitte 5.2.2 und 5.2.3 entsprechend anzuwenden.

5.3.2 Sale-and-Lease-Back-Modelle

Im Rahmen von Sale-and-Lease-Back-Geschäften überträgt die Gemeinde das Eigentum an einem Objekt dem privaten Investor zur Sanierung, um es zur erforderlichen Aufgabenerfüllung von ihm wieder anzumieten. Solche Geschäfte sind nach Sinn und Zweck des § 90 Absatz 3 GO NRW nur dann zulässig, wenn die Nutzung des Vermögensgegenstandes zur Aufgabenerledigung der Gemeinde langfristig gesichert ist und die Aufgabenerledigung dadurch wirtschaftlicher erfolgen kann. Die stetige Aufgabenerledigung ist i. d. R. dann gesichert, wenn das Sale-and-Lease-Back-Geschäft zur Werterhaltung oder Wertsteigerung des Objekts bestimmt ist und der Gemeinde daran zur Aufgabenerfüllung ein langfristiges Nutzungsrecht sowie eine Rückkaufoption eingeräumt werden.

6 Geltungsdauer

Der Runderlass tritt zum 1. Januar 2015 in Kraft und am 31. Dezember 2023 außer Kraft.

2.12 Kommunale Kapitalanlagen

Kommunales Haushaltsrecht; Anlage von Kapital durch Gemeinden und Gemeindeverbände (Kommunale Kapitalanlagen)

Runderlass des Ministeriums für Inneres und Kommunales
34 – 48.01.01/16 – 416/12 vom 11. Dezember 2012 (MBl. NRW. S. 744),
geändert durch Runderlass vom 30. November 2022 (MBl. NRW. S. 1029)

1. Rahmenbedingungen

Die Gemeinden und Gemeindeverbände können liquide Mittel, die nicht zur Sicherung der Liquidität und zur Zahlungsabwicklung benötigt werden, längerfristig anlegen. Sie haben bei der Anlage dieses Kapitals auf eine ausreichende Sicherheit und einen angemessenen Ertrag zu achten (vgl. § 90 Absatz 2 Satz 2 GO NRW). Bei der Auswahl der Anlageformen und bei der Anlagedauer muss die Verpflichtung zur Sicherstellung der Liquidität ausreichend berücksichtigt werden (vgl. § 75 Absatz 6 GO NRW).

Für die Anlage von längerfristigem Kapital sollen die Gemeinden und Gemeindeverbände sachgerechte und vertretbare Rahmenbedingungen in eigener Verantwortung und unter Beteiligung ihrer Vertretungskörperschaft schaffen. Sie können auch Dritte mit der Anlage von Kapital sowie mit der Bewertung der Chancen und Risiken von Anlageformen beauftragen. Diese Beauftragung entbindet jedoch die Gemeinden und Gemeindeverbände nicht von der Gesamtverantwortung für die Anlage ihres Kapitals.

2. Örtlicher Anlagerahmen

Der örtliche Rahmen für die Anlage von Kapital, das nicht zur Sicherung der Liquidität und zur Zahlungsabwicklung benötigt wird, muss eigenverantwortlich abgegrenzt und festgelegt werden. Er soll auf örtlichen Anlagezielen und Anlagegrundsätzen sowie einer Gesamtschau der Liquiditätsplanung unter Berücksichtigung der voraussichtlichen Entwicklung der Vermögens-, Schulden-, Ertrags- und Finanzlage aufbauen. Der Anlagerahmen ist unter Berücksichtigung der örtlichen Bedürfnisse eigenverantwortlich auszugestalten.

Die Anlage von Kapital hat mit der gebotenen Sachkenntnis und Sorgfalt zu erfolgen. Auf der Grundlage örtlich festgelegter Anlageziele und Anlagegrundsätze können die Gemeinden und Gemeindeverbänden das nicht benötigte Kapital in den Anlageformen anlegen, die von den kommunalen Versorgungskassen und Zusatzversorgungskassen in Nordrhein-Westfalen bei solchen Geschäften nach § 16 Absatz 2 des Gesetzes über die kommunalen Versorgungskassen und Zusatzversorgungskassen im Lande Nordrhein-Westfalen (VKZVKG) genutzt werden dürfen. Die örtlichen Anlageformen können dabei auf das Gesamtportfolio bezogen werden. Bei den Kapitalanlagen müssen die möglichen Risiken bekannt, begrenzt und beherrschbar sein. Dieser Maßstab ist auch bei der Einlage von Kapital in private Kreditinstitute, bei denen es nicht durch ein Einlagensicherungssystem geschützt ist oder in Kreditinstitute ohne ein institutsbezogenes Sicherungssystem, anzulegen. Eine diversifizierte Anlagestrategie kann mögliche Risiken begrenzen. Die örtlichen Anlageentscheidungen sind ausreichend zu dokumentieren.

3. Kontrolle und Überwachung

Die Gewährleistung einer ordnungsgemäßen Haushaltswirtschaft erfordert eine sachgerechte Kontrolle und Überwachung der Anlage von Kapital sowie auch der Tätigkeit beauftragter Dritter durch die Gemeinden und Gemeindeverbände. Die Kontrolle und Überwachung soll angepasst an die örtlichen Verhältnisse bestimmt und durchgeführt werden. Es ist dabei nicht ausreichend, die Kontrolle und Überwachung nur einmal jährlich vorzunehmen.

Aus Gründen der Sicherstellung eines ordnungsgemäßen Ablaufprozesses bei der Anlage von Kapital wird der Erlass einer örtlichen Anlagerichtlinie empfohlen. In der können unter Berücksichtigung der örtlichen Bedürfnisse u.a. auch Verantwortlichkeiten und Entscheidungsbefugnisse festgelegt werden.

4. Geltung

Der Runderlass tritt am Tage nach seiner Veröffentlichung in Kraft. Er tritt zum 31. Dezember 2032 außer Kraft.

Der Runderlass vom 25.1.2005 (SMBl. NRW. 641) tritt mit Veröffentlichung dieses Runderlasses außer Kraft.

2.13 Pensions- und Beihilfeverpflichtungen

Durchführungshinweise zur Bewertung von Pensionsverpflichtungen und Beihilfeverpflichtungen

Runderlass des Ministeriums für Heimat, Kommunales, Bau und Gleichstellung
304-48.01.02/30 – 244/21 vom 13. Dezember 2021 (MBl. NRW. S. 1106)

1

Das Neue Kommunale Finanzmanagement in den Kommunen erfordert die Erfassung, Bewertung und Bilanzierung aller Verpflichtungen der Kommune. Dazu gehören die Versorgungsanwartschaften der Beamtinnen und Beamten einer Kommune als Verpflichtungen des Dienstherrn, die in voller Höhe als Pensionsrückstellungen in der kommunalen Bilanz anzusetzen sind. Die Bewertung der Pensionsrückstellungen ist von den Kommunen unter Beachtung des § 37 Absatz 1 und 2 der Kommunalhaushaltsverordnung Nordrhein-Westfalen vom 12. Dezember 2018 (GV. NRW. S. 708) in der jeweils geltenden Fassung, im Folgenden KomHVO NRW genannt, und den folgenden Maßgaben vorzunehmen:

2

Als Beginn des Dienstverhältnisses ist der Zeitpunkt der erstmaligen Berufung in das Beamtenverhältnis zu Grunde zu legen. Ein unmittelbar vorangegangener Wehr- oder Zivildienst ist dabei einem Beamtenverhältnis gleichzusetzen. Für Beamtinnen und Beamte der Laufbahngruppe 1, zweites Einstiegsamt und der Laufbahngruppe 2, erstes Einstiegsamt kann allgemein auch das vollendete 19. Lebensjahr, für Beamtinnen und Beamte der Laufbahngruppe 2, zweites Einstiegsamt allgemein das vollendete 25. Lebensjahr als Beginn der Dienstzeit angesetzt werden. Für Beamtinnen und Beamte auf Zeit kann ausnahmsweise das vollendete 25. Lebensjahr als Beginn der Dienstzeit angesetzt werden.

3

Als Eintritt in den Ruhestand (Pensionierungsalter) gilt für Laufbahnbeamtinnen und -beamte die jeweilige gesetzliche Altersgrenze. Für Beamtinnen und Beamte auf Zeit kann unabhängig vom Einzelfall allgemein das 65. Lebensjahr als Zeitpunkt für den Eintritt in den Ruhestand angesetzt werden.

4

Mögliche Ansprüche der Beamtinnen und Beamten aus der gesetzlichen Rentenversicherung sind nicht in die Bewertung einzubeziehen.

5

Bei einer Teilzeitbeschäftigung von Beamtinnen und Beamten soll für die Zukunft der aktuelle Teilzeitgrad und für die Vergangenheit der bisherige durchschnittliche Beschäftigungsgrad herangezogen werden. Sind diese Daten nicht verfügbar, so kann der Bewertung hilfsweise eine Vollzeitbeschäftigung zu Grunde gelegt werden. Bei einer Freistellung vom Dienst ist fiktiv ein Beschäftigungsgrad von 50 Prozent anzusetzen.

6

Sofern an den Versorgungslasten der Kommune auch andere Dienstherren aufgrund eines erfolgten Dienstherrenwechsels beteiligt sind, gilt Nachfolgendes:

6.1

Wenn der Dienstherrenwechsel und der Eintritt der Versorgung vor dem 1. Juli 2016 erfolgt ist, ist wie nachstehend zu verfahren:

6.1.1

Bei dem abgebenden Dienstherrn ist die Erstattungsverpflichtung mit dem Barwert anzusetzen. Zur Ermittlung des zu erstattenden Anteils ist die Höhe der Versorgung auf Basis der beim abgebenden Dienstherrn maßgeblichen Besoldungsgruppe zu ermitteln und altersabhängig im Verhältnis der beim abgebenden Dienstherrn zurückgelegten zur, bis zum jeweiligen Versorgungsfall, möglichen Dienstzeit zu gewichten. Die Erstattungsverpflichtung ist in der Bilanz unter dem Bilanzposten „Sonstige Rückstellungen" zu passivieren.

6.1.2

Bei dem aufnehmenden Dienstherrn ist die gesamte Pensionsverpflichtung zu bilanzieren. Ein anteiliger Erstattungsanspruch gegenüber dem abgebenden Dienstherrn ist mit dem Barwert nach Nummer 6.1.1 anzusetzen und in der Bilanz unter dem Bilanzposten „Öffentlich-rechtliche Forderungen" zu aktivieren.

6.2

Sofern der Dienstherrenwechsel vor dem 1. Juli 2016 erfolgt und der Versorgungsfall noch nicht eingetreten ist, sind die dadurch entstehenden Ansprüche und Verpflichtungen aus dem Dienstherrenwechsel weiterhin bilanziell auszuweisen. Für die Barwertermittlung der Abfindungszahlung ist auf den Eintritt des Versorgungsfalles abzustellen.
In diesen Fällen ist wie folgt zu verfahren:

6.2.1

Bei dem abgebenden Dienstherrn ist, soweit keine Zahlungsmitteilung von der Versorgungskasse vorliegt, zum Abschlussstichtag für die bestehende Verpflichtung zur Zahlung einer Abfindungszahlung eine sonstige Rückstellung zu bilden. Zur Barwertermittlung dieser Abfindungszahlung ist auf den Eintritt des Versorgungsfalles abzustellen. Die Berechnung der Abfindungszahlung erfolgt unter Beachtung von § 101 Absatz 2 des Landesbeamtenversorgungsgesetzes vom 14. Juni 2016 (GV. NRW. S. 310, ber. S. 642) in der jeweils geltenden Fassung.

6.2.2

Bei dem aufnehmenden Dienstherrn ist die gesamte Pensionsverpflichtung zu bilanzieren. Der Abfindungszahlungsanspruch gegenüber den abgebenden Dienstherren ist mit dem Barwert nach Nummer 6.2.1 zu aktivieren und in der Bilanz unter dem Bilanzposten „Öffentlich-rechtliche Forderung" zu aktivieren.

6.3

Sofern ein Dienstherrenwechsel vor dem 1. Juli 2016 erfolgt ist und ein weiterer Wechsel nach dem 1. Juli 2016 erfolgte, müssen der abgebende und die früheren Dienstherren innerhalb von sechs Monaten nach der Unterrichtung über den erneuten Wechsel durch den aufnehmenden Dienstherrn eine Abfindung an diesen leisten. Wenn ein Dienstherrenwechsel nach dem 1. Juli 2016 erfolgt ist oder erfolgt, ist im Regelfall die Abfindung innerhalb von sechs Monaten nach Aufnahme bei dem neuen Dienstherrn zu leisten, § 99 Absatz 2 des Landesbeamtenversorgungsgesetzes. Wenn in einem dieser Fälle der Wechsel vor dem Jahresabschlussstichtag erfolgt ist und die Abfindungszahlung erst nach dem Abschlussstichtag geleistet wird und noch keine konkrete Mitteilung über die Höhe der Abfindungszahlung vorliegt, sind bei dem abgebenden Dienstherrn Rückstellungen zu passivieren und bei dem aufnehmenden Dienstherrn entsprechende Forderungen zu aktivieren.

7

7.1
Die Verpflichtungen der Kommune zur Bewertung von Beihilfeverpflichtungen können als prozentualer Anteil an den Pensionsrückstellungen gemäß § 37 Absatz 1 Satz 5 KomHVO NRW oder auf der Grundlage des Leistungsdurchschnitts gemäß § 37 Absatz 1 Satz 9 KomHVO NRW angesetzt werden.

7.2
Alternativ kann die Bewertung von Beihilfeverpflichtungen zur Berücksichtigung der mit zunehmendem Alter steigenden Krankheitskosten auf Basis von Kopfschadenprofilen erfolgen.

7.3
Wird der Barwert nach § 37 Absatz 1 Satz 9 KomHVO NRW ermittelt, ist Nachfolgendes zu beachten:

Es ist der Durchschnitt der Leistungen im vorgenannten Zeitraum zu ermitteln. Der vorgenannte Zeitraum ist der nach § 37 Absatz 1 Satz 7 KomHVO NRW benannte Zeitraum, welcher die vorangehenden drei Haushaltsjahre vor dem Jahresabschluss umfasst. Der Durchschnitt der Leistungen ist jedes Jahr neu zu ermitteln. Hierbei ist es nicht zu beanstanden, wenn nicht zwischen Leistungen an Ruhegehaltsempfängerinnen und Ruhegehaltsempfänger und Leistungen an Hinterbliebene differenziert wird und beide Leistungen gleichermaßen in die Ermittlungen eingehen.

Die Pflicht zur Bildung von Rückstellungen in angemessener Höhe nach § 88 Absatz 1 der Gemeindeordnung für das Land Nordrhein-Westfalen in der Fassung der Bekanntmachung vom 14. Juli 1994 (GV. NRW. S. 666) in der jeweils geltenden Fassung gilt auch unter Berücksichtigung dieser alternativen Berechnungsmethode unverändert fort. Die zur Rückstellungsbildung gewählte Ermittlungsart muss ein zutreffendes Bild der voraussichtlichen Inanspruchnahme vermitteln.

7.4
Im Falle eines Dienstherrenwechsels ist zu beachten, dass die Beihilfeleistungen von dem aufnehmenden Dienstherrn vollständig zu tragen sind. Der abgebende Dienstherr muss daher die bestehenden Beihilferückstellungen auflösen und der aufnehmende Dienstherr muss für die übergegangene Beihilfeverpflichtung eine Rückstellung bilden.

8

Dieser Runderlass tritt am Tag nach der Veröffentlichung in Kraft und am 31. Dezember 2028 außer Kraft.

2.14 Hinweise zu § 36 Abs. 2, 5 KomHVO

Inkrafttreten der Kommunalhaushaltsverordnung NRW

Hinweise zu den Vorschriften des § 36 Absatz 2 und Absatz 5 KomHVO NRW

Runderlass des Ministeriums für Heimat, Kommunales, Bau und Gleichstellung
304-48.01.02.946/19 (2) vom 28. Juni 2019

I. § 36 Absatz 2 KomHVO

Im Zusammenhang mit der Vorschrift des § 36 Absatz 2 KomHVO möchte ich auf Folgendes hinweisen:

1) Gemäß § 36 Absatz 2 KomHVO dürfen für eine oder mehrere Komponenten eines Gebäudes, einer Straße, eines Weges oder Platzes in Bezug auf den gesamten Vermögensgegenstand unterschiedliche Nutzungsdauern bestimmt werden. Der Komponentenansatz ist ein allgemeingültiges Bewertungsprinzip für Vermögensgegenstände, für welche die Anwendung des § 36 Absatz 2 KomHVO eröffnet ist.

Im Einzelnen ist zu beachten:

- Nach § 36 Absatz 2 KomHVO dürfen alle wertmäßig bedeutsamen Teile einer Sachanlage getrennt entsprechend ihrer Nutzungsdauer abgeschrieben werden. Eine solche Wertmäßigkeit ist dann gegeben, wenn es sich um Gebäudebestandteile handelt, die wertmäßig mindestens 5 Prozent des Neubauwertes ausmachen. In diesem Sinne dürfen wertmäßig unbedeutende Komponenten hingegen nicht separat angesetzt werden.
- Beispiel Gebäude:
  Komponenten von Gebäuden sind jedenfalls Dach und Fenster. Darüber hinaus können auch mit dem Gebäude physisch verbundene Bestandteile, insbesondere die Heizungsanlage, technische Installationen und Fassaden – soweit sie im oben genannten Sinne wertmäßig bedeutsam sind – als Komponenten berücksichtigt werden.
- Beispiel Straße:
  Bei einer Straße gliedert sich der Straßenaufbau in die Komponenten
  - Unterbau im Sinne von Unterbau, Frostschutzschicht, Tragschicht und Binderschicht und
  - Deckschicht (im Sinne: Verschleißschicht).
    - Bei dem Austausch der Deckschicht der Straße hätte dies die Auswirkung, dass der Ergebnishaushalt nicht im Jahr der Maßnahme voll belastet ist. Die Aufwandslast würde sich unter Berücksichtigung der festgelegten Nutzungsdauer auf die Jahre verteilen. Eine derartige Umsetzung des Komponentenansatzes führt zu einer wirklichkeitsgetreuen Darstellung der Lastenverteilung im Ergebnishaushalt.
- Die Entscheidung, ob ein Komponentenansatz gemäß § 36 Absatz 2 KomHVO erfolgt, obliegt der Kommune.
- Die Anwendung des Komponentenansatzes darf bei Vorliegen der Voraussetzungen für jeden einzelnen Vermögensgegenstand separat betrachtet werden. Die Anwendung des Komponentenansatzes ist in geeigneter Weise zu dokumentieren.

- Bei Ausübung des Wahlrechtes ist entsprechend eine Anwendung auf alle art- oder funktionsgleichen Vermögensgegenstände nicht erforderlich.

2) Behandlung von Bestandsanlagen und aktuell zu aktivierenden Vermögensgegenständen

- Bei Bestandsanlagen – die am 31. Dezember 2018 bereits in der kommunalen Bilanz aktiviert waren – darf eine Bildung von Komponenten nur anlässlich der Durchführung von Maßnahmen an Vermögensgegenständen erfolgen, welche die vorstehenden Voraussetzungen erfüllen. Ist eine Verhältnisbestimmung (5 Prozent-Regelung) erforderlich, ist der Neubauwert einer äquivalenten Anlage zu ermitteln (ggf. schematisch) und ins Verhältnis zur aktuell geplanten Maßnahme zu setzen.
- Eine Maßnahme an Bestandsanlagen kann nur dann zur Komponentenbildung führen, wenn die Komponente wesentlich angegangen wird. Jedoch ist eine abschnittsweise Planung über mehrere Jahre (ca. 3 Jahre) und somit eine entsprechende mehrjährige Bautätigkeit zulässig. Dies ist in geeigneter Weise zu dokumentieren.
- Für bereits abgeschriebene Vermögensgegenstände ließe sich neben dem Buchwert von Null bzw. einem Euro die Komponente hinzuaktivieren und über die Nutzungsdauer der Komponente abschreiben.
- Bei der erstmaligen Aktivierung eines Vermögensgegenstandes nach dem 01.01.2019 – d.h. Erwerb oder Herstellung eines Vermögensgegenstandes in 2019 oder später – dürfen Komponenten gebildet werden. Ist hier eine Verhältnisbestimmung erforderlich, wird der Wert der Komponente in Bezug zum Neubauwert gesetzt. Der Neubauwert entspricht den aktuellen Anschaffungs-/Herstellungskosten, die sich entweder aus einer konkreten Neubaumaßnahme ergeben haben bzw. andernfalls für einen äquivalenten Neubau zu ermitteln sind. Handelt es sich bei dem zu aktivierenden Vermögensgegenstand nicht um einen Neubau (zum Beispiel Erwerb einer gebrauchten Immobilie), so ist zur Vereinfachung eine schematische Ermittlung von äquivalentem Neubauwert einer vergleichbaren Anlage und anteiligem Komponentenwert zulässig.
- Abrisskosten sind als Teil der Maßnahme zusammen mit dieser aktivierungsfähig. Bei außergewöhnlichen Umständen (z.B. Asbestsanierung) ist eine einzelfallbezogene Betrachtung vorzunehmen, wobei ggf. außerplanmäßige Abschreibungen zu prüfen wären.

3) Abgrenzung gegenüber laufendem Aufwand

Sofern eine Aktivierung der Maßnahme – nach § 36 Absatz 2 bzw. Absatz 5 KomHVO oder unter Berücksichtigung der bisherigen Regelungen zur wesentlichen Verbesserung (§ 34 Absatz 3 Satz 1 KomHVO), die weiterhin Anwendung finden – nicht erfolgen kann bzw. nicht erfolgt, stellt die Maßnahme nach wie vor Aufwand dar.

Auch bei erfolgter Komponentenbildung bleiben Instandhaltungen, die nicht zumindest den wesentlichen Teil einer Komponente betreffen und auch ansonsten nicht aktiviert werden können, weiterhin Aufwand.

4) Höhe der möglichen Aktivierung und weitere bilanzielle bzw. ergebniswirksame Aspekte

- Die Aktivierung ist i.d.R. in Höhe der Anschaffungs- bzw. Herstellungskosten der Maßnahme vorzunehmen. Es wird darauf hingewiesen, dass beispielsweise Aufwendungen für die Planung, die durch stadteigenes Personal erbracht werden, als aktivierte Eigenleistung Teil der aktivierungsfähigen Anschaffungs- Herstellungskosten sein können. Außerdem dürfen bspw. Zinsen für Fremdkapital gemäß § 34 Absatz 4 Satz 2 KomHVO als Herstellungskosten angesetzt werden. Dies ist in geeigneter Weise zu dokumentieren.
- Soweit ein etwaiger Restbuchwert vorhanden ist, wird dieser entsprechend § 44 Absatz 3 KomHVO ausgebucht und zwar ungeachtet dessen, ob das ersetzte Teil separat abgeschrieben wurde. Sollte die Ermittlung des (Rest-)Buchwertes des ersetzten Teils für eine Kommune praktisch nicht durchführbar sein, kann sie die Kosten für die Ersetzung als Anhaltspunkt für die Anschaffungs- bzw. Herstellungskosten zum Zeitpunkt des Kaufs oder der Erstellung verwenden. In diesem Fall – welcher nur bei erstmaliger Anwendung des Kompo-

nentenansatzes für den Vermögensgegenstand auftreten dürfte – sind die historischen Anschaffungs-/Herstellungskosten sowie die erfolgten Abschreibungen um diesen Wert als Abgang zu verzeichnen.

- Es erfolgt keine Neubewertung des Vermögensgegenstandes allein aus Anlass der Komponentenbildung. Eventuell vorhandene stille Reserven (der Vermögensgegenstand hat tatsächlich einen höheren Wert als in der Bilanz ausgewiesen) dürfen nicht aus Anlass der Durchführung einer Maßnahme, die zu einem Komponentenansatz führt, „gehoben werden. Dies würde dem Realisationsprinzip widersprechen, das nach wie vor in der KomHVO (§ 33 Absatz 1 Ziffer 3) verankert ist.
- Die Ergebnisrechnung wird nur insoweit beeinflusst, als Abschreibungen künftig vom Wert des Vermögensgegenstandes einschließlich seiner Komponenten und somit ggf. mit unterschiedlichen bzw. veränderten Nutzungsdauern vorzunehmen sind.
- Bisher nach § 36 Absatz 3 GemHVO gebildete Rückstellungen für unterbliebene Instandhaltung dürfen nicht aufgelöst werden, solange die unterbliebene Instandhaltung noch nicht nachgeholt ist. Derartige Rückstellungen sind deshalb im Jahresabschluss desjenigen Jahres auszubuchen – d.h. in der Höhe ertragswirksam aufzulösen – in welcher durch die Maßnahme und dem nunmehr erfolgten komponentenweisen Ansatz eine Aktivierung (auch bereits als „Anlage im Bau) erfolgt ist bzw. in der Höhe in Anspruch zu nehmen („verbrauchen), in der die Maßnahme nicht aktivierungsfähig ist. Die Berücksichtigung der ertragswirksamen Auflösungen in der Haushaltsplanung ist denkbar, jedoch vorsichtig vorzunehmen.
- Sonderposten sind gemäß § 44 Absatz 5 KomHVO analog zur Bildung der Komponente am Vermögensgegenstand zu behandeln und dementsprechend aufzulösen.
- Die Auszahlung für die Maßnahme, welche die Komponentenbildung begründet, ist als Investition zu buchen.
- Die Finanzierung der Maßnahme über Investitionskredit ist – sofern die übrigen Voraussetzungen der Kreditaufnahme gegeben sind – zulässig.

II. § 36 Absatz 5 KomHVO

1) § 36 Absatz 5 KomHVO ist nur anzuwenden, sofern eine Erhaltungs- oder Instandsetzungsmaßnahme zu einer relevanten und messbaren Verlängerung der wirtschaftlichen Nutzungsdauer geführt hat.

Im Einzelnen ist zu beachten:

- § 36 Absatz 5 KomHVO gilt für diejenigen Vermögensgegenstände des Anlagevermögens, für die von der Möglichkeit des Komponentenansatzes gemäß § 36 Absatz 2 KomHVO kein Gebrauch gemacht wird oder für welche diese Möglichkeit nicht eröffnet ist. Dies sind u.a. Brücken, Verkehrsflächen in nichtbituminöser Bauweise Kunstrasenplätze und auch Mobilien. Wird für den betreffenden Vermögensgegenstand bereits der Komponentenansatz genutzt, kommt die Anwendung des § 36 Absatz 5 KomHVO weder für den Vermögensgegenstand noch für seine Komponenten in Betracht.
- Der Anwendungsbereich des § 36 Absatz 5 KomHVO bezieht sowohl Erhaltungs- oder Instandsetzungsmaßnahmen am Vermögensgegenstand in Gänze wie auch an wesentlichen Elementen desselben mit ein. Ein Element ist dann wesentlich, wenn es bei Gebäuden, Straßen, Wegen und Plätzen die Voraussetzungen für eine Komponentenbildung nach § 36 Absatz 2 KomHVO erfüllt und ansonsten dessen Wert im Einzelnen mindestens 5 Prozent des Wertes einer aktuellen äquivalenten Neubeschaffung bzw. -erstellung beträgt.
- Die Berücksichtigung der Erhaltung oder Instandsetzung wesentlicher Elemente dürfte eher höherwertige und länger nutzbare Vermögensgegenstände des Anlagevermögens wie beispielsweise Kraftfahrzeuge (insbesondere Feuerwehrfahrzeuge), Baumaschinen und bewegliche technische Anlagen und Geräte betreffen. Die konkrete Bildung und Abgrenzung des

jeweiligen wesentlichen Elementes ist vor Ort vorzunehmen und in geeigneter Weise zu dokumentieren.

- § 36 Absatz 5 KomHVO ist nur im Fall einer relevanten und messbaren Verlängerung der wirtschaftlichen Nutzungsdauer anzuwenden. Von einer relevanten Verlängerung kann in der Regel nicht ausgegangen werden, wenn sich die voraussichtliche Nutzungsdauer durch die Maßnahme im Vergleich zur anfänglichen ursprünglichen Nutzungsdauer des Vermögensgegenstandes um weniger als 10 Prozent erhöht. Bei Gebäuden kann die Verlängerung der wirtschaftlichen Nutzungsdauer z.B. entsprechend Anlage 2 der Richtlinie zur Ermittlung des Sachwerts – Sachwertrichtlinie – SW-RL – vom 5. September 2012 ermittelt werden.
- Es ist nicht zu beanstanden, wenn im Rahmen der Prüfung, ob durch die Erhaltungs- oder Instandsetzungsmaßnahme eine Verlängerung der anfänglichen ursprünglichen Nutzungsdauer erreicht wird, eine Abwägung erfolgt, ob der Aufwand für die Ermittlung und Überprüfung der Verlängerung der Nutzungsdauer in einem angemessenen Verhältnis zum daraus resultierenden Ergebnis steht.

2) Liegen die Voraussetzungen nach der Gliederung II. 1) vor, ist der Vermögensgegenstand neu zu bewerten. Sofern die Erhaltungs- oder Instandsetzungsmaßnahme dazu führt, dass beim Vermögensgegenstand eine Wertsteigerung in Höhe der Maßnahme entsteht, ist diese in entsprechender Höhe zu aktivieren.

- Dabei ist der Wertzuwachs durch den Wert der Erhaltungs- oder Instandsetzungsmaßnahme begrenzt.
- Eventuell vorhandene stille Reserven (Vermögensgegenstand hat tatsächlich einen höheren Wert als in der Bilanz ausgewiesen) dürfen nicht aus Anlass der Erhaltungs- oder Instandsetzungsmaßnahme „gehoben werden. Dies würde dem Realisationsprinzip widersprechen, das nach wie vor in der KomHVO (§ 33 Absatz 1 Ziffer 3 KomHVO) verankert ist.
- Sollte ein etwaiger Restbuchwert eines ersetzten wesentlichen Elementes, welches nicht bereits als vollständig abgängig bewertet wird, auszubuchen sein, so ist dies entsprechend § 44 Absatz 3 KomHVO vorzunehmen. Sollte die Ermittlung des (Rest)Buchwertes des ersetzten Elementes für eine Kommune praktisch nicht durchführbar sein, kann sie die Kosten für die Ersetzung als Anhaltspunkt für die Anschaffungs- bzw. Herstellungskosten zum Zeitpunkt des Kaufs oder der Erstellung verwenden. In diesem Fall – welcher nur bei erstmaliger Anwendung des § 36 Absatz 5 KomHVO auftreten dürfte – sind die historischen Anschaffungs-/Herstellungskosten sowie die erfolgten Abschreibungen um diesen Wert als Abgang zu verzeichnen.
- Die Ergebnisrechnung wird nur insoweit beeinflusst, als Abschreibungen künftig vom höheren Wert des Vermögensgegenstandes und über die nunmehr verlängerte Nutzungsdauer (gegenläufige Effekte) vorzunehmen sind.
- Die Auszahlung für die Erhaltungs- oder Instandsetzungsmaßnahme ist als Investition zu buchen.
- Die Finanzierung der Maßnahme über Investitionskredit ist – sofern die übrigen Voraussetzungen der Kreditaufnahme gegeben sind – zulässig.

3) Sofern mehrere Erhaltungs- oder Instandsetzungsmaßnahmen bei einem Vermögensgegenstand (z.B.: Dacherneuerung mit zeitgleicher Renovierung des Gebäudes) durchgeführt werden, so dürfen lediglich diejenigen Maßnahmen aktiviert werden, die zu einer Wertsteigerung führen.

4) Bisher nach § 36 Absatz 3 GemHVO gebildete Rückstellungen für unterbliebene Instandhaltung dürfen nicht aufgelöst werden, solange die unterbliebene Instandhaltung noch nicht nachgeholt ist. Derartige Rückstellungen sind deshalb im Jahresabschluss desjenigen Jahres auszubuchen – d.h. in der Höhe ertragswirksam aufzulösen, in der die Erhaltungs- oder Instandsetzungsmaßnahme aktiviert wird, bzw. in der Höhe in Anspruch zu nehmen („verbrauchen), in der diese konsumtiv zu bewerten ist – in dem die unterbliebene Instandhaltung tatsächlich durchgeführt

wurde. Die Berücksichtigung der ertragswirksamen Auflösungen in der Haushaltsplanung ist zwar denkbar, jedoch zurückhaltend und vorsichtig vorzunehmen.

Sonderposten sind gemäß § 44 Absatz 5 KomHVO analog zum Vermögensgegenstand zu behandeln. Damit ist die Verlängerung der Nutzungsdauer des Vermögensgegenstandes auch entsprechend bei der Auflösung des Sonderpostens zu berücksichtigen.

Ich bitte Sie, die Ihrer Aufsicht unmittelbar unterstehenden Kommunen und die Kommunalaufsichten der Landräte zu informieren. Weiterhin bitte ich Sie, die Kommunalaufsichten der Landräte um Information der dort beaufsichtigten Kommunen zu bitten.

2.15 Auslaufen des Stärkungspakts

Auslaufen des Stärkungspakts Stadtfinanzen für die Kommunen der Stufen 1 und 2; Aufsichtsrechtliche Behandlung bilanziell überschuldeter Kommunen nach Auslaufen des Stärkungspakts

Runderlass des Ministeriums für Heimat, Kommunales, Bau und Gleichstellung
304-46.13-680/20 vom 14. Mai 2021

Für die am Stärkungspakt teilnehmenden Kommunen der Stufen 1 und 2 endet die Geltung des Stärkungspaktgesetzes vom 9. Dezember 2011 (GV. NRW. S. 662), zuletzt geändert durch Gesetz vom 14. April 2022 (GV. NRW. S. 218b), mit Ablauf des 31. Dezember 2021.

Den teilnehmenden Kommunen der Stufen 1 und 2 ist es im Verlauf des im Jahre 2011 aufgelegten Stärkungspakts weit überwiegend gelungen, die laufende Haushaltsplanung strukturell ausgeglichen zu gestalten und dies auch in den entsprechenden Jahresabschlüssen nachzuweisen. Das wesentliche Ziel des Stärkungspaktes Stadtfinanzen, Kommunen in besonderen Haushaltsnotlagen durch aktive Begleitung in die Lage zu versetzen, den strukturellen Haushaltsausgleich wiederherzustellen, ist so erreicht.

Für die Zeit ab dem Auslaufen des Stärkungspakts gebe ich folgende Hinweise:

1.

Ab dem 1. Januar 2022 gelten für die Haushaltswirtschaft der am Stärkungspakt teilnehmenden Kommunen der Stufen 1 und 2 wieder uneingeschränkt die allgemeinen Vorschriften der Gemeindeordnung für das Land Nordrhein-Westfalen sowie der Kommunalhaushaltsverordnung Nordrhein-Westfalen in der jeweils geltenden Fassung.

2.

In der Folge sind die Haushaltssatzungen für die Haushaltsjahre ab 2022 gemäß § 80 Absatz 5 GO NRW den nach § 120 GO NRW zuständigen allgemeinen Aufsichtsbehörden anzuzeigen.

3.

Für Kommunen, die nach Ablauf des Stärkungspaktes einen nicht durch Eigenkapital gedeckten Fehlbetrag aufweisen, bedarf es jedoch einer Klarstellung hinsichtlich der Frage, welche aufsichtsrechtlichen Regelungen Anwendung finden.

Insoweit bitte ich deshalb, mit Haushalten bilanziell überschuldeter Kommunen, die für die Jahre 2022 ff. strukturell ausgeglichen aufgestellt, beschlossen und der Kommunalaufsicht vorgelegt werden, bis auf Weiteres wie folgt zu verfahren:

- Diese Haushalte unterliegen der Verpflichtung zur Aufstellung bzw. jährlichen Fortschreibung eines Haushaltssicherungskonzeptes (HSK) gemäß § 76 Abs. 1 GO NRW. Dies folgt aus der Feststellung, dass bereits die Planung des vollständigen Verbrauchs der Allgemeinen Rücklage innerhalb der mittelfristigen Ergebnis- und Finanzplanung eine Verpflichtung zur Aufstellung eines HSKs auslöst (§ 76 Abs. 1 Satz 1 Nr. 3 GO NRW). Erst recht muss dies deshalb bei einer bereits eingetretenen bzw. fortdauernden bilanziellen Überschuldung gelten.

- Die Haushaltssatzung ist mit den erforderlichen Anlagen und dem (fortgeschriebenen) HSK der jeweiligen allgemeinen Aufsichtsbehörde vorzulegen. Die Veröffentlichung der Haushaltssatzung kann unter Berücksichtigung von §§ 76 Abs. 2 Satz 1 und 2 i.V.m 80 Abs. 5 Satz 6 GO NRW nach entsprechender Genehmigung des HSKs erfolgen.
- Voraussetzung für die Erteilung dieser Genehmigung ist die Darstellung eines laufenden Haushaltsausgleichs gemäß § 75 Abs. 2 Satz 1 und 2 GO NRW sowohl im Haushaltsjahr wie auch in sämtlichen Jahren der mittelfristigen Ergebnis- und Finanzplanung nach § 84 GO NRW. Die Darstellung des vollständigen Abbaus der bilanziellen Überschuldung und somit die Herstellung eines rechtmäßigen Zustandes ist als Ziel der Haushaltssicherung anzustreben, jedoch nicht Voraussetzung für die Erteilung einer Genehmigung für ein unter Berücksichtigung dieses Erlasses aufgestelltes Haushaltssicherungskonzept.
- Geplante Defizite im Haushaltsjahr wie auch in Jahren der mittelfristigen Ergebnis- und Finanzplanung stehen der Erteilung der Genehmigung des HSKs bzw. dessen jährlicher Fortschreibung nicht entgegen, wenn die Kommune belastbar darlegen kann, dass die Ausgleichsziele des § 75 Abs. 2 Satz 1 und 2 GO NRW bezogen auf das Haushaltsjahr und die Jahre der mittelfristigen Ergebnis- und Finanzplanung in Gänze betrachtet – d.h. mit der Möglichkeit eines Ausgleichs von Schwankungen aus erzielten Überschüssen – erfüllt werden. Dies gilt auch für einen im Jahresabschluss erstmalig auftretenden Fehlbetrag.

Im Rahmen eines veröffentlichungsfähigen Haushaltes ist es der Kommune unbenommen, gestaltende Entscheidungen wie u.a. die zu Hebesätzen für kommunale Realsteuern zu treffen, wobei sie der weiterhin erforderlichen Darstellung der v.g. Haushaltsausgleiche Rechnung zu tragen hat.

Der tatsächlich realisierte originäre Haushaltsausgleich im Jahresabschluss der Kommune und damit die Vermeidung einer Ausweitung des rechtswidrigen nicht durch Eigenkapital gedeckten Fehlbetrages bei gleichzeitiger Eröffnung von kommunalen Gestaltungsoptionen ist als Ziel dieses Verfahrens anzustreben. Unterstützend bietet sich die Fortsetzung eines an den Regelungen des Stärkungspakts orientierten – auch unterjährigen – Berichtswesens an.

Ich bitte Sie, die Ihrer Aufsicht unmittelbar unterstehenden Kommunen und die Kommunalaufsichten der Landräte zu informieren. Weiterhin bitte ich Sie, die Kommunalaufsichten der Landräte um Information der dort beaufsichtigten Kommunen zu bitten.

2.16 Abgrenzung von Erhaltungsaufwand

Abgrenzung von Anschaffungskosten, Herstellungskosten und Erhaltungsaufwendungen bei der Instandsetzung und Modernisierung von Gebäuden

BFH-Urteile vom 9. Mai 1995 (BStBl 1996 II S. 628, 630, 632, 637), vom 10. Mai 1995 (BStBl 1996 II S. 639) und vom 16. Juli 1996 (BStBl 1996 II S. 649) sowie vom 12. September 2001 (BStBl 2003 II S. 569, 574) und vom 22. Januar 2003 (BStBl 2003 II S. 596)

BMF-Schreiben IV C 3 – S 2211 – 94/03 vom 18. Juli 2003 (BStBl 2003 I S. 386)

Mit o. a. Urteilen hat der Bundesfinanzhof zur Abgrenzung von Anschaffungskosten, Herstellungskosten und sofort abziehbaren Erhaltungsaufwendungen bei Instandsetzung und Modernisierung eines Gebäudes entschieden. Unter Bezugnahme auf das Ergebnis der Erörterung mit den obersten Finanzbehörden der Länder nimmt das BMF zur Anwendung der Urteilsgrundsätze wie folgt Stellung:

I. Anschaffungskosten zur Herstellung der Betriebsbereitschaft

1 Anschaffungskosten eines Gebäudes sind die Aufwendungen, die geleistet werden, um das Gebäude zu erwerben und es in einen betriebsbereiten Zustand zu versetzen, soweit sie dem Gebäude einzeln zugeordnet werden können, ferner die Nebenkosten und die nachträglichen Anschaffungskosten (§ 255 Abs. 1 HGB).

2 Ein Gebäude ist betriebsbereit, wenn es entsprechend seiner Zweckbestimmung genutzt werden kann. Die Betriebsbereitschaft ist bei einem Gebäude für jeden Teil des Gebäudes, der nach seiner Zweckbestimmung selbständig genutzt werden soll, gesondert zu prüfen. Dies gilt auch für Gebäudeteile (z. B. die einzelnen Wohnungen eines Mietwohngebäudes), die als Folge des einheitlichen Nutzungs- und Funktionszusammenhangs mit dem Gebäude keine selbständigen Wirtschaftsgüter sind (vgl. § 7 Abs. 5a EStG und R 13 Abs. 3 EStR 2001).

3 Nutzt der Erwerber das Gebäude ab dem Zeitpunkt der Anschaffung (d. h. ab Übergang von Besitz, Gefahr, Nutzungen und Lasten) zur Erzielung von Einkünften oder zu eigenen Wohnzwecken, ist es ab diesem Zeitpunkt grundsätzlich betriebsbereit. Instandsetzungs- und Modernisierungsaufwendungen können in diesem Fall keine Anschaffungskosten im Sinne des § 255 Abs. 1 Satz 1 HGB sein (vgl. jedoch Rz. 6). Dies gilt nicht, wenn der Erwerber ein vermietetes Gebäude erworben hat und umgehend die Mietverträge kündigt, weil das Gebäude aus der Sicht des Erwerbers nicht zur Erzielung der vor der Veräußerung erwirtschafteten Einkünfte aus Vermietung und Verpachtung bestimmt war, auch wenn diese während einer kurzen Übergangszeit tatsächlich erzielt wurden.

4 Wird das Gebäude im Zeitpunkt der Anschaffung nicht genutzt, ist zunächst offen, ob es aus Sicht des Erwerbers betriebsbereit ist. Führt der Erwerber im Anschluss an den Erwerb und vor der erstmaligen Nutzung Baumaßnahmen durch, um das Gebäude entsprechend seiner Zweckbestimmung nutzen zu können, sind die Aufwendungen hierfür Anschaffungskosten. Zweckbestimmung bedeutet die konkrete Art und Weise, in der der Erwerber das Gebäude zur Erzielung von Einnahmen im Rahmen einer Einkunftsart nutzen will (z. B. ob er das Gebäude zu Wohnzwecken oder als Büroraum nutzen will).

1. Herstellung der Funktionstüchtigkeit

5 Die Betriebsbereitschaft setzt die objektive und subjektive Funktionstüchtigkeit des Gebäudes voraus.

1.1 Objektive Funktionsuntüchtigkeit

6 Ein Gebäude ist objektiv funktionsuntüchtig, wenn für den Gebrauch wesentliche Teile objektiv nicht nutzbar sind. Dies gilt unabhängig davon, ob das Gebäude im Zeitpunkt der Anschaffung bereits genutzt wird oder leer steht. Mängel, vor allem durch Verschleiß, die durch laufende Reparaturen beseitigt werden, schließen die Funktionstüchtigkeit hingegen nicht aus. Werden für den Gebrauch wesentliche Teile des Gebäudes funktionstüchtig gemacht, führen die Aufwendungen zu Anschaffungskosten.

1.2 Subjektive Funktionsuntüchtigkeit

7 Ein Gebäude ist subjektiv funktionsuntüchtig, wenn es für die konkrete Zweckbestimmung des Erwerbers nicht nutzbar ist. Aufwendungen für Baumaßnahmen, welche zur Zweckerreichung erforderlich sind, führen zu Anschaffungskosten.

8 *Beispiele:*
- Die Elektroinstallation eines Gebäudes, die für Wohnzwecke, jedoch nicht für ein Büro brauchbar ist, wird für die Nutzung als Bürogebäude erneuert.
- Büroräume, die bisher als Anwaltskanzlei genutzt wurden, werden zu einer Zahnarztpraxis umgebaut.

2. Hebung des Standards

9 Zur Zweckbestimmung gehört auch die Entscheidung, welchem Standard das Gebäude künftig entsprechen soll (sehr einfach, mittel oder sehr anspruchsvoll). Baumaßnahmen, die das Gebäude auf einen höheren Standard bringen, machen es betriebsbereit; ihre Kosten sind Anschaffungskosten.

10 Der Standard eines Wohngebäudes bezieht sich auf die Eigenschaften einer Wohnung. Wesentlich sind vor allem Umfang und Qualität der Heizungs-, Sanitär- und Elektroinstallationen sowie der Fenster (zentrale Ausstattungsmerkmale). Führt ein Bündel von Baumaßnahmen bei mindestens drei Bereichen der zentralen Ausstattungsmerkmale zu einer Erhöhung und Erweiterung des Gebrauchwertes, hebt sich der Standard eines Gebäudes.

2.1 Sehr einfacher Standard

11 Sehr einfacher Wohnungsstandard liegt vor, wenn die zentralen Ausstattungsmerkmale im Zeitpunkt der Anschaffung nur im nötigen Umfang oder in einem technisch überholten Zustand vorhanden sind.

Beispiele:
- Das Bad besitzt kein Handwaschbecken.
- Das Bad ist nicht beheizbar.
- Eine Entlüftung ist im Bad nicht vorhanden.
- Die Wände im Bad sind nicht überwiegend gefliest.
- Die Badewanne steht ohne Verblendung frei.
- Es ist lediglich ein Badeofen vorhanden.
- Die Fenster haben nur eine Einfachverglasung.
- Es ist eine technisch überholte Heizungsanlage vorhanden (z. B. Kohleöfen).
- Die Elektroversorgung ist unzureichend.

2.2 Mittlerer Standard

12 Mittlerer Standard liegt vor, wenn die zentralen Ausstattungsmerkmale durchschnittlichen und selbst höheren Ansprüchen genügen.

2.3 Sehr anspruchsvoller Standard (Luxussanierung)

13 Sehr anspruchsvoller Standard liegt vor, wenn bei dem Einbau der zentralen Ausstattungsmerkmale nicht nur das Zweckmäßige, sondern das Mögliche, vor allem durch den Einbau außergewöhnlich hochwertiger Materialien, verwendet wurde (Luxussanierung).

2.4 Standardhebung und Erweiterung im Sinne des § 255 Abs. 2 Satz 1 HGB

14 Treffen Baumaßnahmen, die ihrer Art nach – z. B. als Erweiterung im Sinne von § 255 Abs. 2 Satz 1 HGB (vgl. Rz. 19 bis 24) – stets zu Herstellungskosten führen und einen der den Nutzungswert eines Gebäudes bestimmenden Bereiche der zentralen Ausstattungsmerkmale betreffen, mit der Verbesserung von mindestens zwei weiteren Bereichen der zentralen Ausstattungsmerkmale zusammen, ist ebenfalls eine Hebung des Standards anzunehmen.

Beispiel:
Im Anschluss an den Erwerb eines leerstehenden, bisher als Büro genutzten Einfamilienhauses, das für eine Vermietung zu fremden Wohnzwecken vorgesehen ist, wird im bisher nicht ausgebauten Dachgeschoss ein zusätzliches Badezimmer eingerichtet. Außerdem werden einfach verglaste Fenster durch isolierte Sprossenfenster ersetzt und die Leistungskapazität der Elektroinstallation durch den Einbau dreiphasiger an Stelle zweiphasiger Elektroleitungen maßgeblich aufgebessert sowie die Zahl der Anschlüsse deutlich gesteigert.
Neben die Erweiterung des Gebäudes als Herstellungskosten im Sinne des § 255 Abs. 2 Satz 1 HGB durch den Einbau des Badezimmers tritt die Verbesserung von zwei weiteren Bereichen der zentralen Ausstattungsmerkmale ein. Die hierdurch verursachten Aufwendungen führen zu Anschaffungskosten des Gebäudes.

3. Unentgeltlicher oder teilentgeltlicher Erwerb

15 Aufwendungen für Baumaßnahmen, die das Gebäude in einen betriebsbereiten Zustand versetzen, führen bei einem unentgeltlichen Erwerb mangels Anschaffung im Sinne des § 255 Abs. 1 HGB nicht zu Anschaffungskosten; vielmehr handelt es sich um Erhaltungsaufwendungen oder, sofern die Voraussetzungen des § 255 Abs. 2 HGB erfüllt sind (vgl. Rz. 17 bis 32), um Herstellungskosten.
16 Bei einem teilentgeltlichen Erwerb können Anschaffungskosten zur Herstellung der Betriebsbereitschaft nur im Verhältnis zum entgeltlichen Teil des Erwerbvorganges gegeben sein. Im Übrigen liegen Erhaltungsaufwendungen oder, sofern die Voraussetzungen des § 255 Abs. 2 HGB erfüllt sind (vgl. Rz. 17 bis 32), Herstellungskosten vor.

II. Herstellungskosten

17 Herstellungskosten eines Gebäudes sind nach § 255 Abs. 2 Satz 1 HGB Aufwendungen für die Herstellung eines Gebäudes sowie Aufwendungen, die für die Erweiterung oder für die über den ursprünglichen Zustand hinausgehende wesentliche Verbesserung eines Gebäudes entstehen.

1. Herstellung

18 Instandsetzungs- und Modernisierungsarbeiten können ausnahmsweise auch im Zusammenhang mit der (Neu-)Herstellung eines Gebäudes stehen. Dies ist der Fall, wenn das Gebäude so sehr abgenutzt ist, dass es unbrauchbar geworden ist (Vollverschleiß), und durch die Instandsetzungsarbeiten unter Verwendung der übrigen noch nutzbaren Teile ein neues Gebäude hergestellt wird. Ein Vollverschleiß liegt vor, wenn das Gebäude schwere Substanzschäden an den für die Nutzbarkeit als Bau und die Nutzungsdauer des Gebäudes bestimmenden Teilen hat.

2. Erweiterung

19 Instandsetzungs- und Modernisierungsaufwendungen bilden unabhängig von ihrer Höhe Herstellungskosten, wenn sie für eine Erweiterung i. S. von § 255 Abs. 2 Satz 1 HGB entstehen. R 157 Abs. 3 Satz 2 EStR 2001 bleibt unberührt.
Eine Erweiterung liegt in folgenden Fällen vor:

2.1 Aufstockung oder Anbau

20 Ein Gebäude wird aufgestockt oder ein Anbau daran errichtet.

2.2 Vergrößerung der nutzbaren Fläche

21 Die nutzbare Fläche des Gebäudes wird vergrößert. Hierfür reicht es aus, wenn die Baumaßnahmen zu einer- wenn auch nur geringfügigen – Vergrößerung der Nutzfläche führen. Die Nutzfläche ist in sinngemäßer Anwendung der §§ 42 und 44 der II. Berechnungsverordnung zu ermitteln. Von Herstellungskosten ist z. B. auszugehen, wenn die Nutzfläche durch eine zuvor nicht vorhandene Dachgaube, den Anbau eines Balkons oder einer Terrasse über die ganze Gebäudebreite vergrößert wird oder durch ein das Flachdach ersetzendes Satteldach erstmals ausbaufähiger Dachraum geschaffen wird (vgl. BFH-Urteil vom 19. Juni 1991 – BStBl 1992 II S. 73).

2.3 Vermehrung der Substanz

22 Ein Gebäude wird in seiner Substanz vermehrt, ohne dass zugleich seine nutzbare Fläche vergrößert wird, z. B. bei Einsetzen von zusätzlichen Trennwänden, bei Errichtung einer Außentreppe, bei Einbau einer Alarmanlage (vgl. BFH-Urteil vom 16. Februar 1993 – BStBl II S. 544), einer Sonnenmarkise (vgl. BFH-Urteil vom 29. August 1989 – BStBl 1990 II S. 430), einer Treppe zum Spitzboden, eines Kachelofens oder eines Kamins.

23 Keine zu Herstellungsaufwendungen führende Substanzmehrung liegt dagegen vor, wenn der neue Gebäudebestandteil oder die neue Anlage die Funktion des bisherigen Gebäudebestandteils für das Gebäude in vergleichbarer Weise erfüllen. Erhaltungsaufwendungen können daher auch angenommen werden, wenn der neue Gebäudebestandteil für sich betrachtet nicht die gleiche Beschaffenheit aufweist wie der bisherige Gebäudebestandteil oder die Anlage technisch nicht in der gleichen Weise wirkt, sondern lediglich entsprechend dem technischen Fortschritt modernisiert worden ist. Von einer Substanzmehrung ist danach regelmäßig z. B. nicht auszugehen bei

- Anbringen einer zusätzlichen Fassadenverkleidung (z. B. Eternitverkleidung oder Verkleidung mit Hartschaumplatten und Sichtklinker) zu Wärme- oder Schallschutzzwecken (vgl. BFH-Urteil vom 13. März 1979 – BStBl II S. 435),
- Umstellung einer Heizungsanlage von Einzelöfen auf eine Zentralheizung (vgl. BFH-Urteil vom 24. Juli 1979 – BStBl 1980 II S. 7),
- Ersatz eines Flachdaches durch ein Satteldach, wenn dadurch lediglich eine größere Raumhöhe geschaffen wird, ohne die nutzbare Fläche und damit die Nutzungsmöglichkeit zu erweitern,
- Vergrößern eines bereits vorhandenen Fensters oder
- Versetzen von Wänden.

24 Ein neuer Gebäudebestandteil erfüllt auch dann regelmäßig die Funktion des bisherigen Gebäudebestandteils in vergleichbarer Weise, wenn er dem Gebäude lediglich deshalb hinzugefügt wird, um bereits eingetretene Schäden zu beseitigen oder einen konkret drohenden Schaden abzuwenden. Das ist z. B. der Fall bei Anbringung einer Betonvorsatzschale zur Trockenlegung der durchfeuchteten Fundamente (insoweit entgegen BFH-Urteil vom 10. Mai 1995 – BStBl 1996 II S. 639), bei Überdachung von Wohnungszugängen oder einer Dachterrasse mit einem Glasdach zum Schutz vor weiteren Wasserschäden (vgl. BFH-Urteil vom 24. Februar 1981 – BStBl II S. 468).

3. Über den ursprünglichen Zustand hinausgehende wesentliche Verbesserung

25 Instandsetzungs- oder Modernisierungsaufwendungen sind, soweit sie nicht als Folge der Herstellung der Betriebsbereitschaft bereits zu den Anschaffungskosten gehören, nach § 255 Abs. 2 Satz 1 HGB als Herstellungskosten zu behandeln, wenn sie zu einer über den ursprünglichen Zustand hinausgehenden wesentlichen Verbesserung führen. Dies gilt auch, wenn oder soweit das Gebäude unentgeltlich erworben wurde.

3.1 Ursprünglicher Zustand

26 Ursprünglicher Zustand i. S. von § 255 Abs. 2 Satz 1 HGB ist grundsätzlich der Zustand des Gebäudes im Zeitpunkt der Herstellung oder Anschaffung durch den Steuerpflichtigen oder seinen Rechtsvorgänger im Fall des unentgeltlichen Erwerbs. Erforderlich ist danach ein Vergleich des Zustands des Gebäudes, in dem es sich bei Herstellung oder Anschaffung befunden hat, mit dem Zustand, in den es durch die vorgenommenen Instandsetzungs- oder Modernisierungsarbeiten versetzt worden ist. Hiervon abweichend ist in Fällen, in denen die ursprünglichen Herstellungs- oder Anschaffungskosten zwischenzeitlich z. B. durch anderweitige Herstellungs- oder Anschaffungskosten, durch Absetzungen für außergewöhnliche Abnutzung nach § 7 Abs. 4 Satz 3 i. V. m. Abs. 1 Satz 5 EStG oder durch Teilwertabschreibung verändert worden sind, für den Vergleich auf den für die geänderte AfA-Bemessungsgrundlage maßgebenden Zustand abzustellen. Wird ein Gebäude dem Betriebsvermögen entnommen oder in das Betriebsvermögen eingelegt, kommt es für die Bestimmung des ursprünglichen Zustandes auf den Zeitpunkt der Entnahme oder der Einlage an.

3.2 Wesentliche Verbesserung

27 Eine wesentliche Verbesserung i. S. von § 255 Abs. 2 Satz 1 HGB liegt nicht bereits dann vor, wenn ein Gebäude generalüberholt wird, d. h. Aufwendungen, die für sich genommen als Erhaltungsaufwendungen zu beurteilen sind, in ungewöhnlicher Höhe zusammengeballt in einem Veranlagungszeitraum oder Wirtschaftsjahr anfallen.

28 Eine wesentliche Verbesserung i. S. von § 255 Abs. 2 Satz 1 HGB und damit Herstellungskosten sind vielmehr erst dann gegeben, wenn die Maßnahmen zur Instandsetzung und Modernisierung eines Gebäudes in ihrer Gesamtheit über eine zeitgemäße substanzerhaltende (Bestandteil-)Erneuerung hinausgehen, den Gebrauchswert des Gebäudes insgesamt deutlich erhöhen und damit für die Zukunft eine erweiterte Nutzungsmöglichkeit geschaffen wird. Von einer deutlichen Erhöhung des Gebrauchswerts ist z. B. auszugehen, wenn der Gebrauchswert des Gebäudes (Nutzungspotential) von einem sehr einfachen auf einen mittleren oder von einem mittleren auf einen sehr anspruchsvollen Standard gehoben wird. Zum Standard des Wohngebäudes vgl. Rz. 9 bis 14.

29 Instandsetzungs- oder Modernisierungsmaßnahmen, die über eine substanzerhaltende Erneuerung nicht hinausgehen, sind bei dieser Prüfung grundsätzlich außer Betracht zu lassen.

30 Eine substanzerhaltende (Bestandteil-)Erneuerung liegt vor, wenn ein Gebäude durch die Ersetzung einzelner Bestandteile oder Instandsetzungs- oder Modernisierungsmaßnahmen an dem Gebäude als Ganzem lediglich in ordnungsgemäßem Zustand entsprechend seinem ursprünglichen Zustand erhalten oder dieser in zeitgemäßer Form wiederhergestellt wird. Dem Gebäude wird in diesem Fall nur der zeitgemäße Wohnkomfort wiedergegeben, den es ursprünglich besessen, aber durch den technischen Fortschritt und die Veränderung der Lebensgewohnheiten verloren hat.

Beispiel:

Der Eigentümer eines bewohnten verwahrlosten Wohnhauses lässt die alten Kohleöfen durch eine moderne Heizungsanlage ersetzen. Er baut an Stelle der einfach verglasten Fenster Isolierglasfenster ein. Er modernisiert das Bad, wobei er neben der Badewanne separat eine Dusche einbaut. Außerdem lässt er es durchgängig fliesen. Im Übrigen lässt er Schönheitsreparaturen durchführen.

Hinsichtlich der Aufwendungen für die zentralen Ausstattungsmerkmale liegen Herstellungskosten als wesentliche Verbesserung i. S. von § 255 Abs. 2 Satz 1 HGB vor. Bei den Schönheitsreparaturen handelt es sich um sofort abziehbare Erhaltungsaufwendungen (vgl. aber Rz. 33 bis 35).

3.3 Sanierung in Raten

31 Aufwendungen für Baumaßnahmen innerhalb eines Veranlagungszeitraumes oder Wirtschaftsjahres sind Herstellungskosten i. S. von § 255 Abs. 2 Satz 1 HGB, wenn die Baumaßnahmen zwar für sich gesehen noch nicht zu einer wesentlichen Verbesserung führen, wenn sie aber Teil einer Gesamtmaßnahme sind, die sich planmäßig in zeitlichem Zusammenhang über mehrere Veranlagungszeiträume erstreckt und die insgesamt zu einer Hebung des Standards führt (Sanierung in Raten). Von einer Sanierung in Raten ist grundsätzlich auszugehen, wenn die Maßnahmen innerhalb eines Fünfjahreszeitraumes durchgeführt worden sind.

3.4 Baumaßnahmen, die nur einen Teil des Gebäudes betreffen

32 Wird ein Gebäude in der Weise saniert, dass von einer Vielzahl von Wohnungen nur der Gebrauchswert einer oder mehrerer Wohnungen erhöht wird, sind die dafür entstandenen Aufwendungen Herstellungskosten i. S. von § 255 Abs. 2 Satz 1 HGB.

III. Zusammentreffen von Anschaffungs- oder Herstellungskosten mit Erhaltungsaufwendungen

33 Sind im Rahmen einer umfassenden Instandsetzungs- und Modernisierungsmaßnahme sowohl Arbeiten zur Schaffung eines betriebsbereiten Zustandes, zur Erweiterung des Gebäudes oder Maßnahmen, die über eine zeitgemäße substanzerhaltende Erneuerung hinausgehen, als auch Erhaltungsarbeiten durchgeführt worden, sind die hierauf jeweils entfallenden Aufwendungen grundsätzlich – ggf. im Wege der Schätzung – in Anschaffungs- oder Herstellungskosten und Erhaltungsaufwendungen aufzuteilen, die mit den jeweiligen Aufwendungsarten im Zusammenhang stehen.

Beispiel:
Ein für die Gesamtmaßnahme geleistetes Architektenhonorar oder Aufwendungen für Reinigungsarbeiten sind entsprechend dem Verhältnis von Anschaffungs- oder Herstellungskosten und Erhaltungsaufwendungen aufzuteilen.

34 Aufwendungen für ein Bündel von Einzelmaßnahmen, die für sich genommen teils Anschaffungskosten oder Herstellungskosten, teils Erhaltungsaufwendungen darstellen, sind insgesamt als Anschaffungskosten oder Herstellungskosten zu beurteilen, wenn die Arbeiten im sachlichen Zusammenhang stehen.

35 Ein sachlicher Zusammenhang in diesem Sinne liegt vor, wenn die einzelnen Baumaßnahmen – die sich auch über mehrere Jahre erstrecken können – bautechnisch ineinander greifen. Ein bautechnisches Ineinandergreifen ist gegeben, wenn die Erhaltungsarbeiten

- Vorbedingung für Schaffung des betriebsbereiten Zustandes oder für die Herstellungsarbeiten oder
- durch Maßnahmen, welche den betriebsbereiten Zustand schaffen, oder durch Herstellungsarbeiten veranlasst (verursacht) worden

sind.

Beispiel 1:
Um eine Überbauung zwischen zwei vorhandenen Gebäuden durchführen zu können, sind zunächst Ausbesserungsarbeiten an den Fundamenten des einen Gebäudes notwendig (vgl. BFH-Urteil vom 9. März 1962 – BStBl III S. 195).

Ein solcher Zusammenhang wird nicht dadurch gelöst, dass die Arbeiten in verschiedenen Stockwerken des Gebäudes ausgeführt werden.

Beispiel 2:
Im Dachgeschoss eines mehrgeschossigen Gebäudes werden erstmals Bäder eingebaut. Diese Herstellungsarbeiten machen das Verlegen von größeren Fallrohren bis zum Anschluss an das öffentliche Abwassernetz erforderlich. Die hierdurch entstandenen Aufwendungen sind ebenso wie die Kosten für die Beseitigung der Schäden, die durch das Verlegen der größeren Fallrohre in den Badezimmern der darunter liegenden Stockwerke entstanden sind, den Herstellungskosten zuzurechnen.

Von einem bautechnischen Ineinandergreifen ist nicht allein deswegen auszugehen, weil der Steuerpflichtige solche Herstellungsarbeiten zum Anlass nimmt, auch sonstige anstehende Renovierungsarbeiten vorzunehmen. Allein die gleichzeitige Durchführung der Arbeiten, z. B. um die mit den Arbeiten verbundenen Unannehmlichkeiten abzukürzen, reicht für einen solchen sachlichen Zusammenhang nicht aus. Ebenso wird ein sachlicher Zusammenhang nicht dadurch hergestellt, dass die Arbeiten unter dem Gesichtspunkt der rationellen Abwicklung eine bestimmte zeitliche Abfolge der einzelnen Maßnahmen erforderlich machen – die Arbeiten aber ebenso unabhängig voneinander hätten durchgeführt werden können.

Beispiel 3:
Wie Beispiel 2, jedoch werden die Arbeiten in den Bädern der übrigen Stockwerke zum Anlass genommen, diese Bäder vollständig neu zu verfliesen und neue Sanitäranlagen einzubauen. Diese Modernisierungsarbeiten greifen mit den Herstellungsarbeiten (Verlegung neuer Fallrohre) nicht bautechnisch ineinander. Die Aufwendungen führen daher zu Erhaltungsaufwendungen. Die einheitlich in Rechnung gestellten Aufwendungen für die Beseitigung der durch das Verlegen der größeren Fallrohre entstandenen Schäden und für die vollständige Neuverfliesung sind dementsprechend in Herstellungs- und Erhaltungsaufwendungen aufzuteilen.

Beispiel 4:
Durch das Aufsetzen einer Dachgaube wird die nutzbare Fläche des Gebäudes geringfügig vergrößert. Diese Maßnahme wird zum Anlass genommen, gleichzeitig das alte, schadhafte Dach neu einzudecken. Die Erneuerung der gesamten Dachziegel steht insoweit nicht in einem bautechnischen Zusammenhang mit der Erweiterungsmaßnahme. Die Aufwendungen für Dachziegel, die zur Deckung der neuen Gauben verwendet werden, sind Herstellungskosten, die Aufwendungen für die übrigen Dachziegel sind Erhaltungsaufwendungen.

Beispiel 5:
Im Zusammenhang mit einer Erweiterungsmaßnahme erhält ein Gebäude ein zusätzliches Fenster. Zudem wird die Einfachverglasung der schon vorhandenen Fenster durch Isolierverglasung ersetzt. Die Erneuerung der bestehenden Fenster ist nicht durch die Erweiterungsmaßnahme und das Einsetzen des zusätzlichen Fensters veranlasst, greift daher nicht bautechnisch mit diesen Maßnahmen ineinander (insoweit entgegen BFH-Urteil vom 9. Mai 1995 – IX R 2/94 –, BStBl 1996 II S. 637). Die auf die Fenstererneuerung entfallenden Aufwendungen können demnach als Erhaltungsaufwendungen abgezogen werden.

IV. Feststellungslast

36 Die Feststellungslast für die Tatsachen, die eine Behandlung als Anschaffungs- oder Herstellungskosten begründen (wie z. B. die Herstellung der Betriebsbereitschaft oder eine wesentliche Verbesserung über den ursprünglichen Zustand hinaus), trägt das Finanzamt. Soweit das Finanzamt nicht in der Lage ist, den Zustand des Gebäudes im Zeitpunkt der Anschaffung (vgl. Rz. 5 bis 16) oder den ursprünglichen Zustand im Sinne des § 255 Abs. 2 HGB (vgl. Rz. 25 bis 32) festzustellen, trifft den Steuerpflichtigen hierbei eine erhöhte Mitwirkungspflicht (§ 90 Abs. 1

Satz 3 AO). Kann der maßgebliche Zustand des Wohngebäudes nicht sicher festgestellt werden, kann das Finanzamt aus Indizien auf die Hebung des Standards eines Gebäudes und somit auf Anschaffungs- oder Herstellungskosten schließen.

37 Indizien für die Hebung des Standards liegen vor, wenn

- ein Gebäude in zeitlicher Nähe zum Erwerb im Ganzen und von Grund auf modernisiert wird,
- hohe Aufwendungen für die Sanierung der zentralen Ausstattungsmerkmale getätigt werden,
- auf Grund dieser Baumaßnahmen der Mietzins erheblich erhöht wird.

38 Ob eine Hebung des Standards vorliegt, ist für die ersten drei Jahre nach Anschaffung des Gebäudes nicht zu prüfen, wenn die Aufwendungen für die Instandsetzung und Modernisierung des Gebäudes insgesamt 15 % der Anschaffungskosten des Gebäudes nicht übersteigen. Dies gilt nicht, wenn sich bei Erwerb des Gebäudes mit mehreren Wohnungen der Standard für einzelne Wohnungen hebt oder die Instandsetzungsmaßnahme der Beginn einer Sanierung in Raten sein kann. Veranlagungen sind vorläufig durchzuführen, solange in diesem Zeitraum die Instandsetzungsarbeiten 15 % der Anschaffungskosten des Gebäudes nicht übersteigen oder wenn eine Sanierung in Raten zu vermuten ist.

V. Anwendungsregelung

39 Dieses Schreiben ersetzt das BMF-Schreiben vom 16. Dezember 1996 (BStBl I S. 1442), welches hiermit aufgehoben wird.

Die Grundsätze dieses Schreibens sind in allen noch offenen Fällen anzuwenden.

Auf Antrag ist dieses Schreiben nicht anzuwenden, wenn mit Baumaßnahmen vor dem Tag der Veröffentlichung des Schreibens im Bundessteuerblatt begonnen wurde.

3. Kommunales Abgaben- und Finanzrecht

3.1 GrStG (ab 2025)

Grundsteuergesetz (GrStG)

vom 7. August 1973 (BGBl. I S. 965),
zuletzt geändert durch Gesetz vom 16. Dezember 2022 (BGBl. I S. 2294)

Inhaltsübersicht

Abschnitt I
Steuerpflicht

§ 1
Heberecht

(1) Die Gemeinde bestimmt, ob von dem in ihrem Gebiet liegenden Grundbesitz Grundsteuer zu erheben ist.

(2) Bestehen in einem Land keine Gemeinden, so stehen das Recht des Absatzes 1 und die in diesem Gesetz bestimmten weiteren Rechte dem Land zu.

(3) Für den in gemeindefreien Gebieten liegenden Grundbesitz bestimmt die Landesregierung durch Rechtsverordnung, wer die nach diesem Gesetz den Gemeinden zustehenden Befugnisse ausübt.

§ 2
Steuergegenstand

Steuergegenstand ist der inländische Grundbesitz im Sinne des Bewertungsgesetzes:

1. die Betriebe der Land- und Forstwirtschaft (§§ 232 bis 234, 240 des Bewertungsgesetzes); diesen stehen die in § 218 Satz 2 des Bewertungsgesetzes bezeichneten Betriebsgrundstücke gleich;
2. die Grundstücke (§§ 243, 244 des Bewertungsgesetzes); diesen stehen die in § 218 Satz 3 des Bewertungsgesetzes bezeichneten Betriebsgrundstücke gleich.

§ 3
Steuerbefreiung für Grundbesitz bestimmter Rechtsträger

(1) Von der Grundsteuer sind befreit

1. Grundbesitz, der von einer inländischen juristischen Person des öffentlichen Rechts für einen öffentlichen Dienst oder Gebrauch benutzt wird. Ausgenommen ist der Grundbesitz, der von Berufsvertretungen und Berufsverbänden sowie von Kassenärztlichen Vereinigungen und Kassenärztlichen Bundesvereinigungen benutzt wird;

1a. (weggefallen)

2. Grundbesitz, der vom Bundeseisenbahnvermögen für Verwaltungszwecke benutzt wird;
3. Grundbesitz, der von
   a) einer inländischen juristischen Person des öffentlichen Rechts,
   b) einer inländischen Körperschaft, Personenvereinigung oder Vermögensmasse, die nach der Satzung, dem Stiftungsgeschäft oder der sonstigen Verfassung und nach ihrer tatsächlichen Geschäftsführung ausschließlich und unmittelbar gemeinnützigen oder mildtätigen Zwecken dient, für gemeinnützige oder mildtätige Zwecke benutzt wird;

4. Grundbesitz, der von einer Religionsgesellschaft, die Körperschaft des öffentlichen Rechts ist, einem ihrer Orden, einer ihrer religiösen Genossenschaften oder einem ihrer Verbände für Zwecke der religiösen Unterweisung, der Wissenschaft, des Unterrichts, der Erziehung oder für Zwecke der eigenen Verwaltung benutzt wird. Den Religionsgesellschaften stehen die jüdischen Kultusgemeinden gleich, die nicht Körperschaften des öffentlichen Rechts sind;
5. Dienstwohnungen der Geistlichen und Kirchendiener der Religionsgesellschaften, die Körperschaften des öffentlichen Rechts sind, und der jüdischen Kultusgemeinden. § 5 ist insoweit nicht anzuwenden.
6. Grundbesitz der Religionsgesellschaften, die Körperschaften des öffentlichen Rechts sind, und der jüdischen Kultusgemeinden, der am 1. Januar 1987 und im Veranlagungszeitpunkt zu einem nach Kirchenrecht gesonderten Vermögen, insbesondere einem Stellenfonds gehört, dessen Erträge ausschließlich für die Besoldung und Versorgung der Geistlichen und Kirchendiener sowie ihrer Hinterbliebenen bestimmt sind. Ist in dem in Artikel 3 des Einigungsvertrages genannten Gebiet die Zugehörigkeit des Grundbesitzes zu einem gesonderten Vermögen im Sinne des Satzes 1 am 1. Januar 1987 nicht gegeben, reicht es insoweit aus, daß der Grundbesitz zu einem Zeitpunkt vor dem 1. Januar 1987 zu einem gesonderten Vermögen im Sinne des Satzes 1 gehörte. Die §§ 5 und 6 sind insoweit nicht anzuwenden.

Der Grundbesitz muß ausschließlich demjenigen, der ihn für die begünstigten Zwecke benutzt, oder einem anderen nach den Nummern 1 bis 6 begünstigten Rechtsträger zuzurechnen sein. Satz 2 gilt nicht, wenn der Grundbesitz von einem nicht begünstigten Rechtsträger im Rahmen einer Öffentlich Privaten Partnerschaft einer juristischen Person des öffentlichen Rechts für einen öffentlichen Dienst oder Gebrauch überlassen wird und die Übertragung auf den Nutzer am Ende des Vertragszeitraums vereinbart ist.

(2) Öffentlicher Dienst oder Gebrauch im Sinne dieses Gesetzes ist die hoheitliche Tätigkeit oder der bestimmungsgemäße Gebrauch durch die Allgemeinheit. Ein Entgelt für den Gebrauch durch die Allgemeinheit darf nicht in der Absicht, Gewinn zu erzielen, gefordert werden.

(3) Öffentlicher Dienst oder Gebrauch im Sinne dieses Gesetzes ist nicht anzunehmen bei Betrieben gewerblicher Art von juristische Personen des öffentlichen Rechts im Sinne des Körperschaftsteuergesetzes.

§ 4
Sonstige Steuerbefreiungen

Soweit sich nicht bereits eine Befreiung nach § 3 ergibt, sind von der Grundsteuer befreit

1. Grundbesitz, der dem Gottesdienst einer Religionsgesellschaft, die Körperschaft des öffentlichen Rechts ist, oder einer jüdischen Kultusgemeinde gewidmet ist;
2. Bestattungsplätze;
3.
   a) die dem öffentlichen Verkehr dienenden Straßen, Wege, Plätze, Wasserstraßen, Häfen und Schienenwege sowie die Grundflächen mit den diesem Verkehr unmittelbar dienenden Bauwerken und Einrichtungen, zum Beispiel Brücken, Schleuseneinrichtungen, Signalstationen, Stellwerke, Blockstellen;
   b) auf Verkehrsflughäfen und Verkehrslandeplätzen alle Flächen, die unmittelbar zur Gewährleistung eines ordnungsgemäßen Flugbetriebes notwendig sind und von Hochbauten und sonstigen Luftfahrthindernissen freigehalten werden müssen, die Grundflächen mit den Bauwerken und Einrichtungen, die unmittelbar diesem Betrieb dienen, sowie die Grundflächen ortsfester Flugsicherungsanlagen einschließlich der Flächen, die für einen einwandfreien Betrieb dieser Anlagen erforderlich sind;
   c) die fließenden Gewässer und die ihren Abfluß regelnden Sammelbecken, soweit sie nicht unter Buchstabe a fallen;

4. die Grundflächen mit den im Interesse der Ordnung und Verbesserung der Wasser- und Bodenverhältnisse unterhaltenen Einrichtungen der öffentlich-rechtlichen Wasser- und Bodenverbände und die im öffentlichen Interesse staatlich unter Schau gestellten Privatdeiche;
5. Grundbesitz, der für Zwecke der Wissenschaft, des Unterrichts oder der Erziehung benutzt wird, wenn durch die Landesregierung oder die von ihr beauftragte Stelle anerkannt ist, daß der Benutzungszweck im Rahmen der öffentlichen Aufgaben liegt. Der Grundbesitz muß ausschließlich demjenigen, der ihn benutzt, oder einer juristischen Person des öffentlichen Rechts zuzurechnen sein;
6. Grundbesitz, der für die Zwecke eines Krankenhauses benutzt wird, wenn das Krankenhaus in dem Kalenderjahr, das dem Veranlagungszeitpunkt (§ 16 Absatz 1, § 17 Absatz 3, § 18 Absatz 3) vorangeht, die Voraussetzungen des § 67 Abs. 1 oder 2 der Abgabenordnung erfüllt hat. Der Grundbesitz muß ausschließlich demjenigen, der ihn benutzt, oder einer juristischen Person des öffentlichen Rechts zuzurechnen sein.

§ 5
Zu Wohnzwecken benutzter Grundbesitz

(1) Dient Grundbesitz, der für steuerbegünstigte Zwecke (§§ 3 und 4) benutzt wird, zugleich Wohnzwecken, gilt die Befreiung nur für

1. Gemeinschaftsunterkünfte der Bundeswehr, der ausländischen Streitkräfte, der internationalen militärischen Hauptquartiere, der Bundespolizei, der Polizei und des sonstigen Schutzdienstes des Bundes und der Gebietskörperschaften sowie ihrer Zusammenschlüsse;
2. Wohnräume in Schülerheimen, Ausbildungs- und Erziehungsheimen sowie Prediger- und Priesterseminaren, wenn die Unterbringung in ihnen für die Zwecke des Unterrichts, der Ausbildung oder der Erziehung erforderlich ist. Wird das Heim oder Seminar nicht von einem der nach § 3 Abs. 1 Nr. 1, 3 oder 4 begünstigten Rechtsträger unterhalten, so bedarf es einer Anerkennung der Landesregierung oder der von ihr beauftragten Stelle, daß die Unterhaltung des Heims oder Seminars im Rahmen der öffentlichen Aufgaben liegt;
3. Wohnräume, wenn der steuerbegünstigte Zweck im Sinne des § 3 Abs. 1 Nr. 1, 3 oder 4 nur durch ihre Überlassung erreicht werden kann;
4. Räume, in denen sich Personen für die Erfüllung der steuerbegünstigten Zwecke ständig bereithalten müssen (Bereitschaftsräume), wenn sie nicht zugleich die Wohnung des Inhabers darstellen.

(2) Wohnungen sind stets steuerpflichtig, auch wenn die Voraussetzungen des Absatzes 1 vorliegen.

§ 6
Land- und forstwirtschaftlich genutzter Grundbesitz

Wird Grundbesitz, der für steuerbegünstigte Zwecke (§§ 3 und 4) benutzt wird, zugleich land- und forstwirtschaftlich genutzt, so gilt die Befreiung nur für

1. Grundbesitz, der Lehr- oder Versuchszwecken dient;
2. Grundbesitz, der von der Bundeswehr, den ausländischen Streitkräften, den internationalen militärischen Hauptquartieren oder den in § 5 Abs. 1 Nr. 1 bezeichneten Schutzdiensten als Übungsplatz oder Flugplatz benutzt wird;
3. Grundbesitz, der unter § 4 Nr. 1 bis 4 fällt.

§ 7
Unmittelbare Benutzung für einen steuerbegünstigten Zweck

Die Befreiung nach den §§ 3 und 4 tritt nur ein, wenn der Steuergegenstand für den steuerbegünstigten Zweck unmittelbar benutzt wird. Unmittelbare Benutzung liegt vor, sobald der Steuergegenstand für den steuerbegünstigten Zweck hergerichtet wird.

§ 8
Teilweise Benutzung für einen steuerbegünstigten Zweck

(1) Wird ein räumlich abgegrenzter Teil des Steuergegenstandes für steuerbegünstigte Zwecke (§§ 3 und 4) benutzt, so ist nur dieser Teil des Steuergegenstandes steuerfrei.

(2) Dient der Steuergegenstand oder ein Teil des Steuergegenstandes (Absatz 1) sowohl steuerbegünstigten Zwecken (§§ 3 und 4) als auch anderen Zwecken, ohne daß eine räumliche Abgrenzung für die verschiedenen Zwecke möglich ist, so ist der Steuergegenstand oder der Teil des Steuergegenstandes nur befreit, wenn die steuerbegünstigten Zwecke überwiegen.

§ 9
Stichtag für die Festsetzung der Grundsteuer, Entstehung der Steuer

(1) Die Grundsteuer wird nach den Verhältnissen zu Beginn des Kalenderjahres festgesetzt.

(2) Die Steuer entsteht mit dem Beginn des Kalenderjahres, für das die Steuer festzusetzen ist.

§ 10
Steuerschuldner

(1) Schuldner der Grundsteuer ist derjenige, dem der Steuergegenstand bei der Feststellung des Grundsteuerwerts zugerechnet ist.

(2) Ist der Steuergegenstand mehreren Personen zugerechnet, so sind sie Gesamtschuldner.

§ 11
Persönliche Haftung

(1) Neben dem Steuerschuldner haften der Nießbraucher des Steuergegenstandes und derjenige, dem ein dem Nießbrauch ähnliches Recht zusteht.

(2) Wird ein Steuergegenstand ganz oder zu einem Teil einer anderen Person übereignet, so haftet der Erwerber neben dem früheren Eigentümer für die auf den Steuergegenstand oder Teil des Steuergegenstandes entfallende Grundsteuer, die für die Zeit seit dem Beginn des letzten vor der Übereignung liegenden Kalenderjahres zu entrichten ist. Das gilt nicht für Erwerbe aus einer Insolvenzmasse und für Erwerbe im Vollstreckungsverfahren.

§ 12
Dingliche Haftung

Die Grundsteuer ruht auf dem Steuergegenstand als öffentliche Last.

Abschnitt II
Bemessung der Grundsteuer

§ 13
Steuermesszahl und Steuermessbetrag

Bei der Berechnung der Grundsteuer ist von einem Steuermessbetrag auszugehen. Dieser ist durch Anwendung eines Promillesatzes (Steuermesszahl) auf den Grundsteuerwert oder seinen steuerpflichtigen Teil zu ermitteln, der nach dem Bewertungsgesetz im Veranlagungszeitpunkt (§ 16 Absatz 1, § 17 Absatz 3, § 18 Absatz 3) für den Steuergegenstand maßgebend ist.

§ 14
Steuermeßzahl für Betriebe der Land- und Forstwirtschaft

Für Betriebe der Land- und Forstwirtschaft beträgt die Steuermeßzahl 0,55 Promille.

§ 15
Steuermesszahl für Grundstücke

(1) Die Steuermesszahl beträgt

1. für unbebaute Grundstücke im Sinne des § 246 des Bewertungsgesetzes 0,34 Promille,
2. für bebaute Grundstücke
   a) im Sinne des § 249 Absatz 1 Nummer 1 bis 4 des Bewertungsgesetzes 0,31 Promille,
   b) im Sinne des § 249 Absatz 1 Nummer 5 bis 8 des Bewertungsgesetzes 0,34 Promille.

(2) Die Steuermesszahl nach Absatz 1 Nummer 2 Buchstabe a wird um 25 Prozent ermäßigt, wenn

1. für das Grundstück nach § 13 Absatz 3 des Wohnraumförderungsgesetzes vom 13. September 2001 (BGBl. I S. 2376), das zuletzt durch Artikel 3 des Gesetzes vom 2. Oktober 2015 (BGBl. I S. 1610) geändert worden ist, eine Förderzusage erteilt wurde und
2. die sich aus der Förderzusage im Sinne des § 13 Absatz 2 des Wohnraumförderungsgesetzes ergebenden Bindungen im Hauptveranlagungszeitraum bestehen.

Liegen die Voraussetzungen des Satzes 1 für einen Teil der Gebäude oder für Teile eines Gebäudes vor, so ist die Ermäßigung der Steuermesszahl entsprechend anteilig zu gewähren.

(3) Absatz 2 gilt entsprechend für Grundstücke, für die nach dem Ersten Wohnungsbaugesetz vom 24. April 1950 (BGBl. S. 83) in der bis zum 31. Dezember 1987 geltenden Fassung, nach dem Zweiten Wohnungsbaugesetz vom 27. Juni 1956 (BGBl. I S. 523) in der bis zum 31. Dezember 2001 geltenden Fassung oder nach den Wohnraumförderungsgesetzen der Länder eine Förderzusage erteilt wurde.

(4) Liegen für ein Grundstück weder die Voraussetzungen des Absatzes 2 noch des Absatzes 3 vor, wird die Steuermesszahl nach Absatz 1 Nummer 2 Buchstabe a um 25 Prozent ermäßigt, wenn das jeweilige Grundstück

1. einer Wohnungsbaugesellschaft zugerechnet wird, deren Anteile mehrheitlich von einer oder mehreren Gebietskörperschaften gehalten werden und zwischen der Wohnungsbaugesellschaft und der Gebietskörperschaft oder den Gebietskörperschaften ein Gewinnabführungsvertrag besteht,
2. einer Wohnungsbaugesellschaft zugerechnet wird, die als gemeinnützig im Sinne des § 52 der Abgabenordnung anerkannt ist, oder
3. einer Genossenschaft oder einem Verein zugerechnet wird, für deren oder dessen Tätigkeit eine Steuerbefreiung nach § 5 Absatz 1 Nummer 10 des Körperschaftsteuergesetzes besteht und soweit der Grundbesitz der begünstigten Tätigkeit zuzuordnen ist.

(5) Die Steuermesszahl nach Absatz 1 Nummer 2 wird für bebaute Grundstücke um 10 Prozent ermäßigt, wenn sich auf dem Grundstück Gebäude befinden, die Baudenkmäler im Sinne des jeweiligen Landesdenkmalschutzgesetzes sind. Stehen auf einem Grundstück nur ein Teil der Gebäude oder nur Teile eines Gebäudes im Sinne des jeweiligen Landesdenkmalschutzgesetzes unter Denkmalschutz, so ist die Ermäßigung der Steuermesszahl entsprechend anteilig zu gewähren.

(6) Der Abschlag auf die Steuermesszahl nach den Absätzen 2 bis 5 wird auf Antrag zunächst für jeden Erhebungszeitraum innerhalb des Hauptveranlagungszeitraums gewährt, wenn nachgewiesen wird, dass die jeweiligen Voraussetzungen zum Hauptveranlagungszeitpunkt vorliegen. Treten die Voraussetzungen der Absätze 2 bis 5 erst im Laufe des Hauptveranlagungszeitraums ein und liegen sie zu Beginn des Erhebungszeitraums vor, wird der Steuermessbetrag auf Antrag nach § 17 Absatz 2 Nummer 1 neu veranlagt. Entfallen die Voraussetzungen der Absätze 2 bis 5, ist dies nach § 19 Absatz 2 anzuzeigen und ist der Steuermessbetrag nach § 17 Absatz 2 Nummer 1 neu zu veranlagen oder nach § 21 zu ändern. Der Antrag auf eine Ermäßigung der Steuermesszahl nach den Absätzen 2 bis 5 kann durch eine entsprechende Angabe in einer Erklärung nach § 228 Absatz 1 des Bewertungsgesetzes erfolgen.

§ 16
Hauptveranlagung

(1) Die Steuermeßbeträge werden auf den Hauptfeststellungszeitpunkt (§ 221 Absatz 2 des Bewertungsgesetzes) allgemein festgesetzt (Hauptveranlagung). Dieser Zeitpunkt ist der Hauptveranlagungszeitpunkt.

(2) Der bei der Hauptveranlagung festgesetzte Steuermeßbetrag gilt vorbehaltlich der §§ 17 und 20 von dem Kalenderjahr an, das zwei Jahre nach dem Hauptveranlagungszeitpunkt beginnt. Dieser Steuermeßbetrag bleibt unbeschadet der §§ 17 und 20 bis zu dem Zeitpunkt maßgebend, von dem an die Steuermeßbeträge der nächsten Hauptveranlagung wirksam werden. Der sich nach den Sätzen 1 und 2 ergebende Zeitraum ist der Hauptveranlagungszeitraum.

(3) Ist die Festsetzungsfrist (§ 169 der Abgabenordnung) bereits abgelaufen, so kann die Hauptveranlagung unter Zugrundelegung der Verhältnisse vom Hauptveranlagungszeitpunkt mit Wirkung für einen späteren Veranlagungszeitpunkt vorgenommen werden, für den diese Frist noch nicht abgelaufen ist.

§ 17
Neuveranlagung

(1) Wird eine Wertfortschreibung (§ 222 Absatz 1 des Bewertungsgesetzes) oder eine Artfortschreibung oder Zurechnungsfortschreibung (§ 222 Absatz 2 des Bewertungsgesetzes) durchgeführt, so wird der Steuermeßbetrag auf den Fortschreibungszeitpunkt neu festgesetzt (Neuveranlagung).

(2) Der Steuermeßbetrag wird auch dann neu festgesetzt, wenn dem Finanzamt bekannt wird, daß

1. Gründe, die im Feststellungsverfahren über den Grundsteuerwert nicht zu berücksichtigen sind, zu einem anderen als dem für den letzten Veranlagungszeitpunkt festgesetzten Steuermeßbetrag führen oder
2. die letzte Veranlagung fehlerhaft ist; § 176 der Abgabenordnung ist hierbei entsprechend anzuwenden; das gilt jedoch nur für Veranlagungszeitpunkte, die vor der Verkündung der maßgeblichen Entscheidung eines obersten Gerichts des Bundes liegen.

(3) Der Neuveranlagung werden die Verhältnisse im Neuveranlagungszeitpunkt zugrunde gelegt. Neuveranlagungszeitpunkt ist

1. in den Fällen des Absatzes 1 der Beginn des Kalenderjahres, auf den die Fortschreibung durchgeführt wird;
2. in den Fällen des Absatzes 2 Nr. 1 der Beginn des Kalenderjahres, auf den sich erstmals ein abweichender Steuermeßbetrag ergibt. § 16 Abs. 3 ist entsprechend anzuwenden;
3. in den Fällen des Absatzes 2 Nr. 2 der Beginn des Kalenderjahres, in dem der Fehler dem Finanzamt bekannt wird, bei einer Erhöhung des Steuermeßbetrags jedoch frühestens der Beginn des Kalenderjahres, in dem der Steuermeßbescheid erteilt wird.

(4) Treten die Voraussetzungen für eine Neuveranlagung während des Zeitraums zwischen dem Hauptveranlagungszeitpunkt und dem Zeitpunkt des Wirksamwerdens der Steuermeßbeträge (§ 16 Abs. 2) ein, so wird die Neuveranlagung auf den Zeitpunkt des Wirksamwerdens der Steuermeßbeträge vorgenommen.

§ 18
Nachveranlagung

(1) Wird eine Nachfeststellung (§ 223 Absatz 1 des Bewertungsgesetzes) durchgeführt, so wird der Steuermeßbetrag auf den Nachfeststellungszeitpunkt nachträglich festgesetzt (Nachveranlagung).

(2) Der Steuermeßbetrag wird auch dann nachträglich festgesetzt, wenn der Grund für die Befreiung des Steuergegenstandes von der Grundsteuer wegfällt, der für die Berechnung der Grundsteuer maßgebende Grundsteuerwert (§ 13 Abs. 1) aber bereits festgestellt ist.

(3) Der Nachveranlagung werden die Verhältnisse im Nachveranlagungszeitpunkt zugrunde gelegt. Nachveranlagungszeitpunkt ist

1. in den Fällen des Absatzes 1 der Beginn des Kalenderjahres, auf den der Grundsteuerwert nachträglich festgestellt wird;
2. in den Fällen des Absatzes 2 der Beginn des Kalenderjahres, der auf den Wegfall des Befreiungsgrundes folgt. § 16 Abs. 3 ist entsprechend anzuwenden.

(4) Treten die Voraussetzungen für eine Nachveranlagung während des Zeitraums zwischen dem Hauptveranlagungszeitpunkt und dem Zeitpunkt des Wirksamwerdens der Steuermeßbeträge (§ 16 Abs. 2) ein, so wird die Nachveranlagung auf den Zeitpunkt des Wirksamwerdens der Steuermeßbeträge vorgenommen.

§ 19
Anzeigepflicht

(1) Jede Änderung in der Nutzung oder in den Eigentumsverhältnissen eines ganz oder teilweise von der Grundsteuer befreiten Steuergegenstandes, die zu einer Änderung oder zum Wegfall der Steuerbefreiung führen kann, hat derjenige anzuzeigen, der nach § 10 als Steuerschuldner in Betracht kommt. Die Anzeige ist innerhalb von drei Monaten nach Eintritt der Änderung bei dem Finanzamt zu erstatten, das für die Festsetzung des Steuermeßbetrags zuständig ist.

(2) Den Wegfall der Voraussetzungen für die ermäßigte Steuermesszahl nach § 15 Absatz 2 bis 5 hat derjenige anzuzeigen, der nach § 10 als Steuerschuldner in Betracht kommt. Die Anzeige ist innerhalb von drei Monaten nach dem Wegfall der Voraussetzungen bei dem Finanzamt zu erstatten, das für die Festsetzung des Steuermessbetrags zuständig ist.

(3) Die Anzeigen nach den Absätzen 1 und 2 sind Steuererklärungen im Sinne der Abgabenordnung, die eigenhändig zu unterschreiben sind.

§ 20
Aufhebung des Steuermeßbetrags

(1) Der Steuermeßbetrag wird aufgehoben,

1. wenn der Grundsteuerwert aufgehoben wird oder
2. wenn dem Finanzamt bekannt wird, daß
   a) für den ganzen Steuergegenstand ein Befreiungsgrund eingetreten ist oder
   b) der Steuermeßbetrag fehlerhaft festgesetzt worden ist.

(2) Der Steuermeßbetrag wird aufgehoben

1. in den Fällen des Absatzes 1 Nr. 1 mit Wirkung vom Aufhebungszeitpunkt (§ 224 Absatz 2 des Bewertungsgesetzes) an;
2. in den Fällen des Absatzes 1 Nr. 2 Buchstabe a mit Wirkung vom Beginn des Kalenderjahres an, der auf den Eintritt des Befreiungsgrundes folgt. § 16 Abs. 3 ist entsprechend anzuwenden;
3. in den Fällen des Absatzes 1 Nr. 2 Buchstabe b mit Wirkung vom Beginn des Kalenderjahres an, in dem der Fehler dem Finanzamt bekannt wird.

(3) Treten die Voraussetzungen für eine Aufhebung während des Zeitraums zwischen dem Hauptveranlagungszeitpunkt und dem Zeitpunkt des Wirksamwerdens der Steuermeßbeträge (§ 16 Abs. 2) ein, so wird die Aufhebung auf den Zeitpunkt des Wirksamwerdens der Steuermeßbeträge vorgenommen.

§ 21
Änderung von Steuermeßbescheiden

Bescheide über die Neuveranlagung oder die Nachveranlagung von Steuermeßbeträgen können schon vor dem maßgebenden Veranlagungszeitpunkt erteilt werden. Sie sind zu ändern oder aufzuheben, wenn sich bis zu diesem Zeitpunkt Änderungen ergeben, die zu einer abweichenden Festsetzung führen.

§ 22
Zerlegung des Steuermessbetrags

(1) Erstreckt sich der Steuergegenstand über mehrere Gemeinden, so ist der Steuermessbetrag vorbehaltlich des § 24 anteilig in die auf die einzelnen Gemeinden entfallenden Anteile zu zerlegen (Zerlegungsanteile).

(2) Zerlegungsmaßstab ist bei Betrieben der Land- und Forstwirtschaft der nach § 239 Absatz 2 des Bewertungsgesetzes ermittelte Gemeindeanteil am Grundsteuerwert des Betriebs der Land- und Forstwirtschaft.

(3) Zerlegungsmaßstab ist bei Grundstücken das Verhältnis, in dem die auf die einzelnen Gemeinden entfallenden Flächengrößen zueinander stehen. Führt die Zerlegung nach Flächengrößen zu einem offenbar unbilligen Ergebnis, sind die Zerlegungsanteile maßgebend, auf die sich die Gemeinden mit dem Steuerschuldner einigen.

(4) Entfällt auf eine Gemeinde ein Zerlegungsanteil von weniger als 25 Euro, so ist dieser Anteil der Gemeinde zuzuweisen, der nach Absatz 2 oder 3 der größte Zerlegungsanteil zusteht.

§ 23
Zerlegungsstichtag

(1) Der Zerlegung des Steuermeßbetrags werden die Verhältnisse in dem Feststellungszeitpunkt zugrunde gelegt, auf den der für die Festsetzung des Steuermeßbetrags maßgebende Grundsteuerwert festgestellt worden ist.

(2) Ändern sich die Grundlagen für die Zerlegung, ohne daß der Grundsteuerwert fortgeschrieben oder nachträglich festgestellt wird, so sind die Zerlegungsanteile nach dem Stand vom 1. Januar des folgenden Jahres neu zu ermitteln, wenn wenigstens bei einer Gemeinde der neue Anteil um mehr als ein Zehntel, mindestens aber um zehn Euro von ihrem bisherigen Anteil abweicht.

§ 24
Ersatz der Zerlegung durch Steuerausgleich

Die Landesregierung kann durch Rechtsverordnung bestimmen, daß bei Betrieben der Land- und Forstwirtschaft, die sich über mehrere Gemeinden erstrecken, aus Vereinfachungsgründen an Stelle der Zerlegung ein Steuerausgleich stattfindet. Beim Steuerausgleich wird der gesamte Steuermeßbetrag der Gemeinde zugeteilt, in der der wertvollste Teil des Steuergegenstandes liegt (Sitzgemeinde); an dem Steueraufkommen der Sitzgemeinde werden die übrigen Gemeinden beteiligt. Die Beteiligung soll annähernd zu dem Ergebnis führen, das bei einer Zerlegung einträte.

Abschnitt III
Festsetzung und Entrichtung der Grundsteuer

§ 25
Festsetzung des Hebesatzes

(1) Die Gemeinde bestimmt, mit welchem Hundertsatz des Steuermeßbetrags oder des Zerlegungsanteils die Grundsteuer zu erheben ist (Hebesatz).

(2) Der Hebesatz ist für ein oder mehrere Kalenderjahre, höchstens jedoch für den Hauptveranlagungszeitraum der Steuermeßbeträge festzusetzen.

(3) Der Beschluß über die Festsetzung oder Änderung des Hebesatzes ist bis zum 30. Juni eines Kalenderjahres mit Wirkung vom Beginn dieses Kalenderjahres zu fassen. Nach diesem Zeitpunkt kann der Beschluß über die Festsetzung des Hebesatzes gefaßt werden, wenn der Hebesatz die Höhe der letzten Festsetzung nicht überschreitet.

(4) Der Hebesatz muß jeweils einheitlich sein

1. für die in einer Gemeinde liegenden Betriebe der Land- und Forstwirtschaft;
2. für die in einer Gemeinde liegenden Grundstücke.

Wird das Gebiet von Gemeinden geändert, so kann die Landesregierung oder die von ihr bestimmte Stelle für die von der Änderung betroffenen Gebietsteile auf eine bestimmte Zeit verschiedene Hebesätze zulassen.

§ 26
Koppelungsvorschriften und Höchsthebesätze

In welchem Verhältnis die Hebesätze für die Grundsteuer der Betriebe der Land- und Forstwirtschaft, für die Grundsteuer der Grundstücke und für die Gewerbesteuer zueinander stehen müssen, welche Höchstsätze nicht überschritten werden dürfen und inwieweit mit Genehmigung der Gemeindeaufsichtsbehörde Ausnahmen zugelassen werden können, bleibt einer landesrechtlichen Regelung vorbehalten.

§ 27
Festsetzung der Grundsteuer

(1) Die Grundsteuer wird für das Kalenderjahr festgesetzt. Ist der Hebesatz für mehr als ein Kalenderjahr festgesetzt, kann auch die jährlich zu erhebende Grundsteuer für die einzelnen Kalenderjahre dieses Zeitraums festgesetzt werden.

(2) Wird der Hebesatz geändert (§ 25 Abs. 3), so ist die Festsetzung nach Absatz 1 zu ändern.

(3) Für diejenigen Steuerschuldner, die für das Kalenderjahr die gleiche Grundsteuer wie im Vorjahr zu entrichten haben, kann die Grundsteuer durch öffentliche Bekanntmachung festgesetzt werden. Für die Steuerschuldner treten mit dem Tage der öffentlichen Bekanntmachung die gleichen Rechtswirkungen ein, wie wenn ihnen an diesem Tage ein schriftlicher Steuerbescheid zugegangen wäre.

§ 28
Fälligkeit

(1) Die Grundsteuer wird zu je einem Viertel ihres Jahresbetrags am 15. Februar, 15. Mai, 15. August und 15. November fällig.

(2) Die Gemeinden können bestimmen, daß Kleinbeträge wie folgt fällig werden:

1. am 15. August mit ihrem Jahresbetrag, wenn dieser fünfzehn Euro nicht übersteigt;
2. am 15. Februar und 15. August zu je einer Hälfte ihres Jahresbetrags, wenn dieser dreißig Euro nicht übersteigt.

(3) Auf Antrag des Steuerschuldners kann die Grundsteuer abweichend vom Absatz 1 oder Absatz 2 Nr. 2 am 1. Juli in einem Jahresbetrag entrichtet werden. Der Antrag muß spätestens bis zum 30. September des vorangehenden Kalenderjahres gestellt werden. Die beantragte Zahlungsweise bleibt so lange maßgebend, bis ihre Änderung beantragt wird; die Änderung muß spätestens bis zum 30. September des vorangehenden Jahres beantragt werden.

§ 29
Vorauszahlungen

Der Steuerschuldner hat bis zur Bekanntgabe eines neuen Steuerbescheids zu den bisherigen Fälligkeitstagen Vorauszahlungen unter Zugrundelegung der zuletzt festgesetzten Jahressteuer zu entrichten.

§ 30
Abrechnung über die Vorauszahlungen

(1) Ist die Summe der Vorauszahlungen, die bis zur Bekanntgabe des neuen Steuerbescheids zu entrichten waren (§ 29), kleiner als die Steuer, die sich nach dem bekanntgegebenen Steuerbescheid für die vorausgegangenen Fälligkeitstage ergibt (§ 28), so ist der Unterschiedsbetrag innerhalb eines Monats nach Bekanntgabe des Steuerbescheids zu entrichten. Die Verpflichtung, rückständige Vorauszahlungen schon früher zu entrichten, bleibt unberührt.

(2) Ist die Summe der Vorauszahlungen, die bis zur Bekanntgabe des neuen Steuerbescheids entrichtet worden sind, größer als die Steuer, die sich nach dem bekanntgegebenen Steuerbescheid für die vorangegangenen Fälligkeitstage ergibt, so wird der Unterschiedsbetrag nach Bekanntgabe des Steuerbescheids durch Aufrechnung oder Zurückzahlung ausgeglichen.

(3) Die Absätze 1 und 2 gelten entsprechend, wenn der Steuerbescheid aufgehoben oder geändert wird.

§ 31
Nachentrichtung der Steuer

Hatte der Steuerschuldner bis zur Bekanntgabe der Jahressteuer keine Vorauszahlungen nach § 29 zu entrichten, so hat er die Steuer, die sich nach dem bekanntgegebenen Steuerbescheid für die vorangegangenen Fälligkeitstage ergibt (§ 28), innerhalb eines Monats nach Bekanntgabe des Steuerbescheids zu entrichten.

Abschnitt IV
Erlaß der Grundsteuer

§ 32
Erlaß für Kulturgut und Grünanlagen

(1) Die Grundsteuer ist zu erlassen

1. für Grundbesitz oder Teile von Grundbesitz, dessen Erhaltung wegen seiner Bedeutung für Kunst, Geschichte, Wissenschaft oder Naturschutz im öffentlichen Interesse liegt, wenn die erzielten Einnahmen und die sonstigen Vorteile (Rohertrag) in der Regel unter den jährlichen Kosten liegen. Bei Park- und Gartenanlagen von geschichtlichem Wert ist der Erlaß von der weiteren Voraussetzung abhängig, daß sie in dem billigerweise zu fordernden Umfang der Öffentlichkeit zugänglich gemacht sind;
2. für öffentliche Grünanlagen, Spiel- und Sportplätze, wenn die jährlichen Kosten in der Regel den Rohertrag übersteigen.

(2) Ist der Rohertrag für Grundbesitz, in dessen Gebäuden Gegenstände von wissenschaftlicher, künstlerischer oder geschichtlicher Bedeutung, insbesondere Sammlungen oder Bibliotheken, dem Zweck der Forschung oder Volksbildung nutzbar gemacht sind, durch die Benutzung zu den genannten Zwecken nachhaltig gemindert, so ist von der Grundsteuer der Hundertsatz zu erlassen, um den der Rohertrag gemindert ist. Das gilt nur, wenn die wissenschaftliche, künstlerische oder geschichtliche Bedeutung der untergebrachten Gegenstände durch die Landesregierung oder die von ihr beauftragte Stelle anerkannt ist.

§ 33
Erlass wegen wesentlicher Reinertragsminderung bei Betrieben der Land- und Forstwirtschaft

(1) Die Grundsteuer wird in Höhe von 25 Prozent erlassen, wenn bei Betrieben der Land- und Forstwirtschaft der tatsächliche Reinertrag des Steuergegenstandes um mehr als 50 Prozent gemindert ist und der Steuerschuldner die Minderung des tatsächlichen Reinertrags nicht zu vertreten hat. Beträgt die vom Steuerschuldner nicht zu vertretende Minderung des tatsächlichen

Reinertrags 100 Prozent, ist die Grundsteuer abweichend von Satz 1 in Höhe von 50 Prozent zu erlassen. Der tatsächliche Reinertrag eines Betriebs der Land- und Forstwirtschaft ermittelt sich nach den Grundsätzen des § 236 Absatz 2 Satz 1 und 2 des Bewertungsgesetzes für ein Wirtschaftsjahr. Er gilt als in dem Erlasszeitraum bezogen, in dem das für den Betrieb der Land- und Forstwirtschaft maßgebliche Wirtschaftsjahr endet.

(2) Der Erlass nach Absatz 1 wird nur gewährt, wenn die Einziehung der Grundsteuer nach den wirtschaftlichen Verhältnissen des Betriebs unbillig wäre. Ein Erlass nach Absatz 1 ist insbesondere ausgeschlossen, wenn für den Betrieb der Land- und Forstwirtschaft nach § 4 Absatz 1, § 4 Absatz 3 oder § 13a des Einkommensteuergesetzes für dasjenige Wirtschaftsjahr ein Gewinn ermittelt wurde, das im Erlasszeitraum bei der Ermittlung des tatsächlichen Reinertrags nach Absatz 1 zugrunde zu legen ist.

(3) Eine Ertragsminderung ist kein Erlassgrund, wenn sie für den Erlasszeitraum durch Fortschreibung des Grundsteuerwerts berücksichtigt werden kann oder bei rechtzeitiger Stellung des Antrags auf Fortschreibung hätte berücksichtigt werden können.

§ 34
Erlass wegen wesentlicher Ertragsminderung bei bebauten Grundstücken

(1) Die Grundsteuer wird in Höhe von 25 Prozent erlassen, wenn bei bebauten Grundstücken der normale Rohertrag des Steuergegenstandes um mehr als 50 Prozent gemindert ist und der Steuerschuldner die Minderung des normalen Rohertrags nicht zu vertreten hat. Beträgt die vom Steuerschuldner nicht zu vertretende Minderung des normalen Rohertrags 100 Prozent, ist die Grundsteuer abweichend von Satz 1 in Höhe von 50 Prozent zu erlassen. Normaler Rohertrag ist bei bebauten Grundstücken die nach den Verhältnissen zu Beginn des Erlasszeitraums geschätzte übliche Jahresmiete. Die übliche Jahresmiete ist in Anlehnung an die Miete zu ermitteln, die für Räume gleicher oder ähnlicher Art, Lage und Ausstattung regelmäßig gezahlt wird. Betriebskosten sind nicht einzubeziehen.

(2) Bei eigengewerblich genutzten bebauten Grundstücken gilt als Minderung des normalen Rohertrags die Minderung der Ausnutzung des Grundstücks. In diesen Fällen wird der Erlass nach Absatz 1 nur gewährt, wenn die Einziehung der Grundsteuer nach den wirtschaftlichen Verhältnissen des Betriebs unbillig wäre.

(3) Wird nur ein Teil des Grundstücks eigengewerblich genutzt, so ist die Ertragsminderung für diesen Teil nach Absatz 2, für den übrigen Teil nach Absatz 1 zu bestimmen. In diesen Fällen ist für den ganzen Steuergegenstand ein einheitlicher Prozentsatz der Ertragsminderung nach dem Anteil der einzelnen Teile am Grundsteuerwert des Grundstücks zu ermitteln.

(4) Eine Ertragsminderung ist kein Erlassgrund, wenn sie für den Erlasszeitraum durch Fortschreibung des Grundsteuerwerts berücksichtigt werden kann oder bei rechtzeitiger Stellung des Antrags auf Fortschreibung hätte berücksichtigt werden können.

§ 35
Verfahren

(1) Der Erlaß wird jeweils nach Ablauf eines Kalenderjahres für die Grundsteuer ausgesprochen, die für das Kalenderjahr festgesetzt worden ist (Erlaßzeitraum). Maßgebend für die Entscheidung über den Erlaß sind die Verhältnisse des Erlaßzeitraums.

(2) Der Erlaß wird nur auf Antrag gewährt. Der Antrag ist bis zu dem auf den Erlaßzeitraum folgenden 31. März zu stellen.

(3) In den Fällen des § 32 bedarf es keiner jährlichen Wiederholung des Antrags. Der Steuerschuldner ist verpflichtet, eine Änderung der maßgeblichen Verhältnisse der Gemeinde binnen drei Monaten nach Eintritt der Änderung anzuzeigen.

Abschnitt V
Übergangs- und Schlußvorschriften

§ 36
Sondervorschriften für die Hauptveranlagung 2025

(1) Auf den 1. Januar 2025 findet eine Hauptveranlagung der Grundsteuermessbeträge statt (Hauptveranlagung 2025).

(2) Die in der Hauptveranlagung 2025 festgesetzten Steuermessbeträge gelten abweichend von § 16 Absatz 2 vorbehaltlich der §§ 17 bis 20 mit Wirkung von dem am 1. Januar 2025 beginnenden Kalenderjahr an. Der Beginn dieses Kalenderjahres ist der Hauptveranlagungszeitpunkt.

(3) Bescheide über die Hauptveranlagung können schon vor dem Hauptveranlagungszeitpunkt erteilt werden. § 21 Satz 2 ist entsprechend anzuwenden.

§ 37
Anwendung des Gesetzes

(1) Diese Fassung des Gesetzes gilt erstmals für die Grundsteuer des Kalenderjahres 2025.

(2) Für die Grundsteuer bis einschließlich zum Kalenderjahr 2024 findet das Grundsteuergesetz in der Fassung vom 7. August 1973 (BGBl. I S. 965), das zuletzt durch Artikel 38 des Gesetzes vom 19. Dezember 2008 (BGBl. I S. 2794) geändert worden ist, weiter Anwendung.

§ 38
Bekanntmachung

Das Bundesministerium der Finanzen wird ermächtigt, den Wortlaut dieses Gesetzes in der jeweils geltenden Fassung bekannt zu machen.

3.2 GrStG (bis 2024)

Grundsteuergesetz (GrStG)

vom 7. August 1973 (BGBl. I S. 965),
zuletzt geändert durch Gesetz vom 19. Dezember 2008 (BGBl. I S. 2794)

Inhaltsübersicht

Abschnitt I
Steuerpflicht

§ 1
Heberecht

(1) Die Gemeinde bestimmt, ob von dem in ihrem Gebiet liegenden Grundbesitz Grundsteuer zu erheben ist.

(2) Bestehen in einem Land keine Gemeinden, so stehen das Recht des Absatzes 1 und die in diesem Gesetz bestimmten weiteren Rechte dem Land zu.

(3) Für den in gemeindefreien Gebieten liegenden Grundbesitz bestimmt die Landesregierung durch Rechtsverordnung, wer die nach diesem Gesetz den Gemeinden zustehenden Befugnisse ausübt.

§ 2
Steuergegenstand

Steuergegenstand ist der Grundbesitz im Sinne des Bewertungsgesetzes:

1. die Betriebe der Land- und Forstwirtschaft (§§ 33, 48a und 51a des Bewertungsgesetzes). Diesen stehen die in § 99 Abs. 1 Nr. 2 des Bewertungsgesetzes bezeichneten Betriebsgrundstücke gleich;
2. die Grundstücke (§§ 68, 70 des Bewertungsgesetzes). Diesen stehen die in § 99 Abs. 1 Nr. 1 des Bewertungsgesetzes bezeichneten Betriebsgrundstücke gleich.

§ 3
Steuerbefreiung für Grundbesitz bestimmter Rechtsträger

(1) Von der Grundsteuer sind befreit

1. Grundbesitz, der von einer inländischen juristischen Person des öffentlichen Rechts für einen öffentlichen Dienst oder Gebrauch benutzt wird. Ausgenommen ist der Grundbesitz, der von

Berufsvertretungen und Berufsverbänden sowie von Kassenärztlichen Vereinigungen und Kassenärztlichen Bundesvereinigungen benutzt wird;

1a. (weggefallen)

2. Grundbesitz, der vom Bundeseisenbahnvermögen für Verwaltungszwecke benutzt wird;
3. Grundbesitz, der von
   a) einer inländischen juristischen Person des öffentlichen Rechts,
   b) einer inländischen Körperschaft, Personenvereinigung oder Vermögensmasse, die nach der Satzung, dem Stiftungsgeschäft oder der sonstigen Verfassung und nach ihrer tatsächlichen Geschäftsführung ausschließlich und unmittelbar gemeinnützigen oder mildtätigen Zwecken dient,

   für gemeinnützige oder mildtätige Zwecke benutzt wird;
4. Grundbesitz, der von einer Religionsgesellschaft, die Körperschaft des öffentlichen Rechts ist, einem ihrer Orden, einer ihrer religiösen Genossenschaften oder einem ihrer Verbände für Zwecke der religiösen Unterweisung, der Wissenschaft, des Unterrichts, der Erziehung oder für Zwecke der eigenen Verwaltung benutzt wird. Den Religionsgesellschaften stehen die jüdischen Kultusgemeinden gleich, die nicht Körperschaften des öffentlichen Rechts sind;
5. Dienstwohnungen der Geistlichen und Kirchendiener der Religionsgesellschaften, die Körperschaften des öffentlichen Rechts sind, und der jüdischen Kultusgemeinden. § 5 ist insoweit nicht anzuwenden;
6. Grundbesitz der Religionsgesellschaften, die Körperschaften des öffentlichen Rechts sind, und der jüdischen Kultusgemeinden, der am 1. Januar 1987 und im Veranlagungszeitpunkt zu einem nach Kirchenrecht gesonderten Vermögen, insbesondere einem Stellenfonds gehört, dessen Erträge ausschließlich für die Besoldung und Versorgung der Geistlichen und Kirchendiener sowie ihrer Hinterbliebenen bestimmt sind. Ist in dem in Artikel 3 des Einigungsvertrages genannten Gebiet die Zugehörigkeit des Grundbesitzes zu einem gesonderten Vermögen im Sinne des Satzes 1 am 1. Januar 1987 nicht gegeben, reicht es insoweit aus, daß der Grundbesitz zu einem Zeitpunkt vor dem 1. Januar 1987 zu einem gesonderten Vermögen im Sinne des Satzes 1 gehörte. Die §§ 5 und 6 sind insoweit nicht anzuwenden.

Der Grundbesitz muß ausschließlich demjenigen, der ihn für die begünstigten Zwecke benutzt, oder einem anderen nach den Nummern 1 bis 6 begünstigten Rechtsträger zuzurechnen sein. Satz 2 gilt nicht, wenn der Grundbesitz von einem nicht begünstigten Rechtsträger im Rahmen einer Öffentlich Privaten Partnerschaft einer juristischen Person des öffentlichen Rechts für einen öffentlichen Dienst oder Gebrauch überlassen wird und die Übertragung auf den Nutzer am Ende des Vertragszeitraums vereinbart ist.

(2) Öffentlicher Dienst oder Gebrauch im Sinne dieses Gesetzes ist die hoheitliche Tätigkeit oder der bestimmungsgemäße Gebrauch durch die Allgemeinheit. Ein Entgelt für den Gebrauch durch die Allgemeinheit darf nicht in der Absicht, Gewinn zu erzielen, gefordert werden.

(3) Öffentlicher Dienst oder Gebrauch im Sinne dieses Gesetzes ist nicht anzunehmen bei Betrieben gewerblicher Art von juristischen Personen des öffentlichen Rechts im Sinne des Körperschaftsteuergesetzes.

§ 4
Sonstige Steuerbefreiungen

Soweit sich nicht bereits eine Befreiung nach § 3 ergibt, sind von der Grundsteuer befreit

1. Grundbesitz, der dem Gottesdienst einer Religionsgesellschaft, die Körperschaft des öffentlichen Rechts ist, oder einer jüdischen Kultusgemeinde gewidmet ist;
2. Bestattungsplätze;

3.
   a) die dem öffentlichen Verkehr dienenden Straßen, Wege, Plätze, Wasserstraßen, Häfen und Schienenwege sowie die Grundflächen mit den diesem Verkehr unmittelbar dienenden Bauwerken und Einrichtungen, zum Beispiel Brücken, Schleuseneinrichtungen, Signalstationen, Stellwerke, Blockstellen;
   b) auf Verkehrsflughäfen und Verkehrslandeplätzen alle Flächen, die unmittelbar zur Gewährleistung eines ordnungsgemäßen Flugbetriebes notwendig sind und von Hochbauten und sonstigen Luftfahrthindernissen freigehalten werden müssen, die Grundflächen mit den Bauwerken und Einrichtungen, die unmittelbar diesem Betrieb dienen, sowie die Grundflächen ortsfester Flugsicherungsanlagen einschließlich der Flächen, die für einen einwandfreien Betrieb dieser Anlagen erforderlich sind;
   c) die fließenden Gewässer und die ihren Abfluß regelnden Sammelbecken, soweit sie nicht unter Buchstabe a fallen;
4. die Grundflächen mit den im Interesse der Ordnung und Verbesserung der Wasser- und Bodenverhältnisse unterhaltenen Einrichtungen der öffentlich-rechtlichen Wasser- und Bodenverbände und die im öffentlichen Interesse staatlich unter Schau gestellten Privatdeiche;
5. Grundbesitz, der für Zwecke der Wissenschaft, des Unterrichts oder der Erziehung benutzt wird, wenn durch die Landesregierung oder die von ihr beauftragte Stelle anerkannt ist, daß der Benutzungszweck im Rahmen der öffentlichen Aufgaben liegt. Der Grundbesitz muß ausschließlich demjenigen, der ihn benutzt, oder einer juristischen Person des öffentlichen Rechts zuzurechnen sein;
6. Grundbesitz, der für die Zwecke eines Krankenhauses benutzt wird, wenn das Krankenhaus in dem Kalenderjahr, das dem Veranlagungszeitpunkt (§ 13 Abs. 1) vorangeht, die Voraussetzungen des § 67 Abs. 1 oder 2 der Abgabenordnung erfüllt hat. Der Grundbesitz muß ausschließlich demjenigen, der ihn benutzt, oder einer juristischen Person des öffentlichen Rechts zuzurechnen sein.

§ 5
Zu Wohnzwecken benutzter Grundbesitz

(1) Dient Grundbesitz, der für steuerbegünstigte Zwecke (§§ 3 und 4) benutzt wird, zugleich Wohnzwecken, gilt die Befreiung nur für

1. Gemeinschaftsunterkünfte der Bundeswehr, der ausländischen Streitkräfte, der internationalen militärischen Hauptquartiere, der Bundespolizei, der Polizei und des sonstigen Schutzdienstes des Bundes und der Gebietskörperschaften sowie ihrer Zusammenschlüsse;
2. Wohnräume in Schülerheimen, Ausbildungs- und Erziehungsheimen sowie Prediger- und Priesterseminaren, wenn die Unterbringung in ihnen für die Zwecke des Unterrichts, der Ausbildung oder der Erziehung erforderlich ist. Wird das Heim oder Seminar nicht von einem der nach § 3 Abs. 1 Nr. 1, 3 oder 4 begünstigten Rechtsträger unterhalten, so bedarf es einer Anerkennung der Landesregierung oder der von ihr beauftragten Stelle, daß die Unterhaltung des Heims oder Seminars im Rahmen der öffentlichen Aufgaben liegt;
3. Wohnräume, wenn der steuerbegünstigte Zweck im Sinne des § 3 Abs. 1 Nr. 1, 3 oder 4 nur durch ihre Überlassung erreicht werden kann;
4. Räume, in denen sich Personen für die Erfüllung der steuerbegünstigten Zwecke ständig bereithalten müssen (Bereitschaftsräume), wenn sie nicht zugleich die Wohnung des Inhabers darstellen.

(2) Wohnungen sind stets steuerpflichtig, auch wenn die Voraussetzungen des Absatzes 1 vorliegen.

§ 6
Land- und forstwirtschaftlich genutzter Grundbesitz

Wird Grundbesitz, der für steuerbegünstigte Zwecke (§§ 3 und 4) benutzt wird, zugleich land- und forstwirtschaftlich genutzt, so gilt die Befreiung nur für

1. Grundbesitz, der Lehr- oder Versuchszwecken dient;
2. Grundbesitz, der von der Bundeswehr, den ausländischen Streitkräften, den internationalen militärischen Hauptquartieren oder den in § 5 Abs. 1 Nr. 1 bezeichneten Schutzdiensten als Übungsplatz oder Flugplatz benutzt wird;
3. Grundbesitz, der unter § 4 Nr. 1 bis 4 fällt.

§ 7
Unmittelbare Benutzung für einen steuerbegünstigten Zweck

Die Befreiung nach den §§ 3 und 4 tritt nur ein, wenn der Steuergegenstand für den steuerbegünstigten Zweck unmittelbar benutzt wird. Unmittelbare Benutzung liegt vor, sobald der Steuergegenstand für den steuerbegünstigten Zweck hergerichtet wird.

§ 8
Teilweise Benutzung für einen steuerbegünstigten Zweck

(1) Wird ein räumlich abgegrenzter Teil des Steuergegenstandes für steuerbegünstigte Zwecke (§§ 3 und 4) benutzt, so ist nur dieser Teil des Steuergegenstandes steuerfrei.

(2) Dient der Steuergegenstand oder ein Teil des Steuergegenstandes (Absatz 1) sowohl steuerbegünstigten Zwecken (§§ 3 und 4) als auch anderen Zwecken, ohne daß eine räumliche Abgrenzung für die verschiedenen Zwecke möglich ist, so ist der Steuergegenstand oder der Teil des Steuergegenstandes nur befreit, wenn die steuerbegünstigten Zwecke überwiegen.

§ 9
Stichtag für die Festsetzung der Grundsteuer, Entstehung der Steuer

(1) Die Grundsteuer wird nach den Verhältnissen zu Beginn des Kalenderjahres festgesetzt.

(2) Die Steuer entsteht mit dem Beginn des Kalenderjahres, für das die Steuer festzusetzen ist.

§ 10
Steuerschuldner

(1) Schuldner der Grundsteuer ist derjenige, dem der Steuergegenstand bei der Feststellung des Einheitswerts zugerechnet ist.

(2) Derjenige, dem ein Erbbaurecht, ein Wohnungserbbaurecht oder ein Teilerbbaurecht zugerechnet ist, ist auch Schuldner der Grundsteuer für die wirtschaftliche Einheit des belasteten Grundstücks.

(3) Ist der Steuergegenstand mehreren Personen zugerechnet, so sind sie Gesamtschuldner.

§ 11
Persönliche Haftung

(1) Neben dem Steuerschuldner haften der Nießbraucher des Steuergegenstandes und derjenige, dem ein dem Nießbrauch ähnliches Recht zusteht.

(2) Wird ein Steuergegenstand ganz oder zu einem Teil einer anderen Person übereignet, so haftet der Erwerber neben dem früheren Eigentümer für die auf den Steuergegenstand oder Teil des Steuergegenstandes entfallende Grundsteuer, die für die Zeit seit dem Beginn des letzten vor der Übereignung liegenden Kalenderjahres zu entrichten ist. Das gilt nicht für Erwerbe aus einer Insolvenzmasse und für Erwerbe im Vollstreckungsverfahren.

§ 12
Dingliche Haftung

Die Grundsteuer ruht auf dem Steuergegenstand als öffentliche Last.

Abschnitt II
Bemessung der Grundsteuer

§ 13
Steuermeßzahl und Steuermeßbetrag

(1) Bei der Berechnung der Grundsteuer ist von einem Steuermeßbetrag auszugehen. Dieser ist durch Anwendung eines Tausendsatzes (Steuermeßzahl) auf den Einheitswert oder seinen steuerpflichtigen Teil zu ermitteln, der nach dem Bewertungsgesetz im Veranlagungszeitpunkt (§ 16 Abs. 1, § 17 Abs. 3, § 18 Abs. 3) für den Steuergegenstand maßgebend ist.

(2) (weggefallen)

(3) In den Fällen des § 10 Abs. 2 ist der Berechnung des Steuermeßbetrags die Summe der beiden Einheitswerte zugrunde zu legen, die nach § 92 des Bewertungsgesetzes festgestellt werden.

§ 14
Steuermeßzahl für Betriebe der Land- und Forstwirtschaft

Für Betriebe der Land- und Forstwirtschaft beträgt die Steuermeßzahl 6 vom Tausend.

§ 15
Steuermeßzahl für Grundstücke

(1) Die Steuermeßzahl beträgt 3,5 vom Tausend.

(2) Abweichend von Absatz 1 beträgt die Steuermeßzahl

1. für Einfamilienhäuser im Sinne des § 75 Abs. 5 des Bewertungsgesetzes mit Ausnahme des Wohnungseigentums und des Wohnungserbbaurechts einschließlich des damit belasteten Grundstücks 2,6 vom Tausend für die ersten 38 346,89 Euro des Einheitswerts oder seines steuerpflichtigen Teils und 3,5 vom Tausend für den Rest des Einheitswerts oder seines steuerpflichtigen Teils;
2. für Zweifamilienhäuser im Sinne des § 75 Abs. 6 des Bewertungsgesetzes 3,1 vom Tausend.

§ 16
Hauptveranlagung

(1) Die Steuermeßbeträge werden auf den Hauptfeststellungszeitpunkt (§ 21 Abs. 2 des Bewertungsgesetzes) allgemein festgesetzt (Hauptveranlagung). Dieser Zeitpunkt ist der Hauptveranlagungszeitpunkt.

(2) Der bei der Hauptveranlagung festgesetzte Steuermeßbetrag gilt vorbehaltlich der §§ 17 und 20 von dem Kalenderjahr an, das zwei Jahre nach dem Hauptveranlagungszeitpunkt beginnt. Dieser Steuermeßbetrag bleibt unbeschadet der §§ 17 und 20 bis zu dem Zeitpunkt maßgebend, von dem an die Steuermeßbeträge der nächsten Hauptveranlagung wirksam werden. Der sich nach den Sätzen 1 und 2 ergebende Zeitraum ist der Hauptveranlagungszeitraum.

(3) Ist die Festsetzungsfrist (§ 169 der Abgabenordnung) bereits abgelaufen, so kann die Hauptveranlagung unter Zugrundelegung der Verhältnisse vom Hauptveranlagungszeitpunkt mit Wirkung für einen späteren Veranlagungszeitpunkt vorgenommen werden, für den diese Frist noch nicht abgelaufen ist.

§ 17
Neuveranlagung

(1) Wird eine Wertfortschreibung (§ 22 Abs. 1 des Bewertungsgesetzes) oder eine Artfortschreibung oder Zurechnungsfortschreibung (§ 22 Abs. 2 des Bewertungsgesetzes) durchgeführt, so wird der Steuermeßbetrag auf den Fortschreibungszeitpunkt neu festgesetzt (Neuveranlagung).

(2) Der Steuermeßbetrag wird auch dann neu festgesetzt, wenn dem Finanzamt bekannt wird, daß

1. Gründe, die im Feststellungsverfahren über den Einheitswert nicht zu berücksichtigen sind, zu einem anderen als dem für den letzten Veranlagungszeitpunkt festgesetzten Steuermeßbetrag führen oder
2. die letzte Veranlagung fehlerhaft ist; § 176 der Abgabenordnung ist hierbei entsprechend anzuwenden; das gilt jedoch nur für Veranlagungszeitpunkte, die vor der Verkündung der maßgeblichen Entscheidung eines obersten Gerichts des Bundes liegen.

(3) Der Neuveranlagung werden die Verhältnisse im Neuveranlagungszeitpunkt zugrunde gelegt. Neuveranlagungszeitpunkt ist

1. in den Fällen des Absatzes 1 der Beginn des Kalenderjahres, auf den die Fortschreibung durchgeführt wird;
2. in den Fällen des Absatzes 2 Nr. 1 der Beginn des Kalenderjahres, auf den sich erstmals ein abweichender Steuermeßbetrag ergibt. § 16 Abs. 3 ist entsprechend anzuwenden;
3. in den Fällen des Absatzes 2 Nr. 2 der Beginn des Kalenderjahres, in dem der Fehler dem Finanzamt bekannt wird, bei einer Erhöhung des Steuermeßbetrags jedoch frühestens der Beginn des Kalenderjahres, in dem der Steuermeßbescheid erteilt wird.

(4) Treten die Voraussetzungen für eine Neuveranlagung während des Zeitraums zwischen dem Hauptveranlagungszeitpunkt und dem Zeitpunkt des Wirksamwerdens der Steuermeßbeträge (§ 16 Abs. 2) ein, so wird die Neuveranlagung auf den Zeitpunkt des Wirksamwerdens der Steuermeßbeträge vorgenommen.

§ 18
Nachveranlagung

(1) Wird eine Nachfeststellung (§ 23 Abs. 1 des Bewertungsgesetzes) durchgeführt, so wird der Steuermeßbetrag auf den Nachfeststellungszeitpunkt nachträglich festgesetzt (Nachveranlagung).

(2) Der Steuermeßbetrag wird auch dann nachträglich festgesetzt, wenn der Grund für die Befreiung des Steuergegenstandes von der Grundsteuer wegfällt, der für die Berechnung der Grundsteuer maßgebende Einheitswert (§ 13 Abs. 1) aber bereits festgestellt ist.

(3) Der Nachveranlagung werden die Verhältnisse im Nachveranlagungszeitpunkt zugrunde gelegt. Nachveranlagungszeitpunkt ist

1. in den Fällen des Absatzes 1 der Beginn des Kalenderjahres, auf den der Einheitswert nachträglich festgestellt wird;
2. in den Fällen des Absatzes 2 der Beginn des Kalenderjahres, der auf den Wegfall des Befreiungsgrundes folgt. § 16 Abs. 3 ist entsprechend anzuwenden.

(4) Treten die Voraussetzungen für eine Nachveranlagung während des Zeitraums zwischen dem Hauptveranlagungszeitpunkt und dem Zeitpunkt des Wirksamwerdens der Steuermeßbeträge (§ 16 Abs. 2) ein, so wird die Nachveranlagung auf den Zeitpunkt des Wirksamwerdens der Steuermeßbeträge vorgenommen.

§ 19
Anzeigepflicht

Jede Änderung in der Nutzung oder in den Eigentumsverhältnissen eines ganz oder teilweise von der Grundsteuer befreiten Steuergegenstandes hat derjenige anzuzeigen, der nach § 10 als

Steuerschuldner in Betracht kommt. Die Anzeige ist innerhalb von drei Monaten nach Eintritt der Änderung bei dem Finanzamt zu erstatten, das für die Festsetzung des Steuermeßbetrags zuständig ist.

§ 20
Aufhebung des Steuermeßbetrags

(1) Der Steuermeßbetrag wird aufgehoben,

1. wenn der Einheitswert aufgehoben wird oder
2. wenn dem Finanzamt bekannt wird, daß
   a) für den ganzen Steuergegenstand ein Befreiungsgrund eingetreten ist oder
   b) der Steuermeßbetrag fehlerhaft festgesetzt worden ist.

(2) Der Steuermeßbetrag wird aufgehoben

1. in den Fällen des Absatzes 1 Nr. 1 mit Wirkung vom Aufhebungszeitpunkt (§ 24 Abs. 2 des Bewertungsgesetzes) an;
2. in den Fällen des Absatzes 1 Nr. 2 Buchstabe a mit Wirkung vom Beginn des Kalenderjahres an, der auf den Eintritt des Befreiungsgrundes folgt. § 16 Abs. 3 ist entsprechend anzuwenden;
3. in den Fällen des Absatzes 1 Nr. 2 Buchstabe b mit Wirkung vom Beginn des Kalenderjahres an, in dem der Fehler dem Finanzamt bekannt wird.

(3) Treten die Voraussetzungen für eine Aufhebung während des Zeitraums zwischen dem Hauptveranlagungszeitpunkt und dem Zeitpunkt des Wirksamwerdens der Steuermeßbeträge (§ 16 Abs. 2) ein, so wird die Aufhebung auf den Zeitpunkt des Wirksamwerdens der Steuermeßbeträge vorgenommen.

§ 21
Änderung von Steuermeßbescheiden

Bescheide über die Neuveranlagung oder die Nachveranlagung von Steuermeßbeträgen können schon vor dem maßgebenden Veranlagungszeitpunkt erteilt werden. Sie sind zu ändern oder aufzuheben, wenn sich bis zu diesem Zeitpunkt Änderungen ergeben, die zu einer abweichenden Festsetzung führen.

§ 22
Zerlegung des Steuermeßbetrags

(1) Erstreckt sich der Steuergegenstand über mehrere Gemeinden, so ist der Steuermeßbetrag vorbehaltlich des § 24 in die auf die einzelnen Gemeinden entfallenden Anteile zu zerlegen (Zerlegungsanteile). Für den Zerlegungsmaßstab gilt folgendes:

1. Bei Betrieben der Land- und Forstwirtschaft ist der auf den Wohnungswert entfallende Teil des Steuermeßbetrags der Gemeinde zuzuweisen, in der sich der Wohnteil oder dessen wertvollster Teil befindet. 2Der auf den Wirtschaftswert entfallende Teil des Steuermeßbetrags ist in dem Verhältnis zu zerlegen, in dem die auf die einzelnen Gemeinden entfallenden Flächengrößen zueinander stehen.
2. Bei Grundstücken ist der Steuermeßbetrag in dem Verhältnis zu zerlegen, in dem die auf die einzelnen Gemeinden entfallenden Flächengrößen zueinander stehen. Führt die Zerlegung nach Flächengrößen zu einem offenbar unbilligen Ergebnis, so hat das Finanzamt auf Antrag einer Gemeinde die Zerlegung nach dem Maßstab vorzunehmen, der nach bisherigem Recht zugrunde gelegt wurde. Dies gilt nur so lange, als keine wesentliche Änderung der tatsächlichen Verhältnisse eintritt; im Falle einer wesentlichen Änderung ist nach einem Maßstab zu zerlegen, der den tatsächlichen Verhältnissen besser Rechnung trägt.

Einigen sich die Gemeinden mit dem Steuerschuldner über die Zerlegungsanteile, so sind diese maßgebend.

(2) Entfällt auf eine Gemeinde ein Zerlegungsanteil von weniger als fünfundzwanzig Euro, so ist dieser Anteil der Gemeinde zuzuweisen, der nach Absatz 1 der größte Zerlegungsanteil zusteht.

§ 23
Zerlegungsstichtag

(1) Der Zerlegung des Steuermeßbetrags werden die Verhältnisse in dem Feststellungszeitpunkt zugrunde gelegt, auf den der für die Festsetzung des Steuermeßbetrags maßgebende Einheitswert festgestellt worden ist.

(2) Ändern sich die Grundlagen für die Zerlegung, ohne daß der Einheitswert fortgeschrieben oder nachträglich festgestellt wird, so sind die Zerlegungsanteile nach dem Stand vom 1. Januar des folgenden Jahres neu zu ermitteln, wenn wenigstens bei einer Gemeinde der neue Anteil um mehr als ein Zehntel, mindestens aber um zehn Euro von ihrem bisherigen Anteil abweicht.

§ 24
Ersatz der Zerlegung durch Steuerausgleich

Die Landesregierung kann durch Rechtsverordnung bestimmen, daß bei Betrieben der Land- und Forstwirtschaft, die sich über mehrere Gemeinden erstrecken, aus Vereinfachungsgründen an Stelle der Zerlegung ein Steuerausgleich stattfindet. Beim Steuerausgleich wird der gesamte Steuermeßbetrag der Gemeinde zugeteilt, in der der wertvollste Teil des Steuergegenstandes liegt (Sitzgemeinde); an dem Steueraufkommen der Sitzgemeinde werden die übrigen Gemeinden beteiligt. Die Beteiligung soll annähernd zu dem Ergebnis führen, das bei einer Zerlegung einträte.

Abschnitt III
Festsetzung und Entrichtung der Grundsteuer

§ 25
Festsetzung des Hebesatzes

(1) Die Gemeinde bestimmt, mit welchem Hundertsatz des Steuermeßbetrags oder des Zerlegungsanteils die Grundsteuer zu erheben ist (Hebesatz).

(2) Der Hebesatz ist für ein oder mehrere Kalenderjahre, höchstens jedoch für den Hauptveranlagungszeitraum der Steuermeßbeträge festzusetzen.

(3) Der Beschluß über die Festsetzung oder Änderung des Hebesatzes ist bis zum 30. Juni eines Kalenderjahres mit Wirkung vom Beginn dieses Kalenderjahres zu fassen. Nach diesem Zeitpunkt kann der Beschluß über die Festsetzung des Hebesatzes gefaßt werden, wenn der Hebesatz die Höhe der letzten Festsetzung nicht überschreitet.

(4) Der Hebesatz muß jeweils einheitlich sein

1. für die in einer Gemeinde liegenden Betriebe der Land- und Forstwirtschaft;
2. für die in einer Gemeinde liegenden Grundstücke.

Wird das Gebiet von Gemeinden geändert, so kann die Landesregierung oder die von ihr bestimmte Stelle für die von der Änderung betroffenen Gebietsteile auf eine bestimmte Zeit verschiedene Hebesätze zulassen.

§ 26
Koppelungsvorschriften und Höchsthebesätze

In welchem Verhältnis die Hebesätze für die Grundsteuer der Betriebe der Land- und Forstwirtschaft, für die Grundsteuer der Grundstücke und für die Gewerbesteuer zueinander stehen müssen, welche Höchstsätze nicht überschritten werden dürfen und inwieweit mit Genehmigung der Gemeindeaufsichtsbehörde Ausnahmen zugelassen werden können, bleibt einer landesrechtlichen Regelung vorbehalten.

§ 27
Festsetzung der Grundsteuer

(1) Die Grundsteuer wird für das Kalenderjahr festgesetzt. Ist der Hebesatz für mehr als ein Kalenderjahr festgesetzt, kann auch die jährlich zu erhebende Grundsteuer für die einzelnen Kalenderjahre dieses Zeitraums festgesetzt werden.

(2) Wird der Hebesatz geändert (§ 25 Abs. 3), so ist die Festsetzung nach Absatz 1 zu ändern.

(3) Für diejenigen Steuerschuldner, die für das Kalenderjahr die gleiche Grundsteuer wie im Vorjahr zu entrichten haben, kann die Grundsteuer durch öffentliche Bekanntmachung festgesetzt werden. Für die Steuerschuldner treten mit dem Tage der öffentlichen Bekanntmachung die gleichen Rechtswirkungen ein, wie wenn ihnen an diesem Tage ein schriftlicher Steuerbescheid zugegangen wäre.

§ 28
Fälligkeit

(1) Die Grundsteuer wird zu je einem Viertel ihres Jahresbetrags am 15. Februar, 15. Mai, 15. August und 15. November fällig.

(2) Die Gemeinden können bestimmen, daß Kleinbeträge wie folgt fällig werden:

1. am 15. August mit ihrem Jahresbetrag, wenn dieser fünfzehn Euro nicht übersteigt;
2. am 15. Februar und 15. August zu je einer Hälfte ihres Jahresbetrags, wenn dieser dreißig Euro nicht übersteigt.

(3) Auf Antrag des Steuerschuldners kann die Grundsteuer abweichend vom Absatz 1 oder Absatz 2 Nr. 2 am 1. Juli in einem Jahresbetrag entrichtet werden. Der Antrag muß spätestens bis zum 30. September des vorangehenden Kalenderjahres gestellt werden. Die beantragte Zahlungsweise bleibt so lange maßgebend, bis ihre Änderung beantragt wird; die Änderung muß spätestens bis zum 30. September des vorangehenden Jahres beantragt werden.

§ 29
Vorauszahlungen

Der Steuerschuldner hat bis zur Bekanntgabe eines neuen Steuerbescheids zu den bisherigen Fälligkeitstagen Vorauszahlungen unter Zugrundelegung der zuletzt festgesetzten Jahressteuer zu entrichten.

§ 30
Abrechnung über die Vorauszahlungen

(1) Ist die Summe der Vorauszahlungen, die bis zur Bekanntgabe des neuen Steuerbescheids zu entrichten waren (§ 29), kleiner als die Steuer, die sich nach dem bekanntgegebenen Steuerbescheid für die vorausgegangenen Fälligkeitstage ergibt (§ 28), so ist der Unterschiedsbetrag innerhalb eines Monats nach Bekanntgabe des Steuerbescheids zu entrichten. Die Verpflichtung, rückständige Vorauszahlungen schon früher zu entrichten, bleibt unberührt.

(2) Ist die Summe der Vorauszahlungen, die bis zur Bekanntgabe des neuen Steuerbescheids entrichtet worden sind, größer als die Steuer, die sich nach dem bekanntgegebenen Steuerbescheid für die vorangegangenen Fälligkeitstage ergibt, so wird der Unterschiedsbetrag nach Bekanntgabe des Steuerbescheids durch Aufrechnung oder Zurückzahlung ausgeglichen.

(3) Die Absätze 1 und 2 gelten entsprechend, wenn der Steuerbescheid aufgehoben oder geändert wird.

§ 31
Nachentrichtung der Steuer

Hatte der Steuerschuldner bis zur Bekanntgabe der Jahressteuer keine Vorauszahlungen nach § 29 zu entrichten, so hat er die Steuer, die sich nach dem bekanntgegebenen Steuerbescheid für die vorangegangenen Fälligkeitstage ergibt (§ 28), innerhalb eines Monats nach Bekanntgabe des Steuerbescheids zu entrichten.

Abschnitt IV
Erlaß der Grundsteuer

§ 32
Erlaß für Kulturgut und Grünanlagen

(1) Die Grundsteuer ist zu erlassen

1. für Grundbesitz oder Teile von Grundbesitz, dessen Erhaltung wegen seiner Bedeutung für Kunst, Geschichte, Wissenschaft oder Naturschutz im öffentlichen Interesse liegt, wenn die erzielten Einnahmen und die sonstigen Vorteile (Rohertrag) in der Regel unter den jährlichen Kosten liegen. Bei Park- und Gartenanlagen von geschichtlichem Wert ist der Erlaß von der weiteren Voraussetzung abhängig, daß sie in dem billigerweise zu fordernden Umfang der Öffentlichkeit zugänglich gemacht sind;
2. für öffentliche Grünanlagen, Spiel- und Sportplätze, wenn die jährlichen Kosten in der Regel den Rohertrag übersteigen.

(2) Ist der Rohertrag für Grundbesitz, in dessen Gebäuden Gegenstände von wissenschaftlicher, künstlerischer oder geschichtlicher Bedeutung, insbesondere Sammlungen oder Bibliotheken, dem Zweck der Forschung oder Volksbildung nutzbar gemacht sind, durch die Benutzung zu den genannten Zwecken nachhaltig gemindert, so ist von der Grundsteuer der Hundertsatz zu erlassen, um den der Rohertrag gemindert ist. Das gilt nur, wenn die wissenschaftliche, künstlerische oder geschichtliche Bedeutung der untergebrachten Gegenstände durch die Landesregierung oder die von ihr beauftragte Stelle anerkannt ist.

§ 33
Erlaß wegen wesentlicher Ertragsminderung

(1) Ist bei Betrieben der Land- und Forstwirtschaft und bei bebauten Grundstücken der normale Rohertrag des Steuergegenstandes um mehr als 50 Prozent gemindert und hat der Steuerschuldner die Minderung des Rohertrags nicht zu vertreten, so wird die Grundsteuer in Höhe von 25 Prozent erlassen. Beträgt die Minderung des normalen Rohertrags 100 Prozent, ist die Grundsteuer in Höhe von 50 Prozent zu erlassen. Bei Betrieben der Land- und Forstwirtschaft und bei eigengewerblich genutzten bebauten Grundstücken wird der Erlass nur gewährt, wenn die Einziehung der Grundsteuer nach den wirtschaftlichen Verhältnissen des Betriebs unbillig wäre. Normaler Rohertrag ist

1. bei Betrieben der Land- und Forstwirtschaft der Rohertrag, der nach den Verhältnissen zu Beginn des Erlasszeitraums bei ordnungsmäßiger Bewirtschaftung gemeinhin und nachhaltig erzielbar wäre;
2. bei bebauten Grundstücken die nach den Verhältnissen zu Beginn des Erlasszeitraums geschätzte übliche Jahresrohmiete.

(2) Bei eigengewerblich genutzten bebauten Grundstücken gilt als Minderung des normalen Rohertrags die Minderung der Ausnutzung des Grundstücks.

(3) Umfaßt der Wirtschaftsteil eines Betriebs der Land- und Forstwirtschaft nur die forstwirtschaftliche Nutzung, so ist die Ertragsminderung danach zu bestimmen, in welchem Ausmaß

eingetretene Schäden den Ertragswert der forstwirtschaftlichen Nutzung bei einer Wertfortschreibung mindern würden.

(4) Wird nur ein Teil des Grundstücks eigengewerblich genutzt, so ist die Ertragsminderung für diesen Teil nach Absatz 2, für den übrigen Teil nach Absatz 1 zu bestimmen. Umfaßt der Wirtschaftsteil eines Betriebs der Land- und Forstwirtschaft nur zu einem Teil die forstwirtschaftliche Nutzung, so ist die Ertragsminderung für diesen Teil nach Absatz 3, für den übrigen Teil nach Absatz 1 zu bestimmen. In den Fällen der Sätze 1 und 2 ist für den ganzen Steuergegenstand ein einheitlicher Hundertsatz der Ertragsminderung nach dem Anteil der einzelnen Teile am Einheitswert des Grundstücks oder am Wert des Wirtschaftsteils des Betriebs der Land- und Forstwirtschaft zu ermitteln.

(5) Eine Ertragsminderung ist kein Erlaßgrund, wenn sie für den Erlaßzeitraum durch Fortschreibung des Einheitswerts berücksichtigt werden kann oder bei rechtzeitiger Stellung des Antrags auf Fortschreibung hätte berücksichtigt werden können.

§ 34
Verfahren

(1) Der Erlaß wird jeweils nach Ablauf eines Kalenderjahres für die Grundsteuer ausgesprochen, die für das Kalenderjahr festgesetzt worden ist (Erlaßzeitraum). Maßgebend für die Entscheidung über den Erlaß sind die Verhältnisse des Erlaßzeitraums.

(2) Der Erlaß wird nur auf Antrag gewährt. Der Antrag ist bis zu dem auf den Erlaßzeitraum folgenden 31. März zu stellen.

(3) In den Fällen des § 32 bedarf es keiner jährlichen Wiederholung des Antrags. Der Steuerschuldner ist verpflichtet, eine Änderung der maßgeblichen Verhältnisse der Gemeinde binnen drei Monaten nach Eintritt der Änderung anzuzeigen.

Abschnitt V
Übergangs- und Schlußvorschriften

§ 35
(weggefallen)

§ 36
Steuervergünstigung für abgefundene Kriegsbeschädigte

(1) Der Veranlagung der Steuermessbeträge für Grundbesitz solcher Kriegsbeschädigten, die zum Erwerb oder zur wirtschaftlichen Stärkung ihres Grundbesitzes eine Kapitalabfindung auf Grund des Bundesversorgungsgesetzes in der Fassung der Bekanntmachung vom 22. Januar 1982 (BGBl. I S. 21), zuletzt geändert durch die Verordnung vom 15. Juni 1999 (BGBl. I S. 1328), erhalten haben, ist der um die Kapitalabfindung verminderte Einheitswert zugrunde zu legen. Die Vergünstigung wird nur so lange gewährt, als die Versorgungsgebührnisse wegen der Kapitalabfindung in der gesetzlichen Höhe gekürzt werden.

(2) Die Steuervergünstigung nach Absatz 1 ist auch für ein Grundstück eines gemeinnützigen Wohnungs- oder Siedlungsunternehmens zu gewähren, wenn die folgenden Voraussetzungen sämtlich erfüllt sind:

1. Der Kriegsbeschädigte muß für die Zuweisung des Grundstücks die Kapitalabfindung an das Wohnungs- oder Siedlungsunternehmen bezahlt haben.
2. Er muß entweder mit dem Unternehmen einen Mietvertrag mit Kaufanwartschaft in der Weise abgeschlossen haben, daß er zur Miete wohnt, bis das Eigentum an dem Grundstück von ihm erworben ist, oder seine Rechte als Mieter müssen durch den Mietvertrag derart geregelt sein, daß das Mietverhältnis dem Eigentumserwerb fast gleichkommt.

3. Es muß sichergestellt sein, daß die Steuervergünstigung in vollem Umfang dem Kriegsbeschädigten zugute kommt.

(3) Lagen die Voraussetzungen des Absatzes 1 oder des Absatzes 2 bei einem verstorbenen Kriegsbeschädigten zur Zeit seines Todes vor und hat seine Witwe das Grundstück ganz oder teilweise geerbt, so ist auch der Witwe die Steuervergünstigung zu gewähren, wenn sie in dem Grundstück wohnt. Verheiratet sich die Witwe wieder, so fällt die Steuervergünstigung weg.

§ 37
Sondervorschriften für die Hauptveranlagung 1974

(1) Auf den 1. Januar 1974 findet eine Hauptveranlagung der Grundsteuermeßbeträge statt (Hauptveranlagung 1974).

(2) Die Hauptveranlagung 1974 gilt mit Wirkung von dem am 1. Januar 1974 beginnenden Kalenderjahr an. Der Beginn dieses Kalenderjahres ist der Hauptveranlagungszeitpunkt.

(3) Bei der Hauptveranlagung 1974 gilt Artikel 1 des Bewertungsänderungsgesetzes 1971 vom 27. Juli 1971 (Bundesgesetzbl. I S. 1157).

(4) (weggefallen)

§ 38
Anwendung des Gesetzes

Diese Fassung des Gesetzes gilt erstmals für die Grundsteuer des Kalenderjahres 2008.

§ 39
(weggefallen)

Abschnitt VI
Grundsteuer für Steuergegenstände in dem in Art 3 des Einigungsvertrages genannten Gebiet ab dem Kalenderjahr 1991

§ 40
Land- und forstwirtschaftliches Vermögen

Anstelle der Betriebe der Land- und Forstwirtschaft im Sinne des § 2 tritt das zu einer Nutzungseinheit zusammengefaßte Vermögen im Sinne des § 125 Abs. 3 des Bewertungsgesetzes. Schuldner der Grundsteuer ist abweichend von § 10 der Nutzer des land- und forstwirtschaftlichen Vermögens (§ 125 Abs. 2 des Bewertungsgesetzes). Mehrere Nutzer des Vermögens sind Gesamtschuldner.

§ 41
Bemessung der Grundsteuer für Grundstücke nach dem Einheitswert

Ist ein im Veranlagungszeitpunkt für die Grundsteuer maßgebender Einheitswert 1935 festgestellt oder festzustellen (§ 132 des Bewertungsgesetzes), gelten bei der Festsetzung des Steuermeßbetrags abweichend von § 15 die Steuermeßzahlen der weiter anwendbaren §§ 29 bis 33 der Grundsteuerdurchführungsverordnung vom 1. Juli 1937 (RGBl. I S. 733). Die ermäßigten Steuermeßzahlen für Einfamilienhäuser gelten nicht für das Wohnungseigentum und das Wohnungserbbaurecht einschließlich des damit belasteten Grundstücks.

§ 42
Bemessung der Grundsteuer für Mietwohngrundstücke und Einfamilienhäuser nach der Ersatzbemessungsgrundlage

(1) Bei Mietwohngrundstücken und Einfamilienhäusern, für die ein im Veranlagungszeitpunkt für die Grundsteuer maßgebender Einheitswert 1935 nicht festgestellt oder festzustellen ist

(§ 132 des Bewertungsgesetzes), bemißt sich der Jahresbetrag der Grundsteuer nach der Wohnfläche und bei anderweitiger Nutzung nach der Nutzfläche (Ersatzbemessungsgrundlage).

(2) Bei einem Hebesatz von 300 vom Hundert für Grundstücke beträgt der Jahresbetrag der Grundsteuer für das Grundstück

a) für Wohnungen, die mit Bad, Innen-WC und Sammelheizung ausgestattet sind, 1 Euro je qm Wohnfläche,
b) für andere Wohnungen 75 Cent je qm Wohnfläche,
c) je Abstellplatz für Personenkraftwagen in einer Garage 5 Euro.

Für Räume, die anderen als Wohnzwecken dienen, ist der Jahresbetrag je qm Nutzfläche anzusetzen, der für die auf dem Grundstück befindlichen Wohnungen maßgebend ist.

(3) Wird der Hebesatz abweichend von Absatz 2 festgesetzt, erhöhen oder vermindern sich die Jahresbeträge des Absatzes 2 in dem Verhältnis, in dem der festgesetzte Hebesatz für Grundstücke zu dem Hebesatz von 300 vom Hundert steht. Der sich danach ergebende Jahresbetrag je qm Wohn- oder Nutzfläche wird auf volle Cent nach unten abgerundet.

(4) Steuerschuldner ist derjenige, dem das Gebäude bei einer Feststellung des Einheitswerts gemäß § 10 zuzurechnen wäre. Das gilt auch dann, wenn der Grund und Boden einem anderen gehört.

§ 43
Steuerfreiheit für neugeschaffene Wohnungen

(1) Für Grundstücke mit neugeschaffenen Wohnungen, die nach dem 31. Dezember 1980 und vor dem 1. Januar 1992 bezugsfertig geworden sind oder bezugsfertig werden, gilt folgendes:

1. Grundstücke mit Wohnungen, die vor dem 1. Januar 1990 bezugsfertig geworden sind, bleiben für den noch nicht abgelaufenen Teil eines zehnjährigen Befreiungszeitraums steuerfrei, der mit dem 1. Januar des Kalenderjahres beginnt, das auf das Jahr der Bezugsfertigkeit des Gebäudes folgt;
2. Grundstücke mit Wohnungen, die im Kalenderjahr 1990 bezugsfertig geworden sind, sind bis zum 31. Dezember 2000 steuerfrei;
3. Grundstücke mit Wohnungen, die im Kalenderjahr 1991 bezugsfertig werden, sind bis zum 31. Dezember 2001 steuerfrei.

Dies gilt auch, wenn vor dem 1. Januar 1991 keine Steuerfreiheit gewährt wurde.

(2) Befinden sich auf einem Grundstück nur zum Teil steuerfreie Wohnungen im Sinne des Absatzes 1, gilt folgendes:

1. Wird die Grundsteuer nach dem Einheitswert bemessen (§ 41), bemißt sich der Steuermeßbetrag für den sich aus Absatz 1 ergebenden Befreiungszeitraum nur nach dem Teil des jeweils maßgebenden Einheitswerts, der auf die steuerpflichtigen Wohnungen und Räume einschließlich zugehörigen Grund und Bodens entfällt. Der steuerpflichtige Teil des Einheitswerts wird im Steuermeßbetragsverfahren ermittelt.
2. Ist die Ersatzbemessungsgrundlage Wohn- oder Nutzfläche maßgebend (§ 42), bleibt während der Dauer des sich aus Absatz 1 ergebenden Befreiungszeitraums die Wohnfläche der befreiten Wohnungen bei Anwendung des § 42 außer Ansatz.

(3) Einer Wohnung stehen An-, Aus- oder Umbauten gleich, die der Vergrößerung oder Verbesserung von Wohnungen dienen. Voraussetzung ist, daß die Baumaßnahmen zu einer Wertfortschreibung geführt haben oder führen.

§ 44
Steueranmeldung

(1) Soweit die Grundsteuer nach der Wohn- oder Nutzfläche zu bemessen ist, hat der Steuerschuldner eine Steuererklärung nach amtlich vorgeschriebenem Vordruck abzugeben, in der er die Grundsteuer nach § 42 selbst berechnet (Steueranmeldung).

(2) Der Steuerschuldner hat der Berechnung der Grundsteuer den Hebesatz zugrunde zu legen, den die Gemeinde bis zum Beginn des Kalenderjahres bekannt gemacht hat, für das die Grundsteuer erhoben wird. Andernfalls hat er die Grundsteuer nach dem Hebesatz des Vorjahres zu berechnen; für das Kalenderjahr 1991 gilt insoweit ein Hebesatz von 300 vom Hundert.

(3) Die Steueranmeldung ist für jedes Kalenderjahr nach den Verhältnissen zu seinem Beginn bis zu dem Fälligkeitstag abzugeben, zu dem Grundsteuer für das Kalenderjahr nach § 28 erstmals fällig ist. Für die Entrichtung der Grundsteuer gilt § 28 entsprechend.

§ 45
Fälligkeit von Kleinbeträgen

Hat der Rat der Stadt oder Gemeinde vor dem 1. Januar 1991 für kleinere Beträge eine Zahlungsweise zugelassen, die von § 28 Abs. 2 und 3 abweicht, bleibt die Regelung bestehen, bis sie aufgehoben wird.

§ 46
Zuständigkeit der Gemeinden

Die Festsetzung und Erhebung der Grundsteuer obliegt bis zu einer anderen landesrechtlichen Regelung den Gemeinden.

3.3 GewStG

Gewerbesteuergesetz (GewStG)

in der Fassung der Bekanntmachung vom 15. Oktober 2002 (BGBl. I S. 4167), zuletzt geändert durch Gesetz vom 16. Dezember 2022 (BGBl. I S. 2294)

Inhaltsübersicht

Abschnitt I
Allgemeines

§ 1
Steuerberechtigte

Die Gemeinden erheben eine Gewerbesteuer als Gemeindesteuer.

§ 2
Steuergegenstand

(1) Der Gewerbesteuer unterliegt jeder stehende Gewerbebetrieb, soweit er im Inland betrieben wird. Unter Gewerbebetrieb ist ein gewerbliches Unternehmen im Sinne des Einkommensteuergesetzes zu verstehen. Im Inland betrieben wird ein Gewerbebetrieb, soweit für ihn im Inland oder auf einem in einem inländischen Schiffsregister eingetragenen Kauffahrteischiff eine Betriebsstätte unterhalten wird.

(2) Als Gewerbebetrieb gilt stets und in vollem Umfang die Tätigkeit der Kapitalgesellschaften (insbesondere Europäische Gesellschaften, Aktiengesellschaften, Kommanditgesellschaften auf Aktien, Gesellschaften mit beschränkter Haftung), Genossenschaften einschließlich Europäischer Genossenschaften sowie der Versicherungs- und Pensionsfondsvereine auf Gegenseitigkeit. Ist eine Kapitalgesellschaft Organgesellschaft im Sinne der § 14 oder § 17 des Körperschaftsteuergesetzes, so gilt sie als Betriebsstätte des Organträgers.

(3) Als Gewerbebetrieb gilt auch die Tätigkeit der sonstigen juristischen Personen des privaten Rechts und der nichtrechtsfähigen Vereine, soweit sie einen wirtschaftlichen Geschäftsbetrieb (ausgenommen Land- und Forstwirtschaft) unterhalten.

(4) Vorübergehende Unterbrechungen im Betrieb eines Gewerbes, die durch die Art des Betriebs veranlasst sind, heben die Steuerpflicht für die Zeit bis zur Wiederaufnahme des Betriebs nicht auf.

(5) Geht ein Gewerbebetrieb im Ganzen auf einen anderen Unternehmer über, so gilt der Gewerbebetrieb als durch den bisherigen Unternehmer eingestellt. Der Gewerbebetrieb gilt als durch den anderen Unternehmer neu gegründet, wenn er nicht mit einem bereits bestehenden Gewerbebetrieb vereinigt wird.

(6) Inländische Betriebsstätten von Unternehmen, deren Geschäftsleitung sich in einem ausländischen Staat befindet, mit dem kein Abkommen zur Vermeidung der Doppelbesteuerung besteht, unterliegen nicht der Gewerbesteuer, wenn und soweit

1. die Einkünfte aus diesen Betriebsstätten im Rahmen der beschränkten Einkommensteuerpflicht steuerfrei sind und
2. der ausländische Staat Unternehmen, deren Geschäftsleitung sich im Inland befindet, eine entsprechende Befreiung von den der Gewerbesteuer ähnlichen oder ihr entsprechenden Steuern gewährt, oder in dem ausländischen Staat keine der Gewerbesteuer ähnlichen oder ihr entsprechenden Steuern bestehen.

(7) Zum Inland im Sinne dieses Gesetzes gehört auch der der Bundesrepublik Deutschland zustehende Anteil

1. an der ausschließlichen Wirtschaftszone, soweit dort
   a) die lebenden und nicht lebenden natürlichen Ressourcen der Gewässer über dem Meeresboden, des Meeresbodens und seines Untergrunds erforscht, ausgebeutet, erhalten oder bewirtschaftet werden,
   b) andere Tätigkeiten zur wirtschaftlichen Erforschung oder Ausbeutung der ausschließlichen Wirtschaftszone ausgeübt werden, wie beispielsweise die Energieerzeugung aus Wasser, Strömung und Wind oder
   c) künstliche Inseln errichtet oder genutzt werden und Anlagen und Bauwerke für die in den Buchstaben a und b genannten Zwecke errichtet oder genutzt werden, und
2. am Festlandsockel, soweit dort
   a) dessen natürliche Ressourcen erforscht oder ausgebeutet werden; natürliche Ressourcen in diesem Sinne sind die mineralischen und sonstigen nicht lebenden Ressourcen des Meeresbodens und seines Untergrunds sowie die zu den sesshaften Arten gehörenden Lebewesen, die im nutzbaren Stadium entweder unbeweglich auf oder unter dem Meeresboden verbleiben oder sich nur in ständigem körperlichen Kontakt mit dem Meeresboden oder seinem Untergrund fortbewegen können; oder
   b) künstliche Inseln errichtet oder genutzt werden und Anlagen und Bauwerke für die in Buchstabe a genannten Zwecke errichtet oder genutzt werden, und
3. der nicht zur Bundesrepublik Deutschland gehörende Teil eines grenzüberschreitenden Gewerbegebiets, das nach den Vorschriften eines Abkommens zur Vermeidung der Doppelbesteuerung als solches bestimmt ist.

(8) Für die Anwendung dieses Gesetzes sind eine optierende Gesellschaft im Sinne des § 1a des Körperschaftsteuergesetzes als Kapitalgesellschaft und ihre Gesellschafter wie die nicht persönlich haftenden Gesellschafter einer Kapitalgesellschaft zu behandeln.

§ 2a
Arbeitsgemeinschaften

Als Gewerbebetrieb gilt nicht die Tätigkeit der Arbeitsgemeinschaften, deren alleiniger Zweck in der Erfüllung eines einzigen Werkvertrags oder Werklieferungsvertrags besteht. Die Betriebsstätten der Arbeitsgemeinschaften gelten insoweit anteilig als Betriebsstätten der Beteiligten.

§ 3
Befreiungen

Von der Gewerbesteuer sind befreit

1. das Bundeseisenbahnvermögen, die staatlichen Lotterieunternehmen, die zugelassenen öffentlichen Spielbanken mit ihren der Spielbankenabgabe unterliegenden Tätigkeiten und der Erdölbevorratungsverband nach § 2 Absatz 1 des Erdölbevorratungsgesetzes vom 16. Januar 2012 (BGBl. I S. 74) in der jeweils geltenden Fassung;
2. die Deutsche Bundesbank, die Kreditanstalt für Wiederaufbau, die Landwirtschaftliche Rentenbank, die Bayerische Landesanstalt für Aufbaufinanzierung, die Niedersächsische Gesellschaft für öffentliche Finanzierungen mit beschränkter Haftung, die Bremer Aufbau-Bank GmbH, die Landeskreditbank Baden-Württemberg – Förderbank, die Bayerische Landesbodenkreditanstalt, die Investitionsbank Berlin, die Hamburgische Investitions- und Förderbank, die NRW.Bank, die Investitions- und Förderbank Niedersachsen, die Saarländische Investitionskreditbank Aktiengesellschaft, die Investitionsbank Schleswig-Holstein, die Investitionsbank des Landes Brandenburg, die Sächsische Aufbaubank – Förderbank –, die Thüringer Aufbaubank, die Investitionsbank Sachsen-Anhalt, die Investitions- und Strukturbank Rheinland-Pfalz, das Landesförderinstitut Mecklenburg-Vorpommern – Geschäftsbereich der Norddeutschen Landesbank Girozentrale –, die Wirtschafts- und Infrastrukturbank Hessen – rechtlich unselbständige Anstalt in der Landesbank Hessen-Thüringen Girozentrale und die Liquiditäts-Konsortialbank Gesellschaft mit beschränkter Haftung;
3. die Bundesanstalt für vereinigungsbedingte Sonderaufgaben;
4. (weggefallen)
5. Hauberg-, Wald-, Forst- und Laubgenossenschaften und ähnliche Realgemeinden. Unterhalten sie einen Gewerbebetrieb, der über den Rahmen eines Nebenbetriebs hinausgeht, so sind sie insoweit steuerpflichtig;
6. Körperschaften, Personenvereinigungen und Vermögensmassen, die nach der Satzung, dem Stiftungsgeschäft oder der sonstigen Verfassung und nach der tatsächlichen Geschäftsführung ausschließlich und unmittelbar gemeinnützigen, mildtätigen oder kirchlichen Zwecken dienen (§§ 51 bis 68 der Abgabenordnung). Wird ein wirtschaftlicher Geschäftsbetrieb – ausgenommen Land- und Forstwirtschaft – unterhalten, ist die Steuerfreiheit insoweit ausgeschlossen;
7. Hochsee- und Küstenfischerei, wenn sie mit weniger als sieben im Jahresdurchschnitt beschäftigten Arbeitnehmern oder mit Schiffen betrieben wird, die eine eigene Triebkraft von weniger als 100 Pferdekräften haben;
8. Genossenschaften sowie Vereine im Sinne des § 5 Abs. 1 Nr. 14 des Körperschaftsteuergesetzes, soweit sie von der Körperschaftsteuer befreit sind;
9. rechtsfähige Pensions-, Sterbe-, Kranken- und Unterstützungskassen im Sinne des § 5 Abs. 1 Nr. 3 des Körperschaftsteuergesetzes, soweit sie die für eine Befreiung von der Körperschaftsteuer erforderlichen Voraussetzungen erfüllen;
10. Körperschaften oder Personenvereinigungen, deren Hauptzweck die Verwaltung des Vermögens für einen nichtrechtsfähigen Berufsverband im Sinne des § 5 Abs. 1 Nr. 5 des Körperschaftsteuergesetzes ist, wenn ihre Erträge im Wesentlichen aus dieser Vermögensverwaltung herrühren und ausschließlich dem Berufsverband zufließen;
11. öffentlich-rechtliche Versicherungs- und Versorgungseinrichtungen von Berufsgruppen, deren Angehörige auf Grund einer durch Gesetz angeordneten oder auf Gesetz beruhenden Verpflichtung Mitglieder dieser Einrichtungen sind, wenn die Satzung der Einrichtung die Zahlung keiner höheren jährlichen Beiträge zulässt als das Zwölffache der Beiträge, die sich bei einer Beitragsbemessungsgrundlage in Höhe der doppelten monatlichen Beitragsbemessungsgrenze in der allgemeinen Rentenversicherung ergeben würden. Sind nach der Satzung der Einrichtung nur Pflichtmitgliedschaften sowie freiwillige Mitgliedschaften, die unmit-

telbar an eine Pflichtmitgliedschaft anschließen, möglich, so steht dies der Steuerbefreiung nicht entgegen, wenn die Satzung die Zahlung keiner höheren jährlichen Beiträge zulässt als das Fünfzehnfache der Beiträge, die sich bei einer Beitragsbemessungsgrundlage in Höhe der doppelten monatlichen Beitragsbemessungsgrenze in der allgemeinen Rentenversicherung ergeben würden;

12. Gesellschaften, bei denen die Gesellschafter als Unternehmer (Mitunternehmer) anzusehen sind, sowie Genossenschaften, soweit die Gesellschaften und die Genossenschaften eine gemeinschaftliche Tierhaltung im Sinne des § 51a des Bewertungsgesetzes betreiben;
13. private Schulen und andere allgemeinbildende oder berufsbildende Einrichtungen, soweit unmittelbar dem Schul- und Bildungszweck dienende Leistungen erbracht werden, wenn sie
    a) als Ersatzschulen gemäß Artikel 7 Absatz 4 des Grundgesetzes staatlich genehmigt oder nach Landesrecht erlaubt sind oder
    b) auf einen Beruf oder eine vor einer juristischen Person des öffentlichen Rechts abzulegende Prüfung ordnungsgemäß vorbereiten;
14. Genossenschaften sowie Vereine, deren Tätigkeit sich auf den Betrieb der Land- und Forstwirtschaft beschränkt, wenn die Mitglieder der Genossenschaft oder dem Verein Flächen zur Nutzung oder für die Bewirtschaftung der Flächen erforderliche Gebäude überlassen und
    a) bei Genossenschaften das Verhältnis der Summe der Werte der Geschäftsanteile des einzelnen Mitglieds zu der Summe der Werte aller Geschäftsanteile,
    b) bei Vereinen das Verhältnis des Werts des Anteils an dem Vereinsvermögen, der im Fall der Auflösung des Vereins an das einzelne Mitglied fallen würde, zu dem Wert des Vereinsvermögens nicht wesentlich von dem Verhältnis abweicht, in dem der Wert der von dem einzelnen Mitglied zur Nutzung überlassenen Flächen und Gebäude zu dem Wert der insgesamt zur Nutzung überlassenen Flächen und Gebäude steht;
15. Genossenschaften sowie Vereine im Sinne des § 5 Abs. 1 Nr. 10 des Körperschaftsteuergesetzes, soweit sie von der Körperschaftsteuer befreit sind;
16. (weggefallen)
17. die von den zuständigen Landesbehörden begründeten oder anerkannten gemeinnützigen Siedlungsunternehmen im Sinne des Reichssiedlungsgesetzes in der jeweils aktuellen Fassung oder entsprechender Landesgesetze, soweit diese Landesgesetze nicht wesentlich von den Bestimmungen des Reichssiedlungsgesetzes abweichen, und im Sinne der Bodenreformgesetze der Länder, soweit die Unternehmen im ländlichen Raum Siedlungs-, Agrarstrukturverbesserungs- und Landentwicklungsmaßnahmen mit Ausnahme des Wohnungsbaus durchführen. Die Steuerbefreiung ist ausgeschlossen, wenn die Einnahmen des Unternehmens aus den in Satz 1 nicht bezeichneten Tätigkeiten die Einnahmen aus den in Satz 1 bezeichneten Tätigkeiten übersteigen;
18. (weggefallen)
19. der Pensions-Sicherungs-Verein Versicherungsverein auf Gegenseitigkeit, wenn er die für eine Befreiung von der Körperschaftsteuer erforderlichen Voraussetzungen erfüllt;
20. Krankenhäuser, Altenheime, Altenwohnheime, Pflegeheime, Einrichtungen zur vorübergehenden Aufnahme pflegebedürftiger Personen und Einrichtungen zur ambulanten Pflege kranker und pflegebedürftiger Personen sowie Einrichtungen zur ambulanten oder stationären Rehabilitation, wenn
    a) diese Einrichtungen von juristischen Personen des öffentlichen Rechts betrieben werden oder
    b) bei Krankenhäusern im Erhebungszeitraum die in § 67 Abs. 1 oder 2 der Abgabenordnung bezeichneten Voraussetzungen erfüllt worden sind oder
    c) bei Altenheimen, Altenwohnheimen und Pflegeheimen im Erhebungszeitraum mindestens 40 Prozent der Leistungen den in § 61a des Zwölften Buches Sozialgesetzbuch oder den in § 53 Nr. 2 der Abgabenordnung genannten Personen zugute gekommen sind oder

d) bei Einrichtungen zur vorübergehenden Aufnahme pflegebedürftiger Personen und bei Einrichtungen zur ambulanten Pflege kranker und pflegebedürftiger Personen im Erhebungszeitraum die Pflegekosten in mindestens 40 Prozent der Fälle von den gesetzlichen Trägern der Sozialversicherung oder Sozialhilfe ganz oder zum überwiegenden Teil getragen worden sind oder
e) bei Einrichtungen zur ambulanten oder stationären Rehabilitation die Behandlungskosten in mindestens 40 Prozent der Fälle von den gesetzlichen Trägern der Sozialversicherung oder Sozialhilfe ganz oder zum überwiegenden Teil getragen worden sind. Satz 1 ist nur anzuwenden, soweit die Einrichtung Leistungen im Rahmen der verordneten ambulanten oder stationären Rehabilitation im Sinne des Sozialrechts einschließlich der Beihilfevorschriften des Bundes und der Länder erbringt;

21. Entschädigungs- und Sicherungseinrichtungen im Sinne des § 5 Abs. 1 Nr. 16 des Körperschaftsteuergesetzes, soweit sie von der Körperschaftsteuer befreit sind;
22. Bürgschaftsbanken (Kreditgarantiegemeinschaften), wenn sie von der Körperschaftsteuer befreit sind;
23. Unternehmensbeteiligungsgesellschaften, die nach dem Gesetz über Unternehmensbeteiligungsgesellschaften anerkannt sind. Für Unternehmensbeteiligungsgesellschaften im Sinne des § 25 Abs. 1 des Gesetzes über Unternehmensbeteiligungsgesellschaften haben der Widerruf der Anerkennung und der Verzicht auf die Anerkennung Wirkung für die Vergangenheit, wenn nicht Aktien der Unternehmensbeteiligungsgesellschaft öffentlich angeboten worden sind; Entsprechendes gilt, wenn eine solche Gesellschaft nach § 25 Abs. 3 des Gesetzes über Unternehmensbeteiligungsgesellschaften die Anerkennung als Unternehmensbeteiligungsgesellschaft verliert. Für offene Unternehmensbeteiligungsgesellschaften im Sinne des § 1a Abs. 2 Satz 1 des Gesetzes über Unternehmensbeteiligungsgesellschaften haben der Widerruf der Anerkennung und der Verzicht auf die Anerkennung innerhalb der in § 7 Abs. 1 Satz 1 des Gesetzes über Unternehmensbeteiligungsgesellschaften genannten Frist Wirkung für die Vergangenheit. Bescheide über die Anerkennung, die Rücknahme oder den Widerruf der Anerkennung und über die Feststellung, ob Aktien der Unternehmensbeteiligungsgesellschaft im Sinne des § 25 Abs. 1 des Gesetzes über Unternehmensbeteiligungsgesellschaften öffentlich angeboten worden sind, sind Grundlagenbescheide im Sinne der Abgabenordnung; die Bekanntmachung der Aberkennung der Eigenschaft als Unternehmensbeteiligungsgesellschaft nach § 25 Abs. 3 des Gesetzes über Unternehmensbeteiligungsgesellschaften steht einem Grundlagenbescheid gleich;
24. die folgenden Kapitalbeteiligungsgesellschaften für die mittelständische Wirtschaft, soweit sich deren Geschäftsbetrieb darauf beschränkt, im öffentlichen Interesse mit Eigenmitteln oder mit staatlicher Hilfe Beteiligungen zu erwerben, wenn der von ihnen erzielte Gewinn ausschließlich und unmittelbar für die satzungsmäßigen Zwecke der Beteiligungsfinanzierung verwendet wird: Mittelständische Beteiligungsgesellschaft Baden-Württemberg GmbH, Mittelständische Beteiligungsgesellschaft Bremen mbH, BTG Beteiligungsgesellschaft Hamburg mbH, MBG Mittelständische Beteiligungsgesellschaft Hessen GmbH, Mittelständische Beteiligungsgesellschaft Niedersachsen (MBG) mbH, Kapitalbeteiligungsgesellschaft für die mittelständische Wirtschaft in Nordrhein-Westfalen mbH, MBG Mittelständische Beteiligungsgesellschaft Rheinland-Pfalz mbH, Wagnisfinanzierungsgesellschaft für Technologieförderung in Rheinland-Pfalz mbH (WFT), Saarländische Kapitalbeteiligungsgesellschaft mbH, Gesellschaft für Wagniskapital Mittelständische Beteiligungsgesellschaft Schleswig-Holstein Gesellschaft mit beschränkter Haftung – MBG, Technologie-Beteiligungs-Gesellschaft mbH der Deutschen Ausgleichsbank, bgb Beteiligungsgesellschaft Berlin mbH für kleine und mittlere Betriebe, Mittelständische Beteiligungsgesellschaft Berlin-Brandenburg mbH, Mittelständische Beteiligungsgesellschaft Mecklenburg-Vorpommern mbH, Mittelständische Beteiligungsgesellschaft Sachsen mbH, Mittelständische Beteili-

gungsgesellschaft Sachsen-Anhalt mbH, Wagnisbeteiligungsgesellschaft Sachsen-Anhalt mbH, IBG Beteiligungsgesellschaft Sachsen-Anhalt mbH, Mittelständische Beteiligungsgesellschaft Thüringen (MBG) mbH;

25. Wirtschaftsförderungsgesellschaften, wenn sie von der Körperschaftsteuer befreit sind;
26. Gesamthafenbetriebe im Sinne des § 1 des Gesetzes über die Schaffung eines besonderen Arbeitgebers für Hafenarbeiter vom 3. August 1950 (BGBl. I S. 352), soweit sie von der Körperschaftsteuer befreit sind;
27. Zusammenschlüsse im Sinne des § 5 Abs. 1 Nr. 20 des Körperschaftsteuergesetzes, soweit sie von der Körperschaftsteuer befreit sind;
28. die Arbeitsgemeinschaften Medizinischer Dienst der Krankenversicherung im Sinne des § 278 des Fünften Buches Sozialgesetzbuch und der Medizinische Dienst der Spitzenverbände der Krankenkassen im Sinne des § 282 des Fünften Buches Sozialgesetzbuch, soweit sie von der Körperschaftsteuer befreit sind;
29. gemeinsame Einrichtungen im Sinne des § 5 Abs. 1 Nr. 22 des Körperschaftsteuergesetzes, soweit sie von der Körperschaftsteuer befreit sind;
30. die Auftragsforschung im Sinne des § 5 Abs. 1 Nr. 23 des Körperschaftsteuergesetzes, soweit sie von der Körperschaftsteuer befreit ist;
31. die Global Legal Entity Identifier Stiftung, soweit sie von der Körperschaftsteuer befreit ist;
32. stehende Gewerbebetriebe von Anlagenbetreibern im Sinne des § 3 Nummer 2 des Erneuerbare-Energien-Gesetzes, wenn sich deren Tätigkeit ausschließlich auf die Erzeugung und Vermarktung von Strom aus einer auf, an oder in einem Gebäude angebrachten Solaranlage bis zu einer installierten Leistung von 30 Kilowatt beschränkt.

§ 4
Hebeberechtigte Gemeinde

(1) Die stehenden Gewerbebetriebe unterliegen der Gewerbesteuer in der Gemeinde, in der eine Betriebsstätte zur Ausübung des stehenden Gewerbes unterhalten wird. Befinden sich Betriebsstätten desselben Gewerbebetriebs in mehreren Gemeinden, oder erstreckt sich eine Betriebsstätte über mehrere Gemeinden, so wird die Gewerbesteuer in jeder Gemeinde nach dem Teil des Steuermessbetrags erhoben, der auf sie entfällt.

(2) Für Betriebsstätten in gemeindefreien Gebieten bestimmt die Landesregierung durch Rechtsverordnung, wer die nach diesem Gesetz den Gemeinden zustehenden Befugnisse ausübt. Der in § 2 Absatz 7 Nummer 1 und 2 bezeichnete Anteil am Festlandsockel und an der ausschließlichen Wirtschaftszone ist gemeindefreies Gebiet. In Fällen von Satz 2 bestimmt sich die zuständige Landesregierung im Sinne des Satzes 1 unter entsprechender Anwendung des § 22a der Abgabenordnung.

(3) Für Betriebsstätten im nicht zur Bundesrepublik Deutschland gehörenden Teil eines grenzüberschreitenden Gewerbegebiets im Sinne des § 2 Absatz 7 Nummer 3 ist die Gemeinde hebeberechtigt, in der der zur Bundesrepublik Deutschland gehörende Teil des grenzüberschreitenden Gewerbegebiets liegt. Liegt der zur Bundesrepublik Deutschland gehörende Teil in mehreren Gemeinden, gilt Absatz 2 entsprechend.

§ 5
Steuerschuldner

(1) Steuerschuldner ist der Unternehmer. Als Unternehmer gilt der, für dessen Rechnung das Gewerbe betrieben wird. Ist die Tätigkeit einer Personengesellschaft Gewerbebetrieb, so ist Steuerschuldner die Gesellschaft. Wird das Gewerbe in der Rechtsform einer Europäischen wirtschaftlichen Interessenvereinigung mit Sitz im Geltungsbereich der Verordnung (EWG) Nr. 2137/85 des Rates vom 25. Juli 1985 über die Schaffung einer Europäischen wirtschaftlichen

Interessenvereinigung (EWIV) – (ABl. L 199 vom 31.7.1985, S. 1) betrieben, sind abweichend von Satz 3 die Mitglieder Gesamtschuldner.

(2) Geht ein Gewerbebetrieb im Ganzen auf einen anderen Unternehmer über (§ 2 Abs. 5), so ist der bisherige Unternehmer bis zum Zeitpunkt des Übergangs Steuerschuldner. Der andere Unternehmer ist von diesem Zeitpunkt an Steuerschuldner.

§ 6
Besteuerungsgrundlage

Besteuerungsgrundlage für die Gewerbesteuer ist der Gewerbeertrag.

Abschnitt II
Bemessung der Gewerbesteuer

§ 7
Gewerbeertrag

Gewerbeertrag ist der nach den Vorschriften des Einkommensteuergesetzes oder des Körperschaftsteuergesetzes zu ermittelnde Gewinn aus dem Gewerbebetrieb, der bei der Ermittlung des Einkommens für den dem Erhebungszeitraum (§ 14) entsprechenden Veranlagungszeitraum zu berücksichtigen ist, vermehrt und vermindert um die in den §§ 8 und 9 bezeichneten Beträge. Zum Gewerbeertrag gehört auch der Gewinn aus der Veräußerung oder Aufgabe

1. des Betriebs oder eines Teilbetriebs einer Mitunternehmerschaft,
2. des Anteils eines Gesellschafters, der als Unternehmer (Mitunternehmer) des Betriebs einer Mitunternehmerschaft anzusehen ist,
3. des Anteils eines persönlich haftenden Gesellschafters einer Kommanditgesellschaft auf Aktien,

soweit er nicht auf eine natürliche Person als unmittelbar beteiligter Mitunternehmer entfällt. Der nach § 5a des Einkommensteuergesetzes ermittelte Gewinn einschließlich der Hinzurechnungen nach § 5a Absatz 4 und 4a des Einkommensteuergesetzes und das nach § 8 Absatz 1 Satz 3 des Körperschaftsteuergesetzes ermittelte Einkommen gelten als Gewerbeertrag nach Satz 1. § 3 Nr. 40 und § 3c Abs. 2 des Einkommensteuergesetzes sind bei der Ermittlung des Gewerbeertrags einer Mitunternehmerschaft anzuwenden, soweit an der Mitunternehmerschaft natürliche Personen unmittelbar oder mittelbar über eine oder mehrere Personengesellschaften beteiligt sind; im Übrigen ist § 8b des Körperschaftsteuergesetzes anzuwenden. Bei der Ermittlung des Gewerbeertrags einer Kapitalgesellschaft, auf die § 8 Abs. 7 Satz 1 Nr. 2 des Körperschaftsteuergesetzes anzuwenden ist, ist § 8 Abs. 9 Satz 1 bis 3 des Körperschaftsteuergesetzes entsprechend anzuwenden; ein sich danach bei der jeweiligen Sparte im Sinne des § 8 Abs. 9 Satz 1 des Körperschaftsteuergesetzes ergebender negativer Gewerbeertrag darf nicht mit einem positiven Gewerbeertrag aus einer anderen Sparte im Sinne des § 8 Abs. 9 Satz 1 des Körperschaftsteuergesetzes ausgeglichen werden. § 50d Abs. 10 des Einkommensteuergesetzes ist bei der Ermittlung des Gewerbeertrags entsprechend anzuwenden. Hinzurechnungsbeträge im Sinne des § 10 Absatz 1 des Außensteuergesetzes sind Einkünfte, die in einer inländischen Betriebsstätte anfallen. Einkünfte im Sinne des § 20 Absatz 2 Satz 1 des Außensteuergesetzes gelten als in einer inländischen Betriebsstätte erzielt; das gilt auch, wenn sie nicht von einem Abkommen zur Vermeidung der Doppelbesteuerung erfasst werden oder das Abkommen zur Vermeidung der Doppelbesteuerung selbst die Steueranrechnung anordnet. Satz 8 ist nicht anzuwenden, soweit auf die Einkünfte, würden sie in einer Zwischengesellschaft im Sinne des § 8 des Außensteuergesetzes erzielt, § 8 Absatz 2 bis 4 des Außensteuergesetzes zur Anwendung käme.

§ 7a
Sonderregelung bei der Ermittlung des Gewerbeertrags einer Organgesellschaft

(1) Bei der Ermittlung des Gewerbeertrags einer Organgesellschaft ist § 9 Nummer 2a, 7 und 8 nicht anzuwenden. In den Fällen des Satzes 1 ist § 8 Nummer 1 bei Aufwendungen, die im un-

mittelbaren Zusammenhang mit Gewinnen aus Anteilen im Sinne des § 9 Nummer 2a, 7 oder 8 stehen, nicht anzuwenden.

(2) Sind im Gewinn einer Organgesellschaft

1. Gewinne aus Anteilen im Sinne des § 9 Nummer 2a, 7 oder 8 oder
2. in den Fällen der Nummer 1 auch Aufwendungen, die im unmittelbaren Zusammenhang mit diesen Gewinnen aus Anteilen stehen,

enthalten, sind § 15 Satz 1 Nummer 2 Satz 2 bis 4 des Körperschaftsteuergesetzes und § 8 Nummer 1 und 5 sowie § 9 Nummer 2a, 7 und 8 bei der Ermittlung des Gewerbeertrags der Organgesellschaft entsprechend anzuwenden. Der bei der Ermittlung des Gewerbeertrags der Organgesellschaft berücksichtigte Betrag der Hinzurechnungen nach § 8 Nummer 1 ist dabei unter Berücksichtigung der Korrekturbeträge nach Absatz 1 und 2 Satz 1 zu berechnen.

(3) Die Absätze 1 und 2 gelten in den Fällen des § 15 Satz 2 des Körperschaftsteuergesetzes entsprechend.

§ 7b
Sonderregelung bei der Ermittlung des Gewerbeertrags bei unternehmensbezogener Sanierung

(1) Die §§ 3a und 3c Absatz 4 des Einkommensteuergesetzes sind vorbehaltlich der nachfolgenden Absätze bei der Ermittlung des Gewerbeertrags entsprechend anzuwenden.

(2) Der nach Anwendung des § 3a Absatz 3 Satz 2 Nummer 1 des Einkommensteuergesetzes verbleibende geminderte Sanierungsertrag im Sinne des § 3a Absatz 3 Satz 1 des Einkommensteuergesetzes mindert nacheinander

1. den negativen Gewerbeertrag des Sanierungsjahrs des zu sanierenden Unternehmens,
2. Fehlbeträge im Sinne des § 10a Satz 3 und
3. im Sanierungsjahr ungeachtet des § 10a Satz 2 die nach § 10a Satz 6 zum Ende des vorangegangenen Erhebungszeitraums gesondert festgestellten Fehlbeträge; die in § 10a Satz 1 und 2 genannten Beträge werden der Minderung entsprechend aufgebraucht.

Ein nach Satz 1 verbleibender Sanierungsertrag mindert die Beträge nach Satz 1 Nummer 1 bis 3 eines anderen Unternehmens, wenn dieses die erlassenen Schulden innerhalb eines Zeitraums von fünf Jahren vor dem Schuldenerlass auf das zu sanierende Unternehmen übertragen hat und soweit die entsprechenden Beträge zum Ablauf des Wirtschaftsjahrs der Übertragung bereits entstanden waren. Der verbleibende Sanierungsertrag nach Satz 2 ist zunächst um den Minderungsbetrag nach § 3a Absatz 3 Satz 2 Nummer 13 des Einkommensteuergesetzes zu kürzen. Bei der Minderung nach Satz 1 ist § 10a Satz 4 und 5 entsprechend anzuwenden; dies gilt für Zwecke der Minderung nach Satz 1 Nummer 3 mit der Maßgabe, dass der sich für die Mitunternehmerschaft insgesamt ergebende Sanierungsertrag im Verhältnis der den Mitunternehmern zum Ende des vorangegangenen Erhebungszeitraums zugerechneten Fehlbeträge den Mitunternehmern zuzurechnen ist. In Fällen des § 10a Satz 9 ist § 8 Absatz 9 Satz 9 des Körperschaftsteuergesetzes entsprechend anzuwenden. An den Feststellungen der vortragsfähigen Fehlbeträge nehmen nur die nach Anwendung der Sätze 1 und 2 verbleibenden Beträge teil.

(3) In den Fällen des § 2 Absatz 2 Satz 2 ist § 15 Satz 1 Nummer 1a des Körperschaftsteuergesetzes entsprechend anzuwenden. Absatz 2 Satz 3 gilt entsprechend.

§ 8
Hinzurechnungen

Dem Gewinn aus Gewerbebetrieb (§ 7) werden folgende Beträge wieder hinzugerechnet, soweit sie bei der Ermittlung des Gewinns abgesetzt worden sind:

1. Ein Viertel der Summe aus
   a) Entgelten für Schulden. Als Entgelt gelten auch der Aufwand aus nicht dem gewöhnlichen Geschäftsverkehr entsprechenden gewährten Skonti oder wirtschaftlich vergleichbaren Vorteilen im Zusammenhang mit der Erfüllung von Forderungen aus Lieferungen und Leistungen vor Fälligkeit sowie die Diskontbeträge bei der Veräußerung von Wechsel- und anderen Geldforderungen. Soweit Gegenstand der Veräußerung eine Forderung aus einem schwebenden Vertragsverhältnis ist, gilt die Differenz zwischen dem Wert der Forderung aus dem schwebenden Vertragsverhältnis, wie ihn die Vertragsparteien im Zeitpunkt des Vertragsschlusses der Veräußerung zugrunde gelegt haben, und dem vereinbarten Veräußerungserlös als bei der Ermittlung des Gewinns abgesetzt,
   b) Renten und dauernden Lasten. Pensionszahlungen auf Grund einer unmittelbar vom Arbeitgeber erteilten Versorgungszusage gelten nicht als dauernde Last im Sinne des Satzes 1,
   c) Gewinnanteilen des stillen Gesellschafters,
   d) einem Fünftel der Miet- und Pachtzinsen (einschließlich Leasingraten) für die Benutzung von beweglichen Wirtschaftsgütern des Anlagevermögens, die im Eigentum eines anderen stehen. Eine Hinzurechnung nach Satz 1 ist nur zur Hälfte vorzunehmen bei
      aa) Fahrzeugen mit Antrieb ausschließlich durch Elektromotoren, die ganz oder überwiegend aus mechanischen oder elektrochemischen Energiespeichern oder aus emissionsfrei betriebenen Energiewandlern gespeist werden (Elektrofahrzeuge),
      bb) extern aufladbaren Hybridelektrofahrzeugen, für die sich aus der Übereinstimmungsbescheinigung nach Anhang IX der Richtlinie 2007/46/EG oder aus der Übereinstimmungsbescheinigung nach Artikel 38 der Verordnung (EU) Nr. 168/2013 ergibt, dass das Fahrzeug eine Kohlendioxidemission von höchstens 50 Gramm je gefahrenen Kilometer hat oder die Reichweite des Fahrzeugs unter ausschließlicher Nutzung der elektrischen Antriebsmaschine mindestens 80 Kilometer beträgt, und
      cc) Fahrrädern, die keine Kraftfahrzeuge sind,
   e) der Hälfte der Miet- und Pachtzinsen (einschließlich Leasingraten) für die Benutzung der unbeweglichen Wirtschaftsgüter des Anlagevermögens, die im Eigentum eines anderen stehen, und
   f) einem Viertel der Aufwendungen für die zeitlich befristete Überlassung von Rechten (insbesondere Konzessionen und Lizenzen, mit Ausnahme von Lizenzen, die ausschließlich dazu berechtigen, daraus abgeleitete Rechte Dritten zu überlassen). Eine Hinzurechnung nach Satz 1 ist nicht vorzunehmen auf Aufwendungen, die nach § 25 des Künstlersozialversicherungsgesetzes Bemessungsgrundlage für die Künstlersozialabgabe sind,

   soweit die Summe den Betrag von 200 000 Euro übersteigt;
2. (weggefallen)
3. (weggefallen)
4. die Gewinnanteile, die an persönlich haftende Gesellschafter einer Kommanditgesellschaft auf Aktien auf ihre nicht auf das Grundkapital gemachten Einlagen oder als Vergütung (Tantieme) für die Geschäftsführung verteilt worden sind;
5. die nach § 3 Nr. 40 des Einkommensteuergesetzes oder § 8b Abs. 1 des Körperschaftsteuergesetzes außer Ansatz bleibenden Gewinnanteile (Dividenden) und die diesen gleichgestellten Bezüge und erhaltenen Leistungen aus Anteilen an einer Körperschaft, Personenvereinigung oder Vermögensmasse im Sinne des Körperschaftsteuergesetzes, soweit sie nicht die Voraussetzungen des § 9 Nr. 2a oder 7 erfüllen, nach Abzug der mit diesen Einnahmen, Bezügen und erhaltenen Leistungen in wirtschaftlichem Zusammenhang stehenden Betriebs-

ausgaben, soweit sie nach § 3c Abs. 2 des Einkommensteuergesetzes und § 8b Abs. 5 und 10 des Körperschaftsteuergesetzes unberücksichtigt bleiben.

6. (weggefallen)
7. (weggefallen)
8. die Anteile am Verlust einer in- oder ausländischen offenen Handelsgesellschaft, einer Kommanditgesellschaft oder einer anderen Gesellschaft, bei der die Gesellschafter als Unternehmer (Mitunternehmer) des Gewerbebetriebs anzusehen sind. Satz 1 ist bei Lebens- und Krankenversicherungsunternehmen nicht anzuwenden; für Pensionsfonds gilt Entsprechendes;
9. die Ausgaben im Sinne des § 9 Abs. 1 Nr. 2 des Körperschaftsteuergesetzes;
10. Gewinnminderungen, die
    a) durch Ansatz des niedrigeren Teilwerts des Anteils an einer Körperschaft oder
    b) durch Veräußerung oder Entnahme des Anteils an einer Körperschaft oder bei Auflösung oder Herabsetzung des Kapitals der Körperschaft

    entstanden sind, soweit der Ansatz des niedrigeren Teilwerts oder die sonstige Gewinnminderung auf Gewinnausschüttungen der Körperschaft, um die der Gewerbeertrag nach § 9 Nr. 2a, 7 oder 8 zu kürzen ist, oder organschaftliche Gewinnabführungen der Körperschaft zurückzuführen ist;
11. (weggefallen)
12. ausländische Steuern, die nach § 34c des Einkommensteuergesetzes oder nach einer Bestimmung, die § 34c des Einkommensteuergesetzes für entsprechend anwendbar erklärt, bei der Ermittlung der Einkünfte abgezogen werden, soweit sie auf Gewinne oder Gewinnanteile entfallen, die bei der Ermittlung des Gewerbeertrags außer Ansatz gelassen oder nach § 9 gekürzt werden.

§ 8a
(weggefallen)

§ 9
Kürzungen

Die Summe des Gewinns und der Hinzurechnungen wird gekürzt um

1. 1,2 Prozent des Einheitswerts des zum Betriebsvermögen des Unternehmers gehörenden und nicht von der Grundsteuer befreiten Grundbesitzes; maßgebend ist der Einheitswert, der auf den letzten Feststellungszeitpunkt (Hauptfeststellungs-, Fortschreibungs- oder Nachfeststellungszeitpunkt) vor dem Ende des Erhebungszeitraums (§ 14) lautet. An Stelle der Kürzung nach Satz 1 tritt auf Antrag bei Unternehmen, die ausschließlich eigenen Grundbesitz oder neben eigenem Grundbesitz eigenes Kapitalvermögen verwalten und nutzen oder daneben Wohnungsbauten betreuen oder Einfamilienhäuser, Zweifamilienhäuser oder Eigentumswohnungen im Sinne des Wohnungseigentumsgesetzes in der jeweils geltenden Fassung, errichten und veräußern, die Kürzung um den Teil des Gewerbeertrags, der auf die Verwaltung und Nutzung des eigenen Grundbesitzes entfällt. Satz 2 gilt entsprechend, wenn
    a) in Verbindung mit der Errichtung und Veräußerung von Eigentumswohnungen Teileigentum im Sinne des Wohnungseigentumsgesetzes errichtet und veräußert wird und das Gebäude zu mehr als 66 2/3 Prozent Wohnzwecken dient,
    b) in Verbindung mit der Verwaltung und Nutzung des eigenen Grundbesitzes Einnahmen aus der Lieferung von Strom
        aa) im Zusammenhang mit dem Betrieb von Anlagen zur Stromerzeugung aus erneuerbaren Energien im Sinne des § 3 Nummer 21 des Erneuerbare-Energien-Gesetzes oder
        bb) aus dem Betrieb von Ladestationen für Elektrofahrzeuge oder Elektrofahrräder,

        erzielt werden und diese Einnahmen im Wirtschaftsjahr nicht höher als 10 Prozent der Einnahmen aus der Gebrauchsüberlassung des Grundbesitzes sind; die Einnahmen im

Sinne von Doppelbuchstabe aa dürfen nicht aus der Lieferung an Letztverbraucher stammen, es sei denn, diese sind Mieter des Anlagenbetreibers, oder

c) Einnahmen aus unmittelbaren Vertragsbeziehungen mit den Mietern des Grundbesitzes aus anderen als den in den Buchstaben a und b bezeichneten Tätigkeiten erzielt werden und diese Einnahmen im Wirtschaftsjahr nicht höher als 5 Prozent der Einnahmen aus der Gebrauchsüberlassung des Grundbesitzes sind.

Betreut ein Unternehmen auch Wohnungsbauten oder veräußert es auch Einfamilienhäuser, Zweifamilienhäuser oder Eigentumswohnungen oder übt es auch Tätigkeiten im Sinne von Satz 3 Buchstabe b und c aus, so ist Voraussetzung für die Anwendung des Satzes 2, dass der Gewinn aus der Verwaltung und Nutzung des eigenen Grundbesitzes gesondert ermittelt wird. Die Sätze 2 und 3 gelten nicht,

1. wenn der Grundbesitz ganz oder zum Teil dem Gewerbebetrieb eines Gesellschafters oder Genossen dient,

1a. soweit der Gewerbeertrag Vergütungen im Sinne des § 15 Absatz 1 Satz 1 Nummer 2 Satz 1 des Einkommensteuergesetzes enthält, die der Gesellschafter von der Gesellschaft für seine Tätigkeit im Dienst der Gesellschaft oder für die Hingabe von Darlehen oder für die Überlassung von Wirtschaftsgütern, mit Ausnahme der Überlassung von Grundbesitz, bezogen hat. Satz 1 ist auch auf Vergütungen anzuwenden, die vor dem 19. Juni 2008 erstmals vereinbart worden sind, wenn die Vereinbarung nach diesem Zeitpunkt wesentlich geändert wird, oder

2. soweit der Gewerbeertrag Gewinne aus der Aufdeckung stiller Reserven aus dem Grundbesitz enthält, der innerhalb von drei Jahren vor der Aufdeckung der stillen Reserven zu einem unter dem Teilwert liegenden Wert in das Betriebsvermögen des aufdeckenden Gewerbebetriebs überführt oder übertragen worden ist, und soweit diese Gewinne auf bis zur Überführung oder Übertragung entstandenen stillen Reserven entfallen.

Eine Kürzung nach den Sätzen 2 und 3 ist ausgeschlossen für den Teil des Gewerbeertrags, der auf Veräußerungs- oder Aufgabegewinne im Sinne des § 7 Satz 2 Nr. 2 und 3 entfällt;

2. die Anteile am Gewinn einer in- oder ausländischen offenen Handelsgesellschaft, einer Kommanditgesellschaft oder einer anderen Gesellschaft, bei der die Gesellschafter als Unternehmer (Mitunternehmer) des Gewerbebetriebs anzusehen sind, wenn die Gewinnanteile bei Ermittlung des Gewinns angesetzt worden sind. Satz 1 ist nicht anzuwenden, soweit im Gewinnanteil Einkünfte im Sinne des § 7 Satz 7 und 8 enthalten sind. Bei Lebens- und Krankenversicherungsunternehmen und Pensionsfonds ist Satz 1 auch auf den übrigen Gewinnanteil nicht anzuwenden. Satz 2 ist nicht anzuwenden, soweit diese Einkünfte bereits bei einer den Anteil am Gewinn vermittelnden inländischen offenen Handelsgesellschaft, Kommanditgesellschaft oder anderen Gesellschaft, bei der die Gesellschafter als Unternehmer (Mitunternehmer) des Gewerbebetriebs anzusehen sind, Bestandteil des Gewerbeertrags waren. Bei Lebens- und Krankenversicherungsunternehmen und Pensionsfonds ist Satz 4 auf Einkünfte im Sinne des § 7 Satz 8 nicht anzuwenden;

2a. die Gewinne aus Anteilen an einer nicht steuerbefreiten inländischen Kapitalgesellschaft im Sinne des § 2 Abs. 2, einer Kredit- oder Versicherungsanstalt des öffentlichen Rechts, einer Genossenschaften oder einer Unternehmensbeteiligungsgesellschaft im Sinne des § 3 Nr. 23, wenn die Beteiligung zu Beginn des Erhebungszeitraums mindestens 15 Prozent des Grund- oder Stammkapitals beträgt und die Gewinnanteile bei Ermittlung des Gewinns (§ 7) angesetzt worden sind. Ist ein Grund- oder Stammkapital nicht vorhanden, so ist die Beteiligung an dem Vermögen, bei Genossenschaften die Beteiligung an der Summe der Geschäftsguthaben, maßgebend. Im unmittelbaren Zusammenhang mit Gewinnanteilen stehende Aufwendungen mindern den Kürzungsbetrag, soweit entsprechende Beteiligungserträge zu berücksichtigen sind; insoweit findet § 8 Nr. 1 keine Anwendung. Nach § 8b Abs. 5 des Körperschaftsteuergesetzes nicht abziehbare Betriebsausgaben sind keine Gewinne aus Anteilen im Sinne des Satzes 1. Satz 1 ist bei Lebens- und Krankenversicherungsunternehmen auf Gewinne aus Anteilen, die den Kapitalanlagen zuzurechnen sind, nicht anzuwenden; für Pensionsfonds gilt Entsprechendes;

2b. die nach § 8 Nr. 4 dem Gewerbeertrag einer Kommanditgesellschaft auf Aktien hinzugerechneten Gewinnanteile, wenn sie bei der Ermittlung des Gewinns (§ 7) angesetzt worden sind;

3. den Teil des Gewerbeertrags eines inländischen Unternehmens, der auf eine nicht im Inland belegene Betriebsstätte dieses Unternehmens entfällt; dies gilt nicht für Einkünfte im Sinne des § 7 Satz 7 und 8. Bei Unternehmen, die ausschließlich den Betrieb von eigenen oder gecharterten Handelsschiffen im internationalen Verkehr zum Gegenstand haben, gelten 80 Prozent des Gewerbeertrags als auf eine nicht im Inland belegene Betriebsstätte entfallend. Ist Gegenstand eines Betriebs nicht ausschließlich der Betrieb von Handelsschiffen im internationalen Verkehr, so gelten 80 Prozent des Teils des Gewerbeertrags, der auf den Betrieb von Handelsschiffen im internationalen Verkehr entfällt, als auf eine nicht im Inland belegene Betriebsstätte entfallend; in diesem Fall ist Voraussetzung, dass dieser Teil gesondert ermittelt wird. Handelsschiffe werden im internationalen Verkehr betrieben, wenn eigene oder gecharterte Handelsschiffe im Wirtschaftsjahr überwiegend zur Beförderung von Personen und Gütern im Verkehr mit oder zwischen ausländischen Häfen, innerhalb eines ausländischen Hafens oder zwischen einem ausländischen Hafen und der freien See eingesetzt werden. Für die Anwendung der Sätze 2 bis 4 gilt § 5a Abs. 2 Satz 2 des Einkommensteuergesetzes entsprechend;

4. (weggefallen)

5. die aus den Mitteln des Gewerbebetriebs geleisteten Zuwendungen (Spenden und Mitgliedsbeiträge) zur Förderung steuerbegünstigter Zwecke im Sinne der §§ 52 bis 54 der Abgabenordnung bis zur Höhe von insgesamt 20 Prozent des um die Hinzurechnungen nach § 8 Nummer 9 erhöhten Gewinns aus Gewerbebetrieb (§ 7) oder 4 Promille der Summe der gesamten Umsätze und der im Wirtschaftsjahr aufgewendeten Löhne und Gehälter. Voraussetzung für die Kürzung ist, dass diese Zuwendungen
   a) an eine juristische Person des öffentlichen Rechts oder an eine öffentliche Dienststelle, die in einem Mitgliedstaat der Europäischen Union oder in einem Staat belegen ist, auf den das Abkommen über den Europäischen Wirtschaftsraum (EWR-Abkommen) Anwendung findet, oder
   b) an eine nach § 5 Absatz 1 Nummer 9 des Körperschaftsteuergesetzes steuerbefreite Körperschaft, Personenvereinigung oder Vermögensmasse oder
   c) an eine Körperschaft, Personenvereinigung oder Vermögensmasse, die in einem Mitgliedstaat der Europäischen Union oder in einem Staat belegen ist, auf den das Abkommen über den Europäischen Wirtschaftsraum (EWR-Abkommen) Anwendung findet, und die nach § 5 Absatz 1 Nummer 9 des Körperschaftsteuergesetzes in Verbindung mit § 5 Absatz 2 Nummer 2 zweiter Halbsatz des Körperschaftsteuergesetzes steuerbefreit wäre, wenn sie inländische Einkünfte erzielen würde,

   geleistet werden (Zuwendungsempfänger). Für nicht im Inland ansässige Zuwendungsempfänger nach Satz 2 ist weitere Voraussetzung, dass durch diese Staaten Amtshilfe und Unterstützung bei der Beitreibung geleistet werden. Amtshilfe ist der Auskunftsaustausch im Sinne oder entsprechend der Amtshilferichtlinie gemäß § 2 Absatz 2 des EU-Amtshilfegesetzes. Beitreibung ist die gegenseitige Unterstützung bei der Beitreibung von Forderungen im Sinne oder entsprechend der Beitreibungsrichtlinie einschließlich der in diesem Zusammenhang anzuwendenden Durchführungsbestimmungen in den für den jeweiligen Veranlagungszeitraum geltenden Fassungen oder eines entsprechenden Nachfolgerechtsaktes. Werden die steuerbegünstigten Zwecke des Zuwendungsempfängers im Sinne von Satz 2 Buchstabe a nur im Ausland verwirklicht, ist für eine Kürzung nach Satz 1 Voraussetzung, dass natürliche Personen, die ihren Wohnsitz oder ihren gewöhnlichen Aufenthalt im Geltungsbereich dieses Gesetzes haben, gefördert werden oder dass die Tätigkeit dieses Zuwendungsempfängers neben der Verwirklichung der steuerbegünstigten Zwecke auch zum Ansehen der Bundesrepublik Deutschland beitragen kann. In die Kürzung nach Satz 1 sind auch Mitgliedsbeiträge an Körperschaften einzubeziehen, die Kunst und Kultur gemäß § 52 Absatz 2 Nummer 5 der Abgabenordnung fördern, soweit es sich nicht um Mitgliedsbeiträge nach Satz 12 Buchstabe b handelt, auch wenn den Mitgliedern Vergünstigungen gewährt werden. Überschreiten die geleisteten Zuwendungen die Höchstsätze nach Satz 1, kann die Kürzung im Rahmen der Höchstsätze nach Satz 1 in den folgenden Erhebungszeiträumen vorgenommen werden. Einzelunternehmen und Personengesellschaften können auf Antrag neben der Kürzung nach Satz 1 eine Kürzung um die im Erhebungszeitraum in das zu erhaltende Vermögen (Vermögensstock) einer Stiftung, die die Voraussetzungen der Sätze 2 bis 6 erfüllt, geleisteten Spenden in diesem und in den folgenden neun Erhebungszeiträumen bis zu einem Betrag von 1 Million Euro vornehmen. Nicht abzugsfähig nach Satz 9 sind Spenden in das verbrauchbare Vermögen einer Stiftung. Der besondere Kürzungsbetrag nach Satz 9 kann der Höhe nach innerhalb des Zehnjahreszeitraums nur einmal in Anspruch genommen werden. Eine Kürzung nach den Sätzen 1 bis 10 ist ausgeschlossen, soweit auf die geleisteten Zuwendungen § 8 Absatz 3 des Körperschaftsteuergesetzes anzuwenden ist oder soweit Mitgliedsbeiträge an Körperschaften geleistet werden,

a) die den Sport (§ 52 Absatz 2 Satz 1 Nummer 21 der Abgabenordnung),
b) die kulturelle Betätigungen, die in erster Linie der Freizeitgestaltung dienen,
c) die Heimatpflege und Heimatkunde (§ 52 Absatz 2 Satz 1 Nummer 22 der Abgabenordnung),
d) die Zwecke im Sinne des § 52 Absatz 2 Satz 1 Nummer 23 der Abgabenordnung fördern oder
e) deren Zweck nach § 52 Absatz 2 Satz 2 der Abgabenordnung für gemeinnützig erklärt worden ist, weil deren Zweck die Allgemeinheit auf materiellem, geistigem oder sittlichem Gebiet entsprechend einem Zweck nach den Buchstaben a bis d fördert.

§ 10b Absatz 3 und 4 Satz 1 sowie § 10d Absatz 4 des Einkommensteuergesetzes und § 9 Absatz 2 Satz 2 bis 5 und Absatz 3 Satz 1 des Körperschaftsteuergesetzes, sowie die einkommensteuerrechtlichen Vorschriften zur Abziehbarkeit von Zuwendungen gelten entsprechend. Wer vorsätzlich oder grob fahrlässig eine unrichtige Bestätigung über Spenden und Mitgliedsbeiträge ausstellt oder veranlasst, dass entsprechende Zuwendungen nicht zu den in der Bestätigung angegebenen steuerbegünstigten Zwecken verwendet werden (Veranlasserhaftung), haftet für die entgangene Gewerbesteuer. In den Fällen der Veranlasserhaftung ist vorrangig der Zuwendungsempfänger in Anspruch zu nehmen; die natürlichen Personen, die in diesen Fällen für den Zuwendungsempfänger handeln, sind nur in Anspruch zu nehmen, wenn die entgangene Steuer nicht nach § 47 der Abgabenordnung erloschen ist und Vollstreckungsmaßnahmen gegen den Zuwendungsempfänger nicht erfolgreich sind; § 10b Absatz 4 Satz 5 des Einkommensteuergesetzes gilt entsprechend. Der Haftungsbetrag ist mit 15 Prozent der Zuwendungen anzusetzen und fließt der für den Spendenempfänger zuständigen Gemeinde zu, die durch sinngemäße Anwendung des § 20 der Abgabenordnung bestimmt wird. Der Haftungsbetrag wird durch Haftungsbescheid des Finanzamts festgesetzt; die Befugnis der Gemeinde zur Erhebung der entgangenen Gewerbesteuer bleibt unberührt. § 184 Abs. 3 der Abgabenordnung gilt sinngemäß.

6. (weggefallen)
7. die Gewinne aus Anteilen an einer Kapitalgesellschaft mit Geschäftsleitung und Sitz außerhalb des Geltungsbereichs dieses Gesetzes, wenn die Beteiligung zu Beginn des Erhebungszeitraums mindestens 15 Prozent des Nennkapitals beträgt und die Gewinnanteile bei der Ermittlung des Gewinns (§ 7) angesetzt worden sind. § 9 Nummer 2a Satz 3 bis 5 gilt entsprechend;

8. die Gewinne aus Anteilen an einer ausländischen Gesellschaft, die nach einem Abkommen zur Vermeidung der Doppelbesteuerung unter der Voraussetzung einer Mindestbeteiligung von der Gewerbesteuer befreit sind, wenn die Beteiligung mindestens 15 Prozent beträgt und die Gewinnanteile bei der Ermittlung des Gewinns (§ 7) angesetzt worden sind; ist in einem Abkommen zur Vermeidung der Doppelbesteuerung eine niedrigere Mindestbeteiligungsgrenze vereinbart, ist diese maßgebend. § 9 Nr. 2a Satz 3 gilt entsprechend. § 9 Nr. 2a Satz 4 gilt entsprechend. 4Satz 1 ist bei Lebens- und Krankenversicherungsunternehmen auf Gewinne aus Anteilen, die den Kapitalanlagen zuzurechnen sind, nicht anzuwenden; für Pensionsfonds gilt Entsprechendes.
9. u. 10. (weggefallen)

§ 10
Maßgebender Gewerbeertrag

(1) Maßgebend ist der Gewerbeertrag, der in dem Erhebungszeitraum bezogen worden ist, für den der Steuermessbetrag (§ 14) festgesetzt wird.

(2) Weicht bei Unternehmen, die Bücher nach den Vorschriften des Handelsgesetzbuchs zu führen verpflichtet sind, das Wirtschaftsjahr, für das sie regelmäßig Abschlüsse machen, vom Kalenderjahr ab, so gilt der Gewerbeertrag als in dem Erhebungszeitraum bezogen, in dem das Wirtschaftsjahr endet.

§ 10a
Gewerbeverlust

Der maßgebende Gewerbeertrag wird bis zu einem Betrag in Höhe von 1 Million Euro um die Fehlbeträge gekürzt, die sich bei der Ermittlung des maßgebenden Gewerbeertrags für die vorangegangenen Erhebungszeiträume nach den Vorschriften der §§ 7 bis 10 ergeben haben, soweit die Fehlbeträge nicht bei der Ermittlung des Gewerbeertrags für die vorangegangenen Erhebungszeiträume berücksichtigt worden sind. Der 1 Million Euro übersteigende maßgebende Gewerbeertrag ist bis zu 60 Prozent um nach Satz 1 nicht berücksichtigte Fehlbeträge der vorangegangenen Erhebungszeiträume zu kürzen. Im Fall des § 2 Abs. 2 Satz 2 kann die Organgesellschaft den maßgebenden Gewerbeertrag nicht um Fehlbeträge kürzen, die sich vor dem rechtswirksamen Abschluss des Gewinnabführungsvertrags ergeben haben. Bei einer Mitunternehmerschaft ist der sich für die Mitunternehmerschaft insgesamt ergebende Fehlbetrag den Mitunternehmern entsprechend dem sich aus dem Gesellschaftsvertrag ergebenden allgemeinen Gewinnverteilungsschlüssel zuzurechnen; Vorabgewinnanteile sind nicht zu berücksichtigen. Für den Abzug der den Mitunternehmern zugerechneten Fehlbeträge nach Maßgabe der Sätze 1 und 2 ist der sich für die Mitunternehmerschaft insgesamt ergebende maßgebende Gewerbeertrag sowie der Höchstbetrag nach Satz 1 den Mitunternehmern entsprechend dem sich aus dem Gesellschaftsvertrag für das Abzugsjahr ergebenden allgemeinen Gewinnverteilungsschlüssel zuzurechnen; Vorabgewinnanteile sind nicht zu berücksichtigen. Die Höhe der vortragsfähigen Fehlbeträge ist gesondert festzustellen. Vortragsfähige Fehlbeträge sind die nach der Kürzung des maßgebenden Gewerbeertrags nach Satz 1 und 2 zum Schluss des Erhebungszeitraums verbleibenden Fehlbeträge. Im Fall des § 2 Abs. 5 kann der andere Unternehmer den maßgebenden Gewerbeertrag nicht um die Fehlbeträge kürzen, die sich bei der Ermittlung des maßgebenden Gewerbeertrags des übergegangenen Unternehmens ergeben haben. § 8 Abs. 8 und 9 Satz 5 bis 8 des Körperschaftsteuergesetzes ist entsprechend anzuwenden. Auf die Fehlbeträge ist § 8c des Körperschaftsteuergesetzes entsprechend anzuwenden; dies gilt auch für den Fehlbetrag einer Mitunternehmerschaft, soweit dieser

1. einer Körperschaft unmittelbar oder
2. einer Mitunternehmerschaft, soweit an dieser eine Körperschaft unmittelbar oder mittelbar über eine oder mehrere Personengesellschaften beteiligt ist,

zuzurechnen ist. Auf die Fehlbeträge ist § 8d des Körperschaftsteuergesetzes entsprechend anzuwenden, wenn ein fortführungsgebundener Verlustvortrag nach § 8d des Körperschaftsteuergesetzes gesondert festgestellt worden ist. Unterbleibt eine Feststellung nach § 8d Absatz 1 Satz 8 des Körperschaftsteuergesetzes, weil keine nicht genutzten Verluste nach § 8c Absatz 1 Satz 1 des Körperschaftsteuergesetzes vorliegen, ist auf Antrag auf die Fehlbeträge § 8d des Körperschaftsteuergesetzes entsprechend anzuwenden; für die Form und die Frist dieses Antrags gilt § 8d Absatz 1 Satz 5 des Körperschaftsteuergesetzes entsprechend.

§ 11
Steuermesszahl und Steuermessbetrag

(1) Bei der Berechnung der Gewerbesteuer ist von einem Steuermessbetrag auszugehen. Dieser ist durch Anwendung eines Prozentsatzes (Steuermesszahl) auf den Gewerbeertrag zu ermitteln. Der Gewerbeertrag ist auf volle 100 Euro nach unten abzurunden und

1. bei natürlichen Personen sowie bei Personengesellschaften um einen Freibetrag in Höhe von 24 500 Euro,
2. bei Unternehmen im Sinne des § 2 Abs. 3 und des § 3 Nr. 5, 6, 8, 9, 15, 17, 21, 26, 27, 28 und 29 sowie bei Unternehmen von juristischen Personen des öffentlichen Rechts um einen Freibetrag in Höhe von 5 000 Euro,

höchstens jedoch in Höhe des abgerundeten Gewerbeertrags, zu kürzen.

(2) Die Steuermesszahl für den Gewerbeertrag beträgt 3,5 Prozent.

(3) Die Steuermesszahl ermäßigt sich auf 56 Prozent bei Hausgewerbetreibenden und ihnen nach § 1 Abs. 2 Buchstabe b und d des Heimarbeitsgesetzes in der im Bundesgesetzblatt Teil III, Gliederungsnummer 804-1, veröffentlichten bereinigten Fassung, zuletzt geändert durch Artikel 4 des Gesetzes vom 13. Juli 1988 (BGBl. I S. 1034), gleichgestellten Personen. Das Gleiche gilt für die nach § 1 Abs. 2 Buchstabe c des Heimarbeitsgesetzes gleichgestellten Personen, deren Entgelte (§ 10 Abs. 1 des Umsatzsteuergesetzes) aus der Tätigkeit unmittelbar für den Absatzmarkt im Erhebungszeitraum 25 000 Euro nicht übersteigen.

Abschnitt III

§§ 12 und 13
(weggefallen)

Abschnitt IV
Steuermessbetrag

§ 14
Festsetzung des Steuermessbetrags

Der Steuermessbetrag wird für den Erhebungszeitraum nach dessen Ablauf festgesetzt. Erhebungszeitraum ist das Kalenderjahr. 3Besteht die Gewerbesteuerpflicht nicht während des ganzen Kalenderjahrs, so tritt an die Stelle des Kalenderjahrs der Zeitraum der Steuerpflicht (abgekürzter Erhebungszeitraum).

§ 14a
Steuererklärungspflicht

Der Steuerschuldner (§ 5) hat für steuerpflichtige Gewerbebetriebe eine Erklärung zur Festsetzung des Steuermessbetrags und in den Fällen des § 28 außerdem eine Zerlegungserklärung nach amtlich vorgeschriebenem Datensatz durch Datenfernübertragung zu übermitteln. Auf Antrag kann die Finanzbehörde zur Vermeidung unbilliger Härten auf eine elektronische Übermittlung verzichten; in diesem Fall ist die Erklärung nach amtlich vorgeschriebenem Vordruck abzugeben und vom Steuerschuldner oder von den in § 34 der Abgabenordnung bezeichneten Personen eigenhändig zu unterschreiben.

§ 14b
Verspätungszuschlag

Ein nach § 152 der Abgabenordnung zu entrichtender Verspätungszuschlag fließt der Gemeinde zu. Sind mehrere Gemeinden an der Gewerbesteuer beteiligt, so fließt der Verspätungszuschlag der Gemeinde zu, in der sich die Geschäftsleitung am Ende des Erhebungszeitraums befindet. Befindet sich die Geschäftsleitung im Ausland, so fließt der Verspätungszuschlag der Gemeinde zu, in der sich die wirtschaftlich bedeutendste Betriebsstätte befindet. Auf den Verspätungszuschlag ist der Hebesatz der Gemeinde nicht anzuwenden.

§ 15
Pauschfestsetzung

Wird die Einkommensteuer oder die Körperschaftsteuer in einem Pauschbetrag festgesetzt, so kann die für die Festsetzung zuständige Behörde im Einvernehmen mit der Landesregierung oder der von ihr bestimmten Behörde auch den Steuermessbetrag in einem Pauschbetrag festsetzen.

Abschnitt V
Entstehung, Festsetzung und Erhebung der Steuer

§ 16
Hebesatz

(1) Die Steuer wird auf Grund des Steuermessbetrags (§ 14) mit einem Prozentsatz (Hebesatz) festgesetzt und erhoben, der von der hebeberechtigten Gemeinde (§§ 4, 35a) zu bestimmen ist.

(2) Der Hebesatz kann für ein Kalenderjahr oder mehrere Kalenderjahre festgesetzt werden.

(3) Der Beschluss über die Festsetzung oder Änderung des Hebesatzes ist bis zum 30. Juni eines Kalenderjahrs mit Wirkung vom Beginn dieses Kalenderjahrs zu fassen. Nach diesem Zeitpunkt kann der Beschluss über die Festsetzung des Hebesatzes gefasst werden, wenn der Hebesatz die Höhe der letzten Festsetzung nicht überschreitet.

(4) Der Hebesatz muss für alle in der Gemeinde vorhandenen Unternehmen der gleiche sein. Er beträgt 200 Prozent, wenn die Gemeinde nicht einen höheren Hebesatz bestimmt hat. Wird das Gebiet von Gemeinden geändert, so kann die Landesregierung oder die von ihr bestimmte Stelle für die von der Änderung betroffenen Gebietsteile auf eine bestimmte Zeit verschiedene Hebesätze zulassen. In den Fällen des Satzes 3 sind die §§ 28 bis 34 mit der Maßgabe anzuwenden, dass an die Stelle mehrerer Gemeinden die Gebietsteile der Gemeinde mit verschiedenen Hebesätzen treten.

(5) In welchem Verhältnis die Hebesätze für die Grundsteuer der Betriebe der Land- und Forstwirtschaft, für die Grundsteuer der Grundstücke und für die Gewerbesteuer zueinander stehen müssen, welche Höchstsätze nicht überschritten werden dürfen und inwieweit mit Genehmigung der Gemeindeaufsichtsbehörde Ausnahmen zugelassen werden können, bleibt einer landesrechtlichen Regelung vorbehalten.

§ 17
(weggefallen)

§ 18
Entstehung der Steuer

Die Gewerbesteuer entsteht, soweit es sich nicht um Vorauszahlungen (§ 21) handelt, mit Ablauf des Erhebungszeitraums, für den die Festsetzung vorgenommen wird.

§ 19
Vorauszahlungen

(1) Der Steuerschuldner hat am 15. Februar, 15. Mai, 15. August und 15. November Vorauszahlungen zu entrichten. Gewerbetreibende, deren Wirtschaftsjahr vom Kalenderjahr abweicht, haben die Vorauszahlungen während des Wirtschaftsjahrs zu entrichten, das im Erhebungszeitraum endet. Satz 2 gilt nur, wenn der Gewerbebetrieb nach dem 31. Dezember 1985 gegründet worden oder infolge Wegfalls eines Befreiungsgrundes in die Steuerpflicht eingetreten ist oder das Wirtschaftsjahr nach diesem Zeitpunkt auf einen vom Kalenderjahr abweichenden Zeitraum umgestellt worden ist.

(2) Jede Vorauszahlung beträgt grundsätzlich ein Viertel der Steuer, die sich bei der letzten Veranlagung ergeben hat.

(3) Die Gemeinde kann die Vorauszahlungen der Steuer anpassen, die sich für den Erhebungszeitraum (§ 14) voraussichtlich ergeben wird. Die Anpassung kann bis zum Ende des 15. auf den Erhebungszeitraum folgenden Kalendermonats vorgenommen werden; bei einer nachträglichen Erhöhung der Vorauszahlungen ist der Erhöhungsbetrag innerhalb eines Monats nach Bekanntgabe des Vorauszahlungsbescheids zu entrichten. Das Finanzamt kann bis zum Ende des 15. auf den Erhebungszeitraum folgenden Kalendermonats für Zwecke der Gewerbesteuer-Vorauszahlungen den Steuermessbetrag festsetzen, der sich voraussichtlich ergeben wird. An diese Festsetzung ist die Gemeinde bei der Anpassung der Vorauszahlungen nach den Sätzen 1 und 2 gebunden.

(4) Wird im Laufe des Erhebungszeitraums ein Gewerbebetrieb neu gegründet oder tritt ein bereits bestehender Gewerbebetrieb infolge Wegfalls des Befreiungsgrundes in die Steuerpflicht ein, so gilt für die erstmalige Festsetzung der Vorauszahlungen Absatz 3 entsprechend.

(5) Die einzelne Vorauszahlung ist auf den nächsten vollen Betrag in Euro nach unten abzurunden. Sie wird nur festgesetzt, wenn sie mindestens 50 Euro beträgt.

§ 20
Abrechnung über die Vorauszahlungen

(1) Die für einen Erhebungszeitraum (§ 14) entrichteten Vorauszahlungen werden auf die Steuerschuld für diesen Erhebungszeitraum angerechnet.

(2) Ist die Steuerschuld größer als die Summe der anzurechnenden Vorauszahlungen, so ist der Unterschiedsbetrag, soweit er den im Erhebungszeitraum und nach § 19 Abs. 3 Satz 2 nach Ablauf des Erhebungszeitraums fällig gewordenen, aber nicht entrichteten Vorauszahlungen entspricht, sofort, im Übrigen innerhalb eines Monats nach Bekanntgabe des Steuerbescheids zu entrichten (Abschlusszahlung).

(3) Ist die Steuerschuld kleiner als die Summe der anzurechnenden Vorauszahlungen, so wird der Unterschiedsbetrag nach Bekanntgabe des Steuerbescheids durch Aufrechnung oder Zurückzahlung ausgeglichen.

§ 21
Entstehung der Vorauszahlungen

Die Vorauszahlungen auf die Gewerbesteuer entstehen mit Beginn des Kalendervierteljahrs, in dem die Vorauszahlungen zu entrichten sind, oder, wenn die Steuerpflicht erst im Laufe des Kalendervierteljahrs begründet wird, mit Begründung der Steuerpflicht.

§§ 22 bis 27
(weggefallen)

Abschnitt VI
Zerlegung

§ 28
Allgemeines

(1) Sind im Erhebungszeitraum Betriebsstätten zur Ausübung des Gewerbes in mehreren Gemeinden unterhalten worden, so ist der Steuermessbetrag in die auf die einzelnen Gemeinden entfallenden Anteile (Zerlegungsanteile) zu zerlegen. Das gilt auch in den Fällen, in denen eine Betriebsstätte sich über mehrere Gemeinden erstreckt hat oder eine Betriebsstätte innerhalb eines Erhebungszeitraums von einer Gemeinde in eine andere Gemeinde verlegt worden ist.

(2) Bei der Zerlegung sind die Gemeinden nicht zu berücksichtigen, in denen

1. Verkehrsunternehmen lediglich Gleisanlagen unterhalten,
2. sich nur Anlagen befinden, die der Weiterleitung fester, flüssiger oder gasförmiger Stoffe sowie elektrischer Energie dienen, ohne dass diese dort abgegeben werden,
3. Bergbauunternehmen keine oberirdischen Anlagen haben, in welchen eine gewerbliche Tätigkeit entfaltet wird.
4. (weggefallen)

Dies gilt nicht, wenn dadurch auf keine Gemeinde ein Zerlegungsanteil oder der Steuermessbetrag entfallen würde.

§ 29
Zerlegungsmaßstab

(1) Zerlegungsmaßstab ist

1. vorbehaltlich der Nummer 2 das Verhältnis, in dem die Summe der Arbeitslöhne, die an die bei allen Betriebsstätten (§ 28) beschäftigten Arbeitnehmer gezahlt worden sind, zu den Arbeitslöhnen steht, die an die bei den Betriebsstätten der einzelnen Gemeinden beschäftigten Arbeitnehmer gezahlt worden sind;
2. bei Betrieben, die ausschließlich Anlagen zur Erzeugung von Strom und anderen Energieträgern sowie Wärme aus Windenergie und solarer Strahlungsenergie betreiben,
   a) vorbehaltlich des Buchstabens b zu einem Zehntel das in Nummer 1 bezeichnete Verhältnis und zu neun Zehnteln das Verhältnis, in dem die Summe der installierten Leistung im Sinne von § 3 Nummer 31 des Erneuerbare-Energien-Gesetzes in allen Betriebsstätten (§ 28) zur installierten Leistung in den einzelnen Betriebsstätten steht,
   b) für die Erhebungszeiträume 2021 bis 2023 bei Betrieben, die ausschließlich Anlagen zur Erzeugung von Strom und anderen Energieträgern sowie Wärme aus solarer Strahlungsenergie betreiben,
      aa) für den auf Neuanlagen im Sinne von Satz 3 entfallenden Anteil am Steuermessbetrag zu einem Zehntel das in Nummer 1 bezeichnete Verhältnis und zu neun Zehnteln das Verhältnis, in dem die Summe der installierten Leistung im Sinne von § 3 Nummer 31 des Erneuerbare-Energien-Gesetzes in allen Betriebsstätten (§ 28) zur installierten Leistung in den einzelnen Betriebsstätten steht, und
      bb) für den auf die übrigen Anlagen im Sinne von Satz 4 entfallenden Anteil am Steuermessbetrag das in Nummer 1 bezeichnete Verhältnis.

   Der auf Neuanlagen und auf übrige Anlagen jeweils entfallende Anteil am Steuermessbetrag wird ermittelt aus dem Verhältnis, in dem

   aa) die Summe der installierten Leistung im Sinne von § 3 Nummer 31 des Erneuerbare-Energien-Gesetzes für Neuanlagen und
   bb) die Summe der installierten Leistung im Sinne von § 3 Nummer 31 des Erneuerbare-Energien-Gesetzes für die übrigen Anlagen

zur gesamten installierten Leistung im Sinne von § 3 Nummer 31 des Erneuerbare-Energien-Gesetzes des Betriebs steht. Neuanlagen sind Anlagen, die nach dem 30. Juni 2013 zur Erzeugung von Strom und anderen Energieträgern sowie Wärme aus solarer Strahlungsenergie genehmigt wurden. Die übrigen Anlagen sind Anlagen, die nicht unter Satz 3 fallen.

(2) Bei der Zerlegung nach Absatz 1 sind die Arbeitslöhne anzusetzen, die in den Betriebsstätten der beteiligten Gemeinden (§ 28) während des Erhebungszeitraums (§ 14) erzielt oder gezahlt worden sind.

(3) Bei Ermittlung der Verhältniszahlen sind die Arbeitslöhne auf volle 1 000 Euro abzurunden.

§ 30
Zerlegung bei mehrgemeindlichen Betriebsstätten

Erstreckt sich die Betriebsstätte auf mehrere Gemeinden, so ist der Steuermessbetrag oder Zerlegungsanteil auf die Gemeinden zu zerlegen, auf die sich die Betriebsstätte erstreckt, und zwar nach der Lage der örtlichen Verhältnisse unter Berücksichtigung der durch das Vorhandensein der Betriebsstätte erwachsenden Gemeindelasten.

§ 31
Begriff der Arbeitslöhne für die Zerlegung

(1) Arbeitslöhne sind vorbehaltlich der Absätze 2 bis 5 die Vergütungen im Sinne des § 19 Abs. 1 Nr. 1 des Einkommensteuergesetzes, soweit sie nicht durch andere Rechtsvorschriften von der Einkommensteuer befreit sind. Zuschläge für Mehrarbeit und für Sonntags-, Feiertags- und Nachtarbeit gehören unbeschadet der einkommensteuerlichen Behandlung zu den Arbeitslöhnen.

(2) Zu den Arbeitslöhnen gehören nicht Vergütungen, die an Personen gezahlt worden sind, die zu ihrer Berufsausbildung beschäftigt werden.

(3) In Fällen des § 3 Nr. 5, 6, 8, 9, 12, 13, 15, 17, 21, 26, 27, 28 und 29 bleiben die Vergütungen an solche Arbeitnehmer außer Ansatz, die nicht ausschließlich oder überwiegend in dem steuerpflichtigen Betrieb oder Teil des Betriebs tätig sind.

(4) Nach dem Gewinn berechnete einmalige Vergütungen (z. B. Tantiemen, Gratifikationen) sind nicht anzusetzen. Das Gleiche gilt für sonstige Vergütungen, soweit sie bei dem einzelnen Arbeitnehmer 50.000 Euro übersteigen.

(5) Bei Unternehmen, die nicht von einer juristischen Person betrieben werden, sind für die im Betrieb tätigen Unternehmer (Mitunternehmer) insgesamt 25.000 Euro jährlich anzusetzen.

§ 32
(weggefallen)

§ 33
Zerlegung in besonderen Fällen

(1) Führt die Zerlegung nach den §§ 28 bis 31 zu einem offenbar unbilligen Ergebnis, so ist nach einem Maßstab zu zerlegen, der die tatsächlichen Verhältnisse besser berücksichtigt. In dem Zerlegungsbescheid hat das Finanzamt darauf hinzuweisen, dass bei der Zerlegung Satz 1 angewendet worden ist.

(2) Einigen sich die Gemeinden mit dem Steuerschuldner über die Zerlegung, so ist der Steuermessbetrag nach Maßgabe der Einigung zu zerlegen.

§ 34
Kleinbeträge

(1) Übersteigt der Steuermessbetrag nicht den Betrag von 10 Euro, so ist er in voller Höhe der Gemeinde zuzuweisen, in der sich die Geschäftsleitung befindet. Befindet sich die Geschäfts-

leitung im Ausland, so ist der Steuermessbetrag der Gemeinde zuzuweisen, in der sich die wirtschaftlich bedeutendste der zu berücksichtigenden Betriebsstätten befindet.

(2) Übersteigt der Steuermessbetrag zwar den Betrag von 10 Euro, würde aber nach den Zerlegungsvorschriften einer Gemeinde ein Zerlegungsanteil von nicht mehr als 10 Euro zuzuweisen sein, so ist dieser Anteil der Gemeinde zuzuweisen, in der sich die Geschäftsleitung befindet. Absatz 1 Satz 2 ist entsprechend anzuwenden.

(3) Wird der Zerlegungsbescheid geändert oder berichtigt, würde sich dabei aber der Zerlegungsanteil einer Gemeinde um nicht mehr als 10 Euro erhöhen oder ermäßigen, so ist der Betrag der Erhöhung oder Ermäßigung bei dem Zerlegungsanteil der Gemeinde zu berücksichtigen, in der sich die Geschäftsleitung befindet. Absatz 1 Satz 2 ist entsprechend anzuwenden.

§ 35
(weggefallen)

Abschnitt VII
Gewerbesteuer der Reisegewerbebetriebe

§ 35a

(1) Der Gewerbesteuer unterliegen auch die Reisegewerbebetriebe, soweit sie im Inland betrieben werden.

(2) Reisegewerbebetrieb im Sinne dieses Gesetzes ist ein Gewerbebetrieb, dessen Inhaber nach den Vorschriften der Gewerbeordnung und den dazugehörigen Ausführungsbestimmungen einer Reisegewerbekarte bedarf. Wird im Rahmen eines einheitlichen Gewerbebetriebs sowohl ein stehendes Gewerbe als auch ein Reisegewerbe betrieben, so ist der Betrieb in vollem Umfang als stehendes Gewerbe zu behandeln.

(3) Hebeberechtigt ist die Gemeinde, in der sich der Mittelpunkt der gewerblichen Tätigkeit befindet.

(4) Ist im Laufe des Erhebungszeitraums der Mittelpunkt der gewerblichen Tätigkeit von einer Gemeinde in eine andere Gemeinde verlegt worden, so hat das Finanzamt den Steuermessbetrag nach den zeitlichen Anteilen (Kalendermonaten) auf die beteiligten Gemeinden zu zerlegen.

Abschnitt VIII
Änderung des Gewerbesteuermessbescheids von Amts wegen

§ 35b

(1) Der Gewerbesteuermessbescheid oder Verlustfeststellungsbescheid ist von Amts wegen aufzuheben oder zu ändern, wenn der Einkommensteuerbescheid, der Körperschaftsteuerbescheid oder ein Feststellungsbescheid aufgehoben oder geändert wird und die Aufhebung oder Änderung den Gewinn aus Gewerbebetrieb berührt. Die Änderung des Gewinns aus Gewerbebetrieb ist insoweit zu berücksichtigen, als sie die Höhe des Gewerbeertrags oder des vortragsfähigen Gewerbeverlustes beeinflusst. § 171 Abs. 10 der Abgabenordnung gilt sinngemäß.

(2) Zuständig für die Feststellung des vortragsfähigen Gewerbeverlustes ist das für den Erlass des Gewerbesteuermessbescheids zuständige Finanzamt. Bei der Feststellung des vortragsfähigen Gewerbeverlustes sind die Besteuerungsgrundlagen so zu berücksichtigen, wie sie der Festsetzung des Steuermessbetrags für den Erhebungszeitraum, auf dessen Schluss der vortragsfähige Gewerbeverlust festgestellt wird, zu Grunde gelegt worden sind; § 171 Absatz 10, § 175 Absatz 1 Satz 1 Nummer 1 und § 351 Absatz 2 der Abgabenordnung sowie § 42 der Finanzgerichtsordnung gelten entsprechend. Die Besteuerungsgrundlagen dürfen bei der Feststellung nur insoweit abweichend von Satz 2 berücksichtigt werden, wie die Aufhebung, Änderung oder Berichtigung des Gewerbesteuermessbescheids ausschließlich mangels Auswirkung auf die Höhe

des festzusetzenden Steuermessbetrags unterbleibt. Die Feststellungsfrist endet nicht, bevor die Festsetzungsfrist für den Erhebungszeitraum abgelaufen ist, auf dessen Schluss der vortragsfähige Gewerbeverlust gesondert festzustellen ist; § 181 Abs. 5 der Abgabenordnung ist nur anzuwenden, wenn die zuständige Finanzbehörde die Feststellung des vortragsfähigen Gewerbeverlustes pflichtwidrig unterlassen hat.

Abschnitt IX
Durchführung

§ 35c
Ermächtigung

(1) Die Bundesregierung wird ermächtigt, mit Zustimmung des Bundesrates

1. zur Durchführung des Gewerbesteuergesetzes Rechtsverordnungen zu erlassen
   a) über die Abgrenzung der Steuerpflicht,
   b) über die Ermittlung des Gewerbeertrags,
   c) über die Festsetzung der Steuermessbeträge, soweit dies zur Wahrung der Gleichmäßigkeit der Besteuerung und zur Vermeidung von Unbilligkeiten in Härtefällen erforderlich ist,
   d) über die Zerlegung des Steuermessbetrags,
   e) über die Abgabe von Steuererklärungen unter Berücksichtigung von Freibeträgen und Freigrenzen;
2. Vorschriften durch Rechtsverordnung zu erlassen
   a) über die sich aus der Aufhebung oder Änderung von Vorschriften dieses Gesetzes ergebenden Rechtsfolgen, soweit dies zur Wahrung der Gleichmäßigkeit bei der Besteuerung oder zur Beseitigung von Unbilligkeiten in Härtefällen erforderlich ist,
   b) (weggefallen)
   c) über die Steuerbefreiung der Einnehmer einer staatlichen Lotterie,
   d) über die Steuerbefreiung bei bestimmten kleineren Versicherungsvereinen auf Gegenseitigkeit im Sinne des § 210 des Versicherungsaufsichtsgesetzes, wenn sie von der Körperschaftsteuer befreit sind,
   e) über die Beschränkung der Hinzurechnung von Entgelten für Schulden und ihnen gleichgestellte Beträge (§ 8 Nr. 1 Buchstabe a) bei Kreditinstituten nach dem Verhältnis des Eigenkapitals zu Teilen der Aktivposten und bei Gewerbebetrieben, die nachweislich ausschließlich unmittelbar oder mittelbar Kredite oder Kreditrisiken, die einem Kreditinstitut oder einem in § 3 Nr. 2 genannten Gewerbebetrieb aus Bankgeschäften entstanden sind, erwerben und Schuldtitel zur Refinanzierung des Kaufpreises für den Erwerb solcher Kredite oder zur Refinanzierung von für die Risikoübernahmen zu stellenden Sicherheiten ausgeben,
   f) über die Beschränkung der Hinzurechnung von Entgelten für Schulden und ihnen gleichgestellte Beträge (§ 8 Nummer 1 Buchstabe a) bei
      aa) Finanzdienstleistungsinstituten, soweit sie Finanzdienstleistungen im Sinne des § 1 Absatz 1a Satz 2 des Kreditwesengesetzes tätigen,
      bb) Zahlungsinstituten, soweit sie Zahlungsdienste im Sinne des § 1 Absatz 1 Satz 2 Nummer 3 Buchstabe b und Nummer 6 des Zahlungsdiensteaufsichtsgesetzes erbringen,
      cc) Wertpapierinstituten, soweit sie Wertpapierdienstleistungen, Wertpapiernebendienstleistungen und Nebengeschäfte im Sinne des § 2 Absatz 2 bis 4 des Wertpapierinstitutsgesetzes erbringen.

   Voraussetzung für die Umsetzung von Satz 1 ist, dass die Umsätze des Finanzdienstleistungsinstituts zu mindestens 50 Prozent auf Finanzdienstleistungen, die Umsätze der Wertpapierinstitute zu mindestens 50 Prozent auf Wertpapierdienstleistungen, Wertpapiernebendienstleistungen und Nebengeschäfte und die Umsätze des Zahlungsinstituts zu mindestens 50 Prozent auf Zahlungsdienste entfallen,

g) über die Festsetzung abweichender Vorauszahlungstermine.

(2) Das Bundesministerium der Finanzen wird ermächtigt, den Wortlaut dieses Gesetzes und der zu diesem Gesetz erlassenen Rechtsverordnungen in der jeweils geltenden Fassung satzweise nummeriert mit neuem Datum und in neuer Paragraphenfolge bekannt zu machen und dabei Unstimmigkeiten im Wortlaut zu beseitigen.

Abschnitt X
Schlussvorschriften

§ 36
Zeitlicher Anwendungsbereich

(1) Die vorstehende Fassung dieses Gesetzes ist, soweit in den folgenden Absätzen nichts anderes bestimmt ist, erstmals für den Erhebungszeitraum 2021 anzuwenden.

(2) § 3 Nummer 1 in der Fassung des Artikels 8 des Gesetzes vom 12. Dezember 2019 (BGBl. I S. 2451) ist erstmals für den Erhebungszeitraum 2019 anzuwenden. § 3 Nummer 2 ist für die Investitionsbank Sachsen-Anhalt erstmals für den Erhebungszeitraum 2023 anzuwenden. Die Steuerbefreiung nach § 3 Nummer 2 in der bis zum 20. Dezember 2022 geltenden Fassung ist für die Investitionsbank Sachsen-Anhalt – Anstalt der Norddeutschen Landesbank – Girozentrale – letztmalig für den Erhebungszeitraum 2023 anzuwenden. § 3 Nummer 13 in der Fassung des Artikels 8 des Gesetzes vom 12. Dezember 2019 (BGBl. I S. 2451) ist erstmals für den Erhebungszeitraum 2025 anzuwenden. § 3 Nummer 24 in der Fassung des Artikels 8 des Gesetzes vom 12. Dezember 2019 (BGBl. I S. 2451) ist erstmals für den Erhebungszeitraum 2019 anzuwenden. § 3 Nummer 32 in der Fassung des Artikels 8 des Gesetzes vom 12. Dezember 2019 (BGBl. I S. 2451) ist erstmals für den Erhebungszeitraum 2019 anzuwenden. § 3 Nummer 32 in der Fassung des Artikels 10 des Gesetzes vom 16. Dezember 2022 (BGBl. I S. 2294) ist erstmals für den Erhebungszeitraum 2022 anzuwenden.

(3) § 7 Satz 3 in der durch Artikel 8 des Gesetzes vom 12. Dezember 2019 (BGBl. I S. 2451) geänderten Fassung ist erstmals für den Erhebungszeitraum 2009 anzuwenden. Für den Erhebungszeitraum 2008 ist § 7 Satz 3 in folgender Fassung anzuwenden:

„Der nach § 5a des Einkommensteuergesetzes ermittelte Gewinn einschließlich der Hinzurechnungen nach § 5a Absatz 4 und 4a des Einkommensteuergesetzes und das nach § 8 Absatz 1 Satz 2 des Körperschaftsteuergesetzes ermittelte Einkommen gelten als Gewerbeertrag nach Satz 1."

§ 7 Satz 7 in der Fassung des Artikels 16 des Gesetzes vom 20. Dezember 2016 (BGBl. I S. 3000) ist erstmals für den Erhebungszeitraum 2017 anzuwenden. § 7 Satz 9 in der Fassung des Artikels 3 des Gesetzes vom 25. Juni 2021 (BGBl. I S. 2035) ist erstmals für den Erhebungszeitraum 2022 anzuwenden.

(3a) § 7b Absatz 2 Satz 4 in der Fassung des Artikels 10 des Gesetzes vom 16. Dezember 2022 (BGBl. I S. 2294) ist erstmals für den Erhebungszeitraum 2023 anzuwenden.

(4) § 8 Nummer 1 Buchstabe d Satz 2 ist nur auf Entgelte anzuwenden, die auf Verträgen beruhen, die nach dem 31. Dezember 2019 abgeschlossen worden sind. Dabei ist bei Verträgen, die vor dem 1. Januar 2025 abgeschlossen werden, statt einer Reichweite von 80 Kilometern eine Reichweite von 60 Kilometern ausreichend. § 8 Nummer 1 Buchstabe d Satz 2 ist letztmals für den Erhebungszeitraum 2030 anzuwenden.

(4a) § 8 Nummer 5 in der Fassung des Artikels 3 des Gesetzes vom 25. Juni 2021 (BGBl. I S. 2035) ist erstmals für den Erhebungszeitraum 2022 anzuwenden.

(5) § 9 Nummer 3 Satz 1 erster Halbsatz in der Fassung des Artikels 16 des Gesetzes vom 20. Dezember 2016 (BGBl. I S. 3000) ist erstmals für den Erhebungszeitraum 2017 anzuwenden. § 9

Nummer 5 Satz 12 in der Fassung des Artikels 8 des Gesetzes vom 12. Dezember 2019 (BGBl. I S. 2451) ist erstmals für Zuwendungen anzuwenden, die nach dem 31. Dezember 2019 geleistet werden.

(5a) § 10a in der Fassung des Artikels 9 des Gesetzes vom 21. Dezember 2020 (BGBl. I S. 3096) ist auch für Erhebungszeiträume vor 2020 anzuwenden.

(5b) § 19 Absatz 3 Satz 2 und 3 ist auf Antrag des Steuerpflichtigen mit der Maßgabe anzuwenden, dass für die Erhebungszeiträume 2019 bis 2021 der 21. Kalendermonat, für den Erhebungszeitraum 2022 der 20. Kalendermonat, für den Erhebungszeitraum 2023 der 18. Kalendermonat und für den Erhebungszeitraum 2024 der 17. Kalendermonat an die Stelle des 15. Kalendermonats tritt.

(6) § 35c Absatz 1 Nummer 2 Buchstabe f Satz 1 Doppelbuchstabe bb in der Fassung des Artikels 8 des Gesetzes vom 12. Dezember 2019 (BGBl. I S. 2451) ist erstmals für den Erhebungszeitraum 2018 anzuwenden.

§ 37
(weggefallen)

3.4 RealStZG

Gesetz über die Zuständigkeit für die Festsetzung und Erhebung der Realsteuern (RealStZG*)

vom 16. Dezember 1981 (GV. NW. S. 732),
geändert durch Gesetz vom 18. Dezember 2018 (GV. NRW. S. 738)

§ 1

Für die Festsetzung und die Erhebung der Realsteuern sind die hebeberechtigten Gemeinden zuständig.

§ 2

(1) Der Finanzminister und der Innenminister werden ermächtigt, durch Rechtsverordnung zur Erleichterung und Vereinfachung des automatisierten Besteuerungsverfahrens zu bestimmen, daß den Gemeinden die Daten der Gewerbesteuermeßbescheide ganz oder teilweise auf maschinell verwertbaren Datenträgern oder durch Datenübertragung übermittelt werden. An dem Verfahren nehmen die Gemeinden teil, die sich zur automatisierten Bearbeitung ihrer Aufgaben kommunaler Datenverarbeitungszentralen bedienen oder die sich dem Verfahren anschließen. In der Rechtsverordnung kann insbesondere das Nähere über Form, Inhalt, Verarbeitung und Sicherung der zu übermittelnden Daten sowie über die Art und Weise der Übermittlung geregelt werden.
(2) Der Finanzminister und der Innenminister werden ermächtigt, durch Rechtsverordnung Regelungen nach Maßgabe des Absatzes 1 auch für die Grundsteuer zu treffen.

§ 3

Verwaltungsvorschriften zur Durchführung dieses Gesetzes erlassen der Finanzminister und der Innenminister.

§ 4

Dieses Gesetz tritt am Tage nach der Verkündung in Kraft.

3.5 EStG (Auszug)

Einkommensteuergesetz (EStG)

in der Fassung der Bekanntmachung vom 8. Oktober 2009 (BGBl. I S. 3366, 3862), zuletzt geändert durch Gesetz vom 20. Dezember 2022 (BGBl. I S. 2730)

– Auszug –

§ 6
Bewertung

(1) Für die Bewertung der einzelnen Wirtschaftsgüter, die nach § 4 Absatz 1 oder nach § 5 als Betriebsvermögen anzusetzen sind, gilt das Folgende:

1. Wirtschaftsgüter des Anlagevermögens, die der Abnutzung unterliegen, sind mit den Anschaffungs- oder Herstellungskosten oder dem an deren Stelle tretenden Wert, vermindert um die Absetzungen für Abnutzung, erhöhte Absetzungen, Sonderabschreibungen, Abzüge nach § 6b und ähnliche Abzüge, anzusetzen. Ist der Teilwert auf Grund einer voraussichtlich dauernden Wertminderung niedriger, so kann dieser angesetzt werden. Teilwert ist der Betrag, den ein Erwerber des ganzen Betriebs im Rahmen des Gesamtkaufpreises für das einzelne Wirtschaftsgut ansetzen würde; dabei ist davon auszugehen, dass der Erwerber den Betrieb fortführt. Wirtschaftsgüter, die bereits am Schluss des vorangegangenen Wirtschaftsjahres zum Anlagevermögen des Steuerpflichtigen gehört haben, sind in den folgenden Wirtschaftsjahren gemäß Satz 1 anzusetzen, es sei denn, der Steuerpflichtige weist nach, dass ein niedrigerer Teilwert nach Satz 2 angesetzt werden kann.

1a. Zu den Herstellungskosten eines Gebäudes gehören auch Aufwendungen für Instandsetzungs- und Modernisierungsmaßnahmen, die innerhalb von drei Jahren nach der Anschaffung des Gebäudes durchgeführt werden, wenn die Aufwendungen ohne die Umsatzsteuer 15 Prozent der Anschaffungskosten des Gebäudes übersteigen (anschaffungsnahe Herstellungskosten). Zu diesen Aufwendungen gehören nicht die Aufwendungen für Erweiterungen im Sinne des § 255 Absatz 2 Satz 1 des Handelsgesetzbuchs sowie Aufwendungen für Erhaltungsarbeiten, die jährlich üblicherweise anfallen.

1b. Bei der Berechnung der Herstellungskosten brauchen angemessene Teile der Kosten der allgemeinen Verwaltung sowie angemessene Aufwendungen für soziale Einrichtungen des Betriebs, für freiwillige soziale Leistungen und für die betriebliche Altersversorgung im Sinne des § 255 Absatz 2 Satz 3 des Handelsgesetzbuchs nicht einbezogen zu werden, soweit diese auf den Zeitraum der Herstellung entfallen. Das Wahlrecht ist bei Gewinnermittlung nach § 5 in Übereinstimmung mit der Handelsbilanz auszuüben.

2. Andere als die in Nummer 1 bezeichneten Wirtschaftsgüter des Betriebs (Grund und Boden, Beteiligungen, Umlaufvermögen) sind mit den Anschaffungs- oder Herstellungskosten oder dem an deren Stelle tretenden Wert, vermindert um Abzüge nach § 6b und ähnliche Abzüge, anzusetzen. Ist der Teilwert (Nummer 1 Satz 3) auf Grund einer voraussichtlich dauernden Wertminderung niedriger, so kann dieser angesetzt werden. Nummer 1 Satz 4 gilt entsprechend.

2a. Steuerpflichtige, die den Gewinn nach § 5 ermitteln, können für den Wertansatz gleichartiger Wirtschaftsgüter des Vorratsvermögens unterstellen, dass die zuletzt angeschafften oder hergestellten Wirtschaftsgüter zuerst verbraucht oder veräußert worden sind, soweit dies den handelsrechtlichen Grundsätzen ordnungsmäßiger Buchführung entspricht. Der Vorratsbestand am Schluss des Wirtschaftsjahres, das der erstmaligen Anwendung der Bewertung nach Satz 1 vorangeht, gilt mit seinem Bilanzansatz als erster Zugang des neuen Wirtschaftsjahres. Von der Verbrauchs- oder Veräußerungsfolge nach Satz 1 kann in den folgenden Wirtschaftsjahren nur mit Zustimmung des Finanzamts abgewichen werden.

2b. Steuerpflichtige, die in den Anwendungsbereich des § 340 des Handelsgesetzbuchs fallen, haben die zu Handelszwecken erworbenen Finanzinstrumente, die nicht in einer Bewertungseinheit im Sinne des § 5 Absatz 1a Satz 2 abgebildet werden, mit dem beizulegenden Zeitwert abzüglich eines Risikoabschlages (§ 340e Absatz 3 des Handelsgesetzbuchs) zu bewerten. Nummer 2 Satz 2 ist nicht anzuwenden.

3. Verbindlichkeiten sind unter sinngemäßer Anwendung der Vorschriften der Nummer 2 anzusetzen.

3a. Rückstellungen sind höchstens insbesondere unter Berücksichtigung folgender Grundsätze anzusetzen:
   a) bei Rückstellungen für gleichartige Verpflichtungen ist auf der Grundlage der Erfahrungen in der Vergangenheit aus der Abwicklung solcher Verpflichtungen die Wahrscheinlichkeit zu berücksichtigen, dass der Steuerpflichtige nur zu einem Teil der Summe dieser Verpflichtungen in Anspruch genommen wird;
   b) Rückstellungen für Sachleistungsverpflichtungen sind mit den Einzelkosten und den angemessenen Teilen der notwendigen Gemeinkosten zu bewerten;
   c) künftige Vorteile, die mit der Erfüllung der Verpflichtung voraussichtlich verbunden sein werden, sind, soweit sie nicht als Forderung zu aktivieren sind, bei ihrer Bewertung wertmindernd zu berücksichtigen;
   d) Rückstellungen für Verpflichtungen, für deren Entstehen im wirtschaftlichen Sinne der laufende Betrieb ursächlich ist, sind zeitanteilig in gleichen Raten anzusammeln. Rückstellungen für gesetzliche Verpflichtungen zur Rücknahme und Verwertung von Erzeugnissen, die vor Inkrafttreten entsprechender gesetzlicher Verpflichtungen in Verkehr gebracht worden sind, sind zeitanteilig in gleichen Raten bis zum Beginn der jeweiligen Erfüllung anzusammeln; Buchstabe e ist insoweit nicht anzuwenden. Rückstellungen für die Verpflichtung, ein Kernkraftwerk stillzulegen, sind ab dem Zeitpunkt der erstmaligen Nutzung bis zum Zeitpunkt, in dem mit der Stilllegung begonnen werden muss, zeitanteilig in gleichen Raten anzusammeln; steht der Zeitpunkt der Stilllegung nicht fest, beträgt der Zeitraum für die Ansammlung 25 Jahre;
   e) Rückstellungen für Verpflichtungen sind mit einem Zinssatz von 5,5 Prozent abzuzinsen; ausgenommen von der Abzinsung sind Rückstellungen für Verpflichtungen, deren Laufzeit am Bilanzstichtag weniger als zwölf Monate beträgt, und Rückstellungen für Verpflichtungen, die verzinslich sind oder auf einer Anzahlung oder Vorausleistung beruhen. Für die Abzinsung von Rückstellungen für Sachleistungsverpflichtungen ist der Zeitraum bis zum Beginn der Erfüllung maßgebend. Für die Abzinsung von Rückstellungen für die Verpflichtung, ein Kernkraftwerk stillzulegen, ist der sich aus Buchstabe d Satz 3 ergebende Zeitraum maßgebend; und
   f) bei der Bewertung sind die Wertverhältnisse am Bilanzstichtag maßgebend; künftige Preis- und Kostensteigerungen dürfen nicht berücksichtigt werden.

4. Entnahmen des Steuerpflichtigen für sich, für seinen Haushalt oder für andere betriebsfremde Zwecke sind mit dem Teilwert anzusetzen; die Entnahme ist in den Fällen des § 4 Absatz 1 Satz 3 erster Halbsatz mit dem gemeinen Wert und in den Fällen des § 4 Absatz 1 Satz 3 zweiter Halbsatz mit dem Wert anzusetzen, den der andere Staat der Besteuerung zugrunde legt, höchstens jedoch mit dem gemeinen Wert. Die private Nutzung eines Kraftfahrzeugs, das zu mehr als 50 Prozent betrieblich genutzt wird, ist für jeden Kalendermonat mit 1 Prozent des inländischen Listenpreises im Zeitpunkt der Erstzulassung zuzüglich der Kosten für Sonderausstattung einschließlich Umsatzsteuer anzusetzen; bei der privaten Nutzung von Fahrzeugen mit Antrieb ausschließlich durch Elektromotoren, die ganz oder

überwiegend aus mechanischen oder elektrochemischen Energiespeichern oder aus emissionsfrei betriebenen Energiewandlern gespeist werden (Elektrofahrzeuge), oder von extern aufladbaren Hybridelektrofahrzeugen, ist der Listenpreis dieser Kraftfahrzeuge

1. soweit die Nummern 2, 3 oder 4 nicht anzuwenden sind und bei Anschaffung vor dem 1. Januar 2023 um die darin enthaltenen Kosten des Batteriesystems im Zeitpunkt der Erstzulassung des Kraftfahrzeugs wie folgt zu mindern: für bis zum 31. Dezember 2013 angeschaffte Kraftfahrzeuge um 500 Euro pro Kilowattstunde der Batteriekapazität, dieser Betrag mindert sich für in den Folgejahren angeschaffte Kraftfahrzeuge um jährlich 50 Euro pro Kilowattstunde der Batteriekapazität; die Minderung pro Kraftfahrzeug beträgt höchstens 10 000 Euro; dieser Höchstbetrag mindert sich für in den Folgejahren angeschaffte Kraftfahrzeuge um jährlich 500 Euro, oder
2. soweit Nummer 3 nicht anzuwenden ist und bei Anschaffung nach dem 31. Dezember 2018 und vor dem 1. Januar 2022 nur zur Hälfte anzusetzen; bei extern aufladbaren Hybridelektrofahrzeugen muss das Fahrzeug die Voraussetzungen des § 3 Absatz 2 Nummer 1 oder 2 des Elektromobilitätsgesetzes erfüllen, oder
3. bei Anschaffung nach dem 31. Dezember 2018 und vor dem 1. Januar 2031 nur zu einem Viertel anzusetzen, wenn das Kraftfahrzeug keine Kohlendioxidemission je gefahrenen Kilometer hat und der Bruttolistenpreis des Kraftfahrzeugs nicht mehr als 60 000 Euro beträgt, oder
4. soweit Nummer 3 nicht anzuwenden ist und bei Anschaffung nach dem 31. Dezember 2021 und vor dem 1. Januar 2025 nur zur Hälfte anzusetzen, wenn das Kraftfahrzeug
   a) eine Kohlendioxidemission von höchstens 50 Gramm je gefahrenen Kilometer hat oder
   b) die Reichweite des Fahrzeugs unter ausschließlicher Nutzung der elektrischen Antriebsmaschine mindestens 60 Kilometer beträgt, oder
5. soweit Nummer 3 nicht anzuwenden ist und bei Anschaffung nach dem 31. Dezember 2024 und vor dem 1. Januar 2031 nur zur Hälfte anzusetzen, wenn das Kraftfahrzeug
   a) eine Kohlendioxidemission von höchstens 50 Gramm je gefahrenen Kilometer hat oder
   b) die Reichweite des Fahrzeugs unter ausschließlicher Nutzung der elektrischen Antriebsmaschine mindestens 80 Kilometer beträgt,

die maßgebliche Kohlendioxidemission sowie die Reichweite des Kraftfahrzeugs unter ausschließlicher Nutzung der elektrischen Antriebsmaschine ist der Übereinstimmungsbescheinigung nach Anhang IX der Richtlinie 2007/46/EG oder aus der Übereinstimmungsbescheinigung nach Artikel 38 der Verordnung (EU) Nr. 168/2013 zu entnehmen. Die private Nutzung kann abweichend von Satz 2 mit den auf die Privatfahrten entfallenden Aufwendungen angesetzt werden, wenn die für das Kraftfahrzeug insgesamt entstehenden Aufwendungen durch Belege und das Verhältnis der privaten zu den übrigen Fahrten durch ein ordnungsgemäßes Fahrtenbuch nachgewiesen werden; bei der privaten Nutzung von Fahrzeugen mit Antrieb ausschließlich durch Elektromotoren, die ganz oder überwiegend aus mechanischen oder elektrochemischen Energiespeichern oder aus emissionsfrei betriebenen Energiewandlern gespeist werden (Elektrofahrzeuge), oder von extern aufladbaren Hybridelektrofahrzeugen, sind

1. soweit die Nummern 2, 3 oder 4 nicht anzuwenden sind und bei Anschaffung vor dem 1. Januar 2023 die der Berechnung der Entnahme zugrunde zu legenden insgesamt entstandenen Aufwendungen um Aufwendungen für das Batteriesystem zu mindern; dabei ist bei zum Betriebsvermögen des Steuerpflichtigen gehörenden Elektro- und Hybridelektrofahrzeugen die der Berechnung der Absetzungen für Abnutzung zugrunde zu legende Bemessungsgrundlage um die nach Satz 2 in pauschaler Höhe festgelegten Aufwendungen zu mindern, wenn darin Kosten für ein Batteriesystem enthalten sind, oder

2. soweit Nummer 3 nicht anzuwenden ist und bei Anschaffung nach dem 31. Dezember 2018 und vor dem 1. Januar 2022 bei der Ermittlung der insgesamt entstandenen Aufwendungen die Anschaffungskosten für das Kraftfahrzeug oder vergleichbare Aufwendungen nur zur Hälfte zu berücksichtigen; bei extern aufladbaren Hybridelektrofahrzeugen muss das Fahrzeug die Voraussetzungen des § 3 Absatz 2 Nummer 1 oder 2 des Elektromobilitätsgesetzes erfüllen, oder
3. bei Anschaffung nach dem 31. Dezember 2018 und vor dem 1. Januar 2031 bei der Ermittlung der insgesamt entstandenen Aufwendungen die Anschaffungskosten für das Kraftfahrzeug oder vergleichbare Aufwendungen nur zu einem Viertel zu berücksichtigen, wenn das Kraftfahrzeug keine Kohlendioxidemission je gefahrenen Kilometer hat, und der Bruttolistenpreis des Kraftfahrzeugs nicht mehr als 60 000 Euro beträgt oder
4. soweit Nummer 3 nicht anzuwenden ist und bei Anschaffung nach dem 31. Dezember 2021 und vor dem 1. Januar 2025 bei der Ermittlung der insgesamt entstandenen Aufwendungen die Anschaffungskosten für das Kraftfahrzeug oder vergleichbare Aufwendungen nur zur Hälfte zu berücksichtigen, wenn das Kraftfahrzeug
   a) eine Kohlendioxidemission von höchstens 50 Gramm je gefahrenen Kilometer hat oder
   b) die Reichweite des Kraftfahrzeugs unter ausschließlicher Nutzung der elektrischen Antriebsmaschine mindestens 60 Kilometer beträgt, oder
5. soweit Nummer 3 nicht anzuwenden ist und bei Anschaffung nach dem 31. Dezember 2024 und vor dem 1. Januar 2031 bei der Ermittlung der insgesamt entstandenen Aufwendungen die Anschaffungskosten für das Kraftfahrzeug oder vergleichbare Aufwendungen nur zur Hälfte zu berücksichtigen, wenn das Kraftfahrzeug
   a) eine Kohlendioxidemission von höchstens 50 Gramm je gefahrenen Kilometer hat oder
   b) die Reichweite des Kraftfahrzeugs unter ausschließlicher Nutzung der elektrischen Antriebsmaschine mindestens 80 Kilometer beträgt,

die maßgebliche Kohlendioxidemission sowie die Reichweite des Kraftfahrzeugs unter ausschließlicher Nutzung der elektrischen Antriebsmaschine ist der Übereinstimmungsbescheinigung nach Anhang IX der Richtlinie 2007/46/EG oder aus der Übereinstimmungsbescheinigung nach Artikel 38 der Verordnung (EU) Nr. 168/2013 zu entnehmen. Wird ein Wirtschaftsgut unmittelbar nach seiner Entnahme einer nach § 5 Absatz 1 Nummer 9 des Körperschaftsteuergesetzes von der Körperschaftsteuer befreiten Körperschaft, Personenvereinigung oder Vermögensmasse oder einer juristischen Person des öffentlichen Rechts zur Verwendung für steuerbegünstigte Zwecke im Sinne des § 10b Absatz 1 Satz 1 unentgeltlich überlassen, so kann die Entnahme mit dem Buchwert angesetzt werden. Satz 4 gilt nicht für die Entnahme von Nutzungen und Leistungen. Die private Nutzung eines betrieblichen Fahrrads, das kein Kraftfahrzeug im Sinne des Satzes 2 ist, bleibt außer Ansatz.

5. Einlagen sind mit dem Teilwert für den Zeitpunkt der Zuführung anzusetzen; sie sind jedoch höchstens mit den Anschaffungs- oder Herstellungskosten anzusetzen, wenn das zugeführte Wirtschaftsgut
   a) innerhalb der letzten drei Jahre vor dem Zeitpunkt der Zuführung angeschafft oder hergestellt worden ist,
   b) ein Anteil an einer Kapitalgesellschaft ist und der Steuerpflichtige an der Gesellschaft im Sinne des § 17 Absatz 1 oder Absatz 6 beteiligt ist; § 17 Absatz 2 Satz 5 gilt entsprechend, oder
   c) ein Wirtschaftsgut im Sinne des § 20 Absatz 2 oder im Sinne des § 2 Absatz 4 des Investmentsteuergesetzes ist.

   [2]ist die Einlage ein abnutzbares Wirtschaftsgut, so sind die Anschaffungs- oder Herstellungskosten um Absetzungen für Abnutzung zu kürzen, die auf den Zeitraum zwischen der

Anschaffung oder Herstellung des Wirtschaftsguts und der Einlage entfallen. [3]Ist die Einlage ein Wirtschaftsgut, das vor der Zuführung aus einem Betriebsvermögen des Steuerpflichtigen entnommen worden ist, so tritt an die Stelle der Anschaffungs- oder Herstellungskosten der Wert, mit dem die Entnahme angesetzt worden ist, und an die Stelle des Zeitpunkts der Anschaffung oder Herstellung der Zeitpunkt der Entnahme.

5a. In den Fällen des § 4 Absatz 1 Satz 8 zweiter Halbsatz ist das Wirtschaftsgut mit dem gemeinen Wert anzusetzen; unterliegt der Steuerpflichtige in einem anderen Staat einer Besteuerung auf Grund des Ausschlusses oder der Beschränkung des Besteuerungsrechts dieses Staates, ist das Wirtschaftsgut mit dem Wert anzusetzen, den der andere Staat der Besteuerung zugrunde legt, höchstens jedoch mit dem gemeinen Wert.

5b. Im Fall des § 4 Absatz 1 Satz 9 ist das Wirtschaftsgut jeweils mit dem Wert anzusetzen, den der andere Staat der Besteuerung zugrunde legt, höchstens jedoch mit dem gemeinen Wert.

6. Bei Eröffnung eines Betriebs ist Nummer 5 entsprechend anzuwenden.

7. Bei entgeltlichem Erwerb eines Betriebs sind die Wirtschaftsgüter mit dem Teilwert, höchstens jedoch mit den Anschaffungs- oder Herstellungskosten anzusetzen.

(2) Die Anschaffungs- oder Herstellungskosten oder der nach Absatz 1 Nummer 5 bis 6 an deren Stelle tretende Wert von abnutzbaren beweglichen Wirtschaftsgütern des Anlagevermögens, die einer selbständigen Nutzung fähig sind, können im Wirtschaftsjahr der Anschaffung, Herstellung oder Einlage des Wirtschaftsguts oder der Eröffnung des Betriebs in voller Höhe als Betriebsausgaben abgezogen werden, wenn die Anschaffungs- oder Herstellungskosten, vermindert um einen darin enthaltenen Vorsteuerbetrag (§ 9b Absatz 1), oder der nach Absatz 1 Nummer 5 bis 6 an deren Stelle tretende Wert für das einzelne Wirtschaftsgut 800 Euro nicht übersteigen. Ein Wirtschaftsgut ist einer selbständigen Nutzung nicht fähig, wenn es nach seiner betrieblichen Zweckbestimmung nur zusammen mit anderen Wirtschaftsgütern des Anlagevermögens genutzt werden kann und die in den Nutzungszusammenhang eingefügten Wirtschaftsgüter technisch aufeinander abgestimmt sind. Das gilt auch, wenn das Wirtschaftsgut aus dem betrieblichen Nutzungszusammenhang gelöst und in einen anderen betrieblichen Nutzungszusammenhang eingefügt werden kann. Wirtschaftsgüter im Sinne des Satzes 1, deren Wert 250 Euro übersteigt, sind unter Angabe des Tages der Anschaffung, Herstellung oder Einlage des Wirtschaftsguts oder der Eröffnung des Betriebs und der Anschaffungs- oder Herstellungskosten oder des nach Absatz 1 Nummer 5 bis 6 an deren Stelle tretenden Werts in ein besonderes, laufend zu führendes Verzeichnis aufzunehmen. Das Verzeichnis braucht nicht geführt zu werden, wenn diese Angaben aus der Buchführung ersichtlich sind.

(2a) Abweichend von Absatz 2 Satz 1 kann für die abnutzbaren beweglichen Wirtschaftsgüter des Anlagevermögens, die einer selbständigen Nutzung fähig sind, im Wirtschaftsjahr der Anschaffung, Herstellung oder Einlage des Wirtschaftsguts oder der Eröffnung des Betriebs ein Sammelposten gebildet werden, wenn die Anschaffungs- oder Herstellungskosten, vermindert um einen darin enthaltenen Vorsteuerbetrag (§ 9b Absatz 1), oder der nach Absatz 1 Nummer 5 bis 6 an deren Stelle tretende Wert für das einzelne Wirtschaftsgut 250 Euro, aber nicht 1 000 Euro übersteigen. Der Sammelposten ist im Wirtschaftsjahr der Bildung und den folgenden vier Wirtschaftsjahren mit jeweils einem Fünftel gewinnmindernd aufzulösen. Scheidet ein Wirtschaftsgut im Sinne des Satzes 1 aus dem Betriebsvermögen aus, wird der Sammelposten nicht vermindert. Die Anschaffungs- oder Herstellungskosten oder der nach Absatz 1 Nummer 5 bis 6 an deren Stelle tretende Wert von abnutzbaren beweglichen Wirtschaftsgütern des Anlagevermögens, die einer selbständigen Nutzung fähig sind, können im Wirtschaftsjahr der Anschaffung, Herstellung oder Einlage des Wirtschaftsguts oder der Eröffnung des Betriebs in voller Höhe als Betriebsausgaben abgezogen werden, wenn die Anschaffungs- oder Herstellungskosten, vermindert um einen darin enthaltenen Vorsteuerbetrag (§ 9b Absatz 1), oder der nach Absatz 1 Nummer 5 bis 6 an deren Stelle tretende Wert für das einzelne Wirtschaftsgut 250 Euro

nicht übersteigen. Die Sätze 1 bis 3 sind für alle in einem Wirtschaftsjahr angeschafften, hergestellten oder eingelegten Wirtschaftsgüter einheitlich anzuwenden.
(3) bis (7): hier nicht abgedruckt

§ 7
Absetzung für Abnutzung oder Substanzverringerung

(1) Bei Wirtschaftsgütern, deren Verwendung oder Nutzung durch den Steuerpflichtigen zur Erzielung von Einkünften sich erfahrungsgemäß auf einen Zeitraum von mehr als einem Jahr erstreckt, ist jeweils für ein Jahr der Teil der Anschaffungs- oder Herstellungskosten abzusetzen, der bei gleichmäßiger Verteilung dieser Kosten auf die Gesamtdauer der Verwendung oder Nutzung auf ein Jahr entfällt (Absetzung für Abnutzung in gleichen Jahresbeträgen). Die Absetzung bemisst sich hierbei nach der betriebsgewöhnlichen Nutzungsdauer des Wirtschaftsguts. Als betriebsgewöhnliche Nutzungsdauer des Geschäfts- oder Firmenwerts eines Gewerbebetriebs oder eines Betriebs der Land- und Forstwirtschaft gilt ein Zeitraum von 15 Jahren. Im Jahr der Anschaffung oder Herstellung des Wirtschaftsguts vermindert sich für dieses Jahr der Absetzungsbetrag nach Satz 1 um jeweils ein Zwölftel für jeden vollen Monat, der dem Monat der Anschaffung oder Herstellung vorangeht. Bei Wirtschaftsgütern, die nach einer Verwendung zur Erzielung von Einkünften im Sinne des § 2 Absatz 1 Satz 1 Nummer 4 bis 7 in ein Betriebsvermögen eingelegt worden sind, mindert sich der Einlagewert um die Absetzungen für Abnutzung oder Substanzverringerung, Sonderabschreibungen oder erhöhte Absetzungen, die bis zum Zeitpunkt der Einlage vorgenommen worden sind, höchstens jedoch bis zu den fortgeführten Anschaffungs- oder Herstellungskosten; ist der Einlagewert niedriger als dieser Wert, bemisst sich die weitere Absetzung für Abnutzung vom Einlagewert. Bei beweglichen Wirtschaftsgütern des Anlagevermögens, bei denen es wirtschaftlich begründet ist, die Absetzung für Abnutzung nach Maßgabe der Leistung des Wirtschaftsguts vorzunehmen, kann der Steuerpflichtige dieses Verfahren statt der Absetzung für Abnutzung in gleichen Jahresbeträgen anwenden, wenn er den auf das einzelne Jahr entfallenden Umfang der Leistung nachweist. Absetzungen für außergewöhnliche technische oder wirtschaftliche Abnutzung sind zulässig; soweit der Grund hierfür in späteren Wirtschaftsjahren entfällt, ist in den Fällen der Gewinnermittlung nach § 4 Absatz 1 oder nach § 5 eine entsprechende Zuschreibung vorzunehmen.
(2) Bei beweglichen Wirtschaftsgütern des Anlagevermögens, die nach dem 31. Dezember 2019 und vor dem 1. Januar 2022 angeschafft oder hergestellt worden sind, kann der Steuerpflichtige statt der Absetzung für Abnutzung in gleichen Jahresbeträgen die Absetzung für Abnutzung in fallenden Jahresbeträgen bemessen. Die Absetzung für Abnutzung in fallenden Jahresbeträgen kann nach einem unveränderlichen Prozentsatz vom jeweiligen Buchwert (Restwert) vorgenommen werden; der dabei anzuwendende Prozentsatz darf höchstens das Zweieinhalbfache des bei der Absetzung für Abnutzung in gleichen Jahresbeträgen in Betracht kommenden Prozentsatzes betragen und 25 Prozent nicht übersteigen. Absatz 1 Satz 4 und § 7a Absatz 8 gelten entsprechend. Bei Wirtschaftsgütern, bei denen die Absetzung für Abnutzung in fallenden Jahresbeträgen bemessen wird, sind Absetzungen für außergewöhnliche technische oder wirtschaftliche Abnutzung nicht zulässig.
(3) Der Übergang von der Absetzung für Abnutzung in fallenden Jahresbeträgen zur Absetzung für Abnutzung in gleichen Jahresbeträgen ist zulässig. In diesem Fall bemisst sich die Absetzung für Abnutzung vom Zeitpunkt des Übergangs an nach dem dann noch vorhandenen Restwert und der Restnutzungsdauer des einzelnen Wirtschaftsguts. Der Übergang von der Absetzung für Abnutzung in gleichen Jahresbeträgen zur Absetzung für Abnutzung in fallenden Jahresbeträgen ist nicht zulässig.
(4) bis (6): hier nicht abgedruckt

§ 15
Einkünfte aus Gewerbebetrieb

(1) Einkünfte aus Gewerbebetrieb sind

1. Einkünfte aus gewerblichen Unternehmen. Dazu gehören auch Einkünfte aus gewerblicher Bodenbewirtschaftung, z. B. aus Bergbauunternehmen und aus Betrieben zur Gewinnung von Torf, Steinen und Erden, soweit sie nicht land- oder forstwirtschaftliche Nebenbetriebe sind;
2. die Gewinnanteile der Gesellschafter einer Offenen Handelsgesellschaft, einer Kommanditgesellschaft und einer anderen Gesellschaft, bei der der Gesellschafter als Unternehmer (Mitunternehmer) des Betriebs anzusehen ist, und die Vergütungen, die der Gesellschafter von der Gesellschaft für seine Tätigkeit im Dienst der Gesellschaft oder für die Hingabe von Darlehen oder für die Überlassung von Wirtschaftsgütern bezogen hat. Der mittelbar über eine oder mehrere Personengesellschaften beteiligte Gesellschafter steht dem unmittelbar beteiligten Gesellschafter gleich; er ist als Mitunternehmer des Betriebs der Gesellschaft anzusehen, an der er mittelbar beteiligt ist, wenn er und die Personengesellschaften, die seine Beteiligung vermitteln, jeweils als Mitunternehmer der Betriebe der Personengesellschaften anzusehen sind, an denen sie unmittelbar beteiligt sind;
3. die Gewinnanteile der persönlich haftenden Gesellschafter einer Kommanditgesellschaft auf Aktien, soweit sie nicht auf Anteile am Grundkapital entfallen, und die Vergütungen, die der persönlich haftende Gesellschafter von der Gesellschaft für seine Tätigkeit im Dienst der Gesellschaft oder für die Hingabe von Darlehen oder für die Überlassung von Wirtschaftsgütern bezogen hat.

Satz 1 Nummer 2 und 3 gilt auch für Vergütungen, die als nachträgliche Einkünfte (§ 24 Nummer 2) bezogen werden. § 13 Absatz 5 gilt entsprechend, sofern das Grundstück im Veranlagungszeitraum 1986 zu einem gewerblichen Betriebsvermögen gehört hat.

(1a) In den Fällen des § 4 Absatz 1 Satz 5 ist der Gewinn aus einer späteren Veräußerung der Anteile ungeachtet der Bestimmungen eines Abkommens zur Vermeidung der Doppelbesteuerung in der gleichen Art und Weise zu besteuern, wie die Veräußerung dieser Anteile an der Europäischen Gesellschaft oder Europäischen Genossenschaft zu besteuern gewesen wäre, wenn keine Sitzverlegung stattgefunden hätte. Dies gilt auch, wenn später die Anteile verdeckt in eine Kapitalgesellschaft eingelegt werden, die Europäische Gesellschaft oder Europäische Genossenschaft aufgelöst wird oder wenn ihr Kapital herabgesetzt und zurückgezahlt wird oder wenn Beträge aus dem steuerlichen Einlagenkonto im Sinne des § 27 des Körperschaftsteuergesetzes ausgeschüttet oder zurückgezahlt werden.

(2) Eine selbständige nachhaltige Betätigung, die mit der Absicht, Gewinn zu erzielen, unternommen wird und sich als Beteiligung am allgemeinen wirtschaftlichen Verkehr darstellt, ist Gewerbebetrieb, wenn die Betätigung weder als Ausübung von Land- und Forstwirtschaft noch als Ausübung eines freien Berufs noch als eine andere selbständige Arbeit anzusehen ist. Eine durch die Betätigung verursachte Minderung der Steuern vom Einkommen ist kein Gewinn im Sinne des Satzes 1. Ein Gewerbebetrieb liegt, wenn seine Voraussetzungen im Übrigen gegeben sind, auch dann vor, wenn die Gewinnerzielungsabsicht nur ein Nebenzweck ist.

(3) Als Gewerbebetrieb gilt in vollem Umfang die mit Einkünfteerzielungsabsicht unternommene Tätigkeit

1. einer offenen Handelsgesellschaft, einer Kommanditgesellschaft oder einer anderen Personengesellschaft, wenn die Gesellschaft auch eine Tätigkeit im Sinne des Absatzes 1 Satz 1 Nummer 1 ausübt oder gewerbliche Einkünfte im Sinne des Absatzes 1 Satz 1 Nummer 2 bezieht. Dies gilt unabhängig davon, ob aus der Tätigkeit im Sinne des Absatzes 1 Satz 1 Nummer 1 ein Gewinn oder Verlust erzielt wird oder ob die gewerblichen Einkünfte im Sinne des Absatzes 1 Satz 1 Nummer 2 positiv oder negativ sind;

2. einer Personengesellschaft, die keine Tätigkeit im Sinne des Absatzes 1 Satz 1 Nummer 1 ausübt und bei der ausschließlich eine oder mehrere Kapitalgesellschaften persönlich haftende Gesellschafter sind und nur diese oder Personen, die nicht Gesellschafter sind, zur Geschäftsführung befugt sind (gewerblich geprägte Personengesellschaft). Ist eine gewerblich geprägte Personengesellschaft als persönlich haftender Gesellschafter an einer anderen Personengesellschaft beteiligt, so steht für die Beurteilung, ob die Tätigkeit dieser Personengesellschaft als Gewerbebetrieb gilt, die gewerblich geprägte Personengesellschaft einer Kapitalgesellschaft gleich.

(4) Verluste aus gewerblicher Tierzucht oder gewerblicher Tierhaltung dürfen weder mit anderen Einkünften aus Gewerbebetrieb noch mit Einkünften aus anderen Einkunftsarten ausgeglichen werden; sie dürfen auch nicht nach § 10d abgezogen werden. Die Verluste mindern jedoch nach Maßgabe des § 10d die Gewinne, die der Steuerpflichtige in dem unmittelbar vorangegangenen und in den folgenden Wirtschaftsjahren aus gewerblicher Tierzucht oder gewerblicher Tierhaltung erzielt hat oder erzielt; § 10d Absatz 4 gilt entsprechend. Die Sätze 1 und 2 gelten entsprechend für Verluste aus Termingeschäften, durch die der Steuerpflichtige einen Differenzausgleich oder einen durch den Wert einer veränderlichen Bezugsgröße bestimmten Geldbetrag oder Vorteil erlangt. Satz 3 gilt nicht für die Geschäfte, die zum gewöhnlichen Geschäftsbetrieb bei Kreditinstituten, Finanzdienstleistungsinstituten und Finanzunternehmen im Sinne des Gesetzes über das Kreditwesen oder bei Wertpapierinstituten im Sinne des Wertpapierinstitutsgesetzes gehören oder die der Absicherung von Geschäften des gewöhnlichen Geschäftsbetriebs dienen. Satz 4 gilt nicht, wenn es sich um Geschäfte handelt, die der Absicherung von Aktiengeschäften dienen, bei denen der Veräußerungsgewinn nach § 3 Nummer 40 Satz 1 Buchstabe a und b in Verbindung mit § 3c Absatz 2 teilweise steuerfrei ist, oder die nach § 8b Absatz 2 des Körperschaftsteuergesetzes bei der Ermittlung des Einkommens außer Ansatz bleiben. Verluste aus stillen Gesellschaften, Unterbeteiligungen oder sonstigen Innengesellschaften an Kapitalgesellschaften, bei denen der Gesellschafter oder Beteiligte als Mitunternehmer anzusehen ist, dürfen weder mit Einkünften aus Gewerbebetrieb noch aus anderen Einkunftsarten ausgeglichen werden; sie dürfen auch nicht nach § 10d abgezogen werden. Die Verluste mindern jedoch nach Maßgabe des § 10d die Gewinne, die der Gesellschafter oder Beteiligte in dem unmittelbar vorangegangenen Wirtschaftsjahr oder in den folgenden Wirtschaftsjahren aus derselben stillen Gesellschaft, Unterbeteiligung oder sonstigen Innengesellschaft bezieht; § 10d Absatz 4 gilt entsprechend. Die Sätze 6 und 7 gelten nicht, soweit der Verlust auf eine natürliche Person als unmittelbar oder mittelbar beteiligter Mitunternehmer entfällt.

§ 18

(1) Einkünfte aus selbständiger Arbeit sind

1. Einkünfte aus freiberuflicher Tätigkeit. Zu der freiberuflichen Tätigkeit gehören die selbständig ausgeübte wissenschaftliche, künstlerische, schriftstellerische, unterrichtende oder erzieherische Tätigkeit, die selbständige Berufstätigkeit der Ärzte, Zahnärzte, Tierärzte, Rechtsanwälte, Notare, Patentanwälte, Vermessungsingenieure, Ingenieure, Architekten, Handelschemiker, Wirtschaftsprüfer, Steuerberater, beratenden Volks- und Betriebswirte, vereidigten Buchprüfer, Steuerbevollmächtigten, Heilpraktiker, Dentisten, Krankengymnasten, Journalisten, Bildberichterstatter, Dolmetscher, Übersetzer, Lotsen und ähnlicher Berufe. Ein Angehöriger eines freien Berufs im Sinne der Sätze 1 und 2 ist auch dann freiberuflich tätig, wenn er sich der Mithilfe fachlich vorgebildeter Arbeitskräfte bedient; Voraussetzung ist, dass er auf Grund eigener Fachkenntnisse leitend und eigenverantwortlich tätig wird. Eine Vertretung im Fall vorübergehender Verhinderung steht der Annahme einer leitenden und eigenverantwortlichen Tätigkeit nicht entgegen;

2. Einkünfte der Einnehmer einer staatlichen Lotterie, wenn sie nicht Einkünfte aus Gewerbebetrieb sind;
3. Einkünfte aus sonstiger selbständiger Arbeit, z. B. Vergütungen für die Vollstreckung von Testamenten, für Vermögensverwaltung und für die Tätigkeit als Aufsichtsratsmitglied;
4. Einkünfte, die ein Beteiligter an einer vermögensverwaltenden Gesellschaft oder Gemeinschaft, deren Zweck im Erwerb, Halten und in der Veräußerung von Anteilen an Kapitalgesellschaften besteht, als Vergütung für Leistungen zur Förderung des Gesellschafts- oder Gemeinschaftszwecks erzielt, wenn der Anspruch auf die Vergütung unter der Voraussetzung eingeräumt worden ist, dass die Gesellschafter oder Gemeinschafter ihr eingezahltes Kapital vollständig zurückerhalten haben; § 15 Absatz 3 ist nicht anzuwenden.

(2) Einkünfte nach Absatz 1 sind auch dann steuerpflichtig, wenn es sich nur um eine vorübergehende Tätigkeit handelt.

(3) Zu den Einkünften aus selbständiger Arbeit gehört auch der Gewinn, der bei der Veräußerung des Vermögens oder eines selbständigen Teils des Vermögens oder eines Anteils am Vermögen erzielt wird, das der selbständigen Arbeit dient. § 16 Absatz 1 Satz 1 Nummer 1 und 2 und Absatz 1 Satz 2 sowie Absatz 2 bis 4 gilt entsprechend.

(4) § 13 Absatz 5 gilt entsprechend, sofern das Grundstück im Veranlagungszeitraum 1986 zu einem der selbständigen Arbeit dienenden Betriebsvermögen gehört hat. § 15 Absatz 1 Satz 1 Nummer 2, Absatz 1a, Absatz 2 Satz 2 und 3, §§ 15a und 15b sind entsprechend anzuwenden.

3.6 AO (Auszug)

Abgabenordnung (AO)

in der Fassung der Bekanntmachung vom 1. Oktober 2002 (BGBl. I S. 3866; 2003 I S. 61), zuletzt geändert durch Gesetz vom 20. Dezember 2022 (BGBl. I S. 2730)

– Auszug –

§ 3
Steuern, steuerliche Nebenleistungen

(1) Steuern sind Geldleistungen, die nicht eine Gegenleistung für eine besondere Leistung darstellen und von einem öffentlich-rechtlichen Gemeinwesen zur Erzielung von Einnahmen allen auferlegt werden, bei denen der Tatbestand zutrifft, an den das Gesetz die Leistungspflicht knüpft; die Erzielung von Einnahmen kann Nebenzweck sein.

(2) Realsteuern sind die Grundsteuer und die Gewerbesteuer.

(3) Einfuhr- und Ausfuhrabgaben nach Artikel 5 Nummer 20 und 21 des Zollkodex der Union sind Steuern im Sinne dieses Gesetzes. Zollkodex der Union bezeichnet die Verordnung (EU) Nr. 952/2013 des Europäischen Parlaments und des Rates vom 9. Oktober 2013 zur Festlegung des Zollkodex der Union (ABl. L 269 vom 10.10.2013, S. 1, L 287, S. 90) in der jeweils geltenden Fassung.

(4) Steuerliche Nebenleistungen sind

1. Verzögerungsgelder nach § 146 Absatz 2c,
2. Verspätungszuschläge nach § 152,
3. Zuschläge nach § 162 Absatz 4 und 4a,
3a. Mitwirkungsverzögerungsgelder nach § 200a Absatz 2 und Zuschläge zum Mitwirkungsverzögerungsgeld nach § 200a Absatz 3,
4. Zinsen nach den §§ 233 bis 237 sowie Zinsen nach den Steuergesetzen, auf die die §§ 238 und 239 anzuwenden sind, sowie Zinsen, die über die §§ 233 bis 237 und die Steuergesetze hinaus nach dem Recht der Europäischen Union auf zu erstattende Steuern zu leisten sind,
5. Säumniszuschläge nach § 240,
6. Zwangsgelder nach § 329,
7. Kosten nach den §§ 89, 89a Absatz 7 sowie den §§ 178 und 337 bis 345,
8. Zinsen auf Einfuhr- und Ausfuhrabgaben nach Artikel 5 Nummer 20 und 21 des Zollkodex der Union,
9. Verspätungsgelder nach § 22a Absatz 5 des Einkommensteuergesetzes und
10. Kosten nach § 10 Absatz 5 und § 11 Absatz 7 des Plattformen-Steuertransparenzgesetzes.

(5) Das Aufkommen der Zinsen auf Einfuhr- und Ausfuhrabgaben nach Artikel 5 Nummer 20 und 21 des Zollkodex der Union steht dem Bund zu. Das Aufkommen der übrigen Zinsen steht den jeweils steuerberechtigten Körperschaften zu. Das Aufkommen der Kosten im Sinne des § 89 steht jeweils der Körperschaft zu, deren Behörde für die Erteilung der verbindlichen Auskunft zuständig ist. Das Aufkommen der Kosten im Sinne des § 89a Absatz 7 steht dem Bund und dem jeweils betroffenen Land je zur Hälfte zu. Das Aufkommen der Kosten nach § 10 Absatz 5 und § 11 Absatz 7 des Plattformen-Steuertransparenzgesetzes steht dem Bund zu. Die übrigen steuerlichen Nebenleistungen fließen den verwaltenden Körperschaften zu.

§ 11
Sitz

Den Sitz hat eine Körperschaft, Personenvereinigung oder Vermögensmasse an dem Ort, der durch Gesetz, Gesellschaftsvertrag, Satzung, Stiftungsgeschäft oder dergleichen bestimmt ist.

§ 12
Betriebstätte

Betriebstätte ist jede feste Geschäftseinrichtung oder Anlage, die der Tätigkeit eines Unternehmens dient. Als Betriebstätten sind insbesondere anzusehen:
1. die Stätte der Geschäftsleitung,
2. Zweigniederlassungen,
3. Geschäftsstellen,
4. Fabrikations- oder Werkstätten,
5. Warenlager,
6. Ein- oder Verkaufsstellen,
7. Bergwerke, Steinbrüche oder andere stehende, örtlich fortschreitende oder schwimmende Stätten der Gewinnung von Bodenschätzen,
8. Bauausführungen oder Montagen, auch örtlich fortschreitende oder schwimmende, wenn
   a) die einzelne Bauausführung oder Montage oder
   b) eine von mehreren zeitlich nebeneinander bestehenden Bauausführungen oder Montagen oder
   c) mehrere ohne Unterbrechung aufeinander folgende Bauausführungen oder Montagen

länger als sechs Monate dauern.

§ 22
Realsteuern

(1) Für die Festsetzung und Zerlegung der Steuermessbeträge ist bei der Grundsteuer das Lagefinanzamt (§ 18 Abs. 1 Nr. 1) und bei der Gewerbesteuer das Betriebsfinanzamt (§ 18 Abs. 1 Nr. 2) örtlich zuständig. Abweichend von Satz 1 ist für die Festsetzung und Zerlegung der Gewerbesteuermessbeträge bei Unternehmen, die Bauleistungen im Sinne von § 48 Abs. 1 Satz 3 des Einkommensteuergesetzes erbringen, das Finanzamt zuständig, das für die Besteuerung der entsprechenden Umsätze nach § 21 Abs. 1 zuständig ist, wenn der Unternehmer seinen Wohnsitz oder das Unternehmen seine Geschäftsleitung oder seinen Sitz außerhalb des Geltungsbereiches des Gesetzes hat.

(2) Soweit die Festsetzung, Erhebung und Beitreibung von Realsteuern den Finanzämtern obliegt, ist dafür das Finanzamt örtlich zuständig, zu dessen Bezirk die hebeberechtigte Gemeinde gehört. Gehört eine hebeberechtigte Gemeinde zu den Bezirken mehrerer Finanzämter, so ist von diesen Finanzämtern das Finanzamt örtlich zuständig, das nach Absatz 1 zuständig ist oder zuständig wäre, wenn im Geltungsbereich dieses Gesetzes nur die in der hebeberechtigten Gemeinde liegenden Teile des Betriebs, des Grundstücks oder des Betriebsgrundstücks vorhanden wären.

(3) Absatz 2 gilt sinngemäß, soweit einem Land nach Artikel 106 Abs. 6 Satz 3 des Grundgesetzes das Aufkommen der Realsteuern zusteht.

§ 33
Steuerpflichtiger

(1) Steuerpflichtiger ist, wer eine Steuer schuldet, für eine Steuer haftet, eine Steuer für Rechnung eines Dritten einzubehalten und abzuführen hat, wer eine Steuererklärung abzugeben, Sicherheit zu leisten, Bücher und Aufzeichnungen zu führen oder andere ihm durch die Steuergesetze auferlegte Verpflichtungen zu erfüllen hat.

(2) Steuerpflichtiger ist nicht, wer in einer fremden Steuersache Auskunft zu erteilen, Urkunden vorzulegen, ein Sachverständigengutachten zu erstatten oder das Betreten von Grundstücken, Geschäfts- und Betriebsräumen zu gestatten hat.

§ 222
Stundung

Die Finanzbehörden können Ansprüche aus dem Steuerschuldverhältnis ganz oder teilweise stunden, wenn die Einziehung bei Fälligkeit eine erhebliche Härte für den Schuldner bedeuten würde und der Anspruch durch die Stundung nicht gefährdet erscheint. Die Stundung soll in der Regel nur auf Antrag und gegen Sicherheitsleistung gewährt werden. Steueransprüche gegen den Steuerschuldner können nicht gestundet werden, soweit ein Dritter (Entrichtungspflichtiger) die Steuer für Rechnung des Steuerschuldners zu entrichten, insbesondere einzubehalten und abzuführen hat. Die Stundung des Haftungsanspruchs gegen den Entrichtungspflichtigen ist ausgeschlossen, soweit er Steuerabzugsbeträge einbehalten oder Beträge, die eine Steuer enthalten, eingenommen hat.

§ 227
Erlass

Die Finanzbehörden können Ansprüche aus dem Steuerschuldverhältnis ganz oder zum Teil erlassen, wenn deren Einziehung nach Lage des einzelnen Falls unbillig wäre; unter den gleichen Voraussetzungen können bereits entrichtete Beträge erstattet oder angerechnet werden.

§ 234
Stundungszinsen

(1) Für die Dauer einer gewährten Stundung von Ansprüchen aus dem Steuerschuldverhältnis werden Zinsen erhoben. Wird der Steuerbescheid nach Ablauf der Stundung aufgehoben, geändert oder nach § 129 berichtigt, so bleiben die bis dahin entstandenen Zinsen unberührt.

(2) Auf die Zinsen kann ganz oder teilweise verzichtet werden, wenn ihre Erhebung nach Lage des einzelnen Falls unbillig wäre.

(3) Zinsen nach § 233a, die für denselben Zeitraum festgesetzt wurden, sind anzurechnen.

§ 238
Höhe und Berechnung der Zinsen

(1) Die Zinsen betragen für jeden Monat einhalb Prozent. Sie sind von dem Tag an, an dem der Zinslauf beginnt, nur für volle Monate zu zahlen; angefangene Monate bleiben außer Ansatz. Erlischt der zu verzinsende Anspruch durch Aufrechnung, gilt der Tag, an dem die Schuld des Aufrechnenden fällig wird, als Tag der Zahlung.

(1a) In den Fällen des § 233a betragen die Zinsen abweichend von Absatz 1 Satz 1 ab dem 1. Januar 2019 0,15 Prozent für jeden Monat, das heißt 1,8 Prozent für jedes Jahr.

(1b) Sind für einen Zinslauf unterschiedliche Zinssätze maßgeblich, ist der Zinslauf in Teilverzinsungszeiträume aufzuteilen. Die Zinsen für die Teilverzinsungszeiträume sind jeweils tageweise zu berechnen. Hierbei wird jeder Kalendermonat unabhängig von der tatsächlichen Anzahl der Kalendertage mit 30 Zinstagen und jedes Kalenderjahr mit 360 Tagen gerechnet.

(1c) Die Angemessenheit des Zinssatzes nach Absatz 1a ist unter Berücksichtigung der Entwicklung des Basiszinssatzes nach § 247 des Bürgerlichen Gesetzbuchs wenigstens alle zwei Jahre zu evaluieren. Die erste Evaluierung erfolgt spätestens zum 1. Januar 2024.

(2) Für die Berechnung der Zinsen wird der zu verzinsende Betrag jeder Steuerart auf den nächsten durch 50 Euro teilbaren Betrag abgerundet.

§ 261
Niederschlagung

Ansprüche aus dem Steuerschuldverhältnis dürfen niedergeschlagen werden, wenn zu erwarten ist, dass

1. die Erhebung keinen Erfolg haben wird oder
2. die Kosten der Erhebung außer Verhältnis zu dem zu erhebenden Betrag stehen werden.

3.7 GemFinRefG

Gesetz zur Neuordnung der Gemeindefinanzen (Gemeindefinanzreformgesetz – GemFinRefG)

in der Fassung der Bekanntmachung vom 10. März 2009 (BGBl. I S. 502), zuletzt geändert durch Gesetz vom 4. Dezember 2022 (BGBl. I S. 2142)

§ 1
Gemeindeanteil an der Einkommensteuer

Die Gemeinden erhalten 15 Prozent des Aufkommens an Lohnsteuer und an veranlagter Einkommensteuer sowie 12 Prozent des Aufkommens an Kapitalertragsteuer nach § 43 Absatz 1 Satz 1 Nummer 5 bis 7 und 8 bis 12 sowie Satz 2 des Einkommensteuergesetzes (Gemeindeanteil an der Einkommensteuer). Der Gemeindeanteil an der Einkommensteuer wird für jedes Land nach den Steuerbeträgen bemessen, die von den Finanzbehörden im Gebiet des Landes unter Berücksichtigung der Zerlegung nach Artikel 107 Absatz 1 des Grundgesetzes vereinnahmt werden.

§ 2
Aufteilung des Gemeindeanteils an der Einkommensteuer

Der Gemeindeanteil an der Einkommensteuer wird nach einem Schlüssel auf die Gemeinden aufgeteilt, der von den Ländern auf Grund der Bundesstatistiken über die Lohnsteuer und die veranlagte Einkommensteuer nach § 1 des Gesetzes über Steuerstatistiken ermittelt und durch Rechtsverordnung der Landesregierung festgesetzt wird.

§ 3
Verteilungsschlüssel für den Gemeindeanteil

(1) Der Schlüssel für die Aufteilung des Gemeindeanteils an der Einkommensteuer wird wie folgt ermittelt. Für jede Gemeinde wird eine Schlüsselzahl festgestellt. Sie ist der in einer Dezimalzahl ausgedrückte Anteil der Gemeinde an dem nach § 1 auf die Gemeinden eines Landes entfallenden Steueraufkommen. Die Schlüsselzahl ergibt sich aus dem Anteil der Gemeinde an der Summe der durch die Bundesstatistiken über die veranlagte Einkommensteuer und über die Lohnsteuer ermittelten Einkommensteuerbeträge, die auf die zu versteuernden Einkommensbeträge bis zu 35 000 Euro jährlich, in den Fällen des § 32a Absatz 5 oder des § 32a Absatz 6 des Einkommensteuergesetzes in der jeweils am letzten Tag des für die Bundesstatistik maßgebenden Veranlagungszeitraumes geltenden Fassung auf die zu versteuernden Einkommensbeträge bis zu 70 000 Euro jährlich entfallen. Für die Zurechnung der Steuerbeträge an die Gemeinden ist der in der Bundesstatistik zugrunde gelegte Wohnsitz der Steuerpflichtigen maßgebend.

(2) (weggefallen)

(3) Das Bundesministerium der Finanzen wird ermächtigt, nähere Bestimmungen über die Ermittlung der Schlüsselzahlen durch Rechtsverordnung mit Zustimmung des Bundesrates zu treffen. In der Rechtsverordnung ist zu bestimmen, welche Bundesstatistiken über die veranlagte Einkommensteuer und über die Lohnsteuer für die Ermittlung des Schlüssels jeweils maßgebend sind.

§ 4
Berichtigung von Fehlern

(1) Werden innerhalb von sechs Monaten nach der Festsetzung des Schlüssels Fehler bei der Ermittlung der Schlüsselzahl einer Gemeinde festgestellt, so ist für die Zeit bis zur Neufestsetzung des Schlüssels ein Ausgleich für diese Gemeinde vorzunehmen. Die hierzu erforderlichen Ausgleichsbeträge sind aus dem Gesamtbetrag des Gemeindeanteils des Landes vor der Aufteilung zu entnehmen, zurückzuzahlende Beträge diesem Gesamtbetrag zuzuführen.

(2) Die Landesregierungen können zur Verwaltungsvereinfachung durch Rechtsverordnung bestimmen, dass ein Ausgleich unterbleibt, wenn der Ausgleichsbetrag einen bestimmten Betrag nicht überschreitet.

§ 5
Überweisung des Gemeindeanteils an der Einkommensteuer

Die Landesregierungen regeln durch Rechtsverordnung die Termine und das Verfahren für die Überweisung des Gemeindeanteils an der Einkommensteuer.

§ 5a
Verteilungsschlüssel für den Gemeindeanteil an der Umsatzsteuer

(1) Der Gemeindeanteil an der Umsatzsteuer nach § 1 Absatz 1 und 2 des Finanzausgleichsgesetzes wird auf die einzelnen Länder nach Schlüsseln verteilt. Die Schlüssel bemessen sich nach der Summe der nach Absatz 2 Satz 2 und 3 ermittelten Gemeindeschlüssel je Land.

(2) Der Anteil an der Umsatzsteuer nach Absatz 1 Satz 1 wird auf die einzelnen Gemeinden verteilt, indem eine in einer Dezimalzahl ausgedrückte Schlüsselzahl festgesetzt wird. Die Schlüsselzahl setzt sich zusammen

1. zu 25 Prozent aus dem Anteil der einzelnen Gemeinde an dem Gewerbesteueraufkommen, das als Summe der Jahre 2010 bis 2015 auf Grundlage des Realsteuervergleichs nach § 4 Nummer 2 des Finanz- und Personalstatistikgesetzes ermittelt wurde;
2. zu 50 Prozent aus dem Anteil der einzelnen Gemeinde an der Anzahl der sozialversicherungspflichtig Beschäftigten am Arbeitsort ohne Beschäftigte von Gebietskörperschaften und Sozialversicherungen sowie deren Einrichtungen, die als Summe für die Jahre 2013 bis 2015 der Beschäftigten- und Entgeltstatistik mit Stand 30. Juni des jeweiligen Jahres ermittelt wurde;
3. zu 25 Prozent aus dem Anteil der einzelnen Gemeinde an der Summe der sozialversicherungspflichtigen Entgelte am Arbeitsort ohne Entgelte von Beschäftigten von Gebietskörperschaften und Sozialversicherungen sowie deren Einrichtungen, die als Summe für die Jahre 2012 bis 2014 der Beschäftigten- und Entgeltstatistik ermittelt wurde.

Die Merkmale nach Satz 2 Nummer 2 und 3 werden mit dem gewogenen durchschnittlichen örtlichen Gewerbesteuer-Hebesatz der jeweiligen Erfassungszeiträume gewichtet. Nach erfolgter erstmaliger Festsetzung des Verteilungsschlüssels wird der Schlüssel unter Beibehaltung der in Satz 2 Nummer 1, 2 und 3 festgelegten Anzahl von Jahren alle drei Jahre, erstmals zum 1. Januar 2021, aktualisiert. Die Aktualisierung erfolgt auf der Grundlage der Datenbasis, die beim Statistischen Bundesamt zum 1. April des dem Jahr der Aktualisierung vorangehenden Jahres verfügbar ist.

(3) Die sich aus den Verteilungsschlüsseln nach Absatz 2 ergebenden Anteile an der Umsatzsteuer werden auf die einzelnen Länder jeweils nach Schlüsseln verteilt, die vom Bundesministerium der Finanzen durch Rechtsverordnung mit Zustimmung des Bundesrates festgesetzt werden. Die Länder stellen dem Bundesministerium der Finanzen die für die Ermittlung der Schlüssel notwendigen Daten zur Verfügung. Die Anteile an der Umsatzsteuer nach Absatz 2 werden jeweils nach Schlüsseln auf die Gemeinden aufgeteilt, die von den Ländern nach Absatz 2

ermittelt und durch Rechtsverordnung der jeweiligen Landesregierung festgesetzt werden. Die Länder ermitteln die Schlüsselzahlen ihrer Gemeinden auf der Grundlage von Schlüsselzahlen, die aus Bundessummen abgeleitet und durch die Länder auf Eins normiert werden.

§ 5b
Übermittlung statistischer Ergebnisse

Zur Festsetzung der Verteilungsschlüssel nach § 5a, jedoch nicht für die Regelung von Einzelfällen, dürfen das Statistische Bundesamt und die statistischen Ämter der Länder den Gemeinden und ihren Spitzenverbänden auf Landes- und Bundesebene auf Ersuchen die dafür erforderlichen Tabellen mit Ergebnissen der hierzu vom Statistischen Bundesamt und den statistischen Ämtern der Länder durchgeführten Berechnungen übermitteln, auch soweit Tabellenfelder nur einen einzigen Fall ausweisen. Die Tabellen dürfen nur für die Zwecke, für die sie übermittelt worden sind, nur durch Amtsträger, für den öffentlichen Dienst besonders Verpflichtete oder Personen, die entsprechend § 1 Absatz 2, 3 und 4 Nummer 2 des Verpflichtungsgesetzes auf die gewissenhafte Erfüllung ihrer Geheimhaltungspflicht förmlich verpflichtet worden sind, und nur räumlich, organisatorisch und personell getrennt von der Erfüllung solcher Verwaltungsaufgaben verwendet werden, für die sie gleichfalls von Bedeutung sein können. Sie sind von den Gemeinden und ihren Spitzenverbänden geheim zu halten und vier Jahre nach Festsetzung des Verteilungsschlüssels zu löschen. Werden innerhalb dieser Frist Einwendungen gegen die Berechnung des Verteilungsschlüssels erhoben, dürfen die Daten bis zur abschließenden Klärung der Einwendungen aufbewahrt werden, soweit sie für die Klärung erforderlich sind. § 16 Absatz 9 des Bundesstatistikgesetzes gilt entsprechend.

§ 5c
Rechtsverordnungsermächtigung

Das Bundesministerium der Finanzen wird ermächtigt, nähere Bestimmungen über die Ermittlung der Schlüsselzahlen nach § 5a durch Rechtsverordnung mit Zustimmung des Bundesrates zu treffen.

§ 5d
Überweisung des Gemeindeanteils an der Umsatzsteuer

(1) Die Verteilung des Gemeindeanteils an der Umsatzsteuer auf die Länder wird nach § 17 des Finanzausgleichsgesetzes vom Bundesministerium der Finanzen vorgenommen. Die Weiterverteilung auf die Gemeinden obliegt den Ländern.

(2) Die Landesregierungen regeln durch Rechtsverordnung das Verfahren für die Überweisung des Gemeindeanteils an der Umsatzsteuer an die Gemeinden.

(3) Für die Berichtigung von Fehlern gilt § 4 entsprechend.

§ 6
Umlage nach Maßgabe des Gewerbesteueraufkommens

(1) Die Gemeinden führen nach den folgenden Vorschriften eine Umlage an das für sie zuständige Finanzamt ab. Die Umlage ist entsprechend dem Verhältnis von Bundes- und Landesvervielfältiger auf den Bund und das Land aufzuteilen.

(2) Die Umlage wird in der Weise ermittelt, dass das Istaufkommen der Gewerbesteuer im Erhebungsjahr durch den von der Gemeinde für dieses Jahr festgesetzten Hebesatz der Steuer geteilt und mit dem Vervielfältiger nach Absatz 3 multipliziert wird. Das Istaufkommen entspricht den Isteinnahmen nach der Jahresrechnung gemäß § 3 Absatz 2 Nummer 1 des Finanz- und Personalstatistikgesetzes.

(3) Der Vervielfältiger ist die Summe eines Bundes- und Landesvervielfältigers für das jeweilige Land. Der Bundesvervielfältiger beträgt 14,5 Prozent. Der Landesvervielfältiger beträgt 20,5 Pro-

zent. Die Feinabstimmung der Finanzierungsbeteiligung der Gemeinden bis zur Höhe ihres jeweiligen Anteils an den Gesamtsteuereinnahmen, einschließlich der Zuweisungen im Rahmen der Steuerverbünde, in den einzelnen Ländern bleibt der Landesgesetzgebung vorbehalten.

(4) (weggefallen)

(5) (weggefallen)

(6) Übersteigen in einer Gemeinde die Erstattungen an Gewerbesteuer in einem Jahr die Einnahmen aus dieser Steuer, so erstattet das Finanzamt der Gemeinde einen Betrag, der sich durch Anwendung der Bemessungsgrundlagen des Absatzes 2 auf den Unterschiedsbetrag ergibt. Ist für das Erhebungsjahr der Hebesatz gegenüber dem Vorjahr um mehr als 10 Prozent abgesenkt, ist abweichend von Absatz 2 der Hebesatz des Vorjahres anzusetzen; mindestens ist aber der Durchschnitt der Hebesätze für die letzten drei vorangegangenen Jahre zugrunde zu legen, in denen die Erstattungen an Gewerbesteuer die Einnahmen aus dieser Steuer nicht überstiegen haben.

(7) Die Umlage ist jährlich bis zum 1. Februar des auf das Erhebungsjahr folgenden Jahres an das Finanzamt abzuführen. Bis zum 1. Mai, 1. August und 1. November des Erhebungsjahres sind Abschlagszahlungen für das vorhergehende Kalendervierteljahr nach dem Istaufkommen in dem Vierteljahr zu leisten. Absatz 6 gilt für die Abschlagszahlungen entsprechend.

(8) Die Landesregierungen können durch Rechtsverordnung nähere Bestimmungen über die Festsetzung und Abführung der Umlage einschließlich der Festlegung des zuständigen Finanzamts oder sonstiger zuständiger Landesbehörden treffen.

§ 7
Sondervorschriften für Berlin und Hamburg

In Berlin und Hamburg stehen der Gemeindeanteil an der Einkommensteuer und der Gemeindeanteil an der Umsatzsteuer dem Land zu. Die Länder Berlin und Hamburg führen den Bundesanteil an der Umlage nach § 6 an den Bund ab. Im Übrigen finden die §§ 2 bis 5 und 6 in Berlin und Hamburg keine Anwendung.

§ 8
Subdelegation

Soweit dieses Gesetz die Landesregierungen zum Erlass von Rechtsverordnungen ermächtigt, können die Landesregierungen die Ermächtigung durch Rechtsverordnung auf die oberste Finanzbehörde des Landes übertragen.

§ 9
Ermächtigung

Das Bundesministerium der Finanzen kann dieses Gesetz und die auf Grund dieses Gesetzes erlassenen Rechtsverordnungen in der jeweils geltenden Fassung mit neuem Datum und unter neuer Überschrift im Bundesgesetzblatt bekannt machen.

3.8 GFG 2023

Gesetz zur Regelung der Zuweisungen des Landes Nordrhein-Westfalen an die Gemeinden und Gemeindeverbände im Haushaltsjahr 2023 (Gemeindefinanzierungsgesetz 2023 – GFG 2023)

vom 21. Dezember 2022 (GV. NRW. S. 1110)

Inhaltsübersicht

Teil 1
Grundlagen

§ 1
Zuweisungen des Landes an die Gemeinden und Gemeindeverbände

(1) Die Gemeinden und Gemeindeverbände tragen die Kosten ihrer eigenen und der ihnen übertragenen Aufgaben, soweit durch Gesetz nichts anderes bestimmt ist.

(2) Die Gemeinden und Gemeindeverbände erhalten vom Land im Wege des Finanz- und Lastenausgleichs zur Ergänzung ihrer eigenen Erträge allgemeine und zweckgebundene Zuweisungen für die Erfüllung ihrer Aufgaben.

(3) Die Gemeinden und Gemeindeverbände erhalten einen Anteil am Steueraufkommen des Landes (Steuerverbund) gemäß den §§ 2 bis 19.

(4) Die Gemeinden und Gemeindeverbände erhalten ferner Zuweisungen nach näherer Bestimmung dieses Gesetzes gemäß den §§ 20 und 21 sowie nach Maßgabe des Haushaltsplans des Landes gemäß § 22.

(5) Soweit den Gemeinden und Gemeindeverbänden Zuwendungen auf Grund besonderer Gesetze gewährt werden, bleiben diese unberührt.

(6) Gemeindeverbände im Sinne dieses Gesetzes sind die Kreise, die Landschaftsverbände und die Städteregion Aachen gemäß § 1 Absatz 1 Satz 1 des Städteregion Aachen Gesetzes vom 26. Februar 2008 (GV. NRW. S. 162), das durch Artikel 3 des Gesetzes vom 1. Oktober 2015 (GV. NRW. S. 698) geändert worden ist. Soweit in diesem Gesetz nichts anderes geregelt ist, gelten für die Städteregion Aachen die Regelungen für Kreise und für die regionsangehörigen Gemeinden

gemäß § 4 Absatz 1 Satz 3 und § 5 des Städteregion Aachen Gesetzes die Regelungen für kreisangehörige Gemeinden.

Teil 2
Steuerverbund

§ 2
Ermittlung der Finanzausgleichsmasse

(1) Das Land stellt den Gemeinden und Gemeindeverbänden 23 Prozent (Verbundsatz) seines Anteils an der Einkommensteuer, der Körperschaftsteuer und der Umsatzsteuer (Gemeinschaftsteuern) zur Verfügung. Ferner beteiligt das Land die Gemeinden und Gemeindeverbände in Höhe des Verbundsatzes an vier Siebteln seiner Einnahmen aus der Grunderwerbsteuer.

(2) Der Berechnung nach Absatz 1 liegt das Ist-Aufkommen der jeweiligen Steuer im Zeitraum vom 1. Oktober 2021 bis zum 30. September 2022 (Verbundzeitraum) zugrunde. Dabei wird das insgesamt im Verbundzeitraum ermittelte Ist-Aufkommen

1. erhöht oder vermindert um die Einnahmen oder Ausgaben des Landes im Länderfinanzausgleich nach den Vorschriften des zweiten Abschnitts des Finanzausgleichsgesetzes vom 20. Dezember 2001 (BGBl. I S. 3955, 3956) in der am 31. Dezember 2019 geltenden Fassung und aus den allgemeinen Bundesergänzungszuweisungen nach § 11 des Finanzausgleichsgesetzes,
2. vermindert um den zur Kompensation an die Gemeinden für Verluste aus der Neuregelung des Familienleistungsausgleichs in § 1 des Finanzausgleichsgesetzes enthaltenen Betrages,
3. erhöht um den als interkommunalen Entlastungsausgleich zugunsten der Kommunen der neuen Länder enthaltenen Anteil des Landes am Minderaufkommen der Umsatzsteuer nach den §§ 1 und 11 des Finanzausgleichsgesetzes in Verbindung mit Artikel 2 des Gesetzes zur Beteiligung des Bundes an den Integrationskosten der Länder und Kommunen in den Jahren 2020 und 2021 vom 9. Dezember 2019 (BGBl. I S. 2051),
4. vermindert um den als Kompensationsleistung für Einnahmeausfälle des Landes aus der Spielbankabgabe erhaltenen Anteil des Landes am Mehraufkommen der Umsatzsteuer nach § 1 des Finanzausgleichsgesetzes in Verbindung mit Artikel 3 des Haushaltsbegleitgesetzes 2006 vom 29. Juni 2006 (BGBl. I S. 1402),
5. vermindert um den als Beteiligung des Bundes zur Aufgabenerfüllung im Bereich der Förderung von Kindern unter drei Jahren in Tageseinrichtungen und in der Kindertagespflege erhaltenen Anteil des Landes am Mehraufkommen der Umsatzsteuer nach § 1 des Finanzausgleichsgesetzes in Verbindung mit Artikel 2 des Kinderförderungsgesetzes vom 10. Dezember 2008 (BGBl. I S. 2403) und in Verbindung mit Artikel 3 des Gesetzes zur zusätzlichen Förderung von Kindern unter drei Jahren in Tageseinrichtungen und in Kindertagespflege vom 15. Februar 2013 (BGBl. I S. 250),
6. vermindert um den zur Kompensation an die Gemeinden für Verluste durch das Steuervereinfachungsgesetz 2011 vom 1. November 2011 (BGBl. I S. 2131) ausgezahlten Betrag nach § 1 des Finanzausgleichsgesetzes in Verbindung mit Artikel 13 des Steuervereinfachungsgesetzes 2011,
7. vermindert um den Anteil des Landes am Mehraufkommen der Umsatzsteuer für Asylbewerber und Flüchtlinge nach § 1 des Finanzausgleichsgesetzes in Verbindung mit Artikel 8 des Asylverfahrensbeschleunigungsgesetzes vom 20. Oktober 2015 (BGBl. I S. 1722), Artikel 2 des Gesetzes zur Beteiligung des Bundes an den Integrationskosten der Länder und Kommunen in den Jahren 2020 und 2021 vom 9. Dezember 2019 (BGBl. I. S. 2051) und Artikel 1 des Gesetzes zur Anpassung der Ergänzungszuweisungen des Bundes nach § 11 Absatz 4 des Finanzausgleichsgesetzes und zur Beteiligung des Bundes an den flüchtlingsbezogenen Kosten der Länder vom 3. Dezember 2020 (BGBl. I S. 2657),

8. vermindert um den Anteil des Landes am Mehraufkommen der Umsatzsteuer, der vom Bund zur Entlastung der Kommunen über den Länderanteil an der Umsatzsteuer gezahlt wird nach § 1 des Finanzausgleichgesetzes in Verbindung mit Artikel 1 des Gesetzes zur Beteiligung des Bundes an den Kosten der Integration und zur weiteren Entlastung von Ländern und Kommunen vom 1. Dezember 2016 (BGBl. I S. 2755),
9. vermindert um den Anteil des Landes am Mehraufkommen der Umsatzsteuer, der vom Bund zur Weiterentwicklung der Qualität in der Kindertagesbetreuung über den Länderanteil an der Umsatzsteuer gezahlt wird nach § 1 des Finanzausgleichsgesetzes in Verbindung mit Artikel 4 des Gesetzes zur Weiterentwicklung der Qualität und zur Teilhabe in der Kindertagesbetreuung vom 19. Dezember 2018 (BGBl. I S. 2696),
10. vermindert um den Anteil des Landes am Mehraufkommen der Umsatzsteuer, der vom Bund als anteiliger Festbetrag von 2 600 000 000 Euro über den Länderanteil an der Umsatzsteuer gezahlt wird nach § 1 des Finanzausgleichsgesetzes in Verbindung mit Artikel 2 des Gesetzes zur Neuregelung des bundesstaatlichen Finanzausgleichssystems ab dem Jahr 2020 und zur Änderung haushaltsrechtlicher Vorschriften vom 14. August 2017 (BGBl. I S. 3122),
11. vermindert um den Anteil des Landes am Mehraufkommen der Umsatzsteuer, der vom Bund im Rahmen des Paktes für den öffentlichen Gesundheitsdienst zur personellen Aufstockung, Modernisierung und Vernetzung der deutschen Gesundheitsämter über den Länderanteil an der Umsatzsteuer gezahlt wird nach § 1 des Finanzausgleichsgesetzes in Verbindung mit Artikel 1 des Gesetzes zur Anpassung der Ergänzungszuweisungen des Bundes nach § 11 Absatz 4 des Finanzausgleichsgesetzes und zur Beteiligung des Bundes an den flüchtlingsbezogenen Kosten der Länder vom 3. Dezember 2020 (BGBl. I S. 2657),
12. vermindert um den Anteil des Landes am Mehraufkommen der Umsatzsteuer, der vom Bund zur Umsetzung des Aktionsprogramms „Aufholen nach Corona für Kinder und Jugendliche für die Jahre 2021 und 2022“ und die damit verbundenen zusätzlichen finanziellen Lasten der Länder über den Länderanteil an der Umsatzsteuer gezahlt wird nach § 1 des Finanzausgleichsgesetzes in Verbindung mit Artikel 4 des Grundsteuerreform-Umsetzungsgesetzes vom 16. Juli 2021 (BGBl. I S. 2931) und
13. vermindert um den Anteil des Landes am Mehraufkommen der Umsatzsteuer, der vom Bund für Mehraufwendungen von Flüchtlingen aus der Ukraine gezahlt wird nach § 1 des Finanzausgleichsgesetzes in Verbindung mit Artikel 9 des Gesetzes zur Regelung eines Sofortzuschlages und einer Einmalzahlung in den sozialen Mindestsicherungssystemen sowie zur Änderung des Finanzausgleichsgesetzes und weiterer Gesetze vom 23. Mai 2022 (BGBl. I S. 760).

(3) Die Ermittlung der Finanzausgleichsmasse nach den Absätzen 1 und 2 sowie § 3 ergibt sich aus der Anlage 1 zu diesem Gesetz.

§ 3
Vorwegabzug, Voraberhöhung

(1) Von der nach § 2 ermittelten Finanzausgleichsmasse werden für die im Haushaltsjahr 2023 vom Land für die Gemeinden und Gemeindeverbände auf Grund gesetzlicher Vorschriften und vertraglicher Vereinbarungen zu entrichtenden Tantiemen Mittel in Höhe von 11 716 000 Euro abgezogen.

(2) Der nach § 2 ermittelten Finanzausgleichsmasse werden 215 400 000 Euro hinzugerechnet, die dem im Mehraufkommen des Landes an der Umsatzsteuer im Jahr 2023 enthaltenen Betrag entsprechen, der vom Bund nach § 1 des Finanzausgleichsgesetzes in Verbindung mit Artikel 1 des Gesetzes zur Beteiligung des Bundes an den Kosten der Integration und zur weiteren Entlastung von Ländern und Kommunen vom 1. Dezember 2016 (BGBl. I S. 2755) über den Länderanteil an der Umsatzsteuer gewährt wird.

§ 4
Aufteilung der verteilbaren Finanzausgleichsmasse

Die sich aus den Berechnungen nach den §§ 2 und 3 ergebende verteilbare Finanzausgleichsmasse wird auf Schlüsselzuweisungen, Investitionspauschalen, Klima- und Forstpauschale sowie Aufwands- und Unterhaltungspauschale, fachbezogene Sonderpauschalen und Bedarfszuweisungen aufgeteilt.

§ 5
Grundsätze für die Schlüsselzuweisungen

(1) Die Gemeinden und die Gemeindeverbände erhalten Schlüsselzuweisungen, deren Höhe sich für die einzelne Gebietskörperschaft nach ihrem Finanzbedarf und nach ihrer Steuer- oder Umlagekraft bemisst. Neben der Bevölkerungszahl werden für die Bedarfsermittlung

1. die Trägerschaft von Schulen,
2. die Soziallasten,
3. die Zentralitätsfunktion und
4. das Verhältnis von Fläche und Bevölkerungszahl

berücksichtigt.

(2) Die Schlüsselzuweisung wird aus der Gegenüberstellung einer Ausgangsmesszahl gemäß den §§ 8, 11 und 14 und einer Steuerkraftmesszahl gemäß § 9 oder einer Umlagekraftmesszahl gemäß den §§ 12 und 15 berechnet.

§ 6
Aufteilung der Schlüsselmasse

Für Schlüsselzuweisungen wird insgesamt ein Betrag von 12 793 134 000 Euro zur Verfügung gestellt. Dieser Betrag wird aufgeteilt auf die Schlüsselmasse für

1. Gemeinden mit	10 041 900 700 Euro,
2. Kreise mit	1 496 634 000 Euro,
3. Landschaftsverbände mit	1 254 599 300 Euro.

§ 7
Festsetzung der Schlüsselzuweisungen für die Gemeinden

(1) Jede Gemeinde erhält als Schlüsselzuweisung 90 Prozent des Unterschiedsbetrages zwischen der maßgeblichen Ausgangsmesszahl gemäß § 8 und der maßgeblichen Steuerkraftmesszahl gemäß § 9.

(2) Erreicht oder überschreitet die Steuerkraftmesszahl die Ausgangsmesszahl, so erhält die Gemeinde keine Schlüsselzuweisung.

§ 8
Ermittlung der Ausgangsmesszahl für die Gemeinden

(1) Die Ausgangsmesszahl einer Gemeinde wird ermittelt, indem der Gesamtansatz mit dem einheitlichen Grundbetrag gemäß § 28 Absatz 1 Satz 2 vervielfältigt wird.

(2) Der Gesamtansatz wird aus dem Hauptansatz unter Berücksichtigung von Bevölkerungsveränderungen, dem Beschultenansatz, dem Soziallastenansatz, dem Zentralitätsansatz und dem Flächenansatz gebildet.

(3) Der Hauptansatz wird den Gemeinden nach der relevanten Bevölkerungszahl gewährt. Zur Ermittlung und Festsetzung der relevanten Bevölkerungszahl wird die Zahl der Einwohnerinnen und Einwohner nach § 27 Absatz 3 Satz 1 mit der durchschnittlichen Zahl der Einwohnerinnen und Einwohner nach § 27 Absatz 3 Satz 2 verglichen. Der höhere Wert wird angesetzt. Für die Berücksichtigung im Hauptansatz wird dieser Wert nach der Gemeindegröße gewichtet

(Hauptansatzstaffel - Anlage 2). Liegt die Bevölkerungszahl einer Gemeinde zwischen zwei Stufen der Staffelklasse, so wird der Prozentsatz mit den dazwischenliegenden Werten angesetzt. Der Prozentsatz wird auf eine Dezimalstelle hinter dem Komma aufgerundet.

(4) Der Beschultenansatz wird den Gemeinden für jeden erfassten Beschulten nach

§ 27 Absatz 5 an Schulen in eigener Trägerschaft gewährt. Für die Berücksichtigung wird die Zahl der Beschulten gewichtet nach

1. im Ganztagsbetrieb Beschulten mit 3,03 und
2. im Halbtagsbetrieb Beschulten mit 1,00.

Soweit Zweckverbände Schulträger sind, werden die Beschulten den dem Zweckverband angehörenden Gemeinden entsprechend dem Anteil an der Verbandsumlage zugerechnet. Erfolgt die Übertragung der Schulträgerschaft durch öffentlich-rechtliche Vereinbarung, werden die Beschulten den beteiligten Kommunen entsprechend dem in dieser Vereinbarung geregelten Finanzierungsanteil zugerechnet. Der Beschultenansatz wird den Städten Düren und Gütersloh zur Hälfte auch für Schülerinnen und Schüler gewährt, die die Stiftischen Gymnasien in diesen Gemeinden besuchen.

(5) Der Soziallastenansatz wird den Gemeinden für die erfassten Bedarfsgemeinschaften im Sinne von § 7 Absatz 3 des Zweiten Buches Sozialgesetzbuch – Grundsicherung für Arbeitsuchende – in der Fassung der Bekanntmachung vom 13. Mai 2011 (BGBl. I S. 850, 2094), das zuletzt durch Artikel 1 des Gesetzes vom 19. Juni 2022 (BGBl. I S. 921) geändert worden ist, nach § 27 Absatz 6 gewährt. Für die Berücksichtigung im Soziallastenansatz wird die Zahl der Bedarfsgemeinschaften mit 20,02 multipliziert.

(6) Der Zentralitätsansatz wird den Gemeinden für die erfassten sozialversicherungspflichtig Beschäftigten nach § 27 Absatz 7 gewährt. Für die Berücksichtigung im Zentralitätsansatz wird die Zahl der sozialversicherungspflichtig Beschäftigten mit 0,86 multipliziert.

(7) Der Flächenansatz wird den Gemeinden gewährt, die eine über dem Landesdurchschnitt liegende Gebietsfläche pro Einwohnerin und Einwohner aufweisen. Dieser Flächenanteil einer Gemeinde wird mit 0,21 multipliziert. Landesdurchschnitt ist das arithmetische Mittel aus der Gesamtheit der gemeindlichen Fläche-Bevölkerung-Relationen. Bei der Ermittlung des Flächenansatzes werden die maßgebliche Gebietsfläche einer Gemeinde nach § 27 Absatz 9 und die Bevölkerungszahl einer Gemeinde nach § 27 Absatz 3 Satz 1 berücksichtigt.

§ 9
Ermittlung der Steuerkraftmesszahl für die Gemeinden

(1) Die Steuerkraftmesszahl ergibt sich aus der Summe der für die Gemeinden geltenden Steuerkraftzahlen der Gewerbesteuer, der Grundsteuern, des Gemeindeanteils an der Einkommensteuer und des Gemeindeanteils an der Umsatzsteuer abzüglich der Steuerkraftzahl der Gewerbesteuerumlage in der Referenzperiode nach § 27 Absatz 8.

(2) Als Steuerkraftzahlen werden zugrunde gelegt

1. bei der Gewerbesteuer das Ist-Aufkommen des ersten Halbjahres der Referenzperiode, geteilt durch den im ersten Halbjahr der Referenzperiode tatsächlich festgesetzten Hebesatz, addiert zu dem Ist-Aufkommen des zweiten Halbjahres der Referenzperiode, geteilt durch den im zweiten Halbjahr der Referenzperiode tatsächlich festgesetzten Hebesatz, multipliziert mit 436 bei den kreisfreien Städten und multipliziert mit 416 bei den kreisangehörigen Städten und Gemeinden,
2. bei der Grundsteuer A das Ist-Aufkommen des ersten Halbjahres der Referenzperiode, geteilt durch den im ersten Halbjahr der Referenzperiode tatsächlich festgesetzten Hebesatz, addiert zu dem Ist-Aufkommen des zweiten Halbjahres der Referenzperiode, geteilt durch den im zweiten Halbjahr der Referenzperiode tatsächlich festgesetzten Hebesatz, multipliziert mit

240 bei den kreisfreien Städten und multipliziert mit 254 bei den kreisangehörigen Städten und Gemeinden,

3. bei der Grundsteuer B das Ist-Aufkommen des ersten Halbjahres der Referenzperiode, geteilt durch den im ersten Halbjahr der Referenzperiode tatsächlich festgesetzten Hebesatz, addiert zu dem Ist-Aufkommen des zweiten Halbjahres der Referenzperiode, geteilt durch den im zweiten Halbjahr der Referenzperiode tatsächlich festgesetzten Hebesatz, multipliziert mit 524 bei den kreisfreien Städten und multipliziert mit 493 bei den kreisangehörigen Städten und Gemeinden,
4. bei dem Gemeindeanteil an der Einkommensteuer das Ist-Aufkommen in der Referenzperiode
   a) zuzüglich der in der Referenzperiode angefallenen Kompensationsleistungen an die Gemeinden für Verluste aus der Neuregelung des Familienleistungsausgleichs unter Berücksichtigung der in diesem Zeitraum angefallenen Abrechnungsbeträge und
   b) zuzüglich der in der Referenzperiode angefallenen Kompensationsleistungen an die Gemeinden für Verluste im Zusammenhang mit dem Steuervereinfachungsgesetz 2011,
5. bei dem Gemeindeanteil an der Umsatzsteuer das Ist-Aufkommen in der Referenzperiode und
6. bei der Gewerbesteuerumlage das Ist-Aufkommen der Gewerbesteuer im ersten Halbjahr der Referenzperiode, geteilt durch den im ersten Halbjahr der Referenzperiode tatsächlich festgesetzten Hebesatz, multipliziert mit den im ersten Halbjahr der Referenzperiode festgesetzten Vervielfältigern für die Gewerbesteuerumlage zuzüglich des Ist-Aufkommens im zweiten Halbjahr der Referenzperiode, geteilt durch den im zweiten Halbjahr der Referenzperiode tatsächlich festgesetzten Hebesatz, multipliziert mit den im zweiten Halbjahr der Referenzperiode festgesetzten Vervielfältigern für die Gewerbesteuerumlage.

§ 10
Festsetzung der Schlüsselzuweisungen für die Kreise

(1) Jeder Kreis erhält als Schlüsselzuweisung den Unterschiedsbetrag zwischen der maßgeblichen Ausgangsmesszahl gemäß § 11 und der maßgeblichen Umlagekraftmesszahl gemäß § 12.

(2) Erreicht oder überschreitet die Umlagekraftmesszahl die Ausgangsmesszahl, so erhält der Kreis keine Schlüsselzuweisung.

§ 11
Ermittlung der Ausgangsmesszahl für die Kreise und die Städteregion Aachen

(1) Die Ausgangsmesszahl eines Kreises wird ermittelt, indem der Gesamtansatz mit dem einheitlichen Grundbetrag gemäß § 28 Absatz 1 Satz 2 vervielfältigt wird.

(2) Der Gesamtansatz wird aus dem Hauptansatz und dem Beschultenansatz gebildet.

(3) Der Hauptansatz der Kreise entspricht der Bevölkerungszahl im Kreis nach § 27 Absatz 3 Satz 1. Der Hauptansatz der Städteregion Aachen entspricht der Bevölkerungszahl in der Städteregion Aachen ohne die Zahl der Einwohnerinnen und Einwohner der Stadt Aachen jeweils nach § 27 Absatz 3 Satz 1.

(4) Der Beschultenansatz wird den Kreisen für jede gemeldete Beschulte oder jeden gemeldeten Beschulten nach § 27 Absatz 5 an Schulen in eigener Trägerschaft gewährt. Die Regelung in § 8 Absatz 4 gilt entsprechend. Bevor der so ermittelte Wert in den Gesamtansatz einfließt, wird dieser Wert mit dem Kreisfaktor vervielfältigt. Das für Kommunales zuständige Ministerium setzt den Kreisfaktor fest.

§ 12
Ermittlung der Umlagekraftmesszahl für die Kreise und die Städteregion Aachen

Die Umlagekraftmesszahl ergibt sich aus der Summe der mit einem einheitlichen Umlagesatz von 34,08 Prozent vervielfältigten Umlagegrundlagen nach § 23 Nummer 1 und 2.

§ 13
Festsetzung der Schlüsselzuweisungen für die Landschaftsverbände

(1) Jeder Landschaftsverband erhält als Schlüsselzuweisung den Unterschiedsbetrag zwischen der maßgeblichen Ausgangsmesszahl gemäß § 14 und der maßgeblichen Umlagekraftmesszahl gemäß § 15.

(2) Erreicht oder überschreitet die Umlagekraftmesszahl die Ausgangsmesszahl, so erhält der Landschaftsverband keine Schlüsselzuweisung.

§ 14
Ermittlung der Ausgangsmesszahl für die Landschaftsverbände

Die Ausgangsmesszahl eines Landschaftsverbandes wird ermittelt, indem die maßgebliche Bevölkerungszahl nach § 27 Absatz 3 Satz 1 mit dem einheitlichen Grundbetrag gemäß § 28 Absatz 1 Satz 2 vervielfältigt wird.

§ 15
Ermittlung der Umlagekraftmesszahl für die Landschaftsverbände

Die Umlagekraftmesszahl ergibt sich aus der Summe der mit einem einheitlichen Umlagesatz von 14,55 Prozent vervielfältigten Umlagegrundlagen nach § 23 Nummer 3.

§ 16
Investitionspauschalen, Aufwands- und Unterhaltungspauschale, Klima- und Forstpauschale

(1) Zur pauschalen Förderung investiver Maßnahmen von Gemeinden und Gemeindeverbänden, zum Abbau eines Investitions- und Sanierungsstaus, für weitere Unterhaltungsaufwendungen der Gemeinden sowie zur Wiederherstellung der kommunalen Waldinfrastruktur als Beitrag zum Klimaschutz stehen Mittel in Höhe von 1 486 172 500 Euro bereit.

(2) Nach Abzug eines Betrages für die Aufwands- und Unterhaltungspauschale nach Absatz 6 in Höhe von 170 000 000 Euro und für die Klima- und Forstpauschale nach Absatz 7 in Höhe von 10 000 000 Euro verbleibt für Investitionspauschalen nach den Absätzen 3 bis 5 ein verteilbarer Betrag in Höhe von 1 306 172 500 Euro. Die Zuweisungen aus diesen Investitionspauschalen und den in den §§ 17 und 18 geregelten Sonderpauschalen sind gegenseitig deckungsfähig.

(3) Von dem Betrag nach Absatz 2 Satz 1 werden den Gemeinden 1 102 678 600 Euro für investive Maßnahmen im Rahmen einer allgemeinen Investitionspauschale zur Verfügung gestellt. Davon werden sieben Zehntel nach der maßgeblichen Bevölkerungszahl nach § 27 Absatz 3 Satz 1 und drei Zehntel nach der maßgeblichen Gebietsfläche nach § 27 Absatz 9 verteilt.

(4) Von dem Betrag nach Absatz 2 Satz 1 werden 110 695 100 Euro für eine Investitionspauschale zur Verfügung gestellt, die in erster Linie für Maßnahmen zur Verbesserung der Altenhilfe und -pflege einzusetzen ist. Dieser Betrag wird auf die kreisfreien Städte und Kreise nach der Zahl der Einwohnerinnen und Einwohner über 65 Jahre nach § 27 Absatz 4 verteilt.

(5) Von dem Betrag nach Absatz 2 Satz 1 werden 92 798 800 Euro für eine Investitionspauschale zur Verfügung gestellt, die in erster Linie für investive Maßnahmen im Zusammenhang mit der Eingliederungshilfe einzusetzen ist. Dieser Betrag wird auf die Landschaftsverbände nach der maßgeblichen Bevölkerungszahl nach § 27 Absatz 3 Satz 1 verteilt. Die Mittel dieser Pauschale können zu Gunsten des in § 19 Absatz 2 Nummer 3 erfassten Sonderbedarfs für die landschaftliche Kulturpflege für deckungsfähig erklärt werden.

(6) Zur Unterstützung von Aufwendungen zum Abbau eines Investitions- und Sanierungsstaus sowie für weitere Unterhaltungsaufwendungen wird ein Betrag in Höhe von 170000000 Euro zur Verfügung gestellt. Der Betrag wird als Pauschale jeweils zur Hälfte nach der maßgeblichen Bevölkerungszahl gemäß § 27 Absatz 3 Satz 1 und nach der maßgeblichen Gebietsfläche gemäß § 27 Absatz 9 verteilt. Die Mittel werden als allgemeine Deckungsmittel bereitgestellt.

(7) Zur Unterstützung der Gemeinden bei der Wiederherstellung der kommunalen Waldinfrastruktur, der Wiederherstellung von Sicherheit und Ordnung im Wald und bei der Beseitigung und Bekämpfung von Kalamitäten wird ein Betrag in Höhe von 10000000 Euro zur Verfügung gestellt. Der Betrag wird als Pauschale jeweils zur Hälfte nach der Gesamtmenge des Schadholzeinschlags und nach der Fläche des Kommunalwaldes gemäß § 27 Absatz 10 gewährt. Bei der Verteilung der Mittel ist zu berücksichtigen, dass jeder kommunalwaldbesitzenden Gemeinde ein Mindestbetrag in Höhe von 5000 Euro für den ersten angefangenen Hektar gewährt wird. Die Mittel werden als allgemeine Deckungsmittel bereitgestellt.

(8) Die Euro-Beträge je Einwohnerin und Einwohner, je tausend Quadratmeter maßgeblicher Gebietsfläche und je Einwohnerin und Einwohner über 65 Jahre werden von dem für Kommunales und dem für Finanzen zuständigen Ministerium ermittelt und festgesetzt.

§ 17
Schul- und Bildungspauschale

(1) Zur Unterstützung kommunaler Aufgabenerfüllung im Schulbereich sowie kommunaler Investitionsmaßnahmen im Bereich der frühkindlichen Bildung wird den Gemeinden und Gemeindeverbänden insgesamt ein Betrag von 809904500 Euro zur Verfügung gestellt. Die Mittel können für den Neu-, Um- und Erweiterungsbau, den Erwerb, die Modernisierung und für raumbildende Ausbauten sowie für die Einrichtung und Ausstattung von Schulen und kommunalen Kindertageseinrichtungen eingesetzt werden. Mit den Mitteln der Schul- und Bildungspauschale können darüber hinaus Instandsetzungen von Schulgebäuden sowie Mieten und Leasingraten für Schulen finanziert werden.

(2) Die Verteilung der Mittel erfolgt auf der Basis der Beschultenzahl gemäß § 27 Absatz 5 für die allgemeinbildenden und berufsbildenden Schulen. Die Regelungen in § 8 Absatz 4 Satz 3 bis 5 finden entsprechend Anwendung.

(3) Bei der Verteilung der Mittel nach Absatz 2 ist zu berücksichtigen, dass jeder Gemeinde, die Schulträgerin ist, ein Mindestbetrag von 300000 Euro, jedem Kreis, der Schulträger ist, ein Mindestbetrag von 510000 Euro und jedem Landschaftsverband als Schulträger ein Mindestbetrag von 1700000 Euro gewährt wird.

§ 18
Sportpauschale

(1) Zur Unterstützung kommunaler Aufgabenerfüllung im Sportbereich wird den Gemeinden insgesamt ein Betrag von 69330100 Euro zur Verfügung gestellt. Die Mittel sind von den Gemeinden für den Neu-, Um- und Erweiterungsbau, den Erwerb sowie für die Neuanlagen, Wiederaufbauten, Modernisierung, raumbildende Ausbauten und für die Einrichtung und Ausstattung von Sportstätten einzusetzen. Mit den Mitteln der Sportpauschale können darüber hinaus Instandsetzungen von Sportstätten sowie Mieten und Leasingraten für Sportstätten finanziert werden.

(2) Die Verteilung der Mittel erfolgt nach der Bevölkerungszahl gemäß § 27 Absatz 3 Satz 1.

(3) Bei der Verteilung der Mittel nach Absatz 2 ist zu berücksichtigen, dass jeder Gemeinde ein Mindestbetrag von 60000 Euro gewährt wird.

§ 19
Zuweisungen an Gemeinden und Gemeindeverbände zur Überwindung außergewöhnlicher oder unvorhersehbarer Belastungssituationen

(1) Zur Überwindung außergewöhnlicher oder unvorhersehbarer finanzieller Belastungssituationen, die im Rahmen des Schlüsselzuweisungssystems keine oder nur unzureichende Berücksichtigung finden, werden insgesamt 44 483 800 Euro zur Verfügung gestellt.

(2) Die Mittel nach Absatz 1 sind bestimmt für

1. pauschale Zuweisungen an Gemeinden, die durch ihre Funktion als anerkannter Kurort außergewöhnliche Belastungen tragen, (Kurortehilfe) in Höhe von 11 976 600 Euro,
2. pauschale Zuweisungen an Gemeinden zum Ausgleich außergewöhnlicher Härten bei der Erhebung von Abwassergebühren (Abwassergebührenhilfe) in Höhe von 9 561 200 Euro,
3. pauschale Zuweisungen an die Landschaftsverbände zur Milderung von Belastungen, die durch die landschaftliche Kulturpflege nach § 5 Absatz 1 Buchstabe b der Landschaftsverbandsordnung für das Land Nordrhein-Westfalen in der Fassung der Bekanntmachung vom 14. Juli 1994 (GV. NRW. S. 657), die zuletzt durch Artikel 3 des Gesetzes vom 13. April 2022 (GV. NRW. S. 490) geändert worden ist, entstehen, in Höhe von 17 687 200 Euro und
4. Zuweisungen an Gemeinden und Gemeindeverbände zur Milderung von Härten, die sich aus der Durchführung des Finanzausgleichs ergeben, oder zur Überwindung außergewöhnlicher oder unvorhersehbarer finanzieller Belastungssituationen in Höhe von 5 258 800 Euro.

(3) Die Gemeinden nach Absatz 2 Nummer 1 erhalten einen auf Grund ihrer Anerkennung gewichteten Sockelbetrag in Höhe von 50 000 Euro. Gemeinden mit einer Anerkennung als

1. Luftkurort erhalten einen einfachen,
2. Heilklimatischer Kurort oder als Kneipp-Kurort erhalten einen zweifachen,
3. Heilbad oder als Kneipp-Heilbad erhalten einen vierfachen oder
4. Staatsbad erhalten einen achtfachen

Sockelbetrag. Gemeinden, bei denen der Anteil der Übernachtungszahlen gemäß § 27 Absatz 11 an der maßgeblichen Bevölkerungszahl gemäß § 27 Absatz 3 Satz 1 den durchschnittlichen Anteil aller empfangsberechtigten Gemeinden übersteigt, erhalten einen Aufstockungsbetrag. Zur Ermittlung des Aufstockungsbetrags wird die über dem durchschnittlichen Anteil liegende Zahl an Übernachtungen mit einem einheitlichen Grundbetrag multipliziert.

(4) Die Abwassergebührenhilfe nach Absatz 2 Nummer 2 wird Gemeinden nach entsprechender Datenmeldung gewährt, wenn die Summe der Differenzen zwischen

1. dem Gebührenaufkommen inklusive Grundgebühr je Kubikmeter Schmutzwasser oder
2. dem Gebührensatz für Schmutzwasser

sowie dem Gebührensatz für Niederschlagswasser zum jeweils maßgeblichen Gebührensatz gemäß § 27 Absatz 12 positiv ist. Die Höhe der pauschalen Zuweisung bestimmt sich aus der Multiplikation der positiven Differenz für Schmutzwasser mit dem gemeindlichen Frischwasservolumen, der positiven Differenz für Niederschlagswasser mit der Abflussfläche und einem jährlich zu ermittelnden Prozentsatz. Dieser Prozentsatz ergibt sich aus dem Verhältnis der zu verteilenden Gesamtsumme der Abwassergebührenhilfe zu der Summe der Berechnungsgrundlagen aller empfangsberechtigten Gemeinden. Bei den für die Berechnung im Antrag geltend zu machenden Kosten bleiben die Zuweisungen außer Betracht.

(5) Vom Betrag nach Absatz 2 Nummer 3 werden 9 843 600 Euro dem Landschaftsverband Westfalen-Lippe und 7 843 600 Euro dem Landschaftsverband Rheinland zugewiesen. Die erhöhte Zuweisung an den Landschaftsverband Westfalen-Lippe erfolgt mit Rücksicht auf dessen Verpflichtung aus § 5 Absatz 3 der Landschaftsverbandsordnung für das Land Nordrhein-Westfalen.

(6) Die Mittel nach Absatz 2 Nummer 4 können auch für Zuweisungen an Kommunen eingesetzt werden, mit denen Maßnahmen der Weiterentwicklung der kommunalen Selbstverwaltung, der

interkommunalen Zusammenarbeit oder der Einführung und Verbreitung neuer Techniken bei der Durchführung kommunaler Aufgaben unterstützt werden.

Teil 3
Zuweisungen außerhalb des Steuerverbundes

§ 20
Kompensationsleistungen an die Gemeinden für Verluste durch die Neuregelung des Familienleistungsausgleichs

(1) Den Gemeinden wird zum Ausgleich ihrer zusätzlichen Belastungen aus der Neuregelung des Familienleistungsausgleichs ein Anteil von 26 Prozent des Mehraufkommens der Umsatzsteuer zugewiesen, das dem Land gemäß § 1 des Finanzausgleichsgesetzes zusteht. Der auf die Gemeinden zu verteilende Betrag wird vorläufig auf 995000000 Euro festgesetzt. Nach Ablauf des Haushaltsjahres wird der den Gemeinden zustehende Anteilsbetrag auf der Grundlage der vorläufigen Abrechnung der Umsatzsteuerverteilung und des Finanzkraftausgleichs unter den Ländern abschließend ermittelt (Abrechnungsbetrag) und festgesetzt.

(2) Der auf die Gemeinden entfallende Betrag nach Absatz 1 wird nach dem Schlüssel verteilt, der in der Verordnung über die Aufteilung und Auszahlung des Gemeindeanteils an der Einkommensteuer und die Abführung der Gewerbesteuerumlage für die Haushaltsjahre 2021, 2022 und 2023 vom 8. Dezember 2020 (GV. NRW. S. 1163) in der jeweils geltenden Fassung festgesetzt ist.

(3) Der auf die Gemeinden entfallende Betrag nach Absatz 1 Satz 2 wird mit je einem Viertel zu den in der Verordnung über die Aufteilung und Auszahlung des Gemeindeanteils an der Einkommensteuer und die Abführung der Gewerbesteuerumlage für die Haushaltsjahre 2021, 2022 und 2023 genannten Terminen für die Abschlagszahlungen beziehungsweise Vorauszahlung auf die Schlussabrechnung ausgezahlt. Der Abrechnungsbetrag nach Absatz 1
Satz 3 wird nach Anrechnung der geleisteten Abschlagszahlungen mit der nächstmöglichen Abschlagszahlung ausgeglichen.

(4) Einzelheiten der Ermittlung und Zahlbarmachung der Zuweisungen regeln das für Finanzen und das für Kommunales zuständige Ministerium.

§ 21

Kompensationsleistungen an die Gemeinden für Verluste in Zusammenhang mit dem Steuervereinfachungsgesetz 2011

(1) Den Gemeinden wird zum Ausgleich ihrer zusätzlichen Belastungen in Zusammenhang mit dem Steuervereinfachungsgesetz 2011 ein Anteil von 26 Prozent des Mehraufkommens der Umsatzsteuer zugewiesen, das dem Land gemäß § 1 des Finanzausgleichsgesetzes zum Ausgleich der ertragsteuerlichen Mindereinnahmen zusteht. Der auf die Gemeinden zu verteilende Betrag wird auf 17870000 Euro festgesetzt.

(2) Der auf die Gemeinden entfallende Betrag nach Absatz 1 wird nach dem Schlüssel verteilt, der in der Verordnung über die Aufteilung und Auszahlung des Gemeindeanteils an der Einkommensteuer und die Abführung der Gewerbesteuerumlage für die Haushaltsjahre 2021, 2022 und 2023 festgesetzt ist.

(3) Der auf die Gemeinden entfallende Betrag nach Absatz 1 wird mit je einem Viertel zu den in der Verordnung über die Aufteilung und Auszahlung des Gemeindeanteils an der Einkommensteuer und die Abführung der Gewerbesteuerumlage für die Haushaltsjahre 2021, 2022 und 2023 genannten Terminen für die Abschlagszahlungen ausgezahlt.

(4) Einzelheiten der Ermittlung und Zahlbarmachung der Zuweisungen regeln das für Finanzen und das für Kommunales zuständige Ministerium.

§ 22
Zuweisungen nach Maßgabe des Haushaltsplans des Landes

Die haushaltsmäßige Zuordnung, die Zweckbestimmung der Zuweisungen und die Haushaltsansätze der Zuweisungen nach Maßgabe des Haushaltsplans des Landes nach § 1 Absatz 4 werden von dem für Kommunales und dem für Finanzen zuständigen Ministerium jährlich bekanntgegeben.

Teil 4
Umlagegrundlagen, Umlagen

§ 23
Umlagegrundlagen für Schlüsselzuweisungen

Die Umlagegrundlagen zur Ermittlung der normierten Ertragskraft im Zusammenhang mit der Berechnung der Schlüsselzuweisungen sind

1. für die Kreise
   a) die Steuerkraftmesszahlen der kreisangehörigen Gemeinden und
   b) die zu veranschlagenden Schlüsselzuweisungen der kreisangehörigen Gemeinden,
2. für die Städteregion Aachen
   a) die Steuerkraftmesszahlen der regionsangehörigen Gemeinden und
   b) die zu veranschlagenden Schlüsselzuweisungen der regionsangehörigen Gemeinden abzüglich
   c) der Steuerkraftmesszahl der Stadt Aachen und
   d) der zu veranschlagenden Schlüsselzuweisungen der Stadt Aachen und
3. für die Landschaftsverbände
   a) die Steuerkraftmesszahlen der Gemeinden und
   b) die zu veranschlagenden Schlüsselzuweisungen der Gemeinden und Kreise.

§ 24
Kreisumlage

(1) Die Kreisumlage wird in Prozentsätzen der festgesetzten Umlagegrundlagen nach § 23 Nummer 1 und 2 festgesetzt. Für die Festsetzung einer ausschließlichen Belastung oder einer Mehr- oder Minderbelastung einzelner Teile des Kreises sowie für die Erhebung einer Sonderumlage gilt Satz 1 entsprechend.

(2) Für die Festsetzung der Regionsumlage nach dem Städteregion Aachen Gesetz gilt Absatz 1.

§ 25
Landschaftsumlage

Die Landschaftsumlage wird in Prozentsätzen der festgesetzten Umlagegrundlagen nach § 23 Nummer 3 festgesetzt.

§ 26
Verbandsumlage des Regionalverbandes Ruhr

Für die Verbandsumlage des Regionalverbandes Ruhr gilt § 25 entsprechend.

Teil 5
Gemeinsame Vorschriften und Verfahren

§ 27
Grundlagen für die Erhebung und die Anwendung von Daten zur Berechnung von Zuweisungen aus dem Steuerverbund

(1) Die zur Berechnung der Zuweisungen nach den §§ 5 bis 19 erforderlichen Daten werden den amtlichen Statistiken nach Maßgabe der folgenden Vorschriften entnommen. Die Daten der amtlichen Statistiken sind für die Ermittlung der Zuweisungen aus dem Steuerverbund für die Zuweisungsempfangenden bindend. Für diese Daten findet das Berichtigungsverfahren nach § 29 keine Anwendung.

(2) Soweit Daten von Gemeinden und Gemeindeverbänden erforderlich sind, die nicht aus amtlichen Statistiken entnommen werden können, werden diese unmittelbar bei den Gemeinden und Gemeindeverbänden oder den zuständigen Stellen erhoben. Die Gemeinden und Gemeindeverbände sind unter Beachtung der kommunalverfassungsrechtlichen Vertretungsregelungen verpflichtet, den zuständigen obersten Landesbehörden, dem Landesbetrieb Information und Technik Nordrhein-Westfalen (IT. NRW) und den Aufsichtsbehörden alle zur Errechnung und Festsetzung erforderlichen Auskünfte fristgerecht und vollständig zu erteilen. Soweit den Gemeinden und Gemeindeverbänden für die Datenabfrage durch IT. NRW gesicherte elektronische Übermittlungsverfahren zur Verfügung gestellt werden, sind diese zu nutzen. Werden die notwendigen Auskünfte nicht oder nicht rechtzeitig erteilt, können das für Kommunales und das für Finanzen zuständige Ministerium bestimmen, dass geschätzte Zahlen zugrunde gelegt werden oder die Berücksichtigung entsprechender Ansätze für die betroffenen Gemeinden und Gemeindeverbände für den Finanzausgleich unterbleibt. § 29 findet in diesen Fällen keine Anwendung.

(3) Als Bevölkerungszahl im Sinne dieses Gesetzes gilt die in Anlage 3 festgesetzte Bevölkerungszahl zum Stichtag 31. Dezember 2021. Für die Ermittlung der durchschnittlichen Zahl der Einwohnerinnen und Einwohner der Gemeinden nach § 8 Absatz 3 werden die Bevölkerungszahlen nach Anlage 3 zu den Stichtagen 31. Dezember 2019, 31. Dezember 2020 und 31. Dezember 2021 herangezogen.

(4) Als Zahl der Einwohnerinnen und Einwohner über 65 Jahre wird die von IT. NRW fortgeschriebene, gegliederte Bevölkerungszahl zum Stichtag 31. Dezember 2021 herangezogen.

(5) Als Zahl der Beschulten im Sinne des § 8 Absatz 4, des § 11 Absatz 4 und des § 17 Absatz 2 gilt die in der von IT. NRW geführten Schulstatistik festgesetzte Zahl der Schülerinnen und Schüler zum Stichtag 15. Oktober 2021. Dieser Stichtag ist auch für die Zurechnung des Anteils an der Umlage gemäß § 8 Absatz 4 Satz 3 sowie des Finanzierungsanteils gemäß § 8 Absatz 4 Satz 4 für das Haushaltsjahr 2021 maßgeblich.

(6) Als Zahl der Bedarfsgemeinschaften im Sinne des § 8 Absatz 5 gilt die von der Bundesagentur für Arbeit ermittelte Zahl zum Stichtag 31. Dezember 2021.

(7) Als Zahl der sozialversicherungspflichtig Beschäftigten im Sinne des § 8 Absatz 6 gilt die von der Bundesagentur für Arbeit ermittelte Zahl der sozialversicherungspflichtig Beschäftigten in den Gemeinden am Arbeitsort zum Stichtag 31. Dezember 2021.

(8) Die Referenzperiode für die Ermittlung der Steuerkraftmesszahl nach § 9 wird auf den Zeitraum vom 1. Juli 2021 bis zum 30. Juni 2022 festgesetzt.

(9) Als Gebietsfläche im Sinne des § 8 Absatz 7 und des § 16 Absatz 3, Absatz 6 und Absatz 8 gilt der Gebietsstand zum Stichtag 31. Dezember 2021, der im Jahresabschluss des Liegenschaftskatasters ermittelt und an IT. NRW abgegeben wurde.

(10) Bei der Berechnung der pauschalen Zuweisung nach § 16 Absatz 7 an kommunalwaldbesitzende Gemeinden wird die Fläche des Kommunalwaldes in Hektar zum Stichtag

31. Dezember 2021 sowie die Gesamtmenge des Schadholzeinschlags von Nadelholz nach Kubikmetern (Erntefestmeter ohne Rinde) aus dem Jahr 2021 zugrunde gelegt.

(11) Bei der Berechnung der Kurortehilfe nach § 19 Absatz 2 Nummer 1 werden die Übernachtungszahlen aus der amtlichen Beherbergungsstatistik Nordrhein-Westfalen im Zeitraum vom 1. Juli 2021 bis zum 30. Juni 2022 zugrunde gelegt.

(12) Bei der Berechnung der Abwassergebührenhilfe nach § 19 Absatz 2 Nummer 2 wird der maßgebliche Gebührensatz für Schmutzwasser mit 3,86 Euro und für Niederschlagswasser mit 1,25 Euro festgesetzt.

(13) Das für Kommunales und das für Finanzen zuständige Ministerium werden ermächtigt, Daten nach den Absätzen 1 bis 12, die der Berechnung von Zuweisungen aus dem Steuerverbund zugrunde zu legen sind, ausnahmsweise für einzelne Gemeinden und Gemeindeverbände abweichend festzusetzen, wenn sie den Grundsätzen des Finanz- und Lastenausgleichs nicht angemessen gerecht werden oder zu unzumutbaren Härten bei der Durchführung des Finanz- und Lastenausgleichs führen.

§ 28
Verfahrensregelungen zur Ermittlung, Festsetzung und Auszahlung der Zuweisungen aus dem Steuerverbund

(1) Die auf die Gemeinden und Gemeindeverbände entfallenden Zuweisungen nach den §§ 5 bis 19 werden jährlich durch das für Kommunales und das für Finanzen zuständige Ministerium errechnet und festgesetzt. Diese setzen zudem die einheitlichen Grundbeträge in der Weise fest, dass die jeweils für Schlüsselzuweisungen zur Verfügung gestellten Beträge aufgebraucht werden.

(2) Das für Kommunales und das für Finanzen zuständige Ministerium werden ermächtigt, die für die jeweiligen Haushaltsjahre ermittelten Ansätze zur Festlegung des fiktiven Bedarfs nach den §§ 8, 11 und 14 und zur Festlegung der normierten Ertragskraft nach den §§ 9, 12 und 15, die der Berechnung der Schlüsselzuweisungen zugrunde zu legen sind, ausnahmsweise für einzelne Gemeinden und Gemeindeverbände abweichend festzusetzen, wenn sie den Grundsätzen des Finanz- und Lastenausgleichs nicht angemessen gerecht werden. Das für Kommunales und das für Finanzen zuständige Ministerium können eine auf Dauer angelegte Beteiligung von Gemeinden und Gemeindeverbänden an interkommunalen Gewerbegebieten berücksichtigen, wenn dies erforderlich ist, um eine den Grundsätzen eines verteilungsgerechten Finanzausgleichs entsprechende Anrechnung der Steuerkraft sicherzustellen.

(3) Die Schlüsselzuweisungen nach § 6, die Investitionspauschalen, die Aufwands- und Unterhaltungspauschale sowie die Klima- und Forstpauschale nach § 16, die Schul- und Bildungspauschale nach § 17 sowie die Sportpauschale nach § 18 werden zu einem Achtel im Januar, jeweils zu einem Viertel im März, Juni und September am jeweils vorletzten Bankarbeitstag in Frankfurt am Main sowie zu einem Achtel im Dezember am vorletzten Bankarbeitstag in Frankfurt am Main vor dem 24. Dezember ausgezahlt. Orientiert an Aspekten der Liquiditätssicherung können das für Kommunales und das für Finanzen zuständige Ministerium Abweichungen von den in Satz 1 genannten Auszahlungsterminen festlegen.

(4) Das für Kommunales und das für Finanzen zuständige Ministerium leisten Abschlagszahlungen auf der Basis aktueller Proberechnungen von IT. NRW, wenn die Festsetzung der Schlüsselzuweisungen nach § 6, der Investitionspauschalen, der Aufwands- und Unterhaltungspauschale sowie der Klima- und Forstpauschale nach § 16, der Schul- und Bildungspauschale nach § 17 sowie der Sportpauschale nach § 18 für das Jahr 2023 nicht vor dem nächstmöglichen Auszahlungstermin gemäß Absatz 3 erfolgt ist. In besonderen Fällen können das für Kommunales und das für Finanzen zuständige Ministerium die Höhe der Abschlagszahlung für einzelne Gemeinden gesondert festsetzen. Die Abschlagszahlungen werden nach der endgültigen Festsetzung mit der ersten ordentlichen Zahlung nach der Festsetzung auf Grund dieses Gesetzes verrechnet.

(5) Die Auszahlungstermine der Mittel für Zuweisungen nach § 19 werden von dem für Kommunales und dem für Finanzen zuständigen Ministerium festgesetzt.

(6) Leistungen nach diesem Gesetz an die Gemeinden und Kreise werden durch Bescheide der Bezirksregierungen festgesetzt. Leistungen nach diesem Gesetz an die Landschaftsverbände werden durch Bescheide von dem für Kommunales und dem für Finanzen zuständigen Ministerium festgesetzt. Das für Kommunales und das für Finanzen zuständige Ministerium können bestimmen, dass die Bescheide an die Gemeinden, Kreise und Landschaftsverbände unmittelbar durch IT. NRW als elektronische Verwaltungsakte gemäß § 3a Absatz 2 Satz 4 Nummer 4 des Verwaltungsverfahrensgesetzes für das Land Nordrhein-Westfalen in der Fassung der Bekanntmachung vom 12. November 1999 (GV. NRW. S. 602), das zuletzt durch Artikel 2 des Gesetzes vom 1. Februar 2022 (GV. NRW. S. 122) geändert worden ist, zuzuleiten sind. Als sicherer Übermittlungsweg für die elektronische Kommunikation wird das besondere elektronische Behördenpostfach (beBPo) verwendet.

(7) Nach näherer Bestimmung des für Kommunales und des für Finanzen zuständigen Ministeriums können im Haushaltsjahr 2024 für Schlüsselzuweisungen nach § 6, für Investitionspauschalen, für die Aufwands- und Unterhaltungspauschale sowie für die Klima- und Forstpauschale nach § 16, für die Schul- und Bildungspauschale nach § 17 sowie für die Sportpauschale nach § 18 Abschlagszahlungen auf der Basis aktueller Proberechnungen von IT. NRW zu den Terminen des Absatzes 3 geleistet werden, wenn dies bereits vor Verkündung des für das Jahr 2024 geltenden Gemeindefinanzierungsgesetzes erforderlich ist. Die Abschlagszahlungen sind mit der ersten ordentlichen Zahlung nach Verkündung des neuen Gemeindefinanzierungsgesetzes und der Festsetzung der Zuweisungen aus dem Steuerverbund zu verrechnen.

§ 29
Ausgleich fehlerhafter Zuweisungen aus dem Steuerverbund

(1) Unrichtigkeiten, die nicht auf Daten aus amtlichen Statistiken zurückzuführen sind, werden bis längstens drei Jahre nach Festsetzung der Schlüsselzuweisungen nach § 6, der Klima- und Forstpauschale nach § 16, der Schul- und Bildungspauschale nach § 17 sowie der Sonderbedarfszuweisungen nach § 19 Absatz 2 Nummer 1 und 2 berichtigt, wenn die Summe der zu berichtigenden Zuweisungen oder das Steuer-Ist-Aufkommen gemäß § 9 Absatz 2 Nummer 1 bis 3 einer Gemeinde eines Jahres den Betrag von 15 000 Euro übersteigt.

(2) Die für Berichtigungen erforderlichen Beträge werden vorab mit den zur Verfügung gestellten Schlüsselzuweisungen nach § 6, der Klima- und Forstpauschale nach § 16, den Mitteln der Schul- und Bildungspauschale nach § 17 sowie den Mitteln der Sonderbedarfszuweisungen nach § 19 Absatz 2 Nummer 1 und 2 verrechnet.

(3) Berichtigungen nach Absatz 1 können mit allen Leistungen aus dem Steuerverbund verrechnet werden.

§ 30
Bewirtschaftung der Mittel des Steuerverbundes

(1) Die Bewirtschaftung der Mittel aus dem Steuerverbund nach den §§ 4 bis 19 regeln das für Kommunales und das für Finanzen zuständige Ministerium.

(2) Die Bewirtschaftung der im Steuerverbund verbliebenen Reste bei den Zuweisungen

1. nach den §§ 21 bis 27 des Gemeindefinanzierungsgesetzes vom 3. Februar 2004 (GV. NRW. S. 42), das zuletzt durch Artikel II des Gesetzes vom 15. Dezember 2005 (GV. NRW. S. 936) (Gemeindefinanzierungsgesetz für die Haushaltsjahre 2004/2005) geändert worden ist, regeln die jeweils fachlich zuständigen Ministerien und
2. nach § 28 des Gemeindefinanzierungsgesetzes für die Haushaltsjahre 2004/2005 regelt das fachlich zuständige Ministerium im Einvernehmen mit dem für Kommunales und dem für Finanzen zuständigen Ministerium.

§ 31
Abschlagszahlungen für Verluste durch die Neuregelung des Familienleistungsausgleichs und in Zusammenhang mit dem Steuervereinfachungsgesetz 2011

(1) Das für Kommunales und das für Finanzen zuständige Ministerium leisten Abschlagszahlungen auf der Basis aktueller Proberechnungen von IT. NRW, wenn die Festsetzung der Kompensationsleistungen an die Gemeinden für Verluste

1. durch die Neuregelung des Familienleistungsausgleichs nach § 20 und
2. in Zusammenhang mit dem Steuervereinfachungsgesetz 2011 nach § 21

für das Jahr 2023 nicht vor dem nächstmöglichen Auszahlungstermin nach § 3 der Verordnung über die Aufteilung und Auszahlung des Gemeindeanteils an der Einkommensteuer und die Abführung der Gewerbesteuerumlage für die Haushaltsjahre 2021, 2022 und 2023 erfolgt ist.

(2) Die Abschlagszahlungen werden nach der endgültigen Festsetzung mit der ersten ordentlichen Zahlung nach der Festsetzung auf Grund dieses Gesetzes verrechnet.

(3) Die Absätze 1 und 2 gelten entsprechend für das Haushaltsjahr 2024, wenn dies bereits vor Verkündung des für das Jahr 2024 geltenden Gemeindefinanzierungsgesetzes erforderlich ist.

§ 32
Förderungsgrundsätze für zweckgebundene Zuweisungen nach Maßgabe des Haushaltsplans des Landes

(1) Bei allen zweckgebundenen Zuweisungen an Gemeinden und Gemeindeverbände stellen die zuständigen Ministerien sicher, dass bei der Bewilligung der Zuweisungen auch die finanzielle Leistungsfähigkeit der Gebietskörperschaften und ihre Beteiligung am Finanzausgleich berücksichtigt werden.

(2) Förderprogramme bedürfen der Zustimmung des für Kommunales zuständigen Ministeriums, soweit sie Zuweisungen zu Maßnahmen von Gemeinden und Gemeindeverbänden enthalten, die ihrer gesetzlichen Verpflichtung zum Haushaltsausgleich nicht nachkommen. Die Förderung von Einzelmaßnahmen der Gemeinden und Gemeindeverbände bedarf in diesen Fällen der kommunalaufsichtlichen Zustimmung durch die Bezirksregierung, soweit diese Maßnahmen nicht bereits von einer Genehmigung zur Verringerung der allgemeinen Rücklage erfasst oder in einem genehmigten Haushaltssicherungskonzept enthalten sind.

§ 33
Kürzungsermächtigung

Das für Kommunales und das für Finanzen zuständige Ministerium werden ermächtigt, Zuweisungen aus dem Steuerverbund um den Betrag solcher fälligen Forderungen zu kürzen, auf die das Land nach den zurzeit geltenden Bestimmungen einen Anspruch hat.

Teil 6
Inkrafttreten, Außerkrafttreten

§ 34
Inkrafttreten, Außerkrafttreten

Dieses Gesetz tritt am 1. Januar 2023 in Kraft und mit dem Inkrafttreten eines neuen Gemeindefinanzierungsgesetzes außer Kraft.

Anlage 1 (zu § 2 Absatz 3 GFG 2023)

Ableitung der Finanzausgleichsmasse 2023

	Zeile	Steuerverbund 2022**) Euro	Steuerverbund 2023***) Euro
1	2	3	4
Obligatorischer Steuerverbund			
Gemeinschaftsteuern			
* Lohnsteuer	1	18 629 939 146	19 323 092 813
* veranlagte Einkommensteuer	2	5 791 730 123	6 660 474 776
* Nicht veranlagte Steuern vom Ertrag	3	2 827 600 981	3 273 984 952
* Körperschaftsteuer	4	3 881 077 773	4 204 436 923
* Umsatzsteuer	5	20 599 237 752	23 193 389 326
* Einfuhrumsatzsteuer	6	5 447 440 940	7 908 198 034
* Abgeltungssteuer	7	787 140 555	812 793 520
Fakultativer Steuerverbund		**57 964 167 270**	**65 376 370 344**
* Grunderwerbssteuer (4/7 Anteil)	8	2 258 851 187	2 363 567 177
Summe Verbundsteuern	9	**60 223 018 457**	**67 739 937 521**
Bereinigung Verbundsteuern (§ 2 Abs. 2 GFG)			
* Länderfinanzausgleich	10	- 26 597 300	294 900 000
* Familienleistungsausgleich	11	- 731 007 500	- 877 231 000
* Entlastungsausgleich Ost/ (Hartz IV)	12	57 815 000	57 809 500
* Spielbankabgabe	13	- 12 944 000	- 12 942 500
* Kompensation Betriebskosten KiFöG	14	- 182 289 000	- 182 272 100
* Kompensation Steuervereinfachungsgesetz 2011	15	- 17 935 700	- 17 890 000
* Umsatzsteuerkorrektur der Bundesmittel fur Asylbewerber	16	- 216 487 000	- 102 500 000
* 1 Mrd. Euro Entlastung Kommunen Länderanteil Ust	17	- 216 200 000	- 215 775 000
* Ust statt Entflechtungsmittel	18	- 561 066 700	- 560 837 300
* Weiterentwicklung Qualität Kita	19	- 376 200 000	- 429 950 000
* Pauschale an Länder für Flüchtlingszwecke	20	- 118 725 000	- 26 975 000
* Pakt für den Rechtsstaat	21	0	0
* Pakt für den Öffenlichen Gesundheitsdienst	22	- 32 400 000	- 10 800 000
* Aktionsprogramm "Aufholen nach Corona"	23	- 37 100 400	- 194 777 100
* Entlastung für die Flüchtlinge aus der Ukraine	24	0	- 246 171 400
Verbundgrundlagen insgesamt	25	**57 751 880 857**	**65 214 525 621**
Verbundsatz (v.H.)	26	**23,00**	**23,00**
originäre Finanzausgleichsmasse (aufgerundet)	27	**13 282 932 600**	**14 999 340 900**
Aufstockungsbetrag aus Landesmitteln durch Kreditierung	28	**548 665 400**	**0**
Finanzausgleichsmasse GFG	29	**13 831 598 000**	**14 999 340 900**
Vorwegabzug, Voraberhöhung (§ 3 GFG)			
* Tantiemen	30	- 5 098 000	- 11 716 000
* Bundesentlastung Länderanteil Ust für Kommunen ab 2018	31	215 800 000	215 400 000
* Ausgabereste aus Vorjahren	32	10 000 000	0
Finanzausgleichsmasse	33	**14 052 300 000**	**15 203 024 900**
abzüglich Betrag ausschließlich für Klima- und Forstpauschale	34	**10 000 000**	**0**
verteilbare Finanzausgleichsmasse	35	**14 042 300 000**	**15 203 024 900**

**) Ist 10/20-09/21
***) Ist 10/21- 09/22

Anlage 2 (zu § 8 Absatz 3 GFG 2023)

Hauptansatzstaffel

Nr.	gebildete Hauptansatzstaffel (in Prozent)	Staffelklassen Bevölkerung im GFG 2023
1	100,0	21 000
2	103,0	52 000
3	106,0	83 000
4	109,0	114 500
5	112,0	145 500
6	115,0	176 500
7	118,0	207 500
8	121,0	238 500
9	124,0	270 000
10	127,0	301 000
11	130,0	332 000
12	133,0	363 000
13	136,0	394 500
14	139,0	425 500
15	142,0	456 500
16	145,0	487 500
17	148,0	518 500
18	151,0	550 000
19	154,0	581 000
20	157,0	612 000
21	160,0	643 000

Für Gemeinden mit einer Bevölkerungszahl von mehr als 643 000 beträgt der Ansatz 163,0 Prozent.

Anlage 3 (zu § 27 Absatz 3 Satz 1 GFG 2023)

Bevölkerungszahlen in den Gemeinden des Landes Nordrhein-Westfalen

Gebietskörperschaft	Bevölkerungszahl zum		
	31. Dezember 2021	31. Dezember 2020	31. Dezember 2019
1	2	3	4
Aachen, krfr. Stadt	249 070	248 878	248 960
Ahaus, Stadt	39 658	39 404	39 381
Ahlen, Stadt	52 627	52 635	52 503
Aldenhoven	13 893	13 787	13 787
Alfter	23 521	23 467	23 563
Alpen	12 528	12 502	12 479
Alsdorf, Stadt	47 678	47 330	47 149
Altena, Stadt	16 389	16 527	16 718
Altenbeken	9 097	9 105	9 113
Altenberge	10 371	10 406	10 327
Anröchte	10 203	10 225	10 238
Arnsberg, Stadt	73 423	73 487	73 456
Ascheberg	15 602	15 580	15 494
Attendorn, Stadt	24 207	24 330	24 264
Augustdorf	10 317	10 147	10 032
Bad Berleburg, Stadt	18 709	18 847	18 914
Bad Driburg, Stadt	18 985	18 902	18 959
Bad Honnef, Stadt	25 738	25 759	25 812
Bad Laasphe, Stadt	13 337	13 412	13 504
Bad Lippspringe, Stadt	16 424	16 408	16 237
Bad Münstereifel, Stadt	17 152	17 387	17 440
Bad Oeynhausen, Stadt	48 803	48 535	48 604
Bad Salzuflen, Stadt	54 074	54 166	54 254
Bad Sassendorf	12 294	12 052	12 065
Bad Wünnenberg, Stadt	12 202	12 206	12 152
Baesweiler, Stadt	27 351	27 319	27 093
Balve, Stadt	11 092	11 217	11 201
Barntrup, Stadt	8 502	8 501	8 501
Beckum, Stadt	36 737	36 637	36 815
Bedburg, Stadt	23 867	23 743	23 658
Bedburg-Hau	13 033	12 973	12 955
Beelen	6 159	6 115	6 125
Bergheim, Stadt	61 807	61 749	61 601
Bergisch Gladbach, Stadt	111 645	111 636	111 846

Bergkamen, Stadt	48 669	48 919	48 740
Bergneustadt, Stadt	18 416	18 502	18 677
Bestwig	10 556	10 525	10 623
Beverungen, Stadt	13 083	13 064	13 103
Bielefeld, krfr. Stadt	334 002	333 509	334 195
Billerbeck, Stadt	11 525	11 538	11 597
Blankenheim	8 337	8 268	8 268
Blomberg, Stadt	15 095	15 093	15 115
Bocholt, Stadt	71 074	71 061	71 113
Bochum, krfr. Stadt	363 441	364 454	365 587
Bönen	18 169	18 126	18 171
Bonn, krfr. Stadt	331 885	330 579	329 673
Borchen	13 533	13 475	13 393
Borgentreich, Stadt	8 638	8 501	8 543
Borgholzhausen, Stadt	9 001	8 964	8 968
Borken, Stadt	42 974	42 650	42 629
Bornheim, Stadt	48 435	48 348	48 321
Bottrop, krfr. Stadt	117 311	117 388	117 565
Brakel, Stadt	16 195	16 125	16 137
Breckerfeld, Stadt	8 915	8 912	8 943
Brilon, Stadt	25 303	25 336	25 451
Brüggen	15 907	15 934	15 745
Brühl, Stadt	43 998	43 673	44 126
Bünde, Stadt	45 364	45 376	45 187
Burbach	14 924	14 913	14 856
Büren, Stadt	21 328	21 452	21 515
Burscheid, Stadt	18 681	18 527	18 346
Castrop-Rauxel, Stadt	73 078	73 126	73 343
Coesfeld, Stadt	36 382	36 182	36 257
Dahlem	4 361	4 301	4 215
Datteln, Stadt	34 876	34 714	34 596
Delbrück, Stadt	32 266	32 039	31 989
Detmold, Stadt	73 969	74 097	74 254
Dinslaken, Stadt	67 114	67 338	67 373
Dörentrup	7 630	7 662	7 680
Dormagen, Stadt	64 553	64 500	64 340
Dorsten, Stadt	74 551	74 515	74 704
Dortmund, krfr. Stadt	586 852	587 696	588 250
Drensteinfurt, Stadt	15 607	15 540	15 556
Drolshagen, Stadt	11 618	11 640	11 783
Duisburg, krfr. Stadt	495 152	495 885	498 686
Dülmen, Stadt	46 877	46 706	46 657
Düren, Stadt	91 814	91 272	91 216
Düsseldorf, krfr. Stadt	619 477	620 523	621 877

Eitorf	18 751	18 728	18 749
Elsdorf, Stadt	21 745	21 745	21 807
Emmerich am Rhein, Stadt	30 854	30 869	30 961
Emsdetten, Stadt	35 927	36 068	36 029
Engelskirchen	19 293	19 297	19 298
Enger, Stadt	20 483	20 469	20 490
Ennepetal, Stadt	30 306	30 117	30 142
Ennigerloh, Stadt	19 639	19 554	19 810
Ense	12 197	12 256	12 162
Erftstadt, Stadt	49 667	50 060	50 010
Erkelenz, Stadt	43 492	43 275	43 206
Erkrath, Stadt	43 594	43 878	43 992
Erndtebrück	6 937	6 953	6 934
Erwitte, Stadt	16 043	16 117	16 065
Eschweiler, Stadt	55 784	56 172	56 482
Eslohe (Sauerland)	8 841	8 787	8 811
Espelkamp, Stadt	24 754	24 676	24 782
Essen, krfr. Stadt	579 432	582 415	582 760
Euskirchen, Stadt	58 754	58 466	58 381
Everswinkel	9 634	9 613	9 678
Extertal	10 926	11 042	11 069
Finnentrop	16 780	16 854	16 955
Frechen, Stadt	52 155	51 947	52 439
Freudenberg, Stadt	17 677	17 729	17 711
Fröndenberg / Ruhr, Stadt	20 436	20 566	20 760
Gangelt	12 946	12 733	12 576
Geilenkirchen, Stadt	27 836	27 518	27 470
Geldern, Stadt	33 733	33 760	33 730
Gelsenkirchen, krfr. Stadt	260 126	259 105	259 645
Gescher, Stadt	17 186	17 246	17 254
Geseke, Stadt	21 411	21 422	21 422
Gevelsberg, Stadt	30 669	30 733	30 701
Gladbeck, Stadt	75 343	75 518	75 610
Goch, Stadt	34 593	34 531	34 205
Grefrath	14 734	14 759	14 753
Greven, Stadt	37 700	37 709	37 753
Grevenbroich, Stadt	63 922	63 941	63 743
Gronau (Westf.), Stadt	49 031	48 576	48 321
Gummersbach, Stadt	51 126	50 978	50 952
Gütersloh, Stadt	101 158	100 664	100 861
Haan, Stadt	30 298	30 263	30 406
Hagen, krfr. Stadt	188 713	188 687	188 686
Halle (Westf.), Stadt	21 574	21 448	21 577
Hallenberg, Stadt	4 481	4 490	4 465

Haltern am See, Stadt	37 808	37 845	37 850
Halver, Stadt	16 120	16 108	16 083
Hamm, krfr. Stadt	179 238	178 967	179 916
Hamminkeln, Stadt	26 900	26 962	26 858
Harsewinkel, Stadt	25 575	25 338	25 163
Hattingen, Stadt	54 061	54 278	54 438
Havixbeck	11 940	11 961	11 943
Heek	8 628	8 651	8 653
Heiden	8 194	8 204	8 218
Heiligenhaus, Stadt	26 367	26 301	26 345
Heimbach, Stadt	4 262	4 312	4 328
Heinsberg, Stadt	42 888	42 476	42 236
Hellenthal	7 827	7 797	7 863
Hemer, Stadt	33 708	33 863	34 062
Hennef (Sieg), Stadt	47 400	47 544	47 290
Herdecke, Stadt	22 689	22 653	22 755
Herford, Stadt	66 551	66 495	66 638
Herne, krfr. Stadt	156 621	156 940	156 449
Herscheid	6 933	6 988	6 954
Herten, Stadt	61 910	61 860	61 821
Herzebrock-Clarholz	16 184	16 095	16 004
Herzogenrath, Stadt	46 290	46 225	46 375
Hiddenhausen	19 790	19 724	19 705
Hilchenbach, Stadt	14 583	14 646	14 801
Hilden, Stadt	55 182	55 274	55 625
Hille	15 374	15 378	15 374
Holzwickede	17 035	16 964	17 076
Hopsten	7 704	7 643	7 650
Horn-Bad Meinberg, Stadt	17 142	17 245	17 263
Hörstel, Stadt	20 506	20 335	20 344
Horstmar, Stadt	6 849	6 595	6 545
Hövelhof	16 274	16 222	16 281
Höxter, Stadt	28 467	28 509	28 808
Hückelhoven, Stadt	40 712	40 425	40 245
Hückeswagen, Stadt	14 706	14 810	14 958
Hüllhorst	13 047	13 051	13 032
Hünxe	13 611	13 596	13 598
Hürtgenwald	8 798	8 675	8 700
Hürth, Stadt	60 034	59 525	59 731
Ibbenbüren, Stadt	51 888	51 526	51 822
Inden	7 418	7 480	7 397
Iserlohn, Stadt	91 873	91 815	92 174
Isselburg, Stadt	10 928	10 758	10 636
Issum	12 201	12 113	11 977

Jüchen, Stadt	23 611	23 516	23 294
Jülich, Stadt	32 635	32 336	32 653
Kaarst, Stadt	43 661	43 615	43 493
Kalkar, Stadt	13 953	13 944	13 884
Kall	10 987	11 096	11 191
Kalletal	13 223	13 385	13 471
Kamen, Stadt	42 544	42 875	43 023
Kamp-Lintfort, Stadt	37 847	37 635	37 596
Kempen, Stadt	34 562	34 537	34 514
Kerken	12 564	12 638	12 548
Kerpen, Stadt	66 294	65 802	66 702
Kevelaer, Stadt	27 891	27 955	28 087
Kierspe, Stadt	16 043	16 089	16 119
Kirchhundem	11 220	11 353	11 485
Kirchlengern	16 111	16 081	16 023
Kleve, Stadt	52 470	52 359	52 388
Köln, krfr. Stadt	1 073 096	1 083 498	1 087 863
Königswinter, Stadt	41 065	41 122	41 277
Korschenbroich, Stadt	33 786	33 484	33 251
Kranenburg	11 087	10 981	10 719
Krefeld, krfr. Stadt	227 050	226 844	227 417
Kreuzau	17 463	17 422	17 444
Kreuztal, Stadt	30 787	30 965	31 122
Kürten	19 832	19 716	19 662
Ladbergen	6 821	6 775	6 688
Laer	6 668	6 700	6 744
Lage, Stadt	34 686	34 885	34 858
Langenberg	8 695	8 597	8 619
Langenfeld (Rhld.), Stadt	59 223	59 112	59 178
Langerwehe	14 050	14 071	14 028
Legden	7 409	7 342	7 326
Leichlingen (Rhld.), Stadt	27 868	27 885	28 000
Lemgo, Stadt	40 345	40 456	40 619
Lengerich, Stadt	22 527	22 511	22 660
Lennestadt, Stadt	25 176	25 140	25 308
Leopoldshöhe	16 413	16 382	16 263
Leverkusen, krfr. Stadt	163 851	163 905	163 729
Lichtenau, Stadt	10 685	10 551	10 570
Lienen	8 715	8 622	8 604
Lindlar	21 366	21 430	21 315
Linnich, Stadt	12 835	12 697	12 662
Lippetal	11 837	11 949	11 894
Lippstadt, Stadt	68 007	67 793	67 952
Lohmar, Stadt	30 452	30 316	30 453

Löhne, Stadt	39 977	39 871	39 915
Lotte	14 109	14 139	14 095
Lübbecke, Stadt	25 674	25 573	25 541
Lüdenscheid, Stadt	71 230	71 911	72 313
Lüdinghausen, Stadt	24 847	24 810	24 822
Lügde, Stadt	9 244	9 235	9 390
Lünen, Stadt	85 721	85 838	86 348
Marienheide	13 465	13 443	13 522
Marienmünster, Stadt	4 900	4 903	4 902
Marl, Stadt	83 697	84 312	84 067
Marsberg, Stadt	19 377	19 488	19 540
Mechernich, Stadt	28 327	27 986	27 714
Meckenheim, Stadt	24 693	24 741	24 817
Medebach, Stadt	7 974	7 987	8 000
Meerbusch, Stadt	56 855	56 479	56 415
Meinerzhagen, Stadt	20 535	20 529	20 367
Menden (Sauerland), Stadt	52 096	52 452	52 608
Merzenich	10 149	9 968	9 885
Meschede, Stadt	29 608	29 696	29 786
Metelen	6 417	6 363	6 360
Mettingen	11 882	11 878	11 828
Mettmann, Stadt	38 808	38 749	38 757
Minden, Stadt	81 857	81 592	81 716
Moers, Stadt	103 725	103 487	103 902
Möhnesee	11 852	11 698	11 722
Mönchengladbach, krfr. Stadt	261 001	259 665	261 034
Monheim am Rhein, Stadt	41 913	41 279	40 948
Monschau, Stadt	11 645	11 686	11 693
Morsbach	10 093	10 032	10 138
Much	14 577	14 491	14 412
Mülheim an der Ruhr, krfr.Stadt	170 739	170 921	170 632
Münster, krfr. Stadt	317 713	316 403	315 293
Nachrodt-Wiblingwerde	6 441	6 466	6 546
Netphen, Stadt	23 116	23 033	23 081
Nettersheim	7 801	7 705	7 491
Nettetal, Stadt	42 508	42 438	42 496
Neuenkirchen	13 865	13 892	13 887
Neuenrade, Stadt	11 663	11 772	11 889
Neukirchen-Vluyn, Stadt	27 613	27 532	27 187
Neunkirchen	12 994	13 075	13 165
Neunkirchen-Seelscheid	19 852	19 698	19 679
Neuss, Stadt	152 731	153 109	153 896
Nideggen, Stadt	10 204	10 155	10 001
Niederkassel, Stadt	38 694	38 512	38 667

Niederkrüchten	15 075	14 948	15 557
Niederzier	14 180	14 154	14 113
Nieheim, Stadt	6 068	6 026	6 084
Nordkirchen	10 166	10 117	10 111
Nordwalde	9 711	9 683	9 640
Nörvenich	10 816	10 667	10 572
Nottuln	19 672	19 636	19 619
Nümbrecht	17 165	17 068	17 001
Oberhausen, krfr. Stadt	208 752	209 566	210 764
Ochtrup, Stadt	19 893	19 673	19 662
Odenthal	15 063	15 031	14 967
Oelde, Stadt	29 210	29 133	29 238
Oer-Erkenschwick, Stadt	31 395	31 532	31 421
Oerlinghausen, Stadt	17 001	17 065	17 142
Olfen, Stadt	13 040	13 014	12 923
Olpe, Stadt	24 677	24 593	24 551
Olsberg, Stadt	14 410	14 432	14 430
Ostbevern	11 229	11 116	11 007
Overath, Stadt	27 148	27 124	27 100
Paderborn, Stadt	152 531	151 864	151 633
Petershagen, Stadt	25 027	25 045	25 119
Plettenberg, Stadt	24 716	24 978	25 237
Porta Westfalica, Stadt	35 658	35 734	35 631
Preußisch Oldendorf, Stadt	12 375	12 236	12 188
Pulheim, Stadt	54 805	54 636	54 194
Radevormwald, Stadt	21 952	21 963	21 919
Raesfeld	11 574	11 515	11 431
Rahden, Stadt	15 505	15 404	15 402
Ratingen, Stadt	86 424	86 899	87 520
Recke	11 227	11 394	11 376
Recklinghausen, Stadt	110 714	110 705	111 397
Rees, Stadt	21 045	21 030	21 100
Reichshof	18 454	18 503	18 600
Reken	15 092	14 965	14 888
Remscheid, krfr. Stadt	111 770	111 516	111 338
Rheda-Wiedenbrück, Stadt	48 714	48 672	48 644
Rhede, Stadt	19 336	19 319	19 299
Rheinbach, Stadt	26 831	26 949	26 986
Rheinberg, Stadt	30 863	30 933	30 854
Rheine, Stadt	76 948	76 123	76 218
Rheurdt	6 566	6 545	6 515
Rietberg, Stadt	29 564	29 432	29 545
Rödinghausen	9 712	9 728	9 758
Roetgen	8 658	8 650	8 648

Rommerskirchen	13 377	13 357	13 298
Rosendahl	10 806	10 810	10 754
Rösrath, Stadt	28 712	28 759	28 631
Ruppichteroth	10 496	10 484	10 420
Rüthen, Stadt	10 753	10 565	10 826
Saerbeck	7 064	7 088	7 091
Salzkotten, Stadt	25 040	25 013	24 956
Sankt Augustin, Stadt	55 563	55 590	55 847
Sassenberg, Stadt	14 258	14 215	14 193
Schalksmühle	10 227	10 287	10 294
Schermbeck	13 464	13 541	13 602
Schieder-Schwalenberg, Stadt	8 308	8 355	8 344
Schlangen	9 276	9 254	9 259
Schleiden, Stadt	12 956	13 191	13 128
Schloß Holte-Stukenbrock, Stadt	27 120	26 943	26 872
Schmallenberg, Stadt	24 704	24 806	24 852
Schöppingen	6 623	6 759	6 868
Schwalmtal	19 062	19 012	18 969
Schwelm, Stadt	28 501	28 590	28 537
Schwerte, Stadt	46 240	46 124	46 195
Selfkant	10 290	10 253	10 137
Selm, Stadt	25 983	25 802	25 925
Senden	20 495	20 358	20 409
Sendenhorst, Stadt	13 279	13 289	13 193
Siegburg, Stadt	41 660	41 669	41 554
Siegen, Stadt	101 516	101 943	102 770
Simmerath	15 614	15 498	15 404
Soest, Stadt	47 929	47 206	47 514
Solingen, krfr. Stadt	158 957	159 193	159 245
Sonsbeck	8 689	8 690	8 673
Spenge, Stadt	14 313	14 419	14 482
Sprockhövel, Stadt	24 659	24 702	24 739
Stadtlohn, Stadt	20 458	20 290	20 283
Steinfurt, Stadt	34 645	34 431	34 325
Steinhagen	20 405	20 495	20 614
Steinheim, Stadt	12 572	12 617	12 528
Stemwede	13 140	13 046	13 020
Stolberg (Rhld.), Stadt	56 103	56 377	56 466
Straelen, Stadt	16 232	16 248	16 257
Südlohn	9 461	9 370	9 262
Sundern (Sauerland), Stadt	27 511	27 554	27 725
Swisttal	18 527	18 763	18 749
Tecklenburg, Stadt	9 229	9 138	9 070
Telgte, Stadt	19 982	19 841	19 911

Titz	8 569	8 617	8 455
Tönisvorst, Stadt	29 257	29 249	29 336
Troisdorf, Stadt	75 222	74 994	74 953
Übach-Palenberg, Stadt	23 979	23 906	24 044
Uedem	8 362	8 305	8 224
Unna, Stadt	58 911	58 816	58 936
Velbert, Stadt	81 593	81 564	81 842
Velen, Stadt	13 198	13 112	13 107
Verl, Stadt	25 177	25 382	25 318
Versmold, Stadt	21 829	21 697	21 603
Vettweiß	9 685	9 527	9 397
Viersen, Stadt	77 523	77 376	77 102
Vlotho, Stadt	18 334	18 384	18 380
Voerde (Niederrhein), Stadt	35 889	36 047	36 017
Vreden, Stadt	22 758	22 676	22 670
Wachtberg	20 391	20 331	20 485
Wachtendonk	8 192	8 107	8 129
Wadersloh	12 669	12 556	12 654
Waldbröl, Stadt	19 618	19 599	19 553
Waldfeucht	8 998	8 912	8 842
Waltrop, Stadt	29 429	29 472	29 328
Warburg, Stadt	22 953	22 928	23 076
Warendorf, Stadt	37 146	37 173	37 157
Warstein, Stadt	24 325	24 520	24 643
Wassenberg, Stadt	18 952	18 830	18 630
Weeze	11 900	11 228	10 786
Wegberg, Stadt	28 213	28 130	28 169
Weilerswist	17 602	17 722	17 633
Welver	11 752	11 829	11 833
Wenden	19 442	19 452	19 609
Werdohl, Stadt	17 727	17 660	17 657
Werl, Stadt	30 736	30 702	30 767
Wermelskirchen, Stadt	34 480	34 597	34 719
Werne, Stadt	29 355	29 588	29 717
Werther (Westf.), Stadt	11 108	11 091	11 150
Wesel, Stadt	60 688	60 329	60 230
Wesseling, Stadt	37 519	36 731	36 347
Westerkappeln	11 249	11 234	11 241
Wetter (Ruhr), Stadt	27 236	27 269	27 392
Wettringen	8 261	8 271	8 261
Wickede (Ruhr)	12 959	12 682	12 682
Wiehl, Stadt	25 088	25 199	25 161
Willebadessen, Stadt	8 133	8 154	8 111
Willich, Stadt	50 133	50 283	50 391

Wilnsdorf	19 762	19 975	20 086
Windeck	18 864	18 869	18 730
Winterberg, Stadt	12 427	12 442	12 638
Wipperfürth, Stadt	20 879	20 875	20 963
Witten, Stadt	95 107	95 876	96 459
Wülfrath, Stadt	21 009	21 003	20 957
Wuppertal, krfr. Stadt	354 572	355 004	355 100
Würselen, Stadt	38 480	38 496	38 756
Xanten, Stadt	21 502	21 521	21 607
Zülpich, Stadt	20 597	20 440	20 332

3.9 KAG

Kommunalabgabengesetz für das Land Nordrhein-Westfalen (KAG)

vom 21. Oktober 1969 (GV. NW. S. 712),
zuletzt geändert durch Gesetz vom 25. April 2023 (GV. NRW. S. 233)

Übersicht

I. Teil
Allgemeine Vorschriften

§ 1
Kommunalabgaben

(1) Die Gemeinden und Gemeindeverbände sind berechtigt, nach Maßgabe dieses Gesetzes Abgaben (Steuern, Gebühren und Beiträge) zu erheben, soweit nicht Bundes- oder Landesgesetze etwas anderes bestimmen. Dies gilt mit Ausnahme der Erhebung von Steuern ebenfalls für Anstalten des öffentlichen Rechts gemäß § 114a der Gemeindeordnung und für gemeinsame Kommunalunternehmen gemäß § 27 des Gesetzes über kommunale Gemeinschaftsarbeit.

(2) Gesetz im Sinne des Kommunalabgabengesetzes ist jede Rechtsnorm.

(3) Die Bestimmungen der §§ 12 bis 22a gelten auch für Steuern, Gebühren, Beiträge und sonstige Abgaben, die von den Gemeinden und Gemeindeverbänden auf Grund anderer Gesetze erhoben werden, soweit diese keine Bestimmung treffen.

§ 2
Rechtsgrundlage für Kommunalabgaben

(1) Abgaben dürfen nur auf Grund einer Satzung erhoben werden. Die Satzung muß den Kreis der Abgabeschuldner, den die Abgabe begründenden Tatbestand, den Maßstab und den Satz der Abgabe sowie den Zeitpunkt ihrer Fälligkeit angeben.

(2) Eine Satzung, mit der eine im Lande nicht erhobene Steuer erstmalig oder erneut eingeführt werden soll, bedarf zu ihrer Wirksamkeit der Genehmigung des für Kommunales zuständigen Ministeriums und des für Finanzen zuständigen Ministeriums.

II. Teil
Die einzelnen Abgaben

§ 3
Steuern

(1) Die Gemeinden können Steuern erheben. Eine Jagdsteuer darf ab 1. Januar 2013 nicht erhoben werden. Die Erhebung einer Steuer auf die Erlangung der Erlaubnis, Gestattung oder Befugnis zum Betrieb eines Gaststättengewerbes ist unzulässig.

(2) Die Gemeinden und Kreise sollen Steuern nur erheben, soweit die Deckung der Ausgaben durch andere Einnahmen, insbesondere durch Gebühren und Beiträge, nicht in Betracht kommt. Dies gilt nicht für die Erhebung der Vergnügungssteuer und der Hundesteuer.

(3) Wird eine Steuer erhoben, kann durch Satzung festgelegt werden, dass der Steuerpflichtige Vorauszahlungen auf die Steuer zu entrichten hat, die er für den laufenden Veranlagungszeitraum voraussichtlich schulden wird.

(4) Die Steuersatzung kann Dritte, die zwar nicht Steuerschuldner sind, aber in rechtlichen oder wirtschaftlichen Beziehungen zum Steuergegenstand oder zu einem Sachverhalt stehen, an den die Steuerpflicht oder der Steuergegenstand anknüpft, verpflichten, die Steuer zu kassieren, abzuführen und Nachweis darüber zu führen, und ferner bestimmen, dass sie für die Steuer neben dem Steuerschuldner haften.

§ 4
Gebühren (Allgemeines)

(1) Die Gemeinden und Gemeindeverbände können Gebühren erheben.

(2) Gebühren sind Geldleistungen, die als Gegenleistung für eine besondere Leistung – Amtshandlung oder sonstige Tätigkeit – der Verwaltung (Verwaltungsgebühren) oder für die Inanspruchnahme öffentlicher Einrichtungen und Anlagen (Benutzungsgebühren) erhoben werden.

§ 5
Verwaltungsgebühren

(1) Verwaltungsgebühren dürfen nur erhoben werden, wenn die Leistung der Verwaltung von dem Beteiligten beantragt worden ist oder wenn sie ihn unmittelbar begünstigt.

(2) Wird ein Antrag auf eine gebührenpflichtige Leistung abgelehnt oder vor ihrer Beendigung zurückgenommen, so sind 10 bis 75 v. H. der Gebühr zu erheben, die bei ihrer Vornahme zu erheben wäre. Wird der Antrag lediglich wegen Unzuständigkeit abgelehnt, so ist keine Gebühr zu erheben.

(3) Für Widerspruchsbescheide darf nur dann eine Gebühr erhoben werden, wenn der Verwaltungsakt, gegen den Widerspruch erhoben wird, gebührenpflichtig ist und wenn und soweit der Widerspruch zurückgewiesen wird. Die Gebühr beträgt höchstens die Hälfte der für den angefochtenen Verwaltungsakt festzusetzenden Gebühr.

(4) Das veranschlagte Gebührenaufkommen soll die voraussichtlichen Aufwendungen für den betreffenden Verwaltungsbereich nicht übersteigen.

(5) Mündliche Auskünfte sind gebührenfrei.

(6) Von Gebühren sind befreit

1. das Land, die Gemeinden und Gemeindeverbände, sofern die Leistung der Verwaltung nicht ihre wirtschaftlichen Unternehmen betrifft oder es sich nicht um eine beantragte sonstige Tätigkeit i. S. d. § 4 Abs. 2 auf dem Gebiet der Bauleitplanung, des Kultur-, Tief- und Straßenbau handelt,
2. die Bundesrepublik und die anderen Länder, soweit Gegenseitigkeit gewährleistet ist,
3. die Kirchen und Religionsgemeinschaften des öffentlichen Rechts, soweit die Leistung der Verwaltung unmittelbar der Durchführung kirchlicher Zwecke i. S. d. § 54 der Abgabenordnung dient.

Die Gebührenbefreiung gilt nicht für gemäß § 6 Abs. 1 Satz 2, § 19 Satz 1 ÖGDG erbrachte Leistungen.

(7) Besondere bare Auslagen, die im Zusammenhang mit der Leistung entstehen, sind zu ersetzen, auch wenn der Zahlungspflichtige von der Entrichtung der Gebühr befreit ist. Auslagen können auch demjenigen auferlegt werden, der sie durch unbegründete Einwendungen verursacht hat. Zu ersetzen sind insbesondere

a) im Einzelfall besonders hohe Telegrafen-, Fernschreib-, Fernsprechgebühren und Zustellungskosten,
b) Kosten öffentlicher Bekanntmachungen,
c) Zeugen- und Sachverständigenkosten,
d) die bei Dienstgeschäften den beteiligten Verwaltungsangehörigen zustehenden Reisekostenvergütungen,
e) Kosten der Beförderung oder Verwahrung von Sachen.

Für den Ersatz der baren Auslagen gelten die Vorschriften dieses Gesetzes entsprechend.

§ 6
Benutzungsgebühren

(1) Benutzungsgebühren sind zu erheben, wenn eine Einrichtung oder Anlage überwiegend dem Vorteil einzelner Personen oder Personengruppen dient, sofern nicht ein privatrechtliches Entgelt gefordert wird. Im übrigen können Gebühren erhoben werden. Das veranschlagte Gebührenaufkommen soll die voraussichtlichen Kosten der Einrichtung oder Anlage nicht übersteigen und in den Fällen des Satzes 1 in der Regel decken. § 109 der Gemeindeordnung bleibt unberührt.

(2) Kosten im Sinne des Absatzes 1 sind die nach betriebswirtschaftlichen Grundsätzen ansatzfähigen Kosten. Zu den Kosten gehören auch:

1. Abschreibungen auf das betriebsnotwendige Anlagevermögen, die nach der mutmaßlichen Nutzungsdauer oder Leistungsmenge gleichmäßig zu bemessen sind; den Abschreibungen sind die fortgeschriebenen Anschaffungs- oder Herstellungskosten oder Wiederbeschaffungszeitwerte zugrunde zu legen,
2. eine angemessene Verzinsung des betriebsnotwendigen Kapitals, bei dessen Ermittlung die aus Beiträgen, Zuschüssen und Zuweisungen aufgebrachten Kapitalanteile außer Betracht bleiben, bei der entweder ein einheitlicher Nominalzinssatz oder ein nach Eigen- und Fremdkapital getrennt ermittelter Zinssatz angewandt werden kann; im Fall des einheitlichen Nominalzinssatzes kann der sich aus dem 30-jährigen Durchschnitt der Emissionsrenditen für festverzinsliche Wertpapiere inländischer öffentlicher Emittenten ergebende Nominalzinssatz für die einheitliche Verzinsung des in der Einrichtung gebundenen betriebsnotwendigen Kapitals verwendet werden, im Fall des nach Eigen- und Fremdkapital getrennt ermittelten Zinssatzes kann für den Anteil des in der Einrichtung gebundenen Fremdkapitals der durchschnittliche Fremdkapitalzins und für den Anteil des in der Einrichtung gebundenen Eigenkapitals der sich aus dem 30-jährigen Durchschnitt der Emissionsrenditen für festverzinsliche Wertpapiere inländischer öffentlicher Emittenten ergebende Nominalzinssatz zugrunde gelegt werden, sowie
3. Entgelte für die zur Erfüllung der öffentlichen Aufgabe in Anspruch genommenen Leistungen Dritter.

Verkürzt sich die Nutzungsdauer eines betriebsnotwendigen Anlageguts, kann der Restbuchwert auf die verkürzte Restnutzungsdauer verteilt werden. Entfällt die Restnutzungsdauer unerwartet und vollständig, kann der Restbuchwert bei der Ermittlung der Kosten als außerordentliche Abschreibung berücksichtigt werden. Soweit die Umsätze von Einrichtungen und Anlagen der Umsatzsteuer unterliegen, können die Gemeinden und Gemeindeverbände die Umsatzsteuer den Gebührenpflichtigen auferlegen.

(3) Die Gebühr ist nach der Inanspruchnahme der Einrichtung oder Anlage zu bemessen (Wirklichkeitsmaßstab). Wenn das besonders schwierig oder wirtschaftlich nicht vertretbar ist, kann ein Wahrscheinlichkeitsmaßstab gewählt werden, der nicht in einem offensichtlichen Mißverhältnis zu der Inanspruchnahme stehen darf. Die Erhebung einer Grundgebühr neben der Gebühr nach Satz 1 oder 2 sowie die Erhebung einer Mindestgebühr ist zulässig.

(4) Der Gebührenrechnung kann ein Kalkulationszeitraum von höchstens drei Jahren zugrunde gelegt werden. Kostenüberdeckungen am Ende eines Kalkulationszeitraumes sind innerhalb der nächsten vier Jahre auszugleichen. Kostenunterdeckungen sollen innerhalb dieses Zeitraumes ausgeglichen werden. Auf die Gebühren können vom Beginn des Erhebungszeitraumes an angemessene Vorausleistungen verlangt werden.

(5) Grundstücksbezogene Benutzungsgebühren ruhen als öffentliche Last auf dem Grundstück.

(6) Die bestehenden Vorschriften über die Verleihung des Rechts auf Erhebung von Fähr-, Hafen- und Schleusengeldern und von anderen gleichartigen Verkehrsabgaben sowie über die Feststellung der Tarife hierfür bleiben unberührt.

§ 7
Gebühren für Beiträge und Umlagen der Wasser- und Bodenverbände und Zweckverbände

(1) Die von Gemeinden und Gemeindeverbänden für die Mitgliedschaft in einem Wasser- und Bodenverband oder in einem Zweckverband (Verband) zu zahlenden Beiträge und Umlagen (Verbandslasten) werden nach den Grundsätzen des § 6 Abs. 1 Satz 1 und 2 durch Gebühren denjenigen auferlegt, die Einrichtungen und Anlagen des Verbandes in Anspruch nehmen oder denen der Verband durch seine Einrichtungen, Anlagen und Maßnahmen Vorteile gewährt. § 6 Abs. 3 gilt entsprechend. Die Kreise können die von ihnen zu zahlenden Verbandslasten nach den Vorschriften über die Mehr- oder Minderbelastung einzelner Kreisteile aufbringen. Soweit die Abgabepflichtigen selbst von dem Verband für die Inanspruchnahme seiner Einrichtungen und Anlagen oder für die von ihm gewährten Vorteile zu Verbandslasten oder Abgaben herangezogen werden, dürfen von ihnen Gebühren nicht erhoben werden.

(2) Bilden Einrichtungen oder Anlagen des Verbandes mit Einrichtungen oder Anlagen einer Gemeinde oder eines Gemeindeverbandes dergestalt eine technische Einheit daß sie ihren Zweck nur gemeinsam erfüllen können, und erbringen der Verband sowie die Gemeinde oder der Gemeindeverband gleichartige Leistungen (z. B. Ortsentwässerung oder Abwasserreinigung), so gelten sie als einheitliche Einrichtung oder Anlage. In diesen Fällen können die Gemeinden und Gemeindeverbände neben den Verbandslasten nach Absatz 1 Satz 1 und 2 auch die Kosten für ihre eigenen Einrichtungen und Anlagen nach § 6 denjenigen auferlegen, die die einheitliche Einrichtung oder Anlage in Anspruch nehmen. Die auf die einzelnen Abgabepflichtigen entfallenden Gebühren sind um die Beträge zu kürzen, mit denen die Abgabepflichtigen selbst von dem Verband zu Verbandslasten oder Abgaben herangezogen werden; dabei sind Ermäßigungen der Verbandslasten auf Grund eigener Maßnahmen des Abgabepflichtigen den Verbandslasten hinzuzurechnen. Die Kürzung unterbleibt, soweit es sich um Verbandslasten oder Abgaben zur Abgeltung solcher Leistungen und Vorteile handelt, die nur einzelnen zugute kommen. Die Gebühren sind so zu berechnen, daß sie trotz der Kürzungen nach Satz 3 die Kosten der Gemeinde oder des Gemeindeverbandes einschließlich ihrer Verbandslasten in der Regel decken.

§ 8
Beiträge

(1) Die Gemeinden und Gemeindeverbände können Beiträge erheben. Bei den dem öffentlichen Verkehr gewidmeten Straßen, Wegen und Plätzen sollen Beiträge erhoben werden, soweit nicht das Baugesetzbuch anzuwenden ist.

(2) Beiträge sind Geldleistungen, die dem Ersatz des Aufwandes für die Herstellung, Anschaffung und Erweiterung öffentlicher Einrichtungen und Anlagen im Sinne des § 4 Abs. 2, bei Straßen, Wegen und Plätzen auch für deren Verbesserung, jedoch ohne die laufende Unterhaltung und Instandsetzung, dienen. Sie werden von den Grundstückseigentümern als Gegenleistung dafür erhoben, daß ihnen durch die Möglichkeit der Inanspruchnahme der Einrichtungen und Anlagen wirtschaftliche Vorteile geboten werden. Ist das Grundstück mit einem Erbbaurecht belastet, so tritt an die Stelle des Eigentümers der Erbbauberechtigte.

(3) Beiträge können auch für Teile einer Einrichtung oder Anlage erhoben werden (Kostenspaltung).

(4) Der Aufwand umfaßt auch den Wert, den die von der Gemeinde oder dem Gemeindeverband für die Einrichtung oder Anlage bereitgestellten eigenen Grundstücke bei Beginn der Maßnahme haben. Er kann nach den tatsächlichen Aufwendungen oder nach Einheitssätzen, denen die der Gemeinde oder dem Gemeindeverband für gleichartige Einrichtungen oder Anlagen üblicherweise durchschnittlich erwachsenden Aufwendungen zugrunde zu legen sind, ermittelt werden. Bei leitungsgebundenen Einrichtungen und Anlagen, die der Versorgung oder der Abwasserbeseitigung dienen, kann der durchschnittliche Aufwand für die gesamte Einrichtung oder Anlage

veranschlagt und zugrunde gelegt werden (Anschlußbeitrag). Wenn die Einrichtungen oder Anlagen erfahrungsgemäß auch von der Allgemeinheit oder von der Gemeinde oder dem Gemeindeverband selbst in Anspruch genommen werden, bleibt bei der Ermittlung des Aufwandes ein dem wirtschaftlichen Vorteil der Allgemeinheit oder der Gemeinde oder des Gemeindeverbandes entsprechender Betrag außer Ansatz; Zuwendungen Dritter sind, sofern der Zuwendende nichts anderes bestimmt hat, zunächst zur Deckung dieses Betrages und nur, soweit sie diesen übersteigen, zur Deckung des übrigen Aufwandes zu verwenden. Das veranschlagte Beitragsaufkommen soll den nach Satz 1 bis 4 ermittelten Aufwand, der sonst von der Gemeinde oder dem Gemeindeverband selbst aufzubringen wäre, einschließlich des Wertes der bereitgestellten eigenen Grundstücke, nicht überschreiten und in den Fällen des Absatzes 1 Satz 2 in der Regel decken. Wenn im Zeitpunkt des Erlasses der Beitragssatzung der Aufwand noch nicht feststeht, braucht der Beitragssatz in der Satzung nicht angegeben zu werden.

(5) Der Aufwand kann auch für Abschnitte einer Einrichtung oder Anlage, wenn diese selbständig in Anspruch genommen werden können, ermittelt werden.

(6) Die Beiträge sind nach den Vorteilen zu bemessen. Dabei können Gruppen von Beitragspflichtigen mit annähernd gleichen Vorteilen zusammengefaßt werden.

(7) Die Beitragspflicht entsteht mit der endgültigen Herstellung der Einrichtung oder Anlage, in den Fällen des Absatzes 3 mit der Beendigung der Teilmaßnahme und in den Fällen des Absatzes 5 mit der endgültigen Herstellung des Abschnitts. Wird ein Anschlußbeitrag nach Absatz 4 Satz 3 erhoben, so entsteht die Beitragspflicht, sobald das Grundstück an die Einrichtung oder Anlage angeschlossen werden kann, frühestens jedoch mit dem Inkrafttreten der Satzung; die Satzung kann einen späteren Zeitpunkt bestimmen.

(8) Auf die künftige Beitragsschuld können angemessene Vorausleistungen verlangt werden, sobald mit der Durchführung der Maßnahme nach Absatz 2 Satz 1 und Absatz 5 begonnen worden ist.

(9) Der Beitrag ruht als öffentliche Last auf dem Grundstück, im Falle des Absatzes 2 Satz 3 auf dem Erbbaurecht.

§ 8a
Ergänzende Vorschriften für die Durchführung von Straßenausbaumaßnahmen und über die Erhebung von Straßenausbaubeiträgen

(1) Die Gemeinde hat ein gemeindliches Straßen- und Wegekonzept zu erstellen, welches vorhabenbezogen zu berücksichtigen hat, wann technisch, rechtlich und wirtschaftlich sinnvoll Straßenunterhaltungsmaßnahmen möglich sind und wann beitragspflichtige Straßenausbaumaßnahmen an langfristig notwendigen kommunalen Straßen erforderlich werden können. Das Straßen- und Wegekonzept ist über den Zeitraum der mittelfristigen Ergebnis- und Finanzplanung der Gemeinde oder des Gemeindeverbandes anzulegen und bei Bedarf, mindestens jedoch alle zwei Jahre, fortzuschreiben. Das Straßen- und Wegekonzept wird von der kommunalen Vertretung beraten und beschlossen.

(2) Das für Kommunales zuständige Ministerium gibt durch Verwaltungsvorschrift ein Muster für das Straßen- und Wegekonzept nach Absatz 1 im Ministerialblatt für das Land Nordrhein-Westfalen bekannt. Die Gemeinden und Gemeindeverbände sind verpflichtet, dieses Muster zu verwenden. Sofern die Gemeinde oder der Gemeindeverband von dem Muster abweichen möchte, ist dies im Straßen- und Wegekonzept darzulegen und zu begründen.

(3) Soweit im Straßen- und Wegekonzept nach Absatz 1 beitragspflichtige Straßenausbaumaßnahmen enthalten sind, ist die Gemeinde oder der Gemeindeverband verpflichtet, frühzeitig eine Versammlung der von dem Vorhaben betroffenen Grundstückeigentümerinnen und -eigentümer (verbindliche Anliegerversammlung) durchzuführen. Ihnen sind die rechtlichen, technischen und wirtschaftlichen Gegebenheiten vorzustellen. Sofern sich die Straßenausbaumaßnahme konkretisiert, sind zusätzlich Alternativen zum vorgesehenen Ausbaustandard und zu dem sich daraus

ergebenden beitragspflichtigen Aufwand in der verbindlichen Anliegerversammlung mit den betroffenen Grundstückseigentümerinnen und -eigentümern zu erörtern. Über das Ergebnis der verbindlichen Anliegerversammlung ist die Vertretung der Gemeinde oder des Gemeindeverbandes vor Beschlussfassung über die Durchführung einer Straßenausbaumaßnahme zu informieren.

(4) Ausnahmsweise kann von der Durchführung einer verbindlichen Anliegerversammlung nach Absatz 3 abgesehen werden, wenn es sich um eine nur geringfügige Straßenausbaumaßnahme handelt. In diesem Fall kann die verbindliche Anliegerversammlung durch Beschluss der kommunalen Vertretung durch ein anderes Beteiligungsverfahren ersetzt werden. Die Rechtmäßigkeit des Beitragsbescheides bleibt von der Erfüllung der Pflicht zur Durchführung einer Anliegerversammlung nach Absatz 3 oder eines anderen Beteiligungsverfahrens unberührt.

(5) Die Satzung der Gemeinde oder des Gemeindeverbandes kann unter Berücksichtigung von § 8 Absatz 6 Beitragsermäßigungen für Eckgrundstücke vorsehen. Die Festlegung einer satzungsrechtlichen Tiefenbegrenzung ist zulässig.

(6) Bei Straßenausbaubeiträgen gemäß § 8 Absatz 2 soll auf Antrag eine Zahlung in höchstens zwanzig Jahresraten eingeräumt werden. Der jeweilige Restbetrag ist jährlich mit 2 Prozentpunkten über dem zu Beginn des Jahres geltenden Basiszinssatz nach § 247 des Bürgerlichen Gesetzbuches, jedoch mit mindestens 1 Prozent, zu verzinsen. Die Zahlungserleichterung kann auch in Form einer Verrentung der Beitragsschuld gewährt werden, die in höchstens zwanzig Jahresleistungen zu entrichten und deren jeweiliger Restbetrag entsprechend Satz 2 zu verzinsen ist. § 135 Absatz 3 Satz 4 Baugesetzbuch in der Fassung der Bekanntmachung vom 3. November 2017 (BGBl. I S. 3634) gilt entsprechend. Eine Tilgung des Restbetrages ist am Ende jeden Jahres möglich. Die Satzung der Gemeinde oder des Gemeindeverbandes kann hierzu Näheres bestimmen.

(7) Straßenausbaubeiträge gemäß § 8 Absatz 2 sollen für ein beitragspflichtiges Grundstück auf Antrag ohne Festsetzung von Fälligkeiten ganz oder teilweise gestundet werden, wenn die Zahlung des Beitrages für die beitragspflichtige Person eine erhebliche Härte bedeutet. Das gilt insbesondere für eine beitragspflichtige Person, die über ein Einkommen verfügt, das die Bedarfsgrenze der Hilfe zum Lebensunterhalt außerhalb von Einrichtungen nach dem Zwölften Buch Sozialgesetzbuch – Sozialhilfe – (Artikel 1 des Gesetzes vom 27. Dezember 2003, BGBl. I S. 3022, 3023), das zuletzt durch Artikel 2 des Gesetzes vom 8. Juli 2019 (BGBl. I S. 1029) geändert worden ist, um nicht mehr als 20 Prozent des maßgebenden Regelsatzes übersteigt und kein anderes Vermögen vorhanden ist, das die Zahlung von Beiträgen zumutbar macht. Für die Höhe der Verzinsung des so gestundeten Betrages gilt Absatz 6 Satz 2 entsprechend. Auf die Zinsen kann ganz oder teilweise verzichtet werden, wenn ihre Erhebung nach Lage des einzelnen Falls unbillig wäre.

(8) Die nach diesem Gesetz anwendbaren weitergehenden Billigkeitsregelungen der Abgabenordnung bleiben unberührt.

§ 9
Besondere Wegebeiträge

Müssen Straßen und Wege, die nicht dem öffentlichen Verkehr gewidmet sind, deshalb kostspieliger, als es ihrer gewöhnlichen Bestimmung gemäß notwendig wäre, gebaut oder ausgebaut werden, weil sie im Zusammenhang mit der Bewirtschaftung oder Ausbeutung von Grundstücken oder im Zusammenhang mit einem gewerblichen Betrieb außergewöhnlich beansprucht werden, so kann die Gemeinde oder der Gemeindeverband zum Ersatz der Mehraufwendungen von den Eigentümern dieser Grundstücke oder von den Unternehmern der gewerblichen Betriebe besondere Wegebeiträge erheben. Die Beiträge sind nach den Mehraufwendungen zu bemessen, die der Beitragspflichtige verursacht. § 8 Abs. 3, Abs. 4 Satz 1 und 6, Abs. 5, Abs. 7 Satz 1 und Abs. 8 sind entsprechend anzuwenden.

§ 10
Kostenersatz für Haus- und Grundstücksanschlüsse

(1) Die Gemeinden und Gemeindeverbände können bestimmen, daß ihnen der Aufwand für die Herstellung, Erneuerung, Veränderung und Beseitigung sowie die Kosten für die Unterhaltung eines Haus- oder Grundstücksanschlusses an Versorgungsleitungen und Abwasserbeseitigungsanlagen ersetzt werden. Der Aufwand und die Kosten können in der tatsächlich geleisteten Höhe oder nach Einheitssätzen, denen die der Gemeinde oder dem Gemeindeverband für Anschlüsse der gleichen Art üblicherweise durchschnittlich erwachsenden Aufwendungen und Kosten zugrunde zu legen sind, ermittelt werden. Die Satzung kann bestimmen, daß dabei Versorgungs- und Abwasserleitungen, die nicht in der Mitte der Straße verlaufen, als in der Straßenmitte verlaufend gelten.

(2) Der Ersatzanspruch entsteht mit der endgültigen Herstellung der Anschlußleitung, im übrigen mit der Beendigung der Maßnahme. Für den Anspruch gelten die Vorschriften dieses Gesetzes entsprechend.

(3) Die Gemeinden und Gemeindeverbände können bestimmen, daß die Haus- oder Grundstücksanschlüsse an Versorgungsleitungen und Abwasserbeseitigungsanlagen zu der öffentlichen Einrichtung oder Anlage im Sinne des § 4 Abs. 2 und des § 8 Abs. 2 Satz 1 gehören.

§ 11
Kurbeiträge und Fremdenverkehrsbeiträge

(1) Die Gemeinden, die nach dem Kurortegesetz ganz oder teilweise als Kurort anerkannt sind, können für die Herstellung, Anschaffung, Erweiterung und Unterhaltung der zu Heil- oder Kurzwecken in dem anerkannten Gebiet bereitgestellten Einrichtungen und Anlagen sowie für die zu diesem Zweck durchgeführten Veranstaltungen einen Kurbeitrag erheben. Ist Träger der in Satz 1 genannten Einrichtungen und Anlagen ganz oder überwiegend ein Gemeindeverband, so kann nur dieser den Kurbeitrag erheben; die Satzung kann in diesem Falle bestimmen, daß die Gemeinde einen angemessenen Anteil an dem Kurbeitragsaufkommen für ihre eigenen Aufwendungen im Sinne des Satzes 1 erhält.

(2) Der Kurbeitrag wird von den Personen, die in dem nach Absatz 1 Satz 1 anerkannten Gebiet Unterkunft nehmen, ohne in ihm die alleinige Wohnung oder die Hauptwohnung im Sinne des § 21 Absatz 1 des Bundesmeldegesetzes vom 3. Mai 2013 (BGBl. I S. 1084) in der jeweils geltenden Fassung zu haben, als Gegenleistung dafür erhoben, daß ihnen die Möglichkeit geboten wird, die Einrichtungen und Anlagen in Anspruch zu nehmen und an den Veranstaltungen teilzunehmen; die Satzung kann an die Stelle der Hauptwohnung im Sinne des § 21 Absatz 1 des Bundesmeldegesetzes vom 3. Mai 2013 (BGBl. I S. 1084) in der jeweils geltenden Fassung den Wohnsitz im Sinne der §§ 7 bis 11 des Bürgerlichen Gesetzbuches setzen. Der Kurbeitrag kann auch von Personen erhoben werden, die in der Gemeinde außerhalb des nach Absatz 1 Satz 1 anerkannten Gebietes zu Heil- oder Kurzwecken Unterkunft nehmen. Er kann ferner erhoben werden von Personen, die in den dazu geschaffenen Einrichtungen zu Heil- oder Kurzwecken betreut werden, ohne in der Gemeinde Unterkunft zu nehmen. Die Kurbeiträge nach den Sätzen 2 und 3 können niedriger als die nach Satz 1 festgesetzt werden. § 6 bleibt unberührt.

(3) Wer Personen zu Heil- oder Kurzwecken gegen Entgelt beherbergt, wer ihnen als Grundeigentümer Unterkunftsmöglichkeiten in eigenen Wohngelegenheiten, z. B. Fahrzeugen oder Zelten, gewährt oder wer sie in den Fällen des Absatzes 2 Satz 3 in eigenen Einrichtungen betreut, kann durch die Satzung verpflichtet werden, diese Personen der Gemeinde oder dem Gemeindeverband zu melden, den Kurbeitrag einzuziehen und an die Gemeinde oder den Gemeindeverband abzuliefern; er haftet insoweit für den Kurbeitrag.

(4) Die Gemeinden, die nach dem Kurortegesetz ganz oder teilweise als Kurort oder als Erholungsort anerkannt sind sowie die Gemeinden, in denen die Zahl der Fremdübernachtungen im Jahr in

der Regel das Siebenfache der Einwohnerzahl übersteigt, können für die Fremdenverkehrswerbung und für die Herstellung, Anschaffung, Erweiterung und Unterhaltung der zu Fremdenverkehrszwecken bereitgestellten Einrichtungen und Anlagen sowie für die zu diesem Zweck durchgeführten Veranstaltungen einen Fremdenverkehrsbeitrag erheben. § 6 bleibt unberührt.

(5) Der Fremdenverkehrsbeitrag wird von den Personen und den Unternehmen erhoben, denen durch den Fremdenverkehr unmittelbar oder mittelbar besondere wirtschaftliche Vorteile geboten werden. Die Beitragspflicht erstreckt sich auch auf solche Personen und Unternehmen, die, ohne in der Gemeinde ihre Wohnung oder ihren Betriebssitz zu haben, vorübergehend in der Gemeinde erwerbstätig sind. Die Gemeinden können die Erhebung des Fremdenverkehrsbeitrages auf ein nach ihren örtlichen Verhältnissen durch Satzung bestimmtes Gebiet beschränken.

III. Teil
Verwaltungsverfahren

§ 12
Anwendung der Abgabenordnung

(1) Auf Kommunalabgaben sind die folgenden Bestimmungen der Abgabenordnung in der jeweiligen Fassung entsprechend anzuwenden, soweit nicht dieses Gesetz oder andere Bundes- oder Landesgesetze besondere Vorschriften enthalten:

1. aus dem Ersten Teil – Einleitende Vorschriften –
   a) über den Anwendungsbereich § 2,
   b) über die steuerlichen Begriffsbestimmungen § 3 Abs. 1, 4 und 5, §§ 4, 5, 7 bis 15,
   c) über das Steuergeheimnis § 30 mit folgenden Maßgaben:
      aa) die Vorschrift gilt nur für kommunale Steuern,
      bb) bei der Hundesteuer darf in Schadensfällen Auskunft über Namen und Anschrift des Hundehalters an Behörden und Schadensbeteiligte gegeben werden,
      cc) die Entscheidung nach Absatz 4 Nr. 5 Buchstabe c trifft die Vertretung der Körperschaft, der die Abgabe zusteht;
   d) über die Haftungsbeschränkung für Amtsträger § 32,
2. aus dem Zweiten Teil – Steuerschuldrecht –
   a) über den Steuerpflichtigen §§ 33 bis 36,
   b) über das Steuerschuldverhältnis §§ 37 bis 49,
   c) über steuerbegünstigte Zwecke §§ 51 bis 68,
   d) über die Haftung §§ 69 bis 71, 73 bis 75, 77,
3. aus dem Dritten Teil – Allgemeine Verfahrensvorschriften –
   a) über die Verfahrensgrundsätze §§ 78 bis 81, § 82 Abs. 1 und 2, § 83 Abs. 1 mit der Maßgabe, daß in den Fällen des Satzes 2 die Vertretung der Körperschaft, der die Abgabe zusteht, die Anordnung trifft, §§ 85 bis 93, § 96 Abs. 1 bis Abs. 7 Satz 1 und 2, §§ 97 bis 99, § 101 Abs. 1, §§ 102 bis 109, § 111 Abs. 1 bis 3 und Abs. 5, §§ 112 bis 115, § 117 Abs. 1, 2 und 4,
   b) über die Verwaltungsakte §§ 118 bis 126 Abs. 2 und §§ 127 bis 133 mit der Maßgabe, dass in § 126 Abs. 2 an die Stelle der Wörter „finanzgerichtliches Verfahren" die Wörter „verwaltungsgerichtliches Verfahren" und in § 132 an die Stelle der Wörter „Einspruchsverfahrens", „finanzgerichtlichen Verfahrens" und „Einspruch" die Wörter „Widerspruchsverfahrens", „verwaltungsgerichtlichen Verfahrens" und „Widerspruch" treten,
4. aus dem Vierten Teil – Durchführung der Besteuerung –
   a) über die Mitwirkungspflichten §§ 140, 145 bis 149, § 150 Abs. 1 bis 5, §§ 151 bis 153,
   b) über das Festsetzungs- und Feststellungsverfahren § 155, § 156 Abs. 2, §§ 157 bis 160, 162, § 163 Satz 1 und 3, § 164, § 165 Abs. 1 und 2, §§ 166 bis 168, § 169 mit der Maßgabe, dass die Festsetzungsfrist nach Absatz 2 Satz 1 einheitlich 4 Jahre beträgt, § 170

Abs. 1 bis 3, § 171 Abs. 1 bis 3a mit der Maßgabe, dass in Absatz 3 die Wörter „Einspruchs- und Klageverfahrens“ durch die Wörter „Widerspruchs- und Klageverfahrens“ und in Absatz 3a Satz 1 das Wort „Einspruch“ durch das Wort „Widerspruch“ und in Satz 3 die Wörter „§ 100 Abs. 1 Satz 1, Abs. 2 Satz 2, Abs. 3 Satz 1, § 101 der Finanzgerichtsordnung“ durch die Wörter „§ 113 Abs. 1 Satz 1, Abs. 2 Satz 2, Abs. 3 Satz 1 und Abs. 5 der Verwaltungsgerichtsordnung“ ersetzt werden, ferner Abs. 7 bis 14, §§ 191,192,

5. aus dem Fünften Teil – Erhebungsverfahren –
   a) über die Verwirklichung, die Fälligkeit und das Erlöschen von Ansprüchen aus dem Steuerschuldverhältnis §§ 218, 219, 221 bis 223, § 224 Abs. 1 und 2, §§ 225 bis 232,
   b) über die Verzinsung und die Säumniszuschläge §§ 233, 234 Abs. 1 und 2, § 235, § 236 mit der Maßgabe, dass in Absatz 3 an die Stelle der Wörter „§ 137 Satz 1 der Finanzgerichtsordnung“ die Wörter „§ 155 Abs. 4 der Verwaltungsgerichtsordnung“ treten, § 237 Abs. 1, 2, 4 und 5 mit der Maßgabe, dass in Absatz 1 an die Stelle der Wörter „Einspruch“ und „Einspruchsentscheidung“ die Wörter „Widerspruch“ und „Widerspruchsbescheid“ treten und an die Stelle der Wörter „förmlichen außergerichtlichen“ und in Absatz 2 an die Stelle der Wörter „außergerichtlichen Rechtsbehelfs“ jeweils das Wort „Widerspruchs“ tritt sowie in Absatz 4 die Wörter „und 3 gelten“ durch das Wort „gilt“ ersetzt werden, §§ 238 bis 240,
   c) über die Sicherheitsleistung §§ 241 bis 248,
6. aus dem Sechsten Teil – Vollstreckung –
   a) über die Allgemeinen Vorschriften § 251 Abs. 2 und 3, § 254 Abs. 2,
   b) über die Vollstreckung wegen Geldforderungen § 261.

(2) Auf Kommunalabgaben sind ferner die §§ 1, 2, 8, § 10 Abs. 1 mit der Maßgabe, daß in Satz 2 an die Stelle der Vorschriften der Reichsabgabenordnung die bisherigen Vorschriften des Kommunalabgabengesetzes treten, § 11, jedoch ohne die Verweisung auf die §§ 72 und 76 der Abgabenordnung, § 14, § 15 Abs, 1 und 3 sowie § 16 Abs. 1 des Artikels 97 des Einführungsgesetzes zur Abgabenordnung in der jeweiligen Fassung entsprechend anzuwenden, soweit nicht dieses Gesetz oder andere Bundes- oder Landesgesetze besondere Vorschriften enthalten.

(3) Die Vorschriften der Absätze 1 und 2 gelten entsprechend für Verspätungszuschläge, Zinsen und Säumniszuschläge (abgabenrechtliche Nebenleistungen) sowie für die Ersatzansprüche nach § 5 Abs. 7 und § 10 Abs. 1 und 2. dieses Gesetzes.

(4) Bei der Anwendung der in den Absätzen 1 und 2 genannten Vorschriften tritt jeweils an die Stelle

a) der Finanzbehörde oder des Finanzamtes die Körperschaft, der die Abgabe zusteht,
b) des Wortes „Steuer(n)“ – allein oder in Wortzusammensetzungen – das Wort „Abgabe(n)“,
c) des Wortes „Besteuerung“ die Worte „Heranziehung zu Abgaben“.

§ 12a
Zeitliche Grenze für die Festsetzung von Abgaben zum Vorteilsausgleich

(1) Abgaben zum Vorteilsausgleich dürfen ohne Rücksicht auf Entstehung der Abgabenschuld mit Ablauf des 20. Kalenderjahres, das auf den Eintritt der Vorteilslage folgt, nicht mehr festgesetzt werden.

(2) Absatz 1 gilt auch für Abgabenbescheide, die am 1. Juni 2022 noch nicht bestandskräftig waren.

(3) Soweit die Frist des Absatzes 1 mit Ablauf eines Kalenderjahres zwischen 2022 und 2026 endet, verlängert sie sich bis zum 31. Dezember 2027.

(4) Sofern Vorausleistungen auf die Abgabe zum Vorteilsausgleich bis zum 1. Juni 2022 erhoben worden sind, jedoch die Festsetzung der endgültigen Abgabe infolge des Ablaufs der Frist des

Absatzes 1 in Verbindung mit Absatz 3 ausgeschlossen ist, sind die Vorausleistungen nur in dem Umfang zu erstatten, in dem sie die Höhe der fiktiven endgültigen Abgabe überschreiten. Eine Verzinsung der Erstattungsbeträge findet nicht statt.

(5) Soweit für Anlagen keine Abgabe im Sinne der vorstehenden Absätze mehr erhoben werden kann, gelten diese Anlagen als erstmalig hergestellt.

§ 13
Kleinbeträge, Abrundung

(1) Es kann davon abgesehen werden, Abgaben und abgabenrechtliche Nebenleistungen festzusetzen, zu erheben, nachzufordern oder zu erstatten, wenn der Betrag niedriger als 20 Euro ist und die Kosten der Einziehung oder Erstattung außer Verhältnis zu dem Betrag stehen, es sei denn, dass wegen der grundsätzlichen Bedeutung des Falles eine Einziehung geboten ist.

(2) Cent-Beträge können bei der Festsetzung von Abgaben und abgabenrechtlichen Nebenleistungen auf volle Euro nach unten abgerundet und bei der Erstattung auf volle Euro nach oben aufgerundet werden.

§ 14
Abgabenbescheide

(1) Festsetzung und Erhebung mehrerer Abgaben, die denselben Abgabepflichtigen betreffen, können in einem Bescheid zusammengefasst werden.

(2) Ein Bescheid über Abgaben für einen bestimmten Zeitabschnitt kann bestimmen, dass er auch für künftige Zeitabschnitte gilt, solange sich die Berechnungsgrundlagen und der Abgabenbetrag nicht ändern. Dabei ist anzugeben, an welchen Tagen und mit welchen Beträgen die Abgaben jeweils fällig werden.

(3) Abgabenbescheide mit Dauerwirkung sind von Amts wegen aufzuheben oder zu ändern, wenn die Abgabepflicht entfällt oder sich die Höhe der Abgaben ändert.

§ 15
– gestrichen –

§ 16
– gestrichen –

IV. Teil
Straf- und Bußgeldvorschriften

§ 17
Abgabenhinterziehung

(1) Mit Freiheitsstrafe bis zu zwei Jahren oder mit Geldstrafe wird bestraft, wer

a) der Körperschaft, der die Abgabe zusteht, oder einer anderen Behörde über abgabenrechtlich erhebliche Tatsachen unrichtige oder unvollständige Angaben macht oder
b) die Körperschaft, der die Abgabe zusteht, pflichtwidrig über abgabenrechtlich erhebliche Tatsachen in Unkenntnis läßt

und dadurch Abgaben verkürzt oder nicht gerechtfertigte Abgabenvorteile für sich oder einen anderen erlangt. § 370 Abs. 4, §§ 371 und 376 der Abgabenordnung in der jeweiligen Fassung gelten entsprechend.

(2) Der Versuch ist strafbar.

(3) Für das Strafverfahren gelten die §§ 385, 391, 393, 395 bis 398 und 407 der Abgabenordnung in der jeweiligen Fassung entsprechend.

§ 18
– gestrichen –

§ 19
– gestrichen –

§ 20
Leichtfertige Abgabenverkürzung und Abgabengefährdung

(1) Ordnungswidrig handelt, wer als Abgabenpflichtiger oder bei Wahrnehmung der Angelegenheiten eines Abgabenpflichtigen eine der in § 17 Abs. 1 bezeichneten Taten leichtfertig begeht (leichtfertige Abgabenverkürzung). § 370 Abs. 4 und § 378 Abs. 3 der Abgabenordnung in der jeweiligen Fassung gelten entsprechend.

(2) Ordnungswidrig handelt auch, wer vorsätzlich oder leichtfertig

a) Belege ausstellt, die in tatsächlicher Hinsicht unrichtig sind, oder
b) den Vorschriften einer Abgabensatzung zur Sicherung der Abgabenerhebung, insbesondere zur Anmeldung und Anzeige von Tatsachen, zur Führung von Aufzeichnungen oder Nachweisen, zur Kennzeichnung oder Vorlegung von Gegenständen oder zur Erhebung und Abführung von Abgaben zuwiderhandelt

und es dadurch ermöglicht, Abgaben zu verkürzen oder nicht gerechtfertigte Abgabenvorteile zu erlangen (Abgabengefährdung).

(3) Die Ordnungswidrigkeit kann in den Fällen des Absatzes 1 mit einer Geldbuße bis zu zehntausend Euro und in den Fällen des Absatzes 2 mit einer Geldbuße bis zu fünftausend Euro geahndet werden.

(4) Für das Bußgeldverfahren gelten die §§ 391, 393, 396, 397, 407 und 411 der Abgabenordnung in der jeweiligen Fassung entsprechend.

(5) Verwaltungsbehörde im Sinne des § 36 Abs. 1 Nr. 1 des Gesetzes über Ordnungswidrigkeiten ist die Körperschaft, der die Abgabe zusteht.

§ 21
– gestrichen –

§ 22
Übergangsvorschrift zur Erhebung der Jagdsteuer

Die Kreise und kreisfreien Städte sind berechtigt, Jagdsteuern wie folgt zu erheben:
ab 1. Januar 2010 in Höhe von 80 %, ab 1. Januar 2011 in Höhe von 55 % und ab 1. Januar 2012 bis 31. Dezember 2012 in Höhe von 30 % des Steuersatzes, den sie zum Stichtag 1. Januar 2009 festgesetzt haben.

§ 22 a
Einschränkung von Grundrechten

Die Grundrechte auf körperliche Unversehrtheit und Freiheit der Person (Artikel 2 Abs. 2 des Grundgesetzes) und der Unverletzlichkeit der Wohnung (Artikel 13 des Grundgesetzes) werden nach Maßgabe dieses Gesetzes eingeschränkt.

§ 23
Änderung des Vergnügungssteuergesetzes

§ 23 hier nicht abgedruckt, da in die jeweiligen Gesetze eingearbeitet.

§ 24
Änderung des Verwaltungsvollstreckungsgesetzes für das Land Nordrhein-Westfalen

§ 24 hier nicht abgedruckt, da in die jeweiligen Gesetze eingearbeitet.

§ 25
Rechts- und Verwaltungsverordnungen

(1) Das für Kommunales zuständige Ministerium wird ermächtigt, im Einvernehmen mit dem für Finanzen zuständigen Ministerium und dem Kommunalpolitischen Ausschuß des Landtags durch Rechtsverordnung dieses Gesetz durch Einfügung der entsprechenden Vorschriften neu zu fassen, wenn dies wegen einer Änderung des in diesem Gesetz für anwendbar erklärten Bundesrechts notwendig wird.

(2) Das für Kommunales zuständige Ministerium erlässt im Einvernehmen mit dem für Finanzen zuständigen Ministerium die zur Ausführung dieses Gesetzes erforderlichen Verwaltungsverordnungen.

§ 26
Inkrafttreten, Übergangsvorschrift

(1) § 11 Absatz 4 und § 25 dieses Gesetzes treten einen Tag nach seiner Verkündung, die übrigen Vorschriften am 1. Januar 1970 in Kraft.

(2) § 8a Absatz 6 und 7 ist auch auf bis zum 1. Januar 2020 bereits abgeschlossene Beitragserhebungsverfahren anzuwenden. Dies gilt nicht, soweit die Beiträge von den Gemeinden und Gemeindeverbänden bereits vereinnahmt wurden.

3.10 VV Muster Straßen- und Wegekonzept

Verwaltungsvorschrift

Bekanntgabe des Musters für ein Straßen- und Wegekonzept gemäß § 8a Absatz 2 Satz 1 Kommunalabgabengesetz für das Land Nordrhein-Westfalen (VV Muster Straßen- und Wegekonzept)

Runderlass des Ministeriums für Heimat, Kommunales, Bau und Gleichstellung 305 – 49.01.03 – 74.1 – 2461/20 vom 23. März 2020 (MBl. NRW. S. 168)

1

Die Gemeinden und Gemeindeverbände sind gemäß § 8a Absatz 2 Satz 2 des Kommunalabgabengesetzes für das Land Nordrhein-Westfalen vom 21. Oktober 1969 (GV. NRW. S. 712), das zuletzt durch Gesetz vom 19. Dezember 2019 (GV. NRW. S. 1029) geändert worden ist (im Folgenden KAG genannt), verpflichtet, ihr gemeindliches Straßen- und Wegekonzept gemäß § 8a Absatz 1 KAG nach Maßgabe des anliegenden Musters aufzustellen. Sofern die Gemeinde oder der Gemeindeverband von dem Muster abweichen möchte, zum Beispiel, um ein bereits bestehendes Straßen- und Wegekonzept weiterführen zu können, ist dies gemäß § 8a Absatz 2 Satz 3 KAG im Straßen- und Wegekonzept darzulegen und zu begründen.

2

Dieser Runderlass tritt am Tag nach der Veröffentlichung in Kraft und am 31. Dezember 2025 außer Kraft.

Anlage

Straßen- und Wegekonzept

der [Namen der kommunalen Gebietskörperschaft einsetzen]

1. Rechtliche Rahmenbedingungen

Seit dem 1. Januar 2020 ist eine Änderung des Kommunalabgabengesetzes für das Land Nordrhein-Westfalen (im Folgenden: KAG) in Kraft. Der Landesgesetzgeber hat in das Kommunalabgabengesetz einen neuen § 8a „Ergänzende Vorschriften für die Durchführung von Straßenausbaumaßnahmen und über die Erhebung von Straßenausbaubeiträgen" eingefügt.

Gemäß § 8a Absatz 1 KAG hat jede Gemeinde oder jeder Gemeindeverband ein gemeindliches Straßen- und Wegekonzept zu erstellen, welches vorhabenbezogen zu berücksichtigen hat, wann technisch, rechtlich und wirtschaftlich sinnvoll geplante Straßenunterhaltungsmaßnahmen möglich sind und wann beitragspflichtige Straßenausbaumaßnahmen an kommunalen Straßen erforderlich werden können. Das Straßen- und Wegekonzept ist über den 5-jährigen Zeitraum der mittelfristigen Ergebnis- und Finanzplanung anzulegen und bei Bedarf, mindestens jedoch alle zwei Jahre fortzuschreiben.

Das Straßen- und Wegekonzept beinhaltet dabei keine Vorentscheidungen über eine Straßenausbaumaßnahme. Ziel des Straßen- und Wegekonzeptes ist es, vorhabenbezogen Transparenz über geplante Straßenunterhaltungsmaßnahmen und Straßenausbaumaßnahmen herzustellen.

Gemäß § 8a Absatz 2 Satz 2 KAG sind die Gemeinden und Gemeindeverbände verpflichtet, dieses Muster für die Erstellung des gemeindlichen Straßen- und Wegekonzeptes zu verwenden. Sofern die Gemeinde oder der Gemeindeverband von dem Muster abweichen möchte, ist dies gemäß § 8a Absatz 2 Satz KAG darzulegen und zu begründen. Dies ermöglicht es Kommunen, die bereits über transparente Darstellungen von straßen- und wegebezogenen Maßnahmen verfügen ihre bisherigen Darstellungsformen beizubehalten.

2. Tabellarische Darstellung von Straßenunterhaltungs- und Straßenausbaumaßnahmen

Die in den nachstehenden Tabellen einzutragenden Angaben sind auf das nach § 8a Absatz 1 KAG vorgegebene Minimum beschränkt. Gemeinden können darüber hinaus weitergehende Angaben machen (z.B. im Hinblick auf den zu erwartenden Kostenrahmen der geplanten Maßnahmen).

a) Geplante voraussichtlich beitragsfreie Straßenunterhaltungsmaßnahmen

Die nachfolgende Tabelle bezieht sich auf den 5-jährigen Zeitraum der mittelfristigen Ergebnis- und Finanzplanung. Die geplanten Unterhaltungsmaßnahmen unterliegen voraussichtlich nicht der anteiligen Finanzierung durch Grundstückseigentümer.

Lfd. Nr.	Straßenname	Abschnitt von – bis	Geplante Unterhaltungsmaßnahme	Umsetzung im Jahr

b) Beabsichtigte beitragspflichtige Straßenausbaumaßnahmen

Die nachfolgende Tabelle bezieht sich auf den 5-jährigen Zeitraum der mittelfristigen Ergebnis- und Finanzplanung und benennt die derzeit vorgesehenen grundhaften Erneuerungen oder Verbesserungen an Straßen, Wegen und Plätzen, die eine Beitragspflicht auslösen.

Lfd. Nr.	Straßenname	Abschnitt von – bis	Konkrete Straßenausbaumaßnahme	Umsetzung im Jahr

3.11 Förderrichtline Straßenausbaubeiträge

Richtlinie über die Gewährung von Zuwendungen an Kommunen zur Entlastung von Beitragspflichtigen bei Straßenausbaumaßnahmen in Nordrhein-Westfalen (Förderrichtlinie Straßenausbaubeiträge)

Runderlass des Ministeriums für Heimat, Kommunales, Bau und Gleichstellung – 305 – 49.01.03 – 74.1 – vom 3. Mai 2022 (MBl. NRW. S. 379)

1 Zuwendungszweck, Rechtsgrundlage

1.1 Zuwendungszweck

Das Land Nordrhein-Westfalen übernimmt zu 100 Prozent die kommunalen Straßenausbaubeiträge in Nordrhein-Westfalen, die nach der jeweiligen Satzung in Verbindung mit der „Soll-Regelung" des § 8 Absatz 1 Satz 2 des Kommunalabgabengesetzes für das Land Nordrhein-Westfalen vom 21. Oktober 1969 (GV. NRW. S. 712) in der jeweils geltenden Fassung, im Folgenden KAG, von den Beitragspflichtigen zu erheben sind. Soweit die Kommune anstelle einer Beitragserhebung nach den oben genannten Vorschriften Ablösevereinbarungen trifft, übernimmt das Land Nordrhein-Westfalen den sich aus der Ablösevereinbarung ergebenden Betrag zu 100 Prozent, soweit dieser den fiktiven Straßenausbaubeitrag gemäß Nummer 4.2 nicht überschreitet. Die nachfolgenden Vorgaben sind, soweit die Ablösevereinbarungen in ihnen nicht gesondert genannt werden, auf Ablösevereinbarungen entsprechend anzuwenden.

1.2 Rechtsgrundlage

Das Land Nordrhein-Westfalen gewährt nach Maßgabe dieser Richtlinie und den §§ 23 und 44 der Landeshaushaltsordnung in der Fassung der Bekanntmachung vom 26. April 1999 (GV. NRW. S. 158) in der jeweils geltenden Fassung, im Folgenden LHO, und des zugehörigen Runderlasses des Finanzministeriums „Verwaltungsvorschriften zur Landeshaushaltsordnung" vom 10. Juni 2020 (MBl. NRW. S. 309) in der jeweils geltenden Fassung, im Folgenden VV, Zuweisungen an Kommunen zur Reduzierung des umlagefähigen Aufwands für Straßenausbaumaßnahmen, was wiederum eine Reduzierung der von den Beitragspflichtigen gemäß § 8 Absatz 2 Satz 1 KAG auf Grund von Beitragsbescheiden zu tragenden Straßenausbaubeiträge auf null Euro zur Folge hat.

2 Gegenstand der Förderung

2.1 Im Falle der Beitragserhebung

Die vollständige Entlastung der Straßenausbaubeitragspflichtigen für im Land Nordrhein-Westfalen vorgenommene beitragspflichtige Straßenausbaumaßnahmen erfolgt durch die Gewährung von Zuweisungen des Landes Nordrhein-Westfalen an die Kommunen.

Diese Zuweisungen sind von den Kommunen zur Deckung des umlagefähigen Aufwands einer Straßenausbaumaßnahme einzusetzen, sodass die von den Straßenausbaubeitragspflichtigen nach Maßgabe der örtlichen Satzung zu erhebenden Straßenausbaubeiträge auf der Grundlage dieser geminderten Aufwendungen zu ermitteln sind und hierdurch die angestrebte Entlastung der oder des Beitragspflichtigen bewirkt wird.

Gegenstand der Förderung ist der umlagefähige Aufwand der einzelnen beitragspflichtigen Straßenausbaumaßnahmen.

2.2 Bei Ablösevereinbarungen
Auch Ablösevereinbarungen können Gegenstand einer Förderung sein. Die Entlastung erfolgt durch die Gewährung von Zuweisungen des Landes Nordrhein-Westfalen an die Kommunen. Diese Zuweisungen sind von den Kommunen zur Deckung des Betrages einzusetzen, den sie aus der Ablösevereinbarung erhalten.

Gegenstand der Förderung ist der in Bezug auf die einzelne beitragspflichtige Straßenausbaumaßnahme zu zahlende Ablösebetrag.

3 Zuwendungsempfängerin oder Zuwendungsempfänger

Antragsberechtigt sind alle nordrhein-westfälischen Gemeinden und Gemeindeverbände.

4 Zuwendungsvoraussetzungen

4.1 Im Falle der Beitragserhebung
Eine Förderung wird für den abschließend ermittelten, feststehenden umlagefähigen Aufwand einer § 8 Absatz 1 Satz 2 KAG unterfallenden beitragsfähigen Straßenausbaumaßnahme gewährt, für welche anschließend Straßenausbaubeiträge durch Beitragsbescheide erhoben werden. Feststehen muss der Gesamtaufwand der Maßnahme nach der vorliegenden Schlussrechnung, aufgeschlüsselt nach Anteilen von Kommune und Beitragspflichtigen, also nach dem Gemeindeanteil und dem von den Beitragspflichtigen zu zahlenden umlagefähigen Aufwand. Abweichend von diesem Grundsatz wird eine Förderung ausnahmsweise auch für einen noch nicht abschließend ermittelten umlagefähigen Aufwand gewährt, wenn der vorläufig ermittelte Aufwand Grundlage für einen vorläufigen Straßenausbaubeitragsbescheid ist und die Gemeinde diesen Bescheid nach Gewährung der Förderung erlässt. Eine solche Ausnahme kommt zum Beispiel dann in Betracht, wenn ohne die vorläufige Beitragserhebung eine Festsetzungsverjährung eintreten würde. In diesem Fall tritt für die Förderung zunächst der vorläufig ermittelte umlagefähige Aufwand an die Stelle des abschließend ermittelten, feststehenden umlagefähigen Aufwands.

4.2 Im Falle von Ablösevereinbarungen
Eine Förderung wird auch für die potenziellen Beitragsschuldnerinnen oder Beitragsschuldner gewährt, mit denen die Kommune für eine § 8 Absatz 1 Satz 2 KAG unterfallende, beitragsfähige Straßenausbaumaßnahme eine Ablösevereinbarung getroffen hat.

Nach Durchführung der Straßenausbaumaßnahme hat die Kommune vor Beantragung der Förderung eine fiktive Beitragsberechnung durchzuführen. Die fiktive Beitragsberechnung ist vorzunehmen auf Basis des feststehenden Gesamtaufwandes der Maßnahme nach der vorliegenden Schlussrechnung, aufgeschlüsselt nach Anteilen von Kommune und Beitragspflichtigen, also der Gemeindeanteil und auf die potentiellen Beitragsschuldnerinnen oder Beitragsschuldner entfallender umlagefähiger Aufwand. Unterschreitet der vereinbarte Ablösebetrag den im Falle einer Beitragserhebung zu zahlenden fiktiven Straßenausbaubeitrag, so ist der vereinbarte Ablösebetrag Grundlage der Förderung. Im Falle der Überschreitung kommt Nummer 1.1 Satz 2 zur Anwendung.

4.3
Abweichend von Nummer 1.3 der Verwaltungsvorschriften für Zuwendungen an Gemeinden zu § 44 LHO, Teil II der Verwaltungsvorschriften zur LHO, im Folgenden VVG, gilt der vorzeitige Maßnahmenbeginn mit Fassung eines Beschlusses durch das zuständige Organ oder Gremium über die einzelne Straßenausbaumaßnahme als genehmigt. Ist ein Gremium oder Organ einer anderen Rechtsperson als der Gemeinde oder des Gemeindeverbandes für die Beschlussfassung zuständig, ist dessen Beschlussfassung maßgeblich. Eine verbindliche Förderzusage ist damit nicht verbunden.

4.4
Der von den Beitragspflichtigen insgesamt zu zahlende umlagefähige Aufwand oder aufgrund von einer Ablösevereinbarung zu zahlende Betrag ist um die bewilligte Zuweisung zu reduzieren. Die Beitragsfestsetzung erfolgt anschließend auf Grundlage des auf null Euro reduzierten umlagefähigen Aufwands durch Beitragsbescheid. Im Falle der Ablösevereinbarung ist die Zuweisung an die Vertragspartnerin oder den Vertragspartner der Kommune in der Regel innerhalb von zwei Monaten nach Auszahlung der Zuweisung in geeigneter Form auszukehren. Die Förderung von Ablösevereinbarungen durch diese Förderrichtlinie lässt das öffentliche Vertragsrecht und die anwendbaren zivilrechtlichen Vorgaben unberührt, so dass eine mögliche Förderung einer Ablösevereinbarung keinen Einfluss auf das Vertragsverhältnis zwischen der Gemeinde und ihrer Vertragspartnerin oder ihrem Vertragspartner hat.

4.5
4.5.1
Der auf die Beitragspflichtigen entfallende umlagefähige Aufwand einer beitragsfähigen Straßenausbaumaßnahme kann zu 100 Prozent gefördert werden, soweit die Straßenausbaubeiträge noch nicht bestandskräftig festgesetzt wurden und deren zugrundeliegende Straßenausbaumaßnahme vom Rat oder Kreistag ab dem 1. Januar 2018 beschlossen wurde oder die in Ermangelung eines gesonderten Beschlusses erstmals im Haushalt des Jahres 2018 stehen. Soweit Straßenausbaumaßnahmen in Bauabschnitte gegliedert wurden, kann auch ein Bauabschnitt gefördert werden, soweit die Straßenausbaubeiträge für den Bauabschnitt noch nicht bestandskräftig festgesetzt wurden und die dem Abschnitt zugrundeliegende Baumaßnahme vom Rat ab dem 1. Januar 2018 beschlossen wurde. Ist ein anderes Organ oder Gremium der Gemeinde oder des Gemeindeverbandes oder ein Organ oder Gremium einer anderen Rechtsperson als der Gemeinde oder des Gemeindeverbandes für die Entscheidung über die Maßnahme oder den Bauabschnitt zuständig, ist der Beschluss dieses Organs oder Gremiums über die Baumaßnahme für den Stichtag maßgeblich. Maßgeblich ist dabei nicht der Beschluss über den Haushalt.

4.5.2
Im Falle einer Ablösevereinbarung ist eine Förderung bei Vorliegen der unter Nummer 4.5.1 genannten Voraussetzungen auch dann möglich, wenn der Ablösebetrag bereits vollständig an die Gemeinde gezahlt wurde. Dies gilt auch, wenn die Gemeinde daneben für die jeweilige Straßenausbaumaßnahme bereits Beiträge, gegebenenfalls bestandskräftig, festgesetzt hat.

4.6
Nach dem 1. Januar 2021 beschlossene Maßnahmen können nur gefördert werden, soweit sie auf Basis eines vom kommunalen Gremium beschlossenen Straßen- und Wegekonzepts nach § 8a Absatz 1 und 2 KAG erfolgen.

5 Art und Umfang, Höhe der Zuwendung

5.1 Zuwendungs- und Finanzierungsart, Höhe, Form und Weiterleitung der Zuwendung
Zuwendungen nach dieser Richtlinie werden im Wege der Projektförderung als zweckgebundene Zuweisung gewährt. Die Förderung erfolgt als Anteilsfinanzierung in Höhe von 100 Prozent des von den Beitragspflichtigen insgesamt zu zahlenden umlagefähigen Aufwandes der jeweiligen Straßenausbaumaßnahme oder des nach der Ablösevereinbarung insgesamt zu zahlenden Betrages, soweit dieser den nach Nummer 4.2 Satz 2 bis 5 fiktiv zu zahlenden Straßenausbaubeitrag nicht überschreitet.

Da durch die vereinfachte Ausgestaltung des Verfahrens der Verwaltungsaufwand minimiert wird, wird abweichend von Nummer 1.1 VVG zu § 44 LHO eine Zuweisung auch gewährt, wenn die Zuweisung im Einzelfall den Betrag von 12 500 Euro nicht erreicht.

Eine Weiterleitung der Zuwendung gemäß Nummer 12 VVG zu § 44 LHO an rechtlich verselbständigte juristische Personen des öffentlichen Rechts ist zulässig, soweit die Beitragsbescheide von diesen erlassen beziehungsweise die Ablösevereinbarungen von diesen geschlossen werden.

5.2 Verzinsung
Abweichend von Nummer 8.8 VVG zu § 44 LHO für Zuwendungen an Gemeinden wird bei Rückforderungen und Verzögerungen bei der Weiterleitung an die Vertragspartnerin oder den Vertragspartner nach Nummer 4.4 Satz 3 auf eine Verzinsung verzichtet.

6 Verfahren

6.1 Antragsverfahren
Anträge sind mit dem Antragsmuster nach Anlage A an die NRW.BANK zu richten, soweit die in Nummer 4 genannten Voraussetzungen vorliegen.

6.2 Bewilligungsverfahren und Auszahlung

6.2.1 Bewilligungsbehörde
Zuständige Bewilligungsbehörde ist die NRW.BANK.

6.2.2 Bewilligungsbescheid und Auszahlung
Die Bewilligungsbehörde bewilligt die Förderung auf Basis des Bescheidmusters nach Anlage B. Die Mittel werden je Straßenausbaumaßnahme bewilligt. Abweichend von Nummer 7.2 VVG zu § 44 LHO und von Nummer 1.4 der Anlage 1 zu Nummer 5.1 VVG zu § 44 der Landeshaushaltsordnung – Allgemeine Nebenbestimmungen für Zuwendungen zur Projektförderung an Gemeinden, im Folgenden ANBest-G, wird die Auszahlung automatisch nach Bestandskraft des Zuwendungsbescheids vorgenommen. Mit der Zuwendung wird nur der Beitragsanteil der beitragspflichtigen Grundstückseigentümerinnen und Grundstückseigentümer sowie Erbbauberechtigten oder die Ablösevereinbarung gefördert und nicht die Durchführung der Straßenausbaumaßnahme, insofern sind die Nummern 3.1 und 3.2 ANBest-G nicht anwendbar. Der Landesrechnungshof ist berechtigt bei allen Zuwendungsempfängerinnen, Zuwendungsempfängern, Weiterleitungsempfängerinnen und Weiterleitungsempfängern zu prüfen. Die Zuwendungsempfängerin oder der Zuwendungsempfänger beziehungsweise die Weiterleitungsempfängerin oder der Weiterleitungsempfänger ist dazu zu verpflichten, im Beitragsbescheid oder im Falle einer Ablösevereinbarung bei der Auskehrung an die Vertragspartnerin oder den Vertragspartner gemäß Nummer 4.4 Satz 3 auf die Förderung durch das zuständige Ministerium und deren jeweilige Höhe im Einzelfall hinzuweisen.

6.3 Nachweis der Verwendung
Die Zuwendungsempfängerinnen oder Zuwendungsempfänger legen der Bewilligungsbehörde einen Verwendungsnachweis nach Nummer 10 der VV für Zuwendungen an Gemeinden vor. Hierzu nutzen sie das Formular nach dem Muster der Anlage C. Der Zuwendungszweck ist mit Bestandskraft aller Beitragsbescheide zu den Straßenausbaubeiträgen oder im Falle einer Ablösevereinbarung mit der Auskehrung an die Vertragspartnerin oder den Vertragspartner gemäß Nummer 4.4 Satz 3 erfüllt. Soweit die Zuwendung sich auf eine vorläufige Beitragserhebung nach Nummer 4.1 bezogen hat, ist der Zuwendungszweck mit Bestandskraft der endgültigen Beitragsbescheide erfüllt. Ist der Zuwendungszweck nicht bis zum Ende des Bewilligungszeitraums erfüllt, ist binnen vier Monaten nach Ablauf des Bewilligungszeitraums eine schriftliche Bestätigung darüber abzugeben, dass die Bestandskraft noch nicht bei allen erlassenen Beitragsbescheiden eingetreten ist (Anzeigepflicht). Der Bewilligungszeitraum verlängert sich nach der Anzeige automatisch um ein weiteres Jahr.

7 Übergangsregelung

7.1
Kommunen, die bereits auf der Grundlage der Förderrichtlinien Straßenausbaubeiträge in den Fassungen vom 23. März 2020 und vom 25. Oktober 2021 seitens der Bewilligungsbehörde eine Bewilligung zur hälftigen Entlastung der Beitragspflichtigen erhalten haben, erhalten im Zuge der Neufassung dieser Förderrichtlinie von Amts wegen einen weiteren Bescheid, um die Beitragspflichtigen vollständig zu entlasten. Das Verfahren zur Weitergabe dieser Finanzmittel an die Beitragspflichtigen bleibt im Übrigen unverändert.

7.2
Soweit Kommunen vor der Einführung der Förderfähigkeit von Ablösevereinbarungen bereits eine Förderung für Straßenausbaubeiträge bewilligt wurde, können sie neben der bereits bewilligten Förderung für die durch Bescheid festzusetzenden Straßenausbaubeiträge in Bezug auf die gleiche Straßenausbaumaßnahme auch eine Förderung für geschlossene Ablösevereinbarungen beantragen und erhalten, wenn die übrigen Voraussetzungen für eine Förderung nach dieser Richtlinie vorliegen.

8 Inkrafttreten, Außerkrafttreten

Dieser Runderlass tritt am Tag nach der Veröffentlichung in Kraft und am 31. Dezember 2026 außer Kraft. Gleichzeitig mit Inkrafttreten dieses Runderlasses tritt der Runderlass „Förderrichtlinie Straßenausbaubeiträge“ vom 25. Oktober 2021 (MBl. NRW. S. 986) außer Kraft.

Anlagen

Anlagen A-C hier nicht abgedruckt.

3.12 BauGB (Auszug)

Baugesetzbuch (BauGB)

in der Fassung der Bekanntmachung vom 3. November 2017 (BGBl. I S. 3634), zuletzt geändert durch Gesetz vom 4. Januar 2023 (BGBl. I Nr. 6)

– Auszug –

Sechster Teil
Erschließung

Erster Abschnitt
Allgemeine Vorschriften

§ 123
Erschließungslast

(1) Die Erschließung ist Aufgabe der Gemeinde, soweit sie nicht nach anderen gesetzlichen Vorschriften oder öffentlich-rechtlichen Verpflichtungen einem anderen obliegt.

(2) Die Erschließungsanlagen sollen entsprechend den Erfordernissen der Bebauung und des Verkehrs kostengünstig hergestellt werden und spätestens bis zur Fertigstellung der anzuschließenden baulichen Anlagen benutzbar sein.

(3) Ein Rechtsanspruch auf Erschließung besteht nicht.

(4) Die Unterhaltung der Erschließungsanlagen richtet sich nach landesrechtlichen Vorschriften.

§ 124
Erschließungspflicht nach abgelehntem Vertragsangebot

Hat die Gemeinde einen Bebauungsplan im Sinne des § 30 Absatz 1 erlassen und lehnt sie das zumutbare Angebot zum Abschluss eines städtebaulichen Vertrags über die Erschließung ab, ist sie verpflichtet, die Erschließung selbst durchzuführen.

§ 125
Bindung an den Bebauungsplan

(1) Die Herstellung der Erschließungsanlagen im Sinne des § 127 Absatz 2 setzt einen Bebauungsplan voraus.

(2) Liegt ein Bebauungsplan nicht vor, so dürfen diese Anlagen nur hergestellt werden, wenn sie den in § 1 Absatz 4 bis 7 bezeichneten Anforderungen entsprechen.

(3) Die Rechtmäßigkeit der Herstellung von Erschließungsanlagen wird durch Abweichungen von den Festsetzungen des Bebauungsplans nicht berührt, wenn die Abweichungen mit den Grundzügen der Planung vereinbar sind und

1. die Erschließungsanlagen hinter den Festsetzungen zurückbleiben oder
2. die Erschließungsbeitragspflichtigen nicht mehr als bei einer plangemäßen Herstellung belastet werden und die Abweichungen die Nutzung der betroffenen Grundstücke nicht wesentlich beeinträchtigen.

§ 126
Pflichten des Eigentümers

(1) Der Eigentümer hat das Anbringen von

1. Haltevorrichtungen und Leitungen für Beleuchtungskörper der Straßenbeleuchtung einschließlich der Beleuchtungskörper und des Zubehörs sowie
2. Kennzeichen und Hinweisschildern für Erschließungsanlagen

auf seinem Grundstück zu dulden. Er ist vorher zu benachrichtigen.

(2) Der Erschließungsträger hat Schäden, die dem Eigentümer durch das Anbringen oder das Entfernen der in Absatz 1 bezeichneten Gegenstände entstehen, zu beseitigen; er kann stattdessen eine angemessene Entschädigung in Geld leisten. Kommt eine Einigung über die Entschädigung nicht zustande, so entscheidet die höhere Verwaltungsbehörde; vor der Entscheidung sind die Beteiligten zu hören.

(3) Der Eigentümer hat sein Grundstück mit der von der Gemeinde festgesetzten Nummer zu versehen. Im Übrigen gelten die landesrechtlichen Vorschriften.

Zweiter Abschnitt
Erschließungsbeitrag

§ 127
Erhebung des Erschließungsbeitrags

(1) Die Gemeinden erheben zur Deckung ihres anderweitig nicht gedeckten Aufwands für Erschließungsanlagen einen Erschließungsbeitrag nach Maßgabe der folgenden Vorschriften.

(2) Erschließungsanlagen im Sinne dieses Abschnitts sind

1. die öffentlichen zum Anbau bestimmten Straßen, Wege und Plätze;
2. die öffentlichen aus rechtlichen oder tatsächlichen Gründen mit Kraftfahrzeugen nicht befahrbaren Verkehrsanlagen innerhalb der Baugebiete (z. B. Fußwege, Wohnwege);
3. Sammelstraßen innerhalb der Baugebiete; Sammelstraßen sind öffentliche Straßen, Wege und Plätze, die selbst nicht zum Anbau bestimmt, aber zur Erschließung der Baugebiete notwendig sind;
4. Parkflächen und Grünanlagen mit Ausnahme von Kinderspielplätzen, soweit sie Bestandteil der in den Nummern 1 bis 3 genannten Verkehrsanlagen oder nach städtebaulichen Grundsätzen innerhalb der Baugebiete zu deren Erschließung notwendig sind;
5. Anlagen zum Schutz von Baugebieten gegen schädliche Umwelteinwirkungen im Sinne des Bundes-Immissionsschutzgesetzes, auch wenn sie nicht Bestandteil der Erschließungsanlagen sind.

(3) Der Erschließungsbeitrag kann für den Grunderwerb, die Freilegung und für Teile der Erschließungsanlagen selbständig erhoben werden (Kostenspaltung).

(4) Das Recht, Abgaben für Anlagen zu erheben, die nicht Erschließungsanlagen im Sinne dieses Abschnitts sind, bleibt unberührt. Dies gilt insbesondere für Anlagen zur Ableitung von Abwasser sowie zur Versorgung mit Elektrizität, Gas, Wärme und Wasser.

§ 128
Umfang des Erschließungsaufwands

(1) Der Erschließungsaufwand nach § 127 umfasst die Kosten für

1. den Erwerb und die Freilegung der Flächen für die Erschließungsanlagen;
2. ihre erstmalige Herstellung einschließlich der Einrichtungen für ihre Entwässerung und ihre Beleuchtung;
3. die Übernahme von Anlagen als gemeindliche Erschließungsanlagen.

Der Erschließungsaufwand umfasst auch den Wert der von der Gemeinde aus ihrem Vermögen bereitgestellten Flächen im Zeitpunkt der Bereitstellung. Zu den Kosten für den Erwerb der Flächen für Erschließungsanlagen gehört im Falle einer erschließungsbeitragspflichtigen Zuteilung im Sinne des § 57 Satz 4 und des § 58 Absatz 1 Satz 1 auch der Wert nach § 68 Absatz 1 Nummer 4.

(2) Soweit die Gemeinden nach Landesrecht berechtigt sind, Beiträge zu den Kosten für Erweiterungen oder Verbesserungen von Erschließungsanlagen zu erheben, bleibt dieses Recht unberührt. Die Länder können bestimmen, dass die Kosten für die Beleuchtung der Erschließungsanlagen in den Erschließungsaufwand nicht einzubeziehen sind.

(3) Der Erschließungsaufwand umfasst nicht die Kosten für

1. Brücken, Tunnels und Unterführungen mit den dazugehörigen Rampen;
2. die Fahrbahnen der Ortsdurchfahrten von Bundesstraßen sowie von Landstraßen I. und II. Ordnung, soweit die Fahrbahnen dieser Straßen keine größere Breite als ihre anschließenden freien Strecken erfordern.

§ 129
Beitragsfähiger Erschließungsaufwand

(1) Zur Deckung des anderweitig nicht gedeckten Erschließungsaufwands können Beiträge nur insoweit erhoben werden, als die Erschließungsanlagen erforderlich sind, um die Bauflächen und die gewerblich zu nutzenden Flächen entsprechend den baurechtlichen Vorschriften zu nutzen (beitragsfähiger Erschließungsaufwand). Soweit Anlagen nach § 127 Absatz 2 von dem Eigentümer hergestellt sind oder von ihm auf Grund baurechtlicher Vorschriften verlangt werden, dürfen Beiträge nicht erhoben werden. Die Gemeinden tragen mindestens 10 vom Hundert des beitragsfähigen Erschließungsaufwands.

(2) Kosten, die ein Eigentümer oder sein Rechtsvorgänger bereits für Erschließungsmaßnahmen aufgewandt hat, dürfen bei der Übernahme als gemeindliche Erschließungsanlagen nicht erneut erhoben werden.

§ 130
Art der Ermittlung des beitragsfähigen Erschließungsaufwands

(1) Der beitragsfähige Erschließungsaufwand kann nach den tatsächlich entstandenen Kosten oder nach Einheitssätzen ermittelt werden. Die Einheitssätze sind nach den in der Gemeinde üblicherweise durchschnittlich aufzuwendenden Kosten vergleichbarer Erschließungsanlagen festzusetzen.

(2) Der beitragsfähige Erschließungsaufwand kann für die einzelne Erschließungsanlage oder für bestimmte Abschnitte einer Erschließungsanlage ermittelt werden. Abschnitte einer Erschließungsanlage können nach örtlich erkennbaren Merkmalen oder nach rechtlichen Gesichtspunkten (z. B. Grenzen von Bebauungsplangebieten, Umlegungsgebieten, förmlich festgelegten Sanierungsgebieten) gebildet werden. Für mehrere Anlagen, die für die Erschließung der Grundstücke eine Einheit bilden, kann der Erschließungsaufwand insgesamt ermittelt werden.

§ 131
Maßstäbe für die Verteilung des Erschließungsaufwands

(1) Der ermittelte beitragsfähige Erschließungsaufwand für eine Erschließungsanlage ist auf die durch die Anlage erschlossenen Grundstücke zu verteilen. Mehrfach erschlossene Grundstücke sind bei gemeinsamer Aufwandsermittlung in einer Erschließungseinheit (§ 130 Absatz 2 Satz 3) bei der Verteilung des Erschließungsaufwands nur einmal zu berücksichtigen.

(2) Verteilungsmaßstäbe sind

1. die Art und das Maß der baulichen oder sonstigen Nutzung;
2. die Grundstücksflächen;
3. die Grundstücksbreite an der Erschließungsanlage.

Die Verteilungsmaßstäbe können miteinander verbunden werden.

(3) In Gebieten, die nach dem Inkrafttreten des Bundesbaugesetzes erschlossen werden, sind, wenn eine unterschiedliche bauliche oder sonstige Nutzung zulässig ist, die Maßstäbe nach Absatz 2 in der Weise anzuwenden, dass der Verschiedenheit dieser Nutzung nach Art und Maß entsprochen wird.

§ 132
Regelung durch Satzung

Die Gemeinden regeln durch Satzung

1. die Art und den Umfang der Erschließungsanlagen im Sinne des § 129,
2. die Art der Ermittlung und der Verteilung des Aufwands sowie die Höhe des Einheitssatzes,
3. die Kostenspaltung (§ 127 Absatz 3) und
4. die Merkmale der endgültigen Herstellung einer Erschließungsanlage.

§ 133
Gegenstand und Entstehung der Beitragspflicht

(1) Der Beitragspflicht unterliegen Grundstücke, für die eine bauliche oder gewerbliche Nutzung festgesetzt ist, sobald sie bebaut oder gewerblich genutzt werden dürfen. Erschlossene Grundstücke, für die eine bauliche oder gewerbliche Nutzung nicht festgesetzt ist, unterliegen der Beitragspflicht, wenn sie nach der Verkehrsauffassung Bauland sind und nach der geordneten baulichen Entwicklung der Gemeinde zur Bebauung anstehen. Die Gemeinde gibt bekannt, welche Grundstücke nach Satz 2 der Beitragspflicht unterliegen; die Bekanntmachung hat keine rechtsbegründende Wirkung.

(2) Die Beitragspflicht entsteht mit der endgültigen Herstellung der Erschließungsanlagen, für Teilbeträge, sobald die Maßnahmen, deren Aufwand durch die Teilbeträge gedeckt werden soll, abgeschlossen sind. Im Falle des § 128 Absatz 1 Satz 1 Nummer 3 entsteht die Beitragspflicht mit der Übernahme durch die Gemeinde.

(3) Für ein Grundstück, für das eine Beitragspflicht noch nicht oder nicht in vollem Umfang entstanden ist, können Vorausleistungen auf den Erschließungsbeitrag bis zur Höhe des voraussichtlichen endgültigen Erschließungsbeitrags verlangt werden, wenn ein Bauvorhaben auf dem Grundstück genehmigt wird oder wenn mit der Herstellung der Erschließungsanlagen begonnen worden ist und die endgültige Herstellung der Erschließungsanlagen innerhalb von vier Jahren zu erwarten ist. Die Vorausleistung ist mit der endgültigen Beitragsschuld zu verrechnen, auch wenn der Vorausleistende nicht beitragspflichtig ist. Ist die Beitragspflicht sechs Jahre nach Erlass des Vorausleistungsbescheids noch nicht entstanden, kann die Vorausleistung zurückverlangt werden, wenn die Erschließungsanlage bis zu diesem Zeitpunkt noch nicht benutzbar ist. Der Rückzahlungsanspruch ist ab Erhebung der Vorausleistung mit 2 vom Hundert über dem Basiszinssatz nach § 247 des Bürgerlichen Gesetzbuchs jährlich zu verzinsen. Die Gemeinde kann Bestimmungen über die Ablösung des Erschließungsbeitrags im Ganzen vor Entstehung der Beitragspflicht treffen.

§ 134
Beitragspflichtiger

(1) Beitragspflichtig ist derjenige, der im Zeitpunkt der Bekanntgabe des Beitragsbescheids Eigentümer des Grundstücks ist. Ist das Grundstück mit einem Erbbaurecht belastet, so ist der Erbbauberechtigte anstelle des Eigentümers beitragspflichtig. Ist das Grundstück mit einem dinglichen Nutzungsrecht nach Artikel 233 § 4 des Einführungsgesetzes zum Bürgerlichen Gesetzbuche belastet, so ist der Inhaber dieses Rechts anstelle des Eigentümers beitragspflichtig. Mehrere Beitragspflichtige haften als Gesamtschuldner; bei Wohnungs- und Teileigentum sind die ein-

zelnen Wohnungs- und Teileigentümer nur entsprechend ihrem Miteigentumsanteil beitragspflichtig.
(2) Der Beitrag ruht als öffentliche Last auf dem Grundstück, im Falle des Absatzes 1 Satz 2 auf dem Erbbaurecht, im Falle des Absatzes 1 Satz 3 auf dem dinglichen Nutzungsrecht, im Falle des Absatzes 1 Satz 4 auf dem Wohnungs- oder dem Teileigentum.

§ 135
Fälligkeit und Zahlung des Beitrags

(1) Der Beitrag wird einen Monat nach der Bekanntgabe des Beitragsbescheids fällig.
(2) Die Gemeinde kann zur Vermeidung unbilliger Härten im Einzelfall, insbesondere soweit dies zur Durchführung eines genehmigten Bauvorhabens erforderlich ist, zulassen, dass der Erschließungsbeitrag in Raten oder in Form einer Rente gezahlt wird. Ist die Finanzierung eines Bauvorhabens gesichert, so soll die Zahlungsweise der Auszahlung der Finanzierungsmittel angepasst, jedoch nicht über zwei Jahre hinaus erstreckt werden.
(3) Lässt die Gemeinde nach Absatz 2 eine Verrentung zu, so ist der Erschließungsbeitrag durch Bescheid in eine Schuld umzuwandeln, die in höchstens zehn Jahresleistungen zu entrichten ist. In dem Bescheid sind Höhe und Zeitpunkt der Fälligkeit der Jahresleistungen zu bestimmen. Der jeweilige Restbetrag ist mit höchstens 2 vom Hundert über dem Basiszinssatz nach § 247 des Bürgerlichen Gesetzbuchs jährlich zu verzinsen. Die Jahresleistungen stehen wiederkehrenden Leistungen im Sinne des § 10 Absatz 1 Nummer 3 des Zwangsversteigerungsgesetzes gleich.
(4) Werden Grundstücke landwirtschaftlich oder als Wald genutzt, ist der Beitrag so lange zinslos zu stunden, wie das Grundstück zur Erhaltung der Wirtschaftlichkeit des landwirtschaftlichen Betriebs genutzt werden muss. Satz 1 gilt auch für die Fälle der Nutzungsüberlassung und Betriebsübergabe an Familienangehörige im Sinne des § 15 der Abgabenordnung. Der Beitrag ist auch zinslos zu stunden, solange Grundstücke als Kleingärten im Sinne des Bundeskleingartengesetzes genutzt werden.
(5) Im Einzelfall kann die Gemeinde auch von der Erhebung des Erschließungsbeitrags ganz oder teilweise absehen, wenn dies im öffentlichen Interesse oder zur Vermeidung unbilliger Härten geboten ist. Die Freistellung kann auch für den Fall vorgesehen werden, dass die Beitragspflicht noch nicht entstanden ist.
(6) Weitergehende landesrechtliche Billigkeitsregelungen bleiben unberührt.

4. Kommunalwirtschaftsrecht

4.1 EigVO NRW

Eigenbetriebsverordnung für das Land Nordrhein-Westfalen (EigVO NRW)

vom 16. November 2004 (GV. NRW. S. 644, ber. 2005 S. 15),
zuletzt geändert durch Verordnung vom 22. März 2021 (GV. NRW. S. 348)

I. Teil
Verfassung und Verwaltung

§ 1
Rechtsgrundlagen des Eigenbetriebs

Die wirtschaftlichen Unternehmen der Gemeinde ohne Rechtspersönlichkeit (§ 114 der Gemeindeordnung – GO NRW) werden als Eigenbetrieb nach den Vorschriften der Gemeindeordnung und dieser Verordnung sowie nach den Bestimmungen der Betriebssatzung des Eigenbetriebs geführt.

§ 2
Betriebsleitung

(1) Der Eigenbetrieb wird von der Betriebsleitung selbstständig geleitet, soweit nicht durch die Gemeindeordnung, diese Verordnung oder die Betriebssatzung etwas anderes bestimmt ist. Der Betriebsleitung obliegt insbesondere die laufende Betriebsführung. Sie ist für die wirtschaftliche Führung des Eigenbetriebs verantwortlich und hat die Sorgfalt eines ordentlichen und gewissenhaften Geschäftsleiters anzuwenden. Für Schäden haftet die Betriebsleitung entsprechend den Vorschriften des § 48 des Beamtenstatusgesetzes und § 81 des Landesbeamtengesetzes.

(2) Die Betriebsleitung besteht aus einer Betriebsleiterin, einem Betriebsleiter oder mehreren Betriebsleiterinnen bzw. Betriebsleitern. Der Rat kann eine Betriebsleiterin oder einen Betriebsleiter zur Ersten Betriebsleiterin oder zum Ersten Betriebsleiter bestellen. Die Betriebssatzung regelt, wie bei Meinungsverschiedenheiten innerhalb der Betriebsleitung zu verfahren ist.

(3) Gehört zur Betriebsleitung eine Beigeordnete oder ein Beigeordneter der Gemeinde, so ist sie Erste Betriebsleiterin oder er Erster Betriebsleiter.

(4) Die Geschäftsverteilung innerhalb einer Betriebsleitung, die aus mehreren Mitgliedern besteht, regeln die Bürgermeisterin oder der Bürgermeister mit Zustimmung des Betriebsausschusses durch Dienstanweisung.

§ 3
Vertretung des Eigenbetriebs

(1) In den Angelegenheiten des Eigenbetriebs vertritt die Betriebsleitung die Gemeinde, sofern die Gemeindeordnung oder diese Verordnung keine andere Regelung treffen. Besteht die Betriebsleitung aus mehreren Mitgliedern, so vertreten zwei von ihnen gemeinschaftlich den Eigenbetrieb.

(2) Der Kreis der Vertretungsberechtigten und der Beauftragten sowie der Umfang ihrer Vertretungsbefugnis werden von der Betriebsleitung öffentlich bekannt gemacht. Die Vertretungsberechtigten unterzeichnen unter dem Namen des Eigenbetriebs.

(3) Bei verpflichtenden Erklärungen für die Eigenbetriebe ist nach den Vorschriften der §§ 64 und 74 GO NRW zu verfahren. Die Erklärungen nach § 64 Abs. 1 GO NRW sind von der Bürgermeisterin bzw. dem Bürgermeister oder ihrer allgemeinen Vertretung und einem Mitglied der Betriebsleitung zu unterzeichnen. Arbeitsverträge und sonstige schriftliche Erklärungen zur Regelung der Rechtsverhältnisse von Arbeitnehmerinnen und Arbeitnehmern sind von der Bürgermeisterin bzw. dem Bürgermeister oder ihrer allgemeinen Vertretung zu unterzeichnen (§ 74 Abs. 3 GO NRW); Bürgermeisterin oder Bürgermeister sollen möglichst diese Unterschriftsbefugnis durch Dienstanweisung auf die Betriebsleitung übertragen. Die Geschäfte der laufenden Betriebsführung gelten als Geschäfte der laufenden Verwaltung (§ 64 Abs. 2 GO NRW).

§ 4
Zuständigkeiten des Rates der Gemeinde

Der Rat der Gemeinde entscheidet über die Angelegenheiten, die er nach der Gemeindeordnung nicht übertragen kann, und über

a) die Bestellung und die Abberufung der Betriebsleitung,
b) die Feststellung und Änderung des Wirtschaftsplans,
c) die Feststellung des Jahresabschlusses, die Verwendung des Jahresgewinns oder die Behandlung eines Jahresverlustes und die Entlastung des Betriebsausschusses,
d) die Verminderung des Eigenkapitals zugunsten der Gemeinde.

§ 5
Betriebsausschuss

(1) Der Rat bildet für den Eigenbetrieb einen Betriebsausschuss. Für mehrere Eigenbetriebe einer Gemeinde kann ein gemeinsamer Betriebsausschuss gebildet werden. Dem Betriebsausschuss sollen keine Aufgaben bzw. Zuständigkeiten aus Bereichen anderer Ausschüsse des Rates der Gemeinde übertragen werden.

(2) Die Zusammensetzung des Betriebsausschusses wird durch die Betriebssatzung geregelt. An Beschlüssen und sonstigen Entscheidungen des Betriebsausschusses sowie deren Vorbereitung sollen keine Mitglieder mitwirken, für die Ausschließungsgründe nach § 31 GO NRW vorliegen. Scheidet ein Mitglied oder ein Stellvertreter aus dem Betriebsausschuss aus, wählt der Rat auf Vorschlag derjenigen Gruppe, die die Ausgeschiedene oder den Ausgeschiedenen vorgeschlagen hatte, eine Nachfolge. Macht die Gruppe innerhalb von zwei Wochen nach dem Ausscheiden von ihrem Vorschlagsrecht keinen Gebrauch, ist die Nachfolge nach § 50 Abs. 2 GO NRW zu wählen.

(3) An den Beratungen des Betriebsausschusses nimmt die Betriebsleitung teil; sie ist berechtigt und auf Verlangen verpflichtet, ihre Ansicht zu einem Punkt der Tagesordnung darzulegen.

(4) Der Betriebsausschuss berät die Beschlüsse des Rates vor. Über alle wichtigen Angelegenheiten die gemeindliche Entwicklung betreffend ist er von der Bürgermeisterin oder dem Bürgermeister zu unterrichten. Daneben obliegt der Betriebsleitung eine umfassende Unterrichtungspflicht gegenüber dem Betriebsausschuss bezogen auf alle betrieblichen Angelegenheiten, insbesondere auch über die beabsichtigte Geschäftspolitik und andere grundsätzliche Fragen der Unternehmensplanung.

(5) Der Betriebsausschuss setzt unbeschadet der Vorschrift des § 4 die allgemeinen Lieferbedingungen fest; er erteilt die Zustimmung zu erfolggefährdenden Mehraufwendungen und zu Mehrauszahlungen nach den §§ 15 und 16 dieser Verordnung und schlägt der Gemeindeprüfungsanstalt eine Wirtschaftsprüferin oder einen Wirtschaftsprüfer oder eine Wirtschaftsprüfungsgesellschaft für den Jahresabschluss vor. Er entscheidet über die Entlastung der Betriebsleitung. Die Betriebssatzung kann dem Betriebsausschuss die Entscheidung in weiteren Angelegenheiten übertragen, soweit sie nicht zu den Geschäften der laufenden Betriebsführung gehören.

(6) Der Betriebsausschuss entscheidet in den Angelegenheiten, die der Beschlussfassung des Rates unterliegen, falls die Angelegenheit keinen Aufschub duldet. In Fällen äußerster Dringlichkeit

kann die Bürgermeisterin bzw. der Bürgermeister mit der oder dem Vorsitzenden des Betriebsausschusses entscheiden. § 60 Abs. 1 Satz 3 und 4 GO NRW gilt entsprechend. Ist der Betriebsausschuss noch nicht gebildet, werden seine Aufgaben vom Hauptausschuss wahrgenommen; § 60 Abs. 1 Satz 2 bis 4 GO NRW findet Anwendung.

(7) Für die Haftung der Mitglieder des Betriebsausschusses gilt § 2 Abs. 1 Satz 4 sinngemäß.

§ 6
Rechtliche Stellung der Bürgermeisterin oder des Bürgermeisters

(1) Bürgermeisterin oder Bürgermeister sind Dienstvorgesetzte der Bediensteten des Eigenbetriebs. Die Befugnis zur Einstellung, Ein- oder Höhergruppierung und Beendigung von Arbeitsverhältnissen von Arbeitnehmerinnen und Arbeitnehmern kann, mit Ausnahme der Betriebsleiterinnen und -leiter, durch die Hauptsatzung (§ 7 Absatz 3 GO NRW) auf die Betriebsleitung übertragen werden. Soweit dies nicht geschieht, regelt die Betriebssatzung die Mitwirkung der Betriebsleitung bei den in Satz 2 genannten Personalentscheidungen. Der Betriebsleitung ist zumindest ein Vorschlagsrecht für die in Satz 2 genannten Personalentscheidungen einzuräumen. Die Zuständigkeit des Rates nach § 4 Buchstabe a bleibt unberührt.

(2) Die Betriebsleitung hat die Bürgermeisterin oder den Bürgermeister über alle wichtigen Angelegenheiten rechtzeitig zu unterrichten. Bürgermeisterin oder Bürgermeister können von der Betriebsleitung Auskunft verlangen und ihr im Interesse der Einheitlichkeit der Verwaltungsführung Weisungen erteilen. Glaubt die Betriebsleitung nach pflichtmäßigem Ermessen die Verantwortung für die Durchführung einer Weisung der Bürgermeisterin oder des Bürgermeisters nicht übernehmen zu können, so hat sie sich an den Betriebssausschuss zu wenden. Wird keine Übereinstimmung zwischen dem Betriebssausschuss und der Bürgermeisterin oder dem Bürgermeister erzielt, so ist die Entscheidung des Hauptausschusses herbeizuführen.

(3) Die Regelungen des Absatzes 2, insbesondere über Weisungsmöglichkeiten, gelten nicht für die Angelegenheiten der laufenden Betriebsführung, die ausschließlich der Betriebsleitung unterliegen.

§ 7
Unterrichtung der Kämmerin oder des Kämmerers

Die Betriebsleitung hat der Kämmerin oder dem Kämmerer den Entwurf des Wirtschaftsplans und des Jahresabschlusses, die Zwischenberichte, die Ergebnisse der Betriebsstatistik und die Kostenrechnungen zuzuleiten; sie hat ihr oder ihm ferner auf Anforderung alle sonstigen finanzwirtschaftlichen Auskünfte zu erteilen.

§ 8
Zusammenfassung von Betrieben

Die Versorgungsbetriebe einer Gemeinde sollen, wenn sie Eigenbetriebe sind, zu einem Eigenbetrieb zusammengefasst werden. Das Gleiche gilt für Verkehrsbetriebe. Die Versorgungsbetriebe sollen durch die Betriebssatzung den Namen „Gemeindewerke“ („Stadtwerke“) erhalten. Die Betriebssatzung kann

a) die Einbeziehung der Verkehrsbetriebe sowie sonstiger Eigenbetriebe in die Gemeindewerke und
b) in Ausnahmefällen die gesonderte Führung von einzelnen Versorgungsbetrieben oder von einzelnen Verkehrsbetrieben vorsehen.

Im Übrigen können auch sonstige Betriebe einer Gemeinde zu einem einheitlichen Eigenbetrieb zusammengefasst werden.

II. Teil
Wirtschaftsführung und Rechnungswesen

§ 9
Vermögen des Eigenbetriebs

(1) Der Eigenbetrieb ist finanzwirtschaftlich als Sondervermögen der Gemeinde zu verwalten und nachzuweisen. Auf die Erhaltung des Sondervermögens ist Bedacht zu nehmen. Bei der Errichtung eines Eigenbetriebs durch Ausgliederung von Vermögen und Schulden aus dem Haushalt der Gemeinde sind deren Gegenstand und Wert in der Betriebssatzung festzusetzen. Gleichzeitig sind in einem Ausgliederungsbericht die für die Angemessenheit der Einbringung wesentlichen Umstände darzulegen. Die Eröffnungsbilanz für den neu zu errichtenden Eigenbetrieb ist zu prüfen; § 103 Absatz 2 GO NRW findet entsprechende Anwendung.

(2) Das in der Betriebssatzung festzusetzende Stammkapital und die Rücklagen haben eine angemessene Eigenkapitalausstattung des Eigenbetriebs darzustellen.

§ 10
Maßnahmen zur Erhaltung des Vermögens und der Leistungsfähigkeit

(1) Für die dauernde technische und wirtschaftliche Leistungsfähigkeit des Eigenbetriebs ist zu sorgen. Hierzu ist u.a. ein Überwachungssystem einzurichten, das es ermöglicht, etwaige die Entwicklung beeinträchtigende Risiken frühzeitig zu erkennen. Zur Risikofrüherkennung gehören insbesondere

- die Risikoidentifikation,
- die Risikobewertung,
- Maßnahmen der Risikobewältigung einschließlich der Risikokommunikation,
- die Risikoüberwachung/Risikofortschreibung und
- die Dokumentation.

(2) Sämtliche Lieferungen, Leistungen und Darlehen, auch im Verhältnis zwischen Eigenbetrieb und Gemeinde, einem anderen Eigenbetrieb der Gemeinde oder einer Gesellschaft, an der die Gemeinde beteiligt ist, sind angemessen zu vergüten. Der Eigenbetrieb kann jedoch abweichend von Satz 1

1. Wasser für den Brandschutz, für die Reinigung von Straßen und Abwasseranlagen sowie für öffentliche Zier- und Straßenbrunnen unentgeltlich oder verbilligt liefern,
2. auf die Tarifpreise für Leistungen von Elektrizität, Gas, Wasser und Wärme einen Preisnachlass gewähren, soweit dieser steuerrechtlich anerkannt ist.

(3) Für die technische und wirtschaftliche Fortentwicklung des Eigenbetriebs und, soweit die Abschreibungen nicht ausreichen, für Erneuerungen sollen Rücklagen gebildet werden. Bei umfangreichen Investitionen kann neben die Eigenfinanzierung die Finanzierung aus Krediten treten. Eigenkapital und Fremdkapital sollen in einem angemessenen Verhältnis zueinander stehen.

(4) Die Gemeinde darf das Eigenkapital zum Zwecke der Rückzahlung nur vermindern, wenn dadurch die Erfüllung der Aufgaben und die erforderliche Eigenkapitalausstattung des Eigenbetriebs nicht gefährdet werden. Vor der Beschlussfassung des Rates nach § 4 Buchstabe d sind der Betriebsausschuss und die Betriebsleitung zu hören; die Betriebsleitung hat schriftlich Stellung zu nehmen.

(5) Der Jahresgewinn des Eigenbetriebs soll so hoch sein, dass neben angemessenen Rücklagen nach Absatz 3 mindestens eine marktübliche Verzinsung des Eigenkapitals erwirtschaftet wird.

(6) Ein etwaiger Jahresverlust ist, soweit er nicht aus Haushaltsmitteln der Gemeinde ausgeglichen wird, auf neue Rechnung vorzutragen, wenn hierdurch die erforderliche Eigenkapitalausstattung des Eigenbetriebs nicht gefährdet wird. Eine Verbesserung der Ertragslage ist anzustreben. Ein nach Ablauf von fünf Jahren nicht getilgter Verlustvortrag soll durch Abbuchung von

den Rücklagen ausgeglichen werden, wenn dies die Eigenkapitalausstattung zulässt; ist dies nicht der Fall, so ist der Verlust aus Haushaltsmitteln der Gemeinde auszugleichen.

§ 11
Zahlungsabwicklung, Liquiditätsplanung

Vorübergehend nicht benötigte Geldmittel des Eigenbetriebs sollen in Abstimmung mit der Liquiditätslage der Gemeinde angelegt werden. Wenn die Gemeinde die Mittel vorübergehend bewirtschaftet, ist sicherzustellen, dass die Mittel dem Eigenbetrieb bei Bedarf wieder zur Verfügung stehen.

§ 12
Wirtschaftsjahr

Wirtschaftsjahr des Eigenbetriebs ist das Kalenderjahr. Wenn die betrieblichen Bedürfnisse es erfordern, kann die Betriebssatzung ein hiervon abweichendes Wirtschaftsjahr bestimmen.

§ 13
Leitung des Rechnungswesens

(1) Alle Zweige des Rechnungswesens sind einheitlich zu leiten. Gehört der Betriebsleitung eine Person eigens für die kaufmännischen Angelegenheiten an, so ist diese für das Rechnungswesen verantwortlich.

(2) Die Anordnung und die Ausführung finanzwirksamer Vorgänge sind personell und organisatorisch zu trennen. Die mit diesen Aufgaben Betrauten dürfen nicht durch ein Angehörigenverhältnis im Sinne des § 20 Absatz 5 des Verwaltungsverfahrensgesetzes für das Land Nordrhein-Westfalen verbunden sein. Im Übrigen gelten die §§ 93 und 94 Absatz 1 GO NRW sowie § 31 Absatz 3 und 6 der Kommunalhaushaltsverordnung Nordrhein-Westfalen vom 12. Dezember 2018 (GV. NRW. S. 708), die durch Verordnung vom 30 Oktober 2020 (GV. NRW. S. 1049) geändert worden ist, NRW sinngemäß.

§ 14
Wirtschaftsplan

(1) Der Eigenbetrieb hat spätestens einen Monat vor Beginn eines jeden Wirtschaftsjahres einen Wirtschaftsplan aufzustellen. Dieser besteht aus dem Erfolgsplan, dem Vermögensplan und der Stellenübersicht.

(2) Der Wirtschaftsplan ist unverzüglich zu ändern, wenn

a) das Jahresergebnis sich gegenüber dem Erfolgsplan erheblich verschlechtern wird und diese Verschlechterung die Haushaltslage der Gemeinde beeinträchtigt oder eine Änderung des Vermögensplans bedingt oder
b) zum Ausgleich des Vermögensplans erheblich höhere Zuführungen der Gemeinde oder höhere Kredite erforderlich werden oder
c) im Vermögensplan weitere Verpflichtungsermächtigungen vorgesehen werden sollen oder
d) eine erhebliche Vermehrung oder Hebung der in der Stellenübersicht vorgesehenen Stellen erforderlich wird, es sei denn, dass es sich um eine vorübergehende Einstellung von Aushilfskräften handelt.

§ 15
Erfolgsplan

(1) Der Erfolgsplan muss alle voraussehbaren Erträge und Aufwendungen des Wirtschaftsjahres enthalten. Er ist mindestens wie die Gewinn- und Verlustrechnung (§ 23 Abs. 1) zu gliedern.

(2) Die veranschlagten Erträge, Aufwendungen und Zuweisungen zu den Rücklagen sind ausreichend zu begründen, insbesondere soweit sie von den Vorjahreszahlen erheblich abweichen.

Zum Vergleich sind die Zahlen des Erfolgsplans des laufenden Jahres und die Zahlen der Gewinn- und Verlustrechnung des Vorjahres daneben zu stellen. Die vorhandenen oder zu beschaffenden Deckungsmittel sind nachzuweisen. Deckungsmittel, die – etwa als Verlustausgleichszahlungen oder Betriebskostenzuschüsse – aus dem Haushalt der Gemeinde stammen, müssen mit der Veranschlagung in der Haushaltsplanung der Gemeinde übereinstimmen.

(3) Sind bei der Ausführung des Erfolgsplans erfolggefährdende Mindererträge zu erwarten, so hat die Betriebsleitung die Bürgermeisterin oder den Bürgermeister unverzüglich zu unterrichten. Erfolggefährdende Mehraufwendungen bedürfen der Zustimmung des Betriebsausschusses, es sei denn, dass sie unabweisbar sind. Sind sie unabweisbar, so sind die Bürgermeisterin oder der Bürgermeister und der Betriebsausschuss unverzüglich zu unterrichten. Bei Eilbedürftigkeit treten an die Stelle der Zustimmung des Betriebsausschusses die der Bürgermeisterin oder des Bürgermeisters und der oder des Vorsitzenden des Betriebsausschusses oder eines anderen dem Betriebsausschuss angehörenden Ratsmitglieds; der Betriebsausschuss ist unverzüglich zu unterrichten.

§ 16
Vermögensplan

(1) Der Vermögensplan muss mindestens enthalten:

a) alle voraussehbaren Einzahlungen und Auszahlungen des Wirtschaftsjahres, die sich aus Investitionen (Erneuerung, Erweiterung, Neubau, Veräußerung) und aus der Kreditwirtschaft des Eigenbetriebs ergeben,
b) die notwendigen Verpflichtungsermächtigungen.

(2) Die vorhandenen oder zu beschaffenden Deckungsmittel des Vermögensplans sind nachzuweisen. Deckungsmittel, die aus dem Haushalt der Gemeinde stammen, müssen mit der Veranschlagung in der Haushaltsplanung der Gemeinde übereinstimmen.

(3) Die Auszahlungen und die Verpflichtungsermächtigungen für Investitionen sind nach Vorhaben getrennt zu veranschlagen und zu erläutern. Die §§ 12 und 13 Kommunalhaushaltsverordnung Nordrhein-Westfalen NRW sind sinngemäß anzuwenden.

(4) Für die Inanspruchnahme der Ermächtigungen des Vermögensplans gilt § 24 Absatz 1 bis 3 Kommunalhaushaltsverordnung Nordrhein-Westfalen NRW sinngemäß. Die Auszahlungsansätze sind übertragbar.

(5) Mehrauszahlungen für Einzelvorhaben, die einen in der Betriebssatzung festzusetzenden Betrag überschreiten, bedürfen der Zustimmung des Betriebsausschusses. Bei Eilbedürftigkeit treten an die Stelle der Zustimmung des Betriebsausschusses die der Bürgermeisterin oder des Bürgermeisters und der oder des Vorsitzenden des Betriebsausschusses oder eines anderen dem Betriebsausschuss angehörenden Ratsmitglieds; der Betriebsausschuss ist unverzüglich zu unterrichten.

§ 17
Stellenübersicht

(1) Die Stellenübersicht hat die im Wirtschaftsjahr erforderlichen Stellen für Arbeitnehmerinnen und Arbeitnehmer einschließlich der Angaben zur Stellenbewertung und Eingruppierung der Stelleninhaber zu enthalten. Beamte, die bei dem Eigenbetrieb beschäftigt werden, sind im Stellenplan der Gemeinde zu führen und in der Stellenübersicht des Eigenbetriebs nachrichtlich anzugeben.

(2) In der Stellenübersicht sind die Zahlen der im laufenden Wirtschaftsjahr vorgesehenen und der am 30. Juni des Vorjahres tatsächlich besetzten Stellen anzugeben.

§ 18
Mittelfristige Ergebnis- und Finanzplanung

Die mittelfristige Ergebnis- und Finanzplanung (§ 84 GO NRW) besteht aus einer Übersicht über die Entwicklung der Erträge und Aufwendungen des Erfolgsplans sowie der Auszahlungen und Deckungsmittel des Vermögensplans nach Jahren gegliedert. Sie ist in den Wirtschaftsplan einzubeziehen. Ihr ist ein Investitionsprogramm zugrunde zu legen.

§ 19
Buchführung und Kostenrechnung

(1) Der Eigenbetrieb führt seine Rechnung nach den Regeln der kaufmännischen doppelten Buchführung. Die Buchführung muss den handelsrechtlichen Grundsätzen oder den für das Neue Kommunale Finanzmanagement geltenden Grundsätzen entsprechen.

(2) Die Vorschriften des Dritten Buchs des Handelsgesetzbuchs über Buchführung, Inventar und Aufbewahrung finden Anwendung, soweit sie nicht bereits unmittelbar gelten.

(3) Der Eigenbetrieb hat die für Kostenrechnungen erforderlichen Unterlagen zu führen und nach Bedarf Kostenrechnungen zu erstellen. Hierbei soll eine Kosten- und Leistungsrechnung zur Unterstützung der Steuerung und zur Beurteilung der Wirtschaftlichkeit und Leistungsfähigkeit der Aufgabenerfüllung geführt werden.

§ 20
Zwischenberichte

Die Betriebsleitung hat die Bürgermeisterin oder den Bürgermeister und den Betriebsausschuss vierteljährlich einen Monat nach Quartalsende über die Entwicklung der Erträge und Aufwendungen sowie über die Ausführung des Vermögensplans schriftlich zu unterrichten.

§ 21
Jahresabschluss

Für den Schluss eines jeden Wirtschaftsjahres ist ein Jahresabschluss aufzustellen, der aus der Bilanz, der Gewinn- und Verlustrechnung und dem Anhang besteht. Die allgemeinen Vorschriften, die Ansatzvorschriften, die Vorschriften über die Bilanz und die Gewinn- und Verlustrechnung, die Bewertungsvorschriften und die Vorschriften über den Anhang für den Jahresabschluss der großen Kapitalgesellschaften im Dritten Buch des Handelsgesetzbuchs finden sinngemäß Anwendung, soweit sich aus dieser Verordnung nichts anderes ergibt.

§ 22
Bilanz

(1) Die Bilanz ist, wenn der Gegenstand des Betriebs keine abweichende Gliederung bedingt, die gleichwertig sein muss, entsprechend der Vorschrift des § 266 des Handelsgesetzbuches aufzustellen. § 272 des Handelsgesetzbuches findet keine Anwendung.

(2) Das Stammkapital ist mit seinem in der Betriebssatzung festgelegten Betrag anzusetzen.

(3) Pensionsverpflichtungen nach den beamtenrechtlichen Vorschriften sind für die Dauer der Beschäftigung von Beamtinnen und Beamten im Eigenbetrieb als Rückstellung zu bilanzieren, soweit die Gemeinde den Eigenbetrieb nicht gegen entsprechende Zahlungen von künftigen Versorgungsleistungen freistellt. § 37 Absatz 1 Kommunalhaushaltsverordnung Nordrhein-Westfalen NRW gilt entsprechend. Die Sätze 1 und 2 finden spätestens ab dem Wirtschaftsjahr 2012 Anwendung.

§ 23
Gewinn- und Verlustrechnung

(1) Die Gewinn- und Verlustrechnung ist, wenn der Gegenstand des Betriebes keine abweichende Gliederung bedingt, die gleichwertig sein muss, entsprechend der Vorschrift des § 275 des Handelsgesetzbuches aufzustellen.

(2) Eigenbetriebe mit mehr als einem Betriebszweig haben für den Schluss eines jeden Wirtschaftsjahres eine Gewinn- und Verlustrechnung für jeden Betriebszweig aufzustellen, die in den Anhang aufzunehmen ist. Dabei sind gemeinsame Aufwendungen und Erträge sachgerecht auf die Betriebszweige aufzuteilen, soweit Lieferungen und Leistungen nicht gesondert verrechnet werden.

§ 24
Anhang, Anlagenspiegel

(1) § 285 Nummer 9 Buchstabe a des Handelsgesetzbuches ist mit der Maßgabe anzuwenden, dass die vom Eigenbetrieb für die Tätigkeit im Geschäftsjahr gewährten Gesamtbezüge und Leistungen für die Mitglieder der Betriebsleitung und des Betriebsausschusses im Anhang zum Jahresabschluss jeweils für jede Personengruppe sowie zusätzlich unter Namensnennung die Bezüge und Leistungen für jedes einzelne Mitglied dieser Personengruppen unter Aufgliederung nach erfolgsunabhängigen und erfolgsbezogenen sowie Komponenten mit langfristiger Anreizwirkung anzugeben sind. § 108 Absatz 1 Satz 1 Nummer 9 Satz 2 GO NRW gilt entsprechend. Ferner sind die in § 285 Nummer 9 Buchstaben b und c des Handelsgesetzbuches genannten Angaben über die vom Eigenbetrieb gewährten Leistungen für die Mitglieder der Betriebsleitung und des Betriebsausschusses und die in § 285 Nummer 10 des Handelsgesetzbuches genannten Angaben für die Mitglieder der Betriebsleitung und des Betriebsausschusses zu machen.

(2) In einem Anlagenspiegel als Bestandteil des Anhangs ist die Entwicklung der einzelnen Posten des Anlagevermögens einschließlich der Finanzanlagen entsprechend der Gliederung der Bilanz darzustellen. Hierzu gehört auch eine Darstellung

1. der Änderungen im Bestand der zum Eigenbetrieb gehörenden Grundstücke und grundstücksgleichen Rechte,
2. der Änderungen im Bestand, Leistungsfähigkeit und Ausnutzungsgrad der wichtigsten Anlagen,
3. des Stands der Anlagen im Bau und die geplanten Bauvorhaben,
4. der Entwicklung des Eigenkapitals und der Rückstellungen jeweils unter Angabe von Anfangsbestand, Zugängen und Entnahmen,
5. der Umsatzerlöse mittels einer Mengen- und Tarifstatistik des Berichtsjahres im Vergleich mit dem Vorjahr,
6. des Personalaufwands mittels einer Statistik über die zahlenmäßige Entwicklung der Belegschaft unter Angabe der Gesamtsummen der Löhne, Gehälter, Vergütungen, sozialen Abgaben, Aufwendungen für Altersversorgung und Unterstützung einschließlich der Beihilfen und der sonstigen sozialen Aufwendungen für das Wirtschaftsjahr.

§ 25
Lagebericht

(1) Gleichzeitig mit dem Jahresabschluss ist ein Lagebericht entsprechend den Vorschriften des § 289 des Handelsgesetzbuches aufzustellen.

(2) Im Lagebericht ist auch auf Sachverhalte einzugehen, die Gegenstand der Berichterstattung gemäß § 103 Absatz 3 Satz 2 GO NRW im Rahmen der Prüfung nach § 53 des Haushaltsgrundsätzegesetzes sein können.

§ 26
Rechenschaft

(1) Die Betriebsleitung hat den Jahresabschluss und den Lagebericht bis zum Ablauf von drei Monaten nach Ende des Wirtschaftsjahres aufzustellen und unter Angabe des Datums zu unterschreiben. Besteht die Betriebsleitung aus mehreren Personen, haben sämtliche Betriebsleiterinnen oder Betriebsleiter zu unterschreiben. Die Betriebsleitung legt den Jahresabschluss und den Lagebericht über die Bürgermeisterin oder den Bürgermeister dem Betriebsausschuss vor, der diese Unterlagen mit dem Ergebnis seiner Beratungen nach Absatz 2 an den Rat der Gemeinde weiterleitet.

(2) Der Betriebsausschuss soll die Ergebnisse der Prüfung des Jahresabschlusses und des Lageberichts sowie ggf. die Ergebnisse der Prüfung der örtlichen Rechnungsprüfung nach § 104 Absatz 1 Nummer 2 GO NRW in seine Beratung des geprüften Jahresabschlusses und Lageberichts einbeziehen.

(3) Der Rat der Gemeinde stellt den geprüften Jahresabschluss innerhalb eines Jahres nach Ende des Wirtschaftsjahres fest und nimmt den geprüften Lagebericht zur Kenntnis. Zugleich beschließt er über die Verwendung des Jahresgewinns oder die Behandlung eines Jahresverlustes.

(4) Der Jahresabschluss, die Verwendung des Jahresgewinns oder die Behandlung des Jahresverlustes sowie das Ergebnis der Prüfung des Jahresabschlusses und des Lageberichts sind öffentlich bekannt zu machen. Der Jahresabschluss und der Lagebericht sind danach bis zur Feststellung des folgenden Jahresabschlusses zur Einsichtnahme verfügbar zu halten.

III. Teil
Sondervorschrift

§ 27
Anwendung des Neuen Kommunalen Finanzmanagements

Für die Wirtschaftsführung und das Rechnungswesen der Eigenbetriebe ist auch die Anwendung der Vorschriften der Kommunalhaushaltsverordnung Nordrhein-Westfalen zulässig. Wird hiervon Gebrauch gemacht, gelten die § 19 Absatz 2 und §§ 21 bis 23 sowie 25 insoweit nicht. Des Weiteren ist dann der Erfolgsplan (§ 15) als Ergebnisplan nach § 2 der Kommunalhaushaltsverordnung Nordrhein-Westfalen und der Vermögensplan (§ 16) als Finanzplan nach § 3 der Kommunalhaushaltsverordnung Nordrhein-Westfalen auszugestalten. In diesen Fällen ist die mittelfristige Ergebnis- und Finanzplanung nach § 18 in die in Satz 3 genannten Pläne einzubeziehen.

§ 28
– aufgehoben –

4.2 GkG NRW

Gesetz über kommunale Gemeinschaftsarbeit (GkG NRW)

in der Fassung der Bekanntmachung vom 1. Oktober 1979 (GV. NW. S. 621), zuletzt geändert durch Gesetz vom 13. April 2022 (GV. NRW. S. 490)

ERSTER TEIL
Formen kommunaler Gemeinschaftsarbeit

§ 1

(1) Gemeinden und Gemeindeverbände können Aufgaben, zu deren Wahrnehmung sie berechtigt oder verpflichtet sind, nach den Vorschriften dieses Gesetzes gemeinsam wahrnehmen. Die gemeinsame Aufgabenwahrnehmung kann sich auf sachlich und örtlich begrenzte Teile der Aufgabe beschränken. Die Sätze 1 und 2 gelten nicht, wenn durch Gesetz eine besondere Rechtsform für die Zusammenarbeit vorgeschrieben oder die gemeinsame Wahrnehmung einer Aufgabe ausgeschlossen ist.
(2) Zur gemeinsamen Wahrnehmung von Aufgaben können Arbeitsgemeinschaften begründet, Zweckverbände und gemeinsame Kommunalunternehmen gebildet sowie öffentlich-rechtliche Vereinbarungen geschlossen werden.
(3) Die Befugnis, zur gemeinsamen Wahrnehmung von Aufgaben die Gestaltungsmöglichkeiten des Privatrechts zu benutzen, bleibt unberührt.

ZWEITER TEIL
Die kommunale Arbeitsgemeinschaft

§ 2
Zweck

(1) Gemeinden und Gemeindeverbände können sich zu kommunalen Arbeitsgemeinschaften zusammenschließen. In diese Arbeitsgemeinschaften können auch sonstige Körperschaften, Anstalten und Stiftungen des öffentlichen Rechts sowie natürliche Personen und juristische Personen des Privatrechts aufgenommen werden.
(2) Nach der getroffenen Vereinbarung beraten die Arbeitsgemeinschaften Angelegenheiten, die ihre Mitglieder gemeinsam berühren; sie stimmen Planungen der einzelnen Mitglieder für diese Angelegenheiten und die Tätigkeit von Einrichtungen ihrer Mitglieder aufeinander ab; sie leiten Gemeinschaftslösungen ein, um eine möglichst wirtschaftliche und zweckmäßige Wahrnehmung der Aufgaben in einem größeren nachbarlichen Gebiet sicherzustellen.

§ 3
Geschäftsführung

(1) Die Arbeitsgemeinschaften geben den Mitgliedern Anregungen; sie fassen keine die Mitglieder bindenden Beschlüsse. Die Zuständigkeit der Organe der einzelnen Mitglieder bleibt unberührt.
(2) Die Geschäftsführung der Arbeitsgemeinschaften ist durch die Beteiligten zu regeln. In der Regelung sind die Aufgabengebiete näher zu bestimmen, auf denen eine Arbeitsgemeinschaft

sich betätigen will; ferner sind in ihr die näheren Bestimmungen über die Durchführung der Arbeitsgemeinschaft zu treffen.

DRITTER TEIL
Der Zweckverband

Abschnitt I
Grundlagen

§ 4
Wesen, Arten, Mitglieder

(1) Gemeinden und Gemeindeverbände können sich zu Zweckverbänden zusammenschließen, um Aufgaben, zu deren Wahrnehmung sie berechtigt oder verpflichtet sind, gemeinsam zu erfüllen oder durchzuführen (Freiverband); für Pflichtaufgaben können sie auch zusammengeschlossen werden (Pflichtverband).

(2) Neben einer der in Absatz 1 genannten Körperschaften können auch der Bund, die Länder der Bundesrepublik und andere Körperschaften, Anstalten und Stiftungen des öffentlichen Rechts Mitglieder eines Zweckverbandes sein, soweit nicht die für sie geltenden besonderen Vorschriften die Beteiligung ausschließen oder beschränken. Ebenso können natürliche Personen und juristische Personen des Privatrechts Mitglieder eines Zweckverbandes sein, wenn die Wahrnehmung der Verbandsaufgaben dadurch gefördert wird und Gründe des öffentlichen Wohles nicht entgegenstehen.

(3) Die Mitgliedschaft einer Gemeinde oder eines Gemeindeverbandes außerhalb des Landes Nordrhein-Westfalen oder einer sonstigen nicht der Aufsicht des Landes unterstehenden Körperschaft, Anstalt oder Stiftung des öffentlichen Rechts in einem Zweckverband, der im Lande Nordrhein-Westfalen seinen Sitz hat, bedarf der Genehmigung der Bezirksregierung. Das gleiche gilt für die Mitgliedschaft einer Gemeinde, eines Gemeindeverbandes oder einer sonstigen der Aufsicht des Landes Nordrhein-Westfalen unterstehenden Körperschaft, Anstalt oder Stiftung des öffentlichen Rechts in einem Zweckverband außerhalb des Landes.

§ 5
Rechtsform

(1) Der Zweckverband ist eine Körperschaft des öffentlichen Rechts. Er verwaltet seine Angelegenheiten im Rahmen der Gesetze unter eigener Verantwortung.

(2) Der Zweckverband ist ein Gemeindeverband; Vorschriften, die bestimmen, daß sie für die Gemeindeverbände gelten, finden auf den Zweckverband Anwendung, so weit sich aus ihnen oder aus diesem Gesetz nichts anderes ergibt.

§ 6
Übergang der Aufgaben

(1) Der Zweckverband kann bestimmte Aufgaben der Beteiligten für diese erfüllen oder für diese durchführen. Er kann daneben auch Aufgaben für einzelne Verbandsmitglieder erfüllen oder durchführen. Soweit Aufgaben zur Erfüllung wahrgenommen werden, gehen das Recht und die Pflicht zur Erfüllung dieser Aufgaben auf den Zweckverband über.

(2) Bestehende Beteiligungen der Gemeinden und Gemeindeverbände an Unternehmen und Verbände, die der gleichen oder einer ähnlichen Aufgabe dienen wie der Zweckverband, bleiben unberührt. Hat der Zweckverband nach der Verbandssatzung anzustreben, solche Beteiligungen an Stelle seiner Verbandsmitglieder zu übernehmen, so sind die einzelnen Verbandsmitglieder zu den entsprechenden Rechtsgeschäften und Verwaltungsmaßnahmen verpflichtet.

§ 7
Verbandssatzung

Die Rechtsverhältnisse des Zweckverbandes werden im Rahmen dieses Gesetzes durch eine Verbandssatzung geregelt.

§ 8
Anwendung der für Gemeinden, Kreise oder Landschaftsverbände geltenden Bestimmungen

(1) Soweit nicht das Gesetz oder die Verbandssatzung besondere Vorschriften treffen, finden auf den Zweckverband die Vorschriften der Gemeindeordnung für das Land Nordrhein-Westfalen in der Fassung der Bekanntmachung vom 14. Juli 1994 (GV. NRW. S. 666) in der jeweils geltenden Fassung sinngemäß Anwendung.

(2) Gehören dem Zweckverband als kommunale Körperschaften neben Gemeinden auch Kreise an, so kann die Verbandssatzung bestimmen, daß anstelle der Gemeindeordnung für das Land Nordrhein-Westfalen die Kreisordnung für das Land Nordrhein-Westfalen in der Fassung der Bekanntmachung vom 14. Juli 1994 (GV. NRW. S. 646) in der jeweils geltenden Fassung Anwendung finden soll.

(3) Gehören einem Zweckverband als kommunale Körperschaften nur Kreise oder nur Kreise und Landschaftsverbände an, so finden die Vorschriften der Kreisordnung für das Land Nordrhein-Westfalen, gehören ihm als kommunale Körperschaften nur Landschaftsverbände an, so finden die Vorschriften der Landschaftsverbandsordnung für das Land Nordrhein-Westfalen in der Fassung der Bekanntmachung vom 14. Juli 1994 (GV. NRW. S. 657) in der jeweils geltenden Fassung sinngemäß Anwendung.

(4) Das Recht, Satzungen zu erlassen, steht dem Zweckverband nach Maßgabe der für Gemeinden geltenden Vorschriften, im Falle der Absätze 2 und 3 nach Maßgabe der dort genannten Vorschriften für sein Aufgabengebiet zu.

Abschnitt II
Bildung des Zweckverbandes

§ 9
Inhalt der Verbandssatzung

(1) Zur Bildung des Zweckverbandes (Freiverband) vereinbaren die Beteiligten die Verbandssatzung. Führen kreisangehörige Gemeinden Verhandlungen mit Körperschaften des öffentlichen Rechts außerhalb des Kreises, um mit ihnen einen Zweckverband zu bilden, so haben sie den Kreis rechtzeitig zu unterrichten.

(2) Die Verbandssatzung muß die Verbandsmitglieder, die Aufgaben, den Namen und Sitz des Verbandes, die Form der öffentlichen Bekanntmachungen sowie den Maßstab bestimmen, nach dem die Verbandsmitglieder zur Deckung der entstehenden Aufwendungen beizutragen haben; sie muß ferner die Angelegenheiten regeln, deren Regelung durch die Verbandssatzung das Gesetz ausdrücklich vorschreibt. Darüber hinaus kann die Verbandssatzung Bestimmungen enthalten über

1. die Verfassung und Verwaltung,
2. die Abwicklung im Falle der Auflösung des Zweckverbandes,
3. das Recht zur einseitigen Kündigung der Verbandsmitgliedschaft, wenn zugleich das Verfahren zur Auseinandersetzung geregelt wird,
4. sonstige Rechtsverhältnisse des Zweckverbandes,

soweit das Gesetz keine Vorschriften enthält oder die Regelung in der Verbandssatzung ausdrücklich zuläßt.

§ 10
Genehmigung

(1) Die Verbandssatzung bedarf der Genehmigung der Aufsichtsbehörde. Die Genehmigung gilt als erteilt, wenn die Aufsichtsbehörde den Beteiligten nicht innerhalb von vier Wochen nach Eingang des Genehmigungsantrages mitteilt, daß sie die Genehmigung versagen oder nur nach Änderung der Vereinbarung erteilen will und nicht innerhalb weiterer vier Wochen einen Termin mit den Beteiligten anberaumt, um dies zu erörtern. Ist die Landrätin oder der Landrat für die Entscheidung zuständig, so ist die Zustimmung des Kreisausschusses erforderlich, wenn die Genehmigung versagt oder nur nach Änderung der Verbandssatzung erteilt werden soll; § 59 Absatz 1 Satz 3 und Absatz 2 der Kreisordnung für das Land Nordrhein-Westfalen gilt entsprechend.

(2) Ist für die Übernahme der Aufgaben, für die der Zweckverband gebildet werden soll, eine besondere Genehmigung erforderlich, so kann die Verbandssatzung nicht genehmigt werden, wenn zu erwarten ist, daß die besondere Genehmigung versagt wird.

§ 11
Entstehung des Zweckverbandes

(1) Die Aufsichtsbehörde hat die Verbandssatzung und ihre Genehmigung in ihrem amtlichen Veröffentlichungsblatt bekanntzumachen. Die Gemeinden und Kreise haben in der für ihre Bekanntmachungen vorgeschriebenen Form auf die Veröffentlichung hinzuweisen.

(2) Der Zweckverband entsteht am Tage nach der öffentlichen Bekanntmachung der Verbandssatzung und der Genehmigung im Veröffentlichungsblatt der Aufsichtsbehörde, soweit nicht hierfür in der Verbandssatzung ein späterer Zeitpunkt bestimmt ist.

§ 12
Ausgleich

Neben der Verbandssatzung können die Beteiligten schriftliche Vereinbarungen über den Ausgleich von Vorteilen und Nachteilen abschließen, die sich für sie aus der Bildung des Zweckverbandes ergeben. Auf Antrag sämtlicher Beteiligten kann die Aufsichtsbehörde diesen Ausgleich regeln.

§ 13
Pflichtverband

(1) Ist die Bildung eines Zweckverbandes zur Wahrnehmung von Pflichtaufgaben, die den Gemeinden oder Gemeindeverbänden durch gesetzliche Vorschrift auferlegt sind, aus Gründen des öffentlichen Wohles dringend geboten, so kann die Aufsichtsbehörde den Beteiligten eine angemessene Frist zur Bildung des Zweckverbandes als Freiverband setzen.

(2) Kommt innerhalb der Frist ein Freiverband nicht zustande, so kann die Aufsichtsbehörde die Verbandssatzung erlassen und die Bildung des Zweckverbandes als Pflichtverband verfügen. Sollen kreisangehörige Gemeinden oder Gemeindeverbände mit Gemeinden oder Gemeindeverbänden außerhalb des Kreises zu einem Zweckverband zusammengeschlossen werden, um gemeinsame Bauleitpläne aufzustellen oder durchzuführen, so gilt § 205 des Baugesetzbuches in der Fassung der Bekanntmachung vom 23. September 2004 (BGBl. I S. 2414) in der jeweils geltenden Fassung. Vor der Entscheidung muß den Beteiligten Gelegenheit gegeben werden, ihre Auffassung in mündlicher Verhandlung darzulegen.

(3) Ist die Bezirksregierung zuständig, so ist in den Fällen, in denen eine kreisangehörige Gemeinde beteiligt ist, der Kreisausschuss vor der Entscheidung zu hören. Im übrigen gilt § 11 entsprechend.

(4) Hält die Aufsichtsbehörde einen Ausgleich aus Billigkeitsgründen für erforderlich, so kann sie diesen selbst treffen, falls die Beteiligten dies beantragen oder sich nicht innerhalb einer von der Aufsichtsbehörde gesetzten angemessenen Frist einigen.

Abschnitt III
Verfassung und Verwaltung des Zweckverbandes

§ 14
Organe

Organe des Zweckverbandes sind die Verbandsversammlung und die Verbandsvorsteherin oder der Verbandsvorsteher.

§ 15
Verbandsversammlung

(1) Die Verbandsversammlung besteht aus den Vertreterinnen und Vertretern der Verbandsmitglieder. Jedes Verbandsmitglied entsendet wenigstens eine vertretungsberechtigte Person in die Verbandsversammlung. Von den Gemeinden oder Gemeindeverbänden entsandte vertretungsberechtigte Personen haben die Interessen ihrer Gemeinde oder ihres Gemeindeverbandes zu verfolgen. Sie sind an die Beschlüsse der jeweiligen kommunalen Vertretungen und ihrer Ausschüsse gebunden. Sind natürliche Personen oder juristische Personen (§ 4 Absatz 2) Verbandsmitglieder, so dürfen ihre Stimmen insgesamt die Hälfte der in der Verbandssatzung festgelegten Stimmenzahl nicht erreichen. Die Aufsichtsbehörde kann Ausnahmen zulassen.

(2) Soweit Gemeinden oder Gemeindeverbände Verbandsmitglieder sind, werden die vertretungsberechtigten Personen durch die Vertretungskörperschaft für deren Wahlperiode aus ihrer Mitte oder aus den Dienstkräften des Verbandsmitgliedes bestellt; sofern weitere vertretungsberechtige Personen zu benennen sind, müssen die Hauptverwaltungsbeamtin oder der Hauptverwaltungsbeamte oder eine von ihr beziehungsweise ihm vorgeschlagene Person aus dem Kreis der Bediensteten dazu zählen. Die vertretungsberechtigten Personen anderer Verbandsmitglieder werden für dieselbe Zeit in die Verbandsversammlung entsandt. Die vertretungsberechtigten Personen üben ihr Amt nach Ablauf der Zeit, für die sie bestellt sind, bis zum Amtsantritt der neu bestellten vertretungsberechtigten Personen weiter aus. Die Mitgliedschaft in der Verbandsversammlung erlischt, wenn die Voraussetzungen der Wahl oder Entsendung des Mitgliedes wegfallen.

(3) Für jedes Mitglied der Verbandsversammlung ist eine stellvertretungsberechtigte Person für den Fall der Verhinderung zu bestellen.

(4) Die Verbandsversammlung wählt aus ihrer Mitte eine vertretungsberechtigte Person einer Gemeinde oder eines Gemeindeverbandes zur Vorsitzenden oder zum Vorsitzenden; in gleicher Weise wählt sie eine Stellvertreterin oder einen Stellvertreter.

(5) Die Verbandsversammlung tritt wenigstens einmal im Jahr, und zwar zur Beschlußfassung über die Haushaltssatzung sowie über den Jahresabschluss und die Entlastung der Verbandsvorsteherin oder des Verbandsvorstehers, im übrigen nach Bedarf zusammen. Zu ihrer ersten Sitzung nach der Bildung des Zweckverbandes wird sie durch die Aufsichtsbehörde einberufen, soweit nicht die Verbandssatzung etwas anderes vorschreibt. Die Verbandsversammlung ist nur beschlußfähig, wenn die anwesenden vertretungsberechtigten Personen von Gemeinden und Gemeindeverbänden wenigstens die Hälfte der Stimmenzahl erreichen; im Falle des Absatzes 1 letzter Satz kann die Aufsichtsbehörde Ausnahmen zulassen. Die Verbandssatzung kann weitere Voraussetzungen der Beschlußfähigkeit bestimmen.

(6) Die Zuständigkeiten der Verbandsversammlung regelt die Verbandssatzung, soweit sie sich nicht aus dem Gesetz ergeben.

§ 15a
Bildung der Verbandsversammlung in besonderen Fällen

(1) Besteht ein Zweckverband ausschließlich aus Gemeinden, die nicht zugleich einem Mitgliedskreis angehören, und Kreisen (Mitgliedskörperschaften), kann in der Verbandssatzung

bestimmt werden, die Verteilung der Sitze in der Verbandsversammlung an den von den Parteien und Wählergruppen bei den letzten allgemeinen Wahlen zu den Vertretungen der Mitgliedskörperschaften erzielten gültigen Stimmen auszurichten. Die Aufnahme oder Aufhebung einer solchen Regelung in der Verbandssatzung ist nur mit Zustimmung aller Mitgliedskörperschaften und nur für den Beginn einer neuen Wahlperiode für deren gesamte Dauer zulässig. Für einen solchen Zweckverband gelten abweichend von § 15 die Absätze 2 bis 14.

(2) Die Vertretungen der Mitgliedskörperschaften wählen für die Dauer ihrer Wahlperiode innerhalb von zehn Wochen nach Beginn ihrer Wahlperiode die Mitglieder der Verbandsversammlung. Jedes Mitglied der Vertretung einer Mitgliedskörperschaft hat zwei Stimmen, eine Erststimme für die Wahl der auf die Mitgliedskörperschaft entfallenden Mitglieder und Ersatzmitglieder sowie eine Zweitstimme für die Wahl der für das Gebiet des Zweckverbandes aufgestellten Reserveliste einer Partei oder Wählergruppe. Wählbar sind die Mitglieder der Vertretungen und die Bediensteten der Mitgliedskörperschaften. Über die Reservelisten sind auch auf Reservelisten für die allgemeinen Wahlen zu den Vertretungen der Mitgliedskörperschaften benannte Bewerberinnen und Bewerber wählbar. Bedienstete des Zweckverbandes dürfen nicht Mitglieder der Verbandsversammlung oder eines Fachausschusses sein; diese Einschränkung gilt nicht für Inhaberinnen oder Inhaber eines Ehrenamtes.

(3) Die Anzahl der von jeder Vertretung einer Mitgliedskörperschaft mit Erststimme zu wählenden Mitglieder und Ersatzmitglieder der Verbandsversammlung ist in der Satzung des Zweckverbands zu bestimmen. Ist nur ein Mitglied zu wählen, so darf nur ein Mitglied der Vertretung gewählt werden. Gewählt ist, wer die meisten Stimmen erhält. Bei Stimmengleichheit entscheidet das von der Vorsitzenden oder von dem Vorsitzenden der Vertretung zu ziehende Los. Sind mehrere Mitglieder zu wählen, so dürfen nicht mehr Bedienstete als Mitglieder der Vertretung gewählt werden. Es findet eine Listenwahl nach dem Verfahren der mathematischen Proportion statt. Danach entfallen auf jede Liste zunächst so viele Sitze, wie ganze Zahlen auf sie entfallen. Danach zu vergebende Sitze sind in der Reihenfolge der höchsten Zahlenbruchteile zuzuteilen; bei gleichen Zahlenbruchteilen entscheidet das von der Vorsitzenden oder dem Vorsitzenden zu ziehende Los. Für jedes zu wählende Mitglied wird zugleich ein Ersatzmitglied gewählt.

(4) Bei der Wahl der Reservelisten kann die Zweitstimme für eine Liste oder nur für eine einzelne Bewerberin oder einen einzelnen Bewerber einer Liste abgegeben werden. Die Zahl der auf die einzelnen Bewerberinnen und Bewerber in der Reserveliste entfallenen Zweitstimmen bestimmt die Reihenfolge der Wahl aus der Reserveliste. Die übrigen Bewerberinnen und Bewerber folgen in der Reihenfolge der Liste.

(5) Entspricht die Sitzverteilung in der Verbandsversammlung auf Grund des Erststimmenergebnisses (Absatz 3) nicht dem Ergebnis, das sich bei einer Sitzverteilung nach dem Verfahren der mathematischen Proportion auf der Grundlage der von den Parteien und Wählergruppen bei den letzten allgemeinen Wahlen zu den Vertretungen der Mitgliedskörperschaften erzielten gültigen Stimmen ergeben würde, so ist eine neue Ausgangszahl für die Verteilung weiterer Sitze (Verhältnisausgleich) zu bilden. Dazu wird die Zahl der nach Absatz 3 errungenen Sitze derjenigen Partei oder Wählergruppe, die das günstigste Verhältnis der Sitze zu der auf sie entfallenen Stimmenzahl erreicht hat, mit der Gesamtzahl der gültigen Stimmen vervielfältigt und durch die Stimmenzahl dieser Partei oder Wählergruppe geteilt. Auf Grund der neuen Ausgangszahl werden für die Parteien und Wählergruppen nach dem Verfahren der mathematischen Proportion neue Zuteilungszahlen errechnet und ihnen die an diesen Zahlen noch fehlenden Sitze aus den Reservelisten in der sich nach Absatz 4 ergebenden Reihenfolge zugewiesen. Dabei werden Bewerberinnen und Bewerber, die bereits nach Absatz 3 gewählt worden sind, nicht berücksichtigt. Bei den Berechnungen nach den Sätzen 1 bis 3 bleiben die Stimmenzahlen solcher Parteien oder Wählergruppen außer Betracht, für die keine Reserveliste eingereicht worden ist. Sie nehmen am Verhältnisausgleich nicht teil. In der Verbandssatzung ist die Anzahl der aus den Reservelisten höchstens zuzuweisenden Mitglieder zu bestimmen. Wird nach Bildung der neuen Ausgangszahl

nach Satz 1 die Anzahl der nach Satz 7 in der Verbandssatzung zu bestimmenden Anzahl der aus den Reservelisten höchstens zuzuweisenden Mitglieder überschritten, bleibt die Partei oder Wählergruppe mit dem günstigsten Verhältnis der Sitze zu der auf sie entfallenen Stimmenzahl unberücksichtigt und nimmt an dem erneut durchzuführenden Verhältnisausgleich nicht teil. Die Ausgangszahl ist solange neu zu bilden, bis die in Satz 7 bestimmte Anzahl der aus den Reservelisten höchstens zuzuweisenden Mitglieder nicht überschritten wird.

(6) Die Reservelisten sind von den für das Gebiet der Mitgliedskörperschaften zuständigen Leitungen der Parteien und Wählergruppen, die in mindestens einer der Vertretungen der Mitgliedskörperschaften vertreten sind, bis zum 22. Tag nach dem Wahltag der allgemeinen Kommunalwahlen der Verbandsvorsteherin oder dem Verbandsvorsteher einzureichen. Die Verbandsvorsteherin oder der Verbandsvorsteher leitet nach Zulassung je eine Ausfertigung der Reservelisten den Vertretungen der Mitgliedskörperschaften unverzüglich zu. Als Bewerberin oder Bewerber kann in einer Reserveliste nur benannt werden, wer in einer Mitglieder- oder Vertreterversammlung der Partei oder Wählergruppe des Wahlgebietes hierzu gewählt worden ist.

(7) Scheidet ein mit Erststimmen gewähltes Mitglied aus der Verbandsversammlung aus, so rückt das für diesen Fall gewählte Ersatzmitglied nach. Scheidet auch das nachgerückte Mitglied aus, so ist, falls es für eine Partei oder Wählergruppe aufgestellt war, sein Nachfolger aus der Reserveliste dieser Partei oder Wählergruppe in der sich nach Absatz 4 ergebenden Reihenfolge zu berufen. Das Gleiche gilt, wenn ein aus der Reserveliste gewähltes Mitglied aus der Verbandsversammlung ausscheidet. Die Verbandsvorsteherin oder der Verbandsvorsteher stellt die Nachfolgerin oder den Nachfolger fest und macht dies öffentlich bekannt.

(8) Werden Mitgliedskörperschaften oder ihre Vertretungen aufgelöst oder wird eine kreisfreie Stadt in einen Kreis eingegliedert, so gelten die Mitglieder der Vertretungen und die Bediensteten bis zum Zusammentritt der im jeweils betroffenen Gebiet neu zu wählenden Vertretung als wählbar gemäß Absatz 2. Entsprechendes gilt im Falle einer Wiederholungswahl.

(9) Finden in einer Mitgliedskörperschaft Wiederholungswahlen im ganzen Wahlgebiet statt oder wird im Laufe der allgemeinen Wahlperiode die Vertretung einer Mitgliedskörperschaft neu gewählt, so sind

1. die mit Erststimmen in dieser Mitgliedskörperschaft gewählten Mitglieder und Ersatzmitglieder neu zu wählen und
2. die Sitze nach Absatz 5 unter Berücksichtigung der bei der Wiederholungswahl oder bei der Neuwahl erzielten gültigen Stimmen neu zu errechnen und zuzuweisen.

Soweit Mitglieder neu zu wählen oder Sitze neu zu errechnen und zuzuweisen sind, verlieren die bisherigen Mitglieder ihren Sitz spätestens im Zeitpunkt der Neuwahl oder im Zeitpunkt der Neuzuweisung.

(10) Wird ein Zweckverband neu gebildet und wird in der Verbandssatzung eine Regelung gemäß Absatz 1 Satz 1 getroffen, bestimmen die Mitgliedskörperschaften in der Verbandssatzung zugleich eine Person aus dem in § 16 Absatz 1 Satz 1 genannten Personenkreis, der die auf die Verbandsvorsteherin beziehungsweise den Verbandsvorsteher entfallenden Aufgaben bei der Bildung der Verbandsversammlung wahrnimmt, bis die Verbandsversammlung eine Verbandsvorsteherin oder einen Verbandsvorsteher gewählt hat. Zugleich sind in der Satzung Bestimmungen darüber zu treffen, innerhalb welcher Fristen die Parteien und Wählergruppen ihre Reservelisten gemäß Absatz 6 einzureichen und die Mitgliedskörperschaften die Mitglieder der Verbandsversammlung zu wählen haben.

(11) Tritt im Laufe der allgemeinen Wahlperiode eine Gemeinde oder ein Kreis dem Zweckverband bei und bestehen die Voraussetzungen des Absatz 1 unverändert fort, so sind

1. von der Vertretung der beitretenden Mitgliedskörperschaft die auf sie gemäß Absatz 3 Satz 1 entfallenden Mitglieder und Ersatzmitglieder mit der Erststimme zu wählen und

2. von den Vertretungen aller Mitgliedskörperschaften mit der Zweitstimme die für das Gebiet des Zweckverbandes neu aufzustellenden und einzureichenden Reservelisten zu wählen.

Sodann sind die Sitze nach Absatz 5 neu zu errechnen und zuzuweisen. Absatz 9 Satz 2 und Absatz 10 Satz 2 gelten entsprechend.

(12) Scheidet im Laufe der allgemeinen Wahlperiode eine Gemeinde oder ein Kreis aus einem Zweckverband gemäß Absatz 1 aus, verlieren die von der Vertretung der ausscheidenden Mitgliedskörperschaft mit der Erststimme gewählten Mitglieder und Ersatzmitglieder ihren Sitz in der Verbandsversammlung. Das gleiche gilt für Mitglieder, die über die Reservelisten gewählt worden sind, soweit sie durch das Ausscheiden der Mitgliedskörperschaft ihre Wählbarkeit gemäß Absatz 2 verloren haben. Sodann sind die Sitze nach Absatz 5 neu zu errechnen und zuzuweisen. Dabei bleiben Bewerberinnen und Bewerber, die ihre Wählbarkeit gemäß Absatz 2 durch das Ausscheiden der Mitgliedskörperschaft verloren haben, unberücksichtigt. Absatz 9 Satz 2 gilt entsprechend.

(13) Nach Ablauf der allgemeinen Wahlperiode der Vertretungen der Mitgliedskörperschaften üben die bisherigen Mitglieder ihre Tätigkeit bis zum Zusammentritt der neu gebildeten Verbandsversammlung weiter aus.

(14) § 15 Absatz 1 Satz 2 bis 4, Absatz 4, Absatz 5 Satz 1 und 2 sowie Absatz 6 bleibt unberührt. Weitere Regelungen können in der Satzung des Zweckverbands getroffen werden.

§ 15b
Beschlüsse im vereinfachten Verfahren

(1) Wenn und solange nach § 14 des Infektionsschutz- und Befugnisgesetzes vom 14. April 2020 (GV. NRW. S. 218b), das zuletzt durch Gesetz vom 4. Mai 2021 (GV. NRW. S. 566) geändert worden ist, eine epidemische Lage von besonderer Tragweite festgestellt ist, dürfen eilbedürftige Angelegenheiten, die der Beschlussfassung der Verbandsversammlung unterliegen, im Umlaufverfahren getroffen werden, wenn sich zwei Drittel der Mitglieder der Verbandsversammlung mit der schriftlichen Abgabe der Stimmen einverstanden erklären. Die Mitglieder der Verbandsversammlung geben ihre Stimmen über den betreffenden Beschlussvorschlag im Falle des Satzes 1 mit Einzelschreiben oder im Umlaufverfahren ab. Die Stimmabgaben erfolgen in Textform.

(2) Die eilbedürftigen Angelegenheiten, über die gemäß Absatz 2 im Wege des vereinfachten Verfahrens Beschluss gefasst werden soll, sind öffentlich im geeigneten Wege bekannt zu machen.

§ 16
Verbandsvorsteherin oder Verbandsvorsteher

(1) Die Verbandsvorsteherin oder der Verbandsvorsteher wird von der Verbandsversammlung aus dem Kreis der Hauptverwaltungsbeamtinnen und Hauptverwaltungsbeamten oder mit Zustimmung ihrer Dienstvorgesetzten aus dem Kreis der allgemeinen Vertreterinnen und Vertreter oder der leitenden Bediensteten der zum Zweckverband gehörenden Gemeinden und Gemeindeverbände gewählt. Sie beziehungsweise er wird von ihrer beziehungsweise seiner Vertretung im Hauptamt vertreten; die Verbandssatzung kann die Vertretung durch eine andere Beamtin oder einen anderen Beamten eines Verbandsmitgliedes vorsehen. Hat die Aufsichtsbehörde eine Ausnahme nach § 15 Absatz 1 letzter Satz zugelassen, so kann die Verbandssatzung bestimmen, dass auch natürliche Personen, die Verbandsmitglieder sind, oder vertretungsberechtigte Personen von verbandsangehörigen juristischen Personen (§ 4 Absatz 2) als Verbandsvorsteherin oder Verbandsvorsteher oder deren Stellvertretung gewählt werden können.

(2) Die Verbandsvorsteherin oder der Verbandsvorsteher führt die laufenden Geschäfte sowie nach Maßgabe der Gesetze, der Verbandssatzung und der Beschlüsse der Verbandsversammlung die übrige Verwaltung des Zweckverbandes, unterzeichnet die Bekanntmachungsanordnungen der von der Verbandsversammlung beschlossenen Satzungen und vertritt den Zweckverband gerichtlich und außergerichtlich. Sie beziehungsweise er ist Dienstvorgesetzte beziehungsweise

Dienstvorgesetzter der Dienstkräfte des Zweckverbandes. Die Verbandsversammlung ist Dienstvorgesetzte der Verbandsvorsteherin beziehungswiese des Verbandsvorstehers.

(3) In der Verbandssatzung kann geregelt werden, dass die Verbandsversammlung auf Vorschlag der Verbandsvorsteherin beziehungsweise des Verbandsvorstehers zu deren beziehungsweise dessen Entlastung die Einstellung einer Geschäftsleitung beschließt. Die Verbandsversammlung kann der Geschäftsleitung mit Zustimmung der Verbandsvorsteherin oder des Verbandsvorstehers Aufgaben zur selbstständigen Erledigung übertragen.

(4) Erklärungen, durch die der Zweckverband verpflichtet werden soll, bedürfen der Schriftform. Sie sind von der Verbandsvorsteherin oder dem Verbandsvorsteher und der Vertreterin oder dem Vertreter oder einem von der Verbandsversammlung zu bestimmenden Bediensteten oder Mitglied der Verbandsversammlung zu unterzeichnen. Die Verbandssatzung kann allgemein oder für einen bestimmten Kreis von Geschäften bestimmen, dass die Unterschrift der Verbandsvorsteherin oder des Verbandsvorstehers oder der Vertreterin oder des Vertreters genügt. Im Übrigen gilt § 64 Absatz 2 bis 4 der Gemeindeordnung für das Land Nordrhein-Westfalen entsprechend.

§ 17
Ehrenamtliche und hauptberufliche Tätigkeit

(1) Die Mitglieder der Verbandsversammlung und die Verbandsvorsteherin oder der Verbandsvorsteher sind ehrenamtlich tätig. Sie haben Anspruch auf Verdienstausfall in entsprechender Anwendung von § 45 Absatz 1 der Gemeindeordnung für das Land Nordrhein-Westfalen sowie auf Auslagenersatz. Die Verbandssatzung kann bestimmen, dass anstelle oder in Ergänzung des Verdienstausfall- und Auslagenersatzes nach Satz 2 eine angemessene Entschädigung gezahlt sowie sonstige Leistungen gewährt werden, soweit diese einen unmittelbaren Bezug zur Mandatsausübung aufweisen.

(2) Wenn es nach Art und Umfang der wahrzunehmenden Aufgaben zweckmäßig ist, kann die Verbandssatzung die Bestellung einer hauptamtlichen Verbandsvorsteherin oder eines hauptamtlichen Verbandsvorstehers vorsehen. Hierzu kann bestellt werden, wer die für dieses Amt erforderliche Eignung, Befähigung und Sachkunde besitzt. Die Stelle ist öffentlich auszuschreiben.

(3) Der Zweckverband hat das Recht, Beamtinnen und Beamte zu ernennen. Bedienstete dürfen hauptamtlich nur eingestellt werden, wenn das in der Verbandssatzung vorgesehen ist. Die Verbandssatzung muss in diesem Falle auch Vorschriften über die Übernahme der Bediensteten durch Verbandsmitglieder oder über die sonstige Abwicklung der Dienst- und Versorgungsverhältnisse im Falle der Auflösung des Zweckverbandes oder der Änderung seiner Aufgaben treffen.

§ 18
Haushaltswirtschaft und Prüfung

(1) Für die Haushaltswirtschaft des Zweckverbandes finden die Vorschriften für die Gemeinden sinngemäß Anwendung mit Ausnahme der Vorschriften über die Auslegung der Haushaltssatzung und des Jahresabschlusses sowie über die örtliche Rechnungsprüfung und den Gesamtabschluss.

(2) Die überörtliche Prüfung ist Aufgabe der Gemeindeprüfungsanstalt.

(3) Ist der Hauptzweck eines Zweckverbandes der Betrieb eines wirtschaftlichen Unternehmens oder einer Einrichtung, die entsprechend den Vorschriften über die Eigenbetriebe geführt werden kann, so kann die Verbandssatzung bestimmen, daß auch auf die Wirtschaftsführung und das Rechnungswesen des Zweckverbandes selbst die Vorschriften über Wirtschaftsführung und Rechnungswesen der Eigenbetriebe sinngemäß Anwendung finden. An die Stelle der Haushaltssatzung tritt in diesem Falle der Beschluss über den Wirtschaftsplan. Sofern dem Betriebsausschuss nicht nach § 114 Abs. 3 der Gemeindeordnung für das Land Nordrhein-Westfalen Beschäftigte des Eigenbetriebes angehören müssen, kann die Verbandssatzung bestimmen, daß die Aufgaben des Betriebsausschusses von der Verbandsversammlung wahrgenommen werden.

§ 19
Verbandsumlage

(1) Der Zweckverband erhebt von den Verbandsmitgliedern eine Umlage, soweit seine sonstigen Erträge die entstehenden Aufwendungen nicht decken. Die Umlagepflicht einzelner Verbandsmitglieder kann durch die Verbandssatzung auf einen Höchstbetrag beschränkt oder ausgeschlossen werden; dies gilt nicht bei Sparkassenzweckverbänden. Die Umlage soll in der Regel nach dem Verhältnis des Nutzens bemessen werden, den die einzelnen Verbandsmitglieder aus der Wahrnehmung der Aufgaben des Zweckverbandes haben. Ein anderer Maßstab kann zugrunde gelegt werden, wenn dies angemessen ist. Soweit die Umlage nach der Steuerkraft bemessen wird, gelten die Vorschriften über die Kreisumlage, bei Zweckverbänden, denen als kommunale Körperschaften nur Landschaftsverbände angehören, die Vorschriften über die Landschaftsverbandsumlage entsprechend.

(2) Die Umlage ist für jedes Haushaltsjahr in der Haushaltssatzung neu festzusetzen. Die Festsetzung der Umlage bedarf der Genehmigung der Aufsichtsbehörde.

(3) Der Zweckverband kann Gebühren und Beiträge in entsprechender Anwendung der Vorschriften des Kommunalabgabenrechts erheben. Das Recht zur Erhebung von Steuern steht ihm nicht zu.

§ 19a

In der Bilanz ist eine Ausgleichsrücklage zusätzlich zur allgemeinen Rücklage als gesonderter Posten des Eigenkapitals anzusetzen. Der Ausgleichsrücklage können Jahresüberschüsse durch Beschluss der Verbandsversammlung zugeführt werden, soweit ihr Bestand nicht den Höchstbetrag von einem Drittel des Eigenkapitals erreicht hat.

Abschnitt IV
Änderung der Verbandssatzung und Auflösung des Zweckverbandes

§ 20
Verfahren

(1) Änderungen der Verbandssatzung, insbesondere der Beitritt und das Ausscheiden von Verbandsmitgliedern und das Recht zur einseitigen Kündigung, sowie die Auflösung des Zweckverbandes bedürfen, falls die Verbandssatzung nichts anderes bestimmt, einer Mehrheit von zwei Dritteln der satzungsmäßigen Stimmenzahl der Verbandsversammlung; die Verbandssatzung kann bestimmen, daß außerdem die Zustimmung einzelner oder aller Verbandsmitglieder erforderlich ist. Beschlüsse zur Änderung der Aufgaben des Zweckverbandes müssen einstimmig gefaßt werden. Ist eine Auseinandersetzung notwendig, so entscheidet darüber, falls sich die Beteiligten nicht einigen, die Aufsichtsbehörde.

(2) Bei Freiverbänden sind die Änderung der Verbandsaufgabe, die Aufnahme von Bestimmungen über die hauptberufliche Einstellung von Bediensteten sowie Änderungen der Verbandssatzung der Aufsichtsbehörde anzuzeigen; die Auflösung des Zweckverbandes bedarf der Genehmigung der Aufsichtsbehörde. Bei Pflichtverbänden bedarf jede Änderung der Verbandssatzung der Genehmigung der Aufsichtsbehörde.

(3) Die Aufsichtsbehörde kann einem Pflichtverband gegenüber erklären, daß die Gründe für seine zwangsweise Bildung weggefallen sind. Der Zweckverband besteht in diesem Falle als Freiverband weiter. Innerhalb von sechs Monaten kann jedes Verbandsmitglied seinen Austritt ausdem Zweckverband erklären.

(4) Für die Änderung der Verbandssatzung und die Auflösung des Zweckverbandes sind § 10 Abs. 1 Satz 2 und 3. Abs. 2 und § 11 entsprechend anzuwenden. Beim Beitritt oder Ausscheiden eines Verbandsmitgliedes wird die Änderung der Verbandssatzung mit dem Zeitpunkt wirksam, zu dem der Beitritt oder das Ausscheiden erfolgt.

(5) Der Zweckverband gilt nach seiner Auflösung als fortbestehend, soweit der Zweck der Abwicklung es erfordert.

§ 21
Wegfall von Verbandsmitgliedern

(1) Fallen Gemeinden oder Gemeindeverbände, die Verbandsmitglieder sind, durch Eingliederung in eine andere Körperschaft, durch Zusammenschluß mit einer anderen Körperschaft oder aus einem sonstigen Grunde weg, so tritt die Körperschaft des öffentlichen Rechts, in die das Verbandsmitglied eingegliedert oder zu der es zusammengeschlossen wird, an die Stelle des weggefallenen Verbandsmitgliedes. Entsprechendes gilt. wenn eine Gemeinde oder ein Gemeindeverband auf mehrere andere Körperschaften aufgeteilt wird oder wenn bei der Auflösung eines Gemeindeverbandes seine Aufgaben auf mehrere andere Körperschaften übergehen.

(2) Wenn Gründe des öffentlichen Wohles nicht entgegenstehen, kann der Zweckverband binnen drei Monaten vom Wirksamwerden der Änderung ab das neue Mitglied ausschließen; in gleicher Weise kann dieses sein Ausscheiden aus dem Zweckverband verlangen. Falls das neue Mitglied dem Ausschluß widerspricht oder der Zweckverband seinem Verlangen auf Ausscheiden nicht entspricht, entscheidet auf Antrag eines der Beteiligten die Aufsichtsbehörde. Diese hat auch die aus der Veränderung sich ergebenden Verhältnisse zwischen dem Zweckverband und dem ausscheidenden Mitglied zu regeln.

(3) Die Absätze 1 und 2 gelten sinngemäß für andere Verbandsmitglieder.

(4) Die durch den Mitgliederwechsel sich ergebende Änderung der Verbandssatzung ist nach den Vorschriften des § 11 Abs. 1 öffentlich bekanntzumachen.

Abschnitt V
Zusammenschluss und Eingliederung von Zweckverbänden

§ 22
Zusammenschluss

(1) Zweckverbände können in der Weise einen neuen Zweckverband bilden, dass ihr Aufgaben- und Mitgliederbestand unmittelbar auf den neuen Zweckverband übergeht (Zusammenschluss).

(2) Für den Zusammenschluss bedarf es übereinstimmender Beschlüsse der Verbandsversammlungen. Hierin ist die Verbandssatzung des neuen Zweckverbandes festzulegen. Zugleich ist festzulegen, wer die Rechte der Verbandsvorsteherin oder des Verbandsvorstehers und der Vorsitzenden oder des Vorsitzenden der Verbandsversammlung des neuen Zweckverbandes bis zu ihrer erstmaligen, unverzüglich durchzuführenden Wahl wahrnimmt. Die §§ 9 bis 11 und § 20 Absatz 1 gelten entsprechend.

(3) Die bisherigen Zweckverbände gelten mit dem Zeitpunkt des Entstehens des neuen Zweckverbandes als aufgelöst. Der neue Zweckverband ist Rechtsnachfolger der aufgelösten Zweckverbände.

(4) Jedes Mitglied kann bis zum Ablauf von drei Monaten nach Entstehung des neuen Zweckverbandes seine Mitgliedschaft kündigen.

§ 22a
Eingliederung

(1) Ein Zweckverband kann seinen vollständigen Aufgaben- und Mitgliederbestand unmittelbar in einen anderen Zweckverband überführen (Eingliederung).

(2) Für die Eingliederung bedarf es übereinstimmender Beschlüsse der Verbandsversammlungen nach § 20. Die §§ 9 bis 11 gelten entsprechend.

(3) Der eingegliederte Zweckverband gilt mit dem Zeitpunkt des Wirksamwerdens seiner Eingliederung als aufgelöst. Der aufnehmende Zweckverband ist Rechtsnachfolger des aufgelösten Zweckverbandes.

(4) Jedes Mitglied kann bis zum Ablauf von drei Monaten nach Wirksamwerden der Eingliederung seine Mitgliedschaft kündigen.

VIERTER TEIL
Die öffentlich-rechtliche Vereinbarung

§ 23
Inhalt der Vereinbarung

(1) Gemeinden und Gemeindeverbände können vereinbaren, daß einer der Beteiligten einzelne Aufgaben der übrigen Beteiligten in seine Zuständigkeit übernimmt oder sich verpflichtet, solche Aufgaben für die übrigen Beteiligten durchzuführen.

(2) Übernimmt ein Beteiligter eine Aufgabe der übrigen in seine Zuständigkeit, so gehen das Recht und die Pflicht zur Erfüllung der Aufgabe auf ihn über. Verpflichtet sich einer der Beteiligten, eine Aufgabe für die übrigen durchzuführen, so bleiben deren Rechte und Pflichten als Träger der Aufgabe unberührt.

(3) In der Vereinbarung kann den übrigen Beteiligten ein Mitwirkungsrecht bei der Erfüllung oder Durchführung der Aufgaben eingeräumt werden; das gilt auch für die Bestellung von Dienstkräften.

(4) In der Vereinbarung soll eine angemessene Entschädigung vorgesehen werden, die in der Regel so zu bemessen ist, daß die durch die Übernahme oder Durchführung entstehenden Kosten gedeckt werden.

(5) Ist die Geltungsdauer der Vereinbarung nicht befristet oder beträgt die Frist mehr als 20 Jahre, so muß die Vereinbarung bestimmen, unter welchen Voraussetzungen und in welcher Form sie von einem Beteiligten gekündigt werden kann.

§ 24
Verfahren

(1) Die Vereinbarung ist schriftlich abzuschließen. Kreisangehörige Gemeinden haben den Kreis rechtzeitig zu unterrichten, wenn sie mit Gemeinden oder Gemeindeverbänden außerhalb des Kreises Verhandlungen führen, um mit ihnen eine öffentlich-rechtliche Vereinbarung zu treffen.

(2) Die Vereinbarung bedarf der Genehmigung der in § 29 Abs. 4 bestimmten Aufsichtsbehörde. Die Genehmigung gilt als erteilt, wenn die Aufsichtsbehörde den Beteiligten nicht innerhalb von vier Wochen nach Eingang des Genehmigungsantrages mitteilt, dass sie die Genehmigung versagen oder nur nach Änderung der Vereinbarung erteilen will und nicht innerhalb weiterer vier Wochen einen Termin mit den Beteiligten anberaumt, um dies zu erörtern.

(3) Die Aufsichtsbehörde hat die Vereinbarung und ihre Genehmigung in ihrem amtlichen Veröffentlichungsblatt bekanntzumachen. Die Beteiligten haben in der für ihre Bekanntmachung vorgeschriebenen Form auf die Veröffentlichung hinzuweisen.

(4) Die Vereinbarung wird am Tage nach der Bekanntmachung im Veröffentlichungsblatt der Aufsichtsbehörde wirksam, soweit nicht in ihr ein späterer Zeitpunkt bestimmt ist.

(5) Die Kündigung oder Aufhebung einer öffentlich-rechtlichen Vereinbarung ist der in § 29 Absatz 4 bestimmten Aufsichtsbehörde anzuzeigen. Die Absätze 3 und 4 gelten entsprechend.

§ 25
Satzung zur Erfüllung der gemeinsamen Aufgaben

(1) Durch die Vereinbarung kann die zur Erfüllung gemeinsamer Aufgaben verpflichtete Körperschaft ermächtigt werden, die Benutzung einer Einrichtung durch eine für das gesamte Gebiet geltende Satzung zu regeln.
(2) Die Körperschaft kann im Geltungsbereich der Satzung alle zur Erfüllung erforderlichen Maßnahmen wie im eigenen Gebiet treffen. Das Recht zur Erhebung von Steuern ist hiervon ausgenommen.

§ 26
Pflichtregelung

(1) Ist der Abschluß einer Vereinbarung zur Erfüllung oder Durchführung einzelner Pflichtaufgaben, die den Gemeinden oder Gemeindeverbänden durch gesetzliche Vorschrift auferlegt sind, aus Gründen des öffentlichen Wohles dringend geboten, so kann die Aufsichtsbehörde den Beteiligten eine angemessene Frist zum Abschluß der Vereinbarung setzen.
(2) Nach fruchtlosem Ablauf der Frist kann die Aufsichtsbehörde die erforderliche Regelung treffen. Der Entscheidung der Aufsichtsbehörde muß eine mündliche Verhandlung mit den Beteiligten vorausgehen.
(3) § 13 Abs. 3 Satz 1 bis 3 und die §§ 23 bis 25 gelten für die Pflichtregelung entsprechend. Zur Kündigung ist die Genehmigung der Aufsichtsbehörde erforderlich. Die Aufsichtsbehörde kann den Beteiligten gegenüber erklären, daß die Gründe für die zwangsweise Regelung weggefallen sind. Die Pflichtregelung gilt in diesem Falle als Vereinbarung weiter; sie kann von jedem Beteiligten mit einer Frist von sechs Monaten gekündigt werden.
(4) Für die Aufstellung oder Durchführung von Bauleitplänen kann eine Pflichtregelung nicht getroffen werden.

FÜNFTER TEIL
Das gemeinsame Kommunalunternehmen

§ 27
Entstehung und Auflösung des gemeinsamen Kommunalunternehmens

(1) Mehrere Gemeinden und Kreise, die Landschaftsverbände und der Regionalverband Ruhr können zur gemeinsamen Aufgabenwahrnehmung Unternehmen und Einrichtungen in der Rechtsform einer Anstalt des öffentlichen Rechts in gemeinsamer Trägerschaft führen (gemeinsames Kommunalunternehmen).
Soweit nachstehend nichts Abweichendes geregelt ist, gelten für das gemeinsame Kommunalunternehmen die Regelungen des § 114 a der Gemeindeordnung für das Land Nordrhein-Westfalen sowie die Verordnung über kommunale Unternehmen und Einrichtungen als Anstalten des öffentlichen Rechts (Kommunalunternehmensverordnung – KUV).
(2) Zur Errichtung regeln die nach Absatz 1 Satz 1 Beteiligten die Rechtsverhältnisse des gemeinsamen Kommunalunternehmens in einer Unternehmenssatzung.
Die Gemeinden und Kreise, die Landschaftsverbände und der Regionalverband Ruhr können auch einem bestehenden Kommunalunternehmen (Anstalt des öffentlichen Rechts gemäß § 114a der Gemeindeordnung für das Land Nordrhein-Westfalen) oder einem bestehenden gemeinsamen Kommunalunternehmen beitreten; der Beitritt erfolgt durch die zwischen den Beteiligten zu vereinbarende Änderung der Unternehmenssatzung.
Die Beteiligten können bestehende Regie- und Eigenbetriebe sowie eigenbetriebsähnliche Einrichtungen auf das gemeinsame Kommunalunternehmen im Weg der Gesamtrechtsnachfolge ausgliedern.
Die auszugliedernden Bereiche sind in der Unternehmenssatzung zu bezeichnen.

(3) Ein Kommunalunternehmen kann mit einem anderen durch Vereinbarung einer entsprechenden Änderung der Unternehmenssatzung des aufnehmenden Unternehmens im Weg der Gesamtrechtsnachfolge zu einem gemeinsamen Kommunalunternehmen verschmolzen werden.

(4) Die in den vorgenannten Absätzen genannten Entscheidungen bedürfen übereinstimmender Beschlüsse der Vertretungen der Träger. Im Fall der Beteiligung eines Landschaftsverbandes bedarf es eines Beschlusses des Landschaftsausschusses. Die Beschlüsse sind von der zuständigen Aufsichtsbehörde zu genehmigen. Die Genehmigung gilt als erteilt, wenn die Aufsichtsbehörde den Beteiligten nicht innerhalb von sechs Wochen nach Eingang des Genehmigungsantrags mitteilt, dass sie die Genehmigung versagen oder nur nach Änderung der Unternehmenssatzung erteilen will. Die Aufsichtsbehörde kann im Einzelfall aus besonderem Grund die Frist verlängern. § 115 Abs. 1 Satz 2 der Gemeindeordnung für das Land Nordrhein-Westfalen gilt entsprechend.

(5) Die Aufsichtsbehörde hat die Genehmigung und die Unternehmenssatzung oder ihre Änderung in ihrem amtlichen Veröffentlichungsblatt bekannt zu machen. Die beteiligten Gemeinden und Kreise, im Falle ihrer Beteiligung auch die Landschaftsverbände und der Regionalverband Ruhr, haben in der für ihre Bekanntmachungen vorgeschriebenen Form auf die Veröffentlichung hinzuweisen. Die Errichtung, der Beitritt oder die Verschmelzung werden am Tag nach der Bekanntmachung der Unternehmenssatzung oder ihrer Änderung wirksam, wenn nicht in der Unternehmenssatzung ein späterer Zeitpunkt bestimmt ist.

(6) Änderungen der Unternehmenssatzung und die Auflösung des gemeinsamen Kommunalunternehmens können nur durch übereinstimmende Beschlüsse der Vertretungen der Träger erfolgen; Absatz 4 Satz 2 gilt entsprechend. Abweichend von Satz 1 kann die Unternehmenssatzung bestimmen, dass der Austritt eines Trägers lediglich eines Beschlusses der Vertretung des austretenden Trägers bedarf; Absatz 4 Satz 2 gilt entsprechend. Für Änderungen der Unternehmenssatzung, die Auflösung des gemeinsamen Kommunalunternehmens sowie den Austritt eines Trägers gelten Absatz 4 Satz 3 bis 6 entsprechend. Die Abwicklung des gemeinsamen Kommunalunternehmens besorgen die Vorstandsmitglieder als Abwickler.

§ 28
Weitere Vorschriften für das gemeinsame Kommunalunternehmen

(1) Die Unternehmenssatzung des gemeinsamen Kommunalunternehmens muss auch Angaben enthalten über

1. die beteiligten kommunalen Träger des Unternehmens,
2. den Sitz des Unternehmens,
3. den Betrag der von jedem beteiligten kommunalen Träger des Unternehmens auf das Stammkapital zu leistenden Einlage (Stammeinlage),
4. den räumlichen Wirkungsbereich, wenn dem Unternehmen hoheitliche Befugnisse oder das Recht, entsprechend § 114a Abs. 3 der Gemeindeordnung für das Land Nordrhein-Westfalen Satzungen zu erlassen, übertragen werden,
5. die Sitz- und Stimmenverteilung im Verwaltungsrat auf die Träger des gemeinsamen Kommunalunternehmens und die Bestimmung des vorsitzenden Mitglieds des Verwaltungsrats,
6. die Verteilung des Unternehmensvermögens und des Personals im Fall der Auflösung und des Austritts eines Trägers.

§ 17 Abs. 2 Satz 3 gilt für die Satzung des gemeinsamen Kommunalunternehmens entsprechend. Sollen Sacheinlagen geleistet werden, müssen der Gegenstand der Sacheinlage und der Betrag der Stammeinlage, auf die sich die Sacheinlage bezieht, in der Unternehmenssatzung festgesetzt werden. Erlässt das Unternehmen eine Satzung, so hat es diese für das Gebiet jedes Trägers des Unternehmens nach den Vorschriften bekannt zu machen, die für die Bekanntmachung eigener Satzungen des Trägers gelten.

(2) Dem Verwaltungsrat des gemeinsamen Kommunalunternehmens gehören die Hauptverwaltungsbeamtinnen und Hauptverwaltungsbeamten ihrer Träger an; sofern Beigeordnete bestellt sind, zu deren Geschäftsbereichen die dem Unternehmen übertragenen Aufgaben gehören, vertreten diese anstelle der Hauptverwaltungsbeamtinnen und Hauptverwaltungsbeamten ihren Träger im Verwaltungsrat. § 114a Abs. 8 Satz 3 der Gemeindeordnung für das Land Nordrhein-Westfalen gilt entsprechend. Von jedem Träger ist mindestens eine weitere Person in den Verwaltungsrat zu entsenden; für sie gelten § 114a Abs. 8 Sätze 5 bis 8 der Gemeindeordnung für das Land Nordrhein-Westfalen entsprechend.

(3) Soweit die Träger für die Verbindlichkeiten des gemeinsamen Kommunalunternehmens einzutreten haben, haften sie als Gesamtschuldner. Der Ausgleich im Innenverhältnis richtet sich vorbehaltlich einer abweichenden Regelung in der Unternehmenssatzung nach dem Verhältnis der von jedem Träger des Unternehmens auf das Stammkapital zu leistenden Einlage.

(4) Entscheidungen des Verwaltungsrats über die Beteiligung an anderen Unternehmen und die Erhöhung des Stammkapitals bedürfen der Zustimmung der Vertretungen aller Träger. Hinsichtlich des Erlasses von Satzungen unterliegen die Verwaltungsratsmitglieder der Weisung der Vertretung des jeweiligen Trägers. § 27 Absatz 4 Satz 2 gilt entsprechend.

(5) Das für Kommunales zuständige Ministerium wird ermächtigt,

1. das Verfahren bei der Errichtung eines gemeinsamen Kommunalunternehmens sowie in den weiteren in § 27 Abs. 2 und 3 genannten Fällen,
2. den Aufbau und die Verwaltung des gemeinsamen Kommunalunternehmens durch Rechtsverordnung zu regeln.

SECHSTER TEIL
Aufsicht und Entscheidung über Streitigkeiten

§ 29
Allgemeine Aufsicht

(1) Aufsichtsbehörde für Zweckverbände ist

1. die Bezirksregierung, in deren Bezirk der Zweckverband seinen Sitz hat, wenn ein anderes Land, eine Gemeinde oder Gemeindeverband eines anderen Landes oder der Bund beteiligt sind sowie wenn Kreise, kreisfreie Städte, das Land oder Gemeindeverbände, zu deren Mitgliedern Kreise, kreisfreie Städte oder das Land gehören, beteiligt sind,
2. in allen übrigen Fällen die Landrätin oder der Landrat als untere staatliche Verwaltungsbehörde, in dessen Bezirk der Zweckverband seinen Sitz hat.

Für gemeinsame Kommunalunternehmen gilt Satz 1 mit der Maßgabe entsprechend, dass im Fall der Beteiligung eines Landschaftsverbandes oder des Regionalverbandes Ruhr Aufsichtsbehörde das für Kommunales zuständige Ministerium ist.

(2) Obere Aufsichtsbehörde ist die Bezirksregierung, wenn die Landrätin oder der Landrat Aufsichtsbehörde ist, sonst das für Kommunales zuständige Ministerium. Oberste Aufsichtsbehörde ist das für Kommunales zuständige Ministerium.

(3) Im übrigen gelten für die Aufsicht über die Zweckverbände und die gemeinsamen Kommunalunternehmen die Vorschriften des 13. Teiles der Gemeindeordnung für das Land Nordrhein-Westfalen mit Ausnahme des § 126 entsprechend.

(4) Durch öffentlich-rechtliche Vereinbarungen und Pflichtregelungen wird die Zuständigkeit der Aufsichtsbehörden der beteiligten Gemeinden und Gemeindeverbände, die ordnungsmäßige Durchführung der Aufgaben innerhalb ihres Verwaltungsbezirks zu überwachen, nicht berührt. Für die zum Abschluss einer Vereinbarung erforderliche Genehmigung, die Anordnung einer Pflichtregelung und die Genehmigung ihrer Kündigung ist zuständige Aufsichtsbehörde

1. die Bezirksregierung, zu deren Bezirk die Körperschaft gehört oder in deren Bezirk die Körperschaft ihren Sitz hat, die die Aufgabe für die anderen Beteiligten übernimmt oder durchführt,
   a) wenn eine Gemeinde oder ein Gemeindeverband eines anderen Landes beteiligt ist,
   b) wenn Kreise oder kreisfreie Städte beteiligt sind,
   c) wenn ein Gemeindeverband beteiligt ist, zu dessen Mitgliedern Kreise oder kreisfreie Städte, der Bund oder das Land gehören;
2. in allen übrigen Fällen die Landrätin oder der Landrat als untere staatliche Verwaltungsbehörde; zuständig ist die Landrätin oder der Landrat, zu deren beziehungsweise dessen Bezirk die Körperschaft gehört oder in deren beziehungsweise dessen Bezirk die Körperschaft ihren Sitz hat, die die Aufgabe für die anderen Beteiligten übernimmt oder durchführt.

§ 30
Schlichtung von Streitigkeiten

Bei Streitigkeiten über Rechte und Verbindlichkeiten der Beteiligten aus öffentlich-rechtlichen Vereinbarungen sowie bei Streitigkeiten zwischen dem Zweckverband und seinen Verbandsmitgliedern oder der Verbandsmitglieder untereinander über Rechte und Verbindlichkeiten aus dem Verbandsverhältnis ist die Aufsichtsbehörde zur Schlichtung anzurufen, soweit nicht dieses Gesetz etwas anderes bestimmt oder in der Vereinbarung oder der Verbandssatzung ein besonderes Schiedsverfahren vorgesehen ist.

SIEBTER TEIL
Übergangs- und Schlußvorschriften

§ 31
Anwendung auf bestehende Zweckverbände

(1) Auf bestehende Zweckverbände ist dieses Gesetz erst anzuwenden, wenn ihre Verbandssatzung den Vorschriften dieses Gesetzes angepaßt ist. Solange bleiben die Verbandssatzungen dieser Zweckverbände und die ihnen zugrunde liegenden gesetzlichen Vorschriften in Kraft. Für das Verfahren der Satzungsänderung gelten jedoch die Vorschriften dieses Gesetzes.
(2) Jeder Zweckverband hat seine Verbandssatzung innerhalb eines Jahres nach dem Inkrafttreten dieses Gesetzes mit dessen Vorschriften in Einklang zu bringen.
(3) Dieses Gesetz gilt auch für Gemeindeforstverbände, soweit nicht Bundesrecht entgegensteht. Für Schulverbände bleibt § 78 Abs. 8 des Schulgesetzes NRW vom 15. Februar 2005 (GV. NRW. S. 102) in der jeweils geltenden Fassung unberührt.

§ 32
Planungsverbände

Auf Planungsverbände nach § 205 des Baugesetzbuches sind die Vorschriften dieses Gesetzes entsprechend anzuwenden, soweit sich aus dem Baugesetzbuch nichts anderes ergibt.

§ 33
Weiterentwicklung der kommunalen Gemeinschaftsarbeit (Experimentierklausel)

Zur Weiterentwicklung der kommunalen Gemeinschaftsarbeit kann das für Kommunales zuständige Ministerium im Einzelfall zeitlich begrenzte Ausnahmen von den Vorschriften dieses Gesetzes zulassen.

§ 34
In-Kraft-Treten

Dieses Gesetz tritt am 1. Juli 1961 in Kraft.

4.3 KUV

Verordnung über kommunale Unternehmen und Einrichtungen als Anstalt des öffentlichen Rechts (Kommunalunternehmensverordnung – KUV)

vom 24. Oktober 2001 (GV. NRW. 2001 S. 773),
zuletzt geändert durch Verordnung vom 22. März 2021 (GV. NRW. S. 348)

§ 1
Allgemeines

(1) Unternehmen und Einrichtungen der Gemeinde, die in der Rechtsform einer Anstalt des öffentlichen Rechts (Kommunalunternehmen) errichtet sind oder nach Umwandlung in dieser Rechtsform bestehen, werden im Rahmen der Vorschriften der Gemeindeordnung nach dieser Verordnung und nach den Bestimmungen der Unternehmenssatzung geführt.

(2) Die Vorschriften dieser Verordnung gelten entsprechend für die Kommunalunternehmen von Kreisen und Gemeindeverbänden sowie für die gemeinsamen Kommunalunternehmen der Gemeinden und Kreise.

(3) Die Vorschriften dieser Verordnung gelten nicht für Krankenhäuser, die den Bestimmungen der Bundespflegesatzverordnung unterliegen, und für Pflegeeinrichtungen, die den Bestimmungen des 11. Buchs Sozialgesetzbuch – Soziale Pflegeversicherung – unterliegen, soweit in der Krankenhaus-Buchführungsverordnung, der Pflege-Buchführungsverordnung und der Gemeindekrankenhausbetriebsverordnung andere Regelungen getroffen sind.

§ 2
Verwaltungsrat

(1) Der Rat der Gemeinde wählt die nicht bereits aufgrund von § 114a Abs. 8 GO bestimmten Mitglieder des Verwaltungsrates erstmals vor der Errichtung des Kommunalunternehmens gemäß § 114a Abs. 8 Satz 5 GO. Bei gemeinsamen Kommunalunternehmen wählt die Vertretung des jeweiligen Trägers weitere Mitglieder des Verwaltungsrats gemäß § 28 Abs. 2 Satz 3 des Gesetzes über kommunale Gemeinschaftsarbeit.

(2) Die Mitglieder des Verwaltungsrats können angemessene Entschädigung für die Teilnahme an dessen Sitzungen erhalten. Gewinnbeteiligungen dürfen ihnen nicht gewährt werden. Das Nähere regelt die Gemeinde durch die Unternehmenssatzung.

(3) Vorstandsmitgliedern gegenüber vertritt das vorsitzende Mitglied des Verwaltungsrats das Kommunalunternehmen gerichtlich und außergerichtlich. Es vertritt das Kommunalunternehmen auch, wenn noch kein Vorstand vorhanden oder der Vorstand handlungsunfähig ist.

(4) Erleidet die Gemeinde oder das Kommunalunternehmen infolge eines Beschlusses des Verwaltungsrates einen Schaden, so gilt für die Mitglieder des Verwaltungsrates § 43 Absatz 4 GO NRW entsprechend.

§ 3
Vorstand

(1) Die Mitglieder des Vorstands haben mit der Sorgfalt ordentlicher Geschäftsleute vertrauensvoll und eng zum Wohl des Kommunalunternehmens zusammenzuarbeiten. Für Schäden haften die Mitglieder des Vorstandes entsprechend den Vorschriften des § 48 des Beamtenstatusgesetzes und

§ 81 des Landesbeamtengesetzes. Der Vorstand hat dem Verwaltungsrat in allen Angelegenheiten auf Anforderung Auskunft zu geben und ihn über alle wichtigen Vorgänge rechtzeitig zu unterrichten.

(2) Besteht der Vorstand aus mehreren Personen, sind, soweit die Unternehmenssatzung nichts anderes bestimmt, sämtliche Vorstandsmitglieder nur gemeinschaftlich zur Vertretung des Kommunalunternehmens befugt.

§ 4
Verschwiegenheitspflicht

Die Mitglieder der Organe des Kommunalunternehmens haben über alle vertraulichen Angaben und Geschäfts- und Betriebsgeheimnisse des Unternehmens Verschwiegenheit zu bewahren. Diese Pflicht besteht auch nach ihrem Ausscheiden fort. Sie gilt nicht gegenüber den Organen der Gemeinde.

§ 5
Unternehmenssatzung

Die Unternehmenssatzung muss neben dem gesetzlich vorgeschriebenen Mindestinhalt Bestimmungen enthalten über

1. die Geschäftsordnung des Verwaltungsrats sowie des Vorstands, falls dieser aus mehr als einer Person besteht,
2. die Beschlußfähigkeit des Verwaltungsrats.

§ 6
Zusammenfassung von Unternehmen und Einrichtungen

Die Versorgungsbetriebe einer Gemeinde sollen, wenn sie Kommunalunternehmen sind, zu einem Kommunalunternehmen zusammengefasst werden. Das Gleiche gilt für Verkehrsbetriebe. Versorgungs- und Verkehrsbetriebe können mit sonstigen Unternehmen und Einrichtungen einer Gemeinde zu einem einheitlichen Kommunalunternehmen zusammengefasst werden.

§ 7
Umwandlung von Regiebetrieben

(1) Vor der Umwandlung eines Regiebetriebs in ein Kommunalunternehmen ist eine Eröffnungsbilanz gemäß den für alle Kaufleute geltenden Vorschriften des Handelsgesetzbuchs (HGB) aufzustellen.

(2) Bei der Errichtung eines Kommunalunternehmens durch Ausgliederung von Vermögen und Schulden aus dem Haushalt der Gemeinde sind deren Gegenstand und Wert in der Unternehmenssatzung festzusetzen. Gleichzeitig sind in einem Ausgliederungsbericht die für die Angemessenheit der Einbringung wesentlichen Umstände darzulegen.

§ 8
Anwendung der Vergabegrundsätze

Das Kommunalunternehmen ist für die Vergabe von Aufträgen über die Lieferung und Leistung sowie von Aufträgen zur Durchführung von Baumaßnahmen in einer finanziellen Größenordnung, die unterhalb der durch die Europäische Union festgelegten Schwellenwerte liegt, zur Einhaltung und Anwendung der nach § 26 der Kommunalhaushaltsverordnung Nordrhein-Westfalen vom 12. Dezember 2018 (GV. NRW. S. 708), die durch Verordnung vom 30 Oktober 2020 (GV. NRW. S. 1049) geändert worden ist, für den kommunalen Vergabebereich verbindlichen Vergabevorschriften insoweit verpflichtet, als die Auftragsvergabe der Erfüllung von durch Satzung übertragenen hoheitlichen Aufgaben aus den in § 107 Abs. 2 der Gemeindeordnung angeführten

Bereichen dient. Eine darüber hinausgehende Selbstbindung an die genannten Vergabegrundsätze ist hierdurch nicht ausgeschlossen.

§ 9
Finanzausstattung, Risikofrüherkennung

(1) Die Gemeinde stellt sicher, dass das Kommunalunternehmen seine Aufgabe dauernd erfüllen kann. Das Kommunalunternehmen ist mit einem angemessenen Stammkapital auszustatten.

(2) Für die dauernde technische und wirtschaftliche Leistungsfähigkeit des Kommunalunternehmens ist zu sorgen. Hierzu ist u. a. ein Überwachungssystem einzurichten, das es ermöglicht, etwaige bestandsgefährdende Entwicklungen frühzeitig zu erkennen. Zur Risikofrüherkennung gehören insbesondere

1. die Risikoidentifikation,
2. die Risikobewertung,
3. Maßnahmen der Risikobewältigung einschließlich der Risikokommunikation,
4. die Risikoüberwachung/Risikofortschreibung und
5. die Dokumentation.

§ 10
Finanzierung von Investitionen

Für die technische und wirtschaftliche Fortentwicklung des Kommunalunternehmens und, soweit die Abschreibungen nicht ausreichen, für Erneuerungen sollen aus dem Jahresgewinn Rücklagen gebildet werden. Bei umfangreichen Investitionen kann neben die Eigenfinanzierung die Finanzierung aus Krediten treten. Eigenkapital und Fremdkapital sollen in einem angemessenen Verhältnis zueinander stehen.

§ 11
Leitung des Rechnungswesens

Alle Zweige des Rechnungswesens sind einheitlich zu leiten. Hat das Kommunalunternehmen ein Vorstandsmitglied, das für die kaufmännischen Angelegenheiten zuständig ist, so ist dieses für das Rechnungswesen verantwortlich.

§ 12
Kassengeschäfte

Die Anordnung und die Ausführung finanzwirksamer Vorgänge sind personell und organisatorisch zu trennen. Die mit diesen Aufgaben Betrauten dürfen nicht durch ein Angehörigenverhältnis im Sinne des § 20 Abs. 5 des Verwaltungsverfahrensgesetzes für das Land Nordrhein-Westfalen verbunden sein.

§ 13
Leistungen im Verhältnis zwischen Kommunalunternehmen und Gemeinde

Sämtliche Lieferungen, Leistungen und Darlehen sind auch im Verhältnis zwischen dem Kommunalunternehmen und der Gemeinde, einem anderen Kommunalunternehmen oder einem Eigenbetrieb der Gemeinde oder einer Gesellschaft, an der die Gemeinde beteiligt ist, angemessen zu vergüten. Das Kommunalunternehmen kann jedoch, soweit andere Rechtsvorschriften nicht entgegenstehen, abweichend von Satz 1

1. Wasser für den Brandschutz, für die Reinigung von Straßen und Abwasseranlagen sowie für öffentliche Zier- und Straßenbrunnen unentgeltlich oder verbilligt liefern,
2. Anlagen für die Löschwasserversorgung unentgeltlich oder verbilligt zur Verfügung stellen,
3. auf die Tarifpreise für Leistungen von Elektrizität, Gas, Wasser und Wärme einen Preisnachlass gewähren, soweit dieser steuerrechtlich anerkannt ist.

§ 14
Gewinn und Verlust

(1) Der Jahresgewinn des Kommunalunternehmens soll so hoch sein, dass neben angemessenen Rücklagen nach § 10 mindestens eine marktübliche Verzinsung des Eigenkapitals erwirtschaftet wird.

(2) Ein etwaiger Jahresverlust ist, soweit er nicht aus Haushaltsmitteln der Gemeinde ausgeglichen wird, auf neue Rechnung vorzutragen, wenn hierdurch die erforderliche Eigenkapitalausstattung des Kommunalunternehmens nicht gefährdet wird. Eine Verbesserung der Ertragslage ist anzustreben. Ein nach Ablauf von fünf Jahren nicht getilgter Verlustvortrag soll durch Abbuchung von den Rücklagen ausgeglichen werden, wenn dies die Eigenkapitalausstattung zulässt; ist dies nicht der Fall, so ist der Verlust aus Haushaltsmitteln der Gemeinde auszugleichen.

§ 15
Wirtschaftsjahr

Wirtschaftsjahr ist das Kalenderjahr. Wenn die betrieblichen Bedürfnisse des Kommunalunternehmens es erfordern, kann die Unternehmenssatzung ein hiervon abweichendes Wirtschaftsjahr bestimmen.

§ 16
Wirtschaftsplan

(1) Das Kommunalunternehmen hat vor Beginn eines jeden Wirtschaftsjahres einen Wirtschaftsplan aufzustellen. Dieser besteht aus dem Erfolgsplan und dem Vermögensplan. Dem Wirtschaftsplan sind ein Stellenplan und eine Stellenübersicht entsprechend § 8 der der Kommunalhaushaltsverordnung Nordrhein-Westfalen beizufügen.

(2) Der Wirtschaftsplan ist unverzüglich zu ändern, wenn

a) das Jahresergebnis sich gegenüber dem Erfolgsplan erheblich verschlechtern wird und diese Verschlechterung eine Änderung des Vermögensplans bedingt oder zu einer Inanspruchnahme der Gemeinde führt oder
b) zum Ausgleich des Vermögensplans erheblich höhere Kredite erforderlich werden oder
c) eine erhebliche Vermehrung oder Hebung der im Stellenplan und in der Stellenübersicht vorgesehenen Stellen erforderlich wird, es sein denn, dass es sich um eine vorübergehende Einstellung von Aushilfskräften handelt.

§ 17
Erfolgsplan

(1) Der Erfolgsplan muss alle voraussehbaren Erträge und Aufwendungen des Wirtschaftsjahres enthalten. Er ist mindestens wie die Gewinn- und Verlustrechnung (§ 24 Abs. 1) zu gliedern.

(2) Die veranschlagten Erträge, Aufwendungen und Zuweisungen zu den Rücklagen sind ausreichend zu begründen, insbesondere soweit sie von den Vorjahreszahlen erheblich abweichen. Zum Vergleich sind die Zahlen des Erfolgsplans des laufenden Jahres und die abgerundeten Zahlen der Gewinn- und Verlustrechnung des Vorjahres daneben zu stellen. Die vorhandenen oder zu beschaffenden Deckungsmittel sind nachzuweisen. Deckungsmittel, die – etwa als Verlustausgleichszahlungen oder Betriebskostenzuschüsse – aus dem Haushalt der Gemeinde stammen, müssen mit der Veranschlagung in der Haushaltsplanung der Gemeinde übereinstimmen.

(3) Von der Veranschlagung abweichende, Erfolg gefährdende Mehraufwendungen bedürfen der Zustimmung des Vorstandes.

§ 18
Vermögensplan

(1) Der Vermögensplan muss mindestens alle voraussehbaren Einzahlungen und Auszahlungen des Wirtschaftsjahres, die sich aus Investitionen (Erneuerung, Erweiterung, Neubau, Veräußerung) und aus der Kreditwirtschaft des Kommunalunternehmens ergeben, enthalten.

(2) Die vorhandenen oder zu beschaffenden Deckungsmittel des Vermögensplans sind nachzuweisen. Deckungsmittel, die aus dem Haushalt der Gemeinde stammen, müssen mit der Veranschlagung in der Haushaltsplanung der Gemeinde übereinstimmen.

(3) Die Auszahlungen für Investitionen sind nach Vorhaben getrennt zu veranschlagen und zu erläutern. § 13 der Kommunalhaushaltsverordnung Nordrhein-Westfalen findet sinngemäß Anwendung.

(4) Für die Inanspruchnahme der Ermächtigungen des Vermögensplans gilt § 24 Absatz 1 bis 3 der Kommunalhaushaltsverordnung Nordrhein-Westfalen sinngemäß.

(5) Mehrauszahlungen, die einen in der Unternehmenssatzung als Bestandteil der Bestimmungen über die Wirtschaftsführung festzusetzenden Betrag überschreiten, bedürfen der Zustimmung des Verwaltungsrates. Bei Eilbedürftigkeit tritt an die Stelle der Zustimmung des Verwaltungsrates die Zustimmung des Vorstands. Der Verwaltungsrat ist unverzüglich zu unterrichten.

§ 19
Mittelfristige Ergebnis- und Finanzplanung

Die mittelfristige Ergebnis- und Finanzplanung (§ 84 GO) besteht aus einer Übersicht über die Entwicklung der Erträge und Aufwendungen des Erfolgsplans sowie der Auszahlungen und Deckungsmittel des Vermögensplans nach Jahren gegliedert; sie ist in den Wirtschaftsplan einzubeziehen. Ihr ist ein Investitionsprogramm zugrunde zu legen. Die Ergebnis- und Finanzplanung ist der Gemeinde zur Kenntnis zu geben.

§ 20
Buchführung und Kostenrechnung

(1) Das Kommunalunternehmen führt seine Rechnung nach den Regeln der kaufmännischen doppelten Buchführung. Eine Anlagenbuchführung muss vorhanden sein.

(2) Die Vorschriften des dritten Buchs des Handelsgesetzbuchs über Buchführung, Inventar und Aufbewahrung sind anzuwenden, soweit sie nicht bereits unmittelbar gelten.

(3) Das Kommunalunternehmen hat die für Kostenrechnungen erforderlichen Unterlagen zu führen und nach Bedarf Kostenrechnungen zu erstellen.

§ 21
Berichtspflichten

(1) Der Vorstand hat den Verwaltungsrat vierteljährlich über die Abwicklung des Vermögens- und des Erfolgsplans schriftlich zu unterrichten. In der Unternehmenssatzung können Vorschriften über eine andere Frist von nicht mehr als 6 Monaten und über den Inhalt der Zwischenberichte erlassen werden.

(2) Sind bei der Ausführung des Erfolgsplans Erfolg gefährdende Mindererträge oder Mehraufwendungen zu erwarten, hat der Vorstand den Verwaltungsrat zu unterrichten. Sind darüber hinaus Verluste zu erwarten, die Auswirkungen auf den Haushalt der Gemeinde haben können, ist diese zu unterrichten.

§ 22
Jahresabschluss

Für den Schluss eines jeden Wirtschaftsjahres ist ein Jahresabschluss aufzustellen, der aus der Bilanz, der Gewinn- und Verlustrechnung und dem Anhang besteht. Die allgemeinen Vorschriften, die Vorschriften über den Ansatz, die Bilanz, die Gewinn- und Verlustrechnung, die Bewertung und über den Anhang, die nach dem dritten Buch des Handelsgesetzbuchs (1. und 2. Abschn.) für den Jahresabschluss der großen Kapitalgesellschaften gelten, finden sinngemäß Anwendung, soweit sich aus dieser Verordnung nichts anderes ergibt.

§ 23
Bilanz

(1) Die Bilanz ist, wenn der Unternehmenszweck keine abweichende Gliederung bedingt, die gleichwertig sein muss, unbeschadet einer weiteren Gliederung entsprechend der Vorschrift des § 266 des Handelsgesetzbuches aufzustellen.

(2) Das Stammkapital ist mit seinem in der Unternehmenssatzung festgelegten Betrag anzusetzen.

§ 24
Gewinn- und Verlustrechnung

(1) Die Gewinn- und Verlustrechnung ist, wenn der Unternehmenszweck keine abweichende Gliederung bedingt, die gleichwertig sein muss, unbeschadet einer weiteren Gliederung entsprechend der Vorschrift des § 275 des Handelsgesetzbuches aufzustellen.

(2) Kommunalunternehmen mit mehr als einem Betriebszweig haben für den Schluss eines jeden Wirtschaftsjahres eine Gewinn- und Verlustrechnung für jeden Unternehmenszweig aufzustellen, die in den Anhang aufzunehmen ist. Dabei sind gemeinsame Aufwendungen und Erträge sachgerecht auf die Unternehmenszweige aufzuteilen, soweit Lieferungen und Leistungen nicht gesondert verrechnet werden.

§ 25
Anhang, Anlagenspiegel

(1) § 285 Nr. 8 und § 286 Abs. 2 und 3 HGB finden keine Anwendung. Die in § 285 Nummern 9 Buchstaben b und c und 10 Handelsgesetzbuch genannten Angaben sind in entsprechender Anwendung dieser Vorschriften für die Mitglieder des Vorstands und des Verwaltungsrats zu machen, die Angaben gemäß § 285 Nummer 9 Buchstaben b und c Handelsgesetzbuch jedoch nur, soweit es sich um Leistungen des Kommunalunternehmens handelt.

(2) In einem Anlagenspiegel als Bestandteil des Anhangs ist die Entwicklung der einzelnen Posten des Anlagevermögens einschließlich der Finanzanlagen entsprechend der Gliederung der Bilanz darzustellen. Hierzu gehört auch eine Darstellung

1. der Änderungen im Bestand der zum Kommunalunternehmen gehörenden Grundstücke und grundstücksgleichen Rechte,
2. der Änderungen im Bestand, Leistungsfähigkeit und Ausnutzungsgrad der wichtigsten Anlagen,
3. des Stands der Anlagen im Bau und die geplanten Bauvorhaben,
4. der Entwicklung des Eigenkapitals und der Rückstellungen jeweils unter Angabe von Anfangsbestand, Zugängen und Entnahmen,
5. der Umsatzerlöse mittels einer Mengen- und Tarifstatistik des Berichtsjahres im Vergleich mit dem Vorjahr,
6. des Personalaufwands mittels einer Statistik über die zahlenmäßige Entwicklung der Belegschaft unter Angabe der Gesamtsummen der Löhne, Gehälter, Vergütungen, sozialen Abgaben,

Aufwendungen für Altersversorgung und Unterstützung einschließlich der Beihilfen und der sonstigen sozialen Aufwendungen für das Wirtschaftsjahr.

§ 26
Lagebericht

Der Lagebericht muss die in § 289 Absatz 1 und 2 HGB genannten Sachverhalte behandeln. Im Lagebericht ist auch auf Sachverhalte einzugehen, die Gegenstand der Berichterstattung gemäß § 27 Absatz 2 im Rahmen der Prüfung nach § 53 des Haushaltsgrundsätzegesetzes sein können.

§ 27
Aufstellung, Behandlung und Offenlegung des Jahresabschlusses und des Lageberichts

(1) Der Vorstand hat den Jahresabschluss und den Lagebericht innerhalb von 3 Monaten nach Ende des Wirtschaftsjahres aufzustellen und dem Verwaltungsrat nach Durchführung der Abschlussprüfung zur Feststellung vorzulegen. Der Jahresabschluss und der Lagebericht sind vom Vorstand unter Angabe des Datums zu unterzeichnen. Bei der Feststellung des Jahresabschlusses hat der Verwaltungsrat über die Entlastung des Vorstands zu entscheiden.

(2) Die Prüfung des Jahresabschlusses und des Lageberichts der Kommunalunternehmen ist in entsprechender Anwendung der Vorschriften des Dritten Buches des Handelsgesetzbuches für große Kapitalgesellschaften vorzunehmen. Im Rahmen der Jahresabschlussprüfung ist in entsprechender Anwendung des § 53 Absatz 1 Nummer 1 und 2 des Haushaltsgrundsätzegesetzes ferner die Ordnungsmäßigkeit der Geschäftsführung zu prüfen und über die wirtschaftlich bedeutsamen Sachverhalte zu berichten.

(3) Der Jahresabschluss, die Verwendung des Jahresgewinns oder die Behandlung des Jahresverlustes sowie das Ergebnis der Prüfung des Jahresabschlusses und des Lageberichts sind öffentlich bekannt zu machen. Der Jahresabschluss und der Lagebericht sind danach bis zur Feststellung des folgenden Jahresabschlusses zur Einsichtnahme verfügbar zu halten.

§ 28
Vermögensübergang bei Auflösung des Kommunalunternehmens

Das Vermögen eines aufgelösten Kommunalunternehmens geht im Wege der Gesamtrechtsnachfolge auf die Gemeinde über.

§ 29
Inkrafttreten

Diese Verordnung tritt am Tage nach ihrer Verkündung in Kraft.

Stichwortverzeichnis

A

G

H

I

J

K

L

M

S

T

U

V

W

Z